A Culture of Growth
성장의 문화

성장의 문화
현대 경제의 지적 기원

초판 1쇄 발행일 2018년 2월 26일   **초판 2쇄 발행일** 2018년 10월 20일

지은이 조엘 모키르 | **옮긴이** 김민주 · 이엽
펴낸이 박재환 | **편집** 유은재 김예지 | **관리** 조영란
펴낸곳 에코리브르 | **주소** 서울시 마포구 동교로 15길 34 3층(04003) | **전화** 702-2530 | **팩스** 702-2532
이메일 ecolivres@hanmail.net | **블로그** http://blog.naver.com/ecolivres
출판등록 2001년 5월 7일 제10-2147호
종이 세종페이퍼 | **인쇄 · 제본** 상지사 P&B

ISBN **978-89-6263-171-5 93900**

책값은 뒤표지에 있습니다.   잘못된 책은 구입한 곳에서 바꿔드립니다.

성장의 문화

현대 경제의 지적 기원

조엘 모키르 지음 | 김민주·이엽 옮김

에코리브르

오랜 기간 동안 내 곁에서 함께해준 내 형제자매
롭, 미리엄 그리고 에이다에게 이 책을 바칩니다.

상업의 성장을 설명하는 것이 학문의 성장을 설명하는 것보다 쉽다. ……탐욕 또는 물욕은 시대에 관계없이 모든 곳에서, 그리고 모든 이가 품는 보편적 열정이기 때문이다. 하지만 호기심 또는 지식에 대한 사랑은 매우 제한적인 영향력만 행사하며, 호기심을 다스리려는 이들은 젊음, 여가, 교육, 재능, 본보기를 요구한다. ……전혀 존재하지 않았던 사건에서 이유를 찾거나 단순히 우연한 사건을 꾸준하게 나타나는 보편적 원리로 잘못 해석하지 않기 위해서는, 과학과 기술의 역사를 되짚어보는 것보다 더 주의를 기울여야 하는 일도 없다. 그 어떤 나라를 봐도 과학을 개척하는 사람의 수는 적다. 그들을 북돋우는 열정은 제한적이다. 그들의 취향과 판단 능력은 연약하며 종종 왜곡되기도 한다. 그리고 그들이 과학에 실제로 적용하는 지식은 사소한 사고(accident)로도 크게 방해를 받는다. 따라서 우연 또는 비밀스럽고 드러나지 않은 동기는 모든 정제된 기술의 등장과 발전에 지대한 영향을 끼쳤음이 분명하다.

-데이비드 흄(David Hume, 1742)

감사의 글

이 책은 내가 2010년 11월 오스트리아 그라츠에서 했던 조지프 슘페터 (Joseph Schumpeter)에 대한 강의에서 비롯했다. 슘페터 학회의 호의와 환대에 깊은 고마움을 전하며, 또한 이 책의 집필 초기에 해준 그들의 날카로운 지적에도 감사드린다. 보통 이런 강의를 묶어서 만든 책은 짧다. 하지만 이 책은 스스로 커나갔으며 많은 내용이 계속해서 추가되었다. 우리가 계몽주의라고 생각하는 문화적 현상의 등장은 산업혁명 이후 유럽의 역사를 상징했던 기적과 같은 경제 성장과 기술 발전의 핵심이었다고 나는 이미 과거의 연구에서 수차례 주장했다. 따라서 이제 우리는 지적 혁신과 한계를 무너뜨린 창조적인 학자와 기술자로 이루어진 엘리트가 어디에서 기원했는지, 즉 그들의 뿌리는 어디에 있는지 물어봐야 한다. 현대 경제학은 역사와 세상을 더 깊게 이해하기 위해 지난 50여 년 동안 경제학의 경계선 밖에 있던 문화와 제도라는 개념을 받아들였다. 이 책에서 나는 콜럼버스의 항해부터 뉴턴의 《프린키피아(Principia)》 출간에 이르기까지 유럽의 문화와 제도를 면밀하게 분석하면서, 이런 변화가 근대적 경제 성장의 조건을 어떻게, 그리고 왜 조성했는지 의문을 제기한다.

이런 유형의 책은 혼자서 쓸 수 없다. 많은 동료와 친구가 자신의 연구와 동떨어진 지적 발전사 및 문화사의 다양한 주제에 대해 종종 일관성 없는 내 열변을 인내심 있게 들어주었다. 그들이 나에게 했던 질문과 의문은 나로 하여금 더 깊고 더 광범위하게 이 주제를 탐구하도록 동기를 부여했지만 나는 그 모든 질문과 의문점을 해소하지는 못했다. 나와 비슷한 주제를 갖고 여정을 함께한 동반자 중 비록 학문적 배경은 다르지만 연구 활동과 우정으로 영감을 준 3명의 학자가 있다. 바로 사회학자 잭 골드스톤(Jack Goldstone), 역사학자 마거릿 제이컵(Margaret Jacob), 그리고 비할 데 없는 경제학자이자 역사학자요, 당대의 지식인인 디어드리 매클로스키(Deirdre McCloskey)가 그들이다.

노스웨스턴 대학교에서 나는 수년 동안 경제학과 역사학이라는, 서로 매우 다르면서도 아주 광범위하고 역동적인 두 학과의 학자들에게 큰 도움을 받았다. 편견과 다르게 경제학자들은 대개 매우 뛰어난 통찰력을 지니고 있으며 다양한 방면에서 두각을 드러내는 지식인이다. 그리고 대부분은 오래된 나의 친구다. 물론 그중에서 나에겐 경제사학자들이 가장 특별한데, 특히 친구이자 동료인 루이스 케인(Louis Cain), 조지프 페리에(Joseph Ferrie), 메라 스퀴치아리니(Mara Squicciarini), 그리고 지금은 유럽 대학에 있는 레지나 그라페(Regina Grafe)가 있다. 이 밖의 경제학자 중에서 특히 나는 래리 크리스티아노(Larry Christiano), 에디 데켈(Eddie Dekel), 마티아스 돕커(Matthias Doepke), 마틴 아이헨바움(Martin Eichenbaum), 로버트 J. 고든(Robert J. Gordon), 조엘 호로비츠(Joel Horowitz), 린 키슬링(Lynne Kiesling), 찰스 맨스키(Charles Manski)를 언급하고자 한다. 역사학자 중에서 이 책을 더 풍요롭게 만들고 나에게 자극을 준 동료로는 케네스 올더(Kenneth Alder), 리디아 바넷(Lydia Barnett), 피터 캐럴(Peter Carroll), 사라 마자(Sarah Maza), 멜리사 매컬리(Melissa McCauley), 에드워드 뮤어(Edward Muir), 그리고 요하난 페트롭스키슈테른(Yohanan Petrovsky-Shtern)

이 있다. 하지만 랍비 아키바(Rabbi Akiva)가 그랬던 것처럼 나도 지금까지 제자들에게서 많은 것을 배웠다. 그중 란 아브라미츠키(Ran Abramitzky), 게르고 베익스(Gergo Baics), 마리스텔라 보티치니(Maristella Botticini), 호세 에스핀(José Espin), 애브너 그리프(Avner Greif), 랄프 마이젠잘(Ralf Meisenzahl), 존 나이(John Nye), 쑨촨웨이(孫傳煒, Sng Tuan-Hwee), 야나이 스피처(Yannay Spitzer), 릭 쇼스택(Rick Szostak), 크리스 비커스(Chris Vickers), 말로스 반 와이젠버그(Marlous van Waijenburg), 마리안 힌즈 워너메이커(Marianne Hinds Wanamaker), 앤서니 레이(Anthony Wray), 루도비코 자라가(Ludovico Zaraga), 니콜라스 지바르트(Nicolas Ziebarth), 아리엘 짐란(Ariell Zimran)에게 고마움을 표한다.

노스웨스턴 대학교 외에 학자에게 최적의 학술적 환경을 제공하는 기관으로 캐나다 고등연구소가 운영하는 뛰어난 학술 단체 '제도, 조직 및 성장 그룹(Institutions, Organizations, and Growth Group)'을 꼽을 수 있다. 전 세계 사회과학 분야에서 가장 훌륭하고 뛰어난 사람들이 모인 조직으로, 경제사에 대한 관심은 그 어느 기관에 비할 바가 안 된다. 여기서 나는 뛰어난 학자들과 교류하며 배울 수 있는 기회를 얻었다. 그중에는 대런 에이스모글루(Daron Acemoglu), 로런드 버나부(Roland Benabou), 팀 베슬리(Tim Besley), 롭 보이드(Rob Boyd), 마우리시오 드레리치만(Mauricio Drelichman), 애브너 그리프, 엘하난 헬프만(Elhanan Helpman), 조지프 헨리치(Joseph Henrich), 로저 마이어슨(Roger Myerson), 토르스텐 페르손(Torsten Persson), 제임스 로빈슨(James Robinson), 켄 셉슬(Ken Shepsle), 그리고 귀도 타벨리니(Guido Tabellini)가 있다. 사회과학 분야에서 이 뛰어난 지식인 집단의 조언과 의견을 듣고 크게 도움을 받지 않은 연구는 아마도 없을 것이다. 지난 40년 동안 나는 친구이자 동료인 코맥 오그라다(Cormac

Ó Gráda)가 보여준 끊임없이 샘솟는 지혜와 배움에 대한 열망, 그리고 친절함에 큰 도움을 받았다. 박식한 협력자이면서 코맥 오그라다와 마찬가지로 유니버시티 칼리지 더블린에서 활동 중인 모건 켈리(Morgan Kelly)의 현명한 조언은 이 책에 의미 있는 기여를 많이 했다. 나는 또한 린체이 아카데미(Accademia dei Lincei)의 학회장 알베르토 콰드리오 크루치오(Alberto Quadrio Curzio) 교수의 격려에 감사드린다. 이스라엘에서는 텔아비브 대학교의 버글라스 경제대학, 좀더 최근에는 츠비 에크슈타인(Zvi Eckstein)이 탁월한 리더십으로 이끌고 있는 헤르츨리야 학제간 연구센터(IDC)의 도움을 받았다. 특히 감사드려야 할 다른 이스라엘 학자에는 내 공동 집필자이자 가까운 친구 아미라 오페르(Amira Ofer)와 카린 반 데르 비크(Karine van der Beek), 평생의 길동무인 이스라엘 개방대학(Open University)의 총장 야곱 메체르(Jacob Metzer), 그리고 언제나 사려 깊고 현명하며 텔아비브 대학교에 몸담았던 마누엘 트라첸버그(Manuel Trajtenberg)가 있다. 그 밖에 나는 에릭 존스(Eric L. Jones), 데이비드 랜더스(David S. Landes), 더글러스 노스(Douglass C. North), 네이선 로젠버그(Nathan Rosenberg)라는 4명의 경제사 거장들에게 지적으로 아주 커다란 빚을 졌다. 시간이 좀 흐르기는 했지만 노스웨스턴 대학교의 동료 학자였던 조너선 휴스(Jonathan R. T. Hughes) 및 그의 아내 메리 그레이(Mary Gray)와 함께했던 기억도 절대로 잊지 못할 것이다.

이들 말고도 나는 이 책의 내용을 이룬 다양한 아이디어와 생각을 경제사와 경제학을 다룬 여러 세미나와 학회에 참가해 많은 학자 앞에서 선보이고 검증을 받았다. 그중엔 바르일란 대학교, 캘리포니아 대학교 버클리 캠퍼스, 벤구리온 대학교, 케임브리지 대학교, 칼턴 칼리지, 하버드 대학교, 히브리 대학교, 헤르츨리야 학제간 연구센터, MIT 슬론 경영대학원,

프린스턴 고등연구센터, UCLA, 베이징 대학교, 텔아비브 대학교, 그리고 예일 대학교에서 개최한 세미나가 있다.

프린스턴 대학교 출판사와 오랫동안 맺어온 인연으로 이 책의 집필과 출판이 특히 더 큰 즐거움으로 다가왔다. 이 책을 집필하면서 피터 도허티(Peter Dougherty), 세스 디치크(Seth Ditchik)와 함께 일한 경험은 나에게 기쁨이었다. 시드 웨스트모어랜드(Cyd Westmoreland)와 메리 비어덴(Mary Bearden)은 내가 쓴 원고를 꼼꼼하고 끈기 있게 편집하고, 마크 벨리스(Mark Bellis)는 훌륭하게 출판해주었다. 프린스턴 대학교 출판사의 모두에게 매우 감사한다. 노스웨스턴 대학교의 와인버그 문리대학과 경제사센터, 밸로어 이퀴티(Valor Equity)의 안토니오 그라치아스(Antonio Gracias)와 크리스 머피(Chris Murphy), 채텀 자산 매니지먼트(Chatham Asset Management)의 앤서니 멜치오르(Anthony Melchiorre), 국제 발잔 재단(International Balzan Foundation)이 제공한 재정적 지원에 진심으로 감사드린다.

마지막으로, 언제나처럼 나는 아내인 마갈릿 모키르(Margalit Mokyr)에게 말로는 표현할 수 없을 만큼 많은 빚을 졌다. 아내의 인내심과 헌신은 그녀의 영리함과 뛰어난 능력, 그리고 상식과 실로 비견할 만하다.

2016년 3월
일리노이주 스코키에서

차례

머리말

경제사와 지식 발전사는 서로 거의 교차하지 않으면서 별도로 이루어지는 2개의 역동적인 학술 분야다. 이 두 분야가 서로 교차하지 않는다는 것은 참으로 애석한 일이다. 사람들의 신념과 지식 체계를 사회의 경제적 구조로 파악하려는 유물론적 가설을 제외하고는, 지난 3세기 동안 세계 경제 무대에서 일어났던 일이 사람들의 신념의 결과였다는 것을 보여주려는 시도는 거의 이뤄지지 않았다. 무엇보다 우리가 '위대한 풍요'라고 부르는 근대적 경제 성장은 내가 생각하는 '문화'의 구성 요소인 신념, 가치 그리고 선호의 급격한 변화에 의해 초래되었다. 물론 문화라는 용어가 모호하면서 남용된다는 일리 있는 우려가 있기는 하다.

그렇다면 어떤 신념 그리고 누구의 신념이 중요했을까? 나는 다른 책에서 유럽의 계몽주의는 (최소한 상당 부분) 19세기 경제 성장의 가장 중요한 추동력이라고 주장했다. 굉장히 시대 역행적이고 20세기에 일어난 많은 비극의 원천이라며 계몽주의를 폄하한 소수 비주류의 의견을 제외하면, 내 주장은 많은 사람에게 크게 거슬리는 것은 아니라고 생각한다. 계몽주의는 대중 운동이 아니었다. 계몽주의는 의사와 철학자뿐 아니라 기술자, 산업가, 도구 제작자처럼 현실 세계에 발을 담근 사람을 포함해 지식인, 학자 그리고 학식 있고 교육받은 소수 계층에 국한된 엘리트 현상이었다. 이런 엘리트 집단은 전체 인구의 아주 작은 소수였다. 다시 말해 새로운 과학적 통찰과 기술 발전 그리고 이런 것들을 생산 활동과 성공적으로 접목할 수 있었던 것은 모두 극소수의 사람이 모여 만든 결과였다. 이와 마찬가지로 사회 계약·정치적 다원주의·종교적 관용·인권 같은 개념에 대한 신념도 중요했지만, 인간과 물리적 환경의 관계를 바라보는 사람들의 생각과 물리적 후생을 개선하는 데 '유용한 지식'의 역할도 중요했다. 자연 현상과 자연 규칙을 개선 및 이해하고, 이렇게 얻은 지식을 생산 활동에 적용하면 인간의 삶이 계속해서 나아질 것이라는 믿음은 그 후의 경제 성장을 가능케 한 문화적 돌파구가 되었다.

그렇다면 이런 신념은 어떻게 그리고 왜 등장했을까? 콜럼버스와 뉴턴 사이의 2세기 동안 유럽 엘리트 문화는 급진적인 지적 변화를 거쳤다. 앞으로 이 책에서 나는 지식의 발전사와 과학 기술의 역사를 되돌아보면서 주로 경제학자들이 제기한 문제, 즉 '근대 경제'의 등장을 설명하기 위해 유럽의 이런 지적 변화기를 분석할 것이다. 이 질문에 대한 답을 구하기 위해 나는 사회과학 방법론, 특히 경제학 방법론과 더불어 문화진화론의 방법론 역시 사용했다. 지적 혁신에 대한 근본적 질문에 공세를 취하기 위함이었다. 왜 사람들은 새로운 사상을 만들어낼까? 새로운 사상은 어떻게 오래된 사상을 대체할 수 있을까? 왜 어떤 사상은 확산 및 지속되는 데 비해 다른 사상은 살아남지 못할까? 이런 질문을 하면서 나는 '근대 초기' 유럽은 18세기 거대한 변화를 가능케 한 환경, 즉 계몽주의, 산업혁명 그리고 경제사의 중요한 성장 동력이었던 유용한 지식의 등장을 조성했다는 점을 보여줄 것이다.

1부

진화, 문화 그리고 경제사

문화와 경제

오늘날의 세계는 그 어느 때보다 부유하다. 1800년부터 지금까지 이룬 경제 성장의 모든 측면을 설명하는 수많은 연구 결과 덕분에 우리는 지금의 풍요로운 세계를 만든 경제 발전에 대해 속속들이 알고 있다. 우리는 **무엇이** 일어났는지, 또 이런 경제 성장이 **어떻게** 그리고 **어디서** 일어났는지 이미 어느 정도 알고 있다. 하지만 **왜** 이런 경제 성장이 일어났는지는 아직 미지의 영역에 있다.

기본적 사실은 명확하다. 18세기 말 영국의 산업혁명은 그 어떤 사회조차 아주 어렴풋하게라도 짐작하지 못한 현상을 초래했다. 물론 혁신은 역사에 걸쳐 계속 발생해왔다. 물레방아, 말의 목사리(horse collar: 짐을 끌 때 부하를 분산하기 위해 말의 목이나 어깨에 장착하는 도구—옮긴이) 그리고 인쇄기 같은 기념비적인 기술적 돌파구는 그 기원이 다소 명확하고 경제적 효과 또한 평가할 수 있다. 이런 혁신은 여러 산업을 변화시켰지만, 그 이후의 추가적 발전은 느렸고 종종 완전히 멈추기도 했다. 그리고 이런 혁신은 지속적 기술 진보를 촉진하지 않았다. 더욱이 이런 혁신으로 인한 소득 증대는 작았거나 인구 증가로 인한 잠재적 소득 감소를 겨우 상쇄할 정도였다. 심지어 1754년 데이비드 흄은 그때까지의 경제 성장에 대해 이렇게 말했다. "만약 과학의 원리와 인간의 사회가 …… 점진적으로 혁명을 거치고 있다 하더라도, 우리가 알아차리기에는 너무 느리게 진행된다. …… 우리의 신체와 수명, 심지어 우리의 용기와 두뇌는 지금까지 모든 시기에 걸쳐 거의 비슷하다"(Hume, (1754) 1984, p. 378). 흄이 과거에 대해 설명한 글은 오늘날 경제사의 일반적 의견과 일치한다.

하지만 미래 예측 관점에서 진단한다면 데이비드 흄의 글은 놀랄 정도로 틀렸다. 흄이 이 글에서 "지금까지"라는 단어를 쓴 것은 현명한 결정이었다. 1760년 이후 면공업과 제철업 그리고 증기 기관의 발전은 19세기에 들어 수없는 혁신을 유발했고 아직까지도 우리 삶 구석구석에 영향을 끼친다. 만약 산업혁명 이전에는 무역, 더 큰 시장과 좀더 효율적인 자원 배분이 경제 성장의 동력이었다면, 근대의 경제 성장은 계몽주의 시대에 '유용한 지식'이 팽창하면서 시작되었다.

영국 중부 지방과 스코틀랜드 몇몇 저지대 지역에서 시작한 산업혁명은 금방 유럽 대륙과 미국으로 퍼져나갔다. 19세기가 끝날 무렵 산업혁명은 유럽 대부분 지역과 식민지의 경제를 바꾸었다. 그 이후에는 일본을 비롯한 비(非)서양으로 퍼졌다. 변혁적 기술 변화(사회와 경제를 바꾸는 기념비적 기술─옮긴이)는 특이하고 놀랄 만한 현상에서 일상적이고 예측 가능한 것이 되었다. 1890년경 사람들은 어떤 종류의 기술적 진보의 물결이 어디에서 생겨날지 알아차리기 힘들기는 했지만 적어도 **무언가** 일어나고 있다는 것쯤은 알 수 있었다. 이런 기술 진보는 우리 모두에게 영향을 끼친 피할 수 없는 현상이었다. 지구상 거의 모든 지역에서 남자와 여자 할 것 없이 모든 사람이 더 오래 살고, 더 잘 먹고, 더 많은 여가 생활을 즐겼다. 그리고 이제 우리는 과거엔 매우 부유하고 권력 있는 사람들에게만 허용되었던, 또는 그 전에는 전혀 알려지지 않았던 자원과 기호 물품을 더 즐길 수 있게 되었다. 하지만 이런 축복과 함께 혼란, 환경 오염 그리고 완전한 파괴를 자아내기도 했다. 기술 진보와 경제 발전은 인류에 더 강력한 도구를 주었을 뿐 그 이상도 그 이하도 아니었다. 오늘날 산업 선진국의 경제 성장이 둔화했음에도 불구하고 이런 축복과 저주는 여전히 축적되고 있다. 19~20세기 신흥 산업국의 경제 성장률은 그 전 시대에 비해 10배 이상 증가해 1.5~2.0퍼센트에 이르렀고 풍요로움 또한 지속되고 있다. 20세기에 인류가 자초한 정치적·경제적 비극에도 불구하고 산업화한 서양은 1950년 이후 기적적으로 회복했고 1800년은 물론이거니와 심지어 1914년에도 감히 상상하기 어려웠던 수준의 삶을 누리게 되었다.

이런 종류의 성장이 전 세계에 영향을 끼쳤지만 그 시작은 서양이었다는 사실에는 의심의 여지가 없다. 지금은 "대분기(Great Divergence)"나 "위대한 풍요"로 더 알려져 있지만 에릭 존스가 1981년 처음 언급한 "서구의 부상" 또는 "유럽의 기적"은 근대 경제 성장을 이끈 서양의 리더십을 뜻한다. 하지만 왜 이런 일이 발생했는지에 대한 합의는 아직 요원해 보인다.[1] 몇몇 학자들은 근대적 경제 성장의 기원을 서양에서 찾는 학자를 유럽 중심적이라고 낙인찍기도 했다. 이런 이론은 유럽의 문화와 제도에 내재한 우월성을 나타낼 뿐이라고 말이다. 물론 몇몇 이론은 서양 문명의 특수성에서 근대적 경제 성장의 기원을 찾으려고 하지만, 대부분의 학자는 이런 단순한 주장을 무시하면서 왜 서양의 문화나 가치 또는 신념이 다른 문명과 어떻게 체계적으로 달랐는지 설명하는 것을 삼가고 있다. 역사를 이런 식으로 설명하면 서양 문명의 우수성을 자랑하는 서양우월주의자의 주장으로 치부될 수밖에 없다(Goldstone, 2012).

이 책을 통해 나는 유럽에서 발생한 사건을 바탕으로 새로운 주장을 하고자 한다. 이러한 주장의 근거는 내가 '문화'라고 부르는 것에 있지만, 문화라는 모호한 개념을 근거로 삼는 대부분의 주장과 달리 나는 문화를 신중하게 정의하고 그 정의가 내포하는 의미에 한정해 사용할 것이다. 위대한 경제학자 로버트 솔로(Robert Solow)는 경제적 성과와 경제 성장의 차이를 문화로 설명하는 시도는 "아마추어식 사회학이 될 것이다" (Krugman 1991, p. 93, n. 3에서 인용)고 했다. 어쩌면 그럴 수도 있다. 하지만 만약 우리가 경제 성장의 역사를 제도라는 렌즈를 통해 바라본다면, 문화가 그렇게 유용하지 않은 분석 방식일까?

내 접근 방식은 '대분기' 같은 식의 주장과 관련한 두 가지 문제를 동시에 해결한다. 하나는 역사적 문제이고 다른 하나는 경제적 문제인데, 여기서 말하는 **역사적** 수수께끼는 신제도학파(new institutional school)의 경제사 연구가 지닌 딜레마라고 할 수 있다. 즉 경제학자나 역사학자가 경제 성장과 삶의 질의 차이를 설명하려는 시도는 제도를 통해 경제 성장을 설명하려 한 더글러스 노스의 주장을 어떤 방식으로든 받아들인 것이나 다름없다는 것이다(Acemoglu and Robinson, 2012; Sened and Galiani, 2014). 올바른 제도로 경제 성장을 하려면 모든 사람이 존중하고 정교하게 설계한 재산권과 강제로라도 시행할 수 있는 계약법, 법치와 질서, 낮은 수준의 기회주의와 지대 추구, 정치적 의사 결정과 성장의 과실을 배분하는 과정에서의 높은 수준의 포용성, 그리고 부와 권력이 분리된 정치 조직으로 이뤄진 세계가 필요하다. 이런 제도는—헌법에 의해 명문화한 공식적 정치 제도든 민간에서 자연스레 정착한 제도든—과거에 경제 성장을 유도

한다고 믿어져왔다. 이런 제도로는 더 효율적인 제품 및 요소 시장(factor market)과 이로 인한 더 효율적인 분배, 국제 및 지역 간 무역, 자본 축적 등을 들 수 있다. 하지만 다른 학자들(Vries, 2013, p. 433; McCloskey, 2016b)이 주장한 것처럼 더 나은 시장과 더 협조적인 행동, 그리고 더 효율적인 분배는 스스로 근대적 경제 성장을 일으키지 못한다. 특히 18세기 이후 유럽에서 발생한 창의적인 기술 발전과 혁신을 설명하지 못한다. 가속화한 기술 진보로서 산업혁명은 처음에는 제도적 자극에 의한 반응이 아닌 것으로 보였다. 실제로 우리는 기술 진보는 물론이거니와 더 크게 볼 때 지식 혁신을 촉진하고 자극하는 제도에 대해 아는 바가 놀랍도록 적다.

두 번째 수수께끼는 첫 번째 수수께끼와 밀접하게 연관되어 있지만, 문제를 더욱 경제적인 측면에서 바라본다. 만약 과학 및 기술 분야에서 '유용한 지식'이 계속 새로 만들어지고 개선되는 것이 근대 경제 성장의 핵심이라면, 두 번째 수수께끼는 이런 것을 가능케 하는 동기 부여와 인센티브에 관한 것이다. 지식은 매우 중요한 공공재라는 점에서 특수한 상품이다. 지식을 사용함에 있어 다른 사람을 배제할 수 없거니와 지식 보유자가 그걸 다른 사람과 공유하는 데에도 비용이 들지 않는다. 그 결과 지식 생산자는 그들이 쏟는 자원과 시간 그리고 노력에 비해 얻는 것이 적기 때문에 경제학자들은 지식이 만성적으로 과소 생산되는 경향이 있다고 생각한다. 기술이나 처방적 지식(prescriptive knowledge)과 관련해서는 특허를 비롯해 발명가를 보호하기 위한 장치는 (매우) 부분적인 해결책이었을 뿐이다.[2] 하지만 자연철학과 명제적 지식(propositional knowledge)은 특허로 등록할 수 없다. 이것이 특히 문제 되는 이유는 형식적 과학(formal science)과 비형식적 과학(informal science) 간의 지속적 교류 없이 기술에 대한 지식이 축적된 것만을 갖고는 우리가 경험한 속도로 성장과 발전을 기대할 수 없기 때문이다. 산업혁명에서 과학이 정확히 어떤 역할을 했는지는 아직도 논의 중에 있지만, 성장이 가속화하면서 1830년 이후에 과학이 산업혁명의 지배적 원동력이 되었다는 점은 분명하다.

이 책은 이런 역사적 및 경제적 수수께끼의 해답은 동일하다는 것을 명확하게 보여줄 것이다. 나는 이 책에서 근대 성장의 문화적 토대를 마련한 1500~1700년을 중점적으로 살펴보려 한다. 근대적 성장을 가능케 한 문화적 토대는 이 시기의 정치 및 제도의 발전과 문화적 변화 속에서 생겨났지만 결코 경제 성장을 유도할 목적으로 의도된 것은 아니었다. 제도와 경제 성장의 우연한 관계는 이 책에서 반복해서 다루는 주제다.

유대교 율법에 의하면 제도와 관련한 모든 현상 그리고 자연력(natural forces)에 대한 인류의 지식에 의한 공정(process) 및 제품 혁신의 중요성을 잘 구분해야 한다. 유대교 전통에서는 한 개인이 다른 개인과 맺는 관계 및 개인과 물리적 환경〔유대교에서는 마콤(makom)이라고 부른다〕의 관계를 구분한다.[3] 상업과 분업, 효율적인 노동 시장, 신용과 부동산, 그리고 애덤 스미스식의 성장과 관련한 모든 제도는 사람과 사람 간의 관계에서 파생한 결과다. 이런 제도는 사람들이 믿는 가치와 다른 사람이 어떤 가치를 믿고 그에 따라 어떤 행동을 하는지에 대한 이해에 의해 작동한다. 하지만 자연 탐구를 권장하는 문화적 신념에 대한 논의는 부족하다. 이런 문화적 신념은 사람이 **자연**의 규칙을 이해하고 그 규칙을 인간에 유리하게 활용할 수 있는 여지를 준다. 종교적 신념과 형이상학적 태도는 자연의 비밀을 밝히고 물리적 환경을 바꿔 '신처럼 행동'하려는 사회의 의지가 발현할 수 있는 조건을 만든다. 기술 발전에 있어 가장 중요한 핵심은 사람과 물리적 환경과의 관계이지, 다른 사람과의 관계가 아니다. 물론 새로운 기술의 확산과 사용 같은 매우 실용적인 문제는 사회적 관계에 속하고 기술 진보의 중심이라고 할 수 있다. 하지만 기본적으로 자연에 도전해 자연의 비밀을 하나씩 풀어내려는 의지는 개인적 수준에서 형이상학적 신념에 기반을 둔다.

기술 진보와 궁극적인 경제 성장을 이끈 원동력은 태도와 적성이다. 태도는 사람들로 하여금 주변 환경과 세계를 이해하는 의지와 에너지를 준다. 적성은 이렇게 얻은 지식을 더 높은 수준의 생산성과 삶의 질로 전환할 수 있는 능력이다.[4] 이 책에서 나는 태도에 대해 논할 것이다. 이 책에서 제기하고자 하는 내 주장은 이런 태도로 인해 서양에서 폭발적 기술 진보가 가능했다는 것이다. '문화'는 자연 세계에 대한 우리의 태도를 바꿨다는 점에서 직접적으로, 그리고 '유용한 지식'의 축적과 확산을 촉진하고 지원하는 제도를 만들고 가꾸었다는 점에서 간접적으로 기술에 영향을 끼쳤다. 최근 몇 년 사이 경제학자들은 '문화'라는 개념을 들여다보지 않고는 지속적인 경제 변화를 분석할 수 없다는 생각을 점차 받아들이고 있다. 문화가 어떻게 변화하고, 왜 이런 변화가 중요한지도 말이다. 매클로스키의 방대한 3부작(McCloskey, 2006, 2010, 2016a)은 이 분야에서 가장 중요한 저서로 꼽힌다. 많은 주류 경제학자 역시 근대 경제의 발전에서 문화의 중요성에 관심을 갖기 시작했다.[5] 그 이유는 오랫동안 명백했다. 모든 사람에겐 자신만의 선호와 신념이 있어 이런 선호와 신념을 바탕으로 다른 사람과 주변 환경에서 어떻게 행동할지를 결정한다. 하지만 이런 문화적 요소는 변할 수 있다. 우리는 왜 이런 변화가 일어나는지, 그리고 왜 종종 문화적 변화는 구조적으로 변하는지, 그리고 어떤 때는 놀랍도록 빠르게 변하는지 알아야 한다(Jones, 2006). 하지만 '문화'는 모호하고 감상적인 단어로, 이 책에서 사용하기에는 만족스럽지 않다. 따라서 우리는 어떤 문화와 어떤 문화적 요소가 중요한지를 명확히 파악해야 한다. 더욱이 우리는 문화가 어떻게 변하고 왜 다른 사회는 각기 다른 문화를 갖고 있는지도 반드시 이해해야 한다. 만약 경제학자가 이런 논의에 기여하지 못한다면 다른 사회과학자에게 공을 넘겨야 하는데, 이런 경우 근대 경제 성장에 대한 설명 대부분을 그저 다른 사회학자가 설명하는 대로 받아들여야만 할 것이다. 대안으로 역사학자와 '문화'를 전문적으로 연구하는 학자의 의견을 듣고 그런 의견을 경제학에 접목시켜야 한다(Vries, 2001).

우선 문화는 많은 사람에게 각기 다른 뜻으로 다가온다. 따라서 우리는 더 깊은 논의를 하기 전에 우리가 문화의 개념을 어떻게 정의하고, 어떤 뜻으로 문화라는 단어를 사용하는지 명확히 밝혀야 한다. 문화에 대한 개념이 사회학과 인문학에서 매우 큰 인기를 끌고 있어 상상할 수 없을 만큼 많은 정의가 있다는 점을 고려할 때, 경제학자로서 '문화'가 어떤 것을 내포하고 또는 내포하고 있지 않은지를 정확하게 파악해야 할뿐더러 문화와 '제도'의 차이점에 대해서도 알아야 한다. 그런 후 문화가 근대 경제 성장의 기원에 어떤 역할을 했는지도 분석해야 한다.[6] 문화에 대한 내 정의는 이렇다. 〔보이드와 리처슨(Boyd and Richerson, 1985, p. 2)이 제안한 정의와 매우 유사하다.〕 요컨대 **문화는 유전적이 아니라 사회적으로 전달되며 사회의 다른 구성원이 공유하면서 사람들의 행동에 영향을 줄 수 있는 신념, 가치, 선호의 집합체**이다. 따라서 내 접근 방식은 몇몇 고고학자의 문화진화학에 대한 주장과 비슷하고 실제로 그런 주장으로부터 영감을 받았다. 아울러 '문화학' 및 사회적 구성주의(social constructivism)와는 다르다.

이런 정의는 무엇을 의미할까? 첫째, **신념**은 물리적 및 형이상학적 환경, 그리고 사회적 관계를 포함해 우리가 사는 세계에 대한 실증적(사실적) 명제로 구성되어 있다.[7] 둘째, **가치**는 사회와 사회적 관계(종종 윤리와 이념으로 간주되는)에 대한 규범적 명제와 관련이 있다. 그에 반해 **선호**는 소비 같은 개인적 사정에 대한 규범적 명제다. 셋째, 문화는 각기 독립적인 요소와 특징으로 구성되어 있다는 점에서 분해 가능한 개념이다. 유전자와 마찬가지로 특정 문화권의 사람은 이런 특성을 공유한다. 다른 사람과 공유하지 않는 문화적 특성을 가진 사람은 없다. 하지만 두 사람이 완전하게 동일한 문화적 요소를 공유할 가능성은 매우 낮다는 점에서 모든 개인은 특이하다. 여기서 혼동해서는 안 된다. 요컨대 모든 사람은 서로 약간이나마 다른 유전자형을 보유하고 있지만(일란성 쌍둥이는 제외), 대부분의 유전자는 사람뿐만 아니라 심지어 외형적으로 매우 다른 포유류와도 어느 정도 공유한다. 더욱이 이런 정의는 문화에 사회적 학습이라는 개념이 내포되어 있다는 점을 강조한다. 다시 말해 어떤 개인의 신념과 가치 그리고 지식은 저절로 생겨나는 것이 아니라 다른 사람들로부터 영향을 받는다. 즉 태도와 적성은 문화라는 더 큰 개념의 일부에 포함되며, 우리 논의의 중심을 차지할 것이다.

혹자는 **행동** 역시 문화 개념에 포함해야 하는지 질문할 수 있다. 하지만 행동(문화와 다른 이유에 의해 촉발된다)을 문화와 구분하는 것이 이해하는 데 더 좋을 것이다. 대부분의 문화는 아무런 유전 정보도 없는 정크 DNA 같이 우리 마음에는 있으나 어떤 행동을 촉발하지 않는다. 이런 진화학적 관점은 문화가 유전자형, 그리고 행동은 표현형(phenotype: 유전자형에 대비되는 개념으로서 유전인자에 의해 겉으로 드러나는 특징을 일컬음—옮긴이)인 것을 시사한다. 그럴듯해 보이기는 하지만 이런 비유를 할 때는 매우 조심해야 한다. 특정 학문 분야의 논리를 다른 분야에서 그대로 사용하는 안일한 생각은 많은 오류로 뒤덮일 가능성이 있기 때문이다. 사회적 현상이나 역사적 발전을 생물학적 진화 과정의 논리로 분석할 수 있다는 주장은 사람들의 이해를 도와주기는커녕 오해의 소지를 키울 수 있다. 오히려 내 접근법은 역사 연구에 적용했을 때 다윈주의는 일반적 분석의 도구라는 앨드리치를 비롯한 저자들(Howard E. Aldrich et al., 2008)의 주장과 같다. 즉 복잡한 사회적 현상을 단순히 생물학에서 나온 이론적 틀에 억지로 맞춰서는 안 되며, 사회학과 생물학의 공통된 특징을 세밀한 수준에서가 아니라 매우 추상적으로 바라봐야 한다는, 존재론적 공통성을 특징으로 하는 **일반화한 다윈주의**(generalized Darwinism) 시각을 견지해야 한다.[8]

논의를 계속하기 전에 '문화'와 '제도'를 구분하고자 한다. 이 책의 목적상 문화를 **전적으로 정신에 대한 것**으로 생각하는 게 최선일 것이다. 따라서 문화는 사람마다 다를 수 있고 어느 정도까지는 개인의 선택이라고 할 수 있다. 제도는 사회적으로 결정된 조건부 인센티브이자 행동의 결과물이다. 이런 인센티브는 모든 개인에게 주어지지만 그 개인의 통제 밖에 있다. 이런 식으로 제도는 한 사회의 인센티브 구조를 구축한다. '규칙'으로서 제도는 특별한 사례로 볼 수 있다. 이런 '규칙'은 특정 행위를 올바르고 합법적인지 아닌지 결정하지만 이를 어겼을 때의 벌칙과 존중했을 때의 보상도 명확히 한다.[9] 더글러스 노스에 따르면 신념과 선호는 제도의 '발판'이다. 문화는 제도에 정당성을 부여한다는 점에서 제도의 토대라고 할 수 있다.[10] 다른 맥락에서 레이튼과 로페즈(Leighton and López, 2013, pp. 11, 112-122)는 인센티브는 행동을 결정하고, 제도는 인센티브의 토대를 구축하고, 사상은 제도에 영향을 주고, 사업가는 변화를 만들어낸다는 비슷한 이론적 기초를 마련했다. 물론 이 말은 대부분의 사람이 대부분의 제도를 지지한다는 얘기가 아니다. 많은 제도는 다른 사람의 자원을 수탈하려는 힘 있는 사람을 위해 작동되기도 한다(Acemoglu and Robinson, 2012). 신념을 제도의 토대로 생각하는 것은 과도하게 단순화한 것이다. 제도를 신중하게 정의하려는 과정에서 애브너 그리프는 "규칙으로서 제도"의 문제점은 상위 규범(윤리) 없이 규범과 법은 강제력 없는 제안에 불과한 빈껍데기라고 꼬집었다.[11] 그리프에 의하면 제도는 규칙적인 행동을 유발하는 요인이다. 하지만 제도의 이런 정의에는 필연적으로 어느 정도의 신념 역시 포함되어야 하며, 따라서 신념과 제도를 분리하려는 내 시도를 무위로 돌릴 것이다. 제도는 많은 방식과 통로로 문화적 신념에 영향을 끼친다(Alesina and Giuliano, 2016, pp. 6-7). 신념과 제도의 관계를 이해하는 가장 좋은 방법은 동물의 종과 주변 환경이 공진화하는 것처럼 둘이 공진화한다는 사실을 이해하는 것이다. 경제학자와 사회학자들의 최근 연구에서 (경제 성장을 촉진하는) '좋은 제도'는 그것을 더 강화하는 문화를 발전시키는 반면, 나쁜 제도는 그러한 제도를 영구화하려는 문화를 발전시킨다고 했다.

다른 학자들은 유사하기는 하지만 다소 다른 정의를 내린 바 있다. 롤랑(Gérard Roland, 2004)은 문화를 "천천히 변하는 제도"의 일부라며, 이런 "천천히 변하는 제도"는 좀더 빠르게 변화할 수 있는 정치 제도와 법 제도에 영향을 줄 수 있다고 했다. 롤랑은 '문화'라는 단어를 사회적 규범에 기반을 둔 개인 간 상호 작용에 대한 신념에만 국한하는 것을 선호했다. 어떻든 한 사회의 인센티브 구조는 다양한 사상의 토대에 기반을 둔다. 그 토대의 일부는 자연에 대한 사상이고, 다른 일부는 사람과의 상호 작용에 대한 사상이며, 또 다른 일부는 도덕에 대한 사상이다. 다른 말로 하면, 제도는 사람의 신념과 지식(더 정확하게 말하면 안다고 생각하는 것)에 기반을 둔다. 만약 문화와 제도가 어긋나면 그 기본이 흔들린다. 그리고 만약 특정 제도에 대한 신념이나 정당성이 침해되면서 문화와 제도가 충돌하면 정치적 불균형이 등장한다. 불행히도 이런 경우 어떤 일이 일어날지에 대한 훌륭한 이론은 없다. 어떤 상황에서는 제도가 전복되고, 아니면 현재의 제도에서 혜택을 받는 사람은 정치적 수단이나 무력을 통해 현재의 제도를 유지하고 거기서 나오는 자원을 계속 소유할 것이다.

만약 제도가 정말로 국가 경제의 성장을 설명하는 주요 요인이라면―이에 대해서는 점점 더 많은 합의가 이루어지고 있는 것처럼 보인다―그 제도는 어떻게 문화적 신념과 연관될 수 있을까?[12] 언뜻 보면 문화와 제도의 관계는 얕은 것 같다. 지구상의 다양한 제도를 볼 때, 비슷한 문화와 환경을 공유한 사회들도 꽤나 다른 제도를 도입할 수 있다는 것을 알 수 있다. 한반도는 입에 닳도록 언급되는 가장 대표적인 사례다. 한반도를 양분하는 임의적인 선을 기준으로 극적일 만큼 다른 사회가 생겨났다. 최근 10여 년 사이 일어난 베네수엘라와 콜롬비아의 서로 다른 발전상은 또 다른 사례다. 단지 운이 없어 어떤 국가는 약탈적인 지도자를 만나고, 경제 성장을 저해하며 인류에 커다란 불행을 가져다주는 호전적인 이웃 국가와 인접하기도 한다. 이런 제도는 정당성은 없을지 몰라도 매우 강압적인 수단을 통해 유지될 수 있다. 이러한 강제성은 그 자체로도 대가가 크고 비효율이어서 빈곤과 후진성을 더욱 악화시킨다.

따라서 문화는 어떤 제도의 등장에 대해서는 기여할 수 있지만, 그 제도로 인한 결과는 장담하지 못한다. 실제로 경제사에서 제도의 역할을 최초로 분석한 가장 영향력 있는 논문 중 하나(Greif, 1994)는 제도 변화를 뒷받침하고 시장과 거래를 지지하는 힘을 "문화적 신념"이라고 표현했다. 만약 경제에 정말로 협력적 균형이 있어 사람들이 다양한 상황에서 어떤 행동을 할지 서로 안다면, 이를 근거로 내가 어떻게 행동해야 할지 결정할 수 있다는 것이다. 요컨대 만약 경제학자가 경제 발전의 역사를 제도와 분리할 수 없다는 것을 인정하면, 문화에 대한 더 깊은 이해 없이는 경제 발전의 역사를 생각할 수 없다. 하지만 경제학자는 명확하고, 정확하고, 가능하기만 하다면 정식 모형으로 만들어 검증할 수 있는 것을 좋아한다. 하지만 이는 매우 어려운 일이다.

더욱이 문화가 먼저 만들어지고 그 후에 제도가 등장하는 것도 아니다. 제도는 문화적 진화가 일어날 수 있는 환경을 제공한다. 즉 제도로 인한 인센티브와 자극의 결과로 문화적 변화가 일어나기도 한다. 또한 어떤 제도가 설립될지는 운이 큰 부분을 차지한다. 각종 제도는 전투, 지도층의 결탁, 권력 투쟁, 비정상적일 정도로 영향력과 권력을 갖춘 사람들의 선택, 정치적 타협, 그리고 군대나 정치인이 멋대로 만든 지도(map)의 결과이기도 하다. 17세기에 상대적으로 관대한 제도가 저지대 국가들(Low Countries: 유럽 북서부 해안에 접한 네덜란드와 벨기에, 룩셈부르크를 지칭하는 말—옮긴이)과 영국에서 등장 및 지속된 것은 반드시 필연이었다고 할 수 없다. 제2차 세계대전 이후 한국과 독일에 매우 다른 제도가 등장한 사실도 마찬가지다. 이런 차이는 깊이 내재된 문화적 차이를 반영한다기보다 역사적 우연의 산물로 보인다. 게다가 한 번 등장한 제도는 대부분의 사람과 문화적 신념이 다르더라도 상당히 오랫동안 지속될 수 있다. 몇몇 힘 있는 사람들은 자신의 이해관계와 맞아떨어진다면 이런 제도를 오랫동안 유지할 것이다(Acemoglu and Robinson, 2006). 계몽주의 문화가 충분하게 퍼지지 않은 사회에 계몽주의의 가치인 자유 시장과 공정한 선거, 발언 및 결사의 자유를 도입하는 것은 힘든 일이라는 걸 부인하기는 어렵다. 하지만 동시에 불가능한 것도 아니다.

앞서 언급한 것처럼 문화는 공유하지만 개개인의 유전자가 서로 다르듯 그들이 믿는 신념도 다른 사람과 조금씩 다를 것이다. 하지만 이런 비유는 너무 과장해서도 안 된다. 무엇보다 문화적 신념은 변하지 않는 유전자와는 다르기 때문이다. 또한 무엇보다 문화적 신념은 선택의 문제이기 때문이다.[13] 사람들은 태어날 때부터 자신에게 주어진 문화를 받아들이거나 문화적 선택지(cultural menu: 여러 사람과 환경에서 습득하는 다양한 문화―옮긴이)에서 다른 대안을 선택할 수 있다. 물론 우리는 사람들이 자신의 선호나 신념을 언제 어떻게 받아들이는지 항상 알 수는 없다. 하지만 사람들의 선호를 억양과 비교하는 것도 바람직하지 않다(Samuel Bowles, 2004, p. 372). 왜냐하면 대부분 사람의 억양은 10대에 결정되는 반면, 예술이나 음식 등에 대한 선호는 생애 주기에 걸쳐 계속해서 진화하기 때문이다.

최근 들어 많은 경제학자가 문화경제학(economics of culture)과 신념이 경제 성장에 어떤 영향을 끼치는지에 대한 개척자적 연구를 이론은 물론 실증적으로도 진행하고 있다.[14] 문화가 경제 성장에 영향을 끼치는 한 가지 방식은 더 높은 신용과 협력으로 거래 비용을 줄이고 교환을 촉진해 원활하게 작동하는 시장이 등장하는 환경을 조성하는 것이다. 또 다른 방식은 시민 의식이다. 높은 공중 의식과 집단행동에서 무임승차를 거부하려는 마음가짐은 그렇지 않을 때보다 더 많은 공공재를 공급할 수 있으며 더 많은 인프라 투자를 유도한다. 이런 시민 의식을 가능케 하는 문화는 다른 사람의 행동에 대한 신념에 크게 좌우된다. 이는 신념의 선택과 관련해 빈도 의존성(frequency-dependence: 생물학에서 특정 유전자형의 확산은 빈도, 즉 얼마나 많이 존재하느냐에 달려 있다는 이론으로 어떤 유전자형은 희귀할 때 번식에 유리하고 다른 유전자형은 그 반대이기도 하다―옮긴이)의 가장 대표적인 사례다.[15] 존 스튜어트 밀〔John Stuart Mill, (1848) 1929, pp. 111-112〕은 일찍이 이런 요인의 중요성을 지적한 바 있으며, 국가마다 서로 다른 신뢰 수준은 국가의 소득 수준 차이를 설명할 수 있는 것으로 밝혀지기도 했다(Zak and Knack, 2001).

앞서 언급한 것처럼 경제 이론가와 응용경제학자는 문화경제학에 점차 더 많은 관심을 갖기 시작했다. 경제학자 중 비신과 베르디에(Bisin and Verdier, 1998, 2011)는 문화인류학과 인구 역학(population dynamics) 학자들의 문화진화학 연구 성과를 경제학에 최초로 접목시켰다. 문화경제학에 대한 실증적 연구는 세계 가치관 조사(World Values Survey, WVS), 갤럽 월드 폴(Gallup World Poll, GWP), 그리고 이와 비슷한 데이터에 크게 의존한다(Guiso, Sapienza, and Zingales, 2006; Tabellini, 2008, 2010; Deaton, 2011). 이런 연구는 가정의 경제적 행동, 여성의 경제 활동 참여도, 부패와 이주 등 경제학자에게 매우 중요한 사안을 조사한다(Fernández, 2011). 이런 조사에서 크게 쓰인 실험 데이터는 문화가 개인의 효용 극대화라는 전통 경제학의 가정을 충족하는 방향으로 개인의 행동을 유도한다고 주장한다(Bowles, 2004, pp. 110-119). 로드릭(Dani Rodrik, 2014, p. 189)은 최근 발표한 논문에서 현대 정치경제학 모형에 이런 생각이 "이상하게도 빠져 있다"고 불평했다. 혁신과 경제 성장도 이와 비슷한 상황이기는 한데, 최근에야 혁신과 경제 성장을 유인하는 문화적 뿌리에 대한 연구 성과가 조금씩 나타나기 시작했다(Spolaore and Wacziarg, 2013).

문화에 대한 경제학적 연구는 대부분 주로 협력과 호혜성(reciprocity), 신뢰 그리고 효율적인 경제 활동과 관련한 형식적 및 비형식적 제도를 강화하는 태도와 신념 그리고 선호에 초점을 맞춘다(Guiso, Sapienza, and Zingales, 2008; Bowles and Herbert Gintis, 2011). 좀더 최근에는 경제학자들이 규율, 교육, 일, 시간, 절제 등과 비슷한 개념에 대한 태도에 관심을 갖기 시작했다. 예를 들어, 문화적 신념은 개인의 선호가 "타인 관계적(other-regarding)"—다른 사람의 소비가 나의 후생에 영향을 주는지 여부—인지 아니면 "절차 관계적(process-regarding)"—어떤 사람이 특정한 상황에서 얻는 효용이 그 상황에 이르기까지의 과정 때문인지 아니면 그 상황의 고유한 특성 때문인지 여부―인지를 결정하는 데에도 관여한다. 이런 두 종류의 선호도는 경제 분석에서 흔히 말하는 선호도는 아니지만 그렇다고 꼭 아니어야 할 이유도 없다.[16] 절차 관계적 선호도의 좋은 예로는 사업 같은 정당한 수단으로 부를 창출하는 것과 지대 추구나 부패를 통해 부를 재분배하는 방식으로 수입을 얻는 것 중 어느 것을 더 선호하느냐다. 사람들이 사회적으로 유용한 활동을 하면서 벌어들인 돈이나 버는 방식과는 상관없이 돈이라면 다 똑같다고 생각하는가? 번 돈이건 훔친 돈이건 돈은 다 똑같은가? 이런 선호는 시민 경제의 등장과 경제 성장에 매우 중요한 제도를 만드는 데 차이를 가져올 수 있다(Bowles, 2004, pp. 109-111; Bowles and Gintis, 2011, pp. 10-11, 32-35).

앞으로 나는 지금까지 경제학자들이 크게 고려하지 않은 문화적 신념의 한 가지 요소에 중점을 둘 것이다. 그 요소는 자연에 대한 태도와 인간의 물질적 필요에 맞춰 자연을 지배할 의지와 능력이 있는지 여부다. 궁극적으로 인간과 마콤, 즉 우리를 둘러싼 물리적 세계와의 관계가 유용한 지식의 등장은 물론 결국에는 기술에 의한 성장을 결정하기 때문이다.[17] 무엇보다 기술은 자연 현상과 자연 규칙을 탐구하고, 조작하고, 개척하려는 인류의 의지의 결과물이다. 그리고 이런 의지는 축적된 지식의 양이 계속해서 증가할 수 있는 환경을 조성한다. 이러한 지식을 습득하고 확산하고 활용하려는 의지와 능력은 그 자체로 문화의 일부며, 따라서 자연 현상에 대한 지식 탐구, 그러한 지식 탐구의 목적, 연구를 진행하는 사회의 제도, 지식 습득 방식과 습득한 지식의 진위를 확인하는 절차, 그 지식을 유효한 지식으로 사회에 수용하는 전통, 그리고 그 지식을 잘 활용할 수 있는 사람에게 확산시키는 것을 결정한다. 바로 여기서 근대적 경제 성장의 뿌리를 찾아야 한다. 구체적으로 18세기 계몽주의와 산업혁명 이전의 '초기 근대 유럽', 즉 크리스토퍼 콜럼버스가 아메리카 대륙으로 항해를 시작하고 아이작 뉴턴이 《프린키피아》를 발표할 때의 시기 말이다. 유럽의 문화와 제도는 이 시기에 형성되었고, 궁극적으로 이런 문화와 제도 덕분에 현대 경제학을 창출한 거대한 경제적 변화를 이끈 행위를 유발했다는 것이 이 책에서 펼치고자 하는 주장이다.

자연과 기술

나는 앞장에서 제도만으로 장기적인 경제 성장을 설명하는 데에는 명백한 한계가 있다고 언급했다. 신뢰, 정직, 협동, 검소, 성숙한 공공 의식, 그리고 법과 질서 같은 문화적 요소로도 경제적 성과와 경제 성장의 많은 부분을 설명할 수 있다. 이런 현상에 힘입어 무역의 출현과 성장, 인맥에 의존하지 않는 공적인 신용 네트워크의 진화, 더 나은 부동산과 노동 시장, 그리고 이에 따른 더 효율적인 자원 분배가 가능했다. 그럼에도 이런 것들은 지난 2세기 반에 걸쳐 근대적 경제 성장을 가능케 했던 과학과 기술의 기적 같은 폭발을 설명하지 못한다.

  굉장히 추상적으로 보면 '애덤 스미스식' 성장은 법에 대한 신뢰와 존중에 기반을 둔 시장 교환과 협력이 사람들 사이의 관계로 취급되고, '조지프 슘페터식' 성장은 본질적으로 자연 규칙과 자연 현상을 탐구하고 활용하는 것을 바탕에 두기 때문에 근본적으로는 자연과의 관계라는 점에서 차이가 있다. 하지만 극도로 제한적인 관점에서 봤을 때에만 혁신은

오직 자연과의 관계라고 할 수 있다. 로빈슨 크루소 경제(로빈슨 크루소가 홀로 무인도에서 살아남은 것에 비유해 경제 주체의 수가 매우 적은 고립된 경제를 뜻함—옮긴이)에서도 기술 변화는 일어날 수 있다. 하지만 그 어떤 사회에서도 기술 발전은 성공의 시작일 뿐이다. 현실적으로 혁신이 일어나기 위해서는 채권자, 노동자, 공급자, 소비자 그리고 정부 당국 같은 많은 시장 참여자와의 무수히 많은 사회적 상호 작용이 필요하다. 그리고 이런 사회적 관계는 모두 '시민 경제'의 요소를 내포하고 있다. 사회는 특허나 상금, 후원 같은 여러 제도를 만들어 혁신가들에게 보상할 수 있다. 또는 혁신가들이 '흑주술(black magic, 黑呪術: '악한 마술'을 일컫는 말—옮긴이)'을 부린다고 비판하면서 배척할 수도 있다. 최근에 많이 논의되는 문화적 특성에는 경제 성장에 큰 영향을 미치는 요인인 공공 부문의 부패와 혁신이 일어나는 제도적 환경이 있다. 지금의 제도에서 나오는 지대를 보호하려는 기득권 세력과 새로운 것에 대한 두려움은 혁신을 방해하려는 강력한 인센티브를 제공한다. 이런 세력이 한 국가의 공공 부문을 장악하면 혁신을 좌절시킬 수 있다. 게다가 문화적으로 결정된 선호는 의도하지 않더라도 기술에 긍정적 파급 효과를 끼칠 것이다. 이런 파급 효과에는 인적 자본에 대한 투자와 낮은 시간 선호도(소득의 얼마만큼을 오늘 소비하고 얼마만큼을 미래 소비를 위해 유보하는지를 나타내는 비율. 시간 선호도가 낮다는 것은 미래 소비를 위해 오늘의 소비를 많이 줄인다는 뜻임—옮긴이), 그리고 위험 회피 성향이 있다.

따라서 문화는 제도를 통해 기술적 창의성에 영향을 줄 수 있다. 하지만 혁신을 통한 성장은 크게 봐서 문화와 기술의 직접적 관계, 자연을 대하는 태도, 그리고 인간과 환경의 관계에 대한 신념에 크게 의존한다. 문화와 신념이 기술과 접촉하는 가장 직접적인 통로는 종교다. 만약 자연을 탐구하고 활용하는 것이 사회의 가장 지배적인 형이상학적 신념을 위배할 경우에는 그 사회의 기술적 창의성의 범위와 정도는 불가피하게 제한될 것이다. 프로메테우스(제우스로부터 불을 훔쳐 인간에게 전달했다는 이유로 바위에 묶여 독수리한테 간을 쪼아 먹히는 형벌을 받은 그리스 신화 속의 신—옮긴이)와 다이달로스(그리스 신화에 나오는 장인. 태양 가까이 날다 날개가 녹아서 추락해 죽은 이카로스의 아버지—옮긴이)의 불행한 전설은 고대 그리스인의 종교적 신념과 기술에 대한 태도를 보여준다. 만약 옛 전통에 대한 존경이 너무나도 강한 나머지 지적 혁신을 이례적이고 신성 모독으로 간주하는 문화권에서는 기술적 창의성이 제약을 받을 것이다. 신성한 무언가에 대한 불경(不敬)은 진보의 열쇠다. 하지만 린 화이트(Lynn White, 1978)가 지적했듯 인간중심주의 역시 진보의 열쇠이기는 마찬가지다. 화이트는 인간이 사용할 수 있는 우주를 창조한 창조주를 어떻게 생각하는지가 중요하다고 강조했다. 즉 인간이 자연을 탐구하고 사용하는 것은 신의 지혜와 힘을 증명하는 일이다.

화이트를 포함해 많은 사람이 강조했듯 생산과 일(그리고 여가)에 대한 사회적 태도 역시 혁신의 가능성을 결정하는 또 다른 중요한 단서다. 기술적으로 진보한 사회는 상대적으로 평등한 사회다. 소수의 부유하지만 비생산적이고 착취적인 기득권 세력이 지배하는 사회에서는 생산 활동이 낮은 사회적 지위를 갖는다. 따라서 창의적 활동과 혁신은 지배 엘리트의 관심 사항에 부합하는 방향으로 전개될 것이다. 교육받고 교양 있는 기득권 세력은 생산력을 농부와 농장, 선원과 배, 대장장이와 작업장 같은 일상생활에 투입하는 것이 아니라 군사력이나 행정 기관 같은 자신들의 권력을 강화하고 문학과 놀이, 예술 그리고 철학 같은 여가 생활에 투자한다. 풍류를 즐기는 엘리트의 생활은 18세기 합스부르크의 음악가에게는 매우 중요했지만 농부와 생산업자에게는 큰 혜택을 가져다주지 못했다. 오스트리아 제국은 하이든과 모차르트를 낳았지만 산업혁명을 일으키지는 못했다. 반면 매클로스키(McCloskey, 2006)가 강조했듯 17세기의 네덜란드와 영국은 기술 진보의 가장 유력한 후보였다. 로마가 유압공학(hydraulic engineering) 및 건설공학에서 큰 진전을 이루었듯 기술의 진보는 군사나 공공 행정이 접목되는 분야에서 발생한다. 하지만 농업과 제조업은 로마 제국의 전성기에도 소규모 진전만을 이루어냈을 뿐이다.

이보다는 약간 다르지만 잠재적인 기술적 창의성과 근원적인 문화적 가치 사이의 관계는 개인주의 및 집단주의적 문화 규범과 관련이 있다 (Gorodnichenko and Roland, 2011; Triandis, 1995). 고로드니첸코와 롤랑은 사회가 혁신을 개인적 성과로 받아들여 보상하는 수준을 측정해 '개인주의'와 '집단주의'라는 개념을 만들었다. 개인주의에 낮은 가치를 부여하면 집단주의적 행동이 성과를 이루기가 한층 쉬운 반면, 취약한 보상 구조로 인해 개인이 눈에 띄는 성과를 달성하는 걸 저해한다. 반대로 개인주의 사회는 비전통적이고 심지어 이단적이기까지 한 새로운 생각을 하는 비주류 지식인을 처벌하지 않음으로써 혁신을 자극한다(Triandis, 1995). 이런 인센티브를 만드는 제도의 토대를 이루는 문화적 신념은 그것이 혁신에 어떤 영향을 주는지 보여주는 좋은 사례다. 모든 사회와 국가는 개인주의 문화건 집단주의 문화건 문화적 규범을 다르게 평가하지만, 개인주의 성향이 짙은 문화 규범일수록 기술 진보와 맥을 같이한다는 것은 그럴듯해 보인다. 개인주의적 문화 규범이 뒷받침하는 제도가 기술적 창의성을 강화하고 군사력 같은 파괴적 개인주의를 지지하지 않는 이상 말이다. 고로드니첸코와 롤랑은 상대적으로 가난한 사회에서는 집단주의적 가치가 좀 더 빠른 생산성 향상을 유도할 수 있다는 그럴듯한 주장을 하지만, 진정한 독창적 혁신에는 개인주의적 가치가 더 중요하다. 그들이 사용하는 데이터는 현대 국가의 단면으로 개인주의와 경제 성과의 명확한 관계를 측정하지만, 역사적으로 혁신의 촉매제로서 개인주의적 문화 규범이 유사한 역할을 했다는 충분한 증거 자료는 없다.[1]

비슷하지만 똑같이 중요한 이론으로 **일반적** 도덕과 **편협한**(또는 제한적) 도덕이 있다(Tabellini, 2008, 2009). 편협한 도덕 사회에서 개인은 가장 가까운 친척이나 친구를 먼저 챙기고 사회에는 관심을 덜 쏟는다. 따라서 이런 사회의 사람들은 모르는 사람을 대할 때 더 기회주의적인 경향이 있다. 일반적 도덕이란 모르는 타인도 보살피는 것을 말한다. 혁신의 혜택은 더 큰 지역 사회(심지어 인류)까지 돌아가기 때문에 좀더 일반적인 도덕률이 확산된 사회에서 일어날 가능성이 조금이나마 높다. 이런 사회에서 혁신가들은 더 많은 사람을 위해 일하거나 최소한 이런 혁신으로 다른 사람에게 존중이라도 받으려는 동기가 있기 때문이다. 특히 유용한 지식을 생산하는 과정에서 창출되는 경제적 잉여는 소비자(다시 말하면, 불특정 다수)에게 돌아가기 때문에 일반적 도덕은 편협한 도덕보다 혁신의 당사자에게는 직접적인 보상이 없는 연구를 권장한다.

이와 같이 문화는 형이상학적 신념과 개인주의 말고도 많은 방식으로 기술 진보에 영향을 줄 수 있다. 아울러 이 책에서 나는 이런 방식을 더 구체적으로 파헤치려 한다. 어떤 사람은 지난 세대의 지식과 학습에 너무나도 큰 가치를 두어 새로운 사상을 변절로 간주할 위험이 있다. 또 다른 극단적 문화는 새로운 모든 것을 개선이나 발전으로 간주해 가장 새로운 신념이나 제품만 높이 평가할 것이다. 따라서 문화는 과거 회귀적이거나 미래 지향적일 수 있다. 이런 관점에서 종교는 눈에 띄는 몇몇 예외를 제외하면 수구적(守舊的) 경향이 있다. 로마가 예루살렘 반란을 진압한 후(로마의 제후국이던 예루살렘은 기원후 70년 로마에 반기를 들었지만 이내 실패해 헤롯 신전이 파괴되었다. 이때를 계기로 유대교와 기독교가 분리되었고, 유대교에서는 이후의 역사를 '신전 파괴 이후의 역사'라는 뜻으로 'post-temple history'라고 부른다—옮긴이) 유대교는 전통적 가르침에 절대적 권위를 부여했고 새로운 사상은 그저 고전 문헌의 해설과 주석만으로 여겨졌다. 기독교에서는 물리적 세계와 형이상학적 세계가 종종 충돌했고, 그 결과 코페르니쿠스(Nicolaus Copernicus)와 다윈의 혁명적 이론은 강한 기독교 신념을 가진 사람들로부터 심각한 저항을 받았다. 경제사학자들의 가장 큰 관심사인 과학과 기술 혁신이 과거 회귀적 문화에서 아직도 저항을 받는 큰 이유는 이런 혁신을 예부터 전해져 내려오는 신념과 깊숙이 자리 잡은 전통에 대한 반기라고 생각하기 때문이다.

경제 성장을 추진하고 '기술의 미덕'에 대한 신념을 보완하는 중요한 문화적 신념은 진보, 특히 경제 성장에 대한 믿음이다. 이런 신념에는 실증적 요소, 규범적 요소 그리고 처방적 요소가 있다. 첫째, 실증적 요소는 물질적 진보가 **가능**하다는 신념, 즉 역사는 정지 상태뿐만 아니라 상향 추세라는 것과 이런 상향 추세가 지속될 수 있다는 것을 받아들이는 걸 의미한다. 실증적 요소는 '하늘 아래 새로운 것은 없기' 때문에 장기적 변화는 불가능하다는 '역사에 대한 성직자의 시각'을 거부한다. 물론 미래에 진보가 일어날 수 있다는 믿음은 그 진보를 지금껏 가능케 했던 절대적 발전 모형과 그러한 진보가 과거에 실제로 일어났다는 사실을 필요로 한다. 14장에서 상세히 다루겠지만, 이러한 성장 모형과 이를 뒷받침하는 증거는 17세기 유럽에서 나타났으며 계몽주의 시대의 주요한 힘이 되었다. 이 모형은 동시대 사람들이 '유용한 지식'(과학과 기술)이라고 일컫은 것이 생산 기술의 향상과 더불어 경제 발전의 원동력이 될 수 있음을 보여준다.

둘째, 규범적 요소는 경제 성장이 **바람직**하다는 명제를 받아들이고 부를 쌓거나 물질적 재화를 축적하는 것을 죄악시 또는 헛된 것이라고 치부하는 생각을 거부한다. 이런 믿음은 문화와 경제 성장을 연구하는 경제학자들이 직면하는 대표적 딜레마다. 부의 축적을 죄악시하는 믿음은—부자가 천국에 가는 것은 낙타가 바늘구멍에 들어가는 것보다 힘들다는 유명한 신약성서의 구절과 부에 높은 가치를 두는 사람일수록 덕을 찾기 어렵다는 플라톤의 생각에 담겨 있듯—발전 없는 기술과 착취적 제도로 경제 성장이 멈추고 이에 따른 어쩔 수 없는 빈곤을 합리화하는 것에 불과한가? 아니면 그런 신념 자체가 사회의 가장 훌륭하고 똑똑한 사람을 경제 성장과 관련 없는 활동으로 이끄는 인센티브와 동기 부여를 하면서 빈곤을 초래하는 문화인가? 어찌 되었든 유럽에서 이런 사고방식이 깨졌고, 이는 궁극적으로 산업혁명과 근대적 경제 성장의 시작으로 이어졌다는 게 중요하다(McCloskey, 2006, 2016a).

셋째, 경제 성장이 가능하고 바람직하다는 사상을 널리 수용하면 장기적 경제 성장이 실제로 일어날 수 있도록 정책 수단과 제도 변화의 구체적 **의제**를 제안 및 공식화하고 실제로 이를 이행해야 한다. 이런 사상의 확산과 제도적 변화를 촉구하는 목소리는 18세기에 눈에 띄게 구체화하기 시작했다. 18세기 후반에 몇몇 유럽 국가에서 각각의 방식으로 시행하고, 19세기에는 더욱 확산했다. 물론 이런 사상과 제도가 확산하는 데는 정답이 없었다. 어떤 나라에서는 이런 '정책'을 민간단체가 수행했으며, 어떤 나라에서는 정부가 좀더 주도적 역할을 맡았다. 어찌 되었건 이런 정책은 의도치 않은 결과를 초래했다. 어떻게 보면 이런 모든 과정은 복잡하고 정밀하지 않으며, 잘못된 시작과 막다른 길로 얼룩진 진화 과정과 비슷하다고 할 수 있다.

위에서 언급한 세 가지 문화적 요소의 뿌리는 유럽의 초창기 역사, 즉 최소한 중세 시대 또는 심지어 그 전까지도 거슬러 올라간다. 하지만 1750년 전까지는 산업혁명이나 기술 진보가 이끄는 지속적 경제 성장을 이루어내지 못했다. 물론 산업혁명 전에도 몇몇 사람은 기술 진보에 요구되는 태도를 유지하고 있었지만, 이런 태도가 진정한 차이를 이끌어낼 정도로 널리 퍼지지는 못했다. 개개인 사이에서 이런 신념이 등장하더라도 경제 성장을 이끌어내기에는 절대적으로 충분하지 않았다. 이런 신념은 올바른 환경에서 나와야 한다. 그리고 올바른 환경이란 사회의 모든 측면에 영향을 주는 태도와 신념의 급격한 변화를 이끌어낼 수 있는 환경을 뜻한다. 여기서 중요한 것은 새로운 생각을 제시하는 사람에게는 다른 사람을 설득할 기회가 주어져야 한다는 점이다. 문화적 변화는 넓게 봐서 **설득**에 가깝다. 이런 설득에 필요한 것은—설득한다고 해서 반드시 성공하는 것은 아니지만—말로 필요한 사람과 충분히 토론 및 소통할 수 있는 기술이다. 아울러 사람을 납득시키는 수사학적 규칙이다(McCloskey, 1985, pp. 27-28). 또 다른 중요한 요소는 어떤 이유에서건 지식의 혁신을 저해하는 견고하게 확립된 보수적 분위기가 약해져야 한다는 점이다. 마지막으로 반박할 수 없는 새로운 사실을 받아들인 사회에서는 모순된 전통적 지혜를 부정할 수 있는 강력한 이유가 생기며, 따라서 이런 사회에서는 새로운 사상이 확산할 것이라고 기대할 수 있다. 이런 신념과 사실의 충돌은 그때까지 관련이 없던 두 사회가 접촉하고 서로에게 배우기 시작하면서 발생한다. 다소 간략하고 지나치게 단순화한 것일지 모르나 여기서 설명한 환경은 1500년 이후 2세기 동안의 유럽에 대한 묘사라고 할 수 있다.

문화적 진화와 경제

이번 장에서 나는 문화를 진화의 관점에서 살펴볼 것이다.[1] 하지만 특정 학문의 방법론을 다른 학문에 억지로 끼워 넣으면 잘못된 결론을 내릴 수 있다고 이미 수차례 언급했다. 경제학이나 넓게 봐서 사회과학은 생물학과 분명히 다르다. 유사점을 억지로 찾아내는 것은 유용한 전략이 아니지만, 그럼에도 두 학문 사이에 존재하는 유사성을 발견하고 차이점을 지적하는 것은 이해를 돕는 데 요긴할 수 있다.

진화 모형(evolutionary model)은 경제학에서 상반된 기록을 갖고 있다. 진화와 경제 성장에 대한 넬슨과 윈터(Richard R. Nelson and Sidney Winter, 1982)의 초창기 연구에도 불구하고 주류 경제학은 진화 모형을 진화적 게임 이론과 같은 경제학의 일부 분야에만 허용했다. 볼스와 진티스(Bowles and Gintis, 2011)는 유전자-문화 공진화(gene-culture coevolution: 문화는 사람들의 마음에 따라 만들어지고 마음은 사람들의 유전자에 의해 형성되므로 결국 문화는 유전자와 상호 작용하면서 유전자의 영향을 받는다는 이론—옮긴이)를 통해 인간 사회에서 성공적인 협력 체계가 어떻게 출현했는지 설명하려고 시도했다. 하지만 기술의 진화적 발전을 연구하는 몇몇 사례를 제외하고 이런 시도는 경제사 연구에서 제한적인 영향만 끼쳤다.[2] 언뜻 볼 때 경제사는 이런 모형을 접목하기에 최적의 연구 분야 같았으나 실질적인 적용은 느리게 진행되었다. 최근에야 서유럽의 경제적 전환과 근대적 성장을 다윈의 자연선택 이론으로 설명하려는 시도가 이루어졌다(Galor and Moav, 2002; Gregory Clark, 2007). 이러한 시도는 다윈의 모형을 경제 성장 이론에 적용하는 데 상당한 진전을 가져왔다. 기본적 개념은 이렇다. 즉 경제적으로 경쟁력 있는 사람들, 다시 말해 경제 성장을 이끈 사람들은 더 높은 차등 생식률(differential reproduction rates: 환경에 가장 잘 적응한 개체가 번식할 때까지 성장해 자손을 낳는다는 개념-옮긴이)을 가질 경향이 높고, 따라서 전체 인구 대비 이런 사람들의 비중은 계속 늘어날 것이다. 이런 사람들의 문화적 특징을 '중산층 가치(middle class values)'라고 한다. 이들은 인적 자본에 대한 투자, 근면 성실, 검소한 생활을 포함해 '프로테스탄트 윤리'라고 잘못 알려진 가치를 중요시한다. 매클로스키(McCloskey, 2006)는 부르주아 윤리가 진보의 가치를 인정하는 데서 시작한다고 강조했다. 즉 근면 성실과 교육이 사람을 더 나은 삶으로 이끌어 집단적 및 누적적으로 발전 추세를 이끈다는 것이다. 이런 '부르주아 가치'의 확산은 경제 성장을 설명하는 강력한 요인이다. 하지만 이런 성장을 다윈주의의 관점으로 더 잘 설명할 수 있을까? 진화에 대한 엄격한 접근법은 (이 책에서 내가 사용하는 진화와 약간 다르기는 하지만) 문화가 근본적으로 세습적이어서 부모로부터 자녀들로 전해진다고 가정한다. 이런 다소 제한적인 가정은 다윈의 자연선택 모형을 사용할 수 있는 가능성을 열어둔다. 기본적 개념은 더 높은 생식률과 '높은 수준'의 자녀들이 대부분 성장하면서 중산층 문화를 확장하고, 결과적으로 이것이 성공적인 경제 성장으로 이어진다는 것이다.

이런 주장은 매우 그럴듯해 보인다. 하지만 상대적으로 인구가 적지만 현저하게 높은 생식률을 가진 사람들이 대다수 인구를 차지하기까지는 수세기가 걸릴 것이다.[3] 기술 진보를 가능케 할 능력이 있는 사람은 인적 자본을 일렬로 쭉 나열했을 때 한쪽 끝단에 위치할 정도로 보통의 경우 전체 인구에서 매우 작은 비중에 불과하다. 산업혁명에는 위대한 혁신가뿐 아니라 많은 기계공, 실력 있는 장인, 사업가, 자본가, 상인 그리고 이런저런 종류의 조직이 필요했다. 로버트 훅(Robert Hooke)에 따르면 발명의 세계는 "수적으로는 적지만 규율을 철저하게 따르고 잘 통제되는 코르테스 군단(Cortesian army: 1519년 멕시코의 아즈텍 문명을 점령하기 위해 에스파냐의 에르난 코르테스가 끌고 온 군대 — 옮긴이)"(Hunter, 1989, p. 233에서 인용)에 이미 정복당한 상태다. 하지만 산업혁명은 전체적인 경제나 노동력의 변화를 요구하거나 초래하지도 않았다. 그리고 이 중요한 집단이 높은 생식률로 머릿수를 늘려 인구에서 차지하는 비중을 높인다는 진화 모형에 기대기에는 그 속도가 너무 느리다. 기계적으로 해석한 다윈의 모형에서 문화는 잉태되는 순간부터 학습할 수도, 설득할 수도, 흉내 낼 수도 없을 만큼 고정된 것으로 여겨졌다.

경제 성장에 진화 모형을 적용할 수 있는 좀더 그럴듯한 방식은 '문화적 요소'를 보인자(carrier, 保因者: 숨겨져 있어 나타나지 않는 유전 형질을 지니고 있는 것 — 옮긴이)가 아닌 선택의 단위로 삼는 것이다(사람이 '진화하므로' 경제 성장이 일어나는 것이 아니라 문화적 요소가 진화를 하도록 '선택'되기 때문에 경제 성장이 일어난다는 의미 — 옮긴이). 그러면 인간에 대한 자연선택의 복잡한 문제를 해결할 수 있다. 보인자가 아닌 문화적 요소 그 자체가 진화의 대상이라는 것이다. 하지만 이때 유전자와 구조가 동일하거나 심지어 유전자처럼 '이기적'일 수 있는 문화적 미립자(particulate)나 '밈(meme: 비유전적 문화 요소 또는 문화의 전달 단위─옮긴이)' 같은 별도의 개체가 있다는 식의 분석을 해서는 안 된다. 진화 모형은 리처드 도킨스(Richard Dawkins)보다 광범위하고 심지어 찰스 다윈보다도 광범위하다(Hodgson and Knudsen, 2010). 무엇보다 문화의 진화 역시 선택을 한다. 하지만 여기서는 자연스러운 인구 역학을 통한 자연선택이 아니라 개개인이 의식적으로 하는 선택이다.

모든 사람은 특별한 유전자형을 보유하듯 자신만의 특별한 문화의 표현적(외적) 특징을 갖고 있다. 하지만 이런 문화의 외적 특징은 구체적으로 어떻게 만들어지는가? 문화진화론적 관점에서 보면 문화의 외적 특징은 학습하고 흉내 내면서 특정 문화적 특징을 획득한 사람이 후대에 물려준다는 라마르크적(Lamarckian) 과정을 답습한다. 사람들은 문화적 요소를 스스로 선택하거나 부모로부터 물려받은 것을 계속 간직할 수 있다. 하지만 어떤 문화를 받아들일지 선택하는 과정에서 유전적 요소를 배제하지는 않는다.[4]

다윈은 《인간의 유래(Descent of Man)》에서 문화에는 세 가지 고유한 진화적 특징이 있다는 것을 최초로 지적했다.[5] 이 책에서 다윈이 제시한 세 가지 특징은 다윈주의의 이론을 대표하며, 이런 요소는 문화진화학에서도 잘 알려져 있다(Howard Aldrich et al., 2008, p. 583). 첫째, 동물의 진화와 마찬가지로 문화에는 여러 종류의 다양한 특성이 있다. 이런 특성은 과거의 혁신이 쌓여 만들어낸 결과다. 특정 문화적 특성을 공유한 사람은 다른 문화적 특성을 보유한 다른 집단의 사람과 구분된다. 하지만 이런 구분선은 종종 흐릿하다. 어떤 종은 다른 종과 매우 비슷하듯 문화적 중복(cultural overlaps)은 흔하기 때문이다. 예를 들어 유대인이나 무슬림은 유일신의 존재를 믿으며 돼지고기를 금기시한다. 그렇지만 방대한 양의 유전자를 공유함에도 불구하고 외적으로는 매우 다른 동물과 마찬가지로, 유대인과 무슬림은 매우 다른 집단이다.

둘째, 문화는 유전자와 마찬가지로 한 세대에서 다음 세대로 수직적으로 유전되기도 하며, 다른 개체에 수평적으로 전달되기도 한다. 유전이 진핵세포(eukaryotic cell, 眞核細胞)에서 유사 분열(mitosis)을 통해 전달되듯 문화 역시 사회화와 학습을 통해 전달된다. 아이들은 부모에 의해 사회화하지만, 부모와 자식 사이의 수직적 사회화는 선택에 의한 문화적 진화의 전부가 아니다. 아이들은 다른 아이나 부모가 아닌 다른 사람과 사회화 과정을 겪기도 한다. 그리고 어른이 되어서도 영향을 받고 새로운 경험을 하며 문화적 변화를 겪을 수 있다. 따라서 변화의 속도는 다소 떨어지더라도 선택에 의한 학습을 할 수 있다.[6]

셋째, 문화적 특징은 '너무 많아' 개개인이 다양한 메뉴에서 선택해야 한다. 생물학에서 진화를 추진하는 동인은 매우 높은 생식력이다. 다시 말해 종들은 개체 수 대체율을 크게 상회하는 속도로 번식하는 능력이 있다. 이는 태어날 수 있는 모든 새끼가 다 태어나는 것도 아니고, 태어나더라도 모두 살아남지 못한다는 것을 의미한다. 바로 다윈이 주장한 '생존 경쟁'이다. 자연선택은 자연에 가장 잘 적응한 종이 살아남아 자손을 퍼뜨리는 과정이다. 이와 마찬가지로 개개인이 습득할 수 있는 선택지가 너무 많다는 점에서 문화는 항상 높은 생식력을 보유한 상태고, 따라서 사람은 종종 무수하게 많은 메뉴 중에서 선택해야만 한다. 세상에는 1만 개에 달하는 독창적인 종교와 6800개의 언어가 있다. 그 누구도 모든 종교를 믿을 수 없으며, 모든 언어를 구사할 수 없다. 반드시 선택을 해야만 한다. 경기 순환의 원인이 무엇인지 믿는 것도 마찬가지다. 경기 순환은 실질 생산성에 충격이 가해져 발생하는가? 아니면 금융 부문의 충격으로 발생하는가? 하지만 보통의 경우 새로운 정보는 기존 정보에 덧붙여서 생겨나며, 새로운 사상을 받아들이는 과정에서 반드시 선택을 해야 하는 것도 아니다(의도적으로 선택하는 것이 아니라 자연스럽게 받아들일 수 있다는 의미 — 옮긴이). 이런 관점에서 볼 때 진화 모형에서 높은 생식력은 언제나 구속력 있는 제한 요소는 아니다.

따라서 다윈은 다양성과 유전성 그리고 높은 생식력이라는 세 가지 특징을 통해 문화적 선택이 적응할 수 있다는 것을 충분히 보여주었다. 다시 말해, 문화는 불필요한 특성을 버리고 필요한 특성을 유지하는 방식으로 변화하는 환경에 적응하는 경향이 있다. 정확한 선택의 단위는 논쟁의 중심에 있는 '문화적 요소'다(Mesoudi, 2011). 문화가 진화하는 데 신다윈주의 종합 이론(neo-Darwinian synthesis)이 말하는 진화의 조건 같은 엄격한 잣대는 필요하지 않다. 신다윈주의 종합 이론은 진화에 추가적인 제약을 상정했다. 가령, 획득한 표현형 특징은 후대에 전달되지 않는다는 이른바 바이스만 장벽(Weismann barrier)이나 무작위적인 돌연변이의 출현(따라서 진화가 일어나는 방향은 모두 자연선택이 작용한 것이다)이 대표적인 예다(Mesoudi, 2011, pp. 40-47). 신다윈주의 종합 이론은 논리적인 생물학의 학설이 되었지만, 알렉스 메수디(Alex Mesoudi)는 이러한 이론은 문화의 진화에 필요하지 않다고 설득력 있게 설명한다. 경제학을 설명하는 데 생물학 이론이 불필요하다고 느낄 경우에는 사용하길 멈추면 그만이다. 진화는 기존의 문화적 변이가 무작위로 돌연변이가 되는 과정도 아니고, 반드시 선택적으로 계승하는 문화적 변이가 느리게 누적되는 과정도 아니다. 특수한 문화의 전달 단위(meme)는 순전히 상상의 산물이며 그다지 유용한 것도 아니다. 무엇보다도 학습된 문화가 전달 가능하다는 사실은 문화의 변화를 실제로 일으키는 동력이다. 문화적 변화에는 다양한 면이 있지만, 이 책에서는 기술 변화와 경제적 후생으로 이끄는 유용한 지식의 변화를 중점적으로 다룰 것이다.

특이한 점은 평소 통찰력 있는 문화진화학자들이 기술의 역사에 대해 스스로 그토록 주의를 주면서도 동일한 실수를 저지른다는 것이다. 따라서 유전형의 갑작스럽고 비연속적인 도약이 거대한 표현형의 차이점으로 이끈다는 생각을 버린 후에야 그들은 점진주의의 개념을 발명의 역사에 기계적으로 확장했다. 리처슨과 보이드(Richerson and Boyd, 2005, p. 51)는 기술의 역사는 "많은 발명가들이 기술을 작게나마 거듭해서 개선한 복잡한 인공물"이 되는 과정이며 "발명가들은 개인적으로는 미세하게만 기여하지만 나중에는 아주 멋진 기계"가 되는 것이라고 강력하게 주장한다(유사한 주장은 Mesoudi, 2011, p. 33 참조). 기술의 역사에 진화적 점진주의를 어떤 근거로 적용하는지는 명확하지 않다. **모든** 기술은 기존의 기술이 점진적으로 겹겹이 쌓인 것이라는 말(Basalla, 1988)은 도약진화론(saltationism)이나 '희망찬 괴물(hopeful monsters)' 또는 종의 분화가 상대적으로 짧은 시기에 급격하게 진화적 변화를 이룬다는 굴드(Stephen Jay Gould)와 엘드리지(Niles Eldredge)의 단속 평형 이론을 부정하는 것이 아니다. 실제로 리처슨과 보이드(해리슨의 해양 시계 H-4) 그리고 메수디(뉴커먼의 증기 기관)가 역설적으로 보여준 예시보다 기술의 비연속적 도약이 정말로 일어났음을 보여주는 예는 없다. 기술의 역사는 독창적 설계로 완전하게 새로운 결과물이 탄생한, 실제로는 불연속성의 역사나 다름없다. 이따금씩 '희망찬 괴물'을 볼 수도 있다. 가장 대표적인 예로는 토머스 뉴커먼(Thomas Newcomen)이 더들리성(Dudley Castle)에 설치한 증기 기관이 있다.[7] 더 넓게 봐서는 문화의 불연속성을 찾는 게 더 쉽다. 각각은 기존의 특징을 필연적으로 포함하고 있지만, 외적으로나 기능적으로도 이전과는 완전히 달라 '희망찬 괴물'로 인정받기에는 무리가 있다. 이 모든 것은 새롭고 성공적인 혁신보다는 발명가들의 실험실에서 잊힌 게 훨씬 많다는 걸 부정하지 않는다. 1816년에 발명한 스털링 엔진(Stirling engine: 불안정하고 위험한 초기 증기 기관을 대체하기 위해 스코틀랜드 목사 로버트 스털링이 발명한 증기 기관. 스털링 엔진을 작동하기 위해서는 높은 온도를 유지해야 했지만 당시에는 재료를 구하지 못해 결국 크게 사용되지는 못했다—옮긴이)이나 강삭 철도(funicular railroads: 사람이나 물건을 가파른 언덕 위로 끌어올리기 위해 고안한 케이블카. 1500년경 처음 만들었으나 당시에는 사람이나 동물로 케이블을 작동했기 때문에 널리 쓰이지 못했다—옮긴이)가 대표적인 예다.

대부분의 기술적 진보와 생산성 향상은 작은 변화가 느리지만 점진적으로 누적된 결과라는 점은 틀림없다. 도약진화론은 이를 부정하는 것이 아니다. 하지만 내가 미시적 발명품(microinventions)이라고 부르는 작은 변화는 얼마 가지 않아 수확 체감의 법칙에 구속되기 마련이다(Mokyr, 1990). 혁신을 지속하기 위해서는 새로운 사상이 등장하거나 완전히 다른 분야의 사상을 주입해야 한다. 〔맷 리들리(Matt Ridley, 2014)는 이런 현상을 "아이디어 섹스"라고 부른다.〕 아무리 말이나 유모차를 개조하더라도 절대 자전거가 될 수 없다. 마찬가지로 자전거를 아무리 개조하더라도 세그웨이(Segway: 사람이 서서 핸들을 잡고 조종하며 스스로 균형을 맞추는, 전기 모터가 달린 1인용 이동 수단—옮긴이)가 될 수 없다. 그러나 새로운 발명품이 기존 요소를 사용했다고 해서 그 새로운 발명품의 혁신적 가치가 훼손되는 것은 아니다.[8] 더 중요한 것은 조지 바살라(George Basalla) 등이 제시한 근본주의적 점진주의(fundamentalist incrementalism)는 처방적 지식(기술)과 그 처방적 지식의 바탕이 되는 명제적 지식(인식론적 토대) 사이의 복잡한 상호 작용을 간과한다는 것이다. 그 둘 사이의 긍정적 상호 작용은 진화가 오랜 시간에 걸쳐 점진적으로 발생한다는 진화적 점진주의를 부정할 만한 빠르고 심지어 폭발적이기까지 한 발전을 초래할 수 있다는 것을 보여준다(Mokyr, 2002). 어떤 이유에서건 한 번 확산하기 시작한 희망찬 괴물은 기술에서만 찾을 수 있는 것이 아니다. 문화의 역사는 뉴턴의 《프린키피아》와 베토벤의 '영웅(Eroica)', 그리고 다윈의 《종의 기원》까지 사후적으로는 필연적으로 보이지만 사전적으로는 예상하기 힘든 갑작스러운 불연속성으로 얼룩져 있다. 무엇에서 비롯했고 어디에서 왔건 이런 성공적인 '괴물'은 불연속적인 변화로 이어졌다.

진화생물학의 원리를 통해 문화의 변화를 이해하려는 시도에는 많은 함정이 있다. 종과 종분화(speciation, 種分化)라는 생물학적 개념이 문화에서 정확히 어떤 의미를 갖는지는 명확하지 않다. 생물학적으로 종은 다른 종들과 생식적으로 격리(생식 기관의 구조와 방법, 시기 등에서 차이가 생겨 서로 교배 불가능해지는 현상—옮긴이)되어 있다. 하지만 이 개념은 문화적 맥락에서는 그 어떤 의미도 띠지 않는다. 문화적 진화의 개념에서 '세대'라는 개념도 마찬가지다. 이제는 어떤 박테리아가 형질 도입(transduction) 같은 메커니즘을 통해 유전적 정보를 획득할 수 있다는 것이 명확해졌지만, 신다윈주의 모형에서 세대 간 정보는 유사 분열(mitosis) 과정에서만 전달된다. 문화는 진화에 필요한 원천인 다른 문화를 얼마나 수용하고 받아들일지에 대해 상한선을 두지 않는다. 더욱이 돌연변이처럼 혁신이 완전히 무작위로 일어난다고 믿을 이유도 없다. 생물학에서는 단지 필요에 의해 돌연변이가 생기지 않는다. 하지만 문화적 관점에서 보면, 혁신과 사회적 필요의 관계는 명확하게 규명되지 않았지만 유의미한 상관관계는 존재하는 것으로 보인다. 때때로 기대하지 않은 참신한 혁신이 일어날 때도 있지만 혁신가들은 그저 닥치는 대로 아무렇게나 노력하는 것이 아니다. 혁신은 의도치 않으며 우발적 결과를 불러오기도 하지만, 그렇다고 해서 완전하게 무작위적인 과정은 아니다. 예를 들어 경제학에서는 인건비가 높은 나라에서 노동 절감형 혁신이 일어나는 현상에 주목한다. 이런 주장은 크게 비난받기는 했지만 발명가나 사상가는 그들이 생각하기에 중요하게 여기는 사안이나 사회적으로 우선시되는 분야에서 혁신을 하는 것이 사실이다. 그게 천연두 백신이건 핵폭탄이건 말이다.

그러면 진화적 접근론을 문화에 적용하면서 우리는 무엇을 얻을 수 있을까? 이런 접근론은 복잡하고도 의도치 않은 진화의 결과를 설명하는 분석의 틀을 제공한다(Aldrich et al., 2008, p. 589). 이러한 분석의 틀에는 변화하는 환경에 맞춰 적응하는 문화적 신념과 선택의 과정에서 도태되는 문화적 신념이 녹아들어 있다. 진화론적 사고방식의 큰 장점은 경제사학자들이 왜 현재가 지금의 모습이며 왜 다른 모습이 아닌지를 설명한다는 것이다. 다윈주의는 무엇보다 개인의 선택과 자연선택 개념을 통해 과거가 현재를 어떻게 형성했는지 살펴보고, 현재의 선택이 과거의 선택과 혁신으로부터 어떤 영향을 받았는지 살펴보도록 유도한다. 진화의 개념은 경제학의 여타 이론처럼 깔끔하고 즉시 적용 가능한 방법론이 아닐 수는 있지만 지식 혁신의 역사를 분석하는 데 어느 정도의 장점은 있다. 진화론적 접근 방식을 사용해서 문화의 역사를 살펴보는 데는 어떤 장점이 있는지 지금부터 살펴보도록 하겠다.[9]

첫째, 진화 체계는 정보와 행동, 즉 유전자형과 표현형의 근본적 이중성을 특징으로 한다. 유전자형과 표현형이라는 생물학적 구분법을 문화의 역사에 적용하는 것은 위험할 수 있지만, 그래도 배울 점은 있다. 문화는 마음의 문제다. 행동과 태도는 선호와 지식의 가시적 결과물일 뿐이다(Mesoudi et al., 2013). 하지만 이미 언급했듯 신념이 행동으로 이어지는 과정은 유전자가 표현형으로 이어지는 과정보다 간단하다고 할 수 없다. 기껏해야 많은 변수의 상호 작용을 가려주는 느슨한 통계적 연관성만 있을 뿐이다.[10] 한 가지 이유는 신념이—유전자형이 다른 유전자형에 영향을 주는 과정과 마찬가지로—'이웃한' 신념에 영향을 주기 때문이다. **다면 발현**(pleiotropy)이란 하나의 유전자형 변화가 하나 이상의 표현형에 영향을 미치는 현상이다. 비슷한 현상으로 일정한 특징이나 행동을 유발하는 데 하나 이상의 정보(유전자)가 동시에 관여하는 **상위성**(epistasis)이 있다. 이런 묶음은 종종 문화의 진화에서도 찾아볼 수 있다. 즉 상업의 미덕이라는 가치가 사람들 사이에서 하나의 신념으로 확산하는 것은 유용한 지식의 가치가 사람들 사이에 퍼지는 것과 관련이 있을 수 있으나 반드시 연관되어 있는 것도 아니다.

둘째, 진화는 혁신이 처음으로 발현되는 기존 환경 및 혁신 그 자체와의 상호 작용이다. 혁신은 어떤 의미에서 주도적이고 순수하게 무작위(바이스만의 생물학에서 돌연변이는 무작위다)한 것은 아니더라도 확률 변수라는 것을 앞서 설명했다. 우리는 아직 왜 어떤 사람에 대해 특정한 시기에 특정한 사상을 떠올리는지 모른다. 마찬가지로 왜 어떤 사회에서는 그런 사상이 출현하고 다른 사회에서는 그렇지 않은지도 모른다. 어떤 사상이 출현하는 데는 주변 환경과 사회적 필요에 영향을 받는다. 하지만 혁신의 흐름이 완전하게 예측 가능하다 해도 그런 혁신이 환경에 얼마나 잘 적합한지 측정하기 전에는 그 혁신의 성공을 장담할 수 없다. 환경에 적합한 혁신은 확산될 것이다. 더욱이 혁신의 성공 가능성을 예상할 수 있다 해도 그 혁신은 주변 환경에 변화를 주는 피드백 효과(feedback effects: 특정 현상에 대한 결과물이 다시 그 현상에 대한 입력물이 되어 계속해서 변화하는 것—옮긴이)를 창출해 상황을 더 복잡하게 만든다.

셋째, 진화 체계는 높은 생식력과 선택의 역학에 기반을 둔다. 진화론에 의하면 환경이 수용할 수 있는 것보다 많은 변이가 생기기 때문에 어느 정도 걸러내는 작업이 반드시 필요하다. 생물학에서 흔히 말하는 자연선택은 순전히 은유적인 표현이다. 그 누구도 실제로 '선택'을 하지는 않는다. 선택의 메커니즘은 전적으로 차등 생식과 생존 경쟁에 의해 진행되는 과정이다. 반면, 사람들은 다양한 문화적 선택지 앞에서 어떤 요소를 선택하고 버릴 것인지 의식적으로 결정한 뒤 행동을 통해 무엇을 선택했는지 보여준다. 종들과 마찬가지로 더 강력하고 새로운 사상이 등장하면 기존의 사상은 '멸종'할 수 있지만('멸종'한 사상 가운데 가장 대표적인 예로는 천문학의 천동설과 오염된 공기로 인해 전염병이 확산된다는 미아스마(miasma) 이론이 있다) 대부분의 경우 기존의 사상은 새로운 사상과 결합해 혼합된 사상적 균형을 이루며 공존한다. 5장에서 더욱 자세히 다루겠지만 이런 현상은 지식이 **단단하지 않을 때** 발생한다. 단단하지 않은 지식이란 확실하지도 않고 당대의 수사학으로 쉽게 증명할 수 없는 지식을 말한다. 그 때문에 문명을 거부한 채 18세기식의 삶을 이어가는 사람들, 지구가 평평하다고 믿는 사람들, 또는 트로츠키 사상을 신봉하는 사람들이 가진 '틈새 사상'이 계속해서 그 명목을 이어갈 수 있는 것이다. 이런 비주류의 문화적 신념은 선택의 여지에 맡겨져 계속 생존할 수 있는 기회를 제공받는다.

넷째, 진화적 모형은 진화의 많은 단계에서 변화를 허용한다는 점에서 너그럽다. 이런 변화가 생물학적 시스템에서 일어나는지, 적절한 선택 단위가 무엇인지에 대해서는 아직 긴 논의가 진행되고 있다. 조지 윌리엄스(George Williams)와 리처드 도킨스 같은 생물학자는 모든 선택이 유전자에서 발생한다고 생각하지만 다른 생물학자들은 세포, 유기체, 종, 심지어 개체군에서도 일어날 수 있다고 강력하게 주장한다. 이 논쟁의 결과가 어떻든 간에 문화의 진화와 관련해 선택은 많은 단계에서 발생할 수 있다. 이를 살펴보기 위해 한 사회의 어떤 개인이 새로운 문화적 특성을 획득했다고 가정해보자. 만약 그 사람이 다른 문화적 특성이 아닌 하필이면 그 무엇을 획득했다는 것은 문화적 진화가 선택에 의해 일어났다는 뜻이다. 만약 그 문화적 특성이 그 사람의 적응력을 높여 기대 수명도 늘어나고 자식들이 생존할 가능성도 높여준다고 하자. 이런 경우 그 문화적 특성은 후손들의 사회화 과정을 통해 수직적으로 전달될 수 있고, 또한 주변 사람을 '감염'시키는 방식으로 수평적으로 전달될 수도 있다. 더욱이 사회 전체가 그 문화적 특성을 수용하면 그 사회는 환경에 대한 적응력이 향상될 것이다. 아울러 그 사회의 인구는 한층 빠르게 증가해 지구에서 차지하는 상대적 인구의 비중 역시 늘어날 것이다. 진화는 단일한 과정이 아니라 모든 단계에서 의식적인 선택과 '자연선택'이 복잡하게 뒤얽힌 시스템이다.

다섯째, 모든 진화 체계와 마찬가지로 문화는 변화에 저항한다. 진화학의 전문 언어를 사용해 설명하자면, 기존의 문화는 혁신('돌연변이')에 대해 진화론적 측면에서 안정적인 전략이다. 기존의 문화적 특성에는 혁신에 저항해 당장의 안정성을 유지하는 메커니즘이 내재해 있지만 이런 메커니즘의 효율성 역시 해당 환경에 영향을 받기도 한다. 에른스트 마이어(Ernst Mayr, 1989, p. 35)는 유전자가 "한 팀으로 움직인다"면서 "상위성 상호작용(epistatic interactions)은 자연선택에 대한 유전형의 반응을 강하게 제한한다"고 주장했다. 이와 마찬가지로 문화적 요소는 상호 의존하면서 긴밀한 체계를 구축해 변화에 저항할 수 있다(Bateson, 1979, pp. 176-180).[11] 예를 들어 현실성이 떨어진 종교는 새로운 신념을 받아들여 현실에 적응하거나, 아니면 점점 구식이 되어가는 믿음에 호소해야 한다. 이런 신념에 의존하는 조직은 내부의 권력 구조(오늘날의 가톨릭교회 같은)에 의지하거나, 격렬하게 저항하거나, 아니면 변화를 수용해야 한다. 사람들은 당대의 문화적 신념에 유·무형의 투자를 하며, 투자한 신념이 바뀌거나 폐기되면 이른바 이런 '문화적 자본'의 가치 역시 훼손된다. 우리의 문화는 이런 문화적 자본에서 자유롭지 못하다. 바로 이런 이유로 인해 물리학자들은 양자역학에 저항했고, 의사들은 배종설(germ theory: 생명의 근원인 배종이 이 세계에 널리 존재하며, 이를 중심으로 물질이 조직되어 생물 개체가 성립한다는 학설─옮긴이)을, 화학자들은 원자론을 반대했다. 어떤 문화 체계든 변화에 대한 저항은 항상 존재할 것이며 '적합'해 보이는 많은 혁신도 이런 수구(守舊) 편향적인 적대적 환경에 적응하지 못할 것이다.[12] 하지만 '문화적 종(cultural species)'은 오랫동안 공존할 수도 있다. 16~17세기에 등장한 '새로운 과학'은 한동안 아리스토텔레스 시대부터 내려온 과학의 정설을 대체하지 못했다. 새로운 과학은 분명 기존의 과학적 정설을 대체하는 사상으로 여겨질 때도 있었지만 오랜 기간 동안 과거의 과학과 조화롭게 타협하면서 공존했다.

여섯째, 진화적 분석의 틀로 문화적 변화의 속도나 방향을 쉽게 일반화하거나 예측하는 것은 언제나 실패로 돌아갈 것이다. 대부분의 경우 문화는 극적인(dramatic) 제도와 정치적 쇼크를 겪으면서 지각판 운동처럼 변화한다. 하지만 때로는 변화에 대한 저항이 약해지거나 기존의 문화적 신념에 적대적인 외부 세력으로 인해 빠르게 변하기도 한다(Jones, 2006). 진화학과 마찬가지로 이런 분석론은 미래를 예측하는 데 적합하지 않을 수 있지만 과거를 분석하는 수단으로서는 유용하다. 미래 예측이 힘든 이유는 분석의 대상이 환경과 밀접하게 상호 작용하고, 이런 관계는 시간의 흐름에 따라 변하기 때문이다(Saviotti, 1996, p. 31). 더욱이 존 지먼(John

Ziman, 2000, p. 50)이 지적했듯 자연선택론에서 정작 중요한 것은 다수의 비슷한 상황이나 행위자(agents)의 통계적 평균이 아니라 과대하게 평가되어 결과를 크게 좌우하는 보기 드문 사건이다.[13] 역사학자들은 어떤 드문 사건이 실제로 훗날의 결과에 영향을 주면 어떤 상황에서 그런 사건이 '선택'되는지 이해해야 하는 도전에 직면한다. 물론 원칙적으로 진화적 모형을 차등 번식의 원칙에 충실한 부모의 유전형을 타고난 유한한 생명체에 국한해야 한다고 반드시 생각할 이유는 없다. 다시 말해 진화론적 사고방식은 마이어(Mayr, 1982, pp. 46-47)가 "개체군 사고(population thinking)"라고 부른 핵심적 진화 이론으로 요약할 수 있다. 진화론적 사고는 특정 개체군 내에서 개체 변이(individual variation)의 중요성을 강조하며, 적은 수의 개체가 나중에는 많은 수의 개체 변이를 가능케 한다고 말한다. 만약 우리가 거시적 수준에서 경제 변화를 살펴보고자 한다면 이런 개체군 사고는 매우 중요하다. 많은 경제학적 변화는 소수가 다수에게 영향을 끼치기 시작하면서 비롯된다.

마지막으로 진화론적 접근법은 왜 그리고 어떻게 역사의 궤도가 그려졌는지에 대한 한층 합리적인 사고방식을 제공한다. 진화론적 접근법은 역사가 냉혹하고 미리 정해져 있다는 유물론적 분석과 역사 그 자체가 무작위로 넘쳐난다는 허무주의적 접근이라는 양극단의 중간에 위치한 역사 분석관을 제공한다. 프랑스의 유명한 생화학자 자크 모노(Jacques Monod, 1971)의 표현을 빌리면, 대분기와 대분기를 일으킨 산업혁명은 요행도 아니요, 필연도 아니었다. 과학혁명(1500~1800년 수학, 물리, 천문학, 생물학, 화학 같은 현대적 학문이 등장하고 발전하면서 자연에 대한 과학적 사상에 큰 변화가 일어난 변혁—옮긴이)이나 계몽주의도 마찬가지다.[14] 대분기와 산업혁명, 과학혁명과 계몽주의의 씨앗은 이미 토양에 심어져 있었고, 당시 역사적인 상황으로 인해 이런 씨앗이 꽃을 피운 것뿐이다. 진화적 혁신은 돌연변이가 발생하기에 적합한 환경에서 돌연변이가 나타난 것이다. 하지만 이런 돌연변이는 발생 가능한 모든 돌연변이의 작은 일부이며, 게다가 발생했지만 성장하지 못한 채 도태된 돌연변이에 비해서도 미세한 일부이다. 진화 이론은 역사가들에게 우연은 도처에 깔려 있다는 것을 상기시켜준다. 이미 일어난 모든 일은 일어나지 않았을 수도 있고, 일어날 수도 있었던 일 중에서 실제로 일어나지 않은 것도 있다. 또한 상황이 비슷하더라도 반드시 같은 결과를 불러오는 것은 아니고, 결과가 비슷하더라도 원인이 동일하지 않다는 것도 일깨워준다. 진화학은 상동성(相同性: 비슷한 기원에서 비슷한 결과가 나오는 현상)과 상사성(相似性: 결과는 비슷하나 기원이 다른 현상)을 구분한다. 문화와 제도의 상호 작용을 연구하는 경제학자는 이런 모형에는 비슷한 상황에 놓여 있던 사회가 "역사적 특이점에 따라" 매우 다른 상황에 처할 수 있다는 다중 균형(multiple equilibria)을 인식함으로써 이러한 해석을 강화한다(Alesina and Giuliano, 2016, p. 44). 어찌 되었든 역사에서 불가피한 것은 아무것도 없다는 게 지배적인 관점이다. 하지만 세계 많은 지역의 발전상이 결코 독립적이지 않았다 해도, 역사적 규칙성과 인과관계가 이들 지역의 발전에 어떤 역할을 하는지에 대한 통찰을 얻을 수는 있다. 즉 역사의 모든 사건이 우연은 아니라는 것이다. 이에 대해 헤이랏 페르메이(Geerat Vermeij, 2004, p. 250)는 비교역사학이 우연과 필연을 구분하는 데 도움을 준다고 했다. 따라서 유럽의 경험을 다른 문화권, 예컨대 중국의 경험과 비교하는 작업은 중요하다(16~17장 참조).

더욱이 복잡성과 다양성이 증가한다는 측면에서 진화 체계는 일반적인 진보적 추세를 창출한다고 여겨져왔다. 이 문제는 아직 논란의 여지가 크지만 한 저명한 생물학자는 자기 동료에게 역사의 이런 추세는 역사를 바라보는 중심적 원칙이라고 말했다. "역사는 무작위적인 변화가 아니다. 경쟁력 있는 우성 유전자는 시간이 흐를수록 힘이 더해지면서 …… 한층 높은 수준의 다양성과 생산성이라는 추세를 만든다"(Vermeij, 2004, p. 252). 다른 생물학자들은 이런 시각보다 좀더 회의적이기는 하다(Futuyma, 1986, p. 366 참조). 14장에서 살펴보겠지만 이런 역사의 눈에 띄는 추세는 1500~ 1700년 동안 문화의 한 부분이 되었다. 만약 우리가 문화의 역사와 살아 있는 종들의 역사를 일반화한 다원주의적 관점에서 바라본다면, 진보로 여길 수 있는 추세가 있다는 것은 타당하고도 적절한 논의다.

인류 역사에 걸쳐 과학과 기술의 발전은 항상 있었지만 1700년 이후 유럽에서 일어난 발전은 많은 면에서 독특하다. 유럽의 과학과 기술의 발전은 서양 역사에서 피할 수 없는 누적된 업적도, 서양의 우수한 문화적 역동성을 나타내는 것도 아니다. 오직 지적 발전의 새로운 한계를 설정한 제도를 포함해 의도하지 않고 예상하지도 못했지만 유럽 몇몇 지역의 문화에 영향을 끼친 상황이 만들어낸 결과다. 고대 유럽의 찬란한 문명도, 중세 교회도, 르네상스도 서양의 물질적 성공을 필연으로 만들지는 않았다(Goldstone, 2012). 최근 2세기 동안 유럽의 경제 발전은 약 50만 년 전 호모사피엔스의 출현처럼 봐야 한다. 호모사피엔스가 출현하기 전 6500만 년 동안 수많은 종이 나타나고 멸종하면서 포유류가 진화했지만, 그 어떤 종도 세상을 바꿀 만큼의 중추신경계를 발전시키지 못했다 (Vermeij, 2004). 진화는 역사의 다른 시기에 발생했을 수도 있고, 전혀 발생하지 않거나 진화 초기에 싹이 잘릴 수도 있었다. 일반적으로 말해서 진화는—최소한 일정 기간만이라도—생존한 종들의 이야기다.

문화적 진화는 주로 고대 사회에서 도구의 등장과 관련이 있다. 흉내와 행동 학습(learning-by-doing)은 변화의 도구다. 이런 세상에서는 "일반적으로 시행착오를 거치면서는 작은 개선보다 큰 개선을 이루기 더욱 어렵기"
(Boyd, Richerson and Henrich, 2013, p. 135) 때문에 기술 발전의 속도가 느릴
것이다. 하지만 문화적 진화가 기술을 작동하게 하는 자연 원리에 대해
설득을 시작하면서 혁신의 게임은 영원히 바뀌었다. 그리고 별개의 기술
적 도약이 좀더 빈번하게 일어나기 시작했다. 결국에는 이것이 위대한 풍
요를 가능케 한 이유다.

선택에 의한 문화적 진화

문화를 진화론적 분석의 틀로 설명하려면 문화가 한 세대에서 다음 세대로 전달되는 과정인 이른바 '사회화'가 어떻게 일어나는지 분명히 해야 한다. 사회화는 다른 사람을 흉내 내면서 진행되는데, 이런 과정은 때때로 무의식중에 일어나기도 한다. 아울러 언어나 글, 그림, 본보기 같은 상징적인 방식으로 일어난다. 최근 경제학자들은 경제 성장을 결정하는 핵심 요소로 세대 간 문화 전달의 중요성을 깨닫기 시작했다(Spolaore and Wacziarg, 2013; Giuliano, 2016). 물론 어린 시절의 사회화를 사회적 학습의 전부라고 할 수는 없다. 사람은 평생에 걸쳐 가치나 신념을 바꿀 수 있지만, 언어나 악기처럼 나이가 들수록 새로운 기술을 배우거나 새로운 신념을 받아들이기가 점점 힘들어진다. 그래도 어른은 종교, 사회적 관계, 정치적 믿음, 시간의 가치, 물질적 소비 등에 대해 많은 문화적 선택을 한다. 지적 공동체에서 이런 평생 학습은 그 자체로 성공을 위해 필요한 기술이다.

선택에 의한 문화의 진화는 1980년대 중반 관련 연구가 시작된 후 사회과학에서 중요한 연구의 흐름으로 자리 잡았다. 그리고 비신과 베르디에(Bisin and Verdier, 1998, 2001)가 중요한 논문에서 다루었다시피 경제학에서도 상당한 성공을 거두었다. 그들은 논문에서 부모는 스스로 아이들을 사회화할 것인지(즉 부모의 문화적 특성을 가르칠 것인지), 아니면 부모의 문화적 특성을 공유하는지 여부를 모르는 다른 사람에게 아이들의 사회화를 맡길 것인지 결정할 수 있다고 했다. 그들의 논문은 많은 영향을 끼쳤다. 특히 부패(Hauk and Saez-Marti, 2002)와 도덕성(Greif and Tadelis, 2010) 같은 중요한 현상을 설명하는 데 영감을 주었다. 아울러 부모가 아이들이 자신들과 다른 가치를 얻길 원하는 현상, 사회화가 언론을 포함해 외부 환경에 영향을 받는 상황을 설명하는 데도 영감을 주었다(Christopoulou, Jaber, and Lillard, 2013).

따라서 모든 종류의 문화적 진화는 사회적 학습과 설득을 포함한다. 사회적 학습의 큰 부분은 **수직적으로** 일어난다. 대부분의 사람은 부모에 의해 최초로 사회화한다(가장 중요한 사회화). 과거 사회에서 이는 사회화의 대부분을 차지했다. 유일한 사회화는 아니었다는 얘기다. 부모는 학교 선생님이나 전문가를 선택해 아이들의 사회화를 맡기거나 특정 기관에 위탁하기도 했다. 키부츠(Kibbutz: 평등과 공정에 기반을 둔 이스라엘의 생활 공동체로, 아이들은 18세까지 의무적으로 부모와 떨어져 집단생활을 한다 — 옮긴이)나 대가족 같은 환경에서 부모는 비슷한 문화적 특성을 공유하는 다른 사람과 함께 아이들을 양육하기도 한다. 하지만 아이들은 커가면서 스스로 모방하고 획득하고자 하는 문화적 특성과 그런 특성을 가진 사람을 선택할 수 있다. 이런 수평적이고 비스듬한(oblique) 사회화는 개인이 가족 외의 다른 환경에서 얼마나 많은 정보를 접하는지에 달려 있다. 제도는 여기에서도 중요하다. 근본주의적인 지역에서 성장한 초정통파(ultra-orthodox) 유대인 아이들은 세속적인 문화에 좀처럼 노출되지 않는다. 하지만 이는 기술 때문이 아니다(보수적인 종교관을 유지하는 유대인은 금요일 밤에서 토요일 저녁까지 이어지는 안식일에는 전기를 포함해 모든 현대 기술을 사용하지 않는다―옮긴이). 정보에 대한 접근을 제한하는 일련의 제도 때문이다.

사회화를 통해 문화적 선택을 한다는 접근법은 부모의 결정이 다음 세대의 문화를 결정하는 많은 요소(사회화) 가운데 하나에 불과하다는 일반론에서 크게 벗어나지 않는다. 좀더 일반적인 환경에서 개인은 부모로부터 물려받은 문화적 특성을 유지할지, 또는 부모하고 다른 문화적 특성을 새롭게 받아들일지 선택할 수 있다. 모든 사회과학자가 직면한 문제는 개인이 이런 선택을 어떻게 하는지 아직 명확히 밝혀진 게 없다는 것이다. 사람들이 높은 소득 불평등이 부도덕하다거나 마약 중독은 나쁘다는 것, 또는 진화론에 대한 믿음을 갖게 되는 명확한 과정에 대해서는 밝혀진 바가 없다.

선택에 의한 문화적 진화는 자발적 선택이 아니다. 모든 사람은 주변 환경에 의해 제약을 받고, 그 주변 환경으로 인해 선택할 수 있는 문화가 결정된다. 인간은 보통 이미 존재하는 문화의 선택지에서 선택하며, 이런 선택지는 대부분의 사람들에게 주어진다. 하지만 자신이 처한 환경에 따라 받는 정보와 영향이 달라진다. 슈베르트의 음악을 들어본 적 없는 사람은 그의 음악을 좋아할 수 없고, 중세 몽골에서 태어나고 자란 사람은 마이모니데스(Maimonides: 에스파냐 출신의 유대인 철학자―옮긴이)의 형이상학적 사상을 받아들일 수 없다. 따라서 개인은 자신의 부모와 문화적으로 닮을 수밖에 없다. 하지만 이 유사함의 정도는 문화와 제도 그리고 기술적 환경에 의해 결정되며, 이런 면에서 문화와 경제에 대한 에릭 존스

(Jones, 2006)의 딜레마를 설명하기도 한다. 존스는 문화를 경제 활동을 제약하는 고정된 외생적 환경으로 보는 시각, 그리고 환경에 완전하게 적응 가능하고 경제적 필요에 따라 변화무쌍한 것으로 보는 시각은 모두 설득력이 굉장히 떨어진다고 지적했다. 대신 존스는 문화가 그 중간 어딘가에 있다고 했다. 즉 문화는 유연하고 적응력이 뛰어나기도 하지만 종종 놀랍도록 고집스러운 면이 있다. 하지만 우리는 어떤 조건에서 문화의 변화가 빠르게 일어나는지 또는 느리게 일어나는지에 대해 더 많이 알아야 한다. 그리고 가능하다면 어떤 방향으로 문화적 변화가 일어나는지도 역시 알아야 한다.

기술은 당연히 중요하다. 인쇄기, 향상된 문해력과 이동성, 개선된 우편망 그리고 도시의 광장은 문맹인 평민들이 한 번도 접해보지 못한 정보의 근원이 되었다. TV와 인터넷 그리고 소셜 미디어는 1914년까지만 해도 상상조차 못했던 정보의 원천을 확대했다. 선택에 의한 사회적 학습은 최근 2~3세기 동안 정보에 대한 접근성을 높여주고 문맹률 퇴치에 앞장서면서 기하급수적으로 중요해졌다. 이런 현상은 역사적으로 엄청난 영향을 끼쳤다.

많은 학자들, 특히 보이드와 리처슨(Boyd and Richerson, 1985, 2005)이 언급한 것처럼 선택에 의한 사회적 학습은 문화적 진화의 중심에 있다. 따라서 보이드와 리처슨의 연구 결과를 적용하는 것은 이러한 목적에서 유용하다. 그림 1을 살펴보자. 한 개인의 선호와 태도 그리고 신념은 두 출처, 즉 유전이나 수직적 사회화를 통해 부모로부터 물려받거나, 학교와 역할 모델 같은 비스듬한 출처 또는 또래 친구와 언론 매체에 의한 수평적 전달 통로 같은 '다른 모든 경로'를 통해 형성된다. 만약 수직적 사회화가 일반적 현상이라면, 그 사회는 차등 생식이나 유전적 부동을 초래하

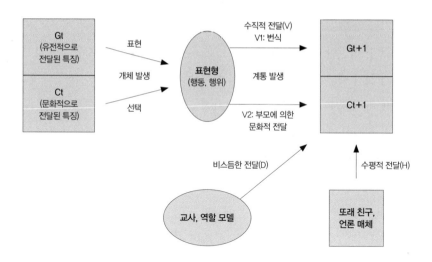

그림 1 문화적 특징의 세대 간 전달

는 오류에 의해서만 변화할 수 있다.[1] 모든 문화적 요소가 그 어떤 실수도 없이 부모로부터 자녀에게 모두 전달되는 극단적인 경우 아이들은 부모의 문화적 판박이고 변화의 동인은 다윈의 자연선택 과정을 통해 환경에 잘 적응할 수 있는 특정 요소를 갖춘 사람이라는 클라크(Gregory Clark, 2007)와 갈로르(Oded Galor, 2011)의 세계로 다시 돌아가는 것이다.

여러 번 언급했듯 사람들이 주어진 문화에서 벗어나 새로운 문화를 수용하는 정도는 극적인 문화적 변화를 불러일으키는 중요한 변수다. 과학과 기술을 포함해 유용한 지식은 문화의 한 부분이며, 문화적 변화가 갑자기 빨라져 경제에 큰 영향을 준 현상의 가장 좋은 사례는 산업혁명이다. 비신과 베르디에가 지적한 것처럼 선택지에 얼마나 많은 수평적 정보와 (수평까지는 아니지만) '비스듬한' 정보가 있는지 여부는 부모에게 어느 정도 달려 있다. 전반적으로 부모는 그들의 자식이 자신의 문화를 답습하기를 바란다. 비신과 베르디에는 이런 현상을 "불완전한 공감"이라고 불렀다. 하지만 홈스쿨링(home-schooling)은 비싸기도 하고 매우 효율적이지 않기 때문에 부모는 자식들의 사회화를 담당할 외부인을 지정한다. 넓게 봐서 학교 선생님은 부모의 문화적 신념을 반영하지만, 학우들의 문화적 신념이 다른 가정에서 비롯되기 때문에 부모의 신념을 온전하게 물려주기란 불가능하다. 따라서 취학 아동은 부모에 의해서만 사회화를 하는 아이들에 비해 불가피하게 더 큰 문화적 선택지에 노출된다. 하지만 과거에는 학교 외에 다른 사회 부분에서도 구성원의 사회화를 담당했다. 가장 대표적으로 종교가 있다. 종교는 문화적 신념(아울러 그 신념에 따른 행동도)을 젊은이에게 주입했다. 유럽의 과거 대부분 동안 종교 교육이 사회에 지대한 역할을 한 이유다. 다른 이념이나 문화적 신념도 비슷한 경로를 통해 전달되었다(중국에서는 서당을 통해).

근대 경제의 특징으로, 문화적 신념이 부모가 아닌 다른 경로를 통해 전달되는 경우가 급격하게 증가했다는 점을 들 수 있다. 실제로 세대 간 전달의 이런 메커니즘은 근대의 전형적 특징이다. 비신과 베르디에(Bisin Verdier, 1998)의 분석에 의하면, 이런 변화는 부모가 직접 자식을 사회화하는 데 따른 기회비용이 증가한 것으로 설명할 수 있다. 자식을 직접 사회화하는 기회비용이 증가하자 부모는 자신의 문화적 신념을 완벽하게 전달하지 못하더라도 자식의 사회화를 다른 사람에게 위탁하는 것이 합리적이라고 생각하기에 이르렀다. 하지만 더 많은 요소가 존재한다. 학교 선생님이 홈스쿨링을 대체한 이유는 교사의 전문 지식도 한몫을 했지만, 그 밖에 교육 분야에서 규모의 경제와 학교 교육에 대한 공적 보조금도 한몫을 했다. 현대 사회에서 일방적인 수직적 전달은 현실적이지 않다. 지식의 분화로 인해 부모가 자식을 사회화하는 데 필요한 지식과 문화를 습득하는 게 불가능해졌기 때문이다. 더욱이 문화와 지식은 한 세대의 수명에 비해 상대적으로 매우 빠르게 변해, 부모가 자식을 사회화할 때쯤이면 그들이 습득한 지식과 문화는 이미 시대에 뒤처진 것이 될 수 있다. 종교든 과학이든 아니면 기술이든 새로운 문화의 습득은 정보에 대한 접근성의 혁명적 변화로 더욱 가속화했고, 이로 인해 문화의 전달은 과거보다 더 쉽고 빠르게 진행된다. 기술과 지식은 차치하더라도 한 개인이 21세기에 선택할 수 있는 문화적 선택지는 엄청나게 넓어졌다. 아울러 종교와 이념, 철학, 문학, 예술, 음악을 포함한 문화의 모든 범위가 그 누구도 상상할 수 없을 정도로 확장되었다. 따라서 부모는 아이와 어른이 모두 경험하고 있을 뿐만 아니라 자유롭게 선택할 수 있는 문화적 변화의 흐름 속에서 "불완전한 공감"을 유지하는 데 점점 더 많은 어려움을 겪고 있다. 물론 부모는 학교와 관련해 선택의 여지가 많이 없다. 하지만 맞벌이 부모들이 스스로 선택할 수 있는 방과 후 활동이나 여름 캠프가 인기를 끈다는 사실은 현대식 교육에 큰 울림을 준다. 미국에는 홈스쿨링이 아직 존재하지만 규모가 크지 않고 대부분 비주류 종교 집단에 한정되어 있다.[2]

어른처럼 아이들도 스스로 문화적 선택을 한다. 위인전을 찬찬히 살펴보면, 권위적인 부모와 종교에 반항하고 다른 문화를 선택한 아들과 (빈도 수는 낮지만) 딸로 가득하다. 마르크스주의를 받아들인 부유한 부르주아 명문가의 자손이나 가톨릭 주교가 된 정통 유대교 랍비의 아들을 예로 들 수 있다. 이런 반항아가 생겨나는 이유는 부모의 교육이나 그 부모를 대체한 사람에 의한 사회화가 불완전하기 **때문**만은 아니다. 오히려 그런 교육과 사회화에 대한 반응이기도 하다.

왜 아이들은 부모와 문화적으로 다를까? 한 가지 이유는 비신과 베르디에가 말한 "불완전한 공감"이 부모의 행동을 설명하는 완전한 특성이 아닐 수도 있다는 데 있다. 부모는 자신들이 원하는 방식대로 자식의 행복을 추구하며, 만약 부모가 과거에 선택한 문화적 특성을 후회한다면 자신들의 문화적 특성과는 다른 것을 자식에게 물려준다는 이타적 효용 함수(altruistic utility function)가 더 설득력 있다(Christopoulou, Jaber, and Lillard, 2013). 대안적으로 부모가 자신들이 원하는 방향으로 다른 사람에게 자식의 사회화를 맡긴다고 해도, 중대한 주인-대리인 문제(principal-agent problem: 계약 관계에서 권한을 위임하는 주인과 일을 수행하는 대리인 사이에 불완전한 정보가 개입하는 것을 말함. 이로 인해 대리인이 최선의 노력을 하지 않는 도덕적 해이가 일어날 수 있음—옮긴이)가 발생할 수 있다. 부모는 자식의 사회화 과정을 불완전하게만 감시할 수 있기 때문이다.

어쩌면 현대 사회에서는 수직적 전달이 상대적으로 중요하지 않다고 생각할 수도 있다. 저 유명한 《양육 가설(The Nurture Assumption)》이라는 책에서 주디스 해리스(Judith Harris)는 오늘날의 사회에서 부모가 자식들에게 끼치는 문화적 영향은 제한적이라는 사실을 많은 근거를 통해 보여주었다. 해리스는 아이들의 사회적 행동은 또래 친구와의 상호 작용 결과이며, 유아기를 넘어서면 부모는 제한적으로만 자식들에게 영향을 끼친다고 했다. 하지만 또래와의 교류가 아이들의 사회화에 중요하다는 것은 의심의 여지가 없지만 해리스의 시각은 전체적인 그림의 일부일 뿐이다.[3] 첫째, 아이들은 우리가 생각하는 것보다 또래로 인해 더 많은 사회화 과정을 겪지만 보통은 그 또래를 부모가 간접적으로(거주지나 학교를 선택하는 방식으로) 선택한다. 더욱이 아이들은 또래에게 도덕적·종교적 가치를 심어주지도 않을뿐더러 기술과 전문 지식을 체계적으로 전달하지도 않는다. 또한 아이들은 또래로부터 자본주의의 생산 활동에 요구되는 규율을 받아들이지도 않고 시간관념(punctuality), 자제력 그리고 윗사람에 대한 공경을 배우지 않는 것으로 보인다. 무엇보다도 기술의 변화는 새로운 것이나 특이한 것을 만드는, 이른바 비관행적 행동과 사상에 의해 추진되는 데 비해 해리스가 강조하듯 아이들의 문화는 고도로 순응적이다. 혼자 지내는 아이들이나 반항기 있는 아이들은 흔히 "튀어 나와서 망치질을 당하는 못"(Harris, 2009, p. 158) 취급을 당한다. 다시 말해서 문화는 거대하고 다양한 정보의 총체이지만, 경제 성장에 필요한 문화는 여전히 부모와 교사로부터 수직적으로 전달되는 것으로 여겨지며, 이렇게 전달받은 문화의 꽤 많은 부분은 어른이 된 후 다양한 매체를 통해 변화할 수 있다.

아무튼 현대에는 국가가 사회화 과정에 크게 개입하기 시작했으며, 종종 부모와 경쟁 관계에 놓이기도 한다. 아이들의 사회화에는 중대한 사회적 외부성이 있기 때문에 교육과 병역의 의무를 도입해 사회 지도층이 중시하는 문화적 요소를 아이들에게 주입한다. 이런 사회화 과정은 신념과 지식(과학 교육은 세계가 어떻게 돌아가는지에 대한 개념을 주입한다), 현대 사회의 필수 요소라고 할 수 있는 읽기·쓰기·셈 같은 기본 기술, 가치(종교와 이념적 믿음, 민족주의, 국가 지도층에 대한 충성), 선호(음악과 예술)와 같은 모든 문화의 하위 구분에도 적용된다. 정치적 사회화는 종종 실패로 끝나곤 했다. 공산주의 교육은 전체주의적 사회주의에 대한 충성심을 고취하지 못했고, 미국의 가톨릭 학교는 놀랄 만큼 많은 불신론자를 배출했다. 물론 이런 점에서는 국가가 어느 정도 교회를 대체했다. 하지만 국가는 한층 강력해서 사람들의 선택지가 더 줄어들었다.

예를 들어보자. 산업화 사회가 아이들에게 가르치는 문화적 특성 중에서 중요하게 여기는 것에는 시간과 시간관념이 있다(Robert Levine, 1998). 이런 선호는 유전적으로 전해지는 게 아니라 학습되며 문화의 확산을 통해 전달되므로 각 사회마다 크게 다를 수 있다. 시간관념은 기술적·문화적 요소가 상호 작용해 커다란 차이를 어떻게 만들어내는지 보여주는 좋은 사례다. 기술적 공급 측면에서 보면, 정확하고 세련되게 시간을 알려주는, 값싸고 어디서든 흔히 구할 수 있는 시계는 시간관념에 꼭 필요한 요소다. 문화적 수요 측면에서 보면, 높은 수준의 협동과 관찰이 충분하게 있어야 한다. 둘 다 19세기 중반 산업화한 서양의 시장 경제에서 존재했다. 그 결과 세상이 어떻게 바뀌었는지 알아차리지 못한 사람들은 거의 느끼기 힘들 정도이긴 해도 우리 모두의 일상생활에 큰 영향을 끼치는 시간의 통치(어떤 사람은 폭정이라고도 한다)가 생겨났다(Landes, 1983). 아이들에게 시간관념을 주입하려는 사회화 과정이 실제로 어떻게 사용되었는지는 이러한 시간관념의 부재로 인해 생겨날 수 있는 많은 재앙을 설명한 1881년 미국의 5학년 교과서에서 볼 수 있다. 이 교과서에서는 부하 장군이 시간에 늦어 나폴레옹이 워털루 전쟁에서 패했다는, 역사적 사실과 다른 사례를 언급한다(O'Malley, 1990, p. 148).

앞서 수차례 강조했지만 어른이 된다고 해서 새로운 문화적 지식의 학습이 끝나는 것은 아니다. 다른 사람과 계속적으로 교류하는 어른은 (간단한 흉내 내기를 포함해) 학습과 설득을 잘 받아들인다. 따라서 문화적 변화의 속도는 한 어른이 얼마나 많은 사람과 얼마나 많이 교류하는지를 의미하는 문화적 상호 연결성의 정도에 달려 있다(Henrich, 2009). 주어진 인구 규모에 따라 사람은 사회적 교류의 양과 그 관계의 강도(집안 내에서는 강하고 외부인과는 약하다)에 직접적으로 비례해 다른 사람에게 영향을 준다(Granovetter, 1973, 1983).

이를 살펴보기 위해서는 혁신이 다른 활동의 부산물로서 무작위적으로 생겨난다고 가정할 필요가 있다. 앞서 설명한 흉내 내기를 통한 문화적 학습 모형에서 혁신의 확산 속도는 개선된 기술을 알아보는 사람들의 수에 달려 있다. 따라서 기술 진보의 속도는 한 개인이 우연한 기회에 발명할 확률 및 그 사람과 연결된 사람의 수라는 두 가지 변수가 있다. 간단한 함수를 통해서 조지프 헨리치는 우리가 관심을 두는 사안(얼마나 많은 사람이 새로운 기술을 사용하는지)이 발명할 확률보다는 개인 간의 연결에 훨씬 더 민감하다는 것을 보여주었다.

실제로 기술 발전에서 상호 연결성의 중요성은 헨리치의 모형에서도 과소평가되었다고 할 수 있다. 상호 의존성이 기술 발전에 중요한 이유는 발명이 대부분 우연한 사건은 아니기 때문이다. 어떤 발명이 일어날 확률은 그 발명의 기저에 필요한 인식론적 토대와 연관이 있다. 즉 해당 기술을 실제로 작동하게끔 만드는 자연 현상과 규칙을 먼저 이해해야 한다. 아울러 어떤 발명을 이루기 위해서는 기초 과학에 대한 광범위한 이해가 선행되어야 한다. 원자로는 하루아침에 세워지지 않는다. 많은 발명품은 원자로 같은 수준의 기초 과학을 요구하지 않지만 최소한 **어느 정도**의 지식을 요구한다.[4] 비록 많은 발명품이 무조건 그때까지의 과학적 지식을 필요로 하는 것은 아니지만 행운은 '준비된 자'를 선택하게 마련이다. 지속적인 진보는 발명 과정이 좀더 빠르고 효율적이 되어 막다른 골목에서 바퀴를 다시 발명해야 하는 일이 없도록 기술의 인식론적 토대가 확산될 것을 요구한다.[5] 발명가는 각기 다른 전문 지식을 보유한 사람을 채용하거나 그들에게 자문을 구하는 방식으로 사회적 연결 고리를 통해 이런 지식을 습득할 수 있다. 〔에디슨이 자신의 실험실이 위치한 멘로파크(Menlo Park)에서 많은 전문가를 채용한 것이 좋은 예다.〕 따라서 헨리치가 설명한 현대 사회의 상호 연결성에는 유용한 지식에 대한 접근 비용을 결정하는 많은 요소가 포함되며, 이런 요소는 발명의 확산뿐만 아니라 혁신이 일어나는 속도에도 영향을 미친다.

더욱이 헨리치가 설명하는 상호 연결성은 문화적 특성이 보통 일대일로 전달된다고 암묵적으로 가정한다. 하지만 여기엔 정보가 한 명에서 다수에게 전달되는 일대다(一對多) 방식과 한 명이 매우 많은 사람들로부터 정보를 흡수하는 다대일(多對一) 방식이 있다(Cavalli-Sforza and Feldman, 1981). 일대다 전달 방식을 가능케 하고 강화하는 기술의 발전 역시 분명하며, 전자통신(트위터와 블로그는 단지 상대적으로 최근 사례다)은 과거 인쇄기와 라디오가 했던 것을 크게 증폭시켰다.

선택에 의한 사회적 학습에 필요했던 통신 기술의 발전을 이끈 많은 기본적 요소는 현대 기술의 발전에 매우 중요했다. 따라서 교통과 통신 기술은 지식에 대한 접근 비용을 결정했다는 점에서 역사적으로 매우 중요하다. 1500년 이후의 문화적 혁신, 종교 개혁에서 코페르니쿠스의 천문학과 미적분, 인쇄술과 한층 훌륭한 우편 제도, 그리고 바다와 땅에서 이뤄진 개선된 교통수단은 정보의 전 세계적 확산을 가능하게 만들었다. 하지만 제도도 중요했다. 유용한 지식을 교환했던 과학 사회와 지적 사회, 그리고 학회의 등장은 제도상의 중요한 발전이었다. 이런 제도는 18세기 후반부 들어 공식적인 제도로서 완전하게 꽃을 피워 영국에서 "단체 사회(associational society)"(Peter Clark, 2000)라고 알려진 사회 제도의 한 부분이 되었다. 여기서 비즈니스와 기술 분야의 리더들은 직접 만나 유용한 지식을 교환했다. 이런 단체 사회의 멤버 수 증가는 헨리치가 일컫은 "상호 연결성"의 가장 인상적인 사례다.[6]

상호 연결성은 문화, 즉 사람이 다른 이들과의 교류를 얼마나 선호하는지와 유용한 지식은 공유 및 확산되어야 한다는 신념의 정도에 의해 영향을 받는다. 계몽주의 사회는 본능적으로 이런 지식이 비경합적(nonrivalrous)이며, 따라서 지식의 확산은 사회 발전의 주요 방식임을 알고 있었다. 하지만 상호 교류는 기술의 발전 속도에 달려 있으며, 더 훌륭한 우편 제도와 가로등과 전보, 그리고 전화기는 정보에 대한 한층 확대된 접근성과 급격한 혁신의 확산에 기여했다. 이런 이론은 20세기 후반 통신 기술의 진정한 폭발이 사회적 상호 작용과 정보 교환을 거리에 관계없이 실질 비용을 없애 기술 진보를 가속화할 것이라고 예측했다.

문화적 진화와 편향

생물학자 에바 야블롱카와 마리온 램(Eva Jablonka and Marion Lamb, 2005)은 자신들의 연구에서 역사의 발전 과정을 설명하고 이해하는 도구로서 문화적 진화의 다양한 측면을 밝혔다. 이들은 진화의 네 가지 측면을 구분했지만, 문화적 특성이 한 세대에서 다른 세대로 전달되는 과정은 결국 생물학적 방법과 비생물학적 방법으로 요약할 수 있다고 했다. 이 두 측면은 생물학적 전달〔유전자나 후성적(epigenetic) 전달을 통해〕과 학습(흉내 내기나 상징적 표현을 통해)을 통한 문화적 전달이다. 근대 초기의 지식인에게 영향을 준 문화적 진화 모형 대부분은 야블롱카와 램이 "네 번째 다리(fourth leg)"라고 말한 것의 일부로, 지식인은 그들의 특화된 정보를 편지나 책 또는 모임을 통해 사람들의 신념과 정보를 변화시키는 데 기여했다.

야블롱카와 램이 설명한 진화와 관련한 다양한 메커니즘의 진정한 힘은 생물학적 진화와 문화적 진화가 나란히 진행될 수 있도록 유전자와 문화의 공진화를 허용한다는 것이다. 장기적 관점에서 보면 인류 역사는 유전자와 문화의 진화 모두에 의해 영향을 받았지만, 지난 몇천 년이 아니라 몇 세기에 걸친 최근의 역사를 보면 생물적 자연선택의 메커니즘보다는 문화적 요소가 어렴풋하게나마 더 중요해 보인다. 이 기간 동안 우리가 겪은 변화는 오로지 유전으로만 설명하기엔 너무나도 빨리 일어났기 때문이다. 그럼에도 유전적 변화가 순수하게 차등 생식에 의한 느린 변화보다 빠르게 일어날 수 있다고 믿을 만한 이유는 있다.[1]

진화와 인류의 문화에 대한 최신 연구는 문화가 어떻게 변하는지에 대한 매우 상세하고 검증 가능한 큰 틀을 그려냈다고는 할 수 없지만, 순전히 차등 생식에 의한 단순한 다윈주의 모형만으로는 서양에서 발생한 문화와 경제의 변화를 설명할 수 없다는 것 역시 명확해졌다. 다른 사람에게서 습득한 문화적 특성은 유지할 수도, 다음 세대에 물려줄 수도 있다는 점에서 문화적 진화를 설명하는 모형은 '라마르크적'이라고 할 수 있다. 하지만 호지슨과 크누센(Hodgson and Knudsen, 2010, pp. 64-65)의 지적대로 다윈은 획득한 표현형의 특징은 전달될 수 있다는 것을 부인한 적이 없으므로 이는 다윈을 잘못 이해한 데서 나온 이야기다. 이런 통찰력은 한 세대 후인 아우구스트 바이스만(August Weismann)의 주장과 관련이 있다. 따라서 어떤 면에서 문화의 역동성은 차등 생존(differential survival)과 높은 생식력보다는 전염병을 더 닮았다. 생물학적 진화와 달리 문화적 선택은 자연적이 아니라 대부분 의식적으로 이루어진다. 여기서 우리가 제기해야 할 질문은 획득 과정에서 정확히 어떤 일이 일어나며 이런 선택이 어떻게 이루어지는가이다.

경제학자들이 가정하는 합리적이거나, 아니면 심지어 제한적이나마 합리적인 최적화 과정은 사람들이 일생일대의 선택 같은 것을 내려야 하는 경우 (또는 전혀 선택을 하지 않고 최초에 사회화한 문화적 특성을 계속 유지하는 경우)

큰 도움이 안 되는 것처럼 보인다. 그렇다고 해서 문화적 진화를 아무런 생각 없이 생물의 자연스러운 진화 과정처럼 생각해서도 안 된다. 오히려 문화적 진화는 그 두 메커니즘 사이에 위치한 미묘하고 복잡한 과정이다. 볼스의 말대로 문화의 진화는 "적응 가능"하며 새로운 문화적 변이에 노출되었을 때에는 학습할 수도 있고 다양한 기준을 근거로 받아들일지 말지 결정할 수도 있다(Bowles, 2004, p. 60). 역사를 이런 관점에서 바라보는 게 더 적합할 것이다.

지적 혁신은 교육받은 엘리트의 문화적 선택지에 추가된 새로운 메뉴다. 사람들은 새로운 정보와 사상, 신념, 가치에 의해 왜 그리고 어떻게 설득을 당했을까? 1500~1700년에 많은 종류의 혁신이 일어났다. 어떤 혁신은 물리나 수학, 기술에 대한 새로운 발견과 관련이 있으며, 다른 혁신은 새로운 종교 및 철학적 사상과 관련이 있다. 또 어떤 사람은 '좋은 사회'가 어떤 것인지 고찰하기도 했다. 만약 이런 혁신이 충분히 매력적이라고 판단되면(사회를 개선한다면), 이는 진화적 관점에서 '적응'한 것이고 선택에 의한 문화의 진화 과정에서 설득을 통해 많은 사람에게 퍼져나갈 것이다.

이런 선택은 내가 '문화의 요소'라고 정의한 세 가지 측면에 모두 적용된다. 예술과 음악, 옷 그리고 심지어 인간의 몸에 대한 유행이 변하듯 인간의 선호 역시 변했다. 가치도 비슷한 변화 과정을 겪었다. 가치는 때때로 눈에 띄지 않을 만큼 천천히 변했지만, 어떤 때는 16세기 칼뱅주의가 급격하게 등장한 것이나 17세기 후반 종교적 관용이 사람들 인식에 확산된 것처럼 빠르고 혁명적으로 변하기도 한다. 물리적 세계가 어떻게 움직이고 현실 세계가 어떻게 돌아가는지에 대한 신념은 종종 그것을 '검증'하는 수사학적 기준이 너무나 갑자기, 그리고 극적으로 바뀌면서 변하기도 한다. 진공은 자연 상태에서 존재할 수 없다는 아리스토텔레스의 생각은 반박할 수 없는 일련의 실험과 관찰에 의해 잘못된 주장으로 입증되었다.

하지만 이런 검증은 대부분 사람들이 잘못되었거나 미신이라고 생각하는 신념을 걸러내는 작업을 언제나 훌륭히 해낸 것은 아니다. 지식과 신념은 '단단할' 수도 있고, 그렇지 않을 수도 있다. 내가 말하는 단단한 신념이란 대다수 사람이 높은 신뢰도를 갖는 신념이며, 따라서 추가 검증이 필요 없는 신념을 말한다. 오늘날에는 아주 소수의 사람만이 프톨레마이오스(Ptolemaeos: 천동설을 주장한 2세기의 그리스 천문학자—옮긴이)의 천동설이나 담배가 몸에 이롭다는 말, 그리고 전체주의적 정부가 경제 성장을 이끌 수 있다고 믿는다. 단순하게 말해서, 많은 신념은 설득력 있는(현재의 수사학적 기준을 충족할 수 있는) 근거가 아직 충분하지 않기 때문에 **단단하지 않다.** 과거에는 더욱더 그랬다. 세상의 모든 물질은 작은 미립자로 이루어져 있는가? 온도란 무엇이며, 온도와 연소(combustion, 燃燒)는 어떤 연관이 있는가? 열(fever, 熱)이 나는 이유는 무엇인가? 한 물질은 다른 물질로 변할 수 있는가? 신에게는 의식(consciousness)이 있는가? 그 결과 문화적 진화는 서로 양립할 수도 없고 이런 질문을 해결할 수도 없는 무수하게 많은 종류의 사상을 만들어냈다. 이렇게 서로 대립하는 사상을 검증할 수 있는 더 나은 방식이 나올 때까지 이런 질문은 불확실성에 싸여 있었다.

효과적인 설득을 하고 새로운 사상이 확산하는 데는 많은 요소가 필요하다. 그중 가장 확실한 요소는 지식이 **효과적일 때**(즉 해당 지식에 기반을 둔 기술이 잘 작동할 때) 신념은 빠르게 변할 수 있다는 것이다. 하늘을 나는 비행기를 목격한 사람은 공기보다 무거운 물체도 중력을 거스를 수 있다는 것과 이를 가능케 한 항공물리학 이론(명제적 신념)을 받아들일 것이다. 또 다른 단적인 예로, 19세기에 널리 퍼졌던 전염병의 발병 원인과 확산 방식에 대한 신념이 있다. 박테리아를 박멸하는 어떤 방법이 전염률을 크게 줄일 수 있다는 게 입증되었음에도 소수의 사람들은 여전히 미생물이 전염병을 일으킨다는 말에 의구심을 가졌다. 하지만 순전히 논리적으로 보면, 이런 식의 사고방식은 잘못된 추론으로 이어질 수 있다. 잘못된 전제에 기초해 새로운 과학 기술이 작동할 수 있기 때문이다. 만약 늪지대의 나쁜 공기가 말라리아의 원인이라고 믿는다면, 그 늪지대를 간척한 후 사라진 말라리아는 더러운 공기가 감염의 원인이었다는 가설을 입증한 것처럼 보일 수 있지만 이는 결코 사실이 아니다.

지식을 검증 및 수용해 성공적으로 전달할 수 있는 수사학적 기준은 그 자체로 문화적 진화의 대상인 사회적 관습이다(McCloskey, 1985 참조). 어떤 명제가 그걸 뒷받침하는 근거에 의해 받아들여진다는 얘기는 '뒷받침한다'는 말이 실제로 의미하는 바와 어떤 종류의 근거를 인정하는지를 먼저 구체화해야 한다. 과거 현인들의 글이 '근거'인 사회는 실험을 통해 그 근거를 마련하는 사회와 매우 다르지만, 후자의 경우에도 어떤 실험 방식을 허용하고 그로 인한 결과물을 신념을 바꿀 만한 결정적 결과물로 받아들이는지도 판단해야 한다. 통계적 검증을 거쳐 회귀 계수를 추정한 표준오차를 얼마나 초과해야 그 가설이 기각할 수 없을 정도의 확실성을 확보하는 것일까? 아니면 기각되지 않은 가설은 반드시 참으로 받아들여야 하는 것인가?

문화적 진화에는 다양한 접근법이 있다. 가장 극단적이고 인기 있는 접근법은 전형적 복제자(classic replicator)인 유전자를 '밈'으로 대체한 유전학적 비유로, 리처드 도킨스가 최초로 제안한 것이다. 수전 블랙모어(Susan Blackmore, 1999)는 여기서 더 나아가 밈은 "이기적인" 진화 복제자라고 주장했다. 블랙모어에 따르면 문화의 진화는 유전자와 밈이라는 두 종류의 이기적인 복제자가 상호 작용한 결과로 이해해야 한다. 볼스와 진 티스(Bowles and Gintis, 2011)의 '유전자-문화의 공진화 이론'처럼 블랙모 어는 세계를 임시 보관소에 불과한 사람들이 자신도 모르는 사이 이 두 종류의 복제자를 이리저리 옮겨주는 '밈-유전자 공진화'의 결과로 본다 (Blackmore, 1999, pp. 235-236). 이런 종류의 환원주의적 접근법이 역사를 서 술할 때에도 도움을 줄지는 아직 더 지켜봐야 한다. 많은 사람이 지적한 대로 지식의 전파를 밈의 관점에서 보는 데 따른 문제는 유전자가 스스로 를 복제하는 것처럼 지식은 저절로 '복제되지' 않는다는 것이다. 대신 사 람들은 전달하고, 받아들인 후에야 해석한다(Sperber, 1996, pp. 101-106). 중 요한 것은 설득력, 즉 다른 사람이 전달한 문화적 메시지를 받아들일지 여부, 그리고 그 메시지에 자신이 원래 갖고 있는 신념과 선호를 어떻게 버무릴지 여부다. 새로운 지식은 참이거나 수용하는 사람의 기존 지식과 맥을 같이할 때 받아들여진다. 그 밖에도 다른 이유가 있을 수 있다. 하지 만 유전자에 대해서는 그런 선택을 할 수 없다.

과거에도 사람들은 문화적 선택지에서 선택을 해왔지만 사람들이 왜 그리고 어떻게 문화적 특성을 선택하는지에 대해서는 알기 어렵다. 우리 가 확인할 수 있는 것은 누가 그런 선택지를 작성했는지, 왜 어떤 특성은 선택지에 포함되었는데 다른 특성은 그렇지 않은지, 그리고 어떻게 매력 적으로 포장되었는지 여부다. 문화적 선택을 연구할 때 경제학자들은 최 적화한 틀 안에서 분석하려는 경향이 있다. 경제적 선택은 정태적 또는 동태적 제약을 받는 기초적 경제 모형이지만 문화적 선택은 이런 분석의 틀에 잘 들어맞지 않는다. 가령, 문화적 선택은 이성적으로 이루어지는 가? 사람들은 어떻게 마르크스주의자가 되거나, 혹은 진화를 믿게 되는 가? 또는 어떻게 태국 음식을 좋아하게 될까?

존스(Jones, 2006, pp. 31-51)는 문화의 경제적 중요성에 대한 다양한 문헌은 "미끄럽고 끈적끈적하다"고 멋지게 표현했다. 한 가지 접근법은 순전히 물질적인 것을 고려한다. 요컨대 문화는 경제적 환경에 적응한다는 것이다. 사람들은 특정한 문화적 요소가 자신의 경제적 이해관계와 부합해 이득을 주기 때문에 그런 요소로 구성된 신념을 선택하는 것일까? 유물사관에 의하면 경제적 여건이 무르익을 때 그에 적절한 문화가 현실 세계의 구체적 환경의 결과로 어떤 방식으로든 등장하고, 사람들은 자신의 물질적 이해관계에 부합하는 문화를 받아들인다. 강력하고 초인간적인 힘이 결과를 결정하고, 여기서 인간이 할 수 있는 것은 많지 않다. 이언 모리스(Ian Morris, 2010, pp. 476, 568, 621)는 역사를 움직이는 것은 "사내 녀석이 아니라 지도(maps, not chaps)"라고 주장했다(이언 모리스는 역사를 움직이는 것은 위대한 인물이 아니라 지리적 요인이라고 했다—옮긴이). 하지만 이것만으로는 충분하지 않다. 무엇이 필요를 결정하는가? 무엇이 새로운 문화의 등장을 보장하는가? 그리고 만약 사회의 다른 계급이나 집단이 필요로 하는 것이 다르거나 정말로 필요한 것에 대해 의견이 갈린다면? 이와 대조적으로 문화결정론자들은 문화가 "거의 모든 것"이며 한 사회의 경제적 운명을 결정한다고 믿는다(Landes, 2000). 이런 시각은 왜 사회가 다른 문화적 신념을 가지고 있고, 왜 어떤 문화적 특성은 다른 특성보다 더 오래 지속되는지에 대해 더욱 어려운 질문을 제기한다. 또한 이런 시각은 사상과 환경이 상호 보완적이거나 시너지 효과를 창출할 수 있다는 가능성을 무시한다. '올바른 상황'은 필요한 아이디어가 등장하지 않는 놓친 기회일 수 있고, 좋은 아이디어는 다른 조건이 충족되지 않는 한 불모지에 떨어질 수 있다.[2] 문화결정론은 역사적 사실과도 부합하지 않을뿐더러 문화의 선택을 너무나도 단순하게 특징짓는 것으로 보인다. 사회생물학자와 진화심리학자는 기능주의적 접근법을 제안한다. 많은 문화적 특성은 인류가 수렵·채집인으로 지낸 수많은 세대에 걸쳐 선택된 것이며, 이런 특성은 현대 사회에 적응할 필요가 있다. 그렇지 않으면 현대 사회의 필요와 충돌할 것이다. 인간의 뇌는 종종 생존을 좌우하는 찰나의 순간에 결정을 내려야 하는 환경에서 진화했다(Cosmides and Tooby, 1994). 하지만 문화적 선택은 보통 찰나의 순간에 이뤄지지도 않고, 직접적인 생존과도 큰 상관이 없다.

근대적 경제 성장의 출현을 이해하는 핵심은 산업혁명의 기술과 그 후의 기술 발전 그리고 이런 기술의 기초를 이루는 명제적 지식은 진화의 대상인 문화적 현상이라는 걸 인정하는 것에서 시작한다. 부분적으로 암묵적 지식, 곧 기술적·처방적 지식은 음악 수업부터 견습생의 수련 과정에 이르기까지 물건을 만들거나 서비스 제공 방식을 알려주는 사람들 사이에서 확산된다. 기술의 바탕인 명제적 지식(과학) 역시 배움과 가르침의 대상이지만, 기술적·처방적 지식과는 다소 다른 환경에서 그리고 반드시 동일하지 않은 사람에게도 해당한다. (하지만 모든 엔지니어와 기술자는 수학과 물리학을 배워야 한다.) 명제적 지식은 거의 항상 어떤 방식으로든 성문화했다. 두 유형의 지식은 수직적 및 수평적으로 그리고 비스듬하게도 세대 간에 전달할 수 있고, 빠르거나 느리거나 아니면 아예 변하지 않을 수도 있지만 진화적 변화의 대상임에는 확실하다. 야블롱카와 램의 세계에서는 여러 진화적 과정이 서로 영향을 주고받는 것처럼 처방적 지식과 명제적 지식이라는 두 종류의 지식이 서로 많은 방식으로 영향을 주고 보완하면서 폭발적이고 자기 강화적이며 긍정적인 피드백의 동력을 형성한다(Mokyr, 2002).

그렇다면 근대 초기의 유럽 지식인은 문화의 선택지에서 기존 문화와 다른 문화의 특성을 선택하는 결정을 어떻게 내렸을까? 선택에 의한 사회적 학습이나 문화의 진화는 리처슨과 보이드가 말한 **편향**(bias)에 영향을 받는다. 여기서 말하는 편향이란 사람이 문화적 특성을 선택할 때 따르게 되는 특정한 패턴을 의미한다(Richerson and Boyd, 2005). 아이든 어른이든 선택할 수 있는 문화적 특성은 부모에게서 물려받은 문화적 특성과 다르지만, 신뢰할 수 있는 특성일수록 이런 편향은 더욱 중요해진다.

편향의 종류와 그 정도는 문화의 전달 기술과 더불어 한 사회의 문화적 및 제도적 구조에 달려 있다. 인쇄술, 의무 교육 그리고 인터넷과 소셜 미디어를 위시한 대중 매체는 이런 편향의 중요성과 그 힘에 명백하게 영향을 끼친 기술 발전의 사례다. 물론 때로는 수평적 또는 비스듬한 전달에도 불구하고 부모의 문화가 재생산되기도 한다. 만약 부모가 자신들과 똑 닮은 교사를 고용한다면, 또는 그 사회에 문화적 변이가 적다면 편향 역시 적을 것이다. 1970년 이전의 이스라엘 키부츠나 종교적으로 매우 정통적인 사회(여기서 아이들은 부모는 아니지만 그 부모와 문화적으로 동일한 다른 사람들에 의해 사회화되었다)가 좋은 사례다.

편향에는 많은 종류가 있는데, 편의상 다음과 같이 분류할 수 있다(Richerson and Boyd, 2005에서 차용).

내용 편향: 사람들은 새로운 문화적 변이의 본질과 그 내용을 보고 부모로부터 물려받은 것과 다른 문화적 변이를 선택한다. 그렇다면 사람들은 내용을 어떻게 판단할까? 지식을 어떤 방식으로 검증 및 정당화시켜 수용하는 것일까? 사실 관계가 명확한 것이라면 근거를 보고 판단할 수 있겠지만, 앞서 언급한 대로 이런 근거를 언제 어떻게 해석하는지는 해당 사회의 수사학적 관습에 달려 있다. 사람들은 반박할 수 없는 새로운

사실 또는 새로우면서 좀더 설득력 강한 이론에 수긍할 수 있다. 〔버나부 (Benabou, 2008)에 따르면 사람들은 때때로 반박할 수 없는 새로운 사실을 무시할 때도 있다.〕 또한 만약 어떤 문화적 신념이 눈에 띄는 결과를 낸다면(예컨대 기술의 발전), '결과 편향'이 생길 수도 있다(Shennan, 2013). 마르크스주의와 진화론은 19세기 후반에 많은 사람의—모든 사람은 아니지만—신념을 바꾸도록 설득한 새로운 문화적 변이였다. 그럴 수 있었던 이유는 두 이론 모두 논리적이고 나름 현실적이어서 사람들이 주변 환경과 삶을 새로운 이론을 통해 재해석할 수 있었기 때문이다. 이런 사람들에게 마르크스주의와 다윈주의는 그냥 사실이었다.

하지만 새로운 지식이 '단단하지 않거나' 검증하기 복잡하다면 신념은 그 사회에서 뿌리를 내리지 못할 수도 있다. 역설적이게도 마르크스주의와 다윈주의가 바로 이런 운명을 겪었다. (다윈의 이론은 1859년《종의 기원》이라는 책에서 처음 대중에게 선을 보인 후 수십 년 동안 매우 많은 논란을 불러일으켰다.) 새로운 사상이 단단하지 않을 경우에는 그 신념을 믿는 사람들의 분포가 예측을 벗어날 때도 있다. 예를 들어, 거의 모든 미국인은 지구가 평평하거나 전염병은 오염된 공기를 통해 퍼진다고 믿지 않지만, 진화론을 믿지 않는 미국인의 수는 또 다른 이야기다.[3] 본질적으로 단단하지 않은 신념 체계인 종교의 경우, 유럽에 비해 신을 믿지 않는 미국인이 훨씬 적은 것처럼 매우 다양한 분포도를 갖는다. 어떤 신념이 사실이라고 사람들에게 확신을 줄 수 있는 요소는 그걸 뒷받침하는 근거다. 만약 이런 근거를 허용할 만한 절차를 통해 검증하고 이해하기도 그리 어렵지 않다면, 또는 명백하게 작동하는 기술의 지지를 받는다면 내용 편향은 문화적으로 선택된 것으로 생각할 수 있다.

직접 편향: 사회는 정보의 비용을 절감하는 수단으로서 문화적 권위를 다른 사람의 문화적 신념에 중대한 영향을 끼칠 수 있는 사람에게 부여한다. 이런 권위는 특히 목사같이 종교에서 중요하지만 과학자와 의사 같은 전문가들이 대중에게 진실과 도덕을 알려주는 역할을 한다는 의미에서 현대 사회에서도 마찬가지로 중요하다. 정보는 무수히 많아 한 사람이 모든 걸 꿰찰 수 없으므로 전문가들이 필요하기 때문이다. 평범한 사람이 복잡한 사회와 물리적 원리를 이해하기란 불가능에 가까워도 이런 정보는 올바른 사회 운영에 필수적이다. 세밀한 통계 모형과 복잡한 실험은 특정 음식이 사람의 건강에 끼치는 영향과 범죄의 원인을 파악하는 데 필요할 수 있다. 특히 명제적 지식(상용화한 기술의 기초를 이루는 지식)은 전문화를 통해 세분화해야지만 올바르게 적용할 수 있으므로 지식에 대한 권위와 지식의 분화는 떼려야 뗄 수 없는 관계에 있다. 몇몇 문화적 권위는 카발리스포르차와 펠드먼(Cavalli-Sforza and Feldman, 1981, p. 62)이 주장한 일대다(一對多) 방식으로 문화를 전달하며, 이런 유형의 지식 전파는 더 빠른 문화의 변화와 연관이 있다고 합리적으로 생각할 수 있다(Seki and Ihara, 2012). 문화적 '권위' 중에는 전문성 없는 사람도 있지만 어떤 이유에서든 문화적 선택을 하는 데 있어 권위의 근원 또는 중심이 되기도 한다. 오프라 윈프리나 닥터 루스(Dr. Ruth: 미국의 유명한 성생활 상담가─옮긴이)는 눈에 띄는 자격이 없어도 사회에 큰 영향을 끼친다.

직접 편향을 형성하는 사회적 학습 과정은 사회에 세 가지 중대한 문제를 해결하도록 요구한다. 첫 번째 문제는 그 권위를 부여하는 사람이 누구인지, 그 권위의 신뢰도를 누가 감시하는지, 그리고 그 권위를 부여하는 사람과 신뢰도를 감시하는 사람을 누가 지정하는지다.[4] 두 번째 문제는 전문가들이 서로 동의하지 않을 때에는 무엇을 해야 하며, 서로 의견이 상충될 때에는 어떤 것을 선택해야 하는지다. 이에 대한 간단한 해결책은 다수 의견에 동조하는 것이지만 이럴 경우에도 위험은 분명 존재한다. 직접 편향의 세 번째이자 가장 위험한 문제는 만약 권위가 너무 막강해지고 지위가 공고해지면 자신들의 신념에 잠재적으로 반대되는 신념을 억압할 수 있다는 것이다. 이런 행동은 추가적인 발전을 더욱 어렵게 만든다. 모든 권위가 논쟁의 대상임과 동시에 지속적인 비판과 검증의 대상이 되는 것은 열린 사회와 문화적으로 역동적인 사회의 전형적 특징이다. 어떤 이유에서건 그 권위가 현실과 부합하지 않아 의혹이 불거지면 권위는 언제든지 '퇴위'될 수 있다. 화학 반응에 대한 플로지스톤(phlogiston: 18세기까지 가연성 있는 모든 물질에 존재했다고 여겨지는 입자로, 연소 과정에서 플로지스톤이 모두 소모되면 연소가 끝난다고 여겨졌다—옮긴이) 이론을 고수했던 18세기 유럽의 화학자들은 앙투안 라부아지에(Antoine Lavoisier: 새로운 연소 이론을 확립한 프랑스 화학자—옮긴이)와 존 돌턴(John Dalton: 분압 법칙 등을 발견한 영국의 화학자—옮긴이)이 제시한 새로운 화학 이론을 받아들일 수밖에 없었다. 몇몇 화학자는 새로운 이론을 받아들이길 거부했지만 한 세대가 지나기도 전에 이 전쟁은 끝났다. 한 세기 후에는 의학계에서도 전염병이 오염된 공기를 통해 퍼진다는 미아스마 이론은 세균 이론에 의해 폐기되었다.

일관성 편향과 확증 편향: 문화적 신념을 평가하는 상대적으로 간단하면서도 명백한 방법이 없을 경우 사람들은 어떻게든 자신이 원래 갖고 있던 신념과 일치하는 새로운 문화를 받아들여 일관성 있는 완전한 신념 체계를 구축하는 것을 보통 선호한다. 사람들은 원래 지닌 신념이나 편견, 모순된 정보와 아이디어를 걸러내려는 경향이 있다.[5] 세상의 이치를 안다고 생각하는 사람들은 자신의 시각과 모순되는 생각을 폄하하거나 그 오류를 찾아낼 것이다. 로드릭(Rodrik, 2014, p. 194)을 비롯해 많은 저자가 지적했듯 사람들은 제한된 인지 능력으로 인해 새로운 정보와 논리를 비틀고 왜곡함으로써 기존의 문화적 신념을 확증하려 한다. 따라서 문화적 혁신은 언제 어디서나 저항에 맞닥뜨릴 것이며, 이런 저항은 비단 경제적 이해관계에 의한 것뿐만 아니라 기존의 신념이 붕괴하는 것을 막으려는 모든 사람으로부터 나온다.

진화적 용어로 표현하면, 문화적 변이는 비슷한 신념이 동시에 나타난다는 의미에서 다면 발현 효과(pleiotropic effects)의 대상이다. 문화적 신념은 거의 대부분 집단 내에서 생겨난다. 예를 들어 신앙심 깊은 미국인에게 총기 보유권은 권리이고, 결혼은 이성(異性)끼리 하는 것이다. 그리고 기후 변화는 거짓이고 정부 차원의 대규모 재분배 정책은 바람직하지 않다. 하지만 이런 생각에는 논리적 연결 고리가 전혀 없다. 심지어 자신의 신념을 반박하는 강력한 근거가 있음에도 사람들은 그 증거를 불신하거나 무시한다. 그것도 아니면 과거의 권위에 기대기도 한다. 따라서 종의 진화에 대해 새로운 이론을 제시한 다윈주의는 많은 이들의 문화적 신념에 (의도하지는 않았지만) 깊은 영향을 끼쳤다. 많은 사람이 다윈주의 이론을 논리와 근거를 바탕으로 판단했지만 어떤 이들은 자신의 신념과 충돌하자 받아들이길 거부했다. 이런 일관성 편향은 지식 체계를 안정적이지만 보수적으로 만든다.

하지만 역사를 통틀어 (1500년 이후의 서양에서 더욱 두드러지지만) 이런 보수적인 문화적 일관성은 문화의 정체(stasis, 停滯)를 초래할 만큼 강력한 힘을 발휘하지 못했다. 교육받은 엘리트가 새로운 정보의 가치만을 판단해 받아들일 경우 확증 편향을 극복함으로써 우주와 삶 그리고 인간 정신에 대한 완전히 새로운 시각을 수용할 수 있다.

우상(偶像) **편향:** 문화적 진화를 연구하는 학자들은 문화가 흉내 내기를 통해 어느 정도 학습된다는 것을 오래전부터 알고 있었다. 역할 모델은 바람직하다고 여겨지는 특성을 보유했기 때문에 흉내 낼 가치가 있으며, 따라서 다른 사람들의 모범이 된다. 여기서 중요한 것은 어떤 문화적 특성을 선택할지가 아니라 어떤 사람을 흉내 내야 하는가이다. 우리는 성장하면서 사회화의 일부로서 가장 먼저 직계 가족을 흉내 낸다. 그다음에 성공하고 권위 있는 사람을 관찰해 그들의 신념과 선호를 받아들인다. 흉내낼 대상을 선택하는 또 다른 요소로는 나이 및 자신과 얼마나 닮았는지 여부다. 가장 좋은 예는 손위 형제(형/오빠, 또는 언니/누나)다. 과거에 이런 직접 편향은 종종 권력을 가진 사람이나 다른 이들이 부러워하는 명문가 출신의 상류층과 연관이 있었다. 근대 초기의 지적 혁신을 후원하고 종종 직접 참여하기도 한 상류층 덕분에 이런 활동의 사회적 위신이 올라가고, 그 결과에 대한 신뢰도가 향상되었다. 우리 시대에는 성공적인 영화배우나 스포츠 스타가 그 역할을 대체했다.

수사적 편향: 편향은 설득력 강하고 카리스마 있는 사람이 다른 이들에게 자신의 신념을 설득해 전달할 수 있다. 광고나 정치적 선전 활동은 특정한 문화적 신념(믿음이나 가치 또는 선호)을 가진 사람을 내용보다는 포장을 통해 설득하는 수사적으로 세련된 시도라고 할 수 있다. 많은 경우 새로운 사상을 성공적으로 받아들이는 이유는 내용뿐 아니라 그 사상을 전달하는 **프레이밍**(framing) 방식 때문이기도 하다.[6] 이론과 명제는 미적인 특성으로 인해 '우아하다'고 묘사하기도 한다. 수사적 편향은 이론의 창시자뿐 아니라 그 제자나 자손들이 만들 수도 있다. 예를 들어 칼뱅주의가 널리 퍼진 데는 장 칼뱅의 수사적 재능뿐 아니라 그의 제자 존 녹스

(John Knox)와 귀도 드 브레(Guido de Bres)도 한몫을 했다. 마찬가지로 애덤 스미스의 이론은 에든버러의 능력 있는 교수 듀갈드 스튜어트(Dugald Stewart)의 공이 컸다. 마르크스주의는 레닌과 그람시(Antonio Gramsci) 그리고 마오쩌둥 같은 인물 덕분에 전 세계로 퍼졌지만, 정작 그들이 기여한 문화적 혁신은 비교적 한정적이었다. 이런 확산 과정에서 등장한 문화적 변이는 종종 제자나 해석가에 의해 수정되기도 했다. 마르크스주의는 마르크스가 썼던 대로 전개되지 않았으며, 칼뱅주의는 장 칼뱅이 처음 생각했던 것처럼 발전하지도 않았다.[7]

빈도 의존성 편향: 사람들은 주변의 대다수가 무엇을 생각하고 믿는지에 따라 자신의 문화적 신념을 선택하는 경향이 있다. 이런 경향의 경제적 논리는 다른 사람이 새로운 문화를 이미 검증해 수용 가능하다고 판단한 것을 받아들여 정보의 검증 비용을 줄이려는 직접 편향의 논리와 비슷하다. 부분적으로 빈도 의존성 편향은 대세를 따르지 않는 사람들이 제재를 피하기 위해 생겨나기도 하지만, 이 경우 사회 통념을 불신하는 사람들이 선호를 위장해 제재를 피할 수도 있다(Kuran, 1997). 하지만 모든 사회는 각기 다른 제도를 구축해 문화적 일탈을 다루는데, 어떤 사회는 이단자를 처형하고 혁신가를 내쫓는 반면 좀더 진보적인 아이디어 만발 정책을 추구하는 사회도 있다. 이런 관점에서 보면 문화적 선택은 반사적(reflexive) 성격을 띤다. 다원성(pluralism)은 중요한 문화적 가치 중 하나다. 즉 적합하지 않은 가치와 신념을 용인하는 것과 아무리 터무니없어 보여도 새로운 사상과 아이디어가 시장에서 공정하게 경쟁할 수 있도록 기회를 부여하는 것 자체는 우리가 반드시 받아들여야 할 가치다. 종교를 포함한 문화적 포용성 및 언론과 사상의 자유, 그리고 이런 것을 가능케 하는 제도

(미국 헌법의 수정 조항 제1조)는 이런 제도가 상대적으로 드물 때 창의적이고 넓은 네트워크를 가진 종교적 및 정치적 난민을 받아들일 수 있다는 점에서 경제적으로 매우 가치 있다.[8] 네덜란드와 훗날 영국과 미국이 유대인과 소수 기독교 종파에 베푼 관용은 경제, 특히 높은 숙련도를 요구하는 제조업과 금융 산업의 발전에 크게 기여했다.

순응 편향이 한 방향으로만 움직일 때 문화적 동질화가 일어난다. 하지만 만약 '일탈적인' 사람들이 '반항적'이거나 의도적으로 비순응적인 행동을 한다면, 그리고 이런 반항을 아주 심하게 처벌하지 않는다면, 역(逆)빈도 의존성(perverse frequency dependence)이 생겨날 수 있다. 비신과 베르디에의 이론에 따르면, 부모는 자식의 사회화를 스스로 시키거나 무작위로 선택한 사람에게 위임할 수 있기 때문에 빈도 의존성 편향은 어느 정도 사회에 내재되어 있다. 부모는 그들의 가치와 비슷한 사람을 선택할 수 있으므로 여기서의 무작위성은 완전한 무작위성은 아니지만, 대리인 문제로 인해 전달 과정에서 오류가 발생할 여지는 있다. 더욱이 아이들은 또래와 교류하면서 순응 편향의 대상이 된다. 하지만 여기서도 역시 소수의 아이들 사이에서 반대 편향(contrarian biases)이 등장할 여지가 있다. 물론 이런 반항적인 소수가 혁신을 이끌고 궁극적으로 사회적 통념에 크게 기여하거나 또는 그 통념을 완전히 뒤엎을 수 있다. 앨런 튜링(Alan Turing: 현대 컴퓨터공학의 초석을 놓은 영국의 수학자―옮긴이)처럼 말이다.

합리화 편향: 문화는 기존 제도를 합리화하면서 변화하거나, 변화에 저항하면서 제도와 문화 사이의 피드백 고리를 창출한다. 여기엔 기존의 사회적 관습과 규범, 그리고 사회적으로 통용되는 규칙을 바람직한 가치와 연관시켜 내면화하려는 경향이 있다. 예를 들어 법이나 사회적 규범이 특정

한 행위를 처벌한다고 가정해보자. 그 행위를 하면 처벌을 받기 때문에 그것은 바람직하지 않다. '범죄'가 제도화한 규칙을 위반한 것이라면 '죄악(sin)'은 도덕, 즉 문화적 신념을 위반한 것이다. 규칙을 도덕에 투영하는 것은 어떤 제도를 합리화하는 시도의 일환으로 생겨날 수 있으며(어떤 행동을 처벌하기 위해서는 이유가 있어야 하므로), 또는 부모가 자식에게 법적 처벌을 받을 수 있는 죄악을 알려줄 때 일어난다. 부모가 자식에게 범죄의 죄악을 주입해 규칙 위반과 처벌 가능성을 최소화하는 것이 합리적이다. "죽이지 말라" 같은 규칙은 법과 도덕을 반영하지만 유대인과 무슬림의 식단 또는 마리화나와 관련한 미국의 규범은 도덕을 제도화한 규칙에 접목한 예다. 과거 한때 금지했던 것을 지금은 터부시한다. 오른손에는 나이프, 왼손에는 포크를 쥐는 규칙을 내면화한 사람들은 혼자 먹을 때 엄격한 식사 예절을 따르기도 한다. 하지만 좀더 심오한 윤리 규범과 깊은 지식이 지지하지 않는 제도와 규범을 사람들의 선호에 투영하면, 그 제도와 규범은 아마 매우 안정적이지 못할 것이다. 따라서 그런 사람들은 언젠가 식사 예절을 따르지 않는 날이 온다고 해도 위생적인 이유로 손은 계속 씻을 것이다.

강압 편향: 고도로 권위적이거나 강압적인 사회에서는 문화적 신념을 강제할 수 있다. 앞서 설명한 것처럼 어떤 정부나 종교도 사람들에게 특정한 신념을 실제로 믿거나 받아들이도록 할 수 없다. 설령 그렇다 해도 사람들은 그냥 믿는 척할 뿐이다. 이런 상황에서는 선호 위장(preference falsification)이나 그리프와 타델리스가 말한 위장 도덕(crypto-morality)이 발생한다(Kuran, 1987, 1997; Greif and Tadelis, 2010). 전체적으로 볼 때 이런 제도는 불안정하며, 전체주의 국가를 지탱했던 사상처럼 갑작스럽게 붕괴

할 수 있다. 강압적인 정권은 사람들이 마음속으로 어떤 생각을 하는지 통제할 수는 없어도 수평적이고 비스듬한 문화 전달 방식(학교, 교회, 언론)을 통제하고 조작하면서 신념에 영향을 주고 정치적 사회화와 이념적 사회화를 강요할 수도 있다. 억압적 정권은 또한 주류에서 벗어나거나 정권 입장에서 불편한 신념을 보유한 사람들을 체포하거나 국외로 추방해 국가의 분산된 신념을 하나로 통일시킬 수도 있다. 베를린 장벽이 세워지기 전 동독은 이런 일련의 정책을 시행했으나 오래 지나지 않아 효과적이지 않다는 것이 밝혀졌다. 프랑스에서 러시아와 이란에 이르기까지 정치 혁명의 역사를 볼 때, 강압적 수단은 사람들의 가치에 실제로 상반된 영향을 주었다. 하지만 학교와 군대 같은 정부가 통제하는 기관이 시간관념과 규율, 자제력, 순응의 미덕, 근면, 기술 같은 사회화의 특정 요소를 재생산했다는 점은 명백하다.[9]

특이한 사건 편향: 매우 극적이거나 충격적인 사건은 강력한 프레이밍 효과를 창출해 문화적 진화의 연속성을 끊는다. 흑사병이나 홀로코스트, 9·11 테러 같은 재앙은 기존의 신념에 강력하게 맞서 이념과 신념을 바꾸었다. 이런 특이한 사건은 정치 이념 및 국가의 역할과 관련한 사회적 가치의 영역에서 특히 더 중요하다. 1930년대의 대공황 시기에 산업화한 서양에서 일어난 자유 시장의 심각하고 극적인 실패는 시장 규제와 국가 주도형 경제를 지지하는 더 큰 목소리로 이어졌고, 구소련 블록의 경제적 실패는 해당 국가뿐 아니라 경쟁 국가 안에서도 자유 시장을 지지하는 이유가 되었다.[10]

편향은 시간에 따라 변하기도 하며 역사적 사건의 영향을 받기도 한다.

예를 들어 내용 편향에는 수사적 기준이 무엇인지가 매우 중요하다. 즉 어떤 가설을 지지하는 근거에는 어떤 종류가 있는지, 아울러 그 근거는 최소한 설득력이 있다고 판단할 수 있는지가 중요하다. 수학과 천문학, 의학, 식물학에서 인정하는 근거는 근대 초기에 극적으로 변화했다. 이 시기에 사람들은 지적 담론에서 실험 증거를 점차 중요한 것으로 인식하기 시작했다. 수학화와 함께 데이터 속에서 실증적 규칙을 찾아내려는 귀납적 방법론 역시 중요성을 인정받기 시작했다. 바버라 샤피로(Barbara Shapiro, 2000, p. 106)와 데이비드 우턴(David Wootton, 2015, pp. 251-309)이 강조한 것처럼 17세기에 들어 "사실"로 간주된 것은 극적으로 변했다. 이 시기의 과학에서 새로운 아이디어는 과거의 문헌에 대한 단지 부수적 의견(obiter dicta)이 아니라 충분한 근거를 바탕으로 그 아이디어가 사실인지 여부를 판단하는, 거의 율법주의적 방식으로 여겨지기 시작했다. 자연의 법칙은 여전히 신의 법칙이었지만 이제는 발견의 대상이기도 했다.

이런 편향은 근대 초기의 유럽에서 어떻게 변했을까? 물리적 세계에 대한 모든 신념은 철저한 검증을 거쳐야 한다. 기술은 이런 발전을 가속화했다. 현미경, 망원경, 기압계를 포함한 새로운 기계는 호기심과 의심 많은 과학자에게 새로운 세계의 빗장을 열었다. 새로운 도구는 지식인의 마음을 바꾸는 데 일조했다. 과학 도구의 등장과 확산은 유리와 제지, 조선과 시계 제조 분야의 기술 개발에 바탕을 두었다.

직접 편향도 비슷한 수준의 극적인 변화를 겪었다. 이 책을 통해 강조한 것처럼 고대 문명에서 전해져온 옛 규범의 권위는 시간과 함께 그 힘을 잃었고, 그 자리를 지식의 피라미드 꼭대기에 서서 사람들로부터 명성을 얻은 전문가 집단에게 내주었다. 권위가 되기 위해, 그리고 거기서 나오는 특권을 누리기 위해서는 학문에 정통한 것만으로는 부족하다. 인류가 쌓은 지식에도 기여해야 한다. 마찬가지로 수사적 편향과 프레이밍 역시 새로운 기술의 발전으로 변화를 겪었다. 인쇄술의 등장은 20세기에 라디오 및 TV의 등장과 비교할 만하다. 또한 라틴어가 아니라 방언으로 책을 발간하면서 지적 혁신이 라틴어를 모르는 평범한 사람들에게까지 미쳤다는 점에서 인쇄술은 강력한 수사적 도구였다. 프랑스에서는 루이 14세가 통치하던 시기에 라틴어로 쓰인 작품을 프랑스어로 번역하거나 무시하기에 이르렀다(Fumaroli, 2015, pp. 63-64).

2부

16~17세기 문화적 사업가와 경제 변화

문화적 사업가와 선택에 의한 문화적 진화

문화는 어떻게 진화하는가? 문화적 선택과 그 결과는 왜 사회마다 다를까? 그 과정에서 인간의 역할은 있을까? 있다면 그 역할은 무엇인가? 그리프(Greif, 1994; 2005, pp. 269-271)에 따르면, 일반적으로 모든 사람은 문화적 선택을 할 때 다른 이들의 생각과 신념을 고려한다. 하지만 여기에는 중요한 예외가 있다. 로버트 훅이 말한 "코르테스 군단"과 같은 소수의 사람들은 사회적으로 주어진 선택지에서 문화적 특성을 선택할 수 있을 뿐만 아니라 그 밖의 문화적 특성을 추가할 수도 있다. '문화적 사업가(cultural entrepreneurs)'라고 일컫는 이런 사람들이야말로 문화가 일대다로 전달되는 통로다. 문화적 사업가라는 단어는 그리프(Greif, 2009)의 "도덕적 사업가"와 유사하다.[1] 하지만 문화적 사업가와 가장 비슷한 개념으로는 더글러스 노스(North, 1981, p. 65)가 제시한 "이념적 사업가(ideological entrepreneur)"일 것이다. 이념적 사업가는 사람들의 세계관과 실제 경험사이의 차이점을 인식하고, 이런 차이를 이용해 새로운 이념이나 해석을 확산한다.[2] 그리고 리처드 스웨드버그(Richard Swedberg, 2006)는 조지프 슘페터가 자신의 초기 작품에서 언급했듯 아이디어를 실행에 옮기는 "행동하는 사람(man of action)"에서 "사회적 사업가" 개념이 나왔다고 주장했다.

여기서 나오는 주장의 핵심은 조지 버나드 쇼(George Bernard Shaw)의 《혁명가를 위한 격언(Maxims for Revolutionists)》(1903)의 내용과 일치한다. 쇼는 이 책에서 "이성적인 사람은 세상에 자기를 맞추고 비이성적인 사람은 세상을 자신에게 맞추려 노력한다. 따라서 모든 발전은 비이성적인 사람이 만든 것이다"고 했다. 이처럼 문화적 사업가는 진화적 변화를 이끄는 예외적이고 특이한 사람들로 생각할 수 있다. 이런 사람은 다른 이들이 선택한 문화를 그냥 받아들이길 거부하며 의식적으로 문화를 선택하기 위해 노력한다. 문화적 사업가를 생산 활동을 하는 기업가와 비교하면 이해하기가 한층 쉽다. 그 둘의 역할이 유사하기 때문이다. '상자 밖에서(outside the box)' 생각하는 사람은 기존의 기술이나 시장 구조를 주어진 것으로 받아들이길 거부하고 이를 바꾸려 하며, 그런 과정에서 개인적 이득을 추구한다. 이들은 대부분 큰 위험을 감수할 의지가 있고 강박적이기도 하며 근면하기까지 하다. 카리스마도 갖췄고 물론 행운도 따른다. 기업가처럼 대부분의 문화적 사업가는 개인적으로 문화의 선택지에 미미한 변화만을 초래하지만 그중 소수는 문화의 선택지에 눈에 띄는 방식으로 상당한 영향을 주었다. 요컨대 그들은 사회의 신념, 가치 그리고 선호를 바꾸어놓았다.

따라서 성공한 문화적 사업가는 지배 문화의 정당한 권위에 도전하고 전복에 성공해 새로운 문화적 변이를 만드는 사람들이라고 생각할 수 있다. 이런 사람에는 무함마드, 마르틴 루터, 애덤 스미스, 카를 마르크스 그리고 찰스 다윈이 있다. 문화의 진화라는 측면에서 보면 이들은 5장에서 살펴본 '일대다' 전달의 가장 대표적인 예로 볼 수 있다. 카발리스포르차와 펠드먼(Cavalli-Sforza and Feldman, 1981)은 이런 유형의 전달은 상당히 빠르게 진전되며, 특정 인구 집단 내의 편차를 줄인다고 지적했다. 문화적 사업가는 서로 다른 신념을 조정해 한층 일관성 있는 문화 체계를 만들면서 여타 혁신가만큼이나 조정자(coordinator) 역할을 한다. 예컨대 마르크스 이전에도 많은 종류의 사회주의가 존재했으나, 마르크스는 사회주의의 다양한 종파를 통합하고 조정해 일관적인 이념으로 만들었다. 마찬가지로 정신의학은 지그문트 프로이트가 등장하기 전까지는 어지럽게 놓인 지식에 불과했다. 우리는 위대한 문화적 사업가에 대해 이미 많은 것을 알고 있다. 애덤 스미스와 프로이트에 대한 연구 결과만 해도 수많은 책꽂이를 채울 수 있고, 이들보다 덜 알려진 문화적 사업가, 예를 들면 아인 랜드(Ayn Rand), 조지프 슘페터, 미셸 푸코(Michel Foucault) 그리고 허버트 마르쿠제(Herbert Marcuse)의 경우도 마찬가지다. 어떤 사람은 문화적 사업가들이 한 말을 찾아내 그런 언급이 '정확히 어떤 뜻인지' 알아내는 데 더 큰 관심을 보이기도 한다. 그러나 내 목적은 문화의 변화가 역사의 흐름에 어떤 영향을 주었는지 밝히는 것이기 때문에 앞으로 나는 이런 사람들이 어떤 말을 했는지가 아니라 사회가 문화적 사업가로부터 무엇을 배워 결과적으로 경제를 어떻게 바꿨는지 살펴볼 것이다.

최근 들어 경제학자들은 영향력 있는 사람이 대중의 신념과 선호에 어떻게 영향을 끼치는지에 대해 관심을 갖기 시작했다. 따라서 글레이저(Edward Glaeser, 2005)는 "증오의 사업가(entrepreneurs of hate)"라고도 일컫는 정치적 사업가(political entrepreneurs)가 사람들로 하여금 자신에게 유익한 방식으로 특정 집단을 싫어하도록 어떻게 설득하는지 보여주었다. 매우 다른 맥락에서 에이스모글루와 잭슨(Acemoglu and Jackson, 2015)은 사회적으로 많은 관심을 받는 사람의 리더십은 미래의 사회 규범이 좀더 협조적인 규범으로 발전할 것인지, 아니면 덜 협조적인 규범이 될 것인지에 영향을 끼칠 수 있다는 것을 보여주었다. 이 논문은 사회적으로 영향력 있는 사람과 그렇지 않은 사람의 관계에서 형성되는 신뢰와 협조가 경제에 어떤 영향을 끼치는지에 초점을 맞춘다. 여기서 내 관심 사항은 자연 환경에 대한 사람들의 태도, 그리고 자연 환경을 이해하고 필요에 맞춰 환경을 조작하는지 여부에 있다. 하지만 그 전에 문화적 사업가의 개념에 대해 좀더 자세히 논의해야 한다.

'중요한 소수'가 역사의 흐름에 얼마나 영향을 끼치는지에 대해서는 논란의 여지가 있다. 대부분의 현대 경제학자는 "몇몇 사람의 높은 지적 능력과 설득력"을 과소평가하면서 역사의 흐름에 대한 개인의 영향력을 무시한다. 그러면서 문화의 변화는 "여러 아이디어가 합쳐지는 것"이라는 점을 강조하지만 그런 아이디어가 어디에서 오는 것인지는 밝히지 않는다.[3] 이와 반대로 조너선 휴스(Hughes, 1986, p. 2)는 "역사의 발전에서 개인의 영향을 무시하는 것은 마치 장기(臟器)와 세포가 뭔지도 모르면서 의학을 공부하는 것과 같다"고 말했다. 오늘날 대부분의 경제사학자는 "소수의 개인에 의한 역사적 사건은 대부분 행운이나 비밀, 알려지지 않은 이유에서 원인을 찾아야 한다. 하지만 다수에 의한 사건은 종종 확실하고 잘 알려진 원인에 의해 설명할 수 있다"(Hume, (1742) 1985, p. 112)고 한 데이비드 흄에 동의한다. 마르크스주의자와 그 동조자들은 대중의 행동에 대한 이론적 모형을 만들었지만, 역사의 흐름에서 개개인의 영향력은 미미하다고 생각했기 때문에 무함마드나 히틀러 같은 사람의 등장을 예측하는 것은 쓸모없는 일이라고 여겼다. 성공적인 문화적 사업가는 정말로 중요했을까? 그 누구도 진정한 의미에서 역사에 필수 불가결하지 않았더라도 그중 역사에 명백한 차이를 만들어낸 사람은 분명 존재한다. 따라서 그들이 없었다면 역사는 지금과 눈에 띄게 달랐을 거라고 말하는 게 가장 안전할 것이다. 하지만 그 정도에 대해서는 논쟁의 여지가 물론 있다.

흄이 말한 '다수'는 좀더 일관성 있는 신념을 발전시키기 위해 조정(많은 아이디어를 조정하고 통합해 새로운 아이디어를 발전시키는 작업을 뜻함—옮긴이) 역할을 할 필요가 있다는 점과 이런 조정 역할이 매우 중요하다는 점은 논란의 여지가 없다. 가끔 대부분의 이런 조정은 문화적 사업가의 명성과 위신에 의존한 제자나 추종자들이 한 것이다(가장 대표적인 사례는 기독교). 이런 조정자는 단순히 더 심오한 역사의 선도자이기도 했지만 그들 스스로가 상당한 영향력을 발휘한 사람이다. 이런 이들이 결과에 중요한 영향을 끼치기 시작할 때 우리는 역사가 분기점, 또는 역사의 "중대한 시기"(Acemoglu and Robinson, 2012)에 있다고 말한다. 이때 상대적으로 작은 사건이나 극소수의 인물이 내린 결정으로 인해 역사는 그 전과는 다른 흐름에 올라타기 시작한다. 이는 진화학자 존 지먼이 말한 "진화에 누적 효과를 불러일으키는 드물고도 특이한 사건"과 맥락을 같이한다. 이런 사람들은 자크 모노가 언급한 "우연"(Monod, 1971)이라고 할 수 있다. 하지만 모든 게 우연인 것은 아니다. 진화에는 '필연'을 구성하는 규칙과 제약도 있다.

문화적 사업가들이 하는 일은 정확히 무엇일까? 그들은 영향력을 발휘해 충분히 많은 사람에게 더 풍부한 문화적 대안을 제시하고 동시에 받아들이도록 설득하는 이들이다. 설득의 대상은 제도와 대중의 행동에 큰 영향을 끼칠 만큼 많아야 한다. 물론 그 수는 상황에 따라 다르다. 존 메이너드 케인스(John Maynard Keynes) 같은 문화적 사업가는 당시 제도에 큰 영향을 끼치는 데 상대적으로 적은 수의 경제학자와 정책 입안자만 설득하면 되었다. 하지만 히틀러는 많은 독일인을 설득해야 했다. 정확히 어떻게 이런 개인이 새로운 생각을 하게 되는지는 알 수 없지만 보통 존재하는 분산된 지식을 토대로 한층 뚜렷하고 논리적인 명제나 신념을 만든다. 이렇게 만들어진 새로운 문화적 특성은 동시대 사람들에게는 관심의 대상이 된다. 이런 관점에서 문화적 사업가는 새로운 것을 창조한다고 볼 수 있다.

'사업가'라는 단어는 시장 경제에서 쓰이는 개념이다. 따라서 선택에 의한 문화의 진화는 시장이라는 맥락에서 생각할 수 있다. "아이디어 시장(market for ideas)"은 새로운 개념이 아니다(Polanyi, 1962; Stigler, 1965; Coase, 1974; Gans and Stern, 2003; Mokyr, 2007).[4] 아이디어 시장에서 사람들은 청중에게 자기 신념의 정당성과 가치의 우수함을 설득하고 정보를 전달하려 노력한다.[5] 물론 문화적 선택은 경제학에서 흔히 말하는 선택과는 매우 다르며 '아이디어 시장' 개념도 다른 시장과 정확히 동일하게 생각해서는 안 된다. 아이디어 시장은 '결혼 시장'이나 '정치 시장(political market)'같이 물건을 사고팔지 않는다. 하지만 최소한 일부일처제 사회의 결혼 시장에서는 배우자를 선택하는 데 발생하는 기회비용은 명확한 반면 새로운 아이디어를 선택하는 데 발생하는 기회비용은 상대적으로 덜하다. 반대로 가톨릭인 동시에 유대인이 될 수 없고 프톨레마이오스와 코페르니쿠스의 우주를 동시에 믿을 수 없듯 결혼 시장과 마찬가지로 선택이 분명한 경우도 분명 있다. 하지만 많은 경우 새로운 생각은 기존의 신념을 밀어내는 게 아니라 단순히 그 위에 추가된다.[6] 가격에 따라 움직이는 시장 경제에서 예산 제약은 매우 중요한 요소다. 하지만 아이디어 시장에는 예산 제약에 해당하는 요소가 존재하지 않는다. 그럼에도 판매자와 구매자가 만나서 거래하는 아이디어 시장은 여전히 유용한 비유다.

문화적 사업가는 이 시장에서 매우 성공적인 판매자다. 다른 혁신적 기업가처럼 문화적 사업가는 타고난 통찰력으로 시장을 '읽고' 문화적 선택지에 새로운 아이템을 추가하면서 문화를 변화시키지만 동시에 아무런 효과를 내지 못할 정도로 너무나 터무니없이 이질적인 문화적 요소를 도입하지는 않는다. 대중은 당대의 문화적 신념이나 지식이 현실과 일치하지 않아 불만을 품을 수 있는데, 몇몇 문화적 사업가는 이런 불만을 잠재우기 위한 분산되고 일관성 없는 많은 시도 같은 숨겨진 수요를 파악해 새로운 문화적 선택지를 제시하기도 한다. 문화적 사업가가 성공하기 위해서는 당시 사회를 관통하는 문화와 새로운 사상 사이에 어느 정도의 단절이 있어야 한다. 이는 현재의 패러다임과 모순된 새로운 정보가 쌓이면서 과학혁명이 초래된다는 토머스 쿤(Thomas Kuhn)의 인지 부조화나 "비정상의 인식(awareness of anomaly)"과 비슷하다. 따라서 15세기 유럽에서는 교회에 대한 환멸이 점차 쌓여가는 것을 쉽게 알 수 있었지만 새롭고 완전한 종교적 대안을 만들기 위해서는 인쇄술로 무장한 루터와 칼뱅이 필요했다.

가장 성공한 문화적 사업가는 이전 세대에 살았던 거장들의 어깨 위에 서 있다. 마르크스는 당시 지배적인 사상이 더 이상 새로운 산업 현실과 도시 생활에 부합하지 않을 때 살았으며, 그의 생각과 글은 그때까지 여러 갈래로 나뉘었던 사회주의 사상이 나타나기 시작할 때 등장했다. 그는 전통적인 정치경제학, 유토피아적 사회주의, 헤겔식 역사주의를 포함해 다양한 요소를 혼합함으로써 유물론적 역사관을 발전시켰다. 기존의 사상을 합하고 새로운 아이디어를 추가하면서 마르크스는 '마르크스주의'라고 알려진 새로운 종합 이론을 개발했다. 경제학에서 가장 성공한 문화적 사업가 애덤 스미스 역시 여기저기 흩어져 있던 경제 이론을 종합하고 재구성해 성공을 거두었다.[7] 케인스 또한 자신의 역작 《고용, 이자, 화폐에 대한 일반 이론》에서 과거 경제학자들의 공로를 분명히 인정했다.

새로운 신념과 사상이 초점을 만들어내려면 널리 확산되어야 한다. 그리고 이런 신념과 사상이 확산되려면 믿는 것도 중요하지만, 동시에 다른 사람 역시 믿는다고 생각하는 것도 중요하다. 그래야 사상이 분산되지 않고 수렴하기 때문이다. 하지만 《코란》과 《자본론》에 대한 다양한 해석이 존재하는 것에서 보듯 이런 분산은 완전하게 제거되지 않는다. 따라서 문화적 사업가의 성공 여부는 사람들을 문화적으로 수렴하도록 유도하는 능력에 달려 있다. 아울러 그들은 좀더 포괄적이고 탄탄한 문화적 요소를 제안해 대중의 신념과 선호를 바꾸려 한다.

문화적 기업가 정신은 5장에서 설명한 문화 진화의 많은 편향을 통해 확산된다. 언뜻 보기에 무함마드와 애덤 스미스는 공통점이 없어 보이지만, 그들의 성공을 가른 것은 내용뿐만 아니라 수사학도 한몫했다는 공통점이 존재한다. 효과적인 문화적 사업가는 자신의 청중과 공감할 수 있는 고유한 방식과 언어를 찾아야 한다. 더욱이 대부분의 문화적 사업가들은 자신의 메시지를 변형하거나 번역하는 제자와 조수, 후계자를 통해 영향력을 발휘한다. 과거에는 종종 이런 문화의 전달 경로가 문화적 사업가의 가르침을 바꾸거나 왜곡하기도 했다. 하지만 오늘날에는 20세기의 스탈린주의자들이 해석한 마르크스-레닌주의가 《공산당 선언》과 《자본론》의 내용을 표면적으로만 닮았다는 사실을 갖고 옥신각신하는 사람은 거의 없다. 애덤 스미스는 절대적 자유방임주의의 선지자는 아니었지만 이런 사실은 지금의 학자들에게 별로 중요하지 않다. 문화적 사업가들이 남긴 글의 정확한 뜻은 미래 세대가 그 글에서 얻고자 하는 메시지보다 중요하지 않을 때가 있다. 더욱이 어떤 문화적 사업가의 명성은 추종자들에 의해 부풀려질 경우도 있다.

문화적 사업가의 성공은 지적 혁신을 전도하는(conductive) 환경에 달려 있다. 모든 진화 체계와 마찬가지로 문화 체계도 변화에 저항한다. 보수적이고 순응적인 제도가 만약 혁신가를 신성 모독자이자 변절자라고 낙인찍어 억압한다면 문화적 사업가와 그 추종자는 더욱 큰 위험에 빠질 수 있고 성공 가능성 역시 줄어든다. 따라서 이런 제도는 문화적 사업가 정신을 억제한다. 저항의 주된 이유는 분명하다. 문화적 사업가가 제시한 새로운 사상은 기존의 사상을 대체한다. 아울러 기존의 사회적 규범에 투자해 사회적 및 경제적 지대(rent)를 가져가는 사람들은 자신의 확고한 이해관계를 지키기 위해, 또는 새로운 사상을 불신하고 억압하기 위해 강압적인 방식을 동원할 강력한 인센티브가 있다(Benabou, Ticchi, and Vindigni, 2014). 종교가 이단자를 처단하면서 스스로를 보호하려는 사례에서 보듯 새로운 사상에 대한 저항은 사회 제도에 자연스레 자리 잡고 있다. 따라서 잠재적인 지적 혁신가는 저항과 처형을 포함한 많은 유형의 제재로 인해 혁신을 할 인센티브가 줄어든다. 기득권을 가진 과학자도 과도한 혁신으로부터 스스로를 지키기 위해 많은 방법을 고안해왔다. 막스 플랑크(Max Planck)는 새로운 과학적 통찰력은 상대방을 결코 설득하지 못한다고 지적하며, 새로운 과학을 반대하는 사람들도 결국에는 죽기 때문에 새로운 과학적 규범이 자리 잡게 된다고 약간의 과장을 섞어 강조했다. 과학기술 분야에서는 러디즘(Luddism: 19세기 초반 영국에서 발생한 기계 파괴 운동—옮긴이)으로 (다소 부당하게) 알려져 있는, 이해관계에 있는 사람들이 발명가에게 드러내는 저항은 여전히 현재 진행형이다. 매클로스키(McCloskey, 2016a, p. 94)는 "혁신"과 "새로움" 같은 단어는 과거에 종종 부정적 의미로 쓰였다고 지적했다. 사람들은 전통적 방식에 대한 정서적 애착이 있기 때문에 새로운 방식을 의심의 눈초리로 바라보았다.[8]

하지만 만약 환경이 새로운 생각에 충분하게 열려 있다면 기업가는 능력을 발휘해 주변 환경을 변화시키도록 노력하고, 미래의 기업가를 성공으로 이끄는 피드백 효과를 만들 것이다. 문화적 사업가도 크게 다를 바 없다. 따라서 마르틴 루터와 애덤 스미스 그리고 카를 마르크스를 시대와 환경의 산물이라고 치부하는 것은 역사적 서사의 수준을 훼손하고 그들과 그들의 능력을 무시하는 일이다. 이와 비슷하게 18세기의 계몽주의와 이로부터 기적적인 경제 성장을 이끈 영향력 있는 지식인은 시대의 산물이기도 했지만, 그들이 불러온 변화는 동시에 정치적 및 지적 변화를 초래해 환경을 바꾸기도 했다.

앞서 5장에서 소개한 리처슨과 보이드(Richerson and Boyd, 2005)의 문화적 편향은 문화적 사업가의 성공의 뿌리가 어디인지 식별할 수 있도록 도와준다. 그중 몇몇 사상은 당시에 잘 알려진 사실과 일치했고 주변 환경과도 부합해 옳은 사상으로 여겨졌으며, 이로 인해 문화적 사업가는 대중을 나름 쉽게 설득할 수 있었다. 그에 반해 어떤 문화적 사업가는 단지 수사학적 재능만으로 성공하기도 했다. 어찌 되었든 대부분의 문화적 사업가는 영향력 있고 권위 있는 추종자나 제자 덕분에 직접적 편향에 의존할 수 있었다.

재능도 있고 운도 따르는 문화적 사업가와 적절한 환경의 상호 작용은 극적이고 혁명적이기까지 한 문화적 변화를 창출하는 원동력이다. 이런 관점에서 보면 문화적 사업가는 경제학자들이 생각하는 전통적인 기업가 정신으로 무장한 혁신적 기업가와 다르지 않다고 할 수 있다. 경제학에서 이상화한 완전 경쟁 이론은 한 사람의 기업가가 혼자 시장에 영향을 주는 여지를 허락하지 않는다. 하지만 실제로 조사이어 웨지우드(Josiah Wedgwood: 18세기 영국의 도예가로, 도자기 회사인 웨지우드를 설립한 인물—옮긴이)와 매슈 볼턴(Matthew Boulton: 18세기 영국의 기술자 겸 사업가로, 제임스 와트(James Watt)의 증기 기관을 개선하는 등 산업혁명에 기여한 인물—옮긴이)부터 19세기 후반 미국의 위대한 기업가에 이르기까지 개인의 힘으로 경제사를 바꾼 사업가도 있다. 이들은 생산이 일어나는 방식을 완전히 바꾸었다. 문화적 사업가는 사람들의 생각을 변화시키고, 중요한 인물들이 자신의 생각을 바꾸면 새로운 사상과 일치하는 사회 제도를 세워 다음 세대의 문화적 사업가가 활동할 수 있는 여건을 만든다. 이런 피드백 효과는 예상을 뛰어넘는 동력을 불러일으키기도 한다. 따라서 사업가는 그들보다 거대한 환경이 낳은 기회를 살리면서 제한적으로나마 역사를 움직인다고 볼 수 있다. 하지만 이런 사업가들이 없다면 좋은 기회가 사라지거나, 다른 방식으로 활용되어 전혀 다른 결과를 초래할 수도 있다.

문제는 왜 어떤 환경은 성공한 사업가를 배출하고 어떤 환경은 그렇지 못한가에 있지 않고, 왜 어떤 문화적 사업가는 성공했는가에 있다. 그들의 성공을 결정하는 것은 무엇일까? 성공은 개인의 성격, 새로운 사상을 널리 전파하는 헌신적인 추종자를 고무시키는 능력, 사상의 내용, 그리고 적절한 사상이 적절한 시기에 등장하는 행운이 한데 어우러져 나타난 결과다. 예수와 찰스 다윈은 비정상적일 정도로 성공한 문화적 사업가다. 카라바조(Caravaggio: 17세기를 대표하는 이탈리아 화가—옮긴이)와 베토벤, 셰익스피어와 제임스 조이스(James Joyce: 20세기의 아일랜드 작가—옮긴이)에 이르기까지 동시대인과 그 후대 사람들의 신념과 선호에 영향을 끼친 성공한 문화적 사업가는 문화의 거의 모든 영역에 존재한다. 이렇게 보면 올바른 장소와 올바른 시기에 올바른 인물이 있다는 것은 많은 우연의 융합처럼 들리는데, 사실상 그렇다.

크게 성공한 문화적 사업가는 매우 드물고 동시에 등장하는 경우도 많지 않았다. 하지만 바로 이런 이유 때문에 근본적인 점진주의 이론을 액면 그대로 받아들이기 어렵다. 문화가 진화하려면 많은 사람의 문화적 선택지를 급격하게 바꾼 사건이나 인물이 있어야 한다. 1859년 출간한 《종의 기원》은 문화 영역에서 '희망찬 괴물'의 좋은 사례다. 1953년 DNA 구조를 발견한 것도 마찬가지다. 이런 혁신은 절대로 무(無)의 상태에서 등장하지 않지만, 만약 이런 혁신이 당대의 지식과 크게 다르고 문화의 선택지에 등장하기 시작한다면 변화를 이끌어낼 수 있다. 모든 문화적 사업가 정신이 유용한 지식의 발전에 기여한 것은 아니다. 일례로 신비주의와 우인론(愚人論) 사상을 이끈 페르시아계 이슬람 철학자 알가잘리(Al Ghazali, 1058~1111)는 한때 번성했던 이슬람 과학의 쇠퇴를 초래한 인물로 꼽힌다. 몇몇 과학사학자는 알가잘리와 그 제자들의 영향으로 인해 아랍 세계가 "갈릴레오, 케플러, 뉴턴의 나라"(Cohen, 1994, p. 395에서 인용)가 되지 못했다고 여긴다.[9] 코헨(Cohen, 2012, p. 66)은 알가잘리가 결코 이런 결과를 의도하지는 않았다고 주장하지만, 문화적 사업가 정신의 본질적 힘은 종종 원래 의도와 다른 방향으로 움직이기도 한다.

중요한 몇몇 사람들 없이 역사가 어떤 경로로 흘러갔을지에 대해서는 추측만 난무할 뿐이다. 그럴 경우 역사는 지금의 현실과 근본적으로 달랐을까? 물론 이는 '근본적으로 다르다'는 말이 정확히 어떤 뜻인지에 따라 다를 것이다. 역사는 우연의 일치도 아니고 필연도 아니며 그 사이 어딘가에 있다. 전부는 아닐지언정, 그리고 주변 환경에 제약을 받을지언정 역사에서 개인은 중요하다. 많은 영향력을 갖춘 사람들이 주변 환경에 어떻게 영향을 주는지, 아울러 그들이 다른 사람의 생각과 행동을 어떻게 바꾸는지 공부하는 것은 매우 중요하다.

　요약하자면, 혁신에 대한 수많은 이야기와 마찬가지로 많은 사람의 본보기가 되고 동기를 부여하는 중요한 사업가를 중심으로 이야기를 풀어가는 게 편하기도 할뿐더러 오해의 소지도 그리 크지 않다. 다시 말하지만 이런 접근법은 그들이 필수 불가결한 사람이거나, 그들의 업적이 피할 수 없는 시대의 산물이라는 걸 의미하지는 않는다. 하지만 이런 것을 유념하면, 역사에 길이 남은 위대한 기업가처럼 위대한 문화적 사업가가 없었다면 최소한 역사의 큰 줄거리는 아니더라도 세부 내용이 바뀌었을 것이다. 성공한 사업가는 시장이 잘 돌아간다는 확실한 신호다. 근대 초기 유럽의 문화적 사업가들이 다른 사람에게 당시까지의 문화와 다른 새로운 문화적 신념 그리고 때로는 급진적이기까지 한 생각을 받아들이도록 설득하는 데 성공한 것은 그러한 설득이 실제로도 효과적이었음을 보여준다. 다른 사람들이 그런 설득을 듣고 지적 혁신을 검증했기 때문이다. 아이디어 시장을 관통하는 제도가 중요한 이유는 바로 여기에 있다.

　7장과 8장에서 나는 산업계몽주의의 부상과 근대적 경제 성장의 원동력인 유용한 지식의 출현과 관련해 매우 중요하다고 생각하는 2명의 문화적 사업가인 프랜시스 베이컨(Francis Bacon)과 아이작 뉴턴에 대해 자세히 살펴볼 것이다. 하지만 1500~1700년에 유럽의 지식 세계에는 그 사회의 문화적 선택지를 크게 변화시킨 비범한 사람들이 이 둘 말고도 있었다는 것을 분명히 해야 한다. 나는 루터와 칼뱅 같은 유명한 종교적 사업가는 차치하고, 당대인이나 후세를 포함해 유럽 역사에 뚜렷한 문화적 진화를 이끈 지식인으로서 데카르트나 스피노자를 선택할 수도 있었다. 과학의 역사나 지식 사회를 연구하는 역사가들은 케플러나 갈릴레오, 아니면 심지어 라이프니츠에 대해서도 비슷한 주장을 할 수 있다.[10] 18세기 정치

사상(그리고 결과적으로는 1707년 그의 사망 이후 초래된 제도적 변화)에 끼친 영향을 기준으로 평가할 경우 아마도 가장 중요한 문화적 사업가는 존 로크(John Locke)일 것이다.[11] 하지만 문화적 선택지에서 유용한 지식의 변화가 어떻게 이루어졌는지 이해하려면 우리는 다른 곳을 봐야 한다.

이런 문화적 사업가의 업적을 평가하는 데 현대를 살아가는 우리의 생각은 그리 크게 중요하지 않다. 우리가 산업혁명을 이끈 것도 아니고 근대적 경제 성장을 이끈 것도 아니기 때문이다. 그러나 계몽주의 시대의 사상가들이 베이컨과 뉴턴을 당대의 가장 영향력 있는 사상가로 우러러보고, 다른 지적 혁신가들에게 최고의 찬사를 보내려 한 것을 봤을 때 이 둘의 중요성을 짐작할 수 있다. 볼테르(Voltaire)는 "위대한 사람"에 대해 논의하며 베이컨, 로크, 뉴턴을 언급했다(Voltaire (1733~1734) 2007, p. 37). 스코틀랜드의 계몽주의 철학자 겸 역사학자 존 밀러(John Millar, 1735~1801)는 정치경제학의 대가들을 기리는 글에서 "몽테스키외(Charles De Montesquieu)는 철학에서의 프랜시스 베이컨 경이요, 애덤 스미스는 뉴턴이다"(Millar, 1790, p. 473)라고 말했다. 비슷한 맥락으로 젊은 시절의 제러미 벤담(Jeremy Bentham)은 프랑스의 계몽주의 작가 엘베시우스(Claude-Adrien Helvétius)에 대해 "물리적 세계와 관련해 베이컨이 있다면 도덕적 세계와 관련해서는 엘베시우스가 있다"(Mitchell, 1974, p. 170에서 인용)고 칭송하기도 했다. 비슷하게 콩도르세(Marquis de Condorcet: 프랑스의 철학자이자 수학자, 정치가―옮긴이)는 "베이컨의 과학"과 "뉴턴의 유산"의 결과로 자연과학의 발전을 이루었다고 주장했다(Williams, 2004, p. 95). 계몽주의의 전형적 인물이라고 할 수 있는 토머스 제퍼슨은 1789년 3명의 영국인(베이컨, 로크, 뉴턴)을 "물리과학과 도덕철학을 통해 사회의 근본적 구조를 마련한, 그 어떤 예외도 없이 이제까지 살았던 가장 위대한 3명의 인물"

(Jefferson, 1789)이라고 썼다. 1851년의 수정궁 박람회(영국의 기술과 생산 능력을 전시함으로써 국력을 대내외적으로 과시하기 위해 개최한 제1회 만국박람회―옮긴이) 공식 안내문에는 이런 글이 쓰여 있었다. "한 국가로서 산업의 진보를 견인한 위대한 지렛대 역할을 최초로 했다는 영광이 우리〔영국〕에게 있다고 주장할 수는 없지만, 우리는 적어도 최초로 산업과학의 물꼬를 틈으로써 그 방향과 영향력을 결정한 베이컨과 뉴턴이라는 2명의 철학자를 세상에 내놓았다"(*Edinburgh Review*, 1851, p. 288).

문화적 사업가: 프랜시스 베이컨

문화적 사업가로서 프랜시스 베이컨은 서양의 발전에서 매우 중요한 인물이다. 시간이 지나면서 '베이컨주의'는 철학, 귀납법 그리고 정부 정책 등 다양한 분야에서 많은 사람에게 다른 의미로 다가갔다(Pérez-Ramos, 1988, pp. 7-31).[1] 여기서 우리는 베이컨이 궁극적으로 경제 발전을 이끈 문화적 신념에 어떤 영향을 끼쳤는지 알아보고자 한다. 베이컨의 전기 작가〔Farrington, (1951) 1979〕는 그를 "산업과학의 철학자"로 칭했다. '산업과학'이라는 단어는 시대착오적이며 어색하다. 더욱이 오늘날의 기준으로 보면 모순 어법이며 무엇보다 철학과 큰 관련이 없어 보인다. 하지만 고전주의자(classicist)인 벤저민 패링턴(Benjamin Farrington)은 베이컨의 진정한 업적은 귀납법을 개발하고 확산한 게 아니라, 지식은 생산 활동에 유용하게 쓰여야 하고 과학은 산업 현장에 적용해야 하며 사람들은 자신의 물질적 조건을 개선할 신성한 의무가 있다는 사상을 전파한 것이라고 주장했다. 파올로 로시(Paolo Rossi, 1970)는 이와 조금 다른 접근법을 통해 베이컨의 철학은 "진실"과 "효용성" 사이의 상호 보완적 관계, 다시 말해 자연과학과 기계 기술의 관계를 근본적으로 혁신했다고 강조했다. 즉 베이컨은 과학 기술의 진보와 경제 발전은 기술 지식을 과학과 자연에 적용하는 것에 달려 있다고 봤다(Rossi, 1970, pp. 120, 146-173). 따라서 베이컨은 서양을 18세기에 활짝 핀 '베이컨 프로그램(Baconian program)'의 세계로 진입시키는 준비를 했다고 할 수 있다. '베이컨 프로그램'이란 명제적 지식과 처방적 지식을 통해 경제를 바꿀 수 있는 자기 강화적(자동 촉매적) 피드백 고리를 만들어 물질적 진보를 달성하는 것을 의미한다.

기술과 자연에 대한 지식이 어떻게 경제 발전을 이끌 수 있는지에 대한 베이컨의 생각은 무서울 정도로 선견지명이 있었다. 그는 "과학의 진정하고 정당한 목적은 새로운 발견과 발명을 통해 인간의 삶에 힘을 주는 것"이라고 말했다. 아울러 이런 종류의 과학 발전은 소수의 엘리트 집단이 달성한다는 사실을 알고 있었다. "압도적으로 많은 대부분의 평범한 사람은 이런 개념이 없다. ……비정상적으로 지적 능력이 뛰어난 몇몇 장인이 …… 자신의 비용을 들여 새로운 발명을 만들어내는 데 전념한다." 베이컨은 대부분의 연구와 개발은 뚜렷한 목적 없이 이루어지기 때문에 원하는 결과를 이뤄내지 못한다고 불만을 토로하면서, 진보는 과도하게 "과거와 학문적 권위를 찬양하면서 그들의 추종자가 만들어낸 공감대로 인해" 저해된다고 말했다(Bacon, (1620) 1999, pp. 66, 68, aphorisms 81, 84). 1592년 출간한 유명한 논문에서 베이컨은 지식이 무엇인지, 그리고 지식이 마땅히 추구해야 할 바는 무엇인지에 대해 썼다. 이 논문에서 베이컨은 당시까지의 기술 진보는 장인들이 만들어낸 작고 우발적인 발명에 의해 이루어졌다고 한탄했다. 우리가 과학이나 명제적 지식이라고 부르는 형식적 지식(formal knowledge)은 기술의 바탕인 자연 규칙을 발견하는 데 매우 작은 역할만을 했다는 것이다[Bacon, (1592) 1838, vol. 1, pp. 216-217].

사물의 모든 혼란에서 벗어나 자연의 질서와 인간의 오류를 찾아내는 것처럼 마음이 행복해지는 게 또 있을까? 하지만 이것은 발견이라기보다 그저 기쁨에 그치는 것이요, 또는 유익하다기보다 자기만족에 지나지 않는 것일까? 자연이라는 창고에 쌓인 부(富) 자체를 자연의 아름다움으로만 바라봐야 하지 않을까? 진실은 언제고 황량해질 수 있을까? 만약 그렇다면 인간은 지식을 생산하면서 가치 있는 결과를 만들어내지도 못하고 무한한 물품을 보유하지도 못하는 것일까?

베이컨은 자신의 글에서 이런 주장을 반복했으며, 영국 왕립학회 역시 베이컨의 이러한 생각을 지지했다. 《대혁신(The Great Instauration)》의 도입부에서 베이컨은 "실증적 학문과 이성의 진실하고 합법적인 결합이 인류에게 도움을 주고 인류를 고통과 물질적 요구에서 해방시켜줄 일련의 발명품이 생겨나기를"[Bacon (1620) 1999, 서문] 희망한다고 썼다. 또한 《지식에 대한 찬양(In Praise of Knowledge)》에서는 "인간의 주권[독립성—옮긴이]은 왕과 왕의 보물로도 사지 못하는 많은 것이 존재하는 지식에 숨겨져 있다. ……우리는 생각으로는 자연을 지배하지만 불가피하게도 자연에 대해 노예처럼 속박되어 있다. 하지만 우리가 발명으로 자연을 이끈다면, 우리는 자연을 지배할 수 있을 것이다"[Bacon, (1592) 1838, vol. 1, p. 217]고 말했다.

재미있는 사실은 베이컨이 새로운 과학 이론을 창시하기는커녕 과학에 무지했다는 점이다. 베이컨은 수학을 전혀 몰랐으며 자신이 옹호하는 이론의 중요성을 인지하지도 못했다. 심지어 하비(William Harvey)의 혈액 순환 이론이나 길버트(William Gilbert)의 자석의 원리, 코페르니쿠스의 지동설(베이컨은 천동설을 신봉했다-옮긴이), 그리고 갈릴레오의 물리학 같은 시대적으로 가장 중요한 과학 기술의 진보 대부분을 무시하거나 거부했다. 한 전문가는 유고로 출간된 《숲속의 숲(Sylva Sylvarum)》은 현실적으로 실행 불가능한 베이컨의 과학적 실험 방식을 보여준다고 단호하게 말했다(Debus, 1978, p. 105). 베이컨은 당대의 수많은 지식인과 마찬가지로 연구는 새로운 사실과 자연 규칙의 비밀을 알아내는 것도 중요하지만, 고대에 이미 발견했으되 후세의 학자에 의해 왜곡되고 잊힌 원시적 지혜를 다시 발견하는 것이 한층 중요하다는 이른바 '아담의 지혜(Adamite wisdom)'를 믿었다. 또한 데보라 하크니스(Deborah Harkness, 2007, p. 246)가 주장했듯 실용적이고 현실에 적용 가능한 자연에 대한 지식을 확장해야 한다는 베이컨의 주된 사상은 엘리자베스 시대의 런던에서도 이미 제기된 주제다. 어찌 되었든 다양한 분야, 특히 과학의 방법 및 실제적 관련성과 관련해 베이컨은 많은 선구자들에게 큰 빚을 졌다.[2]

그럼에도 1626년 사망한 이후 1세기 반 동안 지속된 유럽 과학에 대한 베이컨의 영향은 헤아릴 수 없을 정도였다. 유럽 편지 공화국(Republic of Letters: 17~18세기 유럽 지식인이 편지로 의견을 교환하고 공감대를 구축한 지적 공동체를 일컫는 말-옮긴이)의 지식인 리더들은 베이컨에게 빚을 졌다는 것을 인정했다. 예를 들어, 존 로크는 베이컨에게 매우 큰 빚을 졌다고 말했으며 그의 글을 주의 깊게 읽었다. 보일(Robert Boyle) 역시 베이컨의 자연사 연구에 많은 빚을 졌다(Bacon, (1620b) 1861~1879; Anstey, 2002). 베이컨은 실험 과학이라는 개념을 처음으로 도입한 사람은 아니지만, 이를 이전과는 확연히 다르게 변형시켰다. 위대한 이슬람 안경 제작자이자 천문학자 알하젠((Alhazen, 965~1040: 이븐 알하이삼(Ibn al-Haytham))의 실험에서 볼 수 있듯 실험은 사실 과거부터 계속 존재해온 오래된 개념이었다. 하지만 패멀라 롱(Pamela Long, 2011, p. 35)과 피터 디어(Peter Dear, 1995, p. 30)는 실험 연구가 중세 유럽 대학교의 학문적 전통과는 동떨어진 개념이었다고 지적했다. 특정 문제를 해결하기 위한 실험 설계라는 개념은 아리스토텔레스의 학문 방법론과 거리가 멀었기 때문이다. 삼단논법에 의한 연역적 지식은 가장 고귀하고 가장 권위 있는 지식 유형으로 여겨졌다. 그보다 더 중요한 것은 근대 초기 유럽에서 모두 폐지될 때까지 아리스토텔레스의 이론이 자연 및 인공 세계를 뚜렷하게 구분하고, 한 곳에 적용된 규칙을 다른 곳에 적용하지 않았다는 것이다. 극단적으로 보면 이는 그 어떤 실험도 자연 세계에 대한 새로운 실마리를 주거나 인간이 만든 그 어느 것도 자연의 제약을 극복할 수 없다는 얘기다. 오래전부터 이런 믿음은 의구심을 받아왔지만 베이컨의 과학철학과 갈릴레오의 업적은 이런 신념이 그릇됐다는 것을 실제로 입증했다.

유용한 지식을 확장하는 방식으로서 실험을 받아들인 과정은 느리지만 분명한 진전이 있었다. 하지만 과학 연구에서 실험의 중요성을 인정하기 시작한 것은 베이컨의 영향이 컸다. 쿤(Kuhn, 1976, pp. 12-13)은 베이컨 이후의 실험과학은 이미 알려진 사실을 확인하는 차원에서 실행되지 않았고, 아직 발견되지 않은 것 또는 인공적 환경에서 자연이 어떻게 반응하는지 알아보기 위해 시도되었다고 주장했다. 더욱이 그 자체가 혁신이었던 새로운 실험 도구와 실험 기술에 대한 의존도가 높아졌고, 이로 인해 상상으로만 할 뿐 실제로는 수행하지 않는 '사고 실험(thought experiments)'에서 급격하게 멀어져갔다. 베이컨은 《대혁신》에서 "빈손이나 머리만으론 아무것도 할 수 없다. 도구의 도움이 있어야만 이해하고 실험할 수 있다"[Bacon, (1620) 1999, p. 89]고 주장했다. 이 같은 혁명적 혁신에도 불구하고 쿤은 이런 실험 방식은 "고전 과학"을 보완한 수준을 넘어서지 못했다고 주장한다. 그 둘의 상호 작용은 부분적이고 느렸다. 〔쿤은 뉴턴, 하위헌스(Christiaan Huygens: 17세기 네덜란드 천문학자—옮긴이) 그리고 프랑스 수학자이자 물리학자 에듬 마리오트(Edme Mariotte, 1620~1684)는 예외라고 언급했다.〕[3]

당연한 말이겠지만 베이컨의 철학도 무(無)에서 생겨난 것은 아니다. 지적으로 베이컨의 가장 중요한 선구자는 의사이자 연금술사인 파라켈수스(Paracelsus)였을 것이다(Gaukroger, 2001, p. 176). 베이컨은 유럽 편지 공화국의 초기 시민이었던 파라켈수스에 대해 그다지 호의적으로 평가를 내리지 않았지만, 그가 유럽에 지대한 영향을 끼친 것은 분명하다. 프랜시스 예이츠(Frances Yates, 1967)는 프랑스 작가이자 역사가 루이 르로이(Louis Le Roy)를 "베이컨의 선구자"이지만 조금 더 현실적이라고 말했다. 베이컨의 또 다른 선구자로는 아리스토텔레스 학문의 구속에서 벗어나 과학을 순수하게 실증적 방식으로 접근하자고 주장한 칼라브리아(Calabria: 이탈리아 서남부에 위치한 주—옮긴이) 출신의 철학자이자 과학자 베르나르디노 텔레시오(Bernardino Telesio, 1509~1588)가 있다.[4] 베이컨은 또한 프랑스의 개신교 철학자 페트뤼 라무스(Petrus Ramus, 1515~1572)와도 많은 사상을 공유했다. 라무스는 논쟁을 즐기던 시인이자 아리스토텔레스를 비판한 가브리엘 하비(Gabriel Harvey, 1552~1631)에게까지 영향을 끼쳤다. 네덜란드의 발명가이자 엔지니어 코르넬리스 드레벌(Cornelis Drebbel)은 많은 면에서 베이컨의 "희망의 총체(incarnation of hopes)"였으며, 드레벌의 발명품은 베이컨의 책 《새로운 아틀란티스(New Atlantis)》에 소개되기도 했다(Colie, 1955). 영국에는 수학자이자 종교적 신비주의자로서 엘리자베스 여왕의 개인 교사로 활동하면서 1570년 헨리 빌링슬리(Henry Billingsly)가 영어로 번역한 유클리드 기하학을 《수학 입문(Mathematical Preface)》이라는 책으로 출간해 다양한 측량 방법을 선보임으로써 수학의 우위성을 강조한 존 디(John Dee, 1527~1608)가 있었다. 비전문가를 대상으로 기술과 상업에 수학을 실제 적용할 것을 주장한 존 디의 책과 논문은 늘어나는 상인과 숙련된 장인, 기술자에게 널리 읽혔다(Trattner, 1964, p. 24; Harkness, 2007, pp. 100-107). 베이컨주의가 도래하기 전의 또 다른 영국 문인으로는 휴 플랫 경(Sir Hugh Plat, 1552~1608)이 있는데, 그는 고기 보관법과 해충 구제부터 정원 가꾸기까지 많은 주제에 대한 책을 집필했다.[5] 그 밖에 특히 런던에서 베이컨 이전에 수학과 명제적 지식을 결합해 실용적 혁신과 활동을 전개한 많은 인물이 있었다. 수학자로서 기호의 보급에 힘쓴 로버트 레코드(Robert Recorde, 1512~1558)는 브리스톨 조폐국을 운영하고 아일랜드 웩스퍼드(Wexford)에 은광촌을 개발하기도 했으며 소변 검사에 대한 교과서를 집필하기도 했다. 또 다른 유명한 수학자 레너드 디기스(Leonard Digges, 1515~1559)는 토지 측량사와 장인들을 위한 수학책《텍토니콘(Tectonicon)》을 펴냈는데, 이 책은 150년 동안 스무 번이나 재판을 찍었다. 그의 아들 토머스 디기스(Thomas Digges, 1546~1595)는 탄도학에 대한 책을 썼으며, 도버(Dover)에 새로운 항만을 설계하고 영국에 코페르니쿠스 천문학을 전파하기도 했다. 물리학자이자 수학 강사이던 토머스 후드(Thomas Hood, 1556~1620)는 초기 계산자와 계산기를 만들었으며, 직각기와 거리 측정기(바다에서 위도를 측정하는)를 사용한 항해 기법을 담은 책을 쓰기도 했다. 하지만 베이컨의 글 뒤에는 런던의 장인과 현실적인 수학자만 있었다는 크리스토퍼 힐(Christopher Hill, 1965, p. 292)의 주장은 일방적이다. 베이컨은 또한 16세기 유럽 사상과 엘리자베스식의 초기 국가주의(proto-étatism)에 영향을 받기도 했다(16세기 유럽 대륙에서는 가톨릭을 제외한 다른 종교는 이단으로 간주해 배척했으며 국가주의가 성행했던 시기다—옮긴이).

이런 활동에 대해 일관된 지적 틀을 제공하고 느슨하게 연결되어 있던 지식을 묶음으로써 베이컨은 일종의 종합 사상가 역할을 담당했다고 볼 수 있다. 그는 실험철학을 통한 포괄적 진보의 기틀을 닦고, 좀더 명확한 사상적 제도를 구축하기 위해 많은 사상을 변형 및 재구성했다(Slack, 2015, p. 74). 17세기 영국 지식인 사이에서 뜨겁게 논의된—사람들을 어리둥절하게 만들 수도 있는—많은 종교와 형이상학적 사상은 "베이컨의 이름 및 글과 ······ 관련한 자연과학에 대한 지식으로 알려지기 시작했다" (Cohen, 2012, p. 585). 베이컨의 글은 향후 2세기에 걸쳐 많은 사상가와 실험가의 중심적 출발점이 되었다.[6] 이런 관점에서 프랜시스 베이컨은 전형적인 문화적 사업가다. 베이컨의 사망 후 50년 안에 유럽의 대부분 학자와 전문가는 유용한 지식의 역할에 대한 베이컨의 주장과 사상을 어떤 방식으로든 받아들였다. 하이럼 케이턴(Hiram Caton, 1988, p. 39)은 "처음으로 자연철학은 진보적이고 확장적인 사회 제도가 되었다"고 주장하면서 베이컨의 영향력을 설명했다. 이런 사상의 발전이 경제에 끼친 영향은 수십 년 동안 잠재되어 있었지만 결국에는 산업혁명과 그 후의 기술 변화 시대에 폭발했다.

과학을 산업적 목적에 적용한 '근대적' 사상가이자 시대를 잘못 태어난 사람으로 베이컨을 묘사하는 것은 부적절해 보이며, 그의 대부분 사상은 여전히 좀더 새로운 방식으로 연금술과 자연과학을 결합하려는 어색한 혼합물에 불과했다(Rossi, 1978, pp. 11-20). 최근의 한 작가는 베이컨이 기술보다는 마술에 더 심취했다면서, 그를 기술자가 아닌 마술사로 묘사하기도 했다(Henry, 2002, p. 50).[7] 베이컨의 상향식(bottom up) 귀납법은 아리스토텔레스와 데카르트의 하향식(top-down) 연역법 전통에 대한 신선한 해독제가 될 수는 있지만 진지하게 받아들여지지 않았다. 하지만 베이컨을 무시하는 듯한 칼 포퍼(Karl Popper)의 태도에 영향을 받은 몇몇 역사 학자와 철학자의 의구심에도 불구하고─역사학자가 마땅히 인정해야 하지만 거의 외면하는─경제 성장의 선구자로서 베이컨의 명성은 이어지고 있다.[8] 윌리엄 에이먼(William Eamon, 1991, p. 27)은 베이컨을 "과학적 연구가 내포하는 것을 완전하게 재정의해" 스콜라 철학의 논리적 구조가 새로운 사실에 대한 추구에 의해 대체되는 과정에 기여했다고 여긴다. 하지만 베이컨은 실증적 사실을 의미 없이 쌓아두는 것에 반대했다. 그는 《신기관(New Organon)》에서 올바른 과학이 무엇인지 곤충학에 비유해 설명했다. 개미는 단순히 식량을 모으고 소비한다. 거미는 스스로 만든 재료만을 사용해 거미줄을 친다. 이에 비해 벌은 꽃에서 꿀을 모아 그보다 훨씬 좋은 것을 생산한다. 이 중 베이컨은 벌의 방식이 올바른 것이라고 보았다(Bacon, (1620) 2000, aphorism 95, p. 79). 베이컨의 과학은 비교와 추측으로 데이터에서 실증적 규칙과 패턴을 유추하고, 여기서 나온 결과를 바탕으로 창조적 상상을 통해 자연과 실험 결과의 간극을 매우는 과학이다(Eamon, 1994, p. 288). 그는 과학이 사람과 자연의 상호 작용의 결과로서 사실과 데이터를 만들어야만 설명적 이론을 개발할 수 있다고 생각했다. 레셔(Nicholas Rescher, 1978, p. 165)는 "이런 점을 완벽한 수준의 명확성으로 간파한 것은 베이컨이 최초였다는 점에서 그의 공적은 영원히 인정받을 것이다"고 언급했다.

확실한 것은 베이컨이 당시의 순수한 경험적 연구의 잠재력을 매우 과대평가했다는 것이다. 하지만 성공한 문화적 사업가로서 그는 모든 사안에 통달할 필요가 없었다. 영향력을 키우기만 하면 됐다. 중요한 것은 오늘날 우리가 베이컨을 어떻게 생각하느냐가 아니라, 그가 당대와 사후에 끼친 영향이기 때문이다. 다시 말해, 그가 영향을 끼친 유럽의 지적 전통이 어떻게 유럽 지식인과 과학·기술계의 엘리트 사상에 영향을 주었는지가 중요하다.[9] 베이컨의 영향력은 폭이 좁았지만 깊었다. 베이컨은 지식의 개념에 매우 관심이 높았으며 인간의 활동과 일(work)의 현실적 기반인 자연 현상에 대해 생각하는 방식을 근본적으로 바꿔야 한다는 의견을 제기했다(Pérez-Ramos, 1988, 12-13장). 베이컨에게 지식은 집단 행위이자 사회적 현상으로서 체계적으로 조직 및 분배해야 하며, 물질적 목적을 위해 적용 및 사용해야 한다(Farrington, (1951) 1979). 페로네(Vincenzo Ferrone, 2015, p. 98)는 베이컨의 업적은 "말로 표현하기 힘든 르네상스 시대의 신비한 지혜"와 광범위하게 공유 및 검증될 수 있어 모든 사람이 이해할 수 있는 근대적 과학 연구 방법론 사이의 단절을 이어준 것이라고 덧붙였다.[10]

이미 언급한 것처럼 베이컨 자신은 뛰어난 과학자가 아니었지만 당대 자연철학의 접근 방식과 관련한 문제에 대해서는 뛰어난 통찰력을 갖고 있었다. 베이컨은 《신기관》에서 아리스토텔레스식의 지나친 연역법이나 또 다른 극단에 있는, 지나치게 전문화한 귀납법 같은 나쁜 방법으로 극소수의 편협한 실험에서 지나치게 일반적인 결론을 도출해 지식의 진보를 방해하는 "극장의 우상(idols of the theater)"을 강하게 비판했다. 컴퍼스로 완전한 원을 그리고 자로 일직선을 그리듯 베이컨은 《신기관》에서 규칙과 도구에 의해 완전하게 규정된 엄밀하고 정확한 방법론을 주장했다(Bacon, (1620) 1999, p. 103). 베이컨과 그 추종자들은 만약 올바른 조사 방식을 올바른 방향으로 사용한다면 충분히 자연을 이해할 수 있다고 강조했다(Shapin, 1996, p. 90). 이런 점에서 베이컨은 자료를 의미 없이 단순히 축적하는 것은 올바르지 않다고 생각했다. 모든 이론은 사실에 근거를 두고 연구의 모든 단계에서 검증해야 한다는 것이 그의 지론이었다. 연구하는 사람들은 자연을 잘 조작해 그 비밀을 풀어야 한다. 실험가들이 "사자

의 꼬리를 꼬아놓고 결과를 기다린다('사자의 꼬리를 꼰다(twist the Lion's tail)'
는 말은 특정 대상을 공격하거나 도발한다는 의미로, 여기서는 아무런 계획이나 기대 없이
무작정 실험을 한다는 뜻—옮긴이)"는 베이컨의 유명한 말은 사실이 아닌 것으
로 보이지만, 이것이 널리 회자되는 이유는 '베이컨은 곧 귀납법'이라는
생각이 강하게 작용한 탓이다.[11] 자연의 비밀을 밝히는 데 더 효과적이라
는 것을 제외하면 인공적인 것(artificial: 인공적 실험 방식과 도구를 사용해 자연을
해석한다는 베이컨의 실험철학 개념—옮긴이)과 자연은 큰 차이가 없다는 베이컨
의 통찰력은 아리스토텔레스의 도그마에서 완전히 벗어남과 동시에 솔로
몬의 전당(Salomon's House: 베이컨의《새로운 아틀란티스》에 나오는 학술원으로, 과
학적 실험 등 베이컨이 이상적으로 생각한 연구를 수행한 기관—옮긴이)의 실험적 문
화에 대한 방대한 묘사를 가능케 한 동기였다(Eamon, 1994, pp. 310-311). 실
험철학의 기본 개념은 그 형성과 요점에서 베이컨의 글에 많은 빚을 지고
있다. 베이컨이 없었다면 근대 과학은 등장하지 않았을 것이라는 얘기가
아니다. 그러나 베이컨의 글이 그의 사후 150년이 지나도록 영향을 끼쳤
다는 것은 훗날 경제적 전환의 길을 걷게끔 해준 유럽의 문화가 변했다는
숨길 수 없는 신호다.

홍미롭게도 초기 산업 사회의 비평가 가운데 일부는 베이컨을 심하게
비판하기도 했다(예를 들면 Merchant, 1980).[12] 역설적이게 베이컨의 "자연과
창조는 인류의 이익과 통치를 위해 생겨났다는 잘못된 믿음"을 가장 경멸
한 이들은 베이컨의 통찰력으로 인한 과학의 발전으로부터 가장 큰 수혜
를 받을 정도로 뒤늦게 태어난 사람들이었다(Zagorin, 1998, p. 121). 산업혁
명과 그 후의 경제 성장을 경제사의 한 분수령이라고 생각한 경제학자들
이 베이컨주의의 공로를 인정하지 않았다는 점이 더 놀랍기만 하다. 베이
컨과 그 추종자들은 오늘날 산업계몽주의라고 알려진 현상의 씨앗을 뿌

렸으며, 그 이전에 있었던 문화의 발전 없이는 산업혁명을 생각할 수 없다. 베이컨에 대한 최근의 글들은 후세의 경제 성장과 직접적으로 연결되지는 않지만 전반적으로 이런 관계를 인정하는 것으로 보인다.[13]

유용한 지식을 탐구하는 방법론과 그 목적에 대한 베이컨의 생각은 그의 죽음 이후에도 수십 년 동안 지식인들에게 계속해서 영향을 끼쳤고, 그 영향력은 계몽주의 시대를 거치며 꾸준하게 성장했다.[14] 확실한 것은 베이컨이 많은 면에서 전환기의 인물이었다는 것이며, 또한 계몽주의 사상가가 아니라 16세기 말의 인물이었다는 것이다. 18세기 계몽주의 지식인은 베이컨의 사상을 매우 선택적으로만 받아들이며 그들의 목적에 맞게 가꾸었다.[15] 그런 이유에선지 그의 사상을 인정하지 않는 사람들조차 베이컨을 역사상 가장 영향력 있는 인물로 꼽기도 한다.[16] 오늘날 다양한 분야의 학자들도 큰 틀에서는 여기에 동의한다. 한 학자는 "베이컨 자연철학의 주요 목적은 자연 그 자체는 할 수 없는 혁신을 만드는 것이다"(Zagorin, 1998, p. 97)고 말하기도 했다. 산업혁명 시기를 거치며 베이컨의 이념에 내포된 가치는 알게 모르게 과학자와 기술자에게 영향을 주었다. 베이컨이 산업혁명에 끼친 영향은 18세기 프랑스 계몽사상의 핵심이었던 '백과전서파'의 깊은 존경심에서 알 수 있다. 그중 페스트레 신부(Abbé Pestré)는 베이컨과 철학에 대해 장문의 글을 썼고, 드니 디드로는 대백과사전[Denis Diderot, (1751) 2003]의 '기술'과 '백과전서' 항목에서 베이컨에 대해 언급했다.[17] 스코틀랜드의 계몽주의 철학자 듀갈드 스튜어트와 프랜시스 제프리(Francis Jeffrey)는 방법론과 목적의 해석에서 비록 의견이 다소 다르기는 했으나 큰 틀에서는 동의했다(Chitnis, 1976, pp. 214-215).[18]

산업혁명 시기에 과학과 기술 전문가들은 논문을 통해 "당시 과학자에게 기술의 원리를 이해하도록 끊임없이 권장한 베이컨의 영향력은 17~

18세기 과학자들 사이에서 쉽게 찾아볼 수 있었다"(Musson and Robinson, 1969, p. 16)고 단언하듯 말했다. 다른 세대의 역사학자들도 베이컨에 대해 많은 말을 했다. "카를 마르크스가 공산주의의 등장과 관련이 있듯 프랜시스 베이컨 경은 〔영국에서 근대적 과학의 등장과〕 관련이 있지만 더 고귀한 목적이 있었다"〔Richard F. Jones, (1936) 1961, p. vii〕. "종파 분쟁으로 얼룩진 시대에 …… 베이컨의 비전은 …… 서양인들로 하여금 과학과 그 적용에 눈을 돌리라고 재촉했다. 역사의 굽이마다 베이컨의 유산은 리더와 산업가 모두에게 영감을 주었다"(Jacob, 1997, p. 33). 최근의 한 권위 있는 학자는 '베이컨의 이념'을 자연철학자들이 인류의 삶을 개선시킬 수 있다는 자신감, 그럼으로써 신적인 소명을 충족한다는 종교적 신념과 과학의 이중 도약으로 정의했다(Cohen, 2012, p. 584).

'실험철학'의 진화에 프랜시스 베이컨이 끼친 영향은 실로 대단하다. 옥스퍼드의 주교 새뮤얼 파커(Samuel Parker, 1640~1688)같이 실험 연구와 직접적 관련이 없는 지식인조차도 "진리를 완전히 충족시키는 유일한 방법은 조심스럽고 신중한 경험을 통해 시험하는 것이다. 이러한 시험은 의심할 만한 모든 것을 제거할 것이며 …… 실험으로부터 습득한 것은 모두에게 가장 안전하고 나무랄 데 없는 지식이다"고 말할 정도였다. 또한 그는 베이컨에게 진 빚을 바로 인정했다. "아울러 베이컨 경은 우리의 작은 세계에서 진리를 찾는 데 필요한 지식의 확장을 가로막는 방해물을 알고 있었다. ……그럼으로써 경험을 관찰하기만 하고 자연에 대해 생각만 하는 것에서 우리를 벗어나게 했다"(Parker, 1666, pp. 56-58). 위대한 지식인이자 문필가 존 에벌린(John Evelyn, 1620~1706)은 베이컨 사후의 세대가 베이컨을 어떻게 생각했는지 이렇게 말했다. "고귀한 베이컨은 …… 그 전의 모든 사람을 앞질렀다. ……학문을 아는 자들은 그의 이름만 들어도 벌떡 일어선다"(Evelyn 1661, p. A5).[19] 아리스토텔레스를 학문의 위대한 권위자 자리에서 끌어내리기 위해 노력한 지식인들이 베이컨을 비슷한 수준으로 숭배하기 시작했다는 것은 다소 역설적이기까지 하다. 그러나 베이컨주의는 하나의 공고한 교리가 되지 못했다. 반대로 마이클 헌터(Michael Hunter, 1981, p. 18)가 지적했듯 베이컨주의는 서로 경쟁하고 다르며 종종 모순적이기도 한 가설이 공존할 수 있고, 이러한 가설을 검증과 논리에 의해 수용할 수 있는 다원주의와 다양성을 장려했다. 베이컨 철학은 또한 교육 수준이 낮은 사람이나 과학적 지식이 다소 부족한 사람이 조개 수집과 조수의 움직임을 관찰하면서 각종 데이터와 정보를 수집하는 "작은 관찰자"로서 과학을 실천하고 과학 활동에 참여할 수 있도록 함으로써 헌터(Hunter, 1985, p. 65)가 말한 자연철학의 "평준화 효과"가 생겨나는 토대가 되었다. 이는 자연철학이 대중도 참여 가능한 활동이 되었다는 것을 의미하는 게 아니라, 문해력이 높아지고 증거와 자료에 대한 필요성을 점차 인지하기 시작하면서 중세적 배타성이 다소 완화되었다는 것을 의미한다.

스티븐 고크로거(Stephen Gaukroger, 2006, pp. 354-355)는 베이컨식의 실험철학과 데카르트-홉스식 자연철학에 대한 논리-연역적 사고 체계는 조금 흐릿해질 수 있겠지만 결국에는 뚜렷하게 구분된다고 주장했다. 베이컨의 유산은 데이터와 실험에 기초한 구체적이고 물질적인 과학으로서 현대인의 관점에서는 추측에 불과하지만 당시에는 '가설'이라고 부르는 것을 강하게 거부했다. 17세기 후반의 위대한 실험주의자 로버트 보일과 로버트 훅은 이 사안에 대해 일말의 의구심도 없었다. 적절한 제목을 붙인 《실험철학의 유용성(The Usefulness of Experimental Philosophy)》에서 보일은 베이컨의 사상을 잘 보여주었다. "나는 생리학(자연철학)을 모르는 낮선 사람보다 내 정원에서 더 좋은 약초와 꽃이 피고, 내 과수원에서 더 좋은 과일이 나고, 내 밭에서 더 훌륭한 옥수수를 재배하고, 내 농장에서 더 질이 좋은 치즈가 날 때까지 나 자신을 진정한 자연주의자라고 생각하지 않을 것이다(Boyle, 1664, part II, pp. 3-4)."[20] 과학의 방법론에 대한 논문에서 로버트 혹은 한술 더 떴다. "지식인들은 …… 계속해서 방법을 배우거나 추진력을 얻어야 한다. ……이런 추진력은 타인과 감히 비교조차 할 수 없는 베룰럼(Verulam: 베이컨의 별칭—옮긴이)을 제외한 사람들은 생각조차 못한 것이다. ……〔그는〕 인류의 마음속에 자리 잡은 모든 편견을 극복함으로써 학습을 방해하는 장애물을 발견함과 동시에 우리의 마음을 편견으로부터 해방시켰다"(Hooke, 1705a, pp. 6-7).

베이컨의 주요 업적은 당시 서양의 추세였던 자연철학의 영역과 장인 및 농부의 영역을 이어주는 가교를 강화했다는 것이다. 이러한 가교는 기술 진보에 특히 중요했는데, 명제적 지식을 창출하는 사람들이 처방적 지식을 창출 및 사용하는 사람들과 소통할 수 있도록 해주었기 때문이다(Mokyr, 2002). 베이컨은 장인이 명제적 지식의 수혜자임과 동시에 영감이라고 생각했다. 베이컨은 유용한 지식을 조직화하고 조정 및 분배해 사람들에게 접근 가능할 때 기술 진보가 이루어질 수 있다고 강조했다. 바로 이런 이유 때문에 베이컨은 정부가 "발명가로부터 발명품을 떼어내야 한다"고 생각했으며, 지식도 정부가 관리해야 한다고 믿었다. 그래야만 유용한 지식을 누적시키고 사람들이 거기에 접근할 수 있다고 생각했다(Keller, 2012, p. 242). 물건과 에너지를 만들고 조작하는 발명가들은 자연현상을 실험하기 위해 인공적 환경을 어떻게 만들어내는지 보여주었다(Cohen, 2012, p. 247). 갈릴레오와 로버트 혹, 하위헌스의 사례에서도 볼 수 있듯 당시의 위대한 많은 과학자는 그들 자신이 도구 제작자이기도 했다.

하지만 이들은 평범한 장인이 아니었다.

내가 이미 다른 책에서도 언급했듯(Mokyr, 2002, pp. 63-64) 과학자와 생산자의 사회적 격차를 메우는 것이야말로 유럽 문화의 중요한 특징이라고 할 수 있다. 이런 격차를 메우기 위해서는 느리고 종종 중단되기도 하는 일련의 투쟁을 계속해야 한다.[21] 1500년 이후 유럽 지식인 사회의 문화 발전에서 가장 주목할 만한 추세 중 하나는 "지식인이 전통적으로 그들과 비켜나 있다고 생각한 현실적인 문제에 스스로 참여해야 한다"는 생각과 "장인을 새롭고 진지하게 받아들여야 한다"는 천천히 숙성된 관념의 등장이었다(Hunter, 1981, pp. 88, 99).

만약 기술을 진지하고 지속 가능한 방향의 발전으로 유도하고자 한다면 두 집단은 서로 존중하면서 그들 사이의 소통과 협력이 상호 이익을 주어 사회 전반에 걸쳐 영향을 끼칠 수 있다는 걸 알아야 한다. 누가 보더라도 이런 종류의 문화적 진화는 오랜 시간이 필요하다는 것쯤은 알 수 있다. 수학 같은 형식과학과 실험 연구를 의술이나 공학, 또는 장인이 생산 과정에서 적용하려면 수십 년 또는 수세기가 걸릴 터였다. 1700년까지도 형식과학과 장인의 생산법 사이의 격차는 1500년과 비슷했다. 자연의 수학화와 실험 연구가 자연의 비밀을 밝혀내는 능력을 너무 높게 평가한 나머지 세계의 복잡함을 너무 과소평가했기 때문이다(Cohen, 2012, pp. 323, 325). 심지어 18세기 들어서도 과학적 통찰력이 경제적으로 의미 있는 기술 진보를 이끌어낸 명백한 예는 흔하지 않았다. 많은 경우 과학과 산업 발전의 관계는 흐릿하기만 했다. 하지만 그 둘의 관계가 존재했다는 것은 분명하며 산업계몽주의를 묵살한다는 것은 〔엡스타인(S. R. Epstein, 2013)의 주장처럼〕 부적절하다. 산업혁명 시기의 많은 중요한 발명은 과학 교육을 정식으로 받은 발명가 또는 그런 이들과 연결된 사람들이

했다. 그 밖의 다른 발명은 조지프 프리스틀리(Joseph Priestley)와 클로드 베르톨레(Claude Berthollet) 그리고 험프리 데이비(Humphry Davy)같이 정식 교육을 받았지만 (이론을 공부하는 대신—옮긴이) 기술 개선에 열을 올린 사람들이 이루어냈다.

그러나 무엇보다도 실험과학이 약속을 지키지 못하고 새로운 발견을 통해 그토록 기다려온 중대한 기술적 돌파구를 실현하지 못한 점에 대한 실망감은 역설적으로 베이컨의 수사학적 능력을 반증한다. 많은 면에서 희망을 이야기했던 베이컨의 메시지는 1680년 또는 1720년까지는 아니더라도 그 후에는 반드시 실현될 터였다. 과학은 명백하게 발전하고 있었다. 하지만 과학이 정복해야 할 산은 골짜기에서 바라보았을 때보다 훨씬 더 컸다. 그럼에도 1750년까지 거의 비어 있던 유리컵을 자세히 들여다보면 베이컨의 의욕적인 제자들이 약속한 것보다 느리기는 해도 조금씩 채워지기 시작했다. 과학자들이 그때까지 쌓아 올린 가시적 성공과 희망은 특히 뉴턴의 성공으로 인해 계속 유지되었다. 더욱이 똑똑한 장인들은 진자시계(진자로 조정하는 시계—옮긴이), 온도계, 현미경 그리고 항해 중인 배의 위치를 계산할 때 사용하는 경선의(經線儀) 같은, 베이컨이 꿈꿨던 많은 기계를 제작할 수 있었다. 신중한 의사들은 천연두 예방 접종을 했다. 어떤 종류의 과학은 이런 사실에 중요한 역할을 했지만, 새롭게 발견한 과학적 통찰력이 기술에 급격하고 직접적으로 적용되는 사례를 찾아 헤매는 것은 실수나 다름없었다. 현실에서 과학과 기술의 상호 작용은 그보다 세밀하고 복잡했다. 과학의 발견이 기술에 얼마나 급격하고 직접적으로 적용되는지 알려면 우리는 그 기술의 이른바 **인식론적 토대**, 다시 말해 어떤 기술 또는 의술에 대해 우리가 얼마나 잘 이해하고 있는지 알아야 한다. 우리는 (말라리아 증상을 완화하는 데 사용한) 키나나무(china) 껍질이나 천연두 예방 접종에 대해 아는 것이 없다. 뉴커먼 엔진의 작동 원리에 대해서는 어느 정도만 파악하고 있을 뿐이다. 반면 전사수차(breast wheel, 前射水車: 회전축이 수평일 때 물이 들어오는 수차―옮긴이)나 수력 터빈(water turbine)에 대해서는 꽤 많이 안다.[22]

문화적 사업가를 지나치게 과대 포장하지 않는 것도 중요하다. 어떤 사람은 베이컨이 계몽주의 시대 유럽에서 그렇게 존경을 받았던 이유는 18세기 추종자들이 어차피 하려 했던 것이 올바르고 도덕적인 일이라고 주장했기 때문이라고 할 수도 있다. 하지만 이는 어느 정도 바로 문화적 사업가가 해야 할 기능이기도 하다. 문화적 사업가가 하는 일은 합의를 이룬 핵심 메시지라는, 모든 추종자가 받아들일 수 있는 일관된 교범을 만드는 것이지 사람들을 완전히 새로운 방향으로 이끄는 게 아니다. 더욱이 아이디어 시장에서는 새로운 메시지를 거부하려는 사람이 항상 존재하기 때문에 거장의 제자들은 그런 사람을 항상 설득해야 한다. 설득의 대상이 되는 사람은 완고한 반대파가 아니다. 오히려 문화적 사업가의 메시지는 울타리에 올라앉아 형태를 관망하는 사람이나 재빠르게 마음을 바꿀 수 있는 사람을 향해 있다.

베이컨과 산업혁명 사이의 수십 년이라는 기간 동안 전환기의 많은 인물이 있었다.[23] 지식을 보유한 사람(savants: '석학'이라는 뜻―옮긴이)과 물건을 만드는 사람(fabricants)이 포괄적이고 생산적인 협력을 해야 한다는 베이컨의 주장은 산업계몽주의 시대에 깊은 공감을 자아냈다. 토머스 스프랫(Thomas Sprat)은 《런던 왕립학회의 역사(History of the Royal Society of London)》에서 "기계공들이 철학자의 두뇌를 갖거나 철학자들이 기계공의 손을 가질 때라야만 철학은 완벽해질 것이다"(Sprat, 1667, p. 397)고 썼다.[24] 길고 구불구불한 길 끝에서야 우리는 존 스미턴(John Smeaton), 조사이어

웨지우드와 이점바드 브루넬(Isambard Brunel) 같은 산업혁명의 핵심 인물과 마주할 수 있다. 이런 전환이 몇십 년 걸렸다는 것은 전환의 연속성이 없었다는 것을 입증하는 게 아니다. 경제 발전의 근본 원인은 훨씬 이전에 발생한 문화적 변화에 있다.[25] 이 전환기 동안 자연철학을 정당화하면서 시작된 가치의 변화는 그보다 더 많은 변화를 불러일으킨 이념으로 승화되었다. 그 이념은 과학이 해당 지식을 가장 잘 활용할 수 있는 사람이 접근할 수 있어야 하며, 이를 가능케 하는 조직과 수단을 정립해야 한다고 요구했다.

앞에서 언급한 대로 베이컨은 자유주의적 사상가도 아니었고 계몽주의 사상가도 아니었을뿐더러 벤담식 공리주의의 선구자도 아니었다. 무엇보다 베이컨에게 유용한 지식이란 인간의 안녕을 증진하는 지식이 아니라 국력의 도구였다(Poovey, 1998, pp. 98, 102). 혈액순환론을 주창한 윌리엄 하비는 베이컨이 대법관처럼 철학을 한다고 조롱조로 말했지만, 실제로 유용한 지식에 대한 베이컨의 생각은 확실히 국가주의적이었다. 베이컨은 인도받지 않는 지식은 혼란을 초래할 것이라 우려했고, 따라서 지적 개혁을 위한 자신의 계획은 "국가의 힘을 빌려 국가 질서를 확립하려는 시도"(Shapin, 1996, p. 130)로 이어질 것이라고 했다. 더욱이 그가 쓴 대부분의 글에는 과거의 흔적이 고스란히 남아 있다. 따라서 베이컨이 《새로운 아틀란티스》에서 과학의 커다란 진보 중 일부는 비밀로 유지되어야 한다(어떤 발명품을 대중에 공개하고 어떤 것을 비밀로 유지해야 하는지는 과학자들의 재량에 달려 있다)고 한 것은 편지 공화국의 특징인 공개적 과학과 정반대되는 견해다.[26] 그래프턴(Anthony Grafton, 2009b)이 지적한 것처럼 유토피아에 대한 베이컨의 《새로운 아틀란티스》 상당 부분은 자연 현상에 대한 조직화한 진보적 연구보다는 교회의 역사에서 더 많은 영감과 정보를 얻었다. 더욱이 베이컨은 천년왕국설(millenarian)을 활용해 호기심과 과학적 연구를 정당화했다. 아울러 《대혁신》에서 베이컨은 인류의 추방(the Fall: 에덴동산에서의 추방을 일컬음—옮긴이) 이전에 이미 갖고 있던 지식을 다시 회복하는 게 최선이라고 암시했다. 베이컨은 《발레리우스 테르미누스(Valerius Terminus)》에서 "지식의 진정한 목적"은 지적 호기심이나 물리적 부를 축적하는 것이 아니라 "인류가 처음에 창조되었을 때 타고난 …… 주권과 힘을 …… 다시 회복하는 것"〔Bacon, (1603) 1838, p. 220〕이라고 썼다. 이런 경건한 선언이 진심이었는지는 알 수 없다. 또한 베이컨이 정말로 중요하게 생각한 게 신비스러운 과거의 재현이 아니라 국가 권력을 강화하거나 자연을 다시 지배하는 것이었는지 역시 알 수 없을 것이다. (베이컨에게 이 둘은 분리할 수 없는 하나의 생각이었다.)[27] 청교도는 베이컨의 글에 투영된 천년왕국 유형의 측면에서 매력을 느꼈을 것이다. 하지만 18세기에 활동한 베이컨 추종자들은 그 부분을 누락시켰다. 그들에게 중요한 것은 지식의 역할에 대한 베이컨의 생각이었다. 20세기 베이컨의 추종자 가운데 가장 통찰력 있는 사람이 주장한 것처럼 베이컨은 인간과 물리적 환경의 상호 작용을 경제학자가 말하는 '제한 상태의 극대화 문제(constrained maximization problem)'로 보았다. 자연 법칙을 연구하고 준수하는 한 인류가 성취할 수 있는 가능성에는 제한이 없다(Rossi, 1978, p. 18). 그럼에도 베이컨의 글은 자연을 연구하면서 인류가 성경의 올바른 해석을 가능케 하는 세상의 진실과 확실한 지식을 얻음으로써 과학적 연구와 종교적 신념이 공존할 수 있다는 새로운 생각을 여는 데 기여했다. 제임스 무어(James Moore)는 과학자가 신의 전지전능함을 과학적으로 증명하는 대신 종교의 개입 없는 연구의 자유를 누리는 "베이컨의 타협(Baconian compromise)"이라는 개념으로 알려진 종교와 자연철학 사이의 협정에 대해 말한 바 있다

(Moore, 1986, p. 323). 이런 협정은 영어권 세계에서만 국한한 개념이 아니라 편지 공화국의 저명한 지식인 사이에 만연해 있었다.

1626년 사망 후 베이컨의 영향력은 제자들에 의해 오히려 커져만 갔다. 그의 사상을 가장 효과적으로 전파한 사람은 사무엘 하르틀리프(Samuel Hartlib, 1600~1662)였다. 그는 유용한 지식을 만들고 조직화해 표준화한 뒤 확산시키는 데 전념하면서 당대의 지식인에게 베이컨의 사상을 알리는 결정적 역할을 했다.[28] 하르틀리프는 전형적 정보 추종자이자 확산자였다는 점에서 (당시 언어를 빌려 말하면) 매우 능력 있는 '인텔리전서(intelligencer: 새로운 정보나 뉴스를 제공하는 사람이라는 뜻의 고대어—옮긴이)'[29]였으며, 1649년 영국 의회로부터 실질적으로는 별다른 의미가 없지만 '보편 학습의 진보를 위한 상(Agent for the Advancement of Universal Learning)'을 수상했다는 것은 생전에 그가 존경받았다는 사실을 보여준다. 하르틀리프는 독창적 사상가는 아니었을지언정 정보가 확산되는 네트워크의 중심에 있었다. 그는 지식 사회의 엘리트를 조직화하는 데 유능했다. 하르틀리프는 협력자인 존 듀리(John Dury)와 함께 지식을 '유용성'의 관점에서 평가하고 '개선'을 굳게 믿었다는 점에서 베이컨의 영향을 많이 받았다. 슬랙(Paul Slack, 2015, p. 108)이 썼다시피 하르틀리프는 "'우리 시대가 원하는 것'이 미래에 나올 것이라는 신념을 보장하는 문화적 변화를 가속화"했다. 그는 의학부터 원예학을 아우르는 다양한 분야의 과학 서적을 보급하는 데도 힘썼다.[30]

광범위한 네트워크와 개인적 인맥을 통해 하르틀리프는 왕립학회의 기초를 닦았고, 그의 노력 덕분에 왕립학회는 하르틀리프 생전에 설립될 수 있었다. 하르틀리프는 독일의 칼뱅주의 같은 외부에서도 영감을 얻었으며 판 헬몬트(Jan Baptista van Helmont)의 화학과 데카르트의 형이상학을 아이작 뉴턴의 케임브리지에 들여오기도 했다(Greengrass, Leslie, and Raylor, 1994, p. 18).

하르틀리프와 듀리는 혼자가 아니었다. 왕립학회의 또 다른 창립 멤버 시어도어 하크(Theodore Haak, 1605~1690)는 독일계 이민자 출신으로, 많은 언어를 구사한 그는 여기저기 여행을 다니면서 마랭 메르센(Marin Mersenne: 프랑스 물리학자—옮긴이) 같은 폭넓은 지식인 친구를 사귀었다. 경제사학자에게 잘 알려진 윌리엄 페티(William Petty, 1647)는 장인과 기술자를 위한 대학인 김나지움 메카니쿰(gymnasium mechanicum)의 설립을 제안했다. 이 김나지움에서 젊은 사람들은 공예에 필요한 기술을 배웠다. 아울러 "성경의 어려운 히브리어를 읽거나 히브리어의 불규칙 명사와 동사를 앵무새처럼 반복"하는 데 시간을 낭비하는 대신 10~12년 동안 "물건 만드는 공부"를 하고 "도제가 되기 전에 그들만의 이론"을 개발하는 데 힘썼다(Petty, 1647, pp. 23-24). 페티는 다소 순진하게 "장인이 모든 노동과 우리 조상의 지혜를 보고 이해하면 한 분야에서 결손이 생겨도 다른 분야의 완벽함으로 메울 수 있으며 …… 명예로우면서도 많은 수익을 내며 즐겁기까지 한 발명품이 크게 증가"(Petty, 1647, p. 22)할 수 있다고 낙관했다.

하르틀리프가 사망한 뒤에는 왕립학회 사무국장을 역임한 헨리 올덴부르크(Henry Oldenburg, 1619~1677)가 비슷한 역할을 수행했다(Hunter, 1989, p. 250). 하르틀리프같이 외국인이었던 올덴부르크(독일 브레멘 출신)는 1653년 이후 계속 영국에 거주했다. 자연철학자 존 윌킨스(John Wilkins, 1614~1672)와 가깝게 지내면서 로버트 보일의 후원도 받았다. 1662년 왕립학회의 사무국장으로 공식 임명된 올덴부르크는 당대의 가장 앞서나가는 과학자들과 연락하고 천문학자 존 플램스티드(John Flamsteed)와 수학자 마틴 리스터(Martin Lister) 같은 젊고 유망한 과학자를 활발하게 지원하면서 '인텔리전서' 개념을 새로운 차원으로 끌어올렸다. 1665년에는 왕립학회의 공식 학술지이자 세계 최초의 과학 전문지인 〈철학회보(Philosophical Transactions)〉를 발간했다. 올덴부르크는 학자들에게 〈철학회보〉에 논문을 게재하라고 설득하면서 스스로를 유용한 지식을 널리 전파하는 데 효과적인 네트워크의 중심으로 자리매김했다.[31] 또 다른 베이컨학파의 학자들은 존 윌킨스를 중심으로 옥스퍼드의 워덤 칼리지(Wadham College)에 모였다. 이런 학자에는 존 월리스(John Wallis), 크리스토퍼 렌(Christopher Wren)과 윌리엄 페티 등이 있었다. 또한 급진적인 정치사상가 제임스 해링턴(James Harrington)이 설립한 정치 토론 모임 '로타 클럽(Rota Club)'은 1659년 짧은 기간이긴 했지만 커피 하우스에서 모임을 갖기도 했다(Hunter, 1989, p. 8). 학자는 아니더라도 베이컨의 글과 업적에 크게 영향을 받은 베이컨 추종자도 있었다. 예를 들면 영국의 광산에 횡갱(adit, 橫坑: 물을 빼내기 위해 굴이나 광산 하단을 수평으로 관통한 터널)을 도입하는 데 기여한 광산 기술자 토머스 부셸(Thomas Bushell, 1600~1674)이 있다.

1660년 이전 영국에서 형성된 '보이지 않는 대학'은 프랜시스 베이컨의 사상으로부터 영감을 받았으며, 또한 그의 사상에 헌신적이었다. 이런 비공식 공동체는 1660년 유용한 지식의 증진 및 형식과학과 현실적으로 적용할 수 있는 '실용 기술'의 차이를 메우는 것을 목표로 한 왕립학회로 발전했다. 마이클 헌터(Hunter, 1989, p. 15)는 왕립학회의 목적을 과학의 대중적 지위를 높임과 동시에 유용한 지식을 증진할 연구를 실제로 수행하기 위한 장을 마련하는 것이라고 요약했다. 베이컨에 대한 왕립학회 회원들의 존경과 채무 의식은 곳곳에서 눈에 띄게 드러난다. 윌리엄 페티(Petty, 1647, p. 1)는 하르틀리프에게 보낸 편지에서 "위대한 베룰럼 경이 이미 정확하게 짚었기 때문에" 학습 또는 진보의 정확한 정의를 내릴 필요가 없다고 했다.

많은 면에서 왕립학회는 《새로운 아틀란티스》와 《대혁신》에 나오는 프랜시스 베이컨의 사상을 구체화한 기관이라고 할 수 있지만, 헌터(Hunter, 1989)가 지적한 것처럼 설립 시기와 기관의 정확한 형태는 1660년의 역사적 상황에서 벗어나지 못했다. 힐(Hill, 1965, p. 129)은 왕립학회가 과도하게 귀족에 의존했고 아마추어식 학문을 하면서 베이컨과 얀 아모스 코메니우스(Jan Amos Comenius: 종교 개혁가이자 교육 사상가—옮긴이)가 꿈꾼 유토피아를 건설하지 못했기 때문에 많은 면에서 베이컨의 이상을 실현하지 못했다고 봤다. 그렇다 해도 대부분의 학자들은 "왕립학회는 베이컨의 기관이었다"며 "미래 과학의 발전과 사회 전반에 끼친 중대한 영향은 …… 이 세기의 나머지와 18세기까지, 그리고 그 후에도 계속될 것이다"(William T. Lynch, 2001, pp. 233-234)라고 한 린치의 말에 동의할 것이다. 처음에 왕립학회는 기근을 피하기 위한 대안으로 감자의 타당성을 조사하는 특별위원회를 후원하는 등 기술적 문제에 집중했다. 왕립학회는 영국의 모든 수공업 기술을 조사하고 설명하기 위해 유명한 '산업의 역사(History of Trades)'라는 프로젝트를 시행했으며 염색법, 양초 제작, 제혁법(製革法: '무두질'이라고도 하며 가공하지 않은 짐승의 가죽을 처리하는 과정을 일컬음—옮긴이) 그리고 양조법 같은 다양한 분야의 정보를 수집했다(Ochs, 1985). 왕립학회의 공개적인 설립 목적은 모범 기술과 평균 기술의 격차를 줄이고 기존 생산 방식을 재결합하는 것으로, 토머스 스프랫이 쓴 《런던 왕립학회의 역사》에 현대 경제학자들에게 놀라울 만큼 익숙한 표현으로 잘 설명되어 있다.[32] 하지만 결국 왕립학회의 '산업의 역사' 프로젝트는 베이컨주의자들이 애초 생각했던 것보다 현실과 이상의 차이가 커서 오래가지 못했고, 기술에 대한 관심 역시 누그러졌다(Hunter, 1981, p. 102; Lynch, 2001, pp. 31, 77-78). 그러나 단순히 시기상조였다고 해서 이런 시도 자체를 터무니없는 것으로 치부하는 것은 적절하지 않다. 캐슬린 옥스(Kathleen Ochs, 1985, p. 130)가 관찰했듯 종국에는 베이컨이 예측한 대로 과학은 경제에 도움을 주었다. 단지 당시에는 다소 서툴렀을 뿐이다. 산업을 연구하는 사람들은 해당 산업에 대한 대중의 인식을 바꾸기 위해 노력했고, 결국에는 그 산업에 대변혁을 일으켰다. 가장 중요한 점은 왕립학회 학자들은 베이컨이 상상한 과학과 산업 현장을 이어주는 유익한 다리를 강화했고, 이는 산업계몽주의의 한 기둥이 되었다는 사실이다.

하지만 왕립학회에 대한 베이컨의 영향력을 과장해서도 안 된다. 왕립학회는 매우 다른 연구를 독립적으로 수행하는 과학자들이 서로 만나 소통하며 상호 작용했지만, 결국에는 예전처럼 각자의 길을 가는 과학자들로 이뤄진 조직이었다(Hunter, 1995a, p. 102). 왕립학회와 산업혁명은 단순한 인과관계에 있으며, 왕립학회가 산업혁명을 초래했다는 것은 잘못된 말이다. 왕립학회는 17세기 후반과 18세기 초반에 힘을 얻기 시작한 영국 지식인과 기술 엘리트의 중대한 문화적 변화를 반증한다.

왕립학회는 베이컨의 《새로운 아틀란티스》에 등장하는 '솔로몬의 전당'이라는 가상의 연구소를 모델로 만들어졌다.[33] 왕립학회는 현실의 기술적 문제를 열정적으로 다루기 위해 설립되었고 "왕립학회의 사업과 구조는 모든 자연 환경에 대한 지식, 모든 실험으로부터 얻는 기술과 생산품, 기계, 엔진과 발명품에 대한 모든 유용한 지식을 증진하기 위해 설계되었다"(Lyons, 1944, p. 41).[34] 로버트 훅은 저서 《마이크로그래피아(Micrographia)》(현미경으로 식물의 세포 조직 등을 관찰해 만든 책―옮긴이) 서문에서 "그들(왕립학회 회원―옮긴이) 중 많은 멤버가 학문과 상업적 배경이라는 한 가지 특유한 장점을 갖고 있었는데, 이는 그들의 노력으로 인해 철학은 수사학에 그치는 게 아니라 행동으로 옮길 수 있는 좋은 징조가 되고, 이 과정에서 사업가들은 한몫을 할 것이다"(Hooke, 1667)고 썼다. 1666년 프랑스의 금석학·문학 아카데미(Académie des Inscriptions et Belles-Lettres)는 그보다 조금 늦게 설립한 과학 아카데미(Académie des Sciences)를 기리기 위해 '자연과 기술의 발전을 위하여(Naturae investigandae et perficiendis artibus)'라고 새긴 훈장을 제작하기에 이르렀다.

왕립학회는 위에서 언급한 것처럼 훗날 실용적인 지식에 대한 관심을 잃었지만 베이컨 정신은 18세기 영국에서 본격적으로 등장하기 시작한 많은 다른 단체에서 계속 이어졌다. 그리하여 윌리엄 시플리(William Shipley)는 1754년 설립한 왕립예술협회(Society of Arts)의 설립 목적을 "한 국가의 부·명예·국력·번영이 지식, 유용한 기술의 향상, 제조법 등에 크게 의존하지만 ……몇몇〔사람들〕은 격려와 보상이 경쟁의식과 산업 정신을 고취하는 데 도움이 된다는 점을 충분히 인식한다"고 했다. 18세기 후반은 사업가, 과학자, 철학자를 한곳에 모아 자연철학(과학)과 기술을 결합하는 데 목적을 둔 공식·비공식 학회와 아카데미가 진정으로 꽃을 피운 시기였다. 1799년에는 산업계몽주의 시대의 전형적 두 인물, 곧 조지프 뱅크스 경(Sir Joseph Banks)과 훗날 럼퍼드(Rumford) 백작이 된 벤저민 톰프슨(Benjamin Thompson)이 과학 연구에 매진하고 대중을 상대로 과학 및 기술에 대해 강의하는 왕립연구소(The Royal Institution)를 설립했다. 19세기의 첫 10년 동안 왕립연구소에서 주최하는 강의는 당대의 위대한 과학자이자 산업계몽주의 시대의 또 다른 전형적 인물인 험프리 데이비가 주도했다.

이런 단체 외에도 베이컨의 사상은 17세기의 많은 지식 엘리트에 의해 발전 및 확대되었다. 위대한 실험가 로버트 보일에 의하면 베이컨은 모든 실험을 '계몽적인' 실험과 '유용한' 실험으로 나누었지만, 실제로 하나의 실험은 다른 종류의 실험으로 이어진다고 지적했다. 그런 다음 보일은 산업계몽주의에 베이컨이 끼친 영향을 요약했다. "고려할 만한 물리적 진실은 자연엔 수익성 좋은 발명품이 가득하며, 인간의 기술과 산업을 이용해 인류와 세계에 유용한 모든 것의 어머니가 되지 않는 것은 거의 없다는 점이다"(Boyle, 1671, p. 45). 다른 곳에서 보일은 인류가 자연철학을 연구하는 두 가지 분명한 목적을 규정했다. "어떤 사람은 자연을 그저 알고 싶어 하고, 다른 사람은 자연을 정복하고자 한다. ……그리고 또 다른 사람은 스스로의 만족감을 얻기 위해 …… 어떤 사람은 건강이나 부, 또는 자극적 즐거움을 얻기 위해 자연을 끌어당긴다"(Boyle, 1744, vol. 1, p. 199).

베이컨의 열렬한 추종자이자 그의 실증적 연구 방식을 의학에 적용해 우리가 질병분류학이라고 부르는 분야를 개척한 토머스 시드넘(Thomas Sydenham, 1624~1689: 영국의 의사—옮긴이)의 예에서 보듯 의학처럼 베이컨의 사상을 잘 받아들인 유망한 분야도 없었다(Trail, 1965; Anstey, 2002, pp. 87-88).[35] 언론인이자 의사인 마차먼트 네덤(Marchamont Nedham, 1620~1678)은 《메델라 메디시나(Medela Medicinae)》라는 소책자에서 실험철학이 미래의 의술에 갖는 희망찬 함의를 주장하며 베이컨과 그 추종자를 찬양했다(Nedham, 1665, p. 6). 그리고 베이컨이 의학을 어떻게 처음부터 다시 써야 하며 "의학의 옛 거장들이 오랫동안 그토록 경의를 표했던 미신"(Nedham, 1665, pp. 361-362)을 떨쳐버려야 한다는 걸 보여주었다고 했다. 질병분류학의 발전은 의사가 질병의 역사를 모아야 한다는, 베이컨이 《대혁신》에서 주장한 것에 충실한 것으로 여겨졌다(Bynum, 1993, p. 343).[36] 또한 놀랍도록 재능 있는 영국 의사이자 실험가로서 혈액 순환과 심장 그리고 신경계 연구에 대한 업적과 최초의 수혈을 한 사람으로 그 공로를 인정받은 리처드 로어(Richard Lower, 1631~1691)도 있다. 로어와 그의 동료 토머스 윌리스

(Thomas Willis, 1621~1675)는 옥스퍼드의 워덤 칼리지에서 활동한 베이컨학파의 멤버였다.

다른 분야에서도 자료 수집과 실험 활동은 활기를 더해갔다. 식물학, 동물학, 금속공학, 농학, 광산학 등 모든 분야가 정당한 학습 분야로 자리 잡았다. 베이컨 철학을 실제 연구 활동에 적용한 훌륭한 예로는 현대 동물학의 창시자 중 한 명이자 자연의 역사와 종교는 서로 일치한다고 여긴 존 레이(John Ray, 1627~1705)가 있다. 1691년 출간한 존 레이의 매우 인기 있는 책《창조의 기술에 나타난 신의 지혜(The Wisdom of God Manifested in the Works of the Creation)》는 1798년까지 무려 열한 번이나 재판을 찍었다.[37] 레이는 빠르게 성장하던 식물분류학에서 중추적 역할을 한 인물로, 당시는 부유한 유럽인의 취미 생활로 자리 잡은 희귀하고 이국적인 식물의 수집과 거래가 활발하게 이뤄지고 있었다.[38] 이처럼 베이컨의 사상에서 영감을 얻은 과학 네트워크는 17세기 후반 영국의 실험철학과 의학의 번성에 핵심 역할을 했다.

헌터를 비롯한 여러 학자는 베이컨의 영향력이 때때로 과장되었으며 오해를 부르기도 했다고 강조했다(Hunter, 1995a, pp. 102-104). 하지만 베이컨주의는 사람들이 자료를 모아 학습의 진보와 사회의 전반적 발전을 이끈다는, 다소 시기상조였던 믿음을 보호하는 일종의 이념적 방패막이 되었다. 물리적 세계에 대한 자료와 사실을 수집함으로써 사회의 발전을 이끈다는 신념은 17세기에 등장했는데, 가시적 성과가 빠르게 나타나지는 않았더라도 그 신념은 계속해서 이어져왔다. 베이컨학파의 주목할 만한 인물로 노리치의 의사이자 박식가 토머스 브라운(Thomas Browne, 1605~1682)은《전염성 유견(Pseudodoxia Epidemica, 傳染性謬見)》[Browne, (1646) 1964]이라는 유명한 백과사전식 책에서 동물학, 광물학, 천문학, 역사학,

지리학 등의 다양한 학문에서 예로부터 전해 내려오는 미신 속설을 다루었다. 이는 당시 유럽 지식인 사회의 특징이라고 할 수 있는 경합성(contestability)을 보여주는 완벽한 사례다. 그는 이 책에서 카멜레온은 공중에서 살고, 유대인은 선천적으로 냄새가 나며, 석류석(石榴石)은 밤에 빛을 낸다는 신념이 틀렸음을 입증했다.[39] 대부분 영어로 훌륭하게 쓰인 브라운의 책은 초창기 과학 저널리즘이라고 볼 수 있으며, 베이컨학파가 신봉한 '새로운 과학'에 대한 사상과 신념을 더 많은 사람에게 확산하는 데 기여했다.[40] 하지만 그는 동시에 실험가이기도 해서 '전기(electricity)'라는 단어를 영어권에서 처음 쓴 사람으로 알려져 있다. 아울러 스스로 100여 개 이상의 실험에 대한 내용을 바탕으로 책을 집필하면서 17세기 중반에 연구된 거의 모든 학문을 다루기도 했다. 브라운은 찰스 2세가 노리치를 방문했을 때 친히 그를 찾아가 기사 작위를 수여할 정도로 당시 엄청난 존경을 받았던, 가장 유명한 베이컨 추종자 중 한 명이었다. 그의 사상은 회의론적이고 불확실성으로 점철되었다. 그리고 옛 권위에 대한 맹목적 존경을 폐지해야 한다고 주장한 것으로 유명했다. 그는 자신의 책에서 이렇게 썼다. "명확하고 정당한 진실을 얻기 위해서는 우리가 이미 아는 것을 잊고 그것들과 떨어져야 한다"(Browne, 1646, 서문). 그는 왕립학회의 회원이 되지 못했지만 왕립학회의 대부분 회원과 교류했으며, 당시 지식 네트워크의 한 부분이었다는 것을 부인할 수 없다.

특히 흥미로운 인물로는 왕립학회 창립 멤버이자 첫 번째 사무국장을 지낸 존 윌킨스가 있다. 윌킨스는 문화 사업가들이 사상을 전파하는 데 꼭 필요한 재능 있는 제자의 좋은 사례다. 그는 크롬웰(Oliver Cromwell: 영국의 군인이자 정치가. 1642년 내전이 일어나자 의회파로 참전해 왕당파를 물리치고 권력을 잡았지만 그 후 수평파를 배격하는 등 강압적인 정치를 펼쳤음—옮긴이)의 **여동생과**

결혼했고, 1648년 워덤 칼리지의 학장에 임명되었고 후에 트리니티 칼리지의 학장과 체스터(Chester)의 주교가 되었다. 윌킨스는 정치적으로 능숙한 지식인이자 영국 포스트 베이컨학파의 중심이었다.[41] 윌킨스의 경력은 종교와 과학이 이 시기에 어떻게 상호 보완했는지를 보여준다. 독실한 청교도이자 명망 있는 신학자인 윌킨스는 찰스 길리스피(Charles Gillispie, 1960, p. 113)의 말처럼 놀라울 정도의 통찰력 있는 예언을 했다. 그는 "갈릴레오의 과학의 수학화와 베이컨의 과학의 사회화는 동시에 도달할 수 있는 목표"라고 했는데, 이런 그의 생각은 1648년 발간한 《수학과 마법(Mathematicall Magick)》에 잘 표현되어 있다. 이 책에서 그는 "습득할 수 있는 현실적 이익이 많다. 특히 자신의 재산을 배수, 채굴, 탄갱 등과 같은 위험천만한 모험에 투입하고, 그로부터 기술과 과학 이론을 배울 수 있는 자들은 더욱 그렇다. ⋯⋯이런 기술의 사용에 매우 능숙해 현실과 이론을 올바르게 이해하고 훨씬 발전시킬 수 있는 숙련공과 장인도 마찬가지다"(Wilkins, 1648, p. 4)고 분명하게 밝혔다. 아울러 실용적인 기계와 노동력을 절감하는 발명품을 강조하면서 "자연은 어떤 방법으로든 빠르게 전진하거나 자신의 결점을 보완한다"(Aarsleff, 1992, pp. 6-7)고 썼다. 윌킨스는 유용한 지식을 확산하는 것은 더 많은 사람이 모범 기법과 선진 기술을 개발하고 도입하는 것을 의미한다고 강조했다. 기존 지식을 분배하는 데는 더 효율적인 언어와 통신 기술이 필요하다. 윌킨스는 과학자들이 서로 소통할 수 있도록 지식의 구분법을 바탕으로 인공 언어를 만들어 "바벨의 폐해를 치워야" 한다고 주장한 최초의 과학자 중 한 명이다(Strasser, 1994). 아울러 인공 언어가 접근 비용을 줄일 수 있다고 넌지시 암시했는데, 이러한 그의 생각은 18세기 계몽주의 사상가들의 핵심 관심사 중 하나였다(Mokyr, 2005).[42] 혁신과 관련한 사람들 사이의 상호 연결성이 기술이나 언어 또는 소통뿐만 아니라 지식의 통합에도 달려 있다는 것은 17세기 후반 베이컨학파의 공통적 생각이었다.[43] 윌킨스(Wilkins, 1648, pp. 2-3)는 "노동의 저주"를 깨뜨릴 기술의 무한한 능력을 믿었으며 인류가 자연을 다시 정복할 수 있다고 생각했다. 또한 기술('예술')은 자연을 도와주거나 극복하는 데 활용할 수 있다고 봤다. 현실적 지식이나 "행동을 유도하는" 지식은 우리의 "최고이자 신성한 지식이다"(Wilkins, 1648, p. 3). 따라서 윌킨스는 베이컨과 18세기 자연철학을 연결하는 고리 이상이었다. 그는 유럽이 르네상스에서 계몽주의 사회로 전환하는 데 기여한 중요한 인물이자 이런 역사적 진화의 관점에서 청교도의 역할을 완벽하게 보여준 사례다.

흥미로운 점은 프랜시스 베이컨의 영향력이 17세기 영국 청교도 지식인과 비청교도 지식인에게도 똑같이 확산되었다는 점이며, 찰스 웹스터(Charles Webster)가 지적했듯 베이컨의 자연철학 사상은 인간이 자연을 지배한다는 천년왕국 기대(millennial expectation)의 틀에 맞춰졌다. 베이컨의 글은 청교도 사이에서 마치 성서와 같은 권위를 얻었으며, "영국인이 실험과학에 활발히 참여하고 자연철학자와 기술자들이 사회 무대의 중심부로 끌어당기는 데 〔베이컨 보다—옮긴이〕 영향력을 발휘한 사람은 없을 것이다"〔Webster, (1975) 2002, p. 335〕.[44] 영국인에게만 그랬던 것은 아니다. 사무엘 하르틀리프는 프러시아 출신이고 (대부분의 삶을 영국에서 보냈지만) 얀 코메니우스는 체코인이었다.[45] 폴란드에서 스코틀랜드계 부모 아래 태어난 박물학자 얀 욘스톤(Jan Jonston, 1603~1675)은 의사로서 대부분의 시간을 처음엔 네덜란드 레이던(Leiden)과 폴란드에서 보냈으며, 역시 열렬한 베이컨의 제자였다.[46] 네덜란드에서는 1700년까지 베이컨의 글이 모두 45편 넘게 시중에서 팔렸으며 이탈리아의 치멘토 아카데미(Accademia del Cimento)와 트라치아 아카데미(Accademia della Traccia) 같은 학회는 베이컨의 학문적 전통을 따랐다(Gaukroger, 2001, pp. 2-3).[47] 하르틀리프와 코메니우스가 죽고(각각 1662년과 1670년) 약 100년 후 출간한 디드로의 역작《백과전서》는 베이컨주의로 점철되었다.[48] 그는 기술자가 자기 기술의 원리를 이해하고 왜 작동하는지 알게 되면 진보는 이루어진다고 보았다.《백과전서》의 '기술(Art)' 항목에서 디드로는 베이컨이 기계 기술이야말로 진정한 철학의 가장 중요한 요소이며, 따라서 기계 기술 행위를 경멸하지 않았다고 썼다. 디드로는 당시 화기(firearms)의 기술적 효용성에 의구심을 가진 미셸 몽테뉴(Michel Montaigne: 16세기 프랑스의 사상가―옮긴이)에 비해 베이컨을 더 높게 평가하기도 했다(몽테뉴는 칼 같은 전통적인 무기는 그걸 사용하는 군인의 용맹에 의존하지만, 오로지 기술에만 의존하는 화기는 적중률도 낮다고 폄하하면서 "화기는 매우 무능"하고 언젠가는 "버려지게 될 것"이라고 말했다―옮긴이). 디드로는 이어서 이렇게 지적했다. "베이컨이 몽테뉴의 위치에 있다고 가정하면 그는 수류탄, 지뢰, 대포, 폭탄 그리고 전체 무기 체계를 연구했을 것이다." 베이컨이 프랑스 계몽주의 지식인에게 끼친 영향은 프랑스 지식인이 실제로는 베이컨 철학의 내용에 대한 이해도가 표면적이었다고 할지라도 매우 광범위했다.[49] 베이컨의 사상 가운데 프랑스 철학자들이 주목한 것은 과학이 인류의 불행은 피할 수 없다는 치명적 신념에 반기를 든 진보적이고 긍정적인 역사관을 형성하는 데 열쇠라는 점을 강조한 것이다(Dieckmann, 1943, p. 328). 더욱이 계몽주의 사상가에게 진보의 열쇠는 소통과 더불어 사상 및 유용한 지식의 교환이었으며, 그들은 베이컨에게서 이런 관점을 최초로 설파한 선구자를 보았다(Goodman, 1994, pp. 23-26).

자유주의와 정치 비판은 디드로의《백과전서(Encyclopédie)》가 인기몰이를 한 유일한 요소가 아니다. 길리스피(Gillispie, 1960, p. 174)가 말한 것처럼 "과학의 힘을 빌린 기술은 사람이 물건을 만들고 살아가는 방식을 진지하게 생각하려는 우리 모두의 노력을 품격 있게 만든다".[50] 바로 이 점에서 문화적 사업가로서 베이컨의 정확한 역할을 이해할 수 있다. 그 누구보다도 베이컨은 계몽주의 지식인과 철학자에게 큰 영향을 끼쳤으며, 그들은 사회 진보의 열쇠로서 자연 탐구를 몸소 실천하고 보여준 베이컨을 존경했다. 베이컨의 기본 철학은 훗날 '휘그주의(Whiggish)'로 여겨졌으며 휘그의 대표적 역사학자 매콜리 경[Macaulay, (1837) 1983]은 장문의 글에서 베이컨의 저서를 예언자적이라고 칭송했다.[51] 다른 한편 좀더 현실주의적이었던 독일 철학자들은 베이컨의 철학에 그렇게까지 감명받지 않았다.[52]

베이컨이 죽은 뒤에도 계속 이어진 엘리트 문화에 대한 그의 영향력을 우리는 어떻게 설명해야 할까? 이 현상을 조금 유감스럽게 본 데보라 하크니스는 (휴 플랫처럼 좀더 현실적인 작가들에 비해) 베이컨의 영향력이 협업적인 공동체보다는 뛰어난 한 사람에게, 그리고 "혼잡한 도시[런던]의 거리를 활보하는 초라한 기술자들"로 얼룩진 복잡한 이야기보다는 깔끔한 과학 이야기를 선호하는 우리의 성향에 기인했다고 본다. 하지만 그 무엇보다 하크니스는 "베이컨 스스로가 이런 식의 이야기를 원했다"(Harkness, 2007, p. 252)고 생각한다. 그러나 이 해석은 틀린 것처럼 보인다. 베이컨뿐만 아니라 그의 추종자까지 그랬다. 아이디어 시장에서 베이컨은 휴 플랫보다 더 성공적인 세일즈맨이었을지 모르지만, 그 2명 가운데 누가 성공적인 문화적 사업가가 되고 누가 역사의 망각 속으로 떨어질 것인지를 결정하는 사람은 결국 '구매자들'이다. 힐(Hill, 1965, p. 87)은 위에서 소개한 하비의 조롱을 언급하며, 당시까지 부분적으로만 연결된 현실적인 인류의 가정을 일관된 철학 체계로 끌어올리기 위해서는 대법관처럼 철학을 쓰는 것도 중요하다고 지적했다.

오늘날 확실한 것은 베이컨이 과학사에 남긴 유산의 중요성은 논쟁의 여지가 있지만, 과학은 물론 기술을 포함해 모든 유용한 지식과 학문에 끼친 그의 영향은 결코 사그라지지 않을 것이라는 점이다. "현대 과학은 사회 발전과 선천적으로 연결되어 있다는, 그가 주입한 에토스(ethos: 인류의 보편적 감정, 성격, 인성을 의미 — 옮긴이)는 …… 우리의 과학적 사고방식의 절대적인 부분이다"(Pérez-Ramos, 1996, p. 311)는 말은 아직까지도 과학계의 일치된 의견으로 남아 있다. 베이컨주의는 베이컨 추종자들이 다른 무엇보다 과학의 제도화에 대한 믿음과 계획적이고 협업적인 연구 활동을 통해 지식을 수집하고 분석하며 분배하는 수단을 받아들였다는 것을 의미한다. 또한 돈이 된다는 사실을 무시하더라도 기술이 사회 문제에 해결 방안을 제시할 수 있다고 믿었다(Rees, 2000, p. 71). 다시 말해, 베이컨의 유산이란 다름 아닌 경제 성장의 중요한 요소로서 유용한 지식의 확산을 문화적으로 받아들인 것이라 할 수 있다.

문화적 사업가: 아이작 뉴턴

문화적 사업가로서 뉴턴의 역할은 베이컨과 다소 달랐다. 베이컨의 메시지가 지식에 기초한 사회 진보에 대한 희망이었다면, 사회 발전에 대한 뉴턴의 메시지는 한층 단언적이었다. 만약 기술의 진보가 자연을 지배하는 것에서 시작한다면 누군가는 자연의 규칙을 찾아야만 했다. 그리고 뉴턴은 자연의 규칙이 우리가 닿을 수 있는 곳에 있다는 것을 보여주었다.

뉴턴의 업적과 그 후에 일어난 18세기의 뉴턴과학 그리고 경제 발전이 서로 어떤 연관성을 갖고 있는지에 대해서는 추가적인 논의가 필요하다. 일례로 마거릿 제이컵의 주장에 의하면 뉴턴학파는 당시 영국 산업 현장에 큰 영향을 주었다(Jacob, 1997, 2000a, 2007; Jacob and Stewart, 2004). 이와 반대로 파라(Patricia Fara, 2002, p. 21)는 18세기 뉴턴의 명성은 당시 영국에서 확산하고 있던 상업화의 **결과**라고 말했다. 두 주장 모두 어느 정도 일리는 있지만 뉴턴과학이 1800년 이전의 발명품에 직접적으로 적용된 사례는 매우 드물었다. 게다가 《프린키피아》를 출간한 1687년에 이미 영국은 매우 높은 수준으로 상업화한 시장 경제 국가였다는 점을 염두에 두어야 한다. 즉 뉴턴학파가 경제 성장을 이끌었다거나 반대로 경제 성장으로 인해 뉴턴학파가 등장할 수 있었다는 식의 인과관계는 적절하지 않으며, 오히려 제3의 요소가 뉴턴학파의 등장과 경제 성장을 이끌었다고 봐야 한다. 이런 요소에는 유용한 지식의 성장과 확산이 물질적 진보의 핵심이라는 생각에 점차 동의하기 시작한 엘리트 문화의 등장이 있다. 이와 같은 생각의 확산은 경쟁이 치열한 제도화한 아이디어 시장에서 2세기 동안 진행된 열띤 토론의 직접적 결과물이었다.

많은 중요한 문화적 사업가와 다르게 뉴턴의 업적 및 그가 후세대에 끼친 영향은 자신의 의도와 전혀 상관없는 뜻하지 않은 결과였다. 요컨대 그는 자신의 뜻과 달리 문화적 사업가가 되었다. 뉴턴은 오로지 높은 수학적 지식을 가진 소수의 선택된 사람들하고만 생각을 공유하기 위해 글을 썼다(Iliffe, 1995, p. 175). 뉴턴은 "자신의 이론에 동의하는 능력 있는 수학자들만" 이해할 수 있도록 《프린키피아》를 의도적으로 난해하게 썼다고 인정했다. 심지어 케인스는 뉴턴이 괴팍한 성격 때문에 동시대 사람들에게 위대한 영향을 끼친 인물로도 꼽히기 어렵다고 했다.[1] 만약 문화적 사업가로서 뉴턴이 산업혁명에 어떤 영향이라도 끼쳤다면, 그 이유는 계몽주의 시대 엘리트 집단의 가치와 신념을 근본적으로 바꾸는 데 어떤 역할을 했기 때문이다. 따라서 뉴턴의 영향력은 그의 카리스마나 리더십보다는 오로지 연구 업적과 관련이 있다. 다시 말해, 문화적 사업가로서 그의 특징은 내용 편향이지 수사적 편향은 아니었다.[2]

방법론적 측면에서 보면 뉴턴은 관찰, 데이터, 실험과 관련한 베이컨식 실증적 접근법과 갈릴레오로부터 파생된 수학적 물리학의 결합을 상징했다. 뉴턴은 추정과 추측을 멀리하고 관찰로부터 추론할 수 있는 이론을 신봉했다. 실제로 샤피로(Shapiro, 2000, p. 156)가 지적한 대로 뉴턴은 자연철학을 "수량화와 측정이 가능한 사실의 영역"에 국한해야 한다는 자신의 생각을 고집스레 피력했다. 하지만 뉴턴의 연구 결과물 중 오직 일부분만이 당대와 후대의 지식인에게 영향을 끼쳤다는 점은 충분히 강조할 만하다. 많은 면에서 뉴턴은 성경과 수비학을 연구하면서 성경 문구에 상응하는 숫자를 파악해 세계 종말의 정확한 일자를 해독하려 한 여전히 구시대적 지식인이었다. 그는 솔로몬 신전의 정확한 면적을 계산하고(Manuel, 1963, pp. 162-163) 두 번째 천년왕국이 언제 올지 확인하기(Fara, 2002, p. 78) 위해 에제키엘(Ezekiel: 기원전 6세기의 유대인 예언자─옮긴이)의 책을 찾는 데 많은 에너지를 소모했다. 이집트의 상형문자, 천문학 자료를 바탕으로 재구성한 고대의 연대기, 그리고 그리스 천문학의 기원을 포함한 역사에 대해 방대한 글을 쓰기도 했다(Manuel, 1963). 아울러 자신의 가장 창조적인 시간을 연금술 실험에 할애했는데, 현대 학자들은 이를 과도하게 활동적인 천재의 충분히 용서받을 만한 별난 성향이 아니라 그의 타고난 지적 혁신을 고대 문헌에 대한 강한 집착에 적용하고자 노력한 복잡한 지적 성격의 중요 부분이라는 것을 깨달았다. 하지만 뉴턴을 "과학의 영웅"으로 바라보는 현대의 시각은 "300년 동안 지속된 언론의 조작"(Fara, 2002, p. 27)이라는 파라의 주장 역시 어불성설이다. 17세기 후반 유럽의 매우 경쟁적인 아이디어 시장에서 뉴턴의 수학적 물리학은 즉각 혁신적이고 올바른 이론으로 인정받았다. 처음에는 내용 편향(당대 최고 석학들은 뉴턴의 논리를 이해했다)으로, 그 후에는 직접 편향(뉴턴 추종자들은 당대 가장 존경받는 지식인이었다)으로 뉴턴의 업적은 아이디어 시장에서 마땅히 받아야 할 인정을 받았다.

한 가지 확실한 것은 뉴턴의 영향력이 소수 엘리트 집단에 한정되었다는 것이다. 18세기 서유럽의 대부분 사람들은 뉴턴에 대해 들어본 적이 없을 것이다. 베이컨이나 갈릴레오와 마찬가지로 뉴턴은 편지 공화국의 좁은 경계 안에서 활동했다. 하지만 유용한 지식 시장을 움직이는 사람들은 이런 소수 엘리트 집단이다. 아이디어 시장은 뉴턴의 수학적 물리학에 대한 연구를 선택했지 그의 연금술과 성경에 대한 연구에 대해서는 큰 관심을 두지 않았다. 뉴턴의 이런 별난 성향은 그 자신이나 계몽주의 시대에 활동한 그의 전기 작가에 의해 억제되었을 것이다. 분명 몇몇 사람은 뉴턴의 이런 연구 및 (스위스의 젊은 수학자이자 뉴턴의 제자인) 파티오 드 딜리에(Fatio de Duillier)와의 관계에 관심을 가질 수 있으나, 여기서 우리의 역점은 당대 최고 자연철학자로서 뉴턴의 연구 업적과 그가 계몽주의 문화에 끼친 영향이다.

뉴턴의 연구 업적은 현대 문화와 고전 문명의 투쟁에서 '현대인'이 '고대인'의 관에 박은 마지막 못이었다.[3] 뉴턴의 물리학은 발표되자마자 조금이나마 남아 있던 고대 우주론과 물리학을 무너뜨렸고, 고전 시대에 대한 당시의 열등감을 지우려 노력한 많은 지식인의 명예를 회복시켰다. 더욱이 그의 연구는 다른 과학 분야의 롤모델이 되었다. 다른 학문 분야는 뉴턴의 천체역학 같은 우아한 모형을 개발하려 노력하면서 그를 모방했다. 뉴턴의 연구는 농학, 의학, 화학, 전기과학, 재료과학 그리고 심지어 인문학 같은 분야도 이해하기 쉽고 우아한 법칙에 따라 축소시킬 수 있다는 희망을 안겨주었다. 하지만 초반에 이런 계획의 가시적 성과는 좋게 말해서 상반되었다고 할 수 있다. 뉴턴이 쓴 《광학(Optics)》의 유명한 '질문 31(Query 31)'에는 화학 친화력에 대한 내용이 수록되어 있는데, 이는 나중에 에티엔 프랑수아 조프루아(Étienne François Geoffroy, 1672~1731) 같은 화학자들이 화학 친화력표를 작성하는 데 영감을 주기도 했다(Brock,

1992, p. 76). 같은 '질문'에서 뉴턴은 만약 자신의 과학적 방법론이 "완벽해질 수 있다면 도덕철학의 경계 역시 넓어질 것"(Newton, 1721, p. 381)이라는 생각을 밝혔다. 많은 의사들—그중 가장 잘 알려진 사람들로는 스코틀랜드 출신의 아치볼드 피트케언(Archibald Pitcairne, 1652~1713)과 그의 제자인 잉글랜드 출신의 조지 체인(George Cheyne, 1671~1743)이 있다—은 뉴턴의 아이디어를 의학에 접목해 수리의료학이라는 새로운 의료 분야를 만들기도 했다.⁴ 물리학이 아닌 다른 학문 분야를 '뉴턴화(Newtonize)'하려는 움직임은 또 다른 스코틀랜드 사람 제임스 케일(James Keill, 1673~1719)이 1708년에 쓴 책으로 절정에 달했다. 케일은 이 책에서 동물의 혈액 속에 있는 입자가 서로 끌어당기는 힘(뉴턴의 만유인력 법칙을 차용—옮긴이)에 대해 서술했다(Roe, 2003, pp. 400-401).⁵ 이와 비슷하게 1709~1738년에 레이던에서 의학과 화학, 식물학을 가르친 네덜란드의 의사 헤르만 부르하버(Herman Boerhaave, 1668~1738)는 인간의 몸을 설명하는 데 뉴턴과학의 방법론을 받아들여 중력과 인력(attraction, 引力)으로 인간의 신체를 설명하려 했으나(Dobbs and Jacob, 1995, p. 85) 이런 방법론은 의술 발전에 가시적인 성과를 내지는 못했다.⁶ 심지어 항상 회의적이었던 데이비드 흄도 뉴턴의 성공을 모방하려 애썼다. 흄은 자신의 저서들이 자연철학에서 뉴턴의 업적과 궤를 같이하는 대작으로 읽히길 원했다(Schliesser, 2007). 경제학, 특히 애덤 스미스에 대한 뉴턴의 영향력은 최근 들어 강조되기 시작했다. 자연철학에 관심이 많았던 애덤 스미스는 동시대의 많은 사람처럼 뉴턴의 업적을 우러러봤다.⁷ 현상을 관찰하고 분석해 하나의 원리로 개발하는 상향식의 귀납적 방법론과 더불어 어떤 현상이 왜 일어나는지에 대한 근본 원인에는 아직 완전하게 이해할 수 없는 것들이 있다고 순순히 인정하는 태도는 뉴턴이 스미스에게 끼친 뚜렷한 영향이라고 봐야 한다

(Hetherington, 1983, pp. 503-505).

다른 학문에 대한 영향력이 이 정도라면 뉴턴이 물리학에 끼친 영향은 실로 엄청나다는 것을 쉽게 생각할 수 있다. 우주는 인류의 물질적 이익을 위해 조작될 수 있고 조작해야 한다는 뉴턴의 통찰력으로 말미암아 우주가 거대한 기계와 같고, 따라서 충분히 이해할 수 있다는 생각은 하나의 신념이 되었다. 자연은 인간을 위해 존재한다는 인간중심주의는 중세 시대부터 있었으나, 뉴턴의 이론은 인간중심주의를 주장한 사람들이 반(反)계몽주의적 신념이자 미신으로 치부해온 과거의 신념을 극복하게 된 계기나 다름없었다. 17세기의 과학은 명료성과 도구성(instrumentality)에 기초한 인류와 환경의 관계를 강조함으로써 산업계몽주의의 토대를 마련했다. 여기서 뉴턴은 사물의 '근본' 원인이 아니라 수학과 도구를 강조했다(Dear, 2006, pp. 37-38). 한 가지 예를 들면 뉴턴에게 중요했던 것은 중력의 정확한 이유를 밝혀내는 게 아니었다. 그에게 중요한 것은 1713년 출간한 《프린키피아》에 덧붙인 유명한 '일반 주해(General Scholium)'에 쓴 것처럼 중력은 실제로 존재한다는 사실과 그가 밝혀낸 중력의 법칙이 천체의 움직임을 설명할 수 있다는 사실이었다.

뉴턴이 한 일은 바로 이것이다. 뉴턴은 자신이 발견한 원칙을 이해한다고 주장하지도 않았고 더욱이 물리적 현상이 **왜** 존재하는지, 그리고 서로 멀리 떨어져 있는 두 물체가 **어떻게** 영향을 주고받는지도 설명하지 않았다. 오직 이런 물리학적 원리는 보편적이며 일반적으로 적용 가능한 원리로 이해할 수 있다고만 말했다. 이런 점에서 뉴턴의 관점은 데카르트의 기계론적 우주와 닮았다. 하지만 뉴턴에게 과학의 역할이란 자연의 규칙을 발견하고 이런 규칙을 인류에 이롭게 활용하는 방법에 대한 것이지, 데카르트와 라이프니츠처럼 미시적 토대를 제공하는 것이 아니었다.[8] 따라서 그는 프랑스 과학자 피에르 가상디(Pierre Gassendi)처럼 우주의 원리를 파악하는 데는 관심이 없었다. 자연의 모든 현상을 설명할 수 있는 철학적으로 일관성 있는 이론 체계를 구축하는 것보다 뉴턴의 시선은 관찰한 모든 현상을 수학적으로 설명한다는 겸손한 목표를 향해 있었다. 자연 현상의 원리를 파악하고 이해할 수 있다면 베이컨이 말한 것처럼 인간의 필요를 충족하기 위해 자연은 조작 및 통제 가능하며 적용할 수 있는 것이었다.

무엇보다 명료성은 기계론적 세계관에 달려 있었다. 규칙은 예측 가능하고 결정론적이라는, 자연은 마치 시계와 같다는 기계적 우주관은 오랜 시간 동안 허황된 꿈이었지만 뉴턴의 연구로 구체화되었다. 뉴턴 자신은 기계론적 세계관에 동의하지 않았고 그가 발견한 자연 체계는 오직 "지적이고 강력한 존재의 충고와 지배 아래에서만 비롯할 수 있다"(Newton, 1729, p. 344; Mayr, 1986, pp. 97, 98; Snobelen, 2012)고 믿었다. 기계론적 사상은 뉴턴이 스스로 동의하지 않을 방식으로 뉴턴의 연구 결과를 이용한 데카르트 같은 유명 인사와 많은 무명 인사의 생각 및 노동의 결과물이었다.

뉴턴의 연구는 베이컨학파의 전통에 따라 기계적 우주에 대한 이해를 기초로 인류의 물질적 번영이 실현 가능하다고 많은 지적 엘리트를 설득했다. 비록 뉴턴이 1727년 사망할 때까지 가시적이고 실질적인 결과물이 나오지 않았음에도 말이다. 모든 자연 현상 및 규칙은 일관성 있고 이해 가능한 자연 법칙으로 설명할 수 있다는 확신은 과학과 기술의 발전을 이끈 원동력이었다. 하지만 자연 법칙을 발견하는 연구의 규모는 생각보다 어마어마했다. 의학, 화학 또는 농업 등의 분야에서 공통된 자연 법칙을 찾는 것은 상상조차 할 수 없을 정도로 복잡하고 골치 아픈 일이었기 때문이다. 지식을 축적하고 관리 및 유지하기 위한 실험과학은 시간이 갈수록 점차 자연철학의 수단으로 자리를 잡았다. 뉴턴학파는 실험철학을 창조하지 않았지만 그들의 연구 성과는 실험철학을 지배적인 방법론으로 만드는 데 일조했다(Gascoigne, 2003, pp. 289, 302).

뉴턴의 또 다른 기여는 유용한 지식을 다루는 수단으로서 수학 사용을 신성화했다는 점이다. 갈릴레오부터 데카르트, 메르센, 토리첼리(Evangelista Torricelli), 하위헌스 그리고 라이프니츠까지 유럽 대륙은 자연철학을 할 때 수학을 사용하는 전통이 있었다. 하지만 영국에서 수학의 사용은 상대적으로 늦었다. 앞장에서 설명했듯 프랜시스 베이컨은 연구 수단으로서 수학에 별다른 관심을 보이지 않았다.[9] 베이컨과 뉴턴 사이에서 활동한 영국의 과학자들도 마찬가지였다. 예컨대 로버트 보일은 실험과학에서 수학 사용을 반대했고, 실제로 그의 수학 능력은 논란의 여지가 있다(Shapin, 1988b).[10] 홉스와 월리스를 포함해 청교도 시대의 선도적 사상가 가운데에는 물론 수학자도 있었지만 왕립학회 초창기 시절 대부분의 영국 과학자는 데카르트식의 엄격한 연역적 논리에서 빗겨나 있는 대신 신중하고 실용적인 실험 방식을 선호했다.

뉴턴은 혼자서 실험 데이터와 관찰에 중점을 둔 베이컨의 사상과 수학의 연역법적 논리를 결합하면서 이 둘이 서로 공존할 수 있을 뿐만 아니라 동시에 실제로 상호 보완적이라는 것을 보여주었다. 뉴턴의 가공할 만한 수학 능력과 분석 능력 그리고 실증적 자료와 실험적 자료를 자유자재로 사용하는 능력은 당시의 평균적인 과학자들이 따라하고 싶어 했던 빛나는 모범으로 여겨졌다. 스코틀랜드의 의사이자 박학다식했던 존 아버스닛(John Arbuthnot, 1701, p. 13)은 수학이 "가장 잘 알려져 있고 가장 공통적인 특성인 중력에 의존하는 기계〔다시 말해서 우주〕의 거대한 비밀을" 풀었으며, 이를 통해 "타의 추종을 불허하는 뉴턴은 태양계의 모든 천체 이론을 입증했다"고 썼다.

고전 시대부터 내려오는 규범은 논리와 권위에 그 기반을 두었다. 베이컨은 논리와 권위를 사실과 데이터로 모두 대체하고 싶어 했다. 뉴턴은 결국에는 관찰로부터 얻은 원리를 무엇보다 더 우선해야 한다고 가르쳤다(Iliffe, 2003, p. 272). 방법론적으로 뉴턴은 데카르트 사상의 토대인 연역적 방법론보다는 파라켈수스와 베이컨학파의 추종자들이 제안한 유형의 귀납법을 결합한 갈릴레오 방식을 더 선호했다. 더욱이 뉴턴의 글에는 과학 연구는 계속 진행해야 하는, 끝나지 않는 일이라는 메시지가 항상 담겨 있었다. 뉴턴은 "단 한 명이나 한 세대가 자연을 파악하기란 너무나도 어려운 일이며, 따라서 현재의 과학 수준을 과신하지 말고 나머지는 후세에 맡기는 것이 더 현명하다"(Iliffe, 2003, p. 273에서 인용)는 유명한 말을 남겼다. 따라서 그는 과학적 지식은 언제나 폐기 가능하며 새롭고 더 나은 근거가 나올 경우 기존 이론이 수정되거나 새로운 도전에 직면할 수 있다는 중요한 원리를 세우는 데 일조하기도 했다. 지속적 발전이 가능하고 또한 바람직하다고 믿는 사람은 이런 메시지를 꽤나 마음에 들어 했을 것이다.

더욱이 영국을 한 번도 떠나본 경험이 없지만 뉴턴은 영국의 학문적 환경보다는 **유럽 대륙의** 학풍에 더욱 깊이 스며들었다. 수학을 독학으로 배운 그는 프랑스인〔르네 데카르트와 프랑수아 비에트(François Viète)〕과 네덜란드인〔프란스 판 스호턴(Frans van Schooten)〕이 쓴 책에 크게 의존했다. 비록 짧은 기간이었지만 그는 하위헌스, 라이프니츠 그리고 요한 베르누이(Johann Bernoulli: 스위스의 수학자—옮긴이)와 교제했으며 젊은 시절부터 국제적인 과학 슈퍼스타로 인정받았고 편지 공화국의 가장 성공적인 시민으로 여겨졌다. 웨스트폴(Richard Westfall, 1980, pp. 472-473)이 지적했듯 유럽 대륙에서 가장 특출한 두 지식인이었던 크리스티안 하위헌스와 고트프리트 라이프니츠는 처음에는 《프린키피아》에 의구심을 품었다. 하지만 하위헌스는 금방 뉴턴의 천재성을 깨닫고 1689년 영국을 방문했을 때 따로 시간을 내서 뉴턴을 만나기도 했다. 또한 라이프니츠는 뉴턴을 어떻게 생각하느냐는 프로이센 왕비의 질문에 수학은 뉴턴 이전과 이후로 나뉠 수 있다고 대답했다(Westfall, 1980, p. 721). 심지어 프랑스의 수학자 로피탈 후작(Marquis de l'Hôpital, 1661~1704)은 뉴턴에 대해 "다른 사람과 비슷한 점은 있느냐"(Westfall, 1980, p. 473)고 물을 정도였다. 하지만 그의 혁신적 이론에도 불구하고 뉴턴은 이론이 아니라 표절 문제(로버트 훅) 또는 정보의 접근성(플램스티드) 같은 문제로 동료 과학자들과 논쟁을 벌였다. 종교에 대해 뉴턴은 이단적 시각을 견지했지만, 이것이 그의 명성에 영향을 주거나 1687년(《프린키피아》를 출간한 해 —옮긴이) 이후 과학계의 리더 역할을 방해했다는 근거는 없다.

앞서 언급한 대로 뉴턴학파는 18세기 초반 아이디어 시장에서 경쟁자들과 오랜 전투를 벌였다. 흥미롭게도 이런 전투는 영국이 아니라 유럽 대륙에서 펼쳐졌고, 뉴턴학파의 특공대는 네덜란드 사람들이었다. 이런 사람 중에는 오랫동안 레이던 대학교의 자연철학자이자 실험가로서 데카르트의 원리를 가르쳤지만 말년에 뉴턴학파로 전향한 뷔르하르트 더 폴더르(Burchard de Volder, 1643~1709)를 포함해(Feingold, 2004, pp. 69-70), 그의 제자이자 18세기 초반 수십 년 동안 레이던 대학교의 핵심 인물로 활동한 헤르만 부르하버, 그리고 부르하버의 동료이자 유명한 학자로서 뉴턴학파의 복음을 전파하는 데 열정을 쏟은 빌럼스 흐라베산더(Willems Gravesande, 1688~1742)와 페트뤼스 뮈스헨브룩(Petrus Musschenbroek, 1692~

1761)이 있었다.

뉴턴의 업적이 프랑스에서 언제 완전하게 자리를 잡기 시작했는지에 대해서는 논쟁의 여지가 있다(Shank, 2008). 몇몇 수학자는 뉴턴의 연구에 크게 빚을 졌는데, 그중 대표적인 인물은 프랑스 사람 피에르 드 바리뇽(Pierre de Varignon, 1654~1722)이다. 바리뇽은 1688년 《프린키피아》를 읽으며 "많은 생각이 들게 한다"면서 남은 생애 동안 그 책에 파묻혔다. 데카르트학파는 격렬하게 저항했다. 특히 니콜라 드 말브랑슈(Nicolas de Malebranche, 1638~1715)가 대표적이었는데, 그는 뉴턴의 연구를 존경했지만 신(neo)데카르트 철학을 개발하면서 자신과 신념을 같이하는 동료들을 지지했다. 하지만 시간이 지나면서 데카르트학파는 자신들의 학문적 지배권이 점차 사그라지는 것을 봐야만 했다. 뉴턴학파는 피에르 루이 드 모페르튀이(Pierre Louis de Maupertuis: 뉴턴의 만유인력 법칙을 프랑스에 처음으로 소개한 인물—옮긴이)와 알렉시클로드 클레로(Alexis-Claude Clairaut: 프랑스 수학자이자 물리학자로 천체역학과 수학에 큰 업적을 남긴 인물—옮긴이) 같은 전향자들에게 큰 힘을 얻었고(Glass, 2008; Itard, 2008) 볼테르가 1738년 펴낸 《뉴턴 철학의 요소들(Éléments de la Philosophie de Newton)》이라는 영향력 있는 책으로 최후의 일격을 가했다.[11]

프랑스의 많은 자연철학자는 뉴턴학파를 완전하게 받아들이지 않고 두 학파 모두에 양발을 담갔다. 데카르트학파에 대한 뉴턴학파의 승리는 전통적인 학습에 대한 중요한 반란이었다(Gascoigne, 2003, pp. 300-302). 하지만 예수회와 가톨릭교회의 엄격한 교리가 여전히 지배적이고 이단으로 낙인찍히는 공포가 아직 만연했던 이탈리아, 특히 이탈리아의 남부 지역은 달랐다. 그러나 심지어 그런 이탈리아에서도 뉴턴학파는 느리고 조심스럽지만 지지를 받기 시작했다. 뉴턴학파의 이론을 접한 사람들은 그 학파의 근거와 논리를 받아들일 수밖에 없었다. 뉴턴학파의 내용 편향이 작동한 것이다.[12] 하지만 사상의 내용과 상관없는 편향들 역시 여전히 작동하고 있었는데, 한 예로 많은 프랑스 자연철학자가 그들 가운데 한 명이고 국가의 자부심을 충족시킨다는 이유만으로 데카르트학파에 계속해서 충성했다. 그럼에도 프랑스를 포함해 유럽 대륙을 휩쓸었던 영국 숭배 현상은 포츠담과 상트페테르부르크에서 큰 인기를 끌었던 프랑스 철학자들과 함께 어우러져 18세기 아이디어 시장이 얼마나 범유럽적이었는지를 보여준다.

그렇다면 산업계몽주의의 토대를 닦고 준비한 문화적 변화에 뉴턴은 어떤 역할을 했을까? 앞서 언급한 대로 뉴턴의 영향력은 크게 봐서 내용 편향의 결과로 볼 수 있다. 뉴턴의 연구는 수학을 이해하고 그의 수학 공식을 입증하는 실험과 관찰 데이터를 검증할 수 있는 사람들의 수사학적 기준을 충족했기 때문에 설득력을 얻을 수 있었다. 또한 뉴턴 추종자는 이미 다른 사람들로부터 신뢰와 존경을 받던 과학 분야의 권위자였기 때문에 직접 편향도 작용했다.[13] 논의의 대상이 난해하거나 전문적일 경우 전문화와 지식 분화는 필수적이며, 또한 이런 세상에서 직접 편향은 여전히 영향력을 발휘한다.

뉴턴의 엄청난 명성에도 불구하고 그의 연구 업적은 비판과 수정의 대상이었다. 대표적인 예로 광학에 대한 뉴턴의 주장을 들 수 있다. 구체적으로 뉴턴은 〔색수차(色收差: 색에 따라 상이 생기는 위치와 배율이 바뀌는 현상—옮긴이)를 보정한〕 무색 렌즈는 불가능하다고 주장했는데, 레온하르트 오일러(Leonhard Euler)는 이 주장을 정면으로 반박했다. 인간의 눈에 비유하며 오일러는 두 렌즈 사이에 물이 있을 경우 색수차를 보정할 수 있다고 주장한 반면, 뉴턴은 색수차를 없애기란 불가능하다고 단언했다.[14] 왕립학회는 런던의 안경 제작자 존 돌런드(John Dollond)에게 이 문제에 대한 조사를 의뢰했다. 전직 비단 직조공에게 당대 최고 수학자의 연구 결과를 검증하도록 했다는 것 자체가 18세기 편지 공화국에서 자유 경쟁에 대한 확고부동한 원칙을 보여주는 사례다. 처음에 돌런드는 오일러가 틀렸고 뉴턴의 주장이 반드시 참일 것이라고 단호하게 주장했다. 하지만 이 사안에 흥미를 갖고 주의 깊게 지켜본 스웨덴 수학자 사무엘 클링엔스티에르나(Samuel Klingenstierna)에게 설득당해 오일러가 옳을 수도 있다는 생각을 하기에 이르렀다. 여러 종류의 렌즈를 갖고 다양한 실험을 한 결과 돌런드는 뉴턴이 틀렸음을 확신했고, 오일러의 이론을 바탕으로 망원경을 만들었다(Sorrenson, 2001; Fara, 2002, p. 101; Clifton, 2004). 그 후 돌런드는 자신의 초상화를 의뢰했는데, 그 초상화에서 돌런드는 뉴턴의《광학》과 그의 연구가 틀렸다는 것을 암시하는 책갈피를 들고 있다. 유체역학(hydrostatics: 정지 상태의 액체를 다루는 학문 분야─옮긴이)은 18세기 유럽 학자들이 뉴턴의 연구를 검증하고 논박한 또 다른 분야로,《프린키피아》에서 뉴턴이 자세하게 다룬 분야이기도 하다.[15] 베르누이 부자(父子)와 오일러는 유체역학에 대한 뉴턴의 이론을 그들이 개발하고 발전시킨 유체에 대한 새로운 이론으로 대체했다.

뉴턴의 유명세에 영향을 받은 젊은 과학자들이 대거 등장했는데, 이는 우상 편향의 대표적 예라고 할 수 있다. 젊은 과학자와 수학자들은 뉴턴의 명성과 부를 익히 들어 알고 있었으며, 뉴턴 이후 과학자의 사회적 지위는 이전과 결코 같지 않았다.[16] 조폐청장으로서 사회적 지위와 부, 그리고 뉴턴이 거절한 다른 많은 매력적인 제안은 그의 유명세와 명성을 반증했다.[17] 뉴턴의 경력은 유용한 지식을 높이 평가하는 사회에서 진정으로 성공한 과학자가 얻을 수 있는 사회적 지위를 보여주는 적합한 사례다. 그는 기사 작위를 수여받았으며 의회에 진출하고 부(富)도 얻었다.[18] 1727년 뉴턴은 성대한 장례식을 치렀으며 웨스트민스터 성당에 안장되었다. 볼테르는 뉴턴이 국민의 존경을 받는 왕처럼 안치되었다고 말했다. 1세기 후 제임스 와트의 경력이 그랬듯 뉴턴은 다른 과학자들이 마땅히 닮고 싶어 하는 상징적 우상이 되었다(MacLeod, 2007). 18세기 초 프랑스에서 새로운 과학은 매우 고귀한 학문으로 자리 잡아 사회 상류층과 새로운 정치 문화의 한 부분이 되었고, 결국에는 편지 공화국의 석학들이 왕권과 강력한 동맹 관계를 맺기에 이르렀다(Shank, 2008, p. 88). 한 사회에서 매우 능력 있는 인재로 인정받는 사람들, 즉 인적 자본에서 최상위에 속하는 사람들은 이런 신호에 매우 민감하게 반응한다.[19]

왕립학회 회장으로서 뉴턴은 수십 년 동안 영국의 지적 공동체에서 이견의 여지가 없는 리더로 추앙받았으며, 그를 존경하고 아첨하는 제자에 둘러싸였다. 그의 제자 중 가장 유명한 사람은 존 케일(John Keill), 리처드 벤틀리(Richard Bentley), 새뮤얼 클라크(Samuel Clarke), 헨리 펨버턴(Henry Pemberton), 윌리엄 휘스턴(William Whiston)이 있었다. 뉴턴은 격한 논쟁을 하지 않을 때(하지만 이런 논쟁은 매우 흔했다)는 당대의 선도적 지식인 및 과학자와 좋은 관계를 유지했다. 뉴턴의 가장 유명한 제자는 매우 뛰어난 엔지니어이자 수학자면서, 대부분의 삶을 데카르트학파로부터 뉴턴의 이론을 방어하며 보낸 존 드자귈리에(John T. Desaguliers, 1683~1744)일 것이다.[20] 계몽주의 시대 유럽에서는 뉴턴의 이론을 해석하고 설명하는 책이 등장했고, 이것만으로도 새로운 하나의 산업이 되었다. 이런 책은 종종 영어가 아닌 다른 언어로 쓰였으며, 그 밖의 다른 언어로 번역되기도 했다. 그중 볼테르의 《뉴턴 철학의 요소들》은 영어로 재번역되었으며, 네덜란드 지식 사회의 리더 빌렘스 흐라베산더가 쓴 뉴턴에 대한 책도 마찬가지였다.[21] 독일의 선도적인 뉴턴학파는 수학자이자 오일러의 친척이기도 한 야코프 헤르만(Jakob Hermann, 1678~1733)이었다. 그는 파도바와 상트페테르부르크, 프랑크푸르트와 자신이 태어난 바젤에서 수십 년 동안 후학을 양성했다. 독일 지식 사회는 모페르튀이가 1746년 베를린 과학 아카데미 회장이 된 후 확실하게 뉴턴학파로 돌아섰다. 레온하르트 오일러가 라이프니츠의 이론을 접목하면서 뉴턴의 이론을 수정한 것은 틀림없는 사실이지만, 뉴턴학파가 학문적 우세를 점했다는 것은 부인할 수 없다. 이탈리아에서는 프란체스코 알가로티(Francesco Algarotti)가 1737년《여성을 위한 뉴턴 이론서(Il Newtonianismo per le Dame)》를 저술한 것에서 뉴턴의 영향력을 가늠할 수 있다(Mazzotti, 2004).[22] 시간이 지나면서 뉴턴의 지위는 이상적인 계몽주의 과학자의 전형이 되었다.[23] 수는 적었지만 사회의 전략적 위치를 차지하고 있던 18세기 유럽 지식인들에게 뉴턴이 끼친 영향은 엄청났으며, 그의 영향력은 알렉산더 포프(Alexander Pope)의 추모사에 잘 나타나 있다.[24] 비슷하게 천문학자 에드먼드 핼리(Edmund Halley)는 '뉴턴에게 바치는 노래'(1687)에서 이렇게 썼다. "뮤즈(예술의 여신—옮긴이)여, 나와 함께 노래를 부르며 뉴턴을 찬양하자. 그는 진리라는 숨겨진 보물의 문을 열었으니 …… 그처럼 신에게 가까이 다가간 인간은 없으리"〔Halley, (1687) 1934〕.

자신이 살던 시대에 뉴턴과 유사한 수준의 영향을 끼친 또 다른 지식인 존 로크도 (영향력을 제외한 거의 모든 면에서는 뉴턴과 많이 달랐지만) 뉴턴의 수학을 하위헌스와 함께 검증한 후 그의 연구 성과를 인정했다.[25] 이처럼 유용한 지식을 증대시키는 과학 연구는 뉴턴이 회장을 역임한 왕립학회에서 구체화되었다. 자연철학자의 연구는 베이컨이 그토록 주장했던 자연 이론의 명료함을 실행에 옮김으로써 사회 진보의 원동력이 될 운명이었다는 게 영국 왕립학회의 암묵적 메시지였다. 뉴턴은 이것이 가능하다는 것을 최종적으로 확정했다. 아울러 이 메시지는 산업계몽주의의 핵심 모토가 되었다.

따라서 뉴턴은 인류의 안녕에 기여하는 가치 있는 인간의 활동이자 부유한 사람들이 후원하고 지원할 만한 학문으로서 과학(당시의 고상한 언어로는 자연철학)의 등장에도 크게 기여한 셈이다.[26] 의사이자 식물학자 한스 슬론(Hans Sloane, 1660~1753)은 왕립학회 회장(뉴턴의 후임)으로서 자연사의 중요성을 높이기 위해 전임자의 명성을 이어갔다. 이런 식으로 뉴턴은 갈릴레오와 청교도가 시작한 것, 즉 사회 발전의 가장 중요한 원동력인 과학과 자연철학의 사회적 지위 및 위신을 높이는 작업을 완성했다. 이런 작업에 동참한 사람들은 존경받고 지지를 받아 마땅했다. 뉴턴과 뉴턴학파 덕분에 18세기 영국에서 유용한 지식은 기업가와 장인들이 현실의 문제를 해결할 수 있는 수단으로 각광받기 시작했으며, 자연스레 사람들은 유용한 지식의 능력에 점차 더 많은 신뢰를 보내기 시작했다.[27] 뉴턴은 서양 사회의 독립적인 권력 기반, 즉 자연의 비밀과 관련한 권위적 전문가 그룹인 '제4계급(fourth estate)'으로서 유용한 지식을 관리하는 사람들에게 정당성을 제공하고 존경심을 표현했다.

6장에서 내가 언급했듯 모든 문화적 사업가의 제자와 추종자는 그들의 독창적 메시지를 당시의 상황에 맞게 바꾸고 변화시킨다. 뉴턴도 예외는 아니었다. 돕스와 제이컵(Dobbs and Jacob, 1995, p. 61)은 뉴턴이 뉴턴학파가 아니었다고 강조한다. 뉴턴은 자신의 일생 동안 과학적 지식을 생산적인 현실의 일에 적용하는 데는 관심을 보이지 않았으며 자신의 천적이었던 로버트 훅과 다르게 언급할 만한 발명품을 만들지도 않았다. 뉴턴은 열(熱)보다는 운동에 더 관심을 보였지만, 18세기 산업혁명의 등장에 정말로 중요했던 것은 '열'이었음이 밝혀졌다. 갈릴레오와 뉴턴이 개발한 기계과학(mechanical science)은 처음에는 섬유 산업에 직접적인 큰 도움을 주지 못했다. 뉴턴의 가장 현실적 발명품이라고 할 수 있는 미적분은 18세기 후반 들어서 엔지니어들에게 좀더 유용한 지식이 되었다. 하지만 몇몇 분야를 제외하고는 기술 진보에 미적분이 정확하게 어떤 역할을 했는지 판단하기란 쉽지 않다. 더욱이 대부분의 제자들 역시 기술 진보에 중대한 기여를 한 것으로 유명한 사람은 없다.[28]

뉴턴과 그의 가장 가까운 제자들조차도 구체적인 기술 발전에 끼친 영향은 경미한 수준에 그쳤다. 종종 지적하듯 산업혁명은 《프린키피아》 출간 후 70~80년이 지날 때까지 본격적으로 시작되지 않았다. 하지만 산업혁명의 정확한 시기를 판단하는 전통적 접근법은 제련, 제강, 초기 증기 기관, 그리고 플라잉셔틀(flying shuttle) 같은 1750년 이전의 기술적으로 중요한 돌파구를 무시한 측면도 있다. 뉴턴의 제자 중에서 몇몇은 기계를 사용해 뉴턴의 원리를 설명했다. 하지만 카드웰(Donald Cardwell, 1972)을 포함해 많은 사람이 지적했듯 뉴턴의 운동량(momentum, 질량 곱하기 속도)과 하위헌스-라이프니츠의 활력(vis-viva, 질량과 속도의 제곱의 곱)에 대한 논쟁은 뉴턴에게 유리하게 진행되지 않았다. 그 이유는 활력 개념이 기계적인 일, 의무, 효율에 관심 있는 엔지니어에게 더 유용했기 때문이다(Henry, 2008, p. 113). 이 두 개념 중 어느 것을 더 선호했는지에 대한 혼란스러운 논쟁의 결과는 뉴턴의 연구가 그 후로 밝혀질 것들을 많이 남겼다는 사실에서 볼 수 있다. 운동량, 힘(force), 일(work), 일률(power), 회전력(torque) 같은 기계와 관련한 중요한 개념은 18세기 후반까지 명확하게 알려진 게 없었다(Home, 2002, p. 361). 심지어 충격량(impulse)과 운동량, 일, 일률, 힘 같은 변수는 1750년 오일러와 1788년 라그랑주(Joseph Louis

Lagrange)가 쓴 《해석역학(Mécanique Analytique)》이 등장하기 전까지 정확한 정의조차 내려지지 않았다. 뉴턴의 우주 역시 이와 같이 불확실했던게 사실이며, 천체 움직임과 안정성(뉴턴은 미적분을 통해 밝혀냈지만 그의 글에는 포함되지 않았다)에 대한 그의 고전적 이론은 18세기 후반 라플라스(Pierre Simon Laplace)의 《천체역학(Mécanique Céleste)》이 나오기 전까지 완성되지않았다.

과학혁명과 산업혁명 사이의 관계는 뉴턴의 운동 법칙이나 뉴턴학파의 연구와 새로운 기계 창조 사이의 관계보다 더 깊고 미묘하며 직접적이지도 않다(Jacob and Stewart, 2004, pp. 26-60; 또한 Jacob 1997 참조). 뉴턴학파의 연구 활동과 강연으로 인해 대중 과학이 등장하고 과학 지식의 가치가 인정받기 시작했다. 이는 곧 계산 능력과 기술에 대한 글과 그림을 읽고 이해할 수 있는 대중의 '기술적 소양'이 새로운 단계로 접어들었음을의미했다(Jacob and Stewart, 2004, p. 131). 광교회파(latitudinarianism: 17세기 말 사상적으로 관용적인 영국 개신교도를 일컫는 말. 이성의 권위를 중시한 그들은 개인의 이성적 판단을 방해하는 법 또는 교리에 반대하면서 이것이 구원에도 도움을 주지 않는다고 주장했다―옮긴이)로 알려진 이런 신념은 당시 중도적이고 관용적인 개신교도를 통합시킨 사상이었다(Hunter, 1981, pp. 27-28). 이들은 과학이 "종교 담론의 적합한 주제"라면서, 과학을 일상생활에서 흔히 접할 수 있는 친숙한 것으로 만들려 노력했다(Jacob, 1997, p. 61). 많은 방법을 통해 뉴턴학파(뉴턴 개인보다는)가 상징하게 된 자유주의적인 영국의 성공회교(Anglicanism)는 1692년 보일의 첫 강의를 시작으로 뉴턴의 제자들로부터 대중에게전해지기 시작했다. 리처드 벤틀리, 새뮤얼 클라크 그리고 윌리엄 더럼(William Derham)을 포함한 영향력 있는 뉴턴학파 사상가들은 냉철한 자기이익의 추구, 인간의 자연 지배 인정, 그리고 베이컨 프로그램의 완전한 수용이 뉴턴학파를 상징하는 가치라고 생각했다(Jacob, 1986, pp. 243-244). 《프린키피아》에서 제기한 우주의 질서가 진정한 의미에서 안정적이고 진보적인 기독교 사회를 위한 처방이든 아니든 뉴턴은 길고 굽은 길을 따라 《프린키피아》에서 자유주의적인 영국의 성공회교까지, 그리고 산업혁명의 토대를 닦은 사상적 이념으로까지 우리를 안내했다. 어쩌면 뉴턴이 없었더라도 영국은 결국에는 같은 종착점에 도착했을 수 있다. 하지만 18세기 중반에 이르면 뉴턴은 단순히 성공한 과학자가 아니라 계몽주의 사상이 숭배해 마지않는 가치인 "이성, 질서, 천재"를 구현한 "초월적 존재"의 상징이 되었다(Fara, 2002, pp. 130-131).

아마 산업계몽주의에 대한 뉴턴의 가장 중요한 공헌은 수세기 동안 사람들을 혼란스럽게 했던 자연 현상의 규칙을 설명하는 이론의 아름다움과 완전함이었을 것이다. 아울러 그의 이런 공헌은 다른 사람들의 마음속에 인류는 자연을 완전하게 이해할 수 있다는 자신감을 고취시켰다. 중요한 것은 그의 이론이—천체 운동과 더불어 그 전에 지구의 움직임과 빛의 특징에 대해 우리가 알고 있던 것의 이론적 기초를 제공하기는 했지만—세계를 구성하는 질서와 논리를 제공했다는 점뿐만이 아니다. 그와 더불어 《프린키피아》를 출간한 1687년 이후 관찰과 실험으로 자연을 이해하고 이를 통해 자연에 대한 지배권을 강화하려는 베이컨학파의 이상이 좀더 현실화되었다. 파인골드(Mordecai Feingold, 2004, p. 148)는 이렇게 말했다. "과학 그 자체로서 …… 뉴턴학파의 과학은 다른 학문의 모방 대상이 되었고, 비슷한 맥락에서 다른 모든 학문의 재정립을 요구한 '우수한 지식'의 상징이 되었다." 다시 말해 뉴턴학파의 중요성은 그 이론이 아니라 "인간과 자연의 관계 그리고 그 둘과 신의 관계라는 인간의 가장 근본적인 문제"(Becker, 1932, pp. 61-62)에 있다. 이런 관계는 유용한 지식이

기하급수적으로 확대할 수 있었던 문화적 변화였으며, 이를 파악하지 않고는 그 이후부터 발생한 경제 성장을 이해할 수 없다.

뉴턴의 업적은 사회적으로도 이롭고 개인적으로도 미덕인 '유용한 지식'의 사회적 지위를 높이기 위해 자연철학자들이 동분서주했던 세기에 화룡점정을 찍었다. 만약 유용한 지식—물리학, 식물학, 수학, 화학, 기술, 의학 등—이 그러한 변화의 역할을 수행해야 한다면, 지식인의 사회적 지위는 상승해야 마땅하다. 하지만 뉴턴은 유용한 지식이 어떻게 만들어지고 축적되는지에 대한 방법론을 바꾸어놓았다. 계몽주의 시대에 뉴턴은 인류의 합리성이 갖는 잠재력의 완벽한 본보기가 되었으며, 피터 게이(Peter Gay, 1969, p. 130)가 말했듯 "뉴턴을 신격화하는 데 있어 계몽주의의 모든 철학자들은 한마음이었다". 신격화는 예수부터 마르크스까지 진정으로 성공한 많은 문화적 사업가들의 공통된 숙명이었다.[29]

계몽주의 시대를 관통했던 뉴턴의 영향력, 그리고 데카르트와 라이프니츠의 업적을 넘어선 연구 실적의 결과로 인해 '자연철학'은 서서히 철학에서 멀어져갔다. 전자는 더 이상 세상만물을 설명하는 통일된 이론을 약속하지 못했으며, 오히려 스스로를 관찰과 실험에 크게 의존하는 별개의 현상만을 설명하는 이론으로 한정했다. 따라서 뉴턴과 뉴턴학파가 그 후의 발전에 가져온 중요성은 그들의 연구가 암시한 종교적 기능의 변화에 기반을 두고 있다. 전통적인 종교적 신념에 대한 위협은 존 톨런드(John Toland, 1670~1722)같이 종교적으로 매우 이단적이고 급진적인 사상가로부터 뉴턴학파의 종교적 충성심(뉴턴은 기독교도였지만 전지전능한 인격신을 믿었던 당시의 다른 사람들과 달리 자연의 법칙에 따라 스스로 움직이는 지구와 우주를 창조한 존재로서 신을 믿었음—옮긴이)을 보호한 새뮤얼 클라크 같은 뉴턴의 제자로부터 나왔다. 톨런드는 중력의 법칙을 범신론적 유물론이라고 보았으며, 뉴턴과 그 추종자들은 이를 이단으로 생각했다. 그럼에도 불구하고 계몽주의 시대에는 "악령을 내쫓기 위한 노력이 계속되었지만 18세기 내내 뉴턴의 만유인력 법칙에 대한 논의에는 항상 급진주의의 망령, 무신론, 스피노자의 철학이 떠나지 않았다"(Shank, 2008, p. 129).

이런 아이러니는 놓치기 힘들다. 뉴턴은 종교적 신앙이 두터운 사람이었으며, 자신의 과학을 인식 가능한 규칙이 지배하는 세상을 창조한 모든 곳에 존재하는 현명한 신의 존재를 확인하는 수단으로 생각했다.[30] 하지만 뉴턴학파의 기계적 철학은 반드시 의식 있는 인격신의 존재를 확신한 것은 아니었으며, 볼테르로 대표되는 계몽주의 시대의 뉴턴 추종자들은 뉴턴의 종교적 신앙으로부터 과학을 분리해 생각하며 과학에서 종교를 배제하기 시작했다.[31] 과학적 능력과 통찰력을 본다면 어떤 의미에서 뉴턴의 후계자라 할 수 있는 라플라스는 나폴레옹 황제에게 자신은 '신(神)에 대한 가설'이 필요 없다고 말한 것으로 전해진다.[32] 계몽주의 시대의 과학, 특히 영국의 계몽주의 과학은 종종 종교와 공존했으나 17세기 중반 청교도 과학자들에 비해 종교에 대한 의존도는 낮았다. 대신 좀더 세속적인 사상이 종교를 대체하기 시작했다. 경제 성장은 한층 부유하고 평화로운 세상을 약속했다(Becker, 1932). 도덕 같은 개념은 올바른 시민 정신 및 합리적 행동 같은 세속적인 가치로 대체되었다. 구원도 진보하고 있었다.

무엇보다도 새로운 문화의 변화 속에서 수사적 편향의 핵심인 더 매력적이고 효력 있는 용어가 쓰이기 시작했다. 즉 이 시기부터 '신성함' 같은 종교적 특색을 띤 단어 대신 '자연' 같은 단어가 종종 비슷한 의미의 용어로 쓰이기 시작한 것이다. 이는 경제사에서 굉장히 중요한 역할을 한 또 다른 문화적 사업가 애덤 스미스의 말에서도 찾아볼 수 있다. "정치인들 …… 그리고 사기를 치는 투기꾼들은 인간 세상을 지배하는 자연의 법칙을 방해한다. 자연이 스스로 인간 세상을 설계할 수 있도록 만들려면 자연이 방해받지 않도록 혼자 내버려두고 공정하게 대하는 수밖에 없다."[33] 예를 들어 베이컨의 《새로운 아틀란티스》에 나오는 과학자는 성직자의 속성을 갖고 있으면서 유용한 지식을 활용해 인간의 고통을 치유하기도 했다. 다시 말해, 이 책에 등장하는 과학 지도자들은 종교적 특색을 강하게 띠고 있다.[34] 과학자가 지혜와 사회적 리더십의 원천이라는 베이컨의 생각은 뉴턴이 사망하기 전후 그의 사회적 지위를 예언한 것처럼 보인다. 러시아 출신의 프랑스 철학자 알렉상드르 코이레(Alexandre Koyré, 1965, p. 18)는 뉴턴학파가 "로크의 철학과 특이하게 어우러지면서" 18세기 종교적 교리가 되었으며, 뉴턴은 우주의 수수께끼를 푼 초인간적 존재로 여겨졌다고 지적했다. 하지만 자연철학의 종교적 핵심을 좀더 세속적인 신념으로 대체하는 것은 단순히 형이상학적 변화가 아니다. 그것은 지식 엘리트 집단이 사회에서 그들의 역할을 바라보는 방식에 중대한 함의를 지니고 있었다.

3부

16~17세기 유럽의 혁신,
경쟁 그리고 다원주의

문화적 선택: 인적 자본과 종교

그렇다면 문화는 경제 발전에 어떻게 영향을 끼쳤을까? 이 문제를 더 깊이 천착하기에 앞서 우리는 질문 하나를 먼저 다루어야 한다. 경제 성장의 문화적 기원에 대해 말할 때, 정확히 누구의 문화를 말하는 것일까? 일반적으로 기술 변화의 근원에 대해 연구할 때 중요한 것은 지식 엘리트의 문화가 다른 사회 집단에 비해 매우 중요하다는 것을 다시금 기억할 필요가 있다. 유용한 지식의 발전은 수적으로는 소수지만 그 지식을 보유한 사람, 그리고 특이할 정도의 기계적 직관력을 갖춘 소수의 천재에 의해 이루어진다. 린 화이트(White, 1978)가 주장한 것처럼 노동과 기술을 선호하는 문화의 등장이건, 매클로스키(McCloskey, 2006)가 말한 근대 초기의 영국과 저지대 국가들에 '부르주아 가치'가 생겨난 것이건 상관없이 중요한 점은 전체 인구의 작은 부분인 사회 지도층의 신념과 태도다. 화이트에게 이런 사람은 수도승(화이트는 중세 유럽에서 교회와 수도승 사이에 노동력을 높이 평가하는 문화가 등장했다고 말했다—옮긴이)이고, 매클로스키의 해석에 따르면 이런 사람은 부르주아 상인과 장인이다. 하지만 계몽주의 유럽의 문화적 환경에서 보면 누구인지는 중요하지 않다. 볼테르는 전체 인구의 20명 중 19명은 손으로 일하는 사람이며 그중 대부분은 "로크라는 사람이 있는지 없는지도 모른다"고 말했다. 또한 글을 읽을 수 있는 소수의 사람 중에서 "20명이 소설을 읽는다면 오직 한 명만이 철학을 읽는다"고 했다 〔Voltaire, (1733~1734) 2007, 편지 XIII, p. 45〕.

근대적 경제 성장에서 그 무엇보다 가장 중요했던 것은 기업가와 은행가, 그리고 발명가와 엔지니어의 리더십이었다. 이런 사람은 로버트 훅이 말한, 코르테스 군단의 장군들이었다. 이들 휘하에는 리더를 지원하고 그들의 업적을 현실화하는 데 도움을 준 수적으로 많은 또 다른 계층이 있었다. 이들은 설계도를 읽고 장비를 완성하고 적절한 기온을 맞춰가며 시제품을 현실에서 시현하는 고도로 숙련된 장인과 기계공이었다 (Meisenzahl and Mokyr, 2012). 똑똑하고 창조적인 장인은 새로운 물건을 만들고 개선했으며 도구와 기술을 활용해 땜질도 했다. 많은 기술의 발전은 무명의 장인이 만든 작은 개선이 쌓이면서 이루어졌고, 이런 암묵적 지식은 전문 장인과 기술적으로 교육을 받은 과학자 네트워크를 통해 퍼졌다. 하지만 다 합친다 해도 이런 사람은 여전히 소수에 불과했다. 경제 발전은 이들이 나머지 인구 집단의 경제적 지위에 영향을 준 것으로 봐야지, 이들이 나머지 인구를 끌고 가면서 경제적 부가 낙수한 것으로 보아서는 안 된다. 엘리트 집단은 교육을 받고 과학을 공부하며 책을 읽었다. 다른 사람들은 이런 엘리트 집단을 보고 따라했다. 교육받은 사람들은 더 많은 사상에 노출되었고, 교육을 받지 않은 대중에 비해 수평적 전달과 비스듬한 전달을 통해 신념을 형성하고 정보를 얻었다. 따라서 지적 혁신이 처음에는 편지나 출판물을 통해 이런 정보에 접근할 수 있었던 교육받은 사람들이 주체가 되어 이뤄졌다는 것은 놀랄 일도 아니다.[1] 다시 말해, 높은 수준의 교육받은 지식 엘리트는 새로운 정보를 습득했을 테고, 부모로부터 직접 물려받거나 부모와 동일한 가치를 공유한 교사로부터 배운 문화적 요소에 강한 애착이 없었을 것이다. 하지만 이런 새로운 문화적 변화는 단순히 문을 연 것이지 그 문으로 들어가라고 누구에게도 강요하지 않았다. 교육받은 기득권은 자신들의 문화를 고수하려는 이해관계로 인해 변화를 거부했을 수도 있다.

엘리트 집단이 과학, 공학, 농업 같은 생산 활동에 적극 참여하도록 유도한 가치와 동기는 대부분의 노예 사회가 왜 낮은 기술 생산성에서 벗어나지 못했는지에 대한 단서를 제공한다. 노예 사회가 높은 기술 생산성을 달성하지 못한 이유는 값싼 노동력(노예 사회의 노동력은 결코 싸지 않았다)으로 인해 노동 절감형 기술을 발전시킬 인센티브가 없었기 때문이 아니다(하지만 매우 흔한 주장이기는 하다). 이런 사회에서 기술 창조성이 낮은 이유는 생산 활동과 물리적 노동은 문화적으로 인정받지 못하고 사회적으로 열등한 직업으로 간주했기 때문이다.[2] 대부분의 노예 사회에서 교육받은 지식 엘리트는 철학과 시, 역사 그리고 사냥과 음악 같은 여가 활동을 하면서 시간을 보냈다. 보통 이들은 군사 기술, 공학, 건축 등에 관심을 갖기도 했지만 농사나 조선, 제철, 식품 가공 그리고 섬유 같은 좀더 실생활에 영향을 주는 업무에는 큰 관심을 보이지 않았다. 근대 초기 유럽의 엘리트 집단도 과거 노예 사회의 엘리트와 크게 다르지 않았다. 세계 역사를 바꿀 극소수의 엘리트를 제외하고 말이다.

현실적이고 물질 지향적인 엘리트 집단의 태도와 성향은 좀더 많은 인구에 영향을 끼치기 시작했다. 과학자와 엔지니어 그리고 노련한 기계공 같은 기술 엘리트들이 새로운 제조 기법을 개발하고 나면 고용주는 이런 복잡한 장비를 운영하고 유지할 수 있는 교육받은 사람이 필요했다. 바로 이것이 '기술-숙련 보완성'이다. 역사적으로 이런 현상은 고용주로 하여금 노동자의 교육에 더 투자하도록 유도했다. (더 정확히 말하면 노동자를 교육하는 데 국가의 자원을 쓰도록 정치 체계를 설득했다.) 그럼으로써 궁극적으로 사람들의 삶의 질과 문화를 바꾸고 산업화한 서양 계급 관계의 역학을 변화시키는 데 기여했다(Galor and Moav, 2006). 근대의 경제 성장을 더 깊이 있게 설명하기 위해서는 내가 "인적 자본의 최상위층"이라고 부르는 실제로 중요한 문화적 영향력을 보유했던 집단을 살펴볼 필요가 있다(Mokyr, 2009a, p. 122).[3] 그 밖에 스스로 부유해지기 위해 경제 활동을 하면서 결국에는 사회의 부까지 증진시키는 부르주아 상인과 기업가에 대한 존경이 결국에는 하나의 사회적 문화로 발전했다는 또 다른 이론도 있다(McCloskey, 2016a). 마찬가지로 기술의 진보를 이끈 연구를 수행한 교육받은 과학자와 수학자의 사회적 위상이 높아진 것도 똑같이 중요하다.

우리는 이미 문화는 상업과 효율적인 시장을 형성하는 데 좀더 적합한 이념적 환경(또는 사회적 자본이라 부르기도 한다)을 만들어 스미스식 성장에 영향을 줄 수 있다는 것을 살펴보았다. 예를 들어, 로크의 재산권 개념이나 사회적 신뢰는 거래 비용을 줄여 상업을 촉진한다. 믿음과 관련한 또 다른 요소로 '주인-대리인' 문제를 완화하는 충성심이 있다. 고용주나 조직에 대한 충성심을 고취하면 감시 비용을 줄여 효율성과 무역을 증진시킬 수 있다. 공공심(public-mindedness, 公共心: 이븐 칼둔(Ibn Khaldun)은 이를 아사비야(asabiya)라고 불렀다)은 협력과 관련한 세 번째 문화적 요소다. 여기서 말하는 공공심은 직무 태만을 하려는 개인적 인센티브에도 불구하고 무임승차를 피하고 공익에 기여하고자 하는 의지다. 노스(North, 1981, p. 31)가 지적했듯 이념은 사회가 무임승차 문제를 극복할 수 있는 장치다. 공공심에는 설령 개인적 대가를 치르더라도 배신자를 처벌하는 것 또한 포함된다. 이런 처벌은 기회주의적 태도를 최소화해 상거래를 가능케 하면서 공익에 기여한다. 마그리비 무역상(Maghribi traders: 카이로에 거점을 둔 이슬람 무역상으로, 시칠리아와 베네치아를 배경으로 무역 활동을 했으며 사기를 친 구성원을 영원히 추방해 대외 신뢰도를 유지했음ー옮긴이)에 대한 그리프(Greif, 2005)의 연구는 이런 역사적 현상을 가장 잘 보여주지만, 공공 자원 설정으로 기회주의적 행동을 극복할 수 있다는 오스트롬(Ostrom, 1990)의 공동체 연구 같은 다양한 주장도 존재한다.[4] 어떤 문화적 신념은, 강요에 의해서만 극복할 수 있는 집단행동의 문제를 강요가 아닌 자발적으로 극복하게끔 해준다.

경제 성장은 사람들이 더 열심히 일하고 더 많이 저축하며 가난한 사람을 도와주고 위험을 감수하려는 막스 베버식 가치의 총합이라고 할 수 있는 기업가 문화나 부르주아 문화가 만들어지면서 탄력을 받을 수 있다. 이런 문화권의 사람들은 노동과 생산 그리고 기술에 더 많은 존경을 보낸다. 상인과 장인에 대한 존경을 분명히 한 부르주아 문화의 부상은 근대적 경제 성장의 기원에 관한 매클로스키(McCloskey, 2006, 2016a) 주장의 핵심이다. 만약 위험을 기꺼이 감수하는 부르주아의 문화와 근면함을 생산적 방향으로 활용한다면 경제 성과가 향상될 것이다.[5] 그러나 혁신과 생산성의 향상을 동반하지 않고 오로지 협력에만 호소하는 성장은 결국 점점 사라질 것이다. 근면함과 정직함 그리고 이런 가치를 바탕으로 돈을 버는 사람들이 인정받으려면 '협력' 이상의 것이 반드시 필요하다. 새로운 생산 방식 말이다.[6]

우리는 스미스식 성장과 슘페터식 성장을 이끄는 문화적 요소를 뚜렷하게 구분하는 것은 오해를 불러일으킬 여지가 있다는 점을 확실히 짚고 넘어가야 한다. 스미스식 경제 성장을 지지하는 많은 문화적 신념과 제도는 기술 진보에 좋은 영향을 주기도 한다. 실제로 기술이 발전하려면 공급자와 노동자 그리고 고객의 계약뿐 아니라 투자 활동 역시 필요하기 때문에 계약을 강제할 수 있는 권한은 물론 잘 정의된 재산권도 뒷받침 되어야 한다. 많은 학자들은 특허와 저작권같이 복잡하고도 모호한 제도에 의해 보호받는 지적 재산권은 기술 진보를 촉진한다고 인정했다. 혁신은 언제 어디서나 위험을 감수하려는 의지를 동반해야 한다. 먼 나라와 무역을 하기 위해 선박을 보내면서 보험에 가입하는 것과 달리 이런 위험을 감수하려는 의지는 보험에 가입할 수도 없다. 모든 혁신은 한 번만 발생한다. 따라서 과거에 혁신을 했던 경험은 기껏해야 새로운 아이디어의 성공을 위한 제한된 지침서에 지나지 않는다. 혁신이 일어나기 위해서는 이전엔 사용한 적 없는 새로운 기술을 실험하면서 위험을 감수하려는 의지가 필수적이다.

예를 들어, 경제 성장에 영향을 끼치는 가장 명확한 방법은 아마도 문화의 형성 그 자체일 것이다. 사회의 문화적 가치는 부모로 하여금 자녀교육에 얼마만큼의 시간과 돈을 투자할지, 그리고 어떤 것을 가르칠지 결정한다. 한편 어느 정도까지는 부모의 개인적 선호도에 따라 결정되기도 한다. 다시 말해, 부모는 자녀의 안녕을 극대화하기 위해 이타적으로 행동할 만큼 자녀들에 대해 충분히 관심이 있는 것일까? 아니면 수익을 극대화하고 자녀에게서 얻을 수 있는 것을 최대한 활용하기 위해 이기적으로 행동하는 것일까? 그것도 아니면 단순하게 자녀들이 자신과 비슷한 문화를 받아들여 부모와의 유사성을 극대화하려고 최선을 다하는 것일까? 또는 다른 부모와 함께하는 눈치 게임 같은 더 정교한 무언가가 작용하고 있는 것일까? 그리고 부모는 교육에 투자할 수 있는 자원을 토대로 몇 명의 아이를 낳을지 어떻게 결정하는 것일까?

인적 자본에 대한 투자는 여전히 경제 발전의 핵심 요소로서 매우 중요하게 간주된다. 사람들은 교육과 경제 발전 모두 바람직한 것이라고 여긴다. 그 둘이 밀접하게 연관되어 있다는 것 말고 더 확실한 것이 있을까? 이와 관련해 약 반세기 전에 독창적인 논문(Nelson and Phelps, 1966)이 발표되었는데, 저자들은 기술 발전과 기술 추격은 인적 자본의 수준과 매우 밀접한 관련이 있다고 주장했다.[7] 리처드 이스털린(Richard Easterlin, 1981)은 기본적인 질문을 던졌다. 왜 전 세계가 발전하지 못했는가? 그의 대답은 명확했다. 근대 경제 성장은 새로운 기술의 확산과 습득에 달려 있다. 하지만 기술은 배워야 하는 것이고, 따라서 현대 기술의 확산은 공식·비공식 교육에 영향을 받는다. 좀더 최근의 논문에서 글레이저와 동료들(Glaeser et al., 2004)은 **제도**가 경제적 성과의 차이를 설명한다는 견해를 비판하고, 교육과 학교 출석을 경제적 성과의 차이를 가장 잘 설명하는 변수로 지적했다. 대부분의 세부 내용에 대한 합의는 이루지 못했지만 인적 자본에 대한 투자를 경제 성장의 중심 요소로 보는 많은 연구 결과가 등장했다.

그렇다면 정확히 누가 인적 자본에 투자할지 결정하고, 왜 투자를 하는 것일까? 그리고 인적 자본은 어떤 모습일까? 일반 지식의 함양일까, 아니면 특정 기술의 습득일까? 만약 후자라면 생산과 관련한 기술이어야 할까? 인적 자본에 대한 투자를 할지, 어떤 투자를 할지 여부는 문화적 토대 없이는 당연히 이해할 수 없다. 인적 자본의 형성 방식은 크게 세 가지로 구분할 수 있다. 첫째, **훈련**을 통해 기술과 유용한 지식을 아이들에게 전달할 수 있다. 둘째, 특정 재화와 서비스(음악, 문학, 스포츠)를 소비할 수 있는 능력을 가르치고 특정 가치(도덕, 충성심, 존중, 애국심, 종교)를 전달하는 통로인 **교육**이 있다. 셋째, **연습**을 통해 예의범절과 식사 예절, 위생,

시간관념, 그리고 복종심을 배울 수 있다. 인적 자본에 투자할 때는 두 가지 측면, 요컨대 아이들에게 얼마큼 투자를 할지, 어떤 종류의 교육을 제공할지 결정해야 한다. 이런 결정은 문화적 요소, 즉 사회가 무엇을 중시하는지를 반영하며, 우리가 '교육'이라고 부르는 인적 자본이 마땅히 습득하고 배워야 할 것은 사회마다 크게 달랐다. 가령 탈무드를 배워야 했던 젊은 유대인과 런던의 시계 제조공, 그리고 과거 시험을 준비하면서 유교 사상을 공부한 중국의 젊은이들이 받은 교육은 모두 달랐다. 이런 결정은 일반적으로 자녀와 부모, 그리고 종교 단체나 세속적인 정부 같은 제3자에 의해 공동으로 이루어지기 때문에 종종 참가자들 사이에 미묘하고 복잡한 협상이 일어난다.

흥미롭게도 대부분의 학자는 대분기를 설명하는 요소로서 서양과 동양의 인적 자본과 교육의 차이에는 상대적으로 관심을 보이지 않았다. 물론 예외는 있었다. 갈로르(Galor, 2011), 데이비즈(Karel Davids, 2013) 그리고 얀 라위턴 판 잔던(Jan Luiten van Zanden)과 그의 동료들(예를 들어 Baten and van Zanden, 2008; De Pleijt and van Zanden, 2013)은 산업혁명이 일어나기 수세기 전 서유럽의 인적 자본이 증가하기 시작했으며 이는 경제 성장과도 인과관계가 있다고 말했다. 지리적으로, 문화적으로 멀리 떨어져 있는 지역의 인적 자본 수준을 비교하는 것은 어렵지만 전체적으로 볼 때 1700년에 중국이 유럽보다 교육 수준이 낮다거나 문해력이 떨어졌다는 근거는 없다. 실제로 뒤에서 살펴보겠지만 대부분의 기준으로 볼 때 중국인은 오히려 유럽인보다 교육 수준이 높고 문해력이 더 뛰어났다. 그럼에도 근대적 경제 성장은 중국에서 일어나지 않았다.

기술 발전의 원동력으로서 인적 자본에 대한 이론에는 두 가지 문제점이 있다. 첫째, 과거의 젊은이들이 받은 교육에 실용적 가치나 경제적 가치가 내포되어 있는지 여부는 명확하지 않다. 분명 예외가 있긴 했지만 노동자 계급을 위한 학교 교육은 기본적인 읽고 쓰기 능력만 가르쳤을 뿐 대부분의 커리큘럼은 종교에 집중되어 있었다.[8] 상류층 자제들을 위한 교육은 이보다 더 다양하고 풍부했지만 이런 교육이 그 자체로 기술 발전에 크게 기여했다는 말은 아무리 좋게 봐도 제한적이라고 할 수밖에 없다. 확실한 것은 인적 자본의 최상위 계층에는 유용한 지식의 경계를 계속해서 확장하는 소수 과학자, 의사, 엔지니어 그리고 수학자들이 있었다. 하지만 수학, 물리학, 공학같이 경제 성장에 정말로 중요했던 분야는 근대 초기 유럽의 정규 교육에서 찾아보기 힘들었다. 교육에서 기술로의 파급 효과가 그나마 가장 뚜렷했던 유일한 분야는 아마도 의학이었을 것이다(많은 의사가 화학 교육도 받았다). 더욱이 교육에 대한 투자를 광범위하게 확대하는 것(쉽게 말해, 많은 인구를 교육시키는 것)은 큰 효과가 없었다. 실제로 이 분야에 대한 권위자 데이비드 미치(David Mitch)는 산업혁명 이전 영국인들이 과잉 교육을 받았을 수도 있다고 주장했다(Mitch, 1999). 산업혁명을 가능케 했던 위대한 엔지니어와 발명가 중에서 높은 수준의 교육을 받은 사람은 드물었다.[9] 오직 소수만이 대학 교육을 받았으며 대부분의 사람은 어깨너머로 배우거나 개인의 인맥을 통해 기술을 습득했다.[10] 제임스 와트는 글래스고 대학교의 가장 훌륭한 과학자들과 인맥을 쌓고 네덜란드의 뉴턴학파 빌럼스 흐라베산더(Gravesande, 1720)의 저서를 공부하는 데 개인 교사를 두기도 했지만, 그래머 스쿨(grammar school: 영국의 인문계 중등학교―옮긴이) 후에는 정식 교육을 받지 않았다. 최고 엔지니어 자리를 다투던 와트의 라이벌 존 스미턴 역시 당시 '철학의 도구'라고 부르던 공학을 독학했다. 하지만 와트와 마찬가지로 그 역시 자신이 보고 배울 수 있다고 생각한 사람들과 교류하면서 우정을 나누었다(Skempton, 2002,

p. 619).

교육이 경제 성장을 이끈다는 주장에 대한 두 번째 의문점은 현대의 경제 상황이나 경제사를 굳이 훑어보지 않더라도 왜 전 세계가 발전하지 않았는지 의문을 제기한 이스털린(Easterlin, 1981)의 가설을 받아들였을 것이라는 점이 명백해진다. 현대의 일부 개발 경제학자는 교육에 대한 막대한 투자에도 불구하고 '교육의 폭발'로 인한 경제 성장은 전혀 없거나 매우 적다는, 거의 이교도적인 생각을 드러냈다(Easterly, 2001, p. 73). 1990년대 개발도상국들은 많은 돈을 교육에 투자했음에도 가시적인 성과는 적었다. 계량경제학 연구(Pritchett, 2001)도 경제 성장을 설명하는 데 교육이 어떤 역할을 했는지 제대로 설명하지 못했다.

이처럼 인적 자본이 경제 성장에 어떤 역할을 했는지 역사를 찬찬히 들여다보면 교육(또는 좀더 광범위한 의미로 인적 자본)은 급속한 경제 성장을 위한 마법의 공식이 아니었음을 알 수 있다. 역사적으로 볼 때 유럽 기술의 리더이자 최초의 산업 국가였던 영국의 교육 수준은 평범했던 반면, 높은 문해력을 자랑한 프러시아와 스칸디나비아 국가들은 라르스 산드베리(Lars Sandberg, 1979)의 유명한 표현을 빌리자면 19세기 말까지 "빈곤한 똑똑이들"이었다. 우리 시대를 봐도 높은 수준의 인적 자본을 달성한 유럽의 공산주의 국가들은 한결같이 그 혜택을 누리지 못했다. 벨라루스와 몰도바는 취약한 제도로 얼룩진 유럽의 후진국 신세를 면치 못하고 있으나 아직까지 그럴듯한 교육 수준을 유지하고 있다. 이들 국가는 에스토니아와 폴란드보다 1989년 이후 인적 자본에 대한 투자를 경제 성장으로 전환하는 데 어려움을 겪고 있다.

교육 외에도 기술 발전에 간접적으로 영향을 줄 수 있는 문화적 가치는 또 있다. 이미 2장에서 언급했듯 사회심리학자들은 좀더 개인주의적인 사회와 그렇지 않은 사회를 구분한다. 사회심리학자들에 의하면 좀더 개인주의적인 사회는 눈에 띄는 성과를 올리는 사람들에게 보상하는 경향이 뚜렷하기 때문에 혁신가에게도 인센티브를 제공한다고 보는 게 타당하다. 어떤 사회는 특정 분야에서 탁월한 성과를 낸 사람이 사회의 사다리를 타고 올라갈 기회를 제공한다는 의미에서 "수직적"이다(Triandis, 1995, pp. 43-52). 그렇지만 기술적으로는 보수적이더라도 개인주의적 문화가 만연한 사회도 있다는 점에서 이것만이 지속적 기술 발전의 필수 요건이라고 할 수는 없다. 하지만 한 사회의 개인주의적 성향이 짙을수록 그 사회의 창의력이나 독창성 역시 높다고 보는 게 합리적이다. 해리 트리안디스(Harry Triandis)는 "집단주의는 …… 종종 집단 규범을 준수할 확률을 높이고 강한 전통이 발전하는 토대를 마련한다"(Triandis, 1995, pp. 101-102)고 말했다. 트리안디스는 이와 관련해 "경직된" 사회와 "느슨한" 사회를 구분했다(Triandis, 1995, pp. 52-57). 무엇이 진실이고 무엇이 올바른 행동인지에 대한 광범위한 합의가 이루어져 있고, 만약 대부분의 구성원이 사회적으로 합의된 규범에 따라 행동하며, 그 규범에서 이탈하는 행위는 혹독하게 비판 및 벌을 받는 곳은 **경직된** 사회다. 그러면서 트리안디스는 미국을 느슨한 사회의 대표적인 예로, 도쿠가와 시대의 일본을 극단적으로 경직된 사회라고 말했다. 다시 말해, 새로운 사고를 하고 이미 확립된 규범과 규칙에 반항하려는 의지는 기술적 창의성과 관련이 있다고 보는 게 타당하며, 이런 사고는 느슨한 사회에서 좀더 일반적이다.

경제학자들은 최근 들어 문화가 경제 발전에 미치는 영향을 연구하기 시작했다. 하지만 아직까지도 인간과 인간 사회를 둘러싼 물리적 환경 그리고 기술에 대한 미덕 사이의 관계를 고려한 문화적 신념에는 큰 주목을 하지 않았다. 자연이 지나칠 정도로 존경 또는 두려움의 대상이 되면 '신의 역할을 하거나 신을 분노케 하는 행위'에 강한 반감이 들어 인간의 이익을 위해 자연을 조작하려는 의지가 꺾일 수 있다. 마찬가지로, 자연을 인간의 능력으로 도저히 이해할 수 없는 대상 또는 완전하게 임의적이고 변덕스러운 것으로 여기면 인간의 목적을 위해 자연을 활용하는 데 이점이 없다고 생각할 것이다. 이러한 사고방식은 우리를 다시금 종교로 인도한다.

근대 초기 유럽에서는 수세기 만에 처음으로 사람들에게 천주교나 많은 개신교 분파를 선택할 수 있는 기회가 주어졌다. 더욱이 체사레 크레모니니(Cesare Cremonini, 1550~1631), 스피노자, 파올로 사르피(Paolo Sarpi, 1552~1623) 그리고 톨런드 같은 급진적 사상가들의 마음에는 종교에 대한 회의와 의구심이 천천히 싹트기 시작했다. 비난과 시련에도 불구하고 완전한 무신론은 아직 먼 미래의 일이었지만, 기독교 문화의 핵심 신념을 갉아먹는 의구심은 편지 공화국에서 벌어지고 있던 종교 논쟁이 얼마나 심오했는지를 보여준다. 이런 관점에서 보면 종교는 비록 힘든 결과를 초래하더라도 많은 사람에게 선택의 문제였다.

스미스식 경제 성장과 슘페터식 경제 성장을 달성하는 데 종교는 중요한 도구였다. 종교가 스미스식 경제 성장에 끼친 영향은 복잡하고 다층적이었다. 첫째, 일부 종교는 무엇보다 젊은이들이 독서를 요구하는 종교 의식에 참여해 사회의 한 부분이 될 수 있도록 문해력을 높이자고 주장하면서 간접적으로 인적 자본에 대한 투자를 독려했다. 유대교는 모든 남자 성인이 글을 읽고 쓸 수 있도록 문자 교육을 의무화하다시피 했으며, 루터교 역시 문해 교육을 강조했다. 이처럼 애초에 문해 교육은 경제적 이유로 이루어지지 않았지만 경제 활동에 파급 효과를 미쳤다. 유대인과 개신교 공동체에 대한 최근 연구 결과가 이를 입증한다(Becker and

Woeßmann, 2009; Botticini and Eckstein, 2012). 이런 문해력(보통 산술 교육은 문해력과 함께 가르친다)이 실제로 기술과 혁신에 영향을 미쳤는지 명확하지 않지만, 글을 읽고 쓸 수 있다는 말은 문서 작성과 계약 체결, 간단한 계산과 장부 정리를 가능케 하기 때문에 거래 비용을 줄이고 상업을 촉진한다. 이보다 고차원적 측면에서 보면 교육은 변호사, 공증인, 판사, 회계사 같은 전문 직종을 만들어 시장과 무역을 활성화하기도 한다. 최근 연구에 의하면 중세 시대 후기 독일에서는 대학교를 설립해 법률 전문가를 양성하면서 경제 발전을 촉진했다. 이는 경제 전반에 큰 영향을 미치는 최상위 인적 자본의 좋은 사례다(Cantoni and Yuchtman, 2014).

둘째, 일부 종교에서는 종교 단체가 종종 사법 기능을 담당하고 상거래법을 만들기도 했다. 유대교의 율법은 상업상의 분쟁을 해결하는 데 큰 부분을 할애했다.[11] 율법 관련 질문에 대한 해답을 망라한 《랍비 회답서(responsa)》는 수세기 동안 유대인 사이의 상업 활동에 윤활유로서 제 기능을 다했다. 흥미롭게도 분쟁 해결을 위한 수단으로서 종교의 기능은 대체로 유대교(그리고 이후의 이슬람교)의 특징이었다. 기독교는 처음에는 유대인 시민 사회의 제도를 도입하는 데 관심이 거의 없었고 교회가 상업적 분쟁에 개입하는 걸 너무나도 꺼려 했다.[12] 셋째, 종교 공동체, 특히 소수 종교는 신앙인들이 서로 공유하는 사회적 정체성과 연대감을 만들어 그들끼리의 교류가 좀더 원활하게 이루어질 수 있는 높은 수준의 상호 신뢰도를 형성했다. 작지만 고도로 연결된 공동체에서 배신자에 대한 정보는 쉽게 확산하며, 배신자로 낙인찍힌 사람은 사회의 집단 결정에 의해 모든 사회적 지위를 박탈당하기도 한다. 사회의 구성원에 대한 이런 처벌이 가능하면 그들은 전반적으로 정직하고 신뢰할 수 있는 명성을 유지하고 협력적으로 행동하기 위해 노력한다. 바로 이런 메커니즘을 통해 마그리비 무역상이 번성할 수 있었다(Greif, 2005). 이렇듯 소수 신앙을 믿는 사람들은 연대감을 키워 협력하고 성공을 낳았다. 산업혁명 당시 영국 퀘이커교도들의 놀라운 성공 스토리는 그와 같은 소수 신앙의 좋은 예다(Mokyr, 2009a, p. 362). 하지만 그 이면에는 일신교와 관련한 종교적 신념이 다른 집단끼리 서로를 더욱더 불신하는 일이 있었다. 그 결과 기독교와 이슬람교 그리고 16세기에는 기독교의 여러 종파가 분열 및 대립하면서 무역을 심각한 수준으로 파괴했다.

마지막으로, 특정 유형의 종교는 협력을 조장하며, 기회주의적이고 부정직한 행동을 억제한다는 주장이 있다. 대부분의 종교는 규범을 준수하지 않고 기회주의적 행동을 하는 사람에게 전지전능하고 도덕적인 신이 정의로운 심판을 내린다고 믿는다. 샤리프, 노렌자얀과 헨리치(Shariff, Norenzayan, and Henrich, 2009)는 문화가 협력을 지지하고 '죄'를 저지른 기회주의적이고 지나치게 이기적인 개인을 처벌하는, 헌신적이고 신성한 존재에 대한 신념을 선호하도록 진화했다고 주장했다. 이런 믿음 덕분에 감시 비용이 높고 배신자를 처벌하는 게 어렵더라도 상호 협력이 크게 증가할 수 있었다는 것이다. 이런 사회적 규범은 이타적인 행동을 권장하고 심지어 낯선 사람도 공정하게 대할 수 있게끔 만든다. 만약 구성원들 사이의 협력이 계속되어 더 나은 생활 수준이 가능한 사회는 '적응에 더 적합할' 것이고, 따라서 다른 사회에 비해 성장할 것이다. 여러 이론과 실험 자료가 이러한 이론을 뒷받침한다.[13] 또한 거짓말을 할 경우 도덕적 벌을 크게 받으리라는 걸 강하게 암시해 진실된 말과 행동만을 하도록 하는 것처럼 강한 종교적 신념은 비대칭적 정보를 해결하는 데도 기여했다. 한편, 타 종교를 믿는 사람들이 서로에 대해 얼마나 헌신적이었는지는 명확하지 않다. 동양 종교에 도덕을 판단하고 심판하는 인격신이 없어도 활발한 무역 네트워크가 가능한 상호 신뢰와 경제 협력이 존재했다는 사실은 이런 주장을 무색하게 만든다. 18세기 후반까지 중국의 상업은 유럽과 비교할 정도의 수준이었으며, 중국 상인이 기독교 상인보다 덜 효율적인 협력 체계를 구축했다는 근거는 없다. 전지전능하고 정직한 행동을 강요하는 정의로운 집행관은 효율적인 상업 경제를 구축하는 유일한 수단과는 거리가 멀었다고 생각하는 것이 타당해 보인다.

그러나 종교적 다원주의가 '경쟁에서 뒤처지지 않으려는' 경쟁심을 조장하면서 종교적 차이는 때로 긍정적인 경제적 결과로 이어지기도 했다. 16세기 가톨릭교회가 서양에서 종교적 독점력을 상실한 뒤에 있었던 많은 기독교 분파 간 경쟁은 특히 이런 관점에서 중요하다. 종교 개혁 이후 분열된 서구 기독교 세계에서 종파의 우월성을 입증하고 공석이 된 신앙을 독점하기 위해 많은 학술적 연구와 교육이 이뤄지면서 인적 자본이 성장했다(Grafton, 2009a, p. 11). 서양과 세계 여러 지역에서 인적 자본의 형성과 관련해 예수회의 역할—가톨릭교회를 다른 기독교 신앙으로부터 지키기 위해 설립했다—은 너무나도 잘 알려진 사례다. 예수회는 교육을 통해 인적 자본의 형성에 열을 올렸다. 놀라운 점은 예수회 학교들이 종교와 도덕적 가르침만 강조한 게 아니라, 수학과 물리학 같은 유용한 지식을 교육 과정에 포함했다는 것이다. 페레스(Nicolas Claude Fabri de Peiresc), 데카르트, 토리첼리, 메르센을 비롯한 17세기의 대가, 그리고 콩도르세, 엘베시우스, 디드로 같은 계몽주의 작가 등 당시의 많은 위대한 사상가들이 예수회 학교에서 공부했다. 파인골드(Feingold, 2003)는 예수회 학교의 학생들이 만들어낸 혁신이 언제나 예수회의 취향을 충족한 것은 아니지만 이런 식으로 예수회는 유용한 지식의 축적에 크게 기여했다고 주장했다. 예수회 학교들은 유럽 교육 시장에 경쟁을 도입했으며 16세기 후반에는 베네치아 공화국의 유명한 파도바 대학교와 경쟁을 벌이고 결국에는 도시에서 추방되기도 했다(Muir, 2007, pp. 24-27). 가톨릭 국가인 프랑스에서도 여러 기독교 종파 사이의 경쟁이 결국 교육에서의 경쟁으로까지 번졌는데, 여기서도 예수회 학교는 얀센파(Jansenist) 학교들과 경쟁했다.[14]

예수회는 단순히 보수적인 종교가 아니었다. 예수회는 극단적으로 보수적인 종교 집단이었다. 1601년 설립한 로마 예수교 대학(Jesuit Collegio Romano)의 악명 높은 '감사위원회(Revisors General)'는 코페르니쿠스 가설 같은 예수회 교리에 어긋나는 모든 학문을 교육 과정에서 무자비하게 제외했다. 심지어 수학을 교육 과정에 포함해야 하는지에 대해서도 첨예한 논쟁이 있었다. 17세기와 그 이후에도 로마 예수교 대학의 수학 과정은 "유클리드 기하학에서 벗어나는 일이 없었는데" 그 이유는 유클리드 기하학이야말로 "보편적 진리가 어떻게 스스로 세상에 모습을 드러냈는지 보여주는 …… 깊이 있는 사상을 지녔기 때문"이었다(Alexander, 2014, p. 74).[15] 예수회의 총장 클라우디오 아쿠아비바(Claudio Acquaviva) 신부는 1584년 예수회는 혁신을 피할 뿐만 아니라 "우리가 새로운 것을 창조하거나 새로운 교리를 가르친다"는 의심을 사는 행위를 하지 않도록 해야 하며 "아무도 철학과 신학의 일반적 가르침에 반하는 의견을 변호해서도 안 된다"고 말했다(Feingold, 2003, p. 18에서 인용). 예수회에 일반적 가르침이란 정통적인 아리스토텔레스의 가르침과 가톨릭교회의 교리를 결합한 후기 중세 시대의 토마스 아퀴나스식 종합 이론이었다(Ariew, 2003, pp. 162-163). 세속적인 연구를 하고 새로운 과학을 동경하는 예수회 개개인에게 이는 심각한 갈등을 일으킬 수 있었다.[16] 많은 사람이 신성한 고전 문학의 경건한 교리 사이에 자신의 견해를 숨겼다. 하지만 예수회도 결국에는 새로운 천문학과 새로운 수학을 받아들일 수밖에 없었다. 확증 편향과 강압 편향이 내용 편향에 길을 내준 것이다.[17]

영국 국교회가 '비국교도 학교(국교회에 반대하는 비국교도들이 세운 대안 교육 기관—옮긴이)'를 세운 비국교도들과 경쟁해야 할 만큼 종교 경쟁은 영국에서 중요한 부분을 차지했다(Stone, 1969). 이런 학교는 이단 종교뿐만 아니라 지리학, 수학, 화학, 언어 그리고 유용한 기술까지 가르친 영국의 진보적 학교였다. 몇몇 경우에는 소규모 종교인과 대다수 사람들 사이의 공생적인 노동 분업이 이루어졌다.[18] 영국의 산업혁명 시대에 이런 비국교도 기업가들의 역할은 매우 중요했는데, 그들이 중요한 공직을 맡지는 못했지만 높은 수준의 교육 시스템을 구축했기 때문이다. 국가들이 평화로운 공존과 건전한 경쟁을 통해 발전하듯 서로 경쟁하는 종교는 지적 혁신과 발전을 장려했다.[19]

신앙을 차지하기 위한 종교 간 치열한 경쟁에도 불구하고 지식인들은 놀라울 정도로 종교의 차이를 인정하고 마치 즐겁다는 듯 그 간극을 좁혔다. 편지 공화국은 전체적으로 시민의 종교적 신념에 거의 주의를 기울이지 않았던 것으로 보인다. 그래프턴(Grafton, 2009a, p. 12)은 종교가 다르다는 이유로 학문적 소통을 차단하는 것은 "정보와 사상의 흐름을 제한하기 때문에" 도덕적으로 옳지 않은 것으로 여겼다고 말한다. 또한 1562년 이후의 종교 전쟁이 이전보다 더 파괴적이고 더 무의미해지면서 편지 공화국의 시민은 종교 박해를 큰 소리로 반대했다. 세바스티안 카스텔리오(Sebastian Castellio, 1515~1563)부터 스피노자와 볼테르까지 편지 공화국의 유명 인사들은 이단자 처단에 반대하면서 종교적 관용을 설파하기 시작했다(Zagorin, 2003).[20] 심지어 스위스의 위대한 위그노교도(Huguenot: 프랑스의 칼뱅파 신교도—옮긴이) 루이 부르게(Louis Bourguet, 1678~1742) 같은 근본주의적 종교인들도 개인적으로는 불신자의 이단적 사상에 격분해도 종교적 차이를 과학적 사상 교류로 가리고 학자의 공손함을 유지하는, 바넷(Barnett, 2015, p. 149)이 말한 "관용 전략"을 따랐다. 카를로 치폴라(Carlo Cipolla, 1972, p. 52)는 사람을 종교적으로 관대하게 만드는 특성은 새로운 사상을 좀더 수용적으로 만든다고 말했다. 종교적 관용과 관련해 편지 공화국은 완벽한 사례다.

따라서 스미스식 경제 성장에 종교가 어떤 영향을 끼쳤는지에 대한 역사적 근거는 다소 모호하다. 고대에는 비기독교 국가인 페니키아, 그리스 그리고 로마가 지중해와 인근 수로를 가로지르는 해상 무역을 크게 확대했지만, 유일신을 믿는 유대인은 대체로 농업 사회였다. 게다가 어떤 이유로든 기독교의 등장은 이방인의 부상과 함께 유럽의 제도 및 상업의 쇠퇴를 동반했다. 이런 기독교가 시민 사회를 창출하고 경제 성장을 강화했다는 주장은 전혀 터무니없는 말이다.[21] 첫 500년 동안 기독교의 확산은 상업을 크게 촉진하지 않았다. 오히려 그 반대였다. 물론 기독교의 등장은 어느 정도 고전 사회의 경제 붕괴로 인한 결과였고, 기독교의 성장은 고전 사회의 쇠퇴를 둔화시켜 최악의 상황을 방지했다고도 주장할 수 있다. 그렇다 하더라도 그 관계는 약해 보인다.

그렇다면 유용한 지식의 발전이 경제 성장을 이끈다는 슘페터식 이론에서 종교의 영향은 어땠을까? 근대 초기 유럽은 굉장히 종교적인 시대였다. 호이카스(R. Hooykaas, 1972, p. 101)가 주장했듯 종교가 널리 퍼졌다는 것은 **어떤** 사상을 사회적으로 수용하기 위해 지배 종교가 그 사상이 확산하는 것에 저항했는지, 관용했는지 아니면 후원했는지 여부가 매우 중요한 차이를 만들어냈음을 의미한다. 크리스토퍼 힐(Christopher Hill, 1967, p. 112)은 대중 매체가 현대인에게 영향을 주듯 당시 교회는 사람들에게 영향을 미치는 주요 수단이었기 때문에 설교단을 누가 통제하느냐가 막대한 문화적·정치적 중요성을 지녔다고 지적했다. 탁월한 연설가는 대중의 신앙에 수사적 편향을 심어줄 수 있었고, 따라서 종교는 사람들이 물리적 환경과의 관계를 포함해 세상을 어떻게 생각하느냐에 영향을 주었다. 간단히 말해, 종교는 유용한 지식이 역사적 맥락에서 어떻게 발전하는지에 영향을 주는 하나의 요소로 고려해야 한다.

과거의 역사학자들은 과학혁명과 종교 사이에는 억누를 수 없는 근본적 갈등이 존재할 수밖에 없었다고 보았다. 중세 후기에 기독교와 아리스토텔레스의 물리학 및 형이상학을 융합한 위대한 토마스 아퀴나스식 종합 이론은 새로운 사상이 스며드는 것에 저항하는 뿌리 깊고 견고한 교리가 되었다. 이런 전통적인 자유주의적 시각은 한 세기 전 앤드루 딕슨 화이트(Andrew Dickson White)의 책에서 이미 설명했다(White, 1896). 진실을 밝히고 발견하는 독점권을 가진 주체가 누구인지, 그리고 종교적 의구심을 탐구할 수 있는 전문가가 누구인지에 대한 문제를 빌미로 공식적인 종교 제도(교회)와 자연철학자들 사이의 심각한 충돌은 쉽게 일어났다. 무엇보다 이런 권위에는 직접 편향이 작동한다. 우주의 구조에 대해 갈릴레오와 교황 바오로 5세의 말 중 누구를 믿어야 하는가?

화이트가 주장했을 법한 것으로, 또는 호이카스(Hooykaas, 1972)와 같은 학자들이 주장한 것처럼 이 시대에 종교와 유용한 지식의 관계는 진보적인 과학자와 무지몽매한 성직자 사이의 충돌이나 기독교적 신앙이 17세기 과학의 뿌리이자 영감이었다는 주장처럼 단순하게 규정할 수 없다. 이 시대에 종교는 과학에 대한 수많은 태도를 수용한 거대한 텐트나 다름없었다. 다시 말해, 근대 과학의 일부는 분명 종교적 신념과 양립하기도 했으나 전체적으로 볼 때 과학과 종교는 충돌의 연속이었다거나 조화로운 사이였다고 간단하게 말할 수 없다. 과학적 흥미와 종교적 신념은 복잡하고 다양한 방식으로 유럽 대륙에 걸쳐, 유럽의 각 공동체에서, 그리고 심지어 종종 한 사람의 마음 안에서도 얽혀 있었다(Lindberg and Numbers, 1986, p. 10).

문화의 다른 모든 측면과 마찬가지로 16세기의 종교적 신념은 종교 개혁이 발생하면서 회의적인 재평가를 받았다. 이런 재평가는 많은 종교 분파에서 공통적으로 일어났다. 신학자와 자연철학자, 의사와 천문학자가 그들이 이해한 기독교 신앙의 울타리 안에서 안주하며 일반적으로 받아들여진 종교 교리와 과학 이론으로부터 그토록 완전하고 빠르게 벗어나기 시작했다는 것이 놀라울 뿐이다. 16세기의 과학과 종교는 18세기보다 훨씬 더 복잡하게 얽혀 있었다. 한 가지 예로 에스파냐의 의사 미구엘 세르베투스(Miguel Servetus)는 젊었을 때부터 삼위일체는 허구라고 믿었으며, 의학을 공부한 뒤에는 갈릴레오 정통 의학의 한 부분이던 신체 기능의 세 가지 구성 요소, 즉 영양과 근력, 정신을 전면 부정했다(Mason, 1992, p. 8). 케플러 같은 천문학자와 윌리엄 길버트를 중심으로 한 물리학자는 태양중심설을 받아들이면서 신이 우주의 중심인 태양에 살고 있지 않을 수도 있다는 것을 암시했다.[22]

17세기 유럽 전역에서 과학과 종교는 다채로운 공생 관계를 맺으며 발전했다. 영국에서 이런 공생 관계는 성공회의 로버트 보일과 더불어 조금 별나기는 하지만 깊은 신앙의 소유자였던 뉴턴이 보여주었다. 하지만 다른 지역에서도 비슷한 타협이 이루어졌다. 이탈리아의 예수회, 영국의 청교도회, 프랑스의 가톨릭 수사회, 아담파(Pre-Adamite: 고대 기독교의 한 분파로, 아담 이전에도 사람이 존재했다고 설파했음—옮긴이), 유니테리언교(Unitarian: 삼위일체론과 그리스도의 신성을 부정하는 비주류 기독교—옮긴이) 그리고 네덜란드의 독실한 칼뱅교는 그들의 종교적 신념과 과학 연구의 조화를 추구했다. 18세기는 무신론의 시대가 아니었지만(몇몇 선도적인 철학자들이 무신론자이기는 했다) 과학 연구를 조장했던 계몽주의 시대 종교의 역할이 쇠퇴했다는 것은 부정할 수 없다. 이유는 자명하다. 가톨릭이든 개신교든 상관없이 17세기 자연철학자들은 자연에서 신의 존재 근거를 찾았고, 이들에게 신은 스스로 만고불변의 진리를 통해 모습을 드러내고 구속되기도 하는 비인격적이고 기계적인 신이었다. 신은 도덕을 강제하거나 선(善)에 보상을 주는 재판관도 아닐뿐더러 기적을 일으키지도 않는다. 하지만 16세기와 17세기 초반까지만 해도 상황은 달랐다. 리처드 웨스트폴(Richard Westfall, 1986, pp. 234-235)이 주장하듯 케플러와 데카르트 그리고 뉴턴 같은 과학자들이 발전시킨 새로운 자연철학은 다른 유신론과 구분되는 기독교만의 가치를 확대시키는 자연 지식을 과연 뒷받침할 수 있는지에 대한 질문을 제기했다.

기술의 깊은 내면에는 '신의 놀이'를 하는 것, 다시 말하면 인간의 경제적 필요와 물질적 욕구를 충족하기 위해 자연의 본모습을 의도적으로 그리고 돌이킬 수 없는 수준으로 변화시키는 것이 포함된다. 모든 인간 사회는 아메리카 대륙의 대형 포유류 멸종이나 18세기 중국의 거대한 삼림 벌채처럼 극적인 생태적 영향을 끼치면서 자연 환경을 영구적으로 바꾸어놓았다. 허용 가능한 수준의 개입과 그렇지 않은 수준의 개입을 구분하는 것은 여전히 어려운 문제다. 인간을 복제하거나 유전공학을 통해 새로운 형태의 생명을 창출하는 것 같은 기술이 오늘날에도 여전히 사람들의 안색을 창백하게 만드는 이유는 무엇일까? 어떤 활동이 허용 불가능한 수준의 '신의 놀이'인지 판단하는 문제는 분명히 종교와 문화적 신념의 문제다.

다른 말로 하면, 문화는 단순히 사람 간의 교류 방식과 경계를 결정할 뿐만 아니라 자연을 어떻게 대할 것인지도 결정한다. 유대교-기독교의 종교적 신념에서 볼 수 있는 인간 중심 세계관은 자연을 조작하고 환경을 변화시킬 때 뒤따르는 인류의 죄책감을 극복하는 한 가지 방법이었다. 이런 종교적 믿음은 인류를 우주의 중심에 놓았고 자연은 창조주가 인간을 위해 봉사하라는 의미에서 창조했다고 본다. 만약 인간을 '하느님의 형상'을 본떠 창조했다면 인간은 다른 모든 생명체와 다를 것이다. 이런 관점은 현대에 들어 점점 더 논쟁거리가 되었지만 근대 초기 유럽에서는 당연한 것으로 받아들였다. 다시 말해, 인간의 목표를 위해 자연을 사용하는 것은 신의 권위에 도전하는 게 아니었다. 오히려 합리적이고 기계적인 우주를 창조한 신의 지혜를 보여준다는 점에서 그 반대였다(Benz, 1966).

역사학자들은 이런 문화가 유럽의 중세 시대에 점점 더 중요해졌다는 사실에 주목했다. 린 화이트(White, 1978, p. 27)가 지적했듯 만약 세계가 인류의 영적 교화만을 위해 창조되었고 그 밖에 다른 목적이 없다면, 에덴 동산의 단순함과 창조 신화의 조화는 우리를 신의 축복으로 인도하기에 충분했을 것이다. 하지만 문화가 발전하기 위해서는 물질적 조건에 대한 관심과 자연 현상 및 자연 규칙을 이해하려는 적극적 태도가 필요하다. 화이트는 이런 문화적 변화는 12세기에 시작했으나 4세기 후 프랜시스 베이컨의 글에서 완벽하고 분명하게 구체화되었다고 주장한다.[23] 하지만 이런 태도는 기술 발전이 일어나기 위한 충분 요건은 아니었다. 중국의 유교처럼 인격신 개념이 없는 사회에서도 역시 극적인 방식으로 환경에 변화를 주면서 충분한 수준으로 파괴적이고 개척적인 혁신을 할 수 있다는 걸 완벽하게 보여주었기 때문이다. 중세 중국이 환경에 끼친 영향은 결코 유럽보다 덜하다고 할 수 없다. 유럽에서 도끼로 산림을 벌채하고 쟁기로 새로운 땅을 경작하며 환경을 변화시켰다면, 중국에서는 운하와 배수로를 사용한 물 관리와 관개에 의존했다(Elvin, 1973, p. 113).[24] 화이트가 옛 로마 시대의 기술적 업적을 고의로 과소평가해 중세 유럽이 보여준 기술력과의 불연속성을 과장했을지 모른다는 평이 널리 퍼지고 있다.[25] 하지만 이런 비난에도 불구하고 종교적 요소가 중세 기술에 끼친 영향에 대한 그의 시각은 시간을 버텨낼 정도로 타당하다고 봐야 한다(Livingstone, 1994). 현대의 연구도 혁신에 실제로 영향을 끼친 문화적 발전에 대한 종교의 역할을 강조한다.[26]

또한 종교는 육체노동에 대한 태도를 바꾸었다. 육체노동과 관련해 중세 유럽에서 교회(와 수도승)가 발전시킨 문화적 가치는 '노동이 곧 기도(laborare est orare)'라는 모토를 가졌던 베네딕트 수도회의 사례에 잘 나타나 있다(White, 1978). 생산 활동과 노동은 미덕이 되었고, 따라서 교육받은 사람들은 노동에 직접 가담했다. 중세 시대에 노동은 교회의 많은 사람에게 의미 있는 활동이었다. 호이카스(Hooykaas, (1956) 1990, pp. 194-196; 1972, pp. 88-94)와 벤츠(Benz, 1966)는 물리적 노동은 훌륭한 일이며, 장인은 명예롭고 존경을 받아야 한다는 문화적 신념이 확산했다고 강조한다. 중세 유럽에서 일부 수도원과 수도승은 명제적 지식을 실제 기술에 적용하는 데 큰 역할을 했다. 수세기 동안 서유럽에서 이런 수도승은 기술 변화의 최첨단에 있었다. 중세 서양의 교회가 화이트의 주장대로 막중한 역사적 무게를 실제로 견뎌냈는지 여부와 관계없이 당시의 기술적 창의성이 어떻게 발현되었는지에 대한 논의에서 종교적 기원을 빼놓을 수 없다는 것은 분명하다.

장인의 작품에 중요한 지식이 녹아들어 있다는 생각은 스콜라 철학에 반대한 16세기 초반 지식인들의 글에 잘 나타나 있다. 그들은 스콜라 철학이 자연을 모르면서 완전한 상상으로 자연철학에 대한 글을 썼다고 생각했다. 대신 소작농, 항해사, 공예가 그리고 외과 의사는 자연 현상을 매일같이 경험하는 사람들이고, 따라서 그들의 경험이 좀더 중요하다고 믿었다. 이런 생각은 새로운 시작이었다. 밀라노 대성당을 건축한 인물이 1392년 과학과 유용한 예술(기술)은 서로 다르다는 말을 남긴 것에서 중세 유럽의 전통을 알 수 있다(Cipolla, 1980, p. 243에서 인용). 르네상스 시대 초반에는 더 악화했지만 1500년 이후 이런 문화의 흐름이 천천히 바뀌기 시작했다. 처음으로 장인 기술의 사회적 지위를 높이려 시도한 가장 명료하고 존경받는 인물 중 한 명은 당시의 유명한 인문학자인 카탈루냐 출신의 후안 루이스 비베스(Juan Luis Vives, 1493~1540)였다. 그는 대부분의 삶을 당시 산업의 중심지이던 플랑드르에서 보내면서 장인 지식의 가치가 사회적으로 인정받을 수 있게끔 노력했다.[27] 17세기 초에 그의 주장은 유럽의 많은 지식인 사이에 널리 퍼졌다. 톰마소 캄파넬라(Tommaso Campanella, 1568~1639: 이탈리아 후기 르네상스의 철학자. 에스파냐 지배하의 남이탈리아 해방과 공화국 수립 운동에 가담했다 체포되어 27년간 옥중 생활을 한 뒤 프랑스로 망명했음―옮긴이)는 유토피아론의 고전 《태양의 도시(City of the Sun)》(1602)에서 기계적 예술과 육체노동의 품위를 자세히 설명하기도 했다.[28]

과학자와 생산자 간 소통은 새로운 주제가 아니다. 에드가 질셀(Edgar Zilsel, 1942)은 유럽의 발전에서 과학자와 생산자의 소통은 중요했다고 강조한다. 질셀은 지식 엘리트와 장인이 서로 정보를 교환하면, 거기서 무언가를 얻을 수 있다는 믿음은 16세기에 이미 사람들에게 분명해졌다고 지적한다.[29] 질셀은 또한 1600년 이전의 기술 변화 대부분은 "실증적 관찰과 실험, 그리고 인과 연구의 진정한 개척자"라고 일컫던 장인과 기술자들이 만들어낸 것이라고 말하기도 했다(Zilsel, 1942, p. 551). 16세기 말과

17세기 초에 교육받은 철학자는 장인의 일에 관심을 갖기 시작했으며, 처방적 지식과 명제적 지식이 하나로 합쳐지면서 새로운 가치가 생겨난다는 것을 느리지만 확실하게 인정하기 시작했다. 명제적 지식과 규범적 지식이 이어지면서 산업계몽주의의 초석이었던 상호 영감과 풍부함이 가능해졌다(Mokyr, 2002). 기술 실험을 하는 사람들에게 장인의 기술은 반드시 필요했고, 따라서 그들의 진가를 알아보기 시작한 것이다. 그들은 잘 만든 실험 도구가 필요했고, 때로는 연구자들이 이를 스스로 만들기도 했다. 하지만 그들은 이런 기술을 누구로부터 배워야 하는지도 알고 있었다. 베이컨은 이것을 깨달은 유일한 사람도, 첫 번째 사람도 아니었다. 프랑스 철학자이자 논리학자 페트뤼 라무스는 파리의 모든 공장을 한 번 이상 방문했는데, 다른 철학자 또한 마땅히 그래야 한다고 자랑스레 쓰기도 했다(Hooykaas, 1972, pp. 99-100).

많은 부분에서 산업계몽주의가 도래할 것이라는 사실을 깨달은 새로운 사상의 좋은 예는 데카르트의 친한 친구인 네덜란드 물리학자 이사크 베이크만(Isaac Beeckman, 1588~1637)이었다. 제이컵(Jacob, 1988, p. 52)은 베이크만을 최초의 "과학혁명의 기계철학자"라고 부르기도 했다. 무엇보다 놀라운 것은 그가 자연철학과 장인의 지식을 하나로 연결하려 했다는 점이다. 그의 전기 작가는 이렇게 언급했다. "베이크만은 장인의 지식과 수학·과학 사이의 빠진 고리(missing link: 전체를 이해하거나 완성하는 데 필요한 정보—옮긴이)였다. 그는 자연을 바라보는 장인의 방식과 자연에 대한 학문적 담론을 하나로 결합한, 학문의 세계와 장인의 세계를 이어준 완벽한 인물이었다. ……자연에 대한 그의 철학은 장인에 대한 현실적인 지식과 학자의 이론적인 지식 모두에 기반을 두고 있었다"(Van Berkel, 2013, p. 4). 하지만 동시에 그는 이론적 교육에서도 기술을 얻을 수 있다는 걸 인정했다는 측면에서 온전한 베이컨학파이기도 했다(Van Berkel, 2013, pp. 139-140).

영향력이 있던 또 다른 사람 가운데는 프랑스 도예가이자 수문학자 그리고 지질학자이자 작가이기도 한 베르나르 팔리시(Bernard Palissy, 1510~1590)가 있다. 학자이자 공예가인 그는 지식을 매우 경험적이고 실증적으로 접근했다. 아울러 실험(practice)이 이론보다 우월하다는 걸 확신하고 자기 아이디어의 진실성을 증명하려 했다. 실제로 그는 이론과 실험에 대한 책을 썼는데, 여기서 실험이 이론보다 옳다는 것을 주장했다(Amico, 1996, p. 43). 그는 스스로를 고전 언어도 모르는 무식한 도예가지만 당대 의사나 연금술사 그리고 철학자의 이론을 공개적으로 반박하겠다고 자랑스레 말하기도 했다(Deming, 2005, p. 971). 팔리시는 특히 기술과 장인 지식을 업신여기는 학자들을 비판하는 글을 썼다. "나는 하늘과 땅 말고는 그 어떤 책도 갖고 있지 않다"〔Palissy, (1580) 1957, p. 148〕. 이 시기에 장인 지식을 바라보는 사람들의 시각이 바뀌고, 프랜시스 베이컨의 글을 통해 완전한 존경을 받기 시작했다. 베이컨은 16세에 파리를 방문한 적이 있는데, 그때 팔리시의 강연을 들었을 것이다.

명제적 지식과 처방적 지식(또는 과학과 기술)을 명확하게 구분하는 것은 분석의 목적으로는 유용할 수 있겠지만 근대 초기 유럽을 정확하게는 묘사하지 못한다. 모든 명제적 지식이 '개방'되었다는 말 또한 1500~1700년 유럽에서 지식을 개방해 교류하려는 움직임이 확실하게 일어났더라도 당시 유럽을 완벽하게 묘사한다고는 할 수 없다. 몇몇 학자는 '과학'과 '기술'이라는 구분법을 버리고 대신 기술을 지식으로부터 분리하는 어려움을 강조하기 위해 "의식 있는 손작업(mindful hand)"이라는 용어를 쓰기도 했다(Roberts and Schaffer 2007).[30] 이 과정에서 그들은 과학혁명과 산업혁명 같은 중요한 과거의 극적인 혁명에서 우리를 자유롭게 하고, 그 자리에 "독창적인 능력"과 "사회 순환" 같은 새로운 용어를 대체하고자 했다. 이보다 더 논란을 일으킨 주장으로, 그들은 또한 "원시적으로 재화를 축적하기만 했던 유럽의 문화가 필연적으로 산업계몽주의로 이어지는 놀라운 서사 구조"를 멀리하려 했다. 이런 서사 구조가 놀라운지 아닌지는 둘째 치고 경제 발전을 이끈 유용한 지식의 중심부에서 산업계몽주의가 등장했다. 물론 이런 결과는 필연적인 게 아니었으며, 결정론적 모형에 대한 그들의 반대 또한 적절했다.

지식의 역사를 새로운 시각으로 바라보는 몇몇 학자가 묘사한 것처럼 지식은 의식 있는 손부터 손재주 있는 의식에 이르기까지 다양한 종류의 사람이 많은 문제점과 씨름하며 연속해서 만든 것임을 강조해야 한다. 최근 들어 이런 학자들은 우리가 기술·전문직이라고 부르는 사람이 축적한 막대한 양의 지식을 정확하게 지적한다. 여기서 말하는 기술·전문직에는 화가, 건축가, 시계 제작공, 식물 수집가 그리고 심지어 화재 분석 전문가 등이 있으며, 이들은 모두 엄청난 양의 유용한 지식을 만들고 축적했다 (Smith and Schmidt, 2007). '기술 전문가'라는 용어의 정의는 명확하지 않지만, 여기서는 영리하고 상상력이 뛰어난 장인은 물론 힘들고 귀찮은 일을 마다하지 않는, 잘 훈련된 과학자를 포함한다. 손재주가 좋아 자신의 실험 도구를 직접 만든 자연철학자로서 하위헌스와 로버트 훅을 떠올리는 것은 그리 어렵지 않지만, 인색하기도 하면서 다루기도 힘든 자연(매우 불완전한 실험 도구는 차치하고라도)을 연구하는 수많은 능력 있는 도구 제작자와 의사, 장인, 연금술사 그리고 엔지니어 사이에서 생겨난 응용 지식이 꽃을 피워 편지 공화국 곳곳에 퍼졌다.[31] 새롭고 개선된 유용한 지식의 상당 부분은 로버츠와 샤퍼(Roberts and Schaffer, 2007, p. xxi)가 말한 "현장 기술 전문가들의 암묵적 지식"이 만들어낸 "지역 기술 프로젝트"의 결과물이었지만, 이것이 중요했던 이유는 무엇보다 유럽이라는 더 큰 무대에서 아이디어와 기술을 수용하고 명성을 얻기 위해 경쟁할 수 있었던 일관된 문화적 맥락에서 이를 수행했기 때문이다. 이론과 실천(또는 '순수과학'과 '응용과학')을 독립된 것으로 생각하는 것은 당대 학자와 전문가에게는 낯선 개념이었을 것이다. 실제로 당시 대부분의 학자는 어떤 면으로는 기술 전문가들이었다.[32] 몇 가지 주목할 만한 사례를 제외하고 17~18세기 장인들이 생산성 향상을 위해 모범적인 과학(best-practice science)에서 배울 수 있는 것은 많지 않았다. 하지만 동시에 훅이 제안한 모든 장인의 실험 목록이 보여주듯이 과학자는 장인과 기술 전문가로부터 많은 것을 배웠고 그런 사실을 명확하게 깨달았음이 분명하다.

협력과 물리적 환경에 대한 문화적 신념과 더불어 경제 성장에 중요한 것은 개인의 선호도다. 사람은 인내심의 크기를 나타내고 행복을 지연할 수 있는 의지인 특정한 시간 선호도를 유전적으로 받아들인 것이 아니라, 사회마다 그러한 시간 선호도가 크게 다르다는 것을 쉽게 알 수 있다.[33] 이런 선호도는 돈을 얼마만큼 절약해 결국 어느 정도의 자본 축적이 가능할지 결정할뿐더러 인적 자본과 기술에 대한 투자를 결정하기도 하기 때문이다. 돕커와 질리보티(Doepke and Zilibotti, 2008)는 이런 선호도를 학습된 행동인 "인내 자본"이라고 불렀다. 시간 선호도는 위험 선호도를 반증한다. 어떤 사회는 다른 사회보다 더 신중하거나 위험 회피적일까? 경제 성장을 하려면 어느 정도의 위험을 감수해야 한다. 그렇다면 이런 위험을 감수하려는 개인의 결정에는 어떤 요소가 있을까? 그럴듯해 보이는 한 가지 요인은 위험한 사업이 잘못될 경우 사회가 제공할 수 있는 안전망이다. 산업혁명 이전의 영국은 구빈법을 통해 공식적인 방식으로 안전망을 제공했다. 다른 사회의 안전망은 이보다 덜 포괄적이며(이런 사회에서는 종교나 자선 단체 또는 가족이 안전을 제공한다), 따라서 전체적으로 볼 때 사람들이 사회 제도에 대한 의존성을 낮춘다. 이런 식으로 제도는 미묘하고 복잡한 방식으로 개인의 선호에 영향을 준다는 것을 알 수 있다.

요약하면, 과거에 교육과 종교 그리고 다양한 신념과 선호도는 여러 가지 방식으로 경제적 성과 및 스미스식 성장에 상당한 영향을 끼쳤지만, 전체적으로 볼 때 이를 긍정적 영향인지 부정적 영향인지 명확하게 판단하는 것은 성급한 일이다. 서유럽 사회에 퍼진 일련의 신념 말고도 높은 수준의 상업과 훌륭한 제도가 다른 지역의 신념에 공통적으로 나타나기 때문이다. 대체로 중세 유럽과 근대 초기 유럽에서는 효율적인 시장이 발전하는 데 좀더 유리한 환경이 조성되고 있었다. 하지만 이것만으로는 1700년 이후의 폭발적인 슘페터식 성장이 왜 일어났는지 정확하게 설명하지 못한다.

16~17세기 문화 변화와 유용한 지식의 확산

산업혁명과 서양의 도약을 서양 과학의 발전과 경제 성장의 연장선으로 이해하려면 우리는 콜럼버스가 신세계에 도착한 후 2세기에 걸쳐 어떤 일이 일어났는지 밝혀야 한다. 이때는 과학혁명이라는 이름이 붙을 정도로 놀랄 만큼의 과학 발전이 있었던 시기다. 비록 직전 세기나 직후 세기에 일어난 과학 기술의 발전보다는 덜 극적이고 덜 획기적이긴 했지만, 몇몇 분야에서는 상당한 기술의 진보가 일어난 또 다른 시대이기도 했다. 당시의 문화적 변화는 유용한 지식을 대하는 유럽 엘리트의 태도와 그 지식을 어떻게 습득하고 분배하는지, 아울러 그 지식으로 무엇을 할 수 있는지에 대한 신념을 바꾸었다. 이런 신념의 변화는 새로운 제도의 설립으로 이어졌으며, 이렇게 만든 새로운 제도는 다시 신념을 강화했다. 그 결과 18세기 중반에는 기술에 의한 물질적 발전을 바라보는 태도도 근본적으로 바뀌었다. 산업혁명의 토대가 된 이런 현상을 나는 산업계몽주의라고 부른다. 그렇다면 이런 현상의 문화적 기원은 무엇일까?

만약 서양의 종교가 기계와 생산 기술에 더 적대적이었다면, 훗날 기술 발전의 중심을 이룬 중세 시대 발명품은 절대로 확산되지 않았을 것이다. 하지만 앞장에서 언급한 대로 중세 기독교는 기술에 매우 깊은 관심을 가졌다. 실제로 기계에 가장 조예가 깊었던 전문가 중에는 수도승들도 있었다. 가장 대표적으로는 로저 베이컨(Roger Bacon, ca. 1214~1294)과 《여러 가지 기술에 대하여(De Diversis Artibus)》(ca. 1122)를 쓴 테오필루스(Theophilus)가 있다. 중세 서양의 수도원에서는 기술 발전의 선봉장으로 알려진 린 화이트의 주장이 오랜 세월 동안 많은 호응을 얻었다. 수도승은 중세 시대 지식 엘리트의 큰 부분을 차지했고, 과거의 경제 발전을 좌우한 것은 엘리트 집단의 문화였다. 수도승이 기술에 관심을 가졌다는 것은 기술이 계속해서 발전하리라는 희망이 존재했음을 의미한다.

흑사병이 발발하기 200년 전부터 시작해 그 후의 몇 세기는 유럽에서 상당한 기술 발전이 이뤄진 시기였다. 물론 발전적인 중세 시대와 정체적인 고대의 차이는 과장일 수 있다. 린 화이트와 모세스 핀들리(Moses Findlay) 같은 학자들은 로마인의 기술적 업적을 과소평가하지만, 새로운 고고학적 발견은 지금까지 우리가 생각했던 것보다 로마 시대에 수력이 훨씬 광범위하게 사용되었음을 보여준다(Greene, 2000; Wilson, 2002). 그렇다 하더라도 시계, 안경, 풍차, 소형 화기와 궁극적으로 유럽인이 넓은 대양을 건너 항해할 수 있도록 해준 선박 기술과 항해 장비로 대변되는 중세 유럽의 기술적 성과를 간과해서는 안 된다.

그럼에도 불구하고 중세 시대는 기술에 의한 급격하고도 지속적인 경제 성장을 이끄는 데 실패했다. 산업혁명이 중세 시대에 일어나지 않았던 데는 분명한 이유가 있다. 첫째, 이런 발명품은 기술의 깊은 원리를 이해하지 못한 채 만들어졌기 때문에 발명 직후부터 기술이 정체되었다. 내가 일찍이 주장했듯(Mokyr, 2002) 기술과 그 기술의 기반인 지식은 함께 진화하고 상호 보강하면서 근대 경제의 성장을 가능케 한 폭발적인 역동성을 창출한다. 총명한 공예가의 행동 학습, 우연한 발명품 그리고 끊임없는 시행착오가 빚어내는 장인 기술은 현장에서 기술을 더욱 유용하게 활용할 수 있게끔 해준다. 하지만 이런 기술은 작동 원리에 대한 명제적 지식을 동반하지 않을 경우 추가적인 기술 발전은 흐지부지되는 경우가 많다.

그럼에도 불구하고 고중세 시대 서양 교회가 실용적인 세계로 눈을 돌린 것은 근대적 경제 성장의 중요한 사건이었다. 테오필루스가 말한 것처럼 기술을 "신의 영광과 그의 이름을 칭송하기 위한"(Klemm, 1964, p. 65에서 인용) 것으로 여긴 사회에서 기술의 발전은 어쩌면 당연한 것이었다. 중세 서양의 기독교는 복잡하고 이질적인 요소로 이뤄졌다. 기독교는 인간이 신의 지혜를 이용하는 것이 신의 섭리라는 좀더 인간중심주의적인 견해를 강조했다. 중세 시대의 발명품은 지속적인 슘페터식 경제 성장으로 이어지지 않았다. 하지만 항상 그렇듯 기술 발전은 의도치 않은 결과를 낳으면서 1500년 이후 유럽의 발전에 분명한 영향을 주었다. 이런 발전에도 불구하고 중세 문화의 발전이 오래 지속될 것이라는 보장은 없었고, 실제로 그렇지도 않았다. 15세기에 가톨릭교회는 폐쇄적이 되면서 한층 보수적으로 변했고 변화를 거부하기 시작했다. 하지만 이미 지니(genie: 아랍 신화에 등장하는 정령―옮긴이)는 램프에서 나온 뒤였다. 15세기 유럽에서는 활판 인쇄술, 철 주조, 조선 기술, 항법 장치 등을 발명하면서 창의적인 기술이 꽃을 피웠다.

우리는 1500~1700년에 있었던 문화적 변화와 그로 인한 경제 발전을 어떻게 봐야 할까? 우리가 살펴본 대로 이 시기에 종교적 신념은 큰 변화를 거치면서 어떤 면으로는 실험과학과 공존하거나, 심지어 이를 권장하기도 했다. 근대 초기 유럽의 기술 창의력이 성장하는 데 기여한 또 다른 중요한 문화적 요소는 외국의 사상을 흡수하고 활용하고자 하는 개방성과 의지였다. 물론 이런 개방성은 중세 유럽에서도 이미 두드러졌지만 십자군, 에스파냐와 이슬람 문화의 지적인 접촉 그리고 마르코 폴로 같은 여행자를 제외하면 1500년 이전의 유럽은 그 이후의 유럽과 비교할 때 외국의 사상에 그리 노출되지 않은 편이었다. 개방에 대한 문화적 특성은 생물학과 흥미로운 비유를 할 수 있다. 오랫동안 유전자는 '부모' 유기체의 유전자가 많은 방식으로 결합하면서 '자식' 유기체에 전달된다는 것이 일반적 견해였다. 하지만 3장에서 살펴본 것처럼 어떤 미생물은 부모가 아닌 다른 개체로부터 유전 물질을 물려받을 수 있다.[1] 문화의 측면에서 보면 이런 수평적 전달은 유전적 측면보다 훨씬 더 일반적이고 보편적이다. 하지만 외국의 사상을 받아들이는 수용력은 사회마다 편차가 크다. 문화진화학 학자들에게 잘 알려진 개념으로 전달 격리(transmission isolating mechanisms, TRIMs)라는 것이 있다(Durham, 1992, pp. 333-335). TRIMs는 한 사회의 문화적 특징이 지리적 경계, 언어 장벽, 동족결혼, 전쟁, 내집단 동조와 외국인 혐오 등의 이유로 다른 사회에 전달되지 않는 현상을 일컫는 말로 문화적 대진화(大進化: 종 이상의 상위 분류군이 크게 진화하는 현상—옮긴이)를 생물학적 진화와 비유해서 만든 용어다('전달 격리'는 '생식적 격리'라는 생물학 용어에서 따온 용어다—옮긴이). TRIMs가 강할수록 외부에서 전달받는 정보는 적고 선조로부터 전달받는 정보의 양은 많다. 이런 TRIMs는 사회 발전의 관점에서 보면 해로울 수 있으나, 강력한 영향력을 발휘하는 기득권의 입장에서 보면 완벽하게 이성적이다. 이들은 기존의 지식과 기술을 지속시킬 유인이 있기 때문이다. 역사적으로 모든 사회는 언어 차이에서부터 외국인 혐오증에 이르기까지, 그리고 외국인들로부터 배울 수 있는 게 아무것도 없거나 아무것도 배워서는 안 되는 야만족이라는 신념까지 어느 정도의 TRIMs를 갖고 있다. 지금까지 그 어떤 사회도 완벽한 수준의 TRIMs가 발현된 사례는 없다. 가장 가까운 사례로는 메이지 유신 직전 도쿠가와 막부의 일본이 있다. 현대 사회에서는 북한을 꼽을 수 있다. 역사적으로 TRIMs는 상대적이었다. 예를 들어, 유럽의 TRIMs는 당시 다른 사회의 TRIMs보다 덜 강력하고 덜 효율적이었다. 아마도 유럽 내에서도 문화적 다양성과 정치적 분열의 정도가 상당히 높았기 때문일 것이다. 정치적 경쟁자들이 유용한 지식의 이점을 얻지 못하게 하려면 다른 사람을 배우고 모방할 필요가 있다.

유럽의 대항해 시대는 그동안 접해보지 못했던 이국적인 정보가 홍수처럼 밀려 들어오는 계기를 마련했다. 새로운 물건과 기술, 식물과 동물이 유럽에 소개되었다.[2] 비단 하늘을 보면서 연구하거나 아픈 사람을 관찰하는 학자들만 새로운 사실과 정보를 소개한 것은 아니었다. 여행자와 선원 그리고 지금까지 알려지지 않았던 땅을 탐험한 상인도 외국의 진귀한 물건을 소개했다. 그들은 새로운 지식은 물론 새로운 물건과 기술도 가져왔다. 유럽이 외국의 사상과 문화를 어느 정도까지 수용했는지, 그리고 외국인 혐오증과 민족중심주의가 다른 지역의 유용한 지식이 유입되는 것을 막는 데 실패한 것을 보면 놀라울 따름이다. 다니엘 마르고치(Daniel Margóczy, 2014a)는 이국적인 동식물과 진귀한 돌이 어떻게 유럽인의 활발한 수집 욕구를 자극했는지 절묘하게 묘사했다. 15~16세기 위대한 탐험의 시대가 본격적으로 막이 오르자 《약초와 약물에 관한 이야기(Colóquios dos simples e drogas da India)》(1563)를 쓴 포르투갈의 의사 가르시아 드 오르타(Garcia de Orta) 같은 지식인까지 나서 그때껏 알려지지 않은 문화의 유용한 지식을 소개하고 설명했다.[3] 점점 더 많은 유럽인이 중국제 도자기에 차(茶)를 따라 마시고, 옥수수와 감자를 재배하고, 칠면조를 기르기 시작했다. 그리고 다마스크〔damask: 중국에서 생산한 무늬가 화려한 천으로, 시리아의 다마스쿠스(Damascus)를 통해 유럽으로 유입되어 붙은 이름―옮긴이〕와 캘리코(calico: 인도 캘커타에서 생산해 유럽으로 전해진 저렴하고 튼튼한 옷감―옮긴이)를 입고 'Japanning'으로 알려진 옻칠 기술(Japanning은 영어로 '옻칠'을 의미한다―옮긴이)을 도입했다.[4] 유럽인은 이미 고중세 시대부터 외국 문물을 받아들이는 데 주저함이 없었다. 알라지(Al Razi)와 이븐 시나(Ibn Sina) 등의 의학계 권위자 이름은 각각 라제스(Rhazes)와 아비센나(Avicenna)로 라틴화했으며, 무슬림은 수세기 동안 그들의 이론을 서양 의학의 규범으로 받아들이는 데 방해물이 되지 않았다. 중세 서양의 신학자들은 토마스 아퀴나스에게 큰 영향을 준 이븐 루시드〔Ibn Rushd: 라틴 이름은 아베로에스(Averroes)〕의 철학 저서를 열정적으로 공부했다. 이러한 학문의 전달은 일방적이었다. 구체적인 목적이 없는 한 19세기 이전에 이슬람 세계가 받아들인 서양 문화는 극히 제한적이었고, 일부 발명품은 수세기 동안 도입되지 않았다. 유럽인이 '아라비아 숫자'를 거리낌 없이 사용하고, 알코올(alcohol은 '금속 분말'을 뜻하는 아랍어 'al kohl'에서 파생했다)을 마시고, 아이들에게 대수학(algebra는 아랍어 'al jebr'에서 파생했다)을 가르친 것과 크게 비교된다.

발견의 항해와 과학 발전은 밀접한 관계가 있다. 베이컨은 《신기관》에서 이 관계를 구체적으로 밝혔다. 그는 불가능하다고 여겨지는 것들을 하지 않으려는 절망감이 과학 발전의 걸림돌이라고 말했다. 그러면서 "마치 콜럼버스가 대서양을 가로지르는 멋진 항해를 떠나기 전에 했던 것처럼 나는 이런 것들이 합리적이라는 희망찬 내 생각을 말하고 계속 주장할 것"이라며 미지의 세계를 탐험하는 것이야말로 "위대한 사건의 원인이자 시작"이라고 썼다(Bacon, (1620) 2000, pp. 126-127).5 비록 베이컨이 항해에 대한 전문 지식이 없고 정확한 정보를 몰랐다고 해서 대항해 시대에 대한 그의 생각이 틀렸다고 볼 수는 없다(Alexander, 2002, p. 80). 조지프 글랜빌(Joseph Glanvill, 1661, p. 178)은 자연철학이란 "비밀의 아메리카와 미지의 자연인 페루를" 열어젖히는 것이라고 생각했다. 로시(Rossi, 1970, p. 42)는 16세기의 과학 연구를, 탐험한 적 없는 땅에 발을 들여놓으려는 시도로 묘사했다. 윌리엄 에이먼(Eamon, 1991, p. 27; 1994, pp. 269-300)은 이 시기의 과학이 논리적으로 이미 알려진 사실을 논증하는 대신, 새로운 먹이를 사냥하는 것처럼 지금까지 알려지지 않은 것들을 연구하는 단계에 이르렀다고 말했다. "사냥으로서 과학"은 당시의 상황에 적절한 비유다. 왜냐하면 사냥은 사회 상류층이 즐기던 스포츠였으며, 따라서 자연과학자들이 그토록 찾아 헤매던 자연과학에 존경심을 부여했기 때문이다. 베이컨은 《학문의 진보》에서 풍작의 여신 케레스(Ceres)와 사냥에서 다른 신들은 보지 못한 케레스를 유일하게 발견한 판(Pan)의 사례를 들면서 과학을 고집스레 사냥에 비유했다. 이 우화에는 "매우 현명한 교훈이 있다"고 베이컨은 말했다. "인생과 문명에 유용한 것을 발명하기 위해서는 추상적인 철학이 아니라 …… 판이 했던 현명한 경험처럼 …… 종종 사냥하는 동안에도 우연히 발견하기 때문이다. 대부분의 유용한 발명품은 경험에 의해서, 그리고 우발적으로 우리에게 찾아온다"(Bacon, (1605) 1875, p. 326). 당시 사람들은 지리적 발견과 발명의 인센티브 구조가 비슷하다는 사실을 충분히 인식했다. 응용수학과 수력공학 전문가이자 소수점을 고안한 네덜란드의 시몬 스테빈(Simon Stevin, 1548~1620)은 "뱃사람으로서 미지의 섬(새로운 학문을 의미한다—옮긴이)을 우연히 발견한다 해도, 그리고 그 섬에서 수확하는 부와 보물을 우리의 군주에게 알리지 않더라도 …… 우리의 발견에 대해서는 자유롭게 말할 것이다"[Stevin, (1585) 1608, 서문]고 썼다.

물론 위대한 항해와 과학 발전 사이의 인과관계는 그리 단순하지 않다. 하지만 세상은 고대 선지자들이 묘사했던 것과 매우 다르다는 것을 깨닫는 바로 그 순간 그들은 신뢰를 잃었다.[6] 알렉산더(Amir Alexander, 2002)는 수학자와 자연철학자가 탐험의 언어를 빌렸다고 지적하면서 발견의 항해와 새로운 수학 연구 사이에는 강력한 인과관계가 있다고 주장했다.[7] 항해의 결과, 새로운 지식이 쏟아져 나오자 점점 더 많은 수학자들이 스스로를 실험가이자 탐험가로 여기기 시작했다. 장애물을 넘어 숨겨진 황금의 땅을 찾기 위한 탐험은 지식에 대한 탐구, 좀더 세부적으로는 수학에 대한 탐구로 비유되었다(Alexander, 2002, pp. 72, 200). 하지만 항해가 어느 정도까지 과학 발전의 원인이었는지는 명확하지 않다. 더욱 정밀해진 실험 도구와 천문학 그리고 지도 제작법으로 인해 향상된 항해 능력에서 보듯 부분적으로는 그 반대로 흐르기도 했다. 항해와 자연철학의 발전은 같은 현상의 두 가지 측면이었을 것이다. 외국과 지리학에 대한 지식은 유럽인이 그토록 열망하던 유용한 지식의 일부였다. A 지점을 출발해 B 지점에 도달하는 방법과 B에서 어떤 가치 있는 것 또는 흥미로운 것을 찾는 일은 혈액 순환과 맥주 양조법 같은 유용한 지식이었다. 항해는 어떤 대가를 치르더라도 고전 학문을 수호하려 애쓴 반계몽주의 학자들에게서 벗어나기 위해 처절한 투쟁을 벌인 '현대인'에게 강력한 무기였다. 베이컨은 "원거리 항해와 여행"은 "자연의 문을 열어 새로운 것들을 발견함으로써 철학에 새로운 빛을 비추었다"고 말하기도 했다[Bacon, (1620) 2000, p. 119].

더욱이 1500년 이후 아시아와의 접촉이 늘어나면서 유럽인은 인도와 중국이 많은 면에서 고대 그리스와 헬레니즘의 문화를 뛰어넘는 지식을 축적했다는 사실을 금방 깨달았다. 발라(Arun Bala, 2006)는 유럽 과학 발전의 많은 부분은 유럽인이 아시아에서 가져온 지식에 의해 보완 및 자극을 받았다고 주장한다. 발라는 하비의 혈액 순환 이론이나 코페르니쿠스의 지동설은 중국과 인도에서 수입한 선진 과학 덕분이라고까지 말한다. 이러한 주장은 그럴듯해 보이기는 해도 어느 정도까지 사실인지 파악하기 어렵다. 그렇더라도 유럽의 과학이 아시아의 과학 또는 이슬람 과학자 알하젠의 광학 이론 같은 다른 지역의 지식과 접촉한 직후 크게 발전한 것은 사실이다. 여기에서 알 수 있듯 유럽의 과학이 서양이 아닌 지역에 큰 빚을 졌다는 것은 확실하다.[8] 하지만 이 문제를 좀더 어렵게 만드는 것은 이슬람 과학의 후속적인 발전과 실용적인 적용은 아랍 세계가 아니라 서양에서 찾아볼 수 있다는 점이라고 발라(Bala, 2006, p. 92)는 지적한다. 정도의 차이는 있지만 중국과 인도의 과학도 마찬가지다. 발라의 흥미로운 주장에 따르면 유럽이 과학혁명을 이끌 수 있었던 이유는 이슬람, 인도 그리고 중국의 유용한 지식이 합류하는 지점에 있기 때문이다. 따라서 발라는 유럽이야말로 혼합 창조물(syncretic creation)을 생산할 만한 독특한 위치에 있었다고 말한다. 물론 이런 주장은 이 같은 혼합 창조가 왜 다른 지역에서는 일어나지 않았는가라는 질문을 제기한다.

기술도 마찬가지다. 1500년에 접어들자 유럽은 기계와 무기 같은 첨단 기술의 선두 주자가 되었다. 반면 중국의 도자기와 인도의 섬유 산업 같은 다른 분야는 아시아가 유럽을 여전히 훨씬 앞서고 있었다(Prak and van Zanden, 2013, p. 21). 유럽 문화와 아시아 문화의 차이점은 바로 여기서 나온다. 유럽인은 새롭게 받아들인 신기술과 물건에서 기회를 봤고, 기꺼이 전통적인 기술을 버릴 의지가 있었다. 그 결과 유럽인의 낙후된 기술은 점차 발전했고, 결국 일찍이 뒤처졌던 분야에서 아시아의 경쟁자를 능가하게 되었다. 몇몇 아시아 국가는 유럽의 영향을 받아 새로운 기술을 도입하려 했으나 1800년이 되자 유럽과 아시아의 기술 격차는 크게 벌어지기 시작했다. 그 결과 유럽의 과학 발전은 1970년 이후에도 아시아에서는 찾아볼 수 없는 수준으로 탄력을 받았다.

다른 문화권에서 효율적이고 새로운 지식을 받아들이는 것은 현대인의 기준으로 보면 특출 나지 않은 것처럼 들리지만, 1900년 이전 비서양 사회가 서양 문물(비단 서양뿐만 아니라 모든 외국 문물)을 받아들이는 것은 굉장히 놀랄 만한 일이었다. 모든 비서양 국가들이 외국 문물에 완전하게 문을 닫은 것은 아니지만 대다수는 서양 문물에 의구심을 품었고 이를 선택적으로만 받아들였다. 도쿠가와 시대의 일본 같은 몇몇 사회는 서양의 영향력을 가능한 한 차단하려는 극단적 움직임까지 보였다.[9] 앞으로 살펴볼 명나라 시대의 중국은 예수회 선교사들의 엄격하게 통제된 활동을 통해서만 유럽의 지식을 받아들였다.[10] 다른 한편으로 오스만 제국 같은 국가들은 화기 등 서양 과학의 일부를 받아들이기는 했지만(일본의 경우처럼), 서양의 유용한 지식을 모두 차단할 경우 군사적으로나 정치적으로 경쟁할 수 없다는 것을 깨닫기 전까지 서양 문물을 거부했다. 서양 문화에 대한 러시아의 불편하고 우유부단한 태도는 그 중간쯤에 있었다. 러시아는 서양의 가치에 의구심을 품고 자신들의 슬라브 문화가 훼손되지 않을까 염려하면서도 때때로 서양화하려는 의도적인 노력을 했다. 다른 비서양 사회와 마찬가지로 러시아의 이런 노력은 부분적이고 돌발적이었다.

하지만 유럽의 나머지 국가들은 자국에서 구축한 제도나 생산한 상품만 고집하는 배타적 태도를 극복했으며, 궁극적으로는 여기서 완전히 벗어났다. 산업혁명의 전형적인 산업이었던 면직물과 도자기 분야는 외국의 기술과 제품을 도입하는 것으로도 모자라 제품 이름에 원산지명을 붙이는 관행(도자기는 지금도 'chinaware'라고 부른다)조차 부끄러워하지 않았다. 천연두 접종법은 외교관 남편을 둔 영국 여성이 콘스탄티노플에서 가져왔다. 이러한 기술을 비유럽 지역에서 개발했다는 것은 당시에도 널리 알려진 사실이었지만, 나중에는 원산지 국가가 역수입을 해야 할 정도로 유럽인은 이런 기술을 빠르게 도입하고 개선했다. 이들이 역수입한 기술은 처음 개발했던 것보다 크게 향상되었다. 산업혁명이 본격적으로 시작되기 약 150년 전에 쓴 프랜시스 베이컨의 《새로운 아틀란티스》의 '솔로몬의 전당'에는 '빛의 상인'으로 알려진 12명이 등장한다. 그들의 역할은 외국으로 나가 책과 추상적 관념 그리고 실험 도구를 가져오는 것이었다 [Bacon, (1627) 1996, p. 486].

여기서 우리가 주목해야 할 문화는 비유럽인이나 비기독교인에 대한 계몽적 관용이 아니다. 외국인의 종교와 특성에 대한 불쾌한 시선과 유용하게 사용할 수 있는 외국의 기술 및 지식을 구분해서 인정하는 유럽인의 실용적 태도에 주목해야 한다. 이런 문화적 특성이 어디에 뿌리를 두고 있는지는 알려지지 않았으나 몇 가지 가능성을 추론할 수 있다. 높은 교육을 받은 유럽의 지식 엘리트가 스스로를 초국가적 커뮤니티를 이끄는 핵심 세력으로 생각했다는 점을 고려할 때, 그들은 사람들의 국적과 종교를 지적 혁신과는 별개인 것으로 보았을 뿐만 아니라 어느 정도는 중요하지 않은 것으로 여겼음을 알 수 있다. 하지만 다른 요소도 중요한 역할을 했다. 무엇보다도 모든 수준에서 정치 체제는 끊임없이 경쟁해야만 했고 이로 인해 정치적으로 우호적이지 않은 경쟁자의 기술을 도입하고 모방하는 데 이미 익숙해져 있었다. 20세기에 들어서면서 세계화가 진전되고 TRIMs도 더욱 줄어들었다. 그러면서 음식과 음악에 대한 선호도부터 시작해 기술에 대한 지식까지 더 빠르고 더 멀리 전파되었다.

앞선 세대의 지혜와 지식을 대하는 태도도 경제 발전에 영향을 끼치는 또 다른 문화다. 과거로부터 전해져오는 지식을 반박할 수 없는 신성한 것으로 여기는 사회에서 이런 오래된 지식은 혁신의 속도를 저해하는 걸림돌이다. 과학과 철학 그리고 종교가 여전히 긴밀하게 연결되어 있던 시대에는 더욱 그랬다. 서양에서 상대적으로 빠른 문화적 변화는 오랫동안 서양 사회를 지배한 기독교 교리와 종교 의식을 비판하면서 합리적으로 수정해나간 종교 개혁 시기에 일어났다. 1400년까지 반박 불가의 영역으로 여겨졌던 고전 과학을 수정하면서 혁신의 속도는 더욱 가팔라졌다. 15세기가 되자 12~13세기의 지적 혁신은 프톨레마이오스와 아리스토텔레스의 도그마로 굳어지면서 이단을 용납하지 못하는 편파적인 지적 혁신이 되었다. 이런 지적 풍토에서 등장한 우주론과 신학은 서로 깊게 섞이면서 종교적 권위의 지적 토대가 되었다. 이러한 체계에서 형이상학은 자연철학과 신학을 이어주는 가교를 제공했다(Gaukroger, 2006, p. 130). "이렇게 형성된 우주관은 확고하며 확실한 사상이 되었다. 이를 공격하는 것은 신성 모독으로 간주했다"(White, 1896, p. 120). 코헌(Cohen, 2012, p. 81)의 말처럼 "코임브라(Coimbra: 포르투갈 중부의 도시─옮긴이)에서 크라쿠프(Kraków: 폴란드 남부의 도시─옮긴이)까지, 그리고 빈에서 세인트앤드루스(St. Andrews: 스코틀랜드 동부의 해양 도시─옮긴이)까지 아리스토텔레스의 교리와 네 가지 학과(음악, 수학, 기하학, 천문학─옮긴이)는 기초 과목이 되었다. …… 이런 유형의 지적 교육은 전례가 없었다".[11] 하지만 고전 학문은 끈질긴 생명력을 보였다. 1624년까지 프랑스 고등법원은 '고대의 검증된 저자들'을 부정하는 지식을 가르치는 걸 금지했다. 이 법은 엄격하게 시행하지 않았지만 지나치게 이단적인 사람들을 협박하는 데는 유용했다.[12]

하지만 견고해 보이기만 하던 보수적인 문화는 1500년부터 점차 압박을 받기 시작했다. 이 전투는 앞서거니 뒤서거니 하며 치열하게 전개되었지만 과거의 지식은 결국 무너졌다. 여전히 전통은 모든 유럽의 지적 활동에 매우 중요한 요소로 남아 있었고, 마땅히 존중해야 할 전통이 있다는 데는 이견이 없었다. 하지만 구체적으로 어떤 전통을 수호해야 하는지는 논쟁의 대상이었다. 그 결과 "모든 곳에서 사물을 새로운 시각으로 보기 시작했다"(Schoeck, 1982, pp. 308-309). 실증적이고 관측에 기반을 둔 자연 탐구는 우주를 창조한 신의 의도를 드러낼 것이라는 믿음에 의해 합리화되었다. 아울러 자연과학은 크게 보면 종교적 근거를 바탕으로 정당화되었다. 종교는 제외하고라도 통념에 대한 공격은 수학, 물리학, 천문학, 의학 등 지식의 모든 분야에서 일어났다. 결국 종교적 동기는 개선된 농업, 의학, 산업 기술로 인한 물질적 상태의 개선이라는 더 실용적이고 물질적인 동기에 밀려났다.

16세기가 되자 더 많은 우상 파괴적인 학자들이 노골적으로 고전주의 교리를 공격하기 시작했다. 그중에서 소수는 드러내놓고 고전주의를 배격하는 동안 비싼 대가를 치르기도 했다.[13] 아리스토텔레스의《천체론(De Caelo)》과 프톨레마이오스의《알마게스트(Almagest)》의 지적 토대 위에 세워진 신학론은 새로운 사실이 나타나자 산산조각 나기 시작했다. 17세기에 유럽의 지식인들은 고전 과학과의 단절을 점차 받아들이기 시작했다. 영국의 의사이자 물리학자 윌리엄 길버트는 당시 개척적인 책이라는 찬사를 받았던《자석에 대하여(De Magnete)》(1600)도입부에서 "우리의 지지자로서 고대의 지식인인 그리스인의 말을 인용"하면서 시간 낭비를 하지 않겠다고 선언하다시피 했다. 그는 이어서 "시시한 그리스 철학은 진실을 설명하지도 못하기 때문이다. 우리의 교리는 고대 그리스의 원칙 및 이론과 모순된다"고 썼다. 길버트는 플리니우스(Pliny)와 프톨레마이오스 같은 고대 그리스 철학자들의 글에서 찾아낸 많은 오류는 "마치 가장 사악하고 유해한 식물이 가장 빠르게 번식하는 것처럼" 확산된다고 지적했다. "수 많은 사이비 철학자와 점성술사들"이 프톨레마이오스의 오류로 점철된 천문학을 받아들였다. 프톨레마이오스의 우주관은 "지금은 얼간이들이나 배우지 못한 사람들만 믿는 미신이자 철학적으로 꾸며낸 이야기"로 이뤄져 "비웃음거리조차 되지 않는다"고 혹평했다. 게다가 프톨레마이오스의 이론은 "아무런 근거가 없으며" 이런 이론을 신봉하는 사람들은 "그저 선조들의 생각이었다는 것만으로 옛 이론에 집착하는 어리석은 자들"이라고까지 했다〔Gilbert, (1600) 1893, pp. 1-2, 208, 321-322, 339-340〕.

《학문의 진보》와《신기관》에서 프랜시스 베이컨은 고전주의 시대의 지식과 전면전을 벌이며 고전 과학을 쓰레기통에 버리고 삼단논법과 권위가 아니라 관찰과 실험을 적극 활용하면서 새롭게 시작하자고 주장했다. 베이컨은 고대 그리스의 지혜는 소년의 지혜에 불과하며 말은 많지만 행동은 없어 그 어떤 일도 하지 못한다고 강력하게 비판했다〔Bacon, (1620) 2000, p. 59〕.[14] 17세기 초반에 들어서자 '고대인'에 대한 반란은 더욱 거세졌다. 갈릴레오는 1615년 피렌체의 크리스티나 공작 부인에게 보낸 유명한 서신에서 "자연 현상에 대한 논의는 성서의 문장이 주는 권위가 아니라 감각적 체험과 논증 과정으로 시작해야 합니다"(Reston, 1994, p. 137에서 인용)고 썼다. 17세기 중반 명성을 얻은 많은 과학자와 학자들은 권위에 대한 이런 비판적 태도를 수용했다. 그중 한 명은 이렇게 말했다. "학자들이 무엇이라고 말하든 아리스토텔레스의 업적이 반드시 진실인 것은 아니며, 그의 주장에도 오류가 있다는 것이 많은 주장을 통해 충분히 입증되었다. ……학문은 새로운 실험과 새로운 발견으로 진보한다. ……우리는 그들보다 시간이 더 많다는 이점이 있으며, 진실은 시간의 딸이다"

〔Wilkins, (1648) 1684, p. 5〕.[15] 심지어 이보다 조금 앞선 1627년 조지 헤이크월(George Hakewill)은 《사과(Apologie)》에서 시간이 흐름에 따라 인간의 능력은 퇴보한다는 당시 유행하던 '부식론'을 잠재웠다. 헤이크월은 베이컨 시대의 대표적인 기술(인쇄기, 화약, 나침반)을 근거로 들었지만, 그 밖에도 해부학, 화학, 코페르니쿠스의 이론 그리고 망원경이라는 현대의 우수성을 추가했다. 고전 과학에 이보다 더 심한 반기를 든 사람은 나다나엘 카펜터(Nathanael Carpenter, 1589~1628)였다. 그는 《철학의 자유(Philosophia Libera)》(1621)라는 책에서 "비판적인 태도와 완전한 사고의 자유를 얻기 위해 아리스토텔레스와 고대 지식인들에게 구속된 노예 상태"(Jones, 1961, p. 65)를 맹공격했다.[16] 사람들의 사고를 마비시킬 정도로 견고했던 선조의 지혜에 대한 존경은 느리기는 하지만 서서히 녹아내리고 있었다.

새롭고 이상한 것들에 대한 두려움은 16~17세기 유럽에서 사라졌다. 학자들이 죄악시하던 호기심은 좀더 긍정적인 의미로 받아들여지기 시작했다. 진귀하고 기이한 물건은 분더캄머(wunderkammer)라고 부르던 초기 형태 박물관의 '놀라운 방'에 전시되어 방문자들의 놀라움을 자아냈다(Eamon, 1991, p. 34). 새로운 것은 파괴적이고 불안감을 자아낸다는 두려움은 매력과 참신함으로 대체되었다. 에이먼(Eamon, 1991, p. 49)이 지적한 것처럼 잘 팔리는 책은 발견, 발명, 비밀, 새로운 과학적 통찰 그리고 유럽인이 첫발을 내딛은 새로운 대륙에 대한 설명같이 과학적 참신함에 대한 것들이었다. 다니엘 마르고치는 고대의 동전에서부터 핀으로 고정한 나비와 이국적 과일에 이르기까지 '진기한 것'에 대한 활발한 무역이 어떻게 등장했는지 매우 면밀하게 설명했다. 이런 진기한 물품의 수집은 유럽에서 열풍을 일으켰다. 진기한 물건은 "신기함을 자아내고 눈을 즐겁게 했으며 신의 무제한적인 능력"을 나타낸다고 여겨졌기에 당시 유럽인에게 매력적으로 다가왔다. 하지만 동시에 이런 것들이 농사나 의학 또는 제조에 유용하게 쓰일 수 있다는 기대감도 한몫했다(Margóczy, 2014a, p. 31). 이처럼 프랜시스 베이컨의 사상은 넓고 깊게 뻗어나갔다.

유럽에서 문화의 변화가 불러온 또 다른 현상은 비르투오소(virtuoso)라고 알려진 특별한 상류층의 등장이다. '비르투오소'라는 단어는 이탈리아 법원에서 처음 사용했으며 이탈리아의 사상과 행동 규범에 크게 영향을 받은, 특별하지만 약간 아마추어적인 지식을 갖춘 학자와 신사의 면모를 두루 갖춘 사람을 일컫는 용어로서 학문과 예술에 대한 상류층의 집착을 보여준다(비르투오소는 오늘날 뛰어난 예술적 감각을 갖춘 연주자를 일컫는 경칭으로 굳어졌다-옮긴이). 비르투오소는 학문에 뜻을 품은 사람들에게 정말로 필요했던 존중을 자아내는 데 기여했으며, 한때는 악으로 치부하던 호기심이 오히려 미덕이라고 인식을 바꾸는 데도 일조했다. 에이먼(Eamon, 1994, p. 314)이 관찰했듯 17세기에 비르투오소라는 단어는 '수집가'와 동의어였다. 그들은 진귀한 동물과 식물, 조개껍데기, 고고학적 인공물을 포함한 여러 종류의 이국적인 물건을 수집했다. 비르투오소는 베이컨과 코메니우스 같은 위대한 편지 공화국 사상가들이 만들어낸 작품의 주요 독자층이 되었다. 정부 관료는 학자가 되었고, 부를 과시하려는 문화는 명성과 존경을 위한 학문의 문화로 발전했다(Houghton, 1942, p. 61). 그들의 열정과 이따금 내비치는 순진함은 사람들의 조롱거리가 된 딜레탕티즘(dilettantism: 아마추어식의 얕은 지식-옮긴이)을 만들어내기도 했다. 그럼에도 이런 사람들의 지적인 활동이 '고상함' 및 '미덕'과 양립할 수 있다는 것을 강조하고, 동시에 교육받은 사람들이 명성을 인센티브 삼아 지식을 창출할 수 있다는 생각을 퍼뜨림으로써 계몽주의로 가는 길을 닦았다는 것은 부인할 수 없다. 로버트 보일도 일종의 비르투오소로 간주해야 한다.

월터 호턴(Walter Houghton, 1942)이 지적한 것처럼 비르투오소에는 다양한 유형이 있기 때문에 비르투오소가 17세기 유럽의 아이디어 시장에서 어떤 위치에 있었는지는 쉽게 가늠할 수 없다. 비르투오소에게 학문이란 단순히 머리를 식힐 목적으로 하는 한가한 활동이 아니라, 특정 분야의 전문가가 되기 위해 많은 시간을 투자해야 하는 중요한 일이었다. 아울러 그러면서도 상업적 목적이 있어서는 안 되는 신사적인 직업이었다. 즉 학문이란 "부와 한가함을 가장 행복한 방식으로 처분하는 방식"(Houghton, 1942, p. 57)이라고 생각하는 사람들을 위한 것이었다. 비르투오소는 처음에는 학문을 순수하게 지식욕을 채우려는 수단으로 받아들였다. 요컨대 지식 그 자체가 목적이었던 것이다. 하지만 1650년 이후 베이컨의 사상이 확산하면서 비르투오소는 실용적인 동기(utilitarian motives)에 입각해 학문을 접근하기 시작했다. 전형적인 비르투오소(Hunter, 1995d; Chambers, 2004)로 알려진 존 에벌린은 화약 제조업을 하는 부유한 가정에서 태어났으며, 그가 쓴 가장 유명한 책은 삼림학과 원예학[Evelyn, (1664) 1679)]에 대한 것이었다. 에벌린은 화폐 연구와 사치금지법에 대한 책을 쓰기는 했어도 엄연하게 실용주의적 목표를 마음속에 품고 있었다. 귀족 출신의 수학자이자 왕립학회의 초대 회장이던 윌리엄 브롱커(William Brouncker, 1620~1684)와 위대한 천문학자이자 도구 제작자 리처드 타운리(Richard Towneley, 1629~1707)는 학문의 발전에 실제로 기여한 부유한 비르투오소의 전형이다. '수집'과 수학에 대한 책은 이런 사람들의 흥미를 끌었고, 실용적인 유용성은 학문의 동기가 아니었다. 하지만 그들은 지식인 계층의 더 많은 사람을 과학과 실험 그리고 잠재적인 적용에 관심을 갖도록 유도했다. 에이먼(Eamon, 1994, p. 307)에 따르면 도구 제작자 존 베이트(John Bate)는 비르투오소들이 자신이 개발한 펌프와 사이펀(Siphon) 그리고 물시계에 대해 질문을 끝없이 해대자 귀찮은 나머지 《자연과 기술의 미스터리(The Mysteries of Nature and Art)》(1634)라는 책을 썼다고 한다. 뉴턴도 이 책의 사본을 보유했다. 비르투오소는 실험철학에 헌신한 개인들이라고 한 보일(Boyle, 1690, pp. 6ff)은 그들의 실험철학이 기독교 신앙과 결합하면서 자연의 비밀을 푸는 데 일조한 사람들이라는 평판을 얻었다고도 말했다.

비르투오소가 영국 귀족 엘리트의 사고방식을 바꾸어 그들이 산업계몽주의의 디딤돌이 되도록 하는 데 기여했는지 여부는 논쟁의 여지가 있다. 비르투오소에는 (보일과 에벌린처럼) 과학을 즐긴 여유롭고 한가한 귀족부터 존 레이와 로버트 훅처럼 과학에 진지하게 접근한 (그리고 종종 무일푼이기도 한) 자연철학자까지 다양한 유형이 있다. 그중엔 존 윌킨스 같은 인물도 있다(Houghton, 1942, p. 202). 하지만 17세기 후반이 되자 섀프츠베리 백작(Earl of Shaftesbury) 같은 귀족 출신 지식인들의 저항에도 불구하고 비르투오소 세력은 쇠퇴하기 시작했다. 1700년에는 "비르투오소의 중간층이 얇아졌으며 규칙에 얽매이기 싫어하는 그들의 자녀는 종종 무지한 채로 남기도 했다"(Houghton, 1942, pp. 216, 219). 학문에 대한 열의는 '새로운 계층'이라는 뜻의 호미네스 노비(homines novi)가 이어받았다. 그들은 비르투오소보다 재능이 뛰어나고 교육을 더 잘 받았으며, 무엇보다 확실하게 동기를 부여받았다. 아이디어 시장은 새로운 시장 참가자를 환영했다.[17] 학문의 슈퍼스타들이 거둔 거대한 성공이 젊은이들로 하여금 자연철학과 실험철학을 직업으로 삼을 수 있게끔 인도한 것이다. 스티븐 셰이핀(Steven Shapin)의 표현대로 18세기 학자들은 더 이상 귀족이 아니었다. 그렇더라도 그들은 가치를 충분히 인정받아 학자로서 지위를 유지할 수 있었다. 18세기 학자는 여느 사람들과 다른 특별한 존재이기 때문에 보통 사람들이 알지 못하는 유용한 지식을 갖고 있었을 것이다(Shapin, 1991, p. 314).[18]

명성과 평판을 위한 경쟁은 17세기 유럽 지식 사회의 중심적 특징이었다. 그 결과 16~17세기 유럽의 아이디어 시장에는 세계를 바라보는 수많은 방법론이 등장하면서 여기에 매몰되었다. 아리스토텔레스학파는 반(反)아리스토텔레스학파와 대립했다. 입자론(또는 원자론)은 네덜란드 과학자 이사크 베이크만과 프랑스 과학자 피에르 가상디 같은 유명 과학자의 주도 아래 부활했다. 그들은 활력설(모든 동·식물은 공기, 물, 불, 흙의 4원소에 의해 만들어졌다는 아리스토텔레스의 주장—옮긴이)에 반대하면서 아리스토텔레스학파와 싸웠다. 의학에서는 파라켈수스와 판 헬몬트의 업적에 영향을 받은 의화학파(iatrochemist, 醫化學派: 신체상 문제와 현상을 화학적으로 해결하려는 학파—옮긴이)가 그들과 학문적으로 대립한 갈레노스(Claudius Galenos: 근대 초기까지 '의학의 황제'로 칭송받던 고대 그리스의 의사—옮긴이)학파에 도전했다. 수학에서도 많은 논쟁이 일어났다. 하지만 그중 가장 치열했던 사상의 대립은 태양중심설과 천체의 구조에 대한 논쟁이었다. 이 논쟁은 1758년 가톨릭교회가 코페르니쿠스의 우주를 지지하는 책들을 금서 목록에서 제외할 때까지 이어졌다.

　　아이디어 시장에서의 이런 논쟁은 지식의 본질과 신념에 대한 거대 담론으로 확대되었다. 당시 가장 중요했던 주제는 문명과 과학이 사람들이 그토록 신봉하던 고전 과학의 위대한 업적을 제대로 측정할 수 있는지 여부였다(Joseph Levine, 1991). 그리고 관용과 다원주의는 그 자체로도 하나의 가치일 수 있는지, 아니면 정부가 이단적인 사상과 이견을 잠재우고 위험한 사상을 뿌리째 뽑고 질서를 유지하기 위해 법(또는 폭력)을 사용할 수 있는지에 대한 논쟁으로도 이어졌다. 가톨릭과 개신교는 금서 목록을 만들었지만 인쇄술의 발전과 보급으로 인해 이는 조롱거리가 되었다. 이 같은 지적 혁신에 대한 억압은 특히 "종교 재판이 성행했던 국가들에서"

(Cohen, 2012, p. 438) 진정한 혁신을 추구하려는 노력에 영향을 주었다.[19] 하지만 가톨릭 유럽에서 과학의 쇠퇴가 알렉산더(Alexander, 2014)가 묘사한 것처럼 극적이었는지는 명확하지 않을뿐더러 그 쇠퇴의 얼마나 많은 부분이 가톨릭교회에 대한 두려움 때문이었는지는 더더욱 불분명하다.[20]

아이디어 시장에 진입하는 것은 더 쉬워졌지만 경쟁은 한결 치열해졌다. 사회 전반에 널리 퍼진 통념과는 다른 급격한 이단적인 사상이 널리 퍼졌다. 파라켈수스, 판 헬몬트, 프랜시스 베이컨, 윌리엄 길버트, 토머스 홉스와 스피노자 같은 지식인은 과거였으면 신성 모독이 되었을 법한 생각을 표출하는 데 망설임이 없었다. 이처럼 아이디어 시장에도 (상대적인) 자유로운 진입이 점차 흔해졌으며 경쟁은 근거와 논리, 문화적 편향 등에 의해 결정되었다. 편지 공화국의 특징인 사회적 통념에 도전하려는 태도와 의구심은 미셸 몽테뉴부터 조르다노 브루노(Giordano Bruno)와 토머스 브라운까지 많은 학파와 국적의 지식인들 글에서 찾아볼 수 있다. 그들은 어떤 형태로든 고전적인 규범에 대한 의구심을 숨기지 않았다. 모든 분야에서 고전의 권위는 무너져내리기 시작했다. 분명 여전히 신중하고 세련될 필요는 있었다. 또한 기득권 세력에 대한 말뿐인 립서비스도 분명 요구되었다. 종종 코페르니쿠스와 데카르트의 경우처럼 권위와 종교를 성가시게 한 책들로 인해 위험에 빠지는 경우도 있었다. 무모함은 조르다노 브루노(지동설을 주장하다 이단자로 몰려 화형을 당했음 ─ 옮긴이)를 불운에 빠뜨리기도 했고, 오만함은 갈릴레오의 운명을 결정하기도 했다. 하지만 전체적으로 보면 경쟁적인 아이디어 시장은 잘 운영되었다. 1650년 이후 새로운 사상을 저지하려는 보수적 기득권 세력은 알프스산맥과 피레네산맥의 북쪽 지역에서 약화했다.

따라서 노동이나 재화를 파는 시장과 달리 아이디어 시장은 재화 시장에서의 일물일가(一物一價) 법칙 같은 '균형'으로 언제나 수렴하지는 않았다. 아이디어 시장이 매우 경쟁적이라 해도 '소비자들'은 그 아이디어의 내용만을 가지고 결정을 내리지 않기 때문이다. 이 경우 시장은 여러 가지 해결책을 제시한다. 아이디어 시장에서 다중 균형이 발생한다는 말은 동일한 자연 현상에 대해 정반대 해석이나 사상이 존재한다는 의미이기 때문에 비효율적이며, 그중 하나는 오류일 가능성이 농후하다. 이런 상황에서 아이디어 시장은 더 나은 도구를 사용해 확실한 결과를 얻을 때까지 균형을 이루지 못했을 것이다. 의학이 바로 이런 경우였다. 1870년 이전까지 의학계는 첨단 지식으로도 전염병에 대한 확실한 설명을 내리지 못했다. 하지만 잘 운영되는 아이디어 시장에서 내용 편향―참으로 보이는 명제를 수용하려는 의지―은 정밀한 도구로 검증하고 수사적인 논리로도 만족시킬 수 있는 문제에 대해 결정적이어야 한다.[21] 이런 상황에서는 시장 경제의 일물일가 법칙 같은 확실한 균형이 생겨야 한다. 당시 라부아지에나 다윈 또는 파스퇴르(Louis Pasteur) 같은 문화적 사업가들이 피력한 자연 현상에 대한 급진적 의견은 수사적 기준으로도 근거와 논리 측면에서 충분한 설득력이 있었다. 따라서 그들의 새로운 사상에 대한 회의론과 거부감이 일기는 했지만 결과적으로 이를 수용했으며, 최소한 그들의 사상을 계승해 더욱 발전시킬 사람들에게는 충분하게 단단한 사상으로 받아들여졌다. 코페르니쿠스, 하비 그리고 갈릴레오 같은 근대 초기 아이디어 시장의 과학자들도 마찬가지였다.[22]

이런 상전벽해와 같은 변화는 어떻게 그리고 왜 일어났을까? 이 같은 발전이 일어날 수 있었던 이유는 혁신가들이 갑자기 증가해서라기보다는 그들이 자유롭게 활동할 수 있는 제도적 변화가 일어났기 때문이다. 이런 제도적 변화는 아이디어 시장의 변화를 초래했으며, 이렇게 발생한 변화가 다시 제도를 변화시키는 순선환 과정이 일어났다. 당시 유럽의 문화적 사업가와 지적 혁신가는 그들에게 더욱 유리하게 형성된 제도적 환경에서 자유롭게 일하기 시작했다. 자신들이 써내려간 성공과 높아진 사회적 지위를 바탕으로 문화에 영향을 끼쳤으며 이는 제도적 변화로까지 이어졌다. 이런 변화가 구체적으로 어떻게 발생했는지 알아보기 위해서는 추가적인 연구가 필요하다.

다른 사회에서는 찾아보기 힘든 유럽인과 기독교의 고유한 특징 때문에 유럽에서만 유용한 지식이 발전했다는 것은 근거 없는 빈약한 주장이다. 물론 다른 사회에서도 잠재적인 문화적 사업가가 등장했지만, 어떤 이유에서건 이들은 지속적인 기술적 변화를 이끌어낼 수 있는 급격한 문화의 변화를 가져오지는 못했다. 16~17장에서 살펴보겠지만 중국이 가장 대표적인 사례다. 문화적 사업가가 다른 지역보다 왜 유럽에서 더 성공적이었는지 이해하기 위해서는 그들의 성공을 가능케 했던 서양의 문화적 환경을 우선 파악해야 한다. 일반적인 사업가처럼 문화적 사업가도 성공보다는 실패의 맛을 더 자주 본다. 하지만 생존 편향이 작동하면서 우리는 성공한 문화적 사업가에게 더 많은 관심을 보인다. 수없이 많은 무명의 문화적 혁신가가 실패했기 때문에 우리는 루터와 칼뱅을 얻을 수 있었던 것이다. 그중 가장 유명한 사람은 1415년 처형당한 보헤미아 출신의 종교 개혁가 얀 후스(Jan Hus)다. 이 밖에 실패한 문화적 혁신가에는 1553년 제네바에서 처형당한 미구엘 세르베투스와 1536년 뮌스터에서 처형당한 레이던의 얀(Jan of Leiden)이 있다.[23]

유럽이 다른 지역과 어떻게 달랐는지 알아보기 위해서는 당시의 문화적 사업가가 어떤 환경에서 활동했는지 물어봐야 한다. 일반적으로 사업가들은 주어진 상황에서 기회를 포착하고, 이렇게 포착한 기회를 최대한 활용한다. 주변 환경이 억압적이거나 혁신에 저항적이라면 성공하지 못할 것이다. 1500~1700년에 많은 미래의 문화적 사업가들이 두각을 나타내지 못했다. 1500년 이후 등장한 다양한 산업과 도시화에도 불구하고 문화적 사업가는 혁신에 반대하는 기득권과 맞서 싸우면서 서로 경쟁했다. 그 무엇도 성공을 보장하지는 않았다. 당시 유럽은 정치적 상황과 단순한 우연이 많은 결과를 결정한 시기였다. 우리가 계몽주의라고 부르는 거대한 문화의 변화는 운명도 아니고 필연도 아니었다.

유럽의 많은 문학인과 지식인에게 16~17세기는 "무엇이 자연을 움직이는지에 대한 높은 수준의 인식과 이해도"〔Webster, (1975) 2002, p. 505〕가 더욱 발전하고 성숙해지는 시기였다. 그렇다면 유럽의 환경에서 정확히 어떤 요소가 이런 새로운 인식을 가능케 하고 성장시켰을까? 분명 과거의 기술 발전은 중요한 역할을 했다. 이런 점을 고려하면 문화와 기술의 진화는 명백하게 중세 시대에 그 뿌리를 두고 있다. 15세기 선박 및 항해 기술의 발전은 위대한 항해 시대를 열었고 주변 환경을 바라보는 유럽인의 태도를 바꾸어놓았다. 이러한 발전으로 인해 유럽인은 환경을 통제할 수 있다는 자신감을 갖기 시작했으며 동시에 호기심을 자극했다. 그러면서 고대 그리스인과 로마인이 알지 못했던 무언가를 마침내 발견했다는 그들 세대의 진보와 우월성을 입증하는 근거로 봤다.

학자들은 또한 1500년 이후 문화적 변화에는 인쇄 기술이 중심에 있었다는 점을 강조한다(Eisenstein, 1979; Perkinson, 1995, pp. 64, 74). 인쇄 기술이 없었다면 문화적 변화와 그런 문화적 변화를 이끌었던 제도가 가능하지 않았을 것이라는 의견이 많다. 인쇄술은 과학에 많은 이점을 가져다주었다. 그중 돋보이는 것에는 필사하면서 내용이 왜곡되는 것을 방지해 원작자가 정확하게 어떤 생각으로 글을 썼는지 확실하게 알 수 있는, 아이젠슈타인(Elizabeth Eisenstein, 1979, p. 113)이 말한 "고정된 인쇄"가 가능해졌다는 점이다. 이는 학문이 빠르게 발전하는 데 기초를 형성하는 전제 조건이다. 하지만 이보다 더 중요한 것은 인쇄술을 통해 동일한 문서를 수백수천 권씩 생산하고, 따라서 문서화한 특정 지식이 분실되거나 사라지는 일이 없어진 것이다. 이런 점에서 인쇄술은 지식의 축적을 가능케 했다. 아울러 이는 사상이 발전할 수 있는 논리적 토대가 되었다. 거기서 멈추지 않고 인쇄술은 "개인적 경험을 공적인 영역으로"(Wootton, 2015, p. 302) 권위에 대항할 수 있는 자유를 창출했다. 이러한 자유는 이전에도 완전하게 없었던 것은 아니지만, 인쇄술이 더 많은 사람에게 자유를 안겨주면서 한층 보편적인 개념이 되었다. 우턴은 인쇄술은 그 무엇보다 권력층의 힘을 약화시켰으며 따라서 "과학혁명의 완벽한 도구"(Wootton, 2015, p. 305)였다고 주장한다.

인쇄술이 문화의 발전에 중대한 영향을 끼쳤다는 것은 역사적 사례로도 잘 알려졌으며, 최근 실시한 엄격한 정량 분석을 통해서도 입증되었다(Dittmar, 2011). 하지만 인쇄술 없이는 근대 과학이 꽃을 피울 수 없었다거나 "인쇄술이 근대를 창조했다"(Perkinson, 1995, p. 63)는 말은 과장된 것이다. 우선 인쇄술은 문서화한 지식만 퍼뜨리고 보존했다. 이런 기능은 분명 중요하고 큰 영향을 끼쳤으나 문서화한 지식이 지식의 전부는 아니다. 장인의 지식은 여전히 대부분 암묵적 지식이었다. 그리고 암묵적 지식을 전파하기 위해서는 개인적 접촉이 필요했다. 당시 기술과 기계에 대한 많은 책이 출판되었는데, 이처럼 문서화한 지식이 기술의 활용에 직접적으로 끼친 영향은 그다지 크지 않다(Cipolla, 1972). 자연사와 실험철학도 마찬가지로 대면 접촉 같은 다른 소통 방식이 필요했다. 더욱이 심지어 문서화한 지식조차도 전적으로 인쇄술에 의존하지 않았으며, 많은 부분이 여전히 필사와 서신을 통해 전파되었다. 당대의 가장 유명하고 영향력 있던 과학자 중에는 자신의 업적을 출판하지 않은 사람도 있었고, 그들의 명성은 거의 전적으로 서신 교환과 인맥에 의존했다. 위에서 언급한 이사크 베이크만이 대표적이다.[24] 갈릴레오의 가장 뛰어난 학생으로서 이탈리아의 천재 수학자이자 실험가인 에반젤리스타 토리첼리(1608~1647)는 평생 동안 한 권의 책만 출판했다. 동료 과학자 사이에서 그의 명성은 개인적 인맥에 의존했다. 그렇더라도 인쇄술이 아이디어 시장에서 경쟁을 더욱 치열하게 만들었다는 데는 의심의 여지가 없다. 설득력 있고 흥미롭다는 것을 보여줌으로써 더 많은 사람이 새로운 사상과 지식을 배우게 된 데는 책을 쓴 지식인뿐 아니라 인쇄업자와 출판업자도 한몫을 했다.[25]

16세기 들어 크게 성장한 상업은 유용한 지식이 발전하는 데 다른 방식으로 영향을 주었을 수 있다. 해럴드 쿡(Harold Cook, 2007, p. 411)은 과학혁명이 최초의 글로벌 경제가 등장한 바로 그 시기에 발생한 것은 우연이 아니라고 주장했다. 그의 주장에 의하면 상업은 상품의 성격과 가격, 수량 같은 측정 가능한 특성, 그리고 원산지에 대한 정확한 정보와 지식을 연구하려는 필요성에 불을 지폈다. 이제 높은 수준의 교육을 받은 사람들은 "지혜"가 아니라 재정적 목표를 달성하기 위한 "세상에 대한 물질적 세부 정보"와 "물질적 진보에 대한 따뜻한 희망"을 찾기 시작했다(Cook, 2007, p. 41). 새롭게 등장한 경제 체제에서 상인들이 올바른 의사 결정을 내리고 기회를 활용하기 위해서는 와인의 품질, 외국 약초의 효용성, 설탕의 가격 같은 사실만을 고려해야 했다(Cook, 2007, p. 17). 쿡은 16세기 들어 늘어난 사람들의 이동성이 "자연에 대한 사실을 찾으려는 끊임없는 노력"으로 이어졌고, 이것이 결국 과학혁명의 시발점이 되었다고 본다. 상인과 자연철학자는 사물을 새로운 시각으로 바라보고 장거리 연결과 "세속적인 활동을 통해 물질적으로 더 나은 미래를 개척하는 희망"(Cook, 2007, pp. 81, 57)이라는 가치를 서로 공유했다.[26] 물론 상업의 확대 그 자체로는 전체를 설명하지 못한다. 장거리 무역은 유럽에만 국한되지 않았을 뿐더러 바스쿠 다 가마(Vasco da Gama) 전에도 유럽인은 무역으로 동양의 상품을 얻었고 아랍과 터키, 인도의 상인과도 물건을 주고받았다. 하지만 이처럼 물질적인 해석을 제외하고라도 1500년 이후 서유럽에서 성행한 장거리 상업과 위대한 항해는 자연에 대한 연구가 활발해지고 유용한 지식을 확산하면서 경제적 혜택이 확대되는 계기로 작용했다.

과거의 통념과 교육받은 사람들에게 노출되고 종종 일반적 통념과 모순되기도 한 새로운 사실 사이의 간극은 1500년 이후 더욱 벌어지기 시작했다. 이 간극은 근대 초기 유럽에서 문화적 사업가에게 기회를 열어준 또 다른 우호적 환경이 되었다. 이처럼 기존의 생각으로는 도저히 설명할 수 없는 상황이 일어난 이유는 부분적으로 기술에 있다. 튀코 브라헤(Tycho Brahe) 같은 천문학자는 체계적으로 천문에 대한 정보를 축적해 결국 혜성에 대한 견해와 행성을 제외한 천체가 영원하고 변함이 없다는 아리스토텔레스의 통념을 부정했다.[27] 부분적으로 지리적 지평의 확장과 좀 더 세심한 관찰을 가능케 한 더 나은 실험 도구가 등장하면서 새로운 사실과 자료가 드러났고, 이로 인해 당시 유럽인은 고대 유럽의 고전 학문에 결함이 있다는 것을 깨닫기 시작했다. 베이컨, 갈릴레오, 뉴턴이 망원경, 현미경, 온도계, 기압계, 진자시계, 공기 펌프가 출현한 시기에 활동했다는 것은 우연이 아닐 것이다. 에반젤리스타 토리첼리와 블레즈 파스칼(Blaise Pascal)은 새롭게 드러난 사실을 들어 진공은 자연 상태에서 존재할 수 없다는 아리스토텔레스의 주장을 반박했고 오토 폰 게리케(Otto von Guericke)와 로버트 보일이 발명한 진공 펌프는 남아 있는 의혹을 남김없이

이 제거했다.[28]

새롭게 발견한 대륙은 고전 시대로부터 내려온 상상 속 지구의 모습을 바꿨다. 적도 부근 지역은 살아가기엔 너무 더울 것이라는 아리스토텔레스의 생각은 1500년 이후 잘못된 것으로 밝혀졌다.[29] 더 나은 실험 도구는 항해 기술의 개선으로 이어졌다. 케플러는 행성의 궤도는 고전주의 시대의 천문학이 주장했던 원이 아니라 타원이라는 것을 밝혀냈다. 안드레아스 베살리우스(Andreas Vesalius)의 해부학과 하비의 혈액 순환 이론은 갈레노스의 고전 의학을 타파하려는 파라켈수스 같은 우상 파괴적 의사들에게 든든한 지원군이 되었다. 새로운 지식은 고전 시대부터 전해내려온 통념과 당시의 상식을 크게 약화시켰다. 그리고 페레스 같은 학자들은 "실험이 우리를 순결한 진실로 인도할 때까지"(Miller, 2000, p. 27) 그 어떤 것도 주어진 것으로 받아들이길 거부했다.[30] 요약하자면 모든 종류의 새로운 발견은 돌이킬 수 없을 정도로 고전주의 시대의 권위와 명성을 약화시켰다. 토마스 아퀴나스식 종합 이론은 권위를 잃었고 관찰과 실험을 통해 축적된 새로운 사실과 좀더 정밀한 도구의 등장으로 고전 학문에 대한 회의감이 더욱 커졌다.[31]

◎ ◎ ◎

1부에서 제시한 진화적 관점에서 보면, 자연선택을 받은 개체가 특정한 환경에서 적응력을 키우면 혁신(또는 '돌연변이')은 성공할 가능성이 높아진다. 1500년을 전후로 유럽의 환경은 다양한 이유로 변하고 있었다. 신세계와 아시아로의 항해는 이동이 한층 수월해지고 화폐가 자유롭게 통용되면서 더욱 시장 지향적인 세계를 갑자기 만들어내다시피 했다. 유럽인이 새로운 물건과 새로운 정보를 사용해 당시까지 (그들에게) 알려지지 않은 땅을 발견하면서 오래된 고전 학문에 대한 몰입은 약해지기 시작했다. 담배, 감자, 설탕, 옥수수, 차(茶), 도자기, 향신료 등 그때까지 매우 귀했거나 알려지지 않은 것들이 흔해졌다. 새롭고 상상조차 하지 못했던 땅과 동·식물은 유럽인이 살고 있던 친숙한 세계를 충격 속에 몰아넣었다. 쿡이 주장한 것처럼 새로운 정보를 얻고 확산시킨 상인, 항해사, 탐험가 그리고 작가들은 유럽 사회에서 지위가 높아졌다. 이들은 새로운 사상과 기술이 중국에서 왔든, 아니면 케임브리지에서 왔든 상관없이 친근하게 받아들였다. 유럽 내부에서도 도시 및 역내 무역의 증가, 농업의 상업화 그리고 인쇄술은 생물학자들이 '적응 방산(adaptive radiation)'―가속화한 진화적 변화―이라고 부르는 과정을 형성하는 데 기여했다. 새로운 종이 등장하고 환경의 변화와 돌연변이 유전이 합해지면서 기존의 종은 급격하게 새로운 환경에 적응하는 형식으로 진화적 변화가 일어난다. 지구 역사에서 적응 방산의 가장 대표적인 예로 캄브리아 대폭발(여러 종류의 다세포 생물이 등장했다), 공룡이 멸종한 직후 여러 포유류종이 극적으로 등장하고 확산하던 신생대가 있다(Wesson, 1991, pp. 209-215; Eldredge, 1995, pp. 150-151). 둘 다 환경과 개체 수의 상호 작용에 영향을 끼친 외부의 충격으로 발생했으며 (지질학적 기준으로) 급격한 종 분화를 초래했다. 적응 방산은 외생적 사건이 기존의 생태계를 교란하고 균형을 불안하게 만들면서 발생한다. 1350년 이후 인구, 정보, 기술, 정치적 변화가 일어나면서 유럽의 문화적 균형 상태를 약화시켰다.[32] 하지만 이런 요인이 근대 초기 유럽에서 반드시 문화적 혁신을 만들어낸 건 아니다. 많은 충격은 혁신과 역동적 발전이 아니라 쇠퇴와 후퇴만을 초래한다. 명나라와 도쿠가와 시대의 일본처럼 많은 사회는 더욱 보수적이 되거나 단지 참고 기다리면서 충격에 대응했다. 유럽은 특별한 경우였다.

하지만 이 모든 주장은 또 다른 질문으로 이어질 뿐이다. 대체 왜 수세기 동안 기술과 과학에서 뒤처졌던 유럽인이 새로운 도구를 만들고 더 나은 배를 건조하고 미적분을 발견했던 것일까? 중국은 유럽에 비해 수세기나 앞서 인쇄기와 활자를 보유했지만 갈릴레오나 스피노자 또는 뉴턴을 배출하지 못했다. 또한 중국은 이미 15세기에 장거리 항해에 최적화한 대형 함선을 건조했지만 단 한 번도 유럽이나 아프리카 황금해안(Gold Coast)에 다다르지 못했다. 인도도 마찬가지였다. 파르타사라티(Prasannan Parthasarati, 2011)는 1700년까지만 해도 영국의 과학 기술과 인도의 과학 기술 사이에는 뚜렷한 차이가 없었다고 주장했다. 만약 1700년에 영국과 인도가 동일한 수준의 경제 발전을 이루고 제도를 구축했다면, 왜 인도는 '서유럽 회사'를 통해 유럽의 뿌리 깊은 정치적 분열을 활용하지 못했을까? 그리고 '인도령 영국 제국(Indian Raj)'을 건설해 영국인들로부터 지대를 뽑아내고, 무굴의 지도자들이 벼락부자가 되지 못하게 하고, 인도의 캘리코를 관세 없이 구입해 입도록 강요하지 못했을까?

분열, 경쟁 그리고 문화 변화

이 책 앞부분에서 우리는 **강압 편향**이라는 문화적 편향을 살펴봤다. 강압 편향이란 권력을 가진 기득권 세력이 문화에 큰 영향을 끼쳐 혁신을 억제하고, 나아가 통념에서 벗어난 이단적인 문화적 사업가를 처형할 수 있는 능력을 말한다. 여기서 문화적 현상이란 종교, 예술, 또는 과학을 의미한다. 혁신은 기존의 신념 체계를 부정하고 특정 집단에 지대와 정당성을 부여하는 사회적 신념을 '훼손'한다(Benabou, Ticchi, and Vindigni, 2014). 아울러 기득권 세력은 자신들의 독점력을 유지하기 위한 목적으로 아이디어 시장에 높은 진입 장벽을 설치하면서 강압 편향을 발휘한다. 이런 장벽은 '이단,' '변절' 그리고 '신성 모독'이라는 용어를 남용해가며 새로운 사상이 유입되지 못하도록 정치적 권력을 동원한다. 중국의 과거 시험과 유대인의 종교 교육 사례에서 보듯 기득권은 현상 유지를 위한 보호막을 교육 시스템에 심어놓기도 한다. 시장 진입이 자유롭고 비용도 낮은 매우 경쟁적인 경제 체제와 달리 생물학적 진화와 문화에는 변화에 저항하는 메커니즘이 반드시 있어야 한다. 그래야만 어느 정도 안정성을 유지할 수 있고 완전한 혼돈을 피할 수 있기 때문이다. 문제는 저항의 정도다. 어느 정도라야 과도하게 밀봉되었다고 할 수 있을까? 만약 너무 밀봉되어 있다면 그 어떤 종류의 혁신도 실제로는 불가능하고 문화는 정체될 것이다. 여기서는 정도가 중요하다. 16세기 초반 억압과 저항의 힘은 유럽의 모든 문화 영역에서 힘을 잃기 시작했으며, 이로 인해 변화가 가파르게 이뤄질 수 있었다. 하지만 구시대의 문화 역시 맥없이 물러난 것만은 아니다. 보수적인 반동(reactionary, 反動) 세력은 반종교 개혁 시기에 다시 힘을 모았고, 예수회는 남유럽과 라틴아메리카에서 새로운 과학 혁신의 확산과 계몽주의의 발생을 늦췄다. 영국의 토머스 홉스와 프랑스의 보쉬에(Jacques-Bénigne Bossuet) 같은 영향력 있는 보수적 사상가들은 필사적으로 지적 혁신과 싸웠다. 새로운 철학의 선봉장들도 강력하게 맞섰다. 다양한 사상을 가지고 종종 괴팍하기까지 했던 편지 공화국 시민들은 새로운 사상과 다원성에 반대하는 세력을 공공의 적으로 규정하면서 공통분모를 인지했다.[1]

무엇이 역사를 바꾸었을까? 오랜 기간에 걸쳐 유럽의 혁신가들은 보수적인 지적 풍토를 극복했다. 세계 다른 지역에서는 찾아볼 수 없는 이례적인 일이었다. 그렇다면 유럽의 특수한 경험을 어떻게 설명해야 할까? 이에 대한 그럴듯한 해답으로 존스(Eric Jones, 1981)가 "국가 체제(state systems)"라고 부른 유럽의 특수한 상황을 꼽을 수 있다. 존스는 매우 분열된 정치 세력이 서로 끊임없이 반목하는 상황을 "유럽식 국가 체제"라고 불렀다. 비록 비용은 컸지만 유럽은 정치적 분열로부터 큰 이점을 얻었다. 정치적 분열은 권력을 쟁취하려는 자들로 하여금 서로 경쟁하도록 부추기며, 이런 과정에서 유익한 혜택이 생긴다는 생각은 계몽주의의 위대한 사상가들까지 거슬러 올라간다.[2] 정치적 분열의 축복에 대해 가장 널리 인용하는 문구는 데이비드 흄의 다음과 같은 말이다.

우아함과 학문이 등장할 수 있었던 데는 상업과 정치로 서로 연결되었으며 지리적으로 이웃하는 독립된 국가들보다 유리한 환경은 없다. 이런 상황에서 국가들은 서로 경쟁하게 되는데 …… 이는 발전을 위한 당연한 원동력이다. 그중 분열과 반목이 발전의 원동력인 가장 큰 이유는 이런 제한된 영토는 권력과 권위에 제약을 주기 때문이다. ……작은 국가로의 분열은 권위와 권력이 비대해지는 것을 막아주면서 서로 학습하도록 부추긴다. 인간은 종종 권력에 집착하는 것처럼 명예에 크게 집착하며 동시에 사상의 자유도 똑같이 파괴한다. 하지만 많은 이웃 국가들은 예술과 과학에서 깊은 교류를 하며 서로를 경계한다. 따라서 유럽 국가들은 예술에 세심한 주의를 기울이고 과학의 정확도를 높이려 노력한다. 세간의 관심을 끄는 생각이 한 장소에서 다른 장소로 쉽게 퍼지지는 않는다. 이런 생각은 기존의 만연한 편견과 일치하지 않은 곳에서는 즉시 견제를 받는다[Hume, (1742) 1985, pp. 119-120].

노스(North, 1981, p. 27), 존스(Jones, 1981, pp. 109-110) 그리고 카레이얄친(Cem Karayalçin, 2008) 같은 현대 학자들은 정치적 분열의 이점으로 국가 재정 및 행정을 꼽는다. 정치적으로 분열되어 서로 경쟁하면 통치자들의 실정이 어느 정도 제어되고, 또한 가장 생산적이지만 그만큼 자유롭게 거주지를 옮기는 국민에게 마음껏 과세하지도 못하기 때문이다. 이런 경쟁이 많은 유럽 국가로 하여금 국민을 빈곤으로 떨어뜨릴 만큼의 과도한 세금을 물리는 행위를 제한한 것은 사실이지만, 역사적으로 볼 때 유럽의 정치적 분열이 재정에 이점을 주었다는 주장은 다소 모호하다. 국가

간 경쟁은 강제할 수 있는 규칙(제3자에 의해 강제되는 규칙 또는 자기 강제적인 메커니즘에 의한 규칙)이 없다는 점에서 기업 간 경쟁과는 확실히 다르다. 국가 간 경쟁은 종종 극단적 폭력으로 이어지거나, 또는 어리석은 무역 규제를 촉발해 관세 전쟁과 국가의 지원을 받는 해적 행위로까지 번져 모든 국가의 경제를 악화시킬 수 있다. 하지만 국가 간 경쟁은 매우 생산적인 형태로 나타날 수도 있다. 높은 세금과 과도한 자중 비용(deadweight costs)을 부과하는 강대국 간 전쟁으로 국민을 이끈 정치적 분열은 경제 발전의 성공에도 기여했다. 18세기 유럽에서 가장 진보적이었던 국가에는 네덜란드와 영국이 꼽히는데, 이들은 대의기구(代議機構)가 합의를 했지만 평균적으로 세율이 가장 높은 나라이기도 했다. (물론 이 두 국가의 대의기구는 납세자의 일부만을 대표했다.)

유럽에서 국가 간 경쟁이 최악의 실정을 방지하고 약화시키면서 오늘날과 같은 제도로 서서히 발전했다는 주장은 어느 정도 일리가 있다.[3] 제도 개혁은 종종 대규모 군사적 패배(예컨대 1806년 나폴레옹과의 전쟁에서 패배한 프로이센 또는 크림 전쟁에서 패배한 러시아)나 더 많은 조세 수입을 거두어들이기 위한 목적으로 경제를 발전시키면서 일어난다. 에릭 존스는 "유럽식 국가 체제는 경기 침체와 기술 침체에 대한 보험이나 다름없었다"(Jones, 1981, p. 119)고 말했다. 하지만 언제나 그렇듯 경쟁의 혜택은 파괴적인 전쟁 및 군비 경쟁 같은 비싼 비용과 비교해야 한다. 실제로 1500년 이후 문화의 변화가 일어나면서 종교는 분란의 명분이 되어 불난 집에 부채질하듯 전쟁을 부추겼다. 이렇게 발생한 연쇄적 충돌은 더 파괴적인 무기와 대규모 군대를 동원하기 시작하면서 더욱 폭력적이 되었다. 특히 신세계의 발견과 경제 성장으로 부를 축적하면서 대규모 군대의 동원이 과거에 비해 쉬워졌다.

앞에서 흄은 세금보다 문화에 더 관심이 있음을 보여주었다. 그에 반해 흄의 가까운 친구이자 그의 영향을 받은 에드워드 기번(Edward Gibbon)은 유럽 정치적 분열의 이점에 대해 다소 과장되게 말했다.

유럽은 이제 동등하지는 않지만 강력한 12개의 국가와 3개의 훌륭한 연방(commonwealth) 그리고 작지만 독립을 지키고 있는 많은 소국으로 분열돼 있다. 이토록 통치자들이 많아지면서 능력 있는 왕족과 귀족의 수도 그만큼 많아졌다. ……독재자의 악정은 두려움과 부끄러움의 상호 작용 덕분에 제한됐다. 공화국은 질서와 안정을 얻었다. 군주국은 자유의 원칙과 절제력의 원칙을 흡수했다. 그리고 명예와 정의라는 개념은 시간이 흐르면서 가장 결함 많은 헌법에도 소개되었다. 평시에는 수많은 라이벌이 서로 경쟁하면서 지식과 상업의 발전 속도가 가팔라졌다(Gibbon, 1789, vol. 3, p. 636).

계몽주의 시대는 서로 다른 국가 간 경쟁을 유익한 것으로 바라보기 시작했다. 국가 간 경쟁은 "국가의 경제력을 강화하는" 열쇠로 여겨졌으며 여기서 "예술과 과학의 발전"이 일어났다(Hont, 2005, pp. 115-116). 이와 관련해 애덤 스미스는 다음과 같은 인상 깊은 말을 남겼다. "〔기술과 과학의〕 발전과 함께 모든 나라는 더욱 발전하기 위해 스스로 모든 노력을 해야 할 뿐만 아니라 인류애를 발휘해 이웃의 발전을 방해하지 않고 도와주어야 한다"〔Smith, (1759) 1969, p. 229〕. '알력(emulation)'과 '질투'의 경계는 평화로운 경쟁과 국제전으로 이어질 수도 있는 치명적인 민족주의의 경계처럼 모호하다.[4]

국가 간 경쟁은 문화의 변화에 두 가지를 의미했다. 첫째, 국가는 점성술사든, 화가든, 대장장이든, 항해사든, 음악가든, 무기 제작자든 상관없이 모든 분야의 최고 인재를 찾기 위해 서로 경쟁해야만 했다. 그러나 이 보다 더 중요한 것은 국가 간 경쟁이 지적 혁신을 방해하려는 보수적인 기득권이 조정 실패(coordination failure: 여러 주체가 협업할 때, 집단적으로 우월한 선택을 할 이유가 없어 열등한 선택을 하는 상황—옮긴이)를 하는 주된 이유였다는 점이다. 이런 기득권 세력이 합심해서 지적 혁신을 방해하지 않는 이상 현명한 문화적 사업가는 여러 기득권 세력 사이에서 줄다리기를 하거나 이간질을 하면서 살아남았다. 1415년 얀 후스가 화형대에서 처형당한 이 유는 당시 황제와 교황이 이 위험한 이교도를 처단하기로 합심했기 때문 이다. 1세기가 지난 후 이런 전략은 더 이상 먹혀들지 않았고, 종교 개혁 은 멈출 수 없는 거대한 파도가 되었다. 당시 대부분의 평민은 태어난 마 을에서 벗어나지 않았고, 심지어 방랑자들도 자신이 태어난 지방을 크게 벗어나지는 않았다. (하지만 우리가 보통 생각하는 것보다는 많이 움직였다.) 그러나 일류 장인, 기술자, 의사, 건축가, 음악가, 점성술사 같은 '창조 계급' 구 성원들은 유럽 대륙 전역을 돌아다녔다.[5] 정치적 분열은 필연적으로 반동 세력을 약화시켰다. 그중 유럽에서 가장 강하고 꾸준한 반동 세력이던 예 수회는 코페르니쿠스의 우주론과 수학의 무한소(infinitesimal, 無限小) 개념 같은 새로운 사상을 모든 수단을 동원해 억압했다. 만약 예수회가 프랑 스, 영국 그리고 네덜란드에서 더 큰 세력을 결집했다면—예컨대 이들과 의 전쟁에서 에스파냐가 큰 승리를 거두었다면—유럽의 지적 혁명은 지 연되었을 것이다.

유럽이 이처럼 정치적으로 분열된 반면 중국과 중동 지역이 일관된 제 국을 유지할 수 있었던 이유는 오랜 기간 동안 전문가들의 논쟁 대상이 었다(이 논쟁의 역사에 대해서는 Hoffman, 2015, pp. 107-134; Ko, Koyama, and Sng, 2015 참조). 피레네산맥과 알프스산맥은 에스파냐와 스위스가 정치적으로 독립된 국가를 유지하는 데 도움을 주었을 것이며, 네덜란드의 강은 여러 차례 외부의 침입을 막는 데 일조했다. 이처럼 지리는 분명 중요한 역할을 했다.[6] 또 다른 주장으로는 혈연을 바탕으로 정치적 연합을 해 현상 유지에 열을 올렸던 유럽 군주와 통치자의 밀접한 관계를 꼽을 수 있다. 물론 가족끼리 싸울 때도 있었지만 통상적으로는 형제나 사촌을 권좌에서 몰아내는 것을 삼갔다. 대신 호프먼은 문화적 진화에서 파생한 이론에 기초한 모델을 제시한다. 용기의 가치와 전투에서의 영웅 심리를 인정하는 가치관 그리고 문화적으로 습득한 타 집단에 대한 반감이 젊은이들의 사회화 과정에 스며들면서 유럽을 통일하려는 군주가 기댈 수 있는 공통된 정체성을 만들기가 더욱 어려웠다는 것이다. 이 밖에도 호프먼은 교황이 신성로마제국의 황제를 위시한 그 어떤 유럽의 지도자에게도 너무 많은 권력이 집중되지 않도록 종교적 영향력을 행사했다는 점을 들면서 서양의 기독교가 한몫을 했다고 주장한다(Hoffman, 2015, pp. 132-134). 또 어떤 사람은 우연의 일치가 작동했다고도 본다. 만약 에스파냐의 무적함대가 성공했거나 나폴레옹이 워털루에서 패배하지 않았더라면 역사는 크게 달라졌을 것이다.

중세 유럽에서 나타나 유럽의 발전에 매우 중요한 요인으로 작용한 것에는 무엇이 있을까? 유럽의 정치적 분열이 지적 및 종교적 결속력 그리고 통합된 아이디어 시장에 더해지면서 지적 활동은 확실한 규모의 경제로부터 혜택을 받을 수 있었다.[7] 이런 공통점은 유럽의 고전 유산과 공통어로서 라틴어의 광범위한 사용 그리고 기독교에서 파생했다. 중세 시대 지적 활동의 수준은 참가자의 수와 논쟁의 깊이 면에서 1500년 이후의 지적 활동에 비하면 빈약했지만 **초국가적** 현상이었음은 분명하다. 정치적 분열과 범유럽적인 편지 공화국 체제의 독특한 결합은 1500년 이후 극적인 지적 변화의 열쇠를 쥐고 있다.

따라서 장 배슐러(Jean Baechler, 2004)가 강조했듯 유럽의 정치적 분열과 그에 따른 다원주의는 지적 발전의 거름이 되었다. 16세기의 어두운 반동 세력은 14세기의 반동 세력에 비해 딱히 덜 무지한 것도 아니지만, 16세기 들어 전통 학문을 수호하려는 세력의 일부는 개신교였고 다른 일부는 가톨릭교회가 되는 등 반동 세력 사이의 협업이 어려워졌다.[8] 심지어 가톨릭교회 내에서도 새로운 사상에 반대하는 반동 세력이 분열했다.[9] 따라서 종교계 리더들은 누가 이단자인지 판단하고, 이단자에게 어떤 벌을 내릴지조차 합의할 수 없게 되었다. '이단자들'은 이런 이점을 최대한 활용했다. 다시 말해, 문화적 이단에 대한 불관용과 억압이 시대에 뒤처진 문화가 되기 오래전부터 유럽의 군주들은 이단자를 어떻게 대할지 서로 조율조차 할 수 없었다. 특히 작센의 프리드리히 3세와 그의 동생이자 후계자인 요한으로부터 보호를 받은 마르틴 루터 같은 많은 혁신가들은 처형을 피하기 위해 이런 정치적 상황을 잘 활용했다. 강대국 사이의 적대감으로 인해 유럽 통치자들은 자신의 적을 짜증나게 하는 잔소리꾼을 지켜주었다. 주목할 만한 인물에는 천문학과 점성술, 오컬트 철학을 공부한 톰마소 캄파넬라가 있다. 당시 깊이 있는 공부를 한 많은 사람처럼 캄파넬라는 아리스토텔레스 사상에 회의를 갖기 시작했다. 젊은 시절 종교 재판에서 이단자로 몰려 투옥당하기도 한 그는 이탈리아의 분열된 정치 상황을 잘 활용하면서 체포를 피했으나 결국에는 1599년 무기 징역을 선고받아 나폴리 감옥에서 27년을 보냈다. 당시 캄파넬라는 이단이 아니라 반(反)에스파냐 음모를 꾀했다는 이유로 체포되었다. 감옥에서 그는 7권의 책을 쓰고 1616년에는 갈릴레오가 교황청으로부터 지동설을 철회하라는 압박을 받을 때 그를 옹호하는 글을 썼다. 교황 우르바노 8세의 사면으로 캄파넬라는 마침내 감옥에서 나올 수 있었다. 훗날 다시 한 번 감옥에 투옥될 뻔했으나 당시 에스파냐와 대립하던 프랑스의 루이 13세가 개입해 프랑스로 망명을 시켰다. 루이 13세는 캄파넬라를 환영했고 심지어 의심 많던 리슐리외(Richelieu) 추기경도 그를 받아들였다. 캄파넬라는 프랑스에서 평화롭게 살다 사망했다(Headley, 1997, pp. 117-127).[10] 물론 이동성과 지적 혁신 사이의 인과관계는 이보다 더 복잡하겠지만, 지적 혁신가들이 박해를 피해 유럽 대륙을 떠돌아다니면서 기득권 세력은 혁신을 억제할 수 없게 되었다.

18세기가 되자 혁신을 억압하려는 반동 세력의 노력은 의미 없는 몸짓에 지나지 않았다. 엘베시우스와 라 메트리(Julien La Mettrie) 같은 극단적 사상을 가진 철학자들이 자국의 박해를 피해 국외로 떠돌이 생활을 했지만 보통의 경우 외국에서 후원자를 찾는 데 성공했다. 18세기가 끝나갈 때쯤 계몽주의는 저항하기에는 너무 큰 세력이 되었다. 물론 아직까지는 이단적 생각을 신중하게 표출했지만 심지어 대부분의 가톨릭 유럽에서도 이단자에 대한 박해는 완화되었다.[11] 1773년 교황 클레멘스 14세는 예수회를 해산했고, 지적 다원주의는 엘베강 서쪽 유럽 전역에서 당연한 것으로 여겨지기에 이르렀다.

더욱이 많은 국가와 작은 주(州)들로 분열된 유럽은 아이디어 시장이 더욱 활성화하는 기반이 되었다. 하지만 이런 영토적 분열은 당시 유럽의 정치적 분열을 크게 과소평가한 것이다. 네덜란드와 에스파냐같이 표면적으로는 통합된 국가에서도 각 지역과 지방별로 높은 수준의 자율성을 유지했다(Grafe, 2012). 각각의 주마다 자율적인 자치권을 보유하고 이단적 사상이 꽃을 피울 수 있는 정치적 독립체, 또는 '지자체'가 있었다.[12] 중세 시대 초기 유럽에서 이런 독립체 가운데 대표적인 것은 수도원이었고,

점차 대학교가 여기에 가세했다. 엘리트의 자녀는 대학교에서 초기 사회화를 통해 주입받은 정보 및 신념과는 다른 정보를 배우면서 지적 혁신에 노출되었다. 수도원과 마찬가지로 대학교는 준(準)자율적인 자치 기구였다. 그러나 중앙 정부로부터의 독립에도 불구하고 유럽의 대학교가 지적 혁신의 뿌리인 경우는 극히 적었다. 실제로 그 어떤 조직과 마찬가지로 당시 유럽 대학교는 규범의 권위를 유지하는 데 주안점을 두었다. 여기서 규범이란 대부분 종교 서적과 아리스토텔레스의 저서, 고전 의학 서적 등으로 학생들이 읽고 토론하는 교재로 활용했다. 따라서 대학교는 전통을 수호하며 지적으로는 현상 유지를 이어갔다. 대학교는 성경의 주해와 논평을 업으로 삼아 번성했으며, 지식을 한 세대에서 다음 세대로 완전하고도 온전하게 전달하는 데 모든 노력을 기울였다. 대학교에서 커리어를 시작한 과학자도 더 나은 후원자를 찾을 만큼 명성을 쌓은 뒤에는 교직을 떠났다(갈릴레오와 뉴턴도 그랬다). 이처럼 근대 초기 유럽에서 대학교는 대부분 굉장히 보수적인 조직으로서 '비판적 학습'은 고전을 필사하고 번역하는 과정에서 발생한 오류를 찾아 바로잡는 것에 지나지 않았다. 이처럼 통상적인 대학교수의 목표는 "과학적 진실이 아니라 문헌적 순수함"(Debus, 1978, p. 4)이었다. 유럽의 이런 학풍은 당시 중국에서 불었던 건가학파(乾嘉學派)와 비슷하다. 중국의 건가학파 역시 근거에 기반을 둔 비판적 시선을 유지했지만, 근본적으로는 과거 지향적이었다.

그럼에도 몇몇 대학교, 특히 새롭게 설립한 대학교나 몇몇 특출한 학자에 의해 새로운 학풍의 전기를 맞이한 소수의 대학교에서는 이단적인 문화적 사상이 꽃을 피우기 시작했다. 비텐베르크(Wittenberg) 대학교의 신학 교수 중 한 명이 교회 문에 그 유명한 95개 조항을 써 붙였을 때, 그 대학교는 설립한 지 불과 15년밖에 되지 않았다. 한편 갈릴레오와 안드레아스 베살리우스는 파도바 대학교에서 교편을 잡으며 인생 최고의 업적을 냈고, 윌리엄 하비와 니콜라우스 코페르니쿠스라는 걸출한 졸업생을 배출했다.[13] 1500~1700년 동안 파도바 대학교는 유럽 최고의 대학교였다. 파도바 대학교가 위치한 이탈리아의 베네치아는 독선적이기는 해도 뛰어난 교수들이 연구에 몰두할 수 있도록 만전을 기했으며, 동시에 반계몽주의적인 교황청과 예수회로부터 이들을 보호했다. 레이던 대학교의 전성기는 18세기 초반으로, 신뉴턴주의 물리학과 최신 의학을 전파하는 가장 역동적이고 성공적인 학문 기관이었다. 영국에서는 18세기 스코틀랜드 지역의 대학교들이 과학과 정치철학, 의학 등 많은 학문 분야에서 혁신의 중심지로 자리 잡았다. 모두 다 그런 것은 아니지만 독일의 몇몇 대학교는 계몽주의 시대에 개혁을 단행했고, 당대 요구에 맞게 현실적인 학문 위주로 교육 과정을 재편했다(Moran, 1991b, p. 178). 많은 진보적인 대학교가 등장하고 사라지기도 하면서 소수의 대학교는 오랜 기간 혁신을 거듭했다. 하지만 유럽에는 **무수히 많은** 대학교가 있었기 때문에 학계에서 혁신적 활동이 일어나지 않은 것은 오히려 드문 일이었다. 중앙 정부는 일단 일어나기 시작한 지적 혁신을 제어하는 데 어려움을 겪었다. 또한 대학교들은 17세기 유럽 전역에서 조직된 여러 학회 및 과학 협회 등과 경쟁해야 했다.

길드 제도도 대학교의 상황과 비슷했다. 길드 역시 자치 조직으로 자체적인 규율과 제도를 만들어 시행했다. 수공업자 길드가 유럽의 경제사 측면에서 기술적으로 진보적이었는지 보수적이었는지에 대해서는 오랫동안 논쟁이 이어져왔다(이와 관련한 좀더 최근의 논쟁은 Prak and van Zanden, 2013; Ogilvie, 2014 참조). 길드 제도는 최소 500년 이상 지속되었으며 많은 직업을 통제했다. 그들은 종종 기존의 기술을 확고히 하면서 조직원들의 독점적 지대를 보호하기 위해 혁신에 저항했다. 또 어떤 경우에는 새로운 사상을 널리 퍼뜨리는 데 기여하면서 혁신을 권장하고, 젊은 조직원들이 스스로 생각할 수 있도록 도와주기도 했다. 자치권이 있음에도 불구하고 길드는 종종 왕의 편에 서서 협력 관계를 맺기도 했다. 당시 유럽의 왕들은 더 많은 세금을 거두거나 군사력을 증강하기 위한 목적으로 기술 혁신에 종종 관심을 가졌다. 따라서 길드는 혁신에 저항하면서 반대로 혁신을 촉진하기도 했다.

유럽―그리고 소수의 다른 사회가 그랬던 것처럼―이 제공한 또 다른 독립적인 조직(corporation)에는 자율적으로 자치권을 행사한 도시가 있다. 종교 개혁과 마찬가지로 편지 공화국은 주로 도시의 현상이었다.[14] 모든 도시가 비주류 지식인을 환영한 것은 아니다. 조르다노 브루노를 처형하라는 명령을 직접 내린 교황 클레멘스 8세의 로마, 칼뱅의 제네바, 그리고 보수적인 칼뱅파 신학자 기스베르투스 보에티우스(Gisbertus Voetius, 1589~1676)가 주도권을 잡은 위트레흐트(Utrecht) 같은 도시도 있었다.[15] 그럼에도 이단적 지식인이 지낼 수 있는 도시는 많았고, 그들의 책을 기꺼이 출판할 담대한 출판업자도 있었다. 17세기 초반의 베네치아(파도바를 포함해서)는 예외적으로 관대하고 열린 사고를 자랑하는 도시로, 갈릴레오와 파올로 사르피 그리고 체사레 크레모니니처럼 관습에 얽매이지 않는 이단적 사상가들이 성공할 수 있는 환경을 갖추고 있었다(Muir, 2007). 베네치아는 1606년 교황청 편에 서서 보수적이고 정통주의적인 교육 과정을 강조한 예수회를 추방하기도 했다.[16] 코즈모폴리턴 국경 마을이던 프랑스의 스트라스부르(Strasbourg)는 특유의 관용으로 유명했고, 스위스의 바젤은 "모국에서 박해를 피해 도망친 난민에게 친절한"(Grafton, 2009a, p. 7) 도시로 이름을 날렸다. 비텐베르크, 레이던, 루뱅(Louvain) 그리고 몽펠리에(Montpellier)는 한때 유명한 지적 혁신가와 학자들이 제집처럼 드나들던 대학 타운이었다. 1570년 이후 런던의 기적 같은 성장에는 명백하게 문화가 영향을 끼쳤다(Harkness, 2007, esp. pp. 160-169; Slack, 2015, p. 75). 대항해 시대의 도시화와 르네상스 도시에서 상업의 번성은 향후 유럽 발전에 의도치 않은 토대가 되었다. 또한 네덜란드처럼 상대적으로 작은 일부 유럽 국가가 편지 공화국에서 크나큰 역할을 맡았다는 사실은 놀랍기만 하다. 관대한 다원주의(적어도 대부분의 경우)의 중심지로서 네덜란드의 중요성은 이미 잘 알려져 있다. 바넷(Barnett, 2015)은 스위스가 이탈리아의 편지 공화국과 북부 유럽의 편지 공화국을 이어주는 가교 역할을 했다고 지적했다. 특히 여러 언어를 쓰는 특성을 잘 살려 편지 공화국에서 나오는 책들을 다양한 언어로 옮기는 다수의 번역가를 배출했다.

따라서 정치적 분열은 세금과 효율적인 통치 이상으로 중요했다. 정치적 분열은 문화적 다원주의가 등장할 수 있었던 중요한 요인이다. 16세기 들어 이단적인 문화적 변이가 많은 분야에 걸쳐 등장하기 시작했으며, 이는 기존의 진입 장벽이 변형되거나 무너졌음을 의미했다. 새로운 사람들이 지식과 사상의 모든 분야에서 전통적인 통념에 도전했다. 그 반작용으로 많은 보수적인 조직이 혁신가들을 박해하기 시작했고, 이 과정에서 가장 혁신적이던 문화적 사업가들이 목숨을 잃기도 했다.[17] 그 어떤 유럽 국가도 박해로부터 완전하게 자유롭지 않았다. 어떤 때는 개신교 국가가 가톨릭 국가보다 편협하기도 했다. 선도적인 종교 개혁가도 관용의 모범은 아니었으며, 초기 계몽주의 철학자 모두가 아이디어 시장의 공평한 경쟁을 믿었던 것도 아니다.

보수 세력의 강력한 반대에도 불구하고 이단과 혁신은 날로 번창했다. 분열, 방랑 지식인 그리고 인쇄술의 확산으로 인해 기득권은 문화적 사업가들이 만든 불온하고 이단적인 새로운 믿음에 대한 통제력을 상실했다. 한 국가가 사상가들을 탄압하려는 움직임을 보일 경우 다른 곳으로 도망치면 그만이었다.[18] 관련 연구에 따르면, 이렇게 옮겨 다니는 데 들어가는 비용이 분명 높았음에도 불구하고 유럽의 지식인들은 굉장히 자주 삶의 터전을 바꾸었다(Mokyr, 2006c).[19] 체코 모라비아 출신의 지식인 얀 코메니우스는 극단적이기는 하지만 대표적인 사례다. 그는 자신의 견해를 계속 지켜나가며 처형을 피해 굉장히 다른 4개국(보헤미아, 영국, 폴란드, 네덜란드)에서 망명 생활을 이어가야만 했다. 하버드 대학교의 초대 총장직을 맡아달라는 제안을 거절하고 다섯 번째 국가로는 가지 않았다. 데시데리위스 에라스뮈스(Desiderius Erasmus) 역시 방랑하는 지식인이었다. 로테르담에서 태어난 그는 파리에서 공부하고 바젤, 루벤, 케임브리지에서 일했다. 루벤에 머무는 동안 자신의 진보적인 성경 해석에 반대하는 비평가들에게 위협을 느낀 에라스뮈스는 바젤로 몸을 피해야만 했다. 하지만 오랜 시간이 흘러 가장 존경받는 저명한 인문주의 학자로 성장한 그가 가장 논쟁적인 사안에 대해 강력한 입장을 밝히길 거절했을 때, 반대자들로부터 심각한 수준의 위협을 받았다는 기록은 없다. 에라스뮈스의 가까운 친구이자 처형당한 에스파냐 콘베르소(converso: 가톨릭으로 개종한 에스파냐의 유대인—옮긴이)의 아들 후안 루이스 비베스는 16세에 에스파냐를 떠나 다시는 돌아가지 않았으며, 브뤼주(Bruges: 벨기에 서북부의 도시—옮긴이)와 영국을 오가며 살았다.

　이처럼 많은 지식인은 종교적 불관용을, 때로는 채권자와 질투심 많은 남편 그리고 지적 활동의 방해물을 피하고 배움과 후원 그리고 교수직을 얻기 위해 이 나라 저 나라를 떠돌아 다녔다. 이 밖에도 지식인은 새롭고 더 나은 지식을 얻고 자신들의 사상을 더 많은 사람에게 알리기 위해 방랑하기도 했다. 방랑은 불편하기도 하고 많은 위험 요소가 도사리고 있었지만, 유럽 전역에 흩어져 있는 가장 훌륭하고 명망 있는 학자들과 함께 공부하는 것은 가장 중요한 학습 방식이었다. 영국은커녕 고향 그랜섬(Grantham) 인근의 작은 마을 링컨셔(Lincolnshire) 북쪽으로는 절대 여행하지 않은 뉴턴 같은 지식인은 소수에 불과했다. 무엇보다 방랑은 탄압과 처형으로부터 스스로를 보호하는 방편이었으며, 이단적인 사상을 가진 학자들이 다른 나라로 달아날 수 있다는 게 상식으로 자리 잡으면서 유럽에서는 관용의 문화가 형성되기 시작했다.

홉스가 《리바이어던(Leviathan)》을 파리에서 쓰고(홉스는 영국인이었다—옮긴이) 로크가 《관용에 관한 편지(Letter on Toleration)》를 암스테르담에서 완성한 것은(로크 역시 영국인이었다—옮긴이) 편지 공화국 지식인들이 어떻게 일했는지 보여주는 단적인 사례다. 네덜란드 법률가 휘호 흐로티위스(Hugo Grotius)는 네덜란드를 피해 파리로 도망쳤다. 대부분의 삶을 네덜란드에서 보낸 데카르트는 모리스 공(Prince Maurice)이 1619년 강경한 칼뱅주의자들과 손을 잡자 네덜란드를 떠났다. 에라스뮈스가 죽은 지 2세기가 지난 후에도 유럽의 지식인들은 여전히 정치적 분열을 활용했다. 볼테르가 1750년대 당시 프랑스의 탄압이 현실적인 위협으로 다가올 때를 대비함과 동시에 개인 극장을 금지한 제네바의 억압 정책을 피하기 위해 제네바의 공권력이 닿지 않는 국경 인근의 페르니(Ferney)라는 작은 프랑스 마을에 대저택을 구입한 일화는 이미 유명하다. 기번이 관찰한 것처럼 유럽에서 "근대의 폭군(modern tyrant)"은 "불만을 품은 자들이 안전한 피난처와 그의 능력에 걸맞은 부를 쉽게 얻고 …… 불만을 말할 자유"를 얻는다는 걸 발견할 수 있을 것이다(Gibbon, 1789, vol. I, p. 100). 우리가 살펴본 것처럼 독일과 이탈리아의 정치적 분열은 반동 세력의 분노 섞인 탄압을 피하기 위해 방랑하던 많은 지식인을 보호했다.[20] 많은 지적 혁신가들은 서로 경쟁하는 강대국 사이에서 자유롭게 움직일 수 있었다.[21] 게다가 지식인들이 쉽게 움직이기 힘든 경우에는 인쇄술의 발전과 운반 비용의 절감 등으로 그들의 책이나 글이 쉽게 퍼질 수 있었다. 이단자를 박해하는 세상은 더 이상 가능하지 않았다.

근대 초기 유럽의 정치적 분열 때문에 애초부터 유럽인이 다른 지역의 사람들보다 특별히 더 관용적이었다고 말할 수는 없다(실상은 반대였다). 그보다 유럽인의 관용이 두드러진 이유는 장기적으로 봤을 때 불관용이 비효율적이었기 때문이다. 1660년 무렵부터 사회적 분위기상 굉장히 무례한 사상으로 여겨져도 그런 이단적인 사상에 대한 관용은 점차 커지고 있었으며, 파괴적이거나 반항적인 지식인에 대한 탄압은 정당성을 잃어가기 시작했다. 1678년 네덜란드의 삼부회(Estates General)가 스피노자의 책을 금지했음에도 은밀하게 출간 및 확산된 것에서 알 수 있듯 대부분의 유럽 국가는 사회적으로 용인된 전통에 립서비스를 하고 금서를 지정할 필요성을 여전히 느꼈던 게 사실이다. 1734년 볼테르의 《철학 서간(Lettres Philosophiques)》도 이와 비슷한 운명을 맞이했다. (프랑스는 상징적인 의미로 《철학 서간》을 불태웠다.) 하지만 영국에서 신성 모독죄로 처형된 마지막 인물은 계몽주의 시대가 본격적으로 열리기 직전이던 1697년 명백한 반기독교적 신앙으로 에든버러에서 교수형을 당한 토머스 아이켄헤드(Thomas Aikenhead)였다. 유니테리언 이론은 16세기에는 사형에 처할 만한 중죄였고 뉴턴을 불편하게 만들었지만, 뉴턴 말년에는 대체로 용인되었다.[22] 당시 만연했던 거의 모든 성우(sacred cow, 聖牛: 비판 또는 의심조차 불허할 정도로 지나치게 신성시된 관습이나 제도-옮긴이)를 도살하다시피 해 "엄청난 적대감을 불러일으킨" 자유분방한 사상을 가진, 아일랜드 지식인 존 톨런드는 옥스퍼드 대학교에서 쫓겨나는 것 이상의 처벌을 받지 않았다(Daniel, 2004). 프랑스에서 가장 유명세를 떨친 계몽주의 작가들은 자신이 검열 당국과 "악의 없는 몸부림"을 한다고 생각했다(Gay, 1969, p. 77).[23] 대다수 통치자는 말썽꾼들에 대한 처벌은 무의미하다고 보기 시작했고, 처벌을 한다 해도 마음이 내키지 않는 경우가 많았다. 데이비드 흄은 에든버러에서 무신론 자라는 이유로 종신 교수직에서 탈락했지만 그것 외에는 큰 고초를 겪지 않았다. 칸트 역시 자신의 이단적인 사상 때문에 겪었던 가장 큰 어려움은 프러시아 왕의 '질책'이었다고 느꼈을 정도다. 지식인들은 약간의 불확실성에 직면하기는 했으나 급진적 사상의 생산과 흐름에 영향을 줄 정도는 아니었다.

18세기 중반이 되자 이른바 유럽의 전제주의 국가들에서도 반대 의견과 이단자에 대한 탄압은 현실적인 위협이 아니라 형식상의 절차가 되었다고 말할 수 있다. 유럽의 보수적인 통치자들은 "이길 수 없다면 같은 편이 되어라"는 정책을 도입하는 방향으로 태세를 전환했고, 계몽주의의 많은 사상을 받아들이면서 어떻게 보면 모순적인 '계몽전제주의'를 만들기에 이르렀다(Scott, 1990). 종교적 관용, 아이디어 시장에 대한 자유로운 진입, 지적 공동체의 초국가적 특성에 대한 신념 등의 자유주의는 계몽주의의 핵심 사상이었다. 이는 혁신가들이 대중을 설득할 수 있는 공정한 기회를 부여받는 아이디어 시장의 기능이 제대로 작동할 수 있게끔 만드는 제도의 문화적 토대다. 하지만 동시에 지적 혁신을 자극함으로써 근대 경제가 등장하는 기반을 마련하기도 했다.

경쟁과 편지 공화국

근대 초기 유럽의 지적 커뮤니티는 다양한 학자와 지식인으로 구성된 초 국가적 네트워크인 편지 공화국과 다중심적 정치 환경으로 이루어졌다. 이 커뮤니티의 중요성은 실로 엄청났다. 우선 이런 커뮤니티는 지적 혁신 가들이 모국보다 지식을 확산할 수 있는 더 큰 시장이었으며, 정치적 분 열에 의한 한계를 극복하는 데도 도움을 주었다. 통치자의 권력은 영토에 국한했지만 지식인들의 영향력은 정치적 영토를 개의치 않았다. 더욱이 편지 공화국에서 생산하는 지식은 지역적 특색이 스며든 것이 아니기 때 문에 보편성에 호소할 수 있었다. 무엇보다 이런 지적 커뮤니티는 학계와 예술계의 '슈퍼스타'들을 고무하는 제도적 인센티브를 제공했다.[1] 에라스 뮈스는 학자 친구들을 가리켜 "모든 이들의 동료"(Schoeck, 1982, p. 303)라 고 말했다. 1세기 후 토머스 브라운은 "라틴어 공화국"과 "학습 공동체"라 는 단어를 사용하면서 지식 공유는 이런 커뮤니티의 모든 구성원이 마땅 히 짊어져야 할 의무라고 강조했다(Denonain, 1982, p. 371). 이런 지적 커뮤니티는 새로운 아이디어가 서로 경쟁하는 시장뿐 아니라 동료들의 인정과 명성 그리고 후원을 얻고자 하는 아이디어 생산자에게도 공정한 시장이 되었다.[2] 아이디어 시장은 학자들의 질투심이 지혜를 늘리는 건강한 질투라는 탈무드의 격언을 떠올리게 한다.

분명 편지 공화국의 영향력을 과대평가해서는 안 된다. 1500~1700년에 압도적인 수의 유럽인은 편지 공화국의 존재 자체를 전혀 몰랐을 것이다. 편지 공화국은 작았으며 종종 붕괴 위기를 맞이하기도 했다. 편지 공화국의 불안정한 존립은 몇몇 거인과 그들의 발자취를 따라간 모든 사람의 강인한 마음에 의존했다. 당시까지만 해도 계몽된 시대가 아니었으며 관용과 보편성에 대한 관념은 아직 불완전했다. 하지만 앤서니 그래프턴(Anthony Grafton, 2009a, p. 5)의 멋들어진 표현처럼 어둠의 바다에서 작은 무리의 지식인, 자신만의 가치와 규칙을 정립한 학자 무리가 부서지기 쉬운 탈것을 타고 항해하기 시작했다. 더욱이 이들은 고립되지도 않았다. 이들의 진정한 저력은 그들 사이의 밀접한 유대감에서 나오는 놀랄 만큼 효율적인 네트워크였다. 이런 네트워크는 의도적으로 구축한 것이 아니지만 역사적인 변화의 바람을 불러오기에는 충분했다. 여기서 우리는 근대 초기 유럽에서 '국가'의 등장에 주목해야 한다. 우스노(Robert Wuthnow)는 "권력을 잡은 자들은 문화 생산자의 일을 크게 도와주거나 방해하는 정책을 세우곤 했다"(Wuthnow, 1989, p. 17)고 언급했지만, 이런 주장은 '문화의 생산자'이면서 동시에 국적에 상관없이 최고 인재를 영입하고자 노력했던 통치자와 부유한 사람들이 치열히 경쟁해야만 했던 지적 커뮤니티의 초국가적 성격을 간과한 말이다. 권력은 문화가 진화하는 데 일정 수준의 영향을 끼쳤던 게 사실이지만 분명 제한적이었으며, 더욱이 권력자의 성격에 의해 촉발된 정치적 사건에도 영향을 받았기 때문에 일관성이 없었다(Wuthnow, 1989, pp. 167-168).

편지 공화국은 현대의 역사학자들이 만들어낸 창조물이 아니다. 편지 공화국은 당대 지식인이 그 중요성을 인식하고 있던 실존한 제도였다.[3] 피에르 벨(Pierre Bayle)은 1684년 상대적으로 안전한 네덜란드에서 〈편지 공화국의 뉴스(Nouvelles de la République des Lettres)〉라는 제목의 정기 간행물을 발행하기 시작했다. 벨은 "시민들"에게 "우리는 아폴로의 자식들이기 때문에 모두 동등하다"고 썼다(Dibon, 1978, p. 45에서 인용). 여기서 벨이 말한 "모두"는 이 서신을 쓸 당시엔 1200여 명의 엘리트를 가리킨 말이었지만 1세기 후에 이들은 1만 2000여 명으로 늘어났다(Brockliss, 2002, p. 8). 이런 수치를 어느 정도까지 신뢰할 수 있는지는 의심의 여지가 있으나 지적 엘리트에 속하는 사람의 비율이 전체 인구에 비해 아주 적었다는 것은 분명하다. 앞서 밝힌 대로 편지 공화국은 사실상의 지식인 커뮤니티로, 모든 이들에게 공개된 편지와 출판물을 통해 운영되었다. 하지만 영국의 왕립학회와 프랑스 왕립 아카데미를 비롯해 18세기에 설립한 많은 유럽 학회의 사례에서 보듯 편지 공화국은 분명 실제로도 존재했다.[4] 편지 공화국은 재능, 노력 그리고 독창성과 창조성을 보여준 창의적인 사람들에 대한 보상 문제를 해결한 제도였다.

후원은 분명 큰 부분을 차지하기는 했지만 편지 공화국 학자들이 받을 수 있었던 유일한 인센티브는 아니다. 유럽의 통치자와 여러 후원자가 그들의 가치를 인정해야만 지적 자산에 대한 정당성을 인정받을 수 있었다. 당시 유럽 최고의 지식인들을 후원한 프리드리히 대왕의 잘 알려진 사례에서 보듯 이런 전통은 18세기까지 유지되었다. 하지만 정말로 중요한 것은 동료 학자들의 평가였다(David, 2008). 후원자 처지에서 보면, 학문과 예술을 후원하는 것은 분명 과시적 소비이기 전에 현실적 이점도 분명히 제공했다. 부유한 상인은 자연사를 비롯해 항해와 회계학, 공학, 의학 그리고 점성술 같은 그들에게 직접적으로 영향을 줄 수 있는 현실 세계의 학문에 깊은 관심이 있었으며, 따라서 전문가와 지식인이 필요했다. 자연스레 슈퍼스타 지식인에 대한 경쟁은 치열했고, 그들은 더 나은 조건을 얻어내기 위해 협상을 했다. 하지만 그렇지 못한 사람은 후원을 얻기 위해 고군분투해야만 했다. 일반적으로 과학적 명성이 높을수록 더 좋은 후원을 받을 기회도 많았다(David, 2008). 그리고 이런 학문적 명성은 고전 학문에 얼마큼 정통한지가 아니라 해당 학문에 **독창적** 기여를 했는지 여부로 결정되었다. 그리고 학자의 독창성은 동료들이 평가했다. 이런 방식으로 편지 공화국 체제는 지적 혁신이 일어날 수 있도록 환경을 조성하고 인센티브를 주었다.

유럽 대륙에서 명성을 얻기 위해서는 원활한 커뮤니케이션이 필수였다. 르네상스 시대의 유럽은 정치적 및 민족적 경계를 초월한 학자와 기술자의 긴밀한 편지 네트워크를 구축했다(Collins, 1998). 상업과 중장거리 무역의 성장에 힘입어 이런 네트워크는 유럽 전역에 걸쳐 확대되었다. 항해 기술을 포함해 교통 기술의 발전은 편지 공화국이 확대될 수 있었던 열쇠였다. 지식인의 명성과 편지 네트워크는 상호 보완적이었다. 지식인은 학계의 슈퍼스타와 의사소통할 수 있는 능력으로 스스로를 평가했기 때문이다. 18세기 편지 공화국의 가장 두드러진 지식인 중 한 명이었던 달랑베르(Jean le Ronde d'Alembert)는 1746년 프랑스 아카데미(French Academy)의 원장을 역임하기도 한 존경받는 편지 공화국의 지식인이던 장 부이에(Jean Bouhier, 1673~1746)의 추도문에서 이렇게 말했다. "학자들이 자신의 명성을 높이는 데 …… 서신 왕래보다 더 중요한 것은 없다. …… 심지어 위대한 라이프니츠도 무명의 작가들에게 편지로 답장을 했다"(d'Alembert, 1821, vol. 3, p. 325).

　후원의 대가로 지식인은 군주나 귀족 등 자신의 후원자들에게 충성심을 보여야 했지만, 그 충성심은 아첨 섞인 감사에 지나지 않을뿐더러 그들은 지식인이 무엇을 어떻게 쓰는지 직접적으로 관여하지도 않았다. 광신도적 신앙이 판을 치던 시대에도 가장 유망한 학자와 후원자들은 종교적 신앙에 대해 꽤나 유연했다.[5] 많은 왕국과 후원자, 대학교 그리고 나중에는 다양한 학회가 가장 능력 있고 유명한 지식인을 섭외하기 위해 국경을 초월한 경쟁을 했는데, 이는 장기적으로 후원자와 종교적 권위를 가진 지식인에게 행사할 수 있는 통제력을 제약했다. 이런 경쟁은 지식인이 개방된 아이디어 시장에서 새로운 사상을 제안할 수 있는 상대적 자유가 높았음을 의미한다.[6] 17~18세기의 일부 통치자는 과학자와 지식인을 궁중에 두는 대신 그들이 통제하는 학회와 대학에 공식 임명하는 식으로 후원을 공식화했다. 지적 혁신가들이 누리는 후원이 때로는 변덕스럽고 때로는 자기 일에 개입하더라도, 대부분의 지식인은 정치와 종교적 권위로부터 합당한 수준의 자율성을 보장받을 정도로 후원자들 사이의 경쟁은 치열했다.

　이런 독립성 덕분에 지적 커뮤니티의 지식인들은 모든 분야에서 전에 없던 새로운 사상의 꽃을 피우는 지식 혁신을 달성할 수 있었다. 그리고 동료 학자와 지식인에게 인정받기 위해 새로운 생각으로 독창적인 이론과 개념을 만든 이단적이고 능력 있는 학자들이 등장했다. 궁정 후원은 유럽의 최고 학자에게 그들의 관심사를 탐구할 수 있는 자유와 즐거움을 주었고, 혁신에 우호적이지 않은 대학교로부터 그들을 해방시키기도 했다. 더욱이 예술가와 과학자가 사회적으로 명성 있고 권력 있는 고위급 인물들로부터 인정받는다는 것은 "누구를 아는지"가 "얼마나 소유했는지"처럼 사회적 명성을 좌우하는 시대에는 지식인의 명성과 지위를 나타내는 매우 중요한 지표였다(Hahn, 1990, p. 7). 소수의 슈퍼스타를 제외하고 근대 초기 유럽에서 지식인의 사회적 지위는 여전히 매우 낮았다. 권력 있고 지위 높은 후원자는 지식인에게 존재감을 드러내고 이름을 높일 수 있는 기회를 제공했다. 따라서 후원은 창의적이고 교육받은 지식인에게 스스로를 드러내는 강력한 인센티브를 제공했다. 18세기에 부르주아의 경제력이 커지면서 잠재적 후원자의 인구도 그만큼 늘었다.

유럽 국가 체제에서 정치적 경쟁과 이른바 '공개 과학(open science)'으로 알려진 근대 초기 유럽에 등장한 지적 엘리트의 새로운 학문적 특징 사이에는 밀접한 관계가 있었다(David, 2008). 소수의 사례를 제외하고 새로운 사실을 발견하거나 새로운 통찰력을 얻은 학자들은 책이나 팸플릿, 편지, 학술지를 통해 자신의 학술적 발견을 공론화했다. 그들은 이런 방식으로 다른 사람에게 자신의 연구 결과를 알리고 명성을 쌓을 수 있었다. 에이먼(Eamon, 1994)은 근대 초기 유럽에서 과학은 더 이상 비밀스러운 학문이 아니라고 설명했다.[7] 지식의 비밀성을 줄이고 유용한 지식을 우리가 오늘날 '오픈소스(open-source)'라 일컫는 체계로 편입시키면서 유럽의 지식인은 정보의 접근 비용을 줄여주는 제도를 구축했다. 하지만 일각에서는 "그 어떤 전근대 시기의 혁신 가운데 문서로만 확산된 것은 단연코 없다"(Epstein, 2013, p. 53)고 주장하며 문서화한 지식과 그런 지식을 확산한 네트워크의 중요성을 일축하기도 한다. 하지만 이런 유의 주장은 다소 근시안적이다. 수학 지식이건 실험 지식이건 형식적 지식은 문서화한 커뮤니케이션 방식을 통해 확산했다.

근대 초기 유럽 지식 세계의 중심이자 핵심인 공개 과학의 성장은 의식적인 노력으로 구축되지 않았다. 당시 유럽의 학술적 공개 과학은 학자들이 동료 사이에서 이름을 높이고 후원을 얻어 재정적 안정과 자유 그리고 방해 없이 연구에 몰입할 수 있는 시간 등 여러 이점을 획득하려는 노력의 의도치 않은 결과였다. 그로 인해 지식인은 유용한 지식에 좀더 저렴하게 접근할 수 있었고, 이는 다시 기술 발전과 생산성 향상 그리고 경제 발전에 영향을 주었다(Mokyr, 2005). 이처럼 오픈소스는 한 제도가 내재화하고 이것이 다시 문화적 신념으로 이어지는 '피드백 고리'의 좋은 사례다. 지식을 체계화하는 사회적 방식으로서 공개 과학과 지식에 대한 자유로운 접근은 그 자체로도 존중 및 보호받아 마땅한 가치가 되었다. 하지만 오픈소스는 지식 생산의 고전적 딜레마를 선보였다. 다시 말해, 공개 과학의 원칙에 따라 공공재인 지식이 자유롭게 확산한다면, 지식을 만들어내는 사람은 어디에서 인센티브를 얻고 어떻게 보상을 받을 수 있을까? 지적 혁신가들은 어떤 종류의 재산권을 얻을 수 있을까?

지식에 대한 재산권은 정확히 어떤 뜻일까? 새로운 지식이 생산되면 전유성(專有性: 기술이나 지식에 대한 수익을 보호받을 수 있는 정도—옮긴이) 문제가 대두한다. 즉 일부 지식만을 다른 사람에게 전달할 수도 없고 특정 부류의 사람들이 접근하지 못하게 막지도 못하기 때문에 유용한 지식의 경제학은 간단한 문제가 아니라는 것을 많은 학자들은 오래전부터 인지했다. 지적 혁신가들은 새로운 지식을 비밀로 유지하거나 극소수 사람에게만 공개할 수 있지만, 그럴 경우 자신이 만든 지식을 통제하지 못할 수도 있고 자칫 완전하게 공개될 위험도 부담해야 한다. 더욱이 지식은 다른 사람이 쓰더라도 지적 혁신가가 사용할 수 있는 지식의 양이 줄어들지는 않는다. 대신 새롭게 생산된 지식을 아이디어 시장에서 '판매'하려 할 때는 자신이 챙길 수 있는 몫이 줄어든다. 명제적 지식을 '판매'하는 경우는 어떤 상황에서도 매우 적으며, 따라서 인센티브 구조는 명확하게 구축되어 있지 않다. 지금까지 존재한 대부분의 사회는 보상이 없고 위험 부담은 크다는 이유로 유용한 지식을 적게 생산했다.

1600년 무렵부터 오직 서유럽에서만 이런 지식이 경제 활동의 모든 측면에 영향을 끼칠 만큼 빠른 속도로 축적되는 조건을 조성했다는 것은 실로 놀라운 일이다. 하지만 그 방법은 복잡했다. 일반적으로 유용한 지식에 대한 재산권에는 세 종류가 있다. 첫째, 명제적 지식은 많은 사람에게 인정받아 자신의 명성을 높이기 위해 보통 공적인 담론의 장에서 활발하게 논의되었다. 여기서 재산권이란 배제성 없는 동료들의 인정이다. 출판 기술과 편지 문화는 이 체제를 제대로 운영하는 데 대단히 중요했다. 아이젠슈타인(Eisenstein, 1979, p. 229)은 "필기 문화는 …… 지적 재산권에 반대되는 개념이다"고 지적했으나 실제로 유럽 지식인은 그들의 글을 어떻게든 발표하려고 모든 수단을 동원했으며, 심지어 간단한 안내문이나 "과장된 선전문"까지 발표하기에 이르렀다고 강조했다.

둘째, 명제적 지식과 반대로 새로운 처방적 지식(기술)을 만든 지식인은 다른 사람을 배제함으로써 지대를 추구하고자 했다. 어떤 분야에서 발명품은 특허로 등록되었다. 이론적으로 특허란 발명가가 임시적인 독점을 대가로 정보를 공개하거나 정부 기관으로부터 돈을 지급받는 것을 의미한다. 또한 특허를 반대하던 지식인들은 자신의 지식을 비밀에 부치기도 했다. 18세기 이탈리아 수공업자 길드(Belfanti, 2004, pp. 574-575)와 몇몇 발명가(가장 유명한 예로는 영국의 시계 제작공이자 제강업자 벤저민 헌츠먼(Benjamin Huntsman))는 그들의 지식을 비밀로 유지했다. 비밀은 지식이 쉽게 역공학(reverse engineering, 逆工學: 완성품을 분석해 제품의 기본적 설계 개념과 적용 기술을 재현하는 것)되지 않을 때 의미가 있다. 이처럼 유용한 지식을 자유롭게 공유하고 공개적으로 확산하는 게 도덕적 의무였던 편지 공화국의 오픈소스 원칙이 기술의 세계에서도 똑같이 적용된 것은 아니다(Allen, 1983).[8] 셋째, 새로운 처방적 지식을 고안한 기술자와 발명가는 이름값을 높여 큰 부를 얻기 위해 지식을 공개하는 경우도 있었다. 그 시대의 많은 성공적인 기술 발명가는 대중의 인정, 학문적 지위, 후원 그리고 높은 보수의 직업을 통해 보상을 받았다. 이런 관점에서 그들 역시 편지 공화국의 문화권에 속해 있었다.[9] 여기서 알 수 있듯 공개 과학과 사유(私有) 기술의 영역이 흐릿해지면서 많은 발명가에게 돌아가는 금전적 보상은 줄어들었지만, 공개 과학의 개념이 기술 영역까지 스며들면서 새로운 기술의 확산을 가속화했다.[10] 코크스 제철법을 발명한 에이브러햄 다비(Abraham Darby), 창의적인 도예가 조사이어 웨지우드, 그리고 전사수차를 발명한 존 스미턴을 포함해 영국 산업혁명의 많은 위대한 발명가들은 특허 제도에 크게 기대지 않았다.

세 가지 종류 중에서 첫 번째 인센티브는 장기적으로 봤을 때 가장 결정적이었다. 어떻게 그리고 왜 이런 일이 일어났는지 이해하기 위해 엘리너 오스트롬(Elinor Ostrom: 2009년 노벨경제학상 수상자—옮긴이)의 공공 자원에 대한 **공동체 관리** 이론을 살펴보는 게 도움을 줄 것이다. 지식은 공공 자원과 공통점이 많기 때문이다(Ostrom and Hess, 2007). 지속적인 경제 성장을 이끌 수 있는 유용한 지식을 생산하는 데 필요한 규범과 규칙을 만들고, 이런 규칙을 준수하는 이들에게는 보상을 하고 그렇지 않은 사람들을 처벌하는 데 이런 공동체의 역할은 매우 중요하다. 언뜻 이런 유형의 공동체는 불가능해 보인다. 이미 지적했듯 유럽은 정치적으로 굉장히 분열해 있었고, 당시 기준으로 공공 기관이 지역 규모 이상의 공공 자원을 관리하는 것은 정치적 힘을 초월한 것이었기 때문이다. 하지만 르네상스 후기에 들어서자 지속 가능한 지식 창출에 유리한 환경을 조성할 수 있는 제도가 등장했다.

　이 공동체는 당시 문학 공화국(Respublica Literaria)으로 알려진, 즉 이 책에서 거듭 언급하는 편지 공화국이었다. 이미 많은 역사학자들(Daston, 1991; Brockliss, 2002; Darnton, 2003; Grafton, 2009a; Fumaroli, 2015)이 편지 공화국에 관심을 보였지만 유용한 지식을 생산하고 확산한 제도로서 편지 공화국의 중요성은 충분하게 논의되지 않았다. 편지 공화국은 지식은 비경합적이고, 따라서 편지 공화국의 많은 사람에게 공유 및 확산되어야 한다는 암묵적 믿음을 토대로 글로벌하게 연결된 학자와 지식인들이 세운 '보이지 않는 대학'이었다. 편지 공화국이라는 커뮤니티의 엘리트 지식인과 과학자는 편지 네트워크, 인쇄 기술 그리고 지역별 만남 등을 통해 새로운 지식을 확인하고 확산시켰다. 편지 공화국의 지식인은 편지에 대답하는 것을 도덕적 의무로 여길 만큼 네트워크의 견고함은 성공과 직결되었지만, 이런 가상의 커뮤니티에서 구성원은 진정한 친구가 될 수도, 철천지원수가 될 수도 있었다. 초반에는 중요한 사상을 라틴어처럼 공통의 국제어로 출판하는 것이 중요했다. 그러나 17세기 들어서는 그 자신 학자이기도 한 번역가들이 많은 유럽인이 읽을 수 있도록 번역을 하면서 대다수 지식인이 자신의 모국어로 출판을 할 만큼 편지 공화국은 효율적으로 운영되었고 그 규모 역시 커졌다. (그럼에도 프랑스어는 공통의 국제어로서 라틴어를 어느 정도 대체했다.) 실제로 이런 번역은 누가 지적 세계에서 스타 학자였는지를 보여주는 강력한 신호였으며, 동시에 이류 학자들이 다른 언어권 학자의 책을 자신의 독창적인 저서로 둔갑시키는 기회를 제공하기도 했다.

　편지 공화국의 역사적 뿌리는 재발견된 고전주의 사상에 대한 찬양, 그리고 성 어거스틴의 《신의 도성(City of God)》까지 거슬러 올라가는 기독교 공화국(Respublica Christiana), 그리고 고전 세계와 중세 교회로 대변되는 지적 결속력의 전통(실존의 전통이든 가상의 전통이든 상관없이)에 있었다. 중세 시대 후기에 등장한 스콜라 철학 지식인들은 교회의 보호 아래 초국가적인 지적 커뮤니티를 형성했다. 하지만 16~17세기에 등장한 지적 커뮤니티는 처음에는 이탈리아인이 지배하다시피 했지만 서서히 알프스 북쪽으로도 확산되어 갈리아족(현재 프랑스인—옮긴이)과 개신교도에 의해서도 영향을 받아 당시까지 당연한 것들로 받아들이던 많은 교리에 대한 회의감을 부추겼다는 의미에서 굉장히 다른 종류의 제도였다. 이처럼 편지 공화국은 '로마가톨릭교회의 교육받은 귀족'들로부터 점차 분리되었다. 하지만 공통의 이익을 위해 함께 일하는 신비롭고 일관적인 학술 커뮤니티는 계몽주의 시대까지, 그리고 이후에도 계속 이어졌다(Fumaroli, 2015, pp. 121-123).

편지 공화국은 아이디어 시장과 그 정체성이 운영되도록 지지한 제도였다. 이 시장에서 지식인은 자신의 사상을 받아들이도록 다른 지식인을 설득했고, 그렇게 확산된 아이디어는 더 높은 명성으로 이어졌다. 편지 공화국은 아이디어 시장이 제대로 작동할 수 있게끔 규범과 인센티브를 수립해 궁극적으로 유럽의 경제 발전에 매우 중요한 제도적 뼈대를 제공했다. 그러면서 편지 공화국은 재능 있고 교육받은 남성과 여성에게 과학과 의학 그리고 철학을 비롯해 많은 학문 분야에서 새로운 사상을 탐구하고 그들의 연구 결과를 공개할 수 있도록 동기 부여를 했다. 지적 혁신물은 다른 외부 요인이 아닌 오로지 탁월성만을 바탕으로 평가되며, 이렇게 선택된 훌륭한 지적 혁신물은 보상을 받는다.[11] 이 같은 인센티브는 아이디어 시장의 외연적 및 내연적 성장을 이끌어냈다. 이런 보상 체계는 젊은이들에게 자연철학을 포함한 학문 분야에서의 커리어가 충분히 수익성 있다는 신호를 보냈고, 더 많은 사람이 학문적 커리어를 쌓기 위해 투자하면서 외연적 성장이 이루어졌다. 아울러 이런 사람들이 더 많은 시간을 투자하고 더 치열한 노력을 들이면서 내연적 성장 또한 가능해졌다.

편지 공화국의 기원은 로테르담의 에라스뮈스 시절까지 거슬러 올라가지만(MacLean, 2008, p. 18; Fumaroli, 2015, pp. 45-47), 시간이 지나면서 발전에 발전을 거듭해 1680~1720년의 초기 계몽주의 시대에 이르러서야 완전하게 성숙해졌다(Ultee, 1987, p. 97).[12] 시작부터 편지 공화국의 구성원은 지적 재산은 공공 재산이라는 것을 완벽하게 인지하고 있었다(Grafton, 2009a, p. 9). 처음에는 공식적인 제도나 연례 회의도 없고 그들만의 학술지도 발행하지 않았던 편지 공화국은 공개 과학을 지원하면서 무수하게 많은 학술적 규칙을 만들고 강제했지만 무엇보다 가상의 커뮤니티였다. 공유 지식의 '비극'에 대한 오스트롬 교수의 비평에 기초한 자치 공동체와 달리 편지 공화국은 지역별 단체도 아니었으며 물리적 공간에 구애받지도 않았다(Eisenstein, 1979, p. 138). 편지 공화국은 대체로 장거리 여행과 인쇄물 또는 편지로 물리적 거리를 초월한 초국가적 네트워크로서 지역별 단체와는 달랐다. 게다가 비교적 드물기는 하지만 편지 공화국의 시민들은 서로 활발하게 방문하고 종종 외국의 대학교에서 공부하기도 했다. 편지 공화국은 영토와 종교에 큰 관심을 보이지 않고 더욱이 민족과 언어 같은 부수적인 특징을 무시했다는 점에서 진정한 코즈모폴리턴 제도였다. 편지 공화국은 (몇몇 학자에게는 편지 공화국의 수도나 다름없던) 파리에서 멀리 떨어진 지역까지 영향을 미칠 정도로 범유럽적인 제도였다. 따라서 크로아티아의 뛰어난 수학자 마린 게탈디(Marin Getaldi, 1568~1626)는 유럽에서 높은 명성을 누렸지만 결국에는 자신의 고향인 두브로브니크에 정착했다. 그리스인 테오필로스 코리달레우스(Theophilos Corydalleus, 1563~1646)는 당시 유럽 주변 국가 출신의 야망 있는 학자들이 그랬던 것처럼 파도바 대학교에서 공부한 뒤 오스만 제국 내 그리스 공동체에서 신(新)아리스토텔레스 사상을 가르치며 그들의 교육 제도를 파도바 대학교와 비슷한 방식으로 개혁했다. 아마도 편지 공화국에서 가장 성공한 폴란드인으로는 수학자이자 의사로서 코페르니쿠스의 열렬한 지지자였던 얀 브로제크(Jan Brozek, 1585~1652)일 것이다. 그 역시 파도바 대학교에서 공부한 뒤 크라쿠프 대학교에서 학생을 가르쳤다. 얀 욘스톤과 코메니우스 같은 학자들은 종교적 분위기와 후원 그리고 직업 유무에 따라 폴란드와 헝가리 그리고 중부 유럽을 떠돌아다니며 일했다.[13]

편지 공화국이 지탱한 아이디어 시장은 일반 시장의 기준으로 봤을 때 다소 특이하다고 할 수 있다. 동료 학자들에 의해 결정되는 성공적인 아이디어에 대한 보상은 높아진 명성이다. 하지만 이런 보상의 크기는 지적 혁신이 사회에 어떠한 실질적 가치를 창출하는지와 관련이 없다. 심지어 종종 국가는 첫 번째 망원경 같은 지적 혁신의 결과를 군사용으로 활용하기도 한다. 모든 학자에게는 동료의 인정을 받는 것이 매우 큰 보상이자 학문적 동기를 부여했다. 17세기 후반 혁신에 대한 기득권 세력의 탄압이 시들해지면서 자연 탐구는 뚜렷하게 덜 위험한 것으로 받아들여지기 시작했고, 혁신에 긍정적인 인센티브는 더욱 강력해진 반면 부정적인 인센티브는 약해졌다. 급진적 혁신가의 연구 활동도 마찬가지였다. 지적 혁신가는 여전히 당시의 도덕과 종교적 관습에 얽매여 있었지만, 그들은 이런 관습을 손쉽게 우회하기도 했다.[14] 사람들이 점차 지적 혁신에 매료되면서 명성과 후원을 얻고자 하는 더 많은 사람들은 새로운 사상을 탐구하고 아이디어를 제시하기 시작했다. 대부분의 새로운 아이디어는 거부되었으며 당시 수용했던 획기적인 아이디어가 모두 세월의 시험을 견딘 것도 아니다. 하지만 편지 공화국의 견고한 선택 기제가 가동되면서 장기적으로는 기술 발전이 이루어졌다. 이처럼 새로운 아이디어가 지속적이고 기술 주도적인 경제 성장으로 이어지기 위해서는 여러 조건이 맞아떨어져야 했다. 그중에서도 새로운 아이디어를 실제 성공적인 생산으로 옮긴 사람에게는 수익은 물론 동료들의 존중을 받을 수 있다는 충분한 확신이 있어야 했다.

그렇다고 해서 편지 공화국이 전적으로 가상의 커뮤니티였던 것은 아니다. 몇몇 편지 공화국 지식인이 대학교에서 일한 것처럼 편지 공화국은 실체 있는 단체에 의해 운영되기도 했다. 물론 앞에서 언급한 것처럼 대학교는 보수적이고 기득권을 보호하려는 경향이 있어 선도적인 문화적 신념을 키울 능력이 제한되었기 때문에 편지 공화국 시민과 대학교의 관계는 매끄럽지 않았다. 이 외에도 아이젠슈타인은 유럽의 인쇄소가 편지 공화국 제도의 물질적 토대를 제공했다고 꼬집어 말했다. 이런 인쇄소는 지식인에게 부와 명성을 가져다준 학술지와 책을 생산했다. 더욱이 인쇄 공장은 이단적인 외국인의 피난처이자 만남의 장소로 활용되었던 "국제적 모임 장소"이기도 했다(Eisenstein, 1979, pp. 139, 449).

출판인들은 여기서 그치지 않았다. 유럽 전역에서 다양한 서적과 글을 출판하며 그들은 반동적인 정부의 검열을 근본적으로 무기력하게 만들었다. 따라서 출판인은 지식인의 제한된 이동성을 깔끔하게 보완했다. 계몽주의 시대에 암스테르담은 다른 지역에서 금지된 책을 출판하는 장소로 제한적 의미에서 "편지 공화국의 중심 도시"였다(Eisenstein, 1979, p. 420). 계몽주의 시대에 가장 유명한 프랑스 작가들의 글은 주로 프랑스 밖에 있는 인쇄소에서 출판했다. 15장에서 논의하겠지만 유럽의 공식적인 아카데미와 과학 학회는 제도화한 편지 공화국의 대표 기관이었지만 17세기가 끝날 무렵까지 중심적 역할을 하지 못했다.

가상 커뮤니티였는지 또는 실체 있는 기구였는지에 상관없이 편지 공화국은 과학혁명과 계몽주의 시대 유럽에서 유용한 지식의 놀라운 도약을 이끈 핵심 제도였다. 이런 맥락에서 제도는 경제 주체들이 반드시 준수해야 하는 규칙의 총합이라고 볼 수 있다. 이 같은 경제적 제도가 만든 규칙은 학문적 성공과 명성, 이름값으로 지식인에게 보상하며 이는 다시 물질적 보상과 사회적 지위의 향상으로도 이어졌다. 편지 공화국의 가장 중요한 규칙은 진입의 자유, 모든 유형의 지식에 도전할 수 있는 경쟁, 초국가성 그리고 새로운 지식을 공공의 영역에 기꺼이 노출시키려는 의지였다. 이 마지막 규칙은 공개 과학의 핵심이었으며 편지 공화국의 윤리적 바탕이었다. 지식의 자유로운 교환과 개방은 '공화국'의 암묵적 규칙이었다. 이런 규칙을 준수하면서 편지 공화국 지식인들은 "정보를 사고팔았던 무역의 세계에서 스스로를 도덕적으로 분리했다"(Bertucci, 2013, p. 838). 신학과 언어학, 천문학과 의학 그리고 자연철학까지 대부분의 학문에 대해 편지 공화국 시민들의 생각은 서로 크게 다를 수 있었다. 하지만 그들은 이런 논쟁을 다루고 해결하는 규칙에 대해서는 일반적으로 동의했다.

스스로를 편지 공화국의 시민이라고 생각한 학자들은 학문의 핵심도 중요하지만 자연철학 연구를 어떻게 진행해야 하는지, 그리고 어떤 주제를 마땅히 탐구해야 하는지에 대해서 서로 논쟁했다. 7장에서 살펴봤듯 과학 연구와 실험철학에 대한 프랜시스 베이컨의 여러 글은 명제적 지식이 증가하는 데 영향을 주었다. 베이컨의 제자들은 더 나아가 연구 방식에 대한 원칙을 만들면서 스승의 사상을 더욱 발전시켰다. 로버트 훅은 유고작《보편적 계획(General Scheme)》에서 감각과 직관은 "비밀스럽고 섬세한 행위자인 자연의 작동 원리"(Hooke, 1705a, p. 6)를 온전히 이해하기에 절대로 충분하지 않다고 주장했다. 대신 그는 자연철학에 이성을 적용할 것을 주장하면서 "철학 대수(philosophical algebra)"라는 개념을 제안했다 (Hooke, 1705a, p. 7). 17세기 말이 되자 이런 연구에 필요한 것이 무엇인지 명확해졌다. 바로 과학 도구를 활용한 실험 방식과 관찰이었다.

편지 공화국의 지식인들은 지식의 타당성, 즉 지식의 근거와 주장의 설득력을 판가름할 수 있는 과학적 언어와 수사법을 구사하기 시작했다. 하지만 대부분의 담론은 누가 신뢰할 만한 사람인지에 대한 질문으로 귀결되었다. 셰이핀(Shapin, 1994, pp. 212 ff.)은 7개의 기준, 또는 "논리 평가를 위한 금언"을 제시했다. 셰이핀이 말한 기준에는 타당성(이미 알려진 지식과의 일관성), 사실적 및 공정한 근거, 이론의 내적 일관성, 그리고 동일한 사안의 여러 근거와 얼마나 일치하는지 여부 등이 있다. 셰이핀의 몇몇 기준은 우리가 5장에서 살펴본 문화 진화의 편향과 흡사하다. 다시 말하지만, 아이디어 시장에서는 설득이 중요하다. 그러나 설득은 부분적으로 새로운 지식을 검증하는 것이지만, 동시에 **누가** 신뢰할 수 있고 **무엇을** 믿을 수 있는지에 대한 것이기도 했다. 다른 시장에서와 마찬가지로 아이디어 시장에서 거래하는 상품은 그 성격뿐만 아니라 누가 판매자인지도 중요했다.

이 시기에 연구 방식에 대한 새로운 기준, 연구 결과의 신뢰성에 대한 새로운 기준, 그리고 엄격함의 새로운 기준이 등장했다. 그중 가장 중요했던 것은 수학을 적용할 수 있는 분야(천문학과 기계학)에서 수학을 활용했는지, 실험이 가능한 학문 분야에서 타당한 자료를 사용했는지, 그리고 수학과 실험이 가능하지 않은 분야(식물학과 곤충학)에서는 실증적 자료를 수집하고 세심한 분류가 이뤄졌는지 여부였다. 실험할 때도 객관적 근거로 공정한 추론, 실험의 반복 가능성, 측정의 정확성과 오염되지 않은 실험 자료, 실험 절차를 객관적으로 관찰할 수 있는 믿을 만한 증인 같은 여러 규칙을 준수해야만 했다. 물론 이런 관습은 당시에도 전혀 새로운 것은 아니었지만 이러한 기준이 학문과 실험에 더욱 중요해지면서 과거의 권위나 미학, 형이상학적 기준이나 도덕적 기준 같은 다른 고려 사항은 과학자들의 뇌리 속에서 사라지기 시작했다. 베이컨이 논쟁의 수단으로서 실험 개념을 들고 나온 이후로 이런 엄격한 기준은 특히 더 인기를 끌었다. 베이컨의 영향력은 왕립학회의 초창기 멤버들 사이에서 특히 강력했는데, 이들의 관점은 실험 연구의 여러 장점을 깊이 있게 관찰한 스프랫 주교(Bishop Sprat)가 잘 요약한 바 있다(Sprat, 1667, pp. 403-430).[15] 그럼에도 실험을 반복함으로써 결과를 검증하는 데 들어가는 비용과 어려움으로 인해 어쩔 수 없이 논쟁은 신뢰와 사회적 명성에 어느 정도 기댈 수밖에 없었다(Shapin and Schaffer, 1985).

편지 공화국과 자연철학자 사이의 네트워크는 마크 그라노베터(Mark Granovetter, 1973, 1983)의 유명한 개념인 "느슨한 연결 고리의 힘"이 얼마나 효과적인지 보여주는 좋은 사례다. 가족이나 작은 사회 같은 강한 연결 고리와 달리, 가상의 커뮤니티인 편지 공화국의 시민은 상호 연결되어 있되 서로 겹치는 사람이 많이 없을뿐더러 공유하는 정보도 중복되지 않았다. 새로운 정보와 아이디어는 강한 연결 고리를 맺고 있는 사람들보다 느슨하게 연결된 사람들에게 더 잘 확산한다. 밀접하게 연결된 개인은 동일한 정보의 출처를 공유하거나 아니면 비슷한 근거를 갖고 있을 개연성이 높기 때문에 강한 연결 고리에 있는 사람은 중복된 정보를 제공할 가능성이 높다. 반대로 사람들을 느슨하게 연결하는 연결 고리는 '다리'와 같고, 이런 다리는 사람들에게 새로운 정보를 주고받는 통로이기 때문에 연결 고리가 느슨하다는 말은 새로운 정보가 확산하는 좀더 효율적인 네트워크를 의미한다.

편지 공화국의 시민은 서로를 잘 몰랐다. 이 때문에 편지 공화국은 혁신이 일어나고 정보를 공유 및 평가하는 매우 효과적인 커뮤니티가 될 수 있었다. 이처럼 느슨한 연결 고리는 지역별 커뮤니티 **사이**를 이어주는 다리가 되었지만, 대학교나 학회 같은 지역별 커뮤니티에 속한 개인은 끈끈한 관계를 맺고 있었다(Granovetter, 1983). 느슨한 연결 고리의 단점은 구성원 사이의 신뢰도가 상대적으로 빈번하게 상호 교류하며 끈끈한 연결 고리로 묶인 사람들보다 낮을 수 있다는 것이다. 하지만 신뢰도가 상대적으로 낮다 해도 느슨한 연결 고리는 중복되지 않은 정보를 제공하기 때문에 더 많은 유용한 지식의 유통 통로가 된다(Levin and Cross, 2004, p. 1480). 연결 고리는 근대 과학의 발전에 빼놓을 수 없는 분업화를 가능케 한 신뢰에 대한 우리의 생각을 바꾸어놓기에 충분했다. 권위에 기대어 새로운 사상을 받아들이는 직접 편향은 신뢰를 요구하지만 동시에 편지 공화국에서 유용한 지식이 등장할 수 있었던 배경에는 권위에 대한 의심과 도전이 있었다. 셰이핀은 이런 딜레마를 이렇게 설명했다. "사회 이론가들이 사회 질서를 무너뜨리는 가장 강력한 방법이라고 말한 불신은 우리의 지식을 구축하는 가장 강력한 수단이기도 하다"(Shapin, 1994, p. 17). 근대 초기 유럽에서 새로운 사상을 가능케 한 단어를 꼽자면 고전주의, 우주의 구성, 물리적 및 생물학적 환경 그리고 궁극적으로 우리 영혼의 불멸성에 대한 **의심**과 **회의론**이었다.

사실 편지 공화국의 시민은 자신의 신뢰도에 많은 시간과 노력을 들였다. 로버트 보일을 포함해 많은 실험주의자들은 실험 연구 뒤에 자신의 명성이 있다는 것을 알리기 위해 노력했다. 당시 사회적 명성은 신사적 '명예' 및 신뢰와 밀접하게 연관되어 있었다(Shapin and Schaffer, 1985; Shapin, 1994, pp. 185-192). 보일이 누렸던 높은 사회적 명성을 갖추지 못한 사람들은 자신의 학문적 신뢰도를 쌓기 위해 사회적 지위가 높은 후원자를 얻는 것을 정당화했다(Biagioli, 1990). 하지만 당시에도 아이디어 시장에 새로운 사상을 내놓기 위해서는 후원자의 존재만으로 충분하지 않았다. 자신의 학문적 성과를 성공적으로 '팔기' 위해, 다시 말해 성공적으로 설득하기 위해서는 어느 정도의 근거와 논리가 뒷받침되어야 했다. 쉽게 검증할 수 있는 이 같은 혁신적 지식이 가장 많이 생겨나는 것은 바로 이런 유형의 느슨한 네트워크다. 이와 반대로 견습 제도와 인맥을 통해 전수되는 장인 기술 같은 암묵적 및 실용적 지식은 느슨한 연결 고리보다 강력한 연결 고리를 통해 더 잘 확산되었다(Epstein, 2013).

편지와 책으로 의사소통을 하는 문서화한 지적 혁신의 세계에서 창의성의 원동력은 신뢰가 아니라 의심이었다. 물론 모든 학자가 혼자서 새로운 이론의 모든 부분을 확인하고 검증한다는 것은 생각할 수 없기 때문에 지식을 확장하기 위해서는 어느 정도의 신뢰가 필요했다. 하지만 의심은 신뢰의 주변에서 싹튼다는 셰이핀(Shapin, 1994, pp. 19-21)의 지적대로 새로운 지식을 창출하는 데 의심과 신뢰는 서로 보완 관계에 있다. 로널드 레이건이 인용한 유명한 러시아 속담 "신뢰하되 검증하라"와 비슷한 맥락이다. 발전은 이렇게 일어나는 것이며, 이처럼 발전이 싹틀 수 있는 토대는 편지 공화국에서 유통된 문서화한 지식에서 찾을 수 있다.

엡스타인(Epstein, 2013, p. 67)이 그랬던 것처럼 우리는 유럽의 기술 발전에서 형식적 지식과 문서화한 지식의 중요성을 너무나도 쉽게 간과하는 경향이 있다. 이런 태도는 장인 기술과 장인에 의한 점진적 기술 발전이 수확 체감의 법칙에서 벗어나기 위해서는 중대한 돌파구를 마련해야 한다는 것을 인정하지 않는다. 형식적 지식과 문서화한 지식은 의심에, 그리고 암묵적 지식은 신뢰에 의존한다는 것은 지나치게 단순화한 표면적 주장이다. 실험 지식에는 언제나 암묵적 지식이 포함되어 있으며 우리가 오늘날 '재료와 방법'이라고 부르는 것은 글로써 완전하게 설명할 수 없다. 다스굽타와 데이비드(Partha Dasgupta and Paul David, 1994, p. 495)가 지적했듯 암묵적 지식과 문서화한 지식은 새로운 지식을 만들고 이를 확산하는 데 중요한 보완재 역할을 했다.

거의 만나지 않거나 한 번도 만난 적 없는 사람들의 느슨한 네트워크는 역설적이게도 매우 분열된 유럽 사회를 하나로 묶어주었고, 공통된 목표를 위한 결속력도 만들어냈다. 최소한 원칙적으로는 학자들의 국적과 종교 그리고 사회적 지위는 학문적 평가에 영향을 끼치지 않았다. 하지만 현실적으로 편지 공화국 시대에는 이런 것들이 매우 중요했다. 실제로 편지 공화국의 대부분 지식인이 인정한 것보다 더 중요했다.[16] 편지 공화국은 초국가적 제도이기는 했으나 정치적 현실을 무시한 채 존재할 수는 없었다. 라이프니츠와의 우선권 논쟁에서 뉴턴을 지지한 많은 사람을 18세기 "철학적 애국주의"의 일종이라고 부르는 것은 다소 극단적이기는 하지만, 그중에는 분명히 영국에 대한 충성심 때문에 그렇게 한 이들도 있었다(Shank, 2008, p. 181). 에드워드 제너(Edward Jenner: 우두 접종법을 발견한 영국의 의학자—옮긴이)의 유명한 말처럼 과학은 "전쟁을 하지 않는다"는 게 참인지 아닌지는 아직 답을 찾을 수 없는 문제다. 디드로가 흄에게 말한 지식인은 "모든 국가에 속하고" 결코 그 출생증명서를 요구받지 않는다(Gay, 1966, p. 13)는 편지 공화국의 이상이 현실 상황과 늘 부합한 것은 아니었다. 18세기는 계몽주의 시대이기는 했지만 또한 중상주의 시대이기도 했으며, 편지 공화국에서 생겨나고 확산한 정보를 종종 국가가 탈취하기도 했다. 만약 계몽된 세계시민주의(cosmopolitanism)가 중상주의 시대의 민족주의를 완전하게 제압하지 못했다면, 편지 공화국의 구성원은 외국

학자들이 어떤 국가의 학문적 업적을 찬양할 때 그 국가의 명예와 영광도 높아질 것이라고 주장했을 것이다(Daston, 1991, pp. 378-379). 편지 공화국 지식인의 많은 노력에도 불구하고, 1700년 이전엔 이들의 업적 가운데 현실적으로 극적인 기술 발전을 이끈 혁신의 돌파구가 별로 없었다. 하지만 이들이 만들어낸 결과물 중 현실 세계에서 바로 적용할 수 있는 과학으로 이어진 사례가 적다는 것은 역설적으로 공개 과학이 가능할 수 있었던 이유다. 만약 편지 공화국 지식인의 혁신이 국가가 판단하기에 국익에 매우 중요한 과학으로 속속 이어졌다면, 통치자들은 지식이 국경을 넘어 자유롭게 공유되는 것을 막았을 것이며, 특히 중요한 발견을 비밀로 유지했을 것이다. 이 역시 베이컨이 원했던 바다. 장기적으로 이런 비밀성이 성공적이었을지 여부는 의문이다. 하지만 편지 공화국의 초국가적 성격이 퇴화했을 것임은 분명하다.

편지 공화국의 거의 모든 시민은 교육 수준이 높았으며 일부 예외를 제외하고는 라틴어와 모국어에 모두 능통했다. 많은 편지 공화국 지식인이 의학이나 법학을 공부했다. 물론 그들은 모두 다양한 분야에 관심을 가진 박학다식한 지식인이었다. 대부분은 여전히 종교적 신념이 강했지만(17세기 영국의 많은 저명한 청교도를 포함해서) 대체로 개방적이었으며, 엄격한 교조주의를 피하면서 근거와 논리를 따랐다. 그들은 여전히 물리학과 천문학, 의학 등 많은 분야에 대한 고전주의 책을 공부하고 고대인의 업적에 대한 정중한 존경과 립서비스도 잊지 않았다. 하지만 만약 근거와 논리가 충분하다면 고전주의 학문에 도전했고, 필요하면 고전 학문을 바꿔야 한다는 게 편지 공화국 지식인의 근본적인 태도였다. 그들은 고대의 지식인이 많은 면에서 틀렸다는 것을 인정했다.[17] 의사소통의 수단으로 편지 공화국 시민은 책과 소식지, 학술지와 팸플릿 그리고 점차 편지와 개인적 인맥에 의존했다(Collins, 1998). 실제로 서신 교환은 편지 공화국을 움직이는 핵심이었다(Ultee, 1987). 이런 네트워크의 중심에서 편지를 필사하고 다양한 사람에게 보내는 책임을 맡은 특별한 사람을 "인텔리전서"라고 불렀다.[18] 개인적인 편지가 더욱 확산할 수 있도록 이른바 '주소국(offices of addresses)'으로 알려진 편지 교환소가 유럽 전역에 세워졌다.[19] 다음 세기에는 학술지가 점차적으로 편지 네트워크를 보완하기 시작했다. 최신 과학의 발전을 전문적으로 다루는 독립된 정기 학술지로 널리 알려진 〈자연사와 물리학에 대한 의견 그리고 예술(Observations sur la Physique, sur l'Histoire Naturelle, et sur les Arts)〉을 출간한 프랑수아 로지에(François Rozier, 1734~1793)는 미국 철학학회가 새로운 정보를 자신에게 보내면 "3개월 내에 모든 유럽인이 알게 될 것이다"고 확신에 찬 어투로 말하면서 이런 편지 교환은 "과학 발전에 빼놓을 수 없다"고 덧붙였다(McClellan, 1979, p. 444에서 인용).

아이젠슈타인을 비롯한 학자들은 편지 공화국이 진화하는 데 인쇄 기술의 발명이 중요했다고 강조하지만, 마르크 퓌마롤리(Marc Fumaroli, 2015, pp. 24, 37)에 따르면 베네치아의 정치가이자 인문학자 프란체스코 바르바로(Francesco Barbaro)는 인쇄술을 발명하기 최소 30년 전에 편지 공화국이라는 단어를 처음 사용했다. 인쇄 기술에 가려 주목을 받지 못했지만 편지 공화국을 유지하는 데 매우 중요했던 것에는 유럽 대륙에 걸친 우편 제도의 발전이 있었다. 우편 혁신은 유럽 과학자와 기술 리더들이 서로 소통하면서 지식을 확산시키는 데 중추적 역할을 한 상호 연결성을 구축했다. 훗날 프란츠 폰 탁시스(Franz von Taxis)로 알려진 프란시스코 드 타소(Francisco de Tasso)와 그의 형제들이 이끈 타소 가문은 16세기 초 이탈리아, 독일 그리고 합스부르크 영토에 우편 제도를 구축하면서 유럽 우편 제도의 발전에 지대한 공을 세웠다. 16세기 중반 무렵에 타소 가문이 구축한 우편 제도는 유럽 대륙 대부분으로 확대되면서 역사상 가장 견고한 비즈니스 왕국 중 하나를 설립했다. 프랑스의 우편 제도는 1603년 앙리 4세가 대중으로부터 우편물을 받을 것을 지시하고 몇 년 후에 초대 우편국장을 선임하면서 세워졌다. 이처럼 유럽의 우편 제도는 카를 5세가 통치하는 합스부르크 제국의 내부 통신망에 대한 수요와 점차 관료화하기 시작한 다른 민족 국가들, 그리고 예수회 같은 국제적인 종교 단체의 장거리 의사소통을 반영한 부산물이었다. 하지만 무엇보다도 유럽 역내·외로 장거리 무역이 증가하면서 무역과 금융 관련 정보를 주고받아야 할 필요성이 증가했던 게 이런 우편 제도가 발전하는 데 중요했다.[20] 따라서 편지 공화국이 그토록 의존했던 인프라는 편지 공화국과는 전혀 다른 역사적 현상에 대한 의도치 않은 부산물이었다.[21] 이런 관점에서 문화의 변화는 우리가 생각하는 것보다는 우연에 의해, 그리고 우회적으로 물질적 세계에 의해 이루어진다는 것을 알 수 있다.

따라서 1500년 이후 생겨난 편지 네트워크는 편지 공화국의 매우 중요한 부분이었다. 편지 공화국의 지적 커뮤니티 구성원이 된다는 것은 다른 사람들과 연결된다는 것을 의미했다. 폴 디봉(Paul Dibon, 1978, p. 46)이 말한 것처럼 "편지 공화국의 모든 시민은 개인 서신이나 직접적인 접촉을 중심으로 서로 소통할 수 있는 방식을 구축하고 유지하며 권장하는 엄격한 의무가 있었다". 마침내 1660년대에 이런 커뮤니티의 이상향을 담은 공식 기관이 설립되었다. 영국 왕립학회가 베이컨 추종자들로 구성된 '보이지 않는 학회'에서 성장한 일종의 상향식 자발적 단체였던 반면, 프랑스 왕립 아카데미는 당시 재무장관 콜베르(Jean-Baptiste Colbert)가 앞장서서 설립한 하향식의 정부 주도 단체였다.[22] 이처럼 정부의 후원을 받는 공적 기관과 편지 공화국처럼 가상의 네트워크로 연결된 커뮤니티 사이에는 "공부하면서 친목을 다질 목적으로" 매주 수요일 회원의 집에서 번갈아가며 모임을 가진 베를린의 즐거운 사교 모임(societé amusante)처럼 다양한 준(準)공식적인 문학 클럽이 등장했다(Goldgar, 1995, p. 2). 이런 단체는 커피 하우스나 술집 같은 장소에서 진행된 '대중 과학' 운동의 일부였다(Stewart, 1992).[23] 머지않아 이런 단체는 〈주르날 데 사방(Journal des Savants)〉과 〈왕립사회회보(Transactions of the Royal Society)〉 같은 학술지를 정기적으로 발행하기 시작했다. 공교롭게도 두 학술지는 1665년 최초로 간행되었고, 처음부터 전문적으로 과학과 기술을 다룬 것도 아니다. 이런 정기 간행 학술지는 인쇄된 책과 개인적 편지를 대체하기 시작했으며, 오늘날 우리가 과학 논문이라고 부르는 것의 시초가 되었다(McClellan, 1979, p. 425).[24]

이런 단체는 지역별로 제도와 운영 방식에서 차이점을 보였지만 대부분의 편지 공화국 지식인은 높은 교육 수준, 지식 축적과 확산에 대한 확고한 믿음, 그리고 이런 지식이 결국에는 인류에 도움을 줄 것이라는 베이컨식의 굳은 신념이라는 공통분모를 갖고 있었다. 이 기간 동안 지식인의 사회적 지위가 상승했다는 것도 덧붙일 필요가 있다. 지식인은 자신들의 사회적 지위가 높아지면서 존경심도 높아졌다는 것을 점차 느끼기 시작했다. 그리고 고급 살롱에 초대되어 엘리트 문화에 맞는 옷차림을 하고 교양 있는 행동을 할 것을 요구받았다.[25] 물론 로버트 단턴(Robert Darnton)이 말한 "3류 문인의 거리"로 대변되는 지하 지식 세계도 존재했지만 그 영향은 아마도 미미했을 것이다(미국 역사학자 로버트 단턴은 프랑스 혁명과 계몽주의는 계몽사상이 아니라 연애 소설과 비방문의 3류 문학이었다고 주장했다―옮긴이).

이런 지적 커뮤니티에서 개방, 경합 그리고 경쟁의 이상이 점차 두드러지기 시작했다. 반교조주의는 편지 공화국 지식인의 중요한 공통분모였다. 편지 공화국 초기부터 지식인은 그들의 계몽 군대를 침묵시키려는 "무수히 많고 강력한 적과 싸우는" 군대라고 스스로 생각했다. 에라스뮈스는 편지 공화국 지식인이 "무장한 시민"(Fumaroli, 2015, p. 47)이라고 비유적으로 말했다. 여기서 중심적인 이슈는 당대인들이 '철학의 해방(libertas philosophendi)'이라 일컬은 것이었다. 철학의 자유는 마르실리오 피치노(Marsilio Ficino, 1433~1499) 같은 인문학자들에 의해 르네상스 유럽에서 부활한 고대의 개념이지만(MacLean, 2006, pp. 264-265) 조르다노 브루노, 갈릴레오, 캄파넬라, 데카르트, 스피노자 같은 거인들에 의해 편지 공화국의 중심 교리가 되었다(Sutton, 1953). 그들은 이런 자유가 보장되지 않는 위험한 세상에 살고 있다는 사실을 매우 잘 이해하고 있었다.[26] 스튜어트(Stewart, 1994, p. 42)가 지적한 것처럼 여기서 말하는 철학의 자유는 각 학문의 경계선을 지키려는 시도의 일부였기 때문에 오늘날 우리가 말하는 학문의 자유와는 다르다.[27] 대신 이들이 원했던 철학의 자유는 각 학문의 영역 내에서 정설로 전해지는 고전주의 교리로부터의 자유로 봐야 한다. 데카르트가 비난받은 예에서 보듯 이런 학문의 경계를 뛰어넘으면 심각한 처벌을 각오해야 했다.[28]

철학의 자유가 지식(유용한 지식과 형이상학적 지식)의 확대라는 편지 공화국 시민의 공통된 신념의 토대였다는 것은 자명한 일이다. 자연철학자는 자신들이 원하는 연구를 할 수 있어야 한다고 생각했다. 그러면서 만약 그들이 찾아낸 근거가 존경받는 권위자의 말씀을 반박한다고 판단되면, 그 말씀을 (고전주의 학문일 경우) 폐기하거나 (성경일 경우) 재해석했다. 때로는 "권위에 대한 반항"과 "비판의 전통"이 계몽주의 특유의 성질이라고 여겨지기도 했다(예를 들면 Deutsch, 2011, pp. 12-13). 분명 반항과 비판은 여전히 계몽주의의 핵심이기는 했지만, 계몽주의의 기본적 신념은 이미 2세기 전에 반항과 비판으로부터 태어났다. 즉 지식은 항상 수정 및 확장되어야 하는 것으로서 사람들은 최종적인 지식이란 없다고 점차 믿기 시작했다. 스프랫 주교(Bishop Sprat, 1667, p. 429)에 따르면 실험은 "인간에게 겸손을 가르치고 그들의 실수를 깨닫게 하며 마음속에 가득 찬 자만과 건방짐을 제거해준다". 일찍이 16세기 후반의 수학자 시몬 스테빈은 "내 실수를 수정하고 새로운 발견을 추가할 수 있기 때문에"(Rossi, 1970, p. 72에서 인용) 《수학의 회고록(Mémoirs Mathématiques)》을 출판했다고 말했다. 페레스 같은 가장 영향력 있는 지도자 중 일부는 학술적 분쟁에서 존경과 절제를 요구했지만(Miller, 2000, p. 43), 이런 요구가 언제나 받아들여진 것은 아니다.

17세기 후반 들어 편지 공화국은 여러 학파가 서로의 마음을 얻기 위해 상호 경쟁한 아이디어 시장의 제도적 토대가 되었다. 피에르 벨은 《비판적 역사 사전(Dictionnaire Historique et Critique)》이라는 유명한 에세이에서 이렇게 말했다. "[학습] 연방은 극단적으로 자유로운 국가다. 진실의 제국은 오직 여기에서만 인정받는다. 그리고 이 보호막 아래서 순수한 전쟁이 누구에게나, 그리고 그 어떤 것에 대해서나 일어난다. 친구는 주변 친구들을, 그리고 아버지는 자식들을 경계해야 한다"[Bayle, (1696~1697) 1734, vol. II, p. 389].[29] 네덜란드 수학자이자 의사로서 편지 공화국의 시민 가운데 전형적으로 호전적인 학자로 통했던 니콜라스 하르추커르(Nicolaas Hartsoeker, 1656~1725)는 뉴턴, 라이프니츠, 베르누이(Jacob Bernoulli) 같은 당대의 성인으로 존경받던 인물을 공격한 많은 에세이를 당당하게 발표했다. "내가 지나칠 정도로 자유롭게 공격한 모든 사람에게 너무 나쁘게 받아들이지 않도록 공손하게 간청하는 바이다. 내가 이러는 가장 큰 이유는 다른 사람들도 내 의견을 공격해주길 바라기 때문이다. ……
이 철학 전쟁은 조금의 잉크 값만 들어가지만 피를 흘리는 일은 없을 것
이다"(Feingold, 2010, p. 183에서 인용). 그는 16세 때 레이우엔훅(Anton van
Leeuwenhoek: 네덜란드의 현미경 제작자 겸 과학자―옮긴이)으로부터 현미경의 원
리에 대해 배웠지만, 나중엔 그를 비판하는 것으로 모자라 노인이 된 옛
스승을 조롱하기까지 했다. 논쟁적인 명성에도 불구하고 표트르 대제를
비롯해 많은 통치자의 후원을 제안받았다.

1753년 편지 공화국의 역사를 회고하며 볼테르는 이렇게 말했다. "편지
공화국은 루이 14세 시절 전쟁과 종교적 차이에도 불구하고 그 누구도 모
르게 조용히 설립되었다. ……과학과 예술은 여기서 서로 도움을 주고받
았다. ……이처럼 위대한 마음들로 만든 사회에서 진정한 학자들은 서로
깊은 유대감을 느꼈고, 이들은 도처에 독립체로서 흩어져 있었다. ……
이 제도는 항상 우리와 함께하며, 〔편지 공화국은〕 야망과 정치가 지구에 흩
뿌린 악을 치유하는 위대한 위로다"〔Voltaire, (1751) 1785, vol. 21, p. 287〕.

여성도 중요한 역할을 하기는 했지만 편지 공화국은 주로 남성이 주도
했다.[30] 편지 공화국은 17세기 후반에야 완전하게 만개한 보이지 않는 대
학교로서, 상대적으로 작았기 때문에 성공할 수 있었다. 여기서 학자들
은 서로 협동을 권장했으며 배신자는 쉽게 발견되어 처벌받았다. '게임'
이 여러 번 반복되고 참여자들이 협력의 '습관'을 서로 공유하고 다른 이
들도 그리리라는 것을 인식할 때, 그리고 만약 기회주의적 행동이 쉽게
관찰 및 처벌될 만큼 참여자들의 수가 적을 때 이런 균형이 나타난다. 아
울러 이런 균형이 등장하는 조건은 그 어떤 곳보다도 편지 공화국에서 더
잘 실현되었다. 데이비드(David, 2008, p. 77)가 지적한 것처럼 "협동적 정
보 공개의 규범은 반복적인 상호 정보 교환이 가능할 수 있는 기반이 되

었고, 이는 결과적으로 모든 구성원의 명성을 드높이는 데 도움을 주었다". 이런 이유로 편지 공화국은 아무나 가입할 수 없었으며 비용이 없었던 것도 아니다. 편지 공화국의 일원이 되기 위해서는 상대의 편지에 반드시 답장을 해야만 했고, 실험 결과와 데이터는 정직하게 공개해야 했으며, 지식에 대한 빚을 졌다는 것을 인정해야만 했다. 아이디어 시장은 경쟁과 협력이 공존했다. 공급자와 수요자는 서로 경쟁했고, 이런 경쟁은 종종 마찰로 이어지기도 했다. 실제로 당시의 아이디어 시장은 종종 격렬한 논쟁, 경쟁심, 질투, 극악무도하고 역겹고 이기적인 사람들, 승진과 후원 그리고 명성을 위한 암투로 점철되면서 분열되기도 했다. 동시에 아이디어 시장 참여자들은 서로 협력하고 신뢰했다. 아이디어 시장에는 협력과 경쟁이 공존했고, 이는 결코 모순적인 것이 아니었다. 애덤 스미스 이후 경제학자들은 시장 경제의 영광 너머에 이런 독특한 조합이 있다는 것을 진작 알아차렸다.

원칙적으로 편지 공화국은 평등을 표방했지만 실제로 항상 그랬던 것은 아니다. 그래도 편지 공화국에서 혈통과 축적된 부는 지식인 계급에 크게 중요하지 않았다는 점에서 일반 사회와 달랐다. 편지 공화국 지식인은 탁월함과 독창성, 달성한 업적과 지식만을 바탕으로 평가받았으며 서로 도전하고 도전을 받았다. 편지 공화국은 매우 부유하고 귀족 집안 출신인 로버트 보일과 그의 조수로 매우 가난했던 로버트 훅, 그리고 크리스티안 하위헌스와 르네 데카르트 같은 부르주아 지식인을 크게 차별하지 않고 동등하게 대했다.[31] 부유하고 사회적으로도 명망 높았던 프랑스 지식인이자 천문학자 그리고 고전 학문에 능통한 학자이던 페레스는 '편지 공화국의 왕자'라고 불렸는데, 이런 칭호는 그의 지적 능력과 광범위한 인맥 그리고 편지 네트워크를 통해 얻은 것임에 분명하다. 페레스의 편지 중에 현존하는 것만 해도 1만 통이 넘는다.[32] 과학의 세계에서 통상적으로 어떤 위계질서에 의거해 위임하는 업무는 "위임하지 않았을 때 더 낫기"(Rosenberg and Birdzell, 1986, p. 255) 때문에 이와 같은 위계 없는 구조가 한층 더 효율적이다. 하지만 무엇보다 중요한 것은 위계의 부재가 경합성을 보장했으며, 또 유럽의 제도적 구조에서 위계와 가장 유사한 과학계 내부의 우선순위(pecking order)가 야망 있는 과학자들로 하여금 최선을 다할 수 있도록 인센티브를 제공했다는 점이다. 지금도 마찬가지지만 당시에도 과학계의 슈퍼스타가 되는 것은 대단히 매력적인 일이었다.

편지 공화국의 정신은 로버트 머튼(Robert K. Merton)이 과학의 정신으로 정의한 특징을 공유했다.[33] 즉 지적 커뮤니티를 운영하는 데 가장 중요한 규칙은 새로운 지식이 창출되면 반드시 대중에게 공개해야 한다는 것이다. 좋은 제도의 가장 중요한 특징 중 하나가 재산권을 명확하게 정의하고 실제로 집행하는 것이라면, 지적 혁신에 대해서는 우선권이 소유권과 동일한 개념이다. 발명가는 새로운 자연 규칙이나 자연 현상을 발견한 대가로 재산권을 받지만, 새로운 사상의 창시자들이 얻는 우선권에는 다른 사람이 그 사상을 사용하지 못하도록 배제하는 권리가 포함되지 않는다. 대신 그들은 다른 지식인으로부터 사상의 창시자라는 칭호를 얻는다. 성공한 지적 혁신가는 '보일의 법칙'과 '푸아송 과정(Poisson process)'처럼 자신이 창시한 새로운 사상에 자기 이름을 붙이기도 한다. 이런 식으로 비록 자신의 사상에 대해 재산권을 부여받지는 못하더라도(다른 사람을 배제한다는 의미에서) 창시자로서 인정받고 명성을 높일 수 있었다. 그러다 어느 시점부터 이런 절차가 더욱 복잡해졌다. 17세기 후반 과학자들은 자신의 아이디어를 정식으로 출판하기 전에 논문을 인장이 찍힌 봉인 봉투에 넣어 학회의 총무에게 전달하는 식으로 우선권을 인정받았다(Pancaldi, 2003).

금전적 수익이 없는 인정은 편지 공화국 지적 재산권의 규칙이 되었다. 편지 공화국 지식인이 얻을 수 있는 것은 높아진 명성이라는 간접적 보상뿐이었다. 파스칼의 사례는 새로운 사상에 대한 명확하고 잘 정의된 재산권이 어땠는지 잘 보여준다. 1647년 출판한 《새로운 경험(Expériences Nouvelles)》에서 파스칼은 자신의 경험이 "나만의 것"(Dear, 1995, p. 186에서 인용)이라고 썼는데, 그 책에 토리첼리의 생각을 인용 없이 언급했다고 누군가가 지적하자 공포에 사로잡혔다(Wootton, 2015, p. 101).

지적 혁신이 문화적 변화를 효과적으로 이끄는 힘이 되기 위해서는 지식의 확산 메커니즘이 매우 중요했다. 베이컨, 스피노자, 뉴턴 같은 지적 세계의 슈퍼스타 바로 밑에는 위대한 거인들이 만들어낸 사상을 비틀기도 하고 확산시킨 브라운, 캄파넬라, 하르틀리프, 페레스같이 교육받은 학자들이 있었다는 것을 항상 명심해야 한다. 편지 공화국은 이들에게도 크게 의존했다. 이들보다 눈에 띄지 않고 지금은 이름조차 잊힌 학자들 또한 여기에 가담했다. 진정으로 독창적인 사상가는 그들의 지식을 공유하고 확산시켜 사람들이 쉽고 빠르게 접할 수 있도록 해준 편지 공화국 네트워크의 많은 구성원에게서 도움을 받아야 했다. 그래프턴의 말처럼 유럽의 편지 공화국은 이런 지식인으로 바글거렸고, 이들의 이런 노력으로 인해 편지 공화국은 구조를 유지할 수 있었다(Grafton, 2015, p. 65).

공개 과학은 지식 시장에서 배제성과 비밀성을 노골적으로 삼갔지만, 반면 '금전적 보상 없는 인정'이라는 암묵적 관습은 지적 재산권이라는 개념을 배제하지 않았다. 새로운 아이디어와 명성은 지식인의 자산이며, 따라서 신성한 재산권을 적용해야 한다는 인식이 점차 커지기 시작했다. 1710년 영국에서 제정한 세계 최초의 저작권법인 '앤여왕법(Queen Anne's Law)'을 필두로 18세기에 걸쳐 비슷한 법령이 유럽 곳곳에서 등장했다. 원칙적으로 명제적 지식에 대한 우선권은 아이디어와 그 창시자 사이의 일대일 관계를 만들었다.

　과학자들 사이에서 발생한 많은 우선권 분쟁이 증명하듯 이 제도는 분명 완벽하지 않았다.[34] 역사적으로 볼 때 새로운 아이디어의 창시자로 인정받은 사람은 그 창시자나 최초로 발표한 사람이 아니라 아이디어 시장에 이를 가장 효과적으로 판매한 사람일 때도 있었다.[35] 하지만 과학의 개방성과 지적 담론을 동시에 보장하는 수단으로서, 그리고 창조적이고 독창적인 지식인이 지적 혁신을 계속 창출하도록 충분한 인센티브를 보장하는 수단으로서 우선권 제도는 굉장히 성공적이었다(Dasgupta and David, 1994, pp. 499-500). 만약 편지 공화국이 아이디어 시장을 운영하는 제도였다면 강제력도, 공식적 구조도 없던 편지 공화국이 이런 규칙을 지식인에게 어떻게 강제할 수 있었을까? 제도적 분석의 관점에서 답을 하면, 공유된 신념인 정당성은 모든 제도의 강제 비용을 줄인다. 따라서 편지 공화국이 이런 규칙을 성공적으로 강요할 수 있었던 이유는 편지 공화국의 정당성에서 찾아볼 수 있다. 앞에서 살펴본 것처럼 이런 규칙에는 경합, 초국가성, 개방 그리고 권위로부터의 독립이 있다.

　아이디어 시장의 인센티브는 명성이었으며, 편지 공화국은 이런 명성을 구축할 수 있는 기준을 제시했다. 명성은 개방성을 요구한다. 따라서 명성을 쌓아야 한다는 명백한 이유 외에도 개방성은 부분적으로나마 편지 공화국 과학자들의 도덕적 의무에 의해 형성되기도 했다. 데카르트는 이렇게 말했다. "나는 인류의 보편적인 선(善)을 …… 행하라는 의무를 부과한 법을 위반하지 않고서는 [물리학에 대한 내 견해를] 비밀로 유지할 수 없다. 그것들이 삶에 매우 유용한 지식을 얻을 수 있도록 해주었기 때문이다. ……그럼으로써 우리를 자연의 주인이자 소유자로 만들어주었다"

〔Descartes, (1641) 2005, p. 50〕. 하지만 경제학자들은 도덕과 이념 외에도 물질적 보상이나 이기적 동기가 있었을 거라고 의심하는 경향이 있다.[36]

웨스트폴(Westfall, 1985), 로저 한(Roger Hahn, 1990) 그리고 폴 데이비드(David, 2004, 2008)가 지적했듯 이런 제도를 운영한 인센티브는 후원자들의 보상을 받는 명성 게임의 일부였다. (이들이 출판한 책은 종종 대중의 관심을 끌면서 금전적 보상을 받기도 했다.) 동료 학자들의 평가는 특히 더 중요했는데, 예술이나 문학계의 천재들과 달리 독창적 사상의 진정한 가치는 부유한 외부인이 평가하기에는 어려움이 있었기 때문이다.[37] 따라서 편지 공화국의 지식인은 동료 학자들에게 자신의 학술적 가치를 전달할 수 있는 메커니즘을 구축했다(David, 2008). 학자들의 명성은 학문적 독창성과 수준에 기반을 두었다. 한(Hahn, 1990, p. 11)은 어느 정도의 과장을 덧붙여 지적 가치를 재는 데 사용하는 "학문적 가치 측정 기준"의 발명은 급진적 혁신이었다고 말했다. 더욱이 그들의 학문적 성과는 사회적 인맥이 상대적으로 중요하지 않던 초국가적 커뮤니티가 판단했다.[38] 이처럼 글로벌 명성은 지식인에게 협상력이 늘어나는 계기를 마련해주었으며 자연스레 지식인의 인센티브는 더욱 증폭되었다.[39] 다시 말해, 이러한 명성을 얻기 위해서는 높은 교육이나 기존 문헌에 대한 재해석이 아니라 독창적 지식을 만들어야 했다.

군주와 왕은 가장 성공하고 잘 알려진 예술가와 과학자를 후원하려 서로 경쟁했다. 이들은 유럽의 가장 능력 있는 지식인을 곁에 두기 위해 치열하게 경쟁하면서 화가 안토니 반 다이크(Anthonie van Dyck), 작곡가 장 바티스트 륄리(Jean-Baptiste Lully), 천문학자 튀코 브라헤 같은 각 분야의 슈퍼스타를 섭외하려 높은 값을 불렀다. 매우 경쟁이 치열한 세상에서 자신의 위엄과 허영심을 채우면서 부와 권력을 과시하려는 욕심은 유럽의 가장 훌륭한 인재를 확보하려는 동기로 작용했다. 통치자가 출중한 재능으로 수학을 공부한 인물을 고문으로 등용하는 것은 꽤나 흔한 일이었다. 군주는 탄도학, 축성술 그리고 금속공학을 포함한 여러 분야에서 일할 수학자, 건축가, 지도 제작자, 기술자 등 다양한 전문가가 필요했다.[40] 중상주의 시대에는 전문 교육을 받은 수학자와 기술자가 항해와 조선 기술 그리고 전쟁 기술에 도움을 줄 것으로 기대되었다. 또한 군주와 귀족은 종종 주치의를 후원해 그들이 과학 탐구에 시간을 할애할 수 있도록 했다. 대표적인 예로 앙리 2세의 주치의로 일한 천문학자 겸 의사 장 페르넬(Jean Fernel, 1497~1558)이 있다. 16세기에는 스위스의 위대한 박물학자 콘라트 게스너(Conrad Gesner, 1516~1565)가 있다. '스위스의 플리니우스'라고 알려진 그는 취리히에서 개업의를 하다가 카롤리눔 대학교(Carolinum University)에서 교수직을 맡기도 했다. 프랑스 의사 피에르 미숑 부르들로(Pierre Michon Bourdelot, 1610~1685)는 스웨덴 크리스티나 여왕의 주치의로 일했으며, 훗날 부와 권력의 정점에 섰던 프랑스 장군 콩데 공(Prince de Condé)의 주치의이자 부하가 되었다. 프란체스코 레디(Francesco Redi)는 피렌체 메디치 가문의 궁중 의사로 일했다.

유럽 군주들이 특히 관심을 가졌던 학문에는 애국심과 식민지화에 대한 열정의 대상인 지리학도 있었다. 영국의 헨리 프레더릭(Henry Frederick) 왕세자가 1612년 19세의 나이로 사망했을 때 그의 곁에는 "애국심으로 똘똘 뭉친" 훌륭한 지리학자들이 포진해 있을 정도였다(Cormack, 1991, p. 81). 군주들은 후원을 통해 전문적 조언을 얻고 학문의 발전에도 기여했지만, 그보다 후원은 군주의 이미지와 명성에 직접적인 도움을 주었다. 마키아벨리는 플라톤의 '철학왕(philosopher-king)'을 토대로 배움과 권력을 추구하는 '현명한 군주'라는 개념을 제시해 피렌체, 밀라노, 만토바의 군주 등 군벌 지도자의 티를 벗어나지 못한 이탈리아 소군주들에게 정통성을 부여했다(Eamon, 1991, p. 33). 마찬가지로 독일의 군주들도 현실적인 과학 탐구의 길을 열 수 있었다(Moran, 1991b, p. 169). 뉴턴은 영국의 조폐국장이 된 후 화폐 위조범에 대해 무차별적인 공격을 가했다. 18세기 독일의 의사이자 수학자 프란츠 에피누스(Franz Aepinus, 1724~1802)는 러시아 예카테리나 여제의 후원을 받아 그녀의 암호국장(Head of Cryptographic Services)으로 임명되었다. 존 드자귈리에는 찬도스 공작(Duke of Chandos)의 후원으로 다양한 기술 프로젝트에 참가하고 동시에 과학에 깊은 관심이 있던 캐롤라인 왕비(조지 2세의 아내)에게 여러 가지 과학적인 주제를 소개해주었다.[41]

후원은 금전적인 보상 이상이었다. 비아지올리(Mario Biagioli, 1990)는 후원은 비경제적인 동기에서 비롯했다고 말하면서 후원에 대한 "새로운 시각"을 제시했다. 비아지올리뿐 아니라 모런(Bruce Moran, 1991a, p. 3)도 힘과 재력 있는 엘리트와의 관계는 과학자에게 "사회적 그리고 지적 정당성"을 제공했다고 주장했다. 이런 관점에서 보면 후원은 수단이자 목표였다. 높은 사회적 지위를 누리는 사람을 위해 일하면서 실험과학자는 그들의 결과물에 후원자의 문장(紋章)이 새겨진 봉인을 찍고 명성을 얻을 수 있었다. 비아지올리가 주장한 것처럼 후원은 자연철학자가 사회적 지위를 얻는데 도움을 주었다. 하지만 사회적 지위가 정말로 인지적 정당성(cognitive legitimization)을 얻는 데 필요한 비밀번호였는지는 좀더 지켜봐야 한다. 갈릴레오와 케플러 그리고 클라비우스(Christopher Clavius) 같은 사람들의 명성은 그들의 업적에 대한 결과가 아니라, 그들의 사회적 지위와 후원자의 결과였다는 비아지올리의 주장은 도가 지나친 우스갯소리로 여겨지기도 했다(Biagioli, 1990, pp. 5, 28). 만약 비아지올리의 견해를 문자 그대로 받아들인다면 궁중 철학자는 후원자를 위해 무료로 일하거나 심지어 그들의 궁중에서 일하면서 보호를 받기 위해 돈을 지불한 경우도 있어야 한다.[42] 후원에 대한 비아지올리의 해석에는 중요한 진실이 분명 담겨 있지만 많은 과학자에게 후원이 수익과 안정감을 주었다는 것은 부정할 수 없으며 (그리고 부정할 필요도 없다), 웨스트폴의 주장처럼 후원을 받기 위해서는 학문적 기여도를 가장 잘 판단할 수 있는 동료들의 평가가 매우 중요했다.

다양한 유형의 후원이 있었다. 대부분의 후원자는 위신을 얻을 목적으로 궁정에 지식인을 불러 모은 유럽의 귀족과 왕들이었다. 국정 운영에는 서툴렀던 합스부르크의 루돌프 2세(재위: 1572~1612)는 프라하의 궁전에 많은 과학자와 예술가를 초빙했다. (당시 프라하는 합스부르크 제국의 수도였다.) 튀코 브라헤와 요하네스 케플러는 합스부르크 궁정에 소속된 지식인이었으며 카롤루스 클루시우스(Carolus Clusius)와 샤를 드 레클루스(Charles de l'Écluse, 1526~1609) 역시 합스부르크 궁정 소속이었다. 루돌프 2세와 그의 아버지 막시밀리안 2세의 후원을 받은 클루시우스는 현대 식물학의 아버지로서 코즈모폴리턴이자 여행가였으며, 인맥이 굉장히 풍부한 전형적인 16세기 편지 공화국의 지식인이었다(Evans, 1973, pp. 119-120).[43] 그중 갈릴레오는 가장 유명한 사례다. 갈릴레오는 1610년 피렌체의 코시모 대공(Grand Duke Cosimo)으로부터 메디치의 궁중 수학자 겸 철학자로 임명된 후로 (그의 연구가 종교적인 교리와 너무 크게 충돌하지 않는 한) 원하는 연구를 마음껏 할 수 있는 자유를 얻었다. 웨스트폴(Westfall, 1985)에 따르면, 갈릴레오는 메디치 가문의 후원을 얻기 위해 진지하게 로비했으며, 자신이 그토록 탐내던 자리를 차지하는 데 유리한 방식으로 연구 방향을 설정하기까지 했다. 이들 외에도 여러 학문의 슈퍼스타들이 자신의 명성에 걸맞은 높은 보상의 직위를 찾아다녔다. 네덜란드 수학자 크리스티안 하위헌스와 이탈리아 천문학자 조반니 도메니코 카시니(Giovanni Domenico Cassini)는 1660년대에 프랑스 왕립 아카데미에 자리를 잡았다. 하지만 재력 있는 귀족과 상인도 지식인을 후원했다.[44]

부유한 가문이나 귀족 가문의 자제를 가르치는 일은 안정적이고 편안한 삶을 추구하는 지식인의 또 다른 업이었다. 캐번디시(Cavendish) 가문은 토머스 홉스에게 아이들 교육을 맡겼고, 수학자 윌리엄 오트레드(William Oughtred)는 애런델 백작(Earl of Arundel)의 아들을 가르쳤다. 프랑스의 천재적 학자 이삭 카조봉(Isaac Casaubon, 1559~1614)은 영국에서 피난 생활을 할 때 종종 제임스 왕의 별장으로 초대받아 신하들과 함께 학문에 대한 지적인 대화를 했다. 르네 데카르트는 스웨덴 여왕에게 고용되어 그의 아들을 가르쳤다. 이와 같이 후원이 정당성을 얻기 위한 것이라는 비아지올리의 이론은 완벽하지 않다. 요컨대 후원자와 지식인 사이에는 복잡하고 다면적인 서비스 교환이 이루어졌다.

후원은 복잡하기도 하고 유연하기도 했다. 궁중 후원은 지식인에게 지적으로 많은 제약을 준 대학교의 대안이었다(Moran, 1991b, p. 169). 이따금씩 궁중 후원은 적들로부터 보호해주는 정치적 보호막이 되기도 했다. 앞에서 언급한 톰마소 캄파넬라는 루돌프 황제와 바이에른(Bayern)의 막시밀리안, 그리고 영향력 있는 여러 가톨릭 신자들이 보호하려고 힘을 썼기 때문에 살아남아 연구에 몰입할 수 있었다. 갈릴레오 역시 학문적인 적들로부터 스스로를 보호하기 위해 피렌체의 힘 있는 후원자들에게 의존했다. 그렇다고 모든 과학자가 후원을 얻기 위해 연구를 했던 것은 아니다. 지금도 그렇지만 당시에도 지식인이 과학 연구와 지적 혁신을 할 수 있었던 동기에는 금전적 보상과 개인적 호기심, 동료들로부터의 인정과 존중, 진실 추구에 대한 헌신, 국가나 인류에 대한 책임감 등 여러 요인이 혼합되어 있었다. 부유한 지주이던 로버트 보일은 후원을 받기보다 후원을 해주는 입장이었다. 안톤 판 레이우엔훅은 네덜란드 도시 델프트(Delft)의 부유한 상인으로서 왕립학회에 자신이 개발한 성능 좋은 현미경으로 관찰한 결과를 쏟아냈지만 동료 과학자들의 인정 외에 그 어떤 보상도 바랐다는 근거는 없다. 같은 시기의 유명한 철학자 스피노자는 렌즈를 제작하고 실험 도구를 만들면서 경제 활동을 했다. (물론 학생을 가르치고 친구들로부터 선물을 받기도 했다.) 그는 단 한 번도 후원을 받은 적이 없었다. 르네 데카르트는 물려받은 유산으로 사치스럽지는 않더라도 편안하게 살았다.[45] 프랑스 성직자이자 수학자 마랭 메르센은 동료 성직자들의 도움으로 생활했다. 편지 공화국의 뉴스 편집자이던 피에르 벨에게는 꼭 필요한 후원자 한 명, 곧 로테르담의 출판인 레이너르 레이르스(Reiner Leers)와 유럽 전역의 독자들이 있었다(Eisenstein, 1979, p. 138).

지식인과 그들을 둘러싼 정치적 환경은 복잡했으며, 그들의 존재는 단순히 보여주기나 지적인 즐거움 이상이었다. 지적으로 뛰어나고 박식한 지식인은 군주들에게 현명한 조언을 하고 좋은 정책을 만드는 데 도움을 주기 때문에 국가에 유익할 거라는 믿음을 토대로 유럽의 군주들은 자기 휘하에 유럽 최고 인재를 영입하려는 치열한 경쟁을 벌였다. 즉 그들의 지적 능력과 전문성을 국가 운영에 쓸모가 있다고 판단한 것이다. 실제로 당시 유망한 과학자는 외교관이자 정책 자문관이기도 했다. 편지 공화국의 슈퍼스타 라이프니츠는 1676년 훗날 하노버의 선제후가 된 브룬스비크뤼네부르크 공작(Duke of Brunswick-Lüneburg)에게 채용되었고, 평생 동안 다양한 분야에서 자신의 역량을 발휘했다.

따라서 편지 공화국은 아이디어를 위한 시장처럼 운영되었다. 다른 시장과 마찬가지로 편지 공화국의 아이디어 시장은 모범적인 아이디어(즉 단단한 지식)에 수렴한다. 하지만 이는 아이디어 시장이기 때문에 경제학자들이 '네트워크 외부성(network externality)'이라고 부르는 현상에 종속된다. 즉 지식인이 진실이라고 받아들이는 아이디어는 다른 사람들의 수요에 큰 영향을 미칠 수 있다. 여기서 5장에서 살펴본 문화 진화의 많은 편향이 작동한다. 특히 명성에 의존해 사상을 받아들이는 직접 편향과 주변 사람들의 합의에 동조하는 빈도 의존성 편향이 작동하면서 많은 시간이 걸리고(코페르니쿠스 같은 획기적 변혁의 경우) 결국에는 잘못된 것이라고 결론이 나더라도(17세기 일련의 독일 자연철학자들이 주장한 플로지스톤 이론의 경우) 치열한 경쟁을 통해 결국에는 지배적인 사상에 수렴한다. 이처럼 네트워크 외부성이 존재하는 많은 시장에서와 같이 아이디어 시장은 보통 하나의 교리가 지배적인 균형으로 수렴한다. 어떤 균형으로 수렴하는지는 지식의 타당성에 달려 있다. 모든 아이디어는 서로 경합하지만, 아이디어 시장은 근거와 논리가 타당하고 검증할 수 있는 사상으로 균형이 맞춰지면서 '일반적 통념'이 생겨났다. 만약 아이디어가 단단하지 않다면, 다시 말해 당대의 모범적 과학이 다른 사상과 비교해 특출하지 않다면 이런 수렴은 일어나지 않을 것이다. 그리고 사상의 수렴이 일어난다 하더라도 언제나 비순응주의자와 괴짜들이 문화적 변화라고 주장하지만 대부분의 사람이 포기한 틈새 사상(지구 역사에 대한 모든 정답은 창세기에 있다는 믿음 같은)은 완전하게 말살되지 않는다. 하지만 이런 괴짜 신념이 나중에는 과학적으로 중요한 아이디어로 발전할 수도 있기 때문에 이러한 현상은 바람직하다.

편지 공화국에서 지식인이 주고받은 담론은 지식의 내용에 국한되지 않았다. 편지 공화국의 지식인은 더 신뢰할 수 있고 정확한 지식을 얻는 방법에 대해서도 담론을 펼쳤다. 더 나은 실험, 더 세심한 계산 그리고 더 정확한 관찰 모두 과학적 담론의 한 부분이었다. 앞서 지적한 대로

1500~1700년에 편지 공화국에서 과학적 논쟁을 중재하고 결정하는 데 아이디어 시장이 얼마나 효율적이었는지를 보여주는 과학 논쟁이 연이어 일어났다. 또한 이런 논쟁은 **설득**, 또는 문화적 진화의 많은 편향의 모습으로 진행되었다. 그리고 이런 논쟁의 일부는 누가 더 나은 근거와 논리로 무장했느냐를 따지는 내용 편향으로 결론이 났다. 다른 말로, 특정 신념에 대해 축적된 근거가 충분히 타당하고 그 신념을 무력화하려는 모든 시도가 실패한다면 그 신념은 대중에게 받아들여지고 견고한 지식으로 간주될 것이다. 물론 어떤 신념이 결론에 도달할 때까지 경쟁은 몇십 년, 때론 수세기가 걸렸으며 심한 것 중에는 오늘날까지도 논쟁거리로 남아 있다. 하지만 많은 논쟁이 이렇게 결정되기엔 충분한 근거가 부족했으므로 아이디어 시장은 다른 편향, 특히 직접 편향에 의존했다. 직접 편향이 특히 더 중요했던 이유는 정보 비용을 절감했기 때문이다. 예를 들어 복잡한 수학 증명을 잡음 없이 수용한 이유는 전문가들이 증명을 하면서 확인했다고 가정했기 때문이다. 우리가 앞에서 살펴본 것처럼 모든 실험 결과가 다시 실험 대상이 되지 않았던 이유는 그 지식을 사는 아이디어 시장의 지식인이 실험한 사람들을 '믿었기' 때문이다.[46]

아이디어 시장에서의 경쟁과 지식의 타당성, 그리고 내용 편향의 중요성은 신비주의의 등장과 쇠퇴에서 드러난다. 당시 유럽의 많은 지식인이 신비주의를 믿었는데, 그중에는 조르다노 브루노와 존 디 같은 명망 있는 지식인도 있었다. 신비주의는 흑마술에 기초한 이교도로 비판받았지만 한동안은 아이디어 시장에서 진지한 경쟁자가 되었다. 신비주의의 핵심 교리는 헤르메스(Hermes)라고 일컫는 신적인 존재가 쓴 것으로 알려진 기록에 기반을 두고 있다. 신비주의에는 어느 정도 종교적 특성이 있으며, 그 밖에도 점성술 그리고 부적에 대한 믿음과 식물이나 돌에게도 신비로운 힘이 있다는 오컬트(occult: 초자연적 현상—옮긴이) 사상이 혼합되어 있었다(Yates, 1964, p. 2). 신비주의 추종자는 헤르메스의 글이 이집트에서 기원했으며 심지어 모세의 책보다 더 먼저 세상에 등장했고, 따라서 이런 오랜 역사는 신비주의의 신성함을 더해준다고 믿었다. 헤르메스의 신비주의 교리는 현대에 원시 신학으로 알려진 신학의 한 부류로 고대의 현자들이 히브리 성서보다 더 오래된 문헌이라고 믿었으며, 훗날 유럽의 모든 종교적 지혜가 파생된 순수한 원시 종교의 지식이 담겨져 있었다. 하지만 신비주의 운동도 편지 공화국의 근거와 설득의 규칙 및 경합성의 원칙을 피해가지는 못했다. 1614년 위그노 고전학자 카조봉은 신비주의 교리에 대한 충격적인 분석을 세상에 내놓았다. 카조봉은 헤르메스의 신비주의 문헌은 기원후 2~3세기경에 등장했으며, 헤르메스라는 고대 이집트의 신적인 존재가 신성한 영감을 받아 만든 문헌이 아니라 고대 성서를 그리스인이 모방한 것에 불과하다고 진지하게 주장했다(Grafton, 1983).[47] 그럼에도 예이츠를 포함한 많은 학자가 주장한 것처럼 나폴리의 철학자이자 실험가 잠바티스타 델라 포르타(Giambattista della Porta, 1535~1615)부터 아이작 뉴턴까지 신비스럽고 초자연적인(오컬트) 힘에 관한 종교적 신념은 근대 초기 유럽의 교육받은 사람들 사이에서 광범위하게 퍼졌다.[48] 후세의 지식인은 자신들의 선배 지식인이 미신을 믿었다는 사실에 부끄러워하면서 신비주의 역사와 그 영향력을 축소했다. 지식의 역사 역시 승자에 의해 쓰여지는 듯하다.

마술과 오컬트가 지식인 사회에 등장한 현상이 반드시 시대에 역행한 것이라고 볼 수는 없다. 예이츠는 이런 사상의 등장은 "중세 시대에는 …… 인간이 할 수 있었던 마지막이 사색"이었지만 르네상스 시대의 오컬트와 마술은 인간의 지적 활동의 목표를 바꾸어놓았다는 것을 보여주는 또 다른 사례라고 말했다. 즉 오컬트와 마술의 목표는 "종교적이지만, 신의 뜻에는 위배되지 않았다. 위대한 기적 자체인 인간이 신의 힘을 발휘해야 한다는 것이다"(Yates, 1964, p. 156). 이런 태도는 신학과 현실을 이어주는 새로운 가교였다. 하지만 이런 가교에는 많은 유형이 있다. 근대 초기 유럽에서 마술과 과학의 공백은 계몽주의 시대의 공백처럼 크지 않다. 오컬트와 신비주의 그리고 마술은 공존했으며 실험 방법론 및 실증 분석과 교차했다. 심지어 고급 수학을 쓰기도 했다. 그러다 매우 느리지만 우리가 현대 과학이라고 부르는 학문이 우위를 점하기 시작하고 결국에는 산업계몽주의로 우리를 이끌었지만, 현대 과학의 승리는 결코 최종적인 것도 아니고 완전하지도 않았다(Tambiah, 1990). 어찌 되었든 18세기 중반이 되자 오컬트 전통은 지적 존경심을 잃었고 당시 유럽인은 아이작 뉴턴에게 보냈던 존경만큼이나 오컬트에 대한 그의 관심도 언급하기를 꺼려 했다(Copenhaver, 1978, p. 34).

아이디어 시장은 철학적 사상이 받아들여지길 바라면서 서로 대립하고 경쟁한 경기장이었다. 학술적으로 따지면 18세기 초 유럽의 과학 세계는 뉴턴파, 데카르트파 그리고 라이프니츠파로 나뉘어 중요한 이슈에 대해 첨예하게 대립했다. 18세기 후반이 되자 뉴턴파가 사실상 승리했다. 최소한 알프스산맥 북부 지역에서 이 세 학파의 싸움은 종교적 권위와 세속적 당국의 개입을 최소화한 채 진행되었다. 이 싸움에서 학자들은 나름 평평한 경기장에서 설득, 근거, 논리, 정치적 압박, 학문적 입씨름이라는 무기를 사용했다.[49]

유럽 대륙이라는 더 큰 무대의 차원에서 보면, 아이디어 시장에서 경쟁은 보수 세력과 새로운 과학 세력 사이의 경쟁이었다. 보수 세력은 그들의 시각에서 볼 때 성경을 비롯해 고전의 권위를 반박한 이단적 사상이 확산되는 것을 어떻게든 막으려고 모든 수단을 활용했다. 반동 세력의 선봉에는 늙은 갈릴레오에게 고통을 주고 태양중심설과 입자론 그리고 수학의 무한소를 극렬하게 반대한 종교 재판과 예수회가 굳건히 버티고 있었다. 예수회의 운명은 특히 주목할 만하다. 예수회의 가장 우수했던 과학자들은 스스로를 편지 공화국의 참된 지식인이라고 여겼기 때문이다. 그들은 성경의 말씀에 충실할 것을 강요하는 예수회의 규범과 뛰어난 자신들의 지적 능력과 과학적 통찰력이 만들어낸 모순 사이에서 괴로워했다. 몇몇 예수회, 예를 들어 클라비우스의 로마 대학 수학과 교수 후임인 크리스토프 그린베르거(Christoph Grienberger) 같은 예수회 교인들은 비밀스럽게 갈릴레오의 이론에 동감했을 수도 있지만, 예수회 교리는 모든 교인에게 신학적 원리에 충실할 것을 요구했다(Castellano, 2004, pp. 10-11, 20). 프라하에서 교수 생활을 했던 에스파냐의 예수회 과학자 로드리고 아리아가(Rodrigo Arriaga)는《철학 강좌(Cursus Philosophicus)》라는 유명한 책을 출판했다. 그는 이 책에서 새로운 천문학과 새로운 무한수 수학을 옹호했다(Grant, 2003; Alexander, 2014, pp. 139-141). 이 책은 당시 예수회 총장이던 무치오 비텔레스키(Muzio Vitelleschi)가 이끄는 교정위원회에 의해 금서로 지정되었다. 또한 많은 가톨릭 천문학자와 수학자들은 코페르니쿠스와 갈릴레오 그리고 성경의 말씀은 실제로는 태양중심설을 지지했다고 주장한 디에고 드 주니가(Diego de Zuñiga, 1536~1598) 같은 이교도적인 우주론을 주장한 사람들에 동감하기도 했다. 하지만 이들의 책은 금서 목록에서나 찾아볼 수 있었다.

반동적인 모든 사람이 가톨릭교도였던 것은 아니다. 1642년 데카르트는 당시까지 대학교가 가르쳤던 전통적인 지식과 반대되었고 "다른 철학과 지식인 그리고 그 무엇보다 전통적인 고전주의 학문에 위배되었기 때문에"(Descartes, 2000, p. xiv) 새로운 철학을 거부한 보수적인 네덜란드의 칼뱅교 교수들에 대해 불만을 터뜨렸다.[50] 데카르트를 포함해 당대의 많은 위대한 사상가들은 자신의 사상이 무신론 사상으로 잘못 해석되어 심각한 문제를 일으킬 수 있다고 우려했다. 심지어 예수회의 영향력이 적고 종교 재판이 없던 1620년대 파리에서는 공적으로 인정된 고전주의 사상가들에 대한 노골적이고 강한 공격은 사형으로 이어질 수도 있는 중대 범죄였다(MacLean 2006, p. 272). 기존 교리의 가치를 떨어뜨리거나 떨어뜨리도록 위협하는 의견은 위험을 감수해야 했다. 그 결과 대다수의 이단적인 사상가들은 자신의 생각을 철회할 수 있는 합당한 방안을 마련하거나 강력한 후원자를 찾아야만 했다. 그렇지 않을 경우 재판에 회부되거나 운이 없으면 감옥에 갇힐 수도 있었다.

아이디어 시장에서는 어떤 사상을 사회적으로 받아들일지 여부만 결정한 것은 아니다. 아이디어 시장에서는 서로 다른 문화적 변이의 경쟁을 해결하는 기준과 방식 및 도구들에 대한 메타 논쟁(meta-arguments)도 벌어졌다. 5장에서 논의한 것처럼 베이컨학파가 그토록 지지했던 실험주의의 등장은 중대한 돌파구였다. 논쟁을 해결하고 다른 사람들이 생각을 바꿀 수 있도록 하는 내용 편향을 만들어내는 실험주의는 17세기에 들어와서 완전하게 꽃을 피우기 시작했다. 영국에서는 하비와 길버트가, 이탈리아에서는 갈릴레오와 토리첼리가, 그리고 프랑스에서는 다양한 지식인 서클과 단체가 서로 노트와 연구 결과를 공유했다. 다시 말하지만 실험은 고대에서도, 그리고 중세 시대에서도 이뤄졌으며 결코 새로운 현상은 아니었다. 하지만 우턴(Wootton, 2015, p. 346)이 강조한 것처럼 실험철학에 대한 과학 커뮤니티의 태도와 강력한 설득 수단으로서 실험 결과의 반복은 새로운 것이었다.

이처럼 경쟁이 치열한 아이디어 시장에서는 여러 논쟁이 일어났다. 그 중 하나는 명제적 지식이 증가하는 데 있어 수학의 역할이었다. 에라스뮈스와 후안 루이스 비베스 같은 르네상스 학자들은 수학이 인생의 현실적 학문에서 마음을 멀어지게 할 수 있다고 우려하며 사람들에게 수학을 멀리하라고 조언했다. 당시 유럽에서 가장 반항적인 지식인 가운데 한 명이던 파라켈수스의 추종자들은 자연 현상을 공부하는 데 있어 수학적 사고방식을 비판했다. 대신 연금술이나 화학에서 사용한 귀납법적 방식 또는 관찰에 의존한 연구 방식을 선호했다(Debus, 1978, p. 21). 앞에서 살펴본 것처럼 프랜시스 베이컨도 수학이 자연과학을 푸는 기회를 제공할 수 있다는 걸 인식하지 못했다(Gaukroger, 2001, pp. 21-27). 반대로 갈릴레오, 데카르트, 하위헌스는 실험과 수학적 분석을 상호 보완하는 개념으로 보았고 뉴턴 이후에는 이른바 '수학파'가 아이디어 시장에서 승리의 나팔을 울렸다. 하지만 17세기 초반에 들어서자 어떤 목적으로 수학을 사용해야 하는지에 대한 논쟁이 벌어졌다. 갈릴레오가 제안한 것처럼 수학은 운동과 물리적 힘 같은 특정한 자연 현상을 공부하는 데 사용해야 하는가? 아니면 우주 같은 더 야심찬 학문에 국한해야 하는가?[51] 여기서도 아이디어 시장의 경쟁 원리가 작동했다. 1650년까지만 해도 어느 정도의 영향력을 발휘하던 신비주의와 오컬트는 시간이 흐르면서 그 명성을 잃고 (그렇다 해도 완전히 없어지지는 않고 틈새 사상을 형성했다), 18세기 들어서는 꾸준하게 힘을 잃기 시작했다. 이와 마찬가지로 아이디어 시장은 연구 의제를 결정하기도 했다. 연구 의제는 형이상학적인 내재적 중요성을 기준으로 선택해야 하는가? 아니면 현실적이고 경제적인 고려 사항 위주로 선택해야 하는가?

경제학적 논리로 보면 치열한 경쟁과 통합된 시장은 글로벌 슈퍼스타가 탄생할 수 있는 토양을 이루고, 이런 슈퍼스타 가운데 몇몇은 문화적 사업가가 되기도 했다. 이러한 슈퍼스타는 생산하는 지식이 볼록성(convexity)의 특징을 띠고 생산 비용이 시장 규모에 비례해 증가하지 않을 때 생겨날 수 있다(Rosen, 1981). 이런 조건은 편지 공화국에서 충족되었다. 볼록성이란 한 명의 갈릴레오가 생산하는 지식이 2명의 평범한 과학자가 만들어내는 지식의 총량보다 2배 이상 크고 새로운 지식을 확산하는 한계 비용은 인쇄술의 발전과 정보 제공자, 번역가 그리고 견습생들에 의해 무시할 수 있는 수준으로 낮아진다는 것을 의미한다. 16세기의 에라스뮈스, 파라켈수스 그리고 루터부터 17세기의 데카르트, 뉴턴 그리고 라이프니츠까지 유럽의 슈퍼스타 지식인들은 유럽 대륙 전역에서 유명세를 떨치고 있었다. 이들은 주로 교육받은 엘리트를 대상으로 학문을 했지만, 동시에 책을 파는 것에 그치지 않고 그들의 학문 커리어를 도와줄 힘 있고 부유한 후원자를 찾기 위한 목적으로 여러 나라의 학자와 논쟁하고 그들을 설득했다. 오늘날의 뛰어난 스포츠 스타와 음악인처럼 적은 수의 특출한 지식인이 명예와 후원을 불균형적으로 차지했다. 하지만 소수의 슈퍼스타에게 집중된 보상은 젊고 야망에 찬 지식인도 이런 복권에 당첨될 수 있다는 것을 보여줌으로써 어마어마한 외부적 영향력을 자아내기에 충분했다. 다른 분야의 슈퍼스타처럼 과학의 슈퍼스타를 보고 자란 미래의 후배가 많이 생겨났지만 대부분은 결국 스타덤에 오르지 못했다. 하지만 이들의 연구가 '정상 과학(normal science: 새로운 자연의 법칙을 발견하는 과학이 아니라 이미 알려져 있는 것을 유지·보완하는 과학—옮긴이)'에서 크게 벗어나지 못한다 하더라도 사회는 톡톡한 혜택을 받는다. 이런 의미에서 슈퍼스타의 명성과 성공은 지적 혁신을 바람직하고 존경받을 만한 업적으로 만들면서 문화적 변화에 상당한 영향을 끼친 우상 편향의 원천이 되었다.

매클린(Ian MacLean, 2008, p. 17)의 지적대로 편지 공화국은 여러 관점에서 볼 수 있다. 편지 공화국은 학자들의 커뮤니티이자 그들이 꽃피운 아이디어의 내용이다. 아울러 그런 아이디어를 확산시킨 수단이기도 하며, 설득의 기준을 확립한 지적 규범(근거의 타당성과 실험의 반복 가능성)과 협업 및 공개의 원칙이기도 하다. 편지 공화국에 가입한다는 것은 그들이 내세운 공유에 대한 태도와 소통의 원칙을 수용해야 한다는 뜻이었다. 이 책의 목적상 편지 공화국은 사회적 규범과 비공식적 규칙, 즉 제도를 만들면서 인센티브를 구축한 커뮤니티로도 볼 수 있다. 이는 유럽 기술 변화의 뿌리를 이룬 제도가 되었다. 이런 관점에서 편지 공화국은 제도를 성공한 경제와 그렇지 못한 경제를 구분 짓는 핵심적인 차이점으로 보는 시각, 그리고 산업혁명과 그 후의 지속적 경제 성장의 기원으로서 기술과 혁신의 중요성을 강조하는 시각을 연결하는 고리로 볼 수 있다.

제도학파(institutionalist)에 의하면 제도는 시장 경제를 지탱하면서 지속적인 경제 성장을 이끈다. 편지 공화국과 그 딸이라고 할 수 있는 18~19세기의 과학 공화국(Republic of Science)은 잘 작동하는 아이디어 시장의 제도적 토대를 이뤘다. 이런 현상은 많은 면에서 유럽만의 독특한 현상이었다. 다른 문명권에서도 과학의 발전이 이루어지고 아이디어 시장이 존재했지만, 결국에는 수확 체감의 법칙에서 자유롭지 못했으며 막다른 골목에 이르고야 말았다. 즉 사회에 자연적으로 내재해 있던 현상 유지와 혁신 저항의 메커니즘에 굴복한 것이다. 유럽에서 이런 저항은 쉽게는 아니지만 빠르고 동시 다발적으로 극복되었다. 그 결과 지금까지도 약해질 조짐이 보이지 않는 자기 강화적인 과학적 및 기술적 돌파구를 마련했다. 이런 제도가 '과학혁명'의 원인이 되었는지 여부는 논쟁의 여지가 있지만 확실한 것은 유럽의 제도가 다른 사회가 실패할 때 유럽은 어떻게 유용한 지식을 끈

질기게 축적해 맬서스의 덫에서 벗어나 성공했는지를 설명해준다.[52]

다시 말하지만 유럽이 성공할 수 있었던 열쇠는 정치적 분열과 문화적 결속력이 결합하는 행운이 깃든 조건을 충족했기 때문이다. 이 중 하나의 조건만 충족하고 다른 조건은 그렇지 않았더라면 결과는 매우 달라졌을 것이다. 정치적으로는 분열했지만 완전한 통합이 이루어지지 않은 지적 세계에서 문화적 사업가들은 수천 명에 불과한 '시장'(또는 청중)에 어필하는 데 필요한 고정 비용을 충당하지 못했을 것이다. 그리고 과학자들이 서로 보고 배울 네트워크도 없었을 테고 어깨 위에 올라탈 거인을 찾지도 못했을 것이다. 아이디어 시장이 완벽하게 통합되었지만 정치적으로는 분열하지 않아 지식인을 확보하려는 경쟁이 치열하지 않으면 충분한 혁신과 변화가 일어나지 않았을 것이다. 기득권 세력이 자신의 문화적 지위에 도전하려는 자들을 억압했을 것이기 때문이다.

편지 공화국이 이런 조건을 충족했기 때문에 존재했거나 유지될 수 있었다고 주장하는 게 아니다. 이런 기능주의는 역사적 개념이 없는 상태에서 생겨난 주장이다. 애초에 편지 공화국은 동료 학자와 새로운 사상을 공유하며 검증받고, 명성을 드높이기 위해 그들의 통찰을 다른 학자에게 설득하고(다른 말로 하면, 아이디어 시장에서 '판매'하고), 다른 학자가 어떤 연구를 하고 새로운 사상에는 어떤 게 있는지 알아보기 위해(그럼으로써 스스로도 뒤처지지 않기 위해) 지식인들이 자발적으로 만든 네트워크다. 결코 그 이상은 아니다. 편지 공화국이 유럽 지식인 엘리트의 장기적인 문화 발전과 유럽의 경제 발전에 미친 영향은 의도치 않은 결과였다. 하지만 편지 공화국을 세운 이유가 무엇이든 결과적으로 편지 공화국은 인류 역사의 독특한 제도로서 현대적 경제 성장을 이끈 고속도로가 어디에서 시작되었는지를 보여주는 열쇠다. 만약 제도를 경제 성장을 이끄는 원동력이라고 생각한다면 편지 공화국의 중요성을 결코 무시해서는 안 된다. 편지 공화국은 작은 집단 안에서의 진화적 변화가 어떻게 전체 인구에 폭발적 변화를 불러일으킬 수 있는지 보여주었다. 이들은 로버트 훅이 "코르테스 군단"이라고 일컬은 사람들로, 당시 인적 자본의 최상위층에 포진한 인재가 어떤 중요한 역할을 맡았는지 보여주는 전형적인 역사적 사례다.

이처럼 1500~1700년 유럽의 문화적 발전이 일어나는 속도는 더욱 급격해졌다. 이 시기에 개신교, 태양계의 구조, 혈액 순환 이론, 대기권, 기하학, 운동의 법칙, 성서에 대한 비판, 그리고 그 사이의 모든 것이 역사에 등장했다. 그러나 튼튼한 아이디어 시장의 가장 중요하고 운명적인 결과는 우리가 계몽주의라고 부르는 일련의 사상이었다. 나는 다른 책(Mokyr, 2002, 2009a)에서 유럽의 경제사에서 계몽주의가 어떤 중요한 역할을 했는지 쓴 바 있다. 계몽주의는 궁극적으로 유럽을 산업혁명과 근대적 경제 성장으로 이끈 문화적 진화의 마지막 단계였다. 계몽주의 시대에 국가와 사회가 물질적으로 발전하기 위해서는 두 가지 요소가 필요했다. 하나는 유용한 지식의 증가와 이로 인한 이론과 현실 세계의 상호 교류, 다른 하나는 경제의 규칙을 관리하고 자원 및 소득을 어떻게 배정·배분해야 하는지 결정하는 정치 제도의 발전이다.

이 책 3~5장에서 제시한 문화적 진화의 개념이 18세기 유럽 계몽주의 사상이 승리하는 데 편지 공화국의 역할을 어떻게 설명해줄까? 언뜻 봐서 그 대답은 자명하다. 문화적 진화는 아이디어 시장을 운영하는 데 윤활유 역할을 하면서 유럽 지식 엘리트 사이에서 신념의 변화를 가속화했다. **내용 편향**(즉 설득)이 사람들의 마음을 효과적으로 잡기 위해서는 다른 무엇보다도 다른 사람의 다양한 사상에 노출되어야 했고, 편지 교류와 출판 네트워크는 신념과 사상을 수평적으로 전달하는 중요한 역할을 했다.

이처럼 편지 공화국은 지식인에게 충분한 접근성을 제공했다. 하지만 내용 편향도 진화에서 자유롭지 못한 것처럼 보인다. 샤피로(Shapiro, 2000), 푸비(Mary Poovey, 1998), 그리고 좀더 최근에 우턴(Wooton, 2015, pp. 251~309)은 근대 초기의 유럽인은 사실과 검증을 모두 중요하게 보기 시작했다고 주장한다. 당시 유럽의 문화적 진화에서 일어난 가장 핵심적인 현상은 무엇을 타당한 근거로 받아들일지에 대한 관점, 즉 내용 편향 자체가 변한 것이다. 요컨대 직접 관찰을 통한 사실 유추가 어렵다면 간접 관찰을 통해 논리적으로 사실을 추론하는 법률 제도처럼 근대 초기 유럽의 과학 커뮤니티에서도 타당한 근거를 얻는 방식이 진화했다(Shapiro, 2000). 우턴은 이 시대의 과학자들은 "변호사와 신학자가 오랜 시간 동안 근거를 다루었던 방식"(Wootton, 2015, p. 407)을 사용하기 시작했다고 절묘하게 설명한다. 더욱이 지식은 언제나 경합 가능하고 도전에 노출되었다. 만약 새롭고 더욱 설득력 있는 근거가 등장했다면 유용한 지식을 수정해야 할 터였다. 과학은 진실 추구가 아니라 자연을 더 그럴듯하고 효과적으로 이해하기 위해 끝없이 나아가는 길이라고 점차 인식하기에 이르렀다.

이런 식의 논리는 편지 공화국을 운영하고, 편지 공화국이 내용 편향을 다루는 방식을 바꾸었다. 설득의 방식에는 완전하게 새로운 게 없었더라도 담론 자체가 변화했다. 회의론자를 설득하는 데 실험 데이터는 한층 신뢰할 수 있는 자료가 되었다. 수학화와 정밀한 계산은 느리지만 새로운 명제를 지지하는 방식이 되었다. 그리고 정밀한 계산이 어려운 분야에서는 방대하게 축적된 데이터와 표본을 바탕으로 실증적 규칙을 찾을 수 있었다. 마지막으로 새로운 도구와 과학 기구는 반론할 수 없는 과학적 사실을 발굴하는 데 공을 세웠다.

마르고치(Margóczy, 2014b)에 따르면 특정 학문 분야에서는 증명이 매우 중요하지만 자연사 같은 다른 분야에서는 덜 그렇다. 이어서 그는 만약 근거가 날조된다면 증명도 신뢰할 수 없을 것이라고 말했다. 따라서 사실과 근거의 신뢰도를 확인하기 위해 전문가가 필요하며, 여기서 직접 편향의 역할이 생겨난다. 신뢰할 수 있는 전문가 그룹을 지정하면서 편지 공화국은 논리와 근거를 기반으로 새로운 사상을 검증하고, 그걸 유효한 사상이라 선언할 수 있는 권한을 부여했다. 동료 평가는 물론 완벽한 제도는 아니겠지만 지적 혁신의 타당성을 검증하고 결정하는 데 여전히 최고의 방식이다. 무엇보다 중요한 것은 정확히 직접 편향이 다양한 제도적 구성 아래 운영 및 작동되었는지 여부다. 1500년 무렵까지 고전 학문은 가장 궁극적인 학문의 권위였으며 고전 학문을 기반으로 새로운 학문을 검증했다. 고전 학문이 이토록 권위를 유지할 수 있었던 데는 교회가 강요한 보수적 이념이 있었다. 하지만 이런 규칙은 변할 수 있고 변하기만 한다면 지적 혁신이 발생할 수 있다. 새로운 데이터가 등장하고 이런 데이터를 모으고 분석하는 데 더 탁월한 새로운 도구를 발명할 때, 고전주의 학문의 권위가 약화하면서 규칙이 바뀐다. 때로는 권위라는 개념 자체를 의문시하기도 했다. 파스칼은 이성 및 감각과 관련한 모든 사안을 고전주의의 권위에 의존하는 사람들의 맹목적 믿음을 비통해했다〔Pascal, (1651) 2007, p. 446〕. 물론 전문성이 점차 중요해지고 지식의 크기가 커지는 세계에서 전문화와 지식 분업은 필수 불가결했다. 이런 추세는 특정 권위에 대한 믿음을 요구했다. 그렇다면 그 권위자는 누가 되어야 할까? 누가 누구에게 그런 권위를 부여하는 것일까? 그리고 그런 권위를 부여하는 사람은 누가 지정하는 것일까?

하지만 당시 학자들은 수사적 편향을 통한 설득도 매우 큰 힘을 발휘한다는 생각에 매료되었다. 베이컨도 자신의 책 《학문의 진보》에서 수사법의 예술은 비록 지혜보다 열위에 있을지라도 "사람들 사이에서는 더 강력하다"며 "지혜의 깊이는 이름을 얻거나 존경을 받는 데 도움을 주겠지만, 적극적인 삶을 살아가는 데는 수사법이 더 유리하다"는 말을 남겼다. 베이컨에게 수사법이란 상상력에 이성을 더해주는 것이었다〔Bacon, (1605) 1996, pp. 237-238〕. 쇼에크(R. J. Schoeck)는 편지 공화국은 "사상과 예술 양식, 그리고 책의 자유로운 이동을 가능케 만든"(Schoeck, 1982, p. 303) 수사법이라는 공통분모에 기반을 두었다고 주장했다. 수사법은 편지 공화국 회원들이 서로 소통하고 설득하는 방식이었다. 그럼에도 수사적 편향은 분명 한계점도 있었다. 편지 공화국의 살롱이나 커피 하우스에서 벌어지는 학문적이고 깊이 있는 대화는 계몽주의 시대 사람들에게 점차 현학적이고 지나치게 격식을 차리는 것으로 비치기 시작했으며, 조너선 스위프트(Jonathan Swift) 같은 위대한 풍자 작가에게는 조롱의 대상이 되었다.

편지 공화국은 기존 교리에 대한 지식을 넘어 **새로운** 지식과도 익숙한 새로운 전문가 집단에 권위를 부여했다. 전문가가 되기 위해서는 해당 학문에 중요하고 독창적인 기여를 해야 하며, 이러한 독창성으로 인정받은 사람만이 다른 사람을 평가할 수 있었다. 한 분야의 권위자가 되기 위해서는 혁신을 해야만 했고, 편지 공화국은 동료들 사이의 이름값에 의존했기 때문에 권위자가 된다는 것은 다른 사람을 후원하고 힘이 되어주었다는 얘기다. 통치자나 성직자, 또는 정부 기관만이 전문가라는 직위를 주는 시대는 지나갔다. 편지 공화국은 새로운 지식이 타당한지 아닌지 판단하는 학문의 권위자를 직접 결정할 수 있는 권리를 강력하게 주장했다.

이런 식으로 **직접 편향**은 편지 공화국에서 유용한 지식이 지속적으로 발전하는 데 주된 원동력이었다. 토머스 브로먼(Thomas Broman, 2012, p. 192)에 따르면 계몽주의 시대는 "과학적 지식이 사회 발전에 유용하다는 것을 스스로 증명해야 하는" 시대였으며, 따라서 이런 지식에 의존한 사회는 지식인에게 큰 권위를 부여했다. 직접 편향 개념은 베이컨의 영향력에 새로운 중요성을 부과했다. 베이컨은 과학의 원리에 정통하지 않았지만 그의 글은 학자들을 사상의 옳고 그름을 판단하는 전문가로 임명하고, 편지 공화국이라는 시스템을 앞으로 나아갈 수 있게 만든 명성 기반의 메커니즘을 만든 메타 신념(metabelief)을 구축하는 데 일조했다. 직접 편향은 올바르다고 생각되는 사상을 수용하라고 설득하는 데 작용했을 뿐만 아니라 지적 커뮤니티에서 잘못된 지식을 제거하는 데도 유용했다. 데이비드 우턴(Wootton, 2015, p. 304)은 과거의 오류를 집약한 것에 불과한 당시 출판된 도서의 목록을 수집했다. 우턴은 좋은 사실이 나쁜 사실을 몰아낸다는 역(逆)그레셤의 법칙이 작용했다고 주장했다. 실제로 그랬는지는 그 지식의 타당성에 달려 있었다. 당시의 과학 기법으로 쉽게 반박하지 못한 잘못된 사실과 가설은 오랜 시간 동안 살아남을 수 있었다.

역설적으로 슈퍼스타의 글은 언제나 검증과 경합의 대상이었기 때문에 신뢰를 얻을 수 있었던 것이다. 대중은 이렇게 검증되고 경합하는 이론은 전문가들이 관찰하고 검사한 사상이라고 가정할 수 있었다. 편지 공화국은 히브리 성서와 중국의 사서(四書)와 같이 주해는 달 수 있었지만 의심의 눈초리로 볼 수도 없고 이단적인 해석을 불허하는 비판에서 자유로운 복음을 생산하지 않았다. 물론 몇몇 작가는 권위자로 인정받았지만 뉴턴의 사례에서 볼 수 있듯 가능한 모든 비판에도 견딜 경우에만 그러했다.

문화적 진화 모형은 후원과 관련한 포괄적인 시각을 뒷받침하기도 한다. 사회적 지위를 통해 정당성을 얻는다는 비아지올리의 시각은 (다소 극단적인 그의 이론을 적절하게 순화한다면) 직접 편향과 일치한다. 여기서 후원자는 어떤 과학이 우수한 것인지를 판단하는 권위자가 된다. 이는 또한 군주가 휘하의 과학자에게 무엇이 올바르고 정당한지에 대한 기준을 제시하는 우상 편향의 아주 좋은 예이기도 하다. 후원을 통한 과학의 정당성이란 사회적 지위가 높은 사람이 후원한 과학자와 그들의 주장은 타당하다는 것을 의미했다. 더욱이 높은 지위에 있는 사회 구성원이 과학을 후원했다는 것은 그만큼 유용한 지식과 실험철학의 지위가 높다는 것을 뜻했다. 당시에 출판한 많은 과학 및 철학 서적은 그 내용을 전혀 이해하지도 못한 귀족 후원자에 대한 아부성 문구까지 포함했다. 우리는 이런 관점에서 린체이 아카데미를 설립한 페데리코 체시 공작(Duke Federico Cesi)과 루돌프 2세뿐만 아니라, 젊은 헨리 프레더릭 왕자의 활동을 봐야 한다.

문화적 진화의 다른 '편향'들도 아이디어 시장에 영향을 끼쳤다. 15세기 후반과 16세기 초반, 사람들은 지구를 지금껏 믿어왔던 것과 완전히 다르게 보기 시작했다. 즉 이전에는 신성불가침 영역에 있다고 믿었던 진리를 다른 시각으로 바라보기 시작한 것이다. 그로부터 한 세기 반이 지나고 30년 전쟁의 충격적인 유혈 사태를 겪은 뒤 사람들은 관용과 다원성의 가치를 다시금 생각하기 시작했다. 위의 두 사건은 당시에 있었던 특이한 사건 편향의 사례다. 물론 당시 유럽에는 "지도자의 영토에서는 그가 선택한 종교를 믿어야 한다"는 것에서 보듯 강압 편향도 여전히 사람들 마음속에 자리 잡고 있었다. 하지만 편지 공화국은 정치적으로 분열된 세상에서 소수의 반동 세력은 진보를 강압적으로 막을 수 없다는 사실을 강력하게 입증한 역사적 사례였다. 마지막으로 내용 편향이 충분하게 작용하지 않을 경우 수사적 편향이 그 간극을 메웠다. 볼테르의 날카로운 펜은 언제나 도움을 주었다.

헨리치(Henrich, 2009)에 의하면 편지 공화국은 상호 연결성과 접근성의 높은 중요성을 강조한다. 편지 공화국이 제공한 매우 효율적이고 촘촘한 지식인 네트워크는 수학, 해부학, 천문학 그리고 식물학에 파묻혀 머리를 꽁꽁 싸맨 학자들이 서로 소통하는 계기가 되었다. 그들은 서로 노트를 비교하면서 중복되는 연구를 방지하고, 여러 아이디어를 섞어서 새로운 아이디어를 만들고, 다른 동료들의 논문과 비교·대조해 새로운 주장을 펼치기도 했다. 그 밖에 많은 방식으로 편지 공화국 학문 네트워크의 존재는 굉장히 큰 시너지를 창출한 지적 혁신을 자극했다. 이런 식으로 창출된 시너지의 크기는 개별 학자들이 단독으로 만들었을 지식의 총합보다 훨씬 더 컸다.

이처럼 아이디어 시장은 매우 경쟁이 치열했으며, 혁신의 결과 탄생한 대부분의 지식은 탄탄하지 않았기 때문에 문화적 진화의 논리는 우연과 운이 이 과정에서 중요한 역할을 했다는 것을 암시한다. 어떤 사상을 확신을 갖고 입증하기 어려울 때 '나쁜 지식'이 '좋은 지식'을 몰아내거나, 아니면 상반된 지식이 수세대 동안 공존할 수도 있었다. 예컨대 의학, 화학 그리고 생물학에서 서로 양립할 수 없는 상반된 주장이 수세기 동안 공존하기도 했다. 이런 시장에서 어떤 사상이 일반적 통념으로 살아남을지 예상하는 좋은 예측 모형이란 없다. 우리가 어떤 생물학적 변이가 개체군에 고정될지, 또는 어떤 운영체제가 개인 PC 시장을 석권할지 예측할 수 없는 것과 마찬가지다. 이런 종류의 미래 예측은 사람들의 신념과 중요한 문화적 사업가, 그리고 수사학적으로 뛰어난 제자들의 설득 능력에 달려 있다. 성공은 결코 보장되지 않는다. 코헌(Cohen, 2012, p. 150)은 이렇게 말했다. "자연의 지식을 얻기 위한 과거의 모든 노력이 한계에 부딪힌 운명을 르네상스 시대 유럽이 피할 수 있었던 데는 특별한 이유가 없다." 이처럼 1600년대만 해도 편지 공화국과 편지 공화국이 지탱한 경쟁적인 아이디어 시장이 유럽을 어디로 이끌지 예견하기 어려웠다.

어찌 되었든 여기서 주장하고자 하는 말은 탄탄한 지식은 내용 편향과 직접 편향을 통해 신념으로 발전되어 아이디어 시장에서 살아남는다는 것이다. 여러 대안을 검증할 수 있는 도구와 방식을 발견한 후에 과학 공화국의 지식인은 플로지스톤 이론 대신 라부아지에 이론을, 데카르트의 우주론 대신 뉴턴의 우주론을, 그리고 미아스마설(miasma theory) 대신 파스퇴르의 이론을 선택했다. 이런 발전이 오랜 시간에 걸쳐 진행되었다는 것은 중요하지 않다. 이런 발전이 일어났다는 것 자체가 중요하다. 18세기 후반에 이르러 마법과 신비주의는 지적 담론에서 퇴출되었다. 1771년 출판한 《브리태니커 백과사전(Encyclopaedia Britannica)》 초판은 점성술, 연금술, 카발라(Cabala: 히브리의 신비철학─옮긴이), 악마, 점(占), 오컬트 그리고 마술이라는 항목에 한 쪽이 조금 안 되는 132줄을 할애했다. 반면 천문학은 67쪽, 화학은 115쪽이나 할애했다(Copenhaver, 1978, p. 32).[53] 생물학이나 천문학 같은 학문과 달리 사회 발전은 계속될 것이라든가, 또는 포용적이고 개방적이고 민주적인 사회는 착취적인 독재 사회보다 번영할 것이라는 명제를 실험이나 수학으로는 증명할 수 없었다. 우주의 목적과 같은 형이상학적 신념은 더욱 그렇다.

따라서 계몽주의와 관련한 신념이 아이디어 시장에서 승리한 것은 당시 예측 가능했던 게 아니라는 것을 다시금 강조할 필요가 있다. 유럽의 계몽주의는 형식적인 면이나 내용적인 면이나 결코 필연적인 것은 아니었다. 전쟁의 우연한 결과는 계몽주의가 확산하는 데 일정 부분 기여했다. 만약 에스파냐가 반항적인 네덜란드와 다루기 힘든 영국과의 전쟁에서 이겼더라면, 만약 예수회나 다른 보수적인 가톨릭이 유럽의 교육과 지적 담론의 장을 독점했더라면 계몽주의는 없었을 것이다. 있었더라도 우리가 아는 계몽주의와는 크게 달랐을 것이다. 만약 계몽주의의 핵심이던 새로운 아이디어가 거절당하고 지적 세계에서 현상 유지 기조가 지속되었더라면 산업혁명은 또 다른 짧은 개화로 흐지부지되었을 것이다. 하지만 어찌 되었든 계몽주의는 일어났다. 위대한 철학자들은 논리와 근거, 수사학을 조합해 지적 엘리트의 신념과 가치를 바꾸었다. 거의 모든 문화적 진화의 편향은 계몽주의 사상이 승리하는 데 기여했다. 물론 이런 편향은 시대와 장소에 따라 다르게 작동하기는 했다. 몇몇 역사학자들이 계몽주의라는 개념의 유용성에 대해 의문을 품을 정도로 많은 유형의 계몽주의가 있었지만, 삶과 사회를 발전시킬 수 있는 지식과 이성의 힘에 대한 믿음은 모든 계몽주의 유형의 공통분모로 남았다. 그러나 이것이 정확히 어떤 의미이고 어떻게 구현될 것인지는 또 다른 문제였다.

하지만 되돌아보면 유럽에서 계몽주의 사상이 어떻게 승리하고 확산했는지 알 수 있다. 17세기 중반이 되자 유용한 지식은 경제 성장의 잠재적인 강력한 요소라는 인식이 퍼지면서 사회적 낙관주의와 발전의 원동력이 되었다. 새로운 도구를 활용한 실험과학과 관찰의 승리는 인간의 힘을 보여준 단적인 사례였다. 지적 엘리트는 유용한 지식을 무기 삼아 공격적으로 자연을 인간의 필요성에 맞춰 활용했고, 이를 통해 경제를 발전시킨다는 기본적인 계몽주의 사상을 지지했다. 이런 사상은 여러 유형으로 이미 중세 시대부터 존재했지만 진보적인 지식인들이 생각한 반계몽주의와 미신을 마침내 극복했다는 사실이 중요하다. 그동안 벌어진 종교 전쟁은 헛되고 파괴적이기만 했으며 많은 사람이 종교적 교리에 경건하게 순응하는 것보다 종교적 관용을 더 선호하기에 이르렀다. 17세기 후반 존 로크 같은 정치철학자들은 세상을 좀더 풍요롭게 만들 수 있는 정치 제도를 제시하기 시작했다.

제도를 제외하고 장기적으로 유용했던 것은 인간의 물질적 필요에 맞취 자연을 활용하려는 의지와 능력이었다. 원인이 정확히 무엇이든 그 어느 때보다 자연철학과 역사에 대한 통찰력은 기계적이고 예측 가능한 우주와 통제 가능한 자연에 대한 생각을 지지하기 시작했다. 이런 우주와 환경은 인류의 물질적 혜택을 위해 활용할 수 있고, 또 활용되어야 했다. 따라서 17세기 편지 공화국은 사람과 환경의 관계는 명료성과 도구성에 기초해야 한다는 메타 개념을 아이디어 시장에 제공함으로써 산업계몽주의가 성장할 수 있는 터를 닦았다(Dear, 2006). 도구성이란 기본적으로 자연 현상의 본질에 대한 형이상학적 해석보다는 자연 현상의 완전하고 자세한 설명과 함께 도구로서 자연을 어떻게 활용할 수 있는지가 더 중요하다는 것을 의미한다. 자연이 무엇으로 이뤄져 있으며 어떻게 운영되는지에 대한 근본 원인(또는 경제학자들이 말하는 '미시적 토대')을 이해하는 것은 헛된 노력이었을 것이다.[54] 무엇보다 명료성은 기계론적·결정론적 세계관에 달려 있었다.

제도 발전과 기술 발전이라는 두 가지 트렌드는 많은 유명 인사와 그보다 많은 무명 인사의 생각과 노동의 결과물이었다. 유럽이 경제 발전에 성공할 수 있었던 배경에는 이런 지식인과 학자가 일을 했던 제도, 새로운 생각을 하고 신기술을 개발하도록 독려한 인센티브와 동시에 그들에게 규율이라는 제약을 부여한 제도가 있었다. 그리고 이 제도는 16~17세기의 편지 공화국이었다.

대항해 시대에 등장하고 계몽주의 시대에 절정기를 맞이한 편지 공화국은 유럽의 산업혁명을 예고한 기술 주도의 비약적인 경제 발전을 가장 잘 설명하는 중요한 제도적 발전이었다. 하지만 편지 공화국 외에도 중요한 제도는 분명 있었다. 18세기 영국은 "모임 사회(Associational Society)"라고 일컬었다(Clark, 2000). 많은 수의 이런 모임은 유용한 지식의 확산과 큰 관련이 없었으며 식사 및 음주, 스포츠와 음악 등 단순히 친목과 레저가 목적이었다. 하지만 이런 모임은 시민 경제가 만들어지고 활성화하는데 중요했다. 이런 시민 경제에서 경제적 행위자들은 명예를 지키며 행동했고, 따라서 계약 집행에 대한 제3자(국가)의 개입을 최소화할 수 있었기때문이다. 하지만 놀랄 만큼 많은 사람이 이런 모임에서 유용한 지식을 습득하며 영국의 '대중 과학'이 등장하는 데 일조했다. 여기서 사람들은 원하는 만큼 유용한 지식을 얻을 수 있었다(Stewart, 1992, 1998). 이런 모임에 대해서는 이미 많은 것이 알려져 있다. 특히 그중에서 가장 유명한 모임은 버밍엄 루너 소사이어티(Lunar Society)였다. 루너 소사이어티는 영국대중 과학의 시작이 아니라 결과였다. 1700년에는 런던에만 이미 2000개넘는 커피 하우스가 문학, 자연철학 그리고 정치를 마음껏 논하는 구심점 역할을 했다(Cowan, 2005). 18세기에도 커피 하우스는 여전히 지식과신념이 확산하는 중요한 중심지로 남았다. 그중 가장 유명한 모임 장소는왕립학회 회원들의 단골 커피 하우스이던 런던 챕터 커피 하우스(London Chapter Coffee House)일 것이다.[55] 프리메이슨 집회소(Masonic lodge)도 과학 및 기술 정보를 활발하게 논의하던 장소였다. 물론 이것이 그들의 우선적인 임무는 아니었지만 말이다.[56] 놀랄 만큼 많은 사람이 과학과 기술에 대한 공개 강의에 관심을 가졌다. 이런 공개 강의는 주로 전기와 자석을 활용해 청중이 즐길 만한 공개 실험 위주로 진행되었다. 공개 강의에서 전기와 자석은 대중의 관심을 많이 끌었지만 당시 기술에 미치는 효과는 별로 없어 경제적 중요성은 미미했다.[57]

중요한 것은 이런 문화의 발전이 경제 발전 및 산업혁명과 직접적이고즉각적인 연관성이 있었는지 여부가 아니다. 주목해야 할 점은 엘리트 집단의 문화적 가치와 신념이 더욱 성장 친화적인 문화로 발전하고 확산해 점점 더 많은 사람, 특히 경제와 직접적 관련이 있는 사람에게 영향을 미치기 시작했다는 것이다. 산업계몽주의는 서유럽의 역사적 현상이었고, 그중에서 특히 '개선(improvement)'이라는 단어로 불린 진보의 개념에 특히 더 민감한 영국에서 두드러지게 성공적이었다(Slack, 2015). 이런 개념은 북대서양 지방의 거의 모든 지역에 깊은 뿌리를 내렸다. 그 어떤 것보다 발전이라는 개념은 농업과 의학부터 항해에 이르기까지 모든 분야에 자연철학을 적용하는 것을 의미했다. 18세기 유럽에서 차이점을 만든 것은 뉴턴의 고등 과학이 아니었다. 오히려 세심한 측정, 정확한 계산, 잘 설계한 실험, 실증적 검증, 수학화 그리고 무엇보다 이런 것을 미덕으로, 존중받을 행동으로 여기고 결국에는 경제 성장과 사회 발전으로 이어질 수 있다는 좀더 평범한 생각이었다.

비록 용어와 표현은 학자마다 조금씩 달랐을지라도 유럽의 상호 연결성을 강화하는 데 문화·기술의 발전이 얼마나 중요했는지 지금까지 많은 논의가 이루어졌다. '대중 과학'의 등장은—대중 과학이라는 용어는 철학자 위르겐 하버마스(Jürgen Habermas)가 고안했다—많은 역사학자의 시선을 사로잡았다. 대중 과학은 종종 편지 공화국과 동일시되었으며, 많은 학자가 물리적 영토(territorial space)와는 다른 공적인 공간(public space)을 강조했다(Goodman, 1994, pp. 14-15, 49). 제이컵(Jacob, 1997, 2000b)과 래리 스튜어트(Larry Stewart, 1992, 1998, 2004) 같은 학자는 언젠가는 현실에 적용할 것이라는 희망을 품고 새로운 과학을 공부하고 연구하는 장으로서 대중 과학의 문화를 연구했다. 하지만 대부분의 이런 희망은 헛된 것이었다. 그러면서 어느 정도의 사회적 지위를 누렸지만 말이다. 어느 정도의 행운과 참을성 그리고 인내력을 갖고 대중 과학은 궁극적으로 기술 발전과 경제 성장으로 우리를 인도할 터였다.

4부

계몽주의의 서막

청교도주의와 영국예외주의

모두가 알고 있듯 산업혁명은 영국에서 시작했다. 하지만 지금까지 우리
는 유럽예외주의를 설명하기 위해 유럽 차원의 현상을 살펴보았다. 그렇
다면 영국은 유럽 안에서도 더 특출했던 것일까? 이와 관련해 다른 글에
서 다룬 바 있지만(Mokyr, 2009a), 문화와 신념의 중요성을 고려했을 때 우
리는 영국의 문화가 다른 유럽 국가에 비해 어떻게 특별했는지 물어봐야
한다. 하지만 유럽의 지적 문화는 대부분 초국가적이었다. 뉴턴, 데카르
트, 스피노자, 갈릴레오 그리고 라이프니츠는 스톡홀름에서 마드리드까
지, 더블린에서 상트페테르부르크까지 유럽 전역의 지식인과 소통했다.
영국이 다른 유럽 국가와 달랐던 점은 청교도주의가 등장했다는 것이다.
영국에서 유용한 지식의 성장에 청교도주의가 얼마나 중요했는지는 로버
트 머튼〔Merton, (1938) 2001〕의 고전적인 책에 의해 역사학자들의 관심을
얻었다. 머튼은 이 책에서 청교도주의와 현대 과학의 등장을 결부시키면
서 17세기 영국의 과학 문화를 토대로 발전한 청교도주의의 중요성을 강

조했다. 여기서 머튼의 분석 단위는 신학적인 명제가 아니라 문화적인 신념과 가치였다. 이렇게 형성된 청교도주의의 문화와 신념은 청교도가 아닌 사람들 사이에서도 널리 퍼졌으며, 따라서 그의 이론은 종교가 과학혁명에 어떤 역할을 했는지에 대한 무의미한 논쟁으로 이어졌다. 그리고 실제로 당시 많은 핵심적인 과학자들이 청교도가 아니었다는 게 밝혀지면서 그의 주장은 더욱 설득력을 잃었다.

17세기 영국의 엘리트 사이에서 베이컨주의의 성장은 종교적 문화 운동의 핵심이었다. 1930년대에 일련의 학자들은 베이컨주의와 현대 과학의 관계를 특히 강조했다. 리처드 존스는 1936년 출판한 책에서 베이컨주의의 영향력이 궁극적으로 영국의 과학혁명을 이끌었다고 주장했다. 그는 "현대 과학의 공리주의는 베이컨이 청교도주의에 남겨준 자식이나 다름없다"[Jones, (1936) 1961, p. 88]는 기억에 남을 만한 말을 했다. 베이컨은 청교도가 아니었지만 그의 글과 사상은 청교도 이념과 매우 잘 맞았다.

머튼은 17세기는 매우 종교적인 시대였으며 구원을 얻기 위해 오늘날 우리가 상상조차 못할 정도로 엄격한 삶을 살았고 종교적 신념이 경제 발전의 가치와 일치하지 않을 경우 둘 중 하나는 포기해야만 했다고 강조했다[Merton, (1938) 2001, p. 91]. 영국 사회에서 청교도주의 문화가 성장한 것은 선택에 의한 사회적 학습의 역사적 사례다. 즉 청교도의 교리가 강렬했거나, 청교도의 리더가 경외심을 주었거나, 또는 청교도의 교리가 그들의 전통에 부합했기 때문에 영국인은 여러 종류의 청교도주의에 끌렸던 것이다. 사실 청교도가 과학 및 기술 발전에 헌신했다는 것 자체는 특이할 게 없다. 과학 및 기술 발전에 대한 관심과 헌신은 유럽의 공통적 현상이었고 영국의 청교도뿐 아니라 이탈리아의 가톨릭교도와 독일의 루터교도도 그들의 종교적 신념과 과학 발전의 가치가 일치하고 종교적 신념을 수행하는 매력적인 방식이라고 생각했다. 이처럼 종교는 과학 발전을 이끌고 종종 권장하기도 했지만, 동시에 예측할 수 없는 방식으로 과학 발전에 제동을 걸기도 했다. 예를 들어 많은 예수회 과학자는 훌륭한 과학자이면서 과학의 열렬한 신봉자이기도 했지만 그들이 따라야 했던 종교적 교리가 제도적 굴레로 작용했다. 결국 예수회는 진보적인 기관으로서 운명을 다했다. 정통 칼뱅주의도 이와 비슷했다.

중요한 것은 청교도가 실험철학에 깊이 끌렸다는 것이다. 실험철학이 그들의 신념과 일치한다고 생각했기 때문이다. 코헌(Cohen, 2012, p. 574)은 청교도에게는 실험 연구가 신성 모독 및 무신론과 전혀 관계없는 다른 개념이었다고 지적했다. 예를 들어 보일 같은 실험과학자에 따르면 자연은 과학자들이 절대로 이해할 수 없는 천체의 복잡한 규칙을 설계한 창조주를 생각하지 않고는 절대로 이해할 수 없었다. 그러면서 그는 복잡하고 섬세한 메커니즘은 지적 설계자 없이 생겨날 수 없다는 의미로 저 유명한 '시계공'이라는 비유를 들었다(Boyle, 1664, pp. 71-72). 셰이핀(Shapin, 1994, pp. 156 ff.)이 강조한 것처럼 보일의 청교도주의는 무엇보다 학자로서 그의 사상이 기독교에 깊게 물들었으며 '자연의 목사'가 되어 모든 것을 만든 창조주께 감사와 찬양을 드리는 신성한 의무에 충실했음을 의미한다. 하지만 지식인을 포함해 대부분의 사람이 여전히 무신론을 부도덕과 동일시한 시대에 그의 독실함은 오히려 신뢰성을 쌓는 데 도움을 주었다.

머튼이 제기한 명제의 중요성은 과학혁명을 설명했다는 점에 있지 않다. 오히려 머튼의 명제는 과학혁명을 제대로 설명하지 못한다. 청교도주의는 영국의 현상이었고, 과학혁명은 유럽의 현상이었다. 유럽에서 과학이 성장하는 데는 편지 공화국 같은 초국가적 제도가 필요했다. 하지만 이것만으로는 충분하지 않았다. 청교도주의와 영국 편지 공화국의 공진화로 대변할 수 있는 문화와 지역 기관의 공진화도 과학 성장에 필수였다. 머튼의 명제는 종교에 대한 당시의 물질적 접근 방식을 명백하게 거부했다는 점에서 중요하다. 사람들이 특정 이념과 신념을 받아들이는 이유는 그것이 특별하게 설득력 있거나 강렬하거나, 아니면 다른 진화의 편향이 작동하기 때문이다. 머튼은 이런 가정을 토대로 문화적 선택을 '부르주아'나 상업 계급과 직접적으로 연결시키는 안이한 물질적 관념을 올바르게 거부했다.[1] 실제로 존 윌킨스, 로버트 보일, 식물학자 존 레이와 프랜시스 윌러비(Francis Willughby), 수학자 존 월리스, 의사 겸 화학자 조너선 고더드(Jonathan Goddard) 그리고 정치경제학자 윌리엄 페티는 모두 독실한 청교도였다(청교도주의는 영국 사회에서 특정 계급이나 직업·산업군에 집중되지 않았다는 의미-옮긴이). 청교도주의를 이렇게 특정한 과학의 진보와 직접 연관시키기란 쉽지 않다. 하지만 청교도주의가 실험과학의 사회적 명성을 크게 향상시켜 산업계몽주의의 기반을 마련하는 데 도움을 주었다는 것은 분명하다. 청교도의 정치적 우위는 오래가지 않았으나 영국의 왕정복고 시대에 "관대한 왕의 보호 아래"[Jones, (1936) 1961, p. 270] 대부분 왕당파에 가담했다. 그들은 대학을 통제한다는 헛된 희망을 포기하는 대신 자신들이 굳게 믿고 있던 베이컨식 실험과학을 실행할 수 있는 그들만의 조직과 환경을 만들기 시작했다.

청교도는 과학이 "신의 영광을 증명하고 인간의 이익을 증대"(Merton, 1973, p. 232)할 수 있다고 믿었기 때문에 관심을 가졌다. 웹스터[Webster, (1975) 2002, p. 505]가 주목한 것처럼 그들에게 이상적인 삶이란 자신의 물질적 자원을 극대화해 개인의 이익과 공익을 증진시키면서 신에게 그 영광을 바치는 삶이었다. 이 두 가지 목적은 17세기 말이 되어서야 완전하게 서로를 보완하는 관계로 발전했다. 신앙심이 깊은 사람들은 과학 탐구의 심오한 윤리적 의미를 인정했다. 신의 창조에 대한 체계적이고 꼼꼼한 연구는 대단한 지성인이라도 파악하기 어려운 신을 이해하기 위해 칼뱅교도가 취할 수 있는 최선의 노력이었다. 청교도 사상은 실험과학이 기독교적 활동이라는 베이컨의 사상에 바탕을 두었다. 따라서 청교도주의와 과학은 경험주의와 실험주의라는 공통의 분모를 찾아냈다. 로버트 보일은 자신의 책 《크리스천 비르투오소(Christian Virtuoso)》(1690) 속표지에 "실험철학은 우리를 기독교에서 멀어지게 하는 게 아니라 좋은 기독교인이 되도록 도와준다"는 구절을 남겼다. 청교도는 신의 일을 이해하는 열쇠(물리적 환경에 대한 이해)는 신의 말씀을 해석하는 열쇠라는 뜻으로 알려진 '베이컨의 타협'에 충실한 수혜자들로, 자연 연구는 성경을 해석하는 사람들에게도 도움을 준다고 여겼다. 다시 말해, 자연의 책이 신의 계시라고 생각할 수 있다면 과학은 형이상학적 체계에 대한 제약과 자연 세계에 관한 성서 그대로의 해석으로부터 자유로울 수 있다(Moore, 1986, p. 323).

종교와 과학의 이런 관계는 자연 규칙과 자연 현상에 대한 연구가 유용한 지식이 등장하고 성장하는 데 돌파구 역할을 할 것이라는 베이컨식 공리주의 신념과 쌍을 이루었다. 그리고 로버트 보일이 자신의 유언장에 쓴 것처럼 이런 신념은 결국에는 "자연의 책을 쓴 위대한 저자(신—옮긴이)의 영광과 인류의 안녕에 그 성과물"(Merton, 1973, p. 235에서 인용)을 돌릴 것이다. 머튼은 청교도주의가 노동 집약적 과학(실험주의는 의심할 여지없이 노동 집약적이었다)과 특히 양립할 수 있다고 주장했는데, 청교도주의는 본질적으로 게으름을 도덕상 혐오스러운 것으로 비판했기 때문이다.[2] 하지만 많은 이들은 청교도만 이런 시각을 갖고 있었던 것은 아니며, 더욱이 모든 청교도가 이런 점에 공감한 것도 아니라며 이러한 주장에 이의를 제기했다. 그렇지만 청교도주의는 분명 16세기의 강력한 문화적 혁신이었으며,

1626년 베이컨의 죽음 후 영향력이 더욱 커졌다. 청교도주의가 영국의 경쟁적인 아이디어 시장에서 성공한 것은 지식인의 종교적 신념과 조직화한 종교의 압박, 그리고 그들의 과학적 흥미와 적절하게 조화시키려는 서유럽의 문화적 운동의 일부였기 때문에 특히 더 주목할 만하다. 청교도주의 자체는 18세기 기술 발전의 근본 원인이 아니지만, 편지 공화국을 특징짓는 더 깊은 무언가를 나타내기에는 충분했다.

더욱이 17세기 청교도주의는 종종 영국 성공회에 기울기도 하고 장로교에 다가가기도 했지만, 그것과 상관없이 머튼은 청교도가 '선행(good work)'을 큰 미덕으로 여기며, 이를 유용한 지식의 공리주의적 목적과 관련짓기 시작했다고 주장했다. 머튼은 이런 신념을 가장 잘 실천한 지식인으로 당시 매우 성공한 문화적 사업가이자 청교도 신학자이던 리처드 백스터(Richard Baxter, 1615~1691)를 언급했다. 경제사학자가 서양의 경제 발전에 중요한 영향을 끼친 인물로 백스터를 언급한 것은 특이해 보일 수 있다. 하지만 백스터가 18세기 대서양 양쪽의 사람들에게 끼친 영향력은 상당했다. 막스 베버는 그를 "대단히 실용적이고 현실적인 태도를 지니고 있었으며, 동시에 그의 글이 많은 사람에게 보편적으로 인정받은 점을 고려할 때 청교도의 윤리에 대한 글을 쓴 사람들 사이에서도 군계일학이었다"(Weber, (1905) 1958, p. 155)고 말했다. 노동 중심의 '선행'을 통해 신을 찬양한다는 사상은 "세속적인 관점으로도 유용하고 유익했다. ……한눈에 봐도 공리주의적이다"(Merton, (1938) 2001, p. 62).[3] 백스터는 무엇보다 내용 편향에 의존한 문화적 사업가였다. 그는 130여 권의 책과 팸플릿을 저술하면서 모든 사람은 이성적이라는 믿음을 바탕으로 이성과 논증을 통해 사람들을 설득하려고 노력했다. 그의 "글은 전례 없는 인기를 끌었으며 수차례 재출판되었다. 청교도주의는 언제나 인쇄 기술을 적극 활용했지만 그와 같은 문학적 커리어는 규모나 성공적인 측면에서 전례가 없었다. 백스터의 저서는 영국 문학사의 많은 베스트셀러 가운데 최초였다"(Keeble, 2004).

영국에서 종교는 그저 관대하기만 한 사회적 요소가 아니었다. 17세기 후반 많은 과학자들에게 과학적 글쓰기와 연구는 신을 섬기는 방식이기도 했다. 이런 점에서는 로버트 머튼이 옳았다. 인간의 관심사가 신의 영광을 읊는 것에서 인류의 물질적 안녕으로 옮아가는 데는 계몽주의 시대를 거쳐야 했지만, 씨앗은 이미 심어진 후였다. 많은 학자가 지적한 것처럼(예를 들면 Shapin, 1988a) 머튼은 청교도주의가 과학혁명과 산업계몽주의의 충분조건이거나 필요조건이었다는 식으로 엄격한 인과관계를 주장하지는 않았다. 확실한 것은 17세기 유럽에서 기념비적인 과학의 발전은 대부분 대륙에서 발생했으며, 이런 과학의 발전을 이끈 과학자 대부분은 가톨릭 국가에서 활동했다는 점이다. 하지만 종교적 신념과 과학 발전을 위한 노력이 조화롭게 공존한 것이 영국의 과학 발전에 매우 중요했다는 머튼의 주장은 지금도 유효하다. 똑같이 중요했던 것으로 영국에서는 실용적이고 실증적인 방식과 처방적 지식에 대한 관심이 늘었으며, 이런 지식이 대부분 개인적이고 자발적인 메커니즘을 통해 확산했기 때문에 18세기 영국은 산업계몽주의에 더 적합한 배경을 갖고 있었을지 모른다는 점을 들 수 있다. 또한 유니테리언과 퀘이커교 같은 이단 종교는 교인들의 수가 나타내는 것보다 훨씬 더 큰 역할을 한 것으로 알려져 있다(Inkster, 1991, pp. 42-45; Jacob, 2000a).

쉽게 정의할 수는 없지만 청교도 과학은 매우 실증적이었으며 프랑스의 데카르트와 영국의 홉스가 즐겨 했던 연역법적이고 논리적으로 엄격한 구조를 멀리했다. 대신 청교도 과학은 베이컨식의 실험 방식, 관찰 그리고 논리와 이성에 의한 명제의 흐름이 아닌 세심한 조사에 크게 의존했다. 이런 점은 가장 뛰어난 청교도 수학자이자 왕립학회에 가입한 최초의 수학자 존 윌리스의 예에서 찾아볼 수 있다. 그는 수학만큼이나 설교도 열심히 한 청교도 성직자였다. 윌리스의 가장 중요한 업적은 1649년 옥스퍼드 대학교의 수학 교수로 임용된 후에 나왔다. 그의 수학은 베이컨의 실험주의에서 많은 영향을 받았다. 알렉산더(Alexander, 2014, pp. 262-278)가 지적한 것처럼 윌리스의 수학은 실용적이고 실험적이었다. 그의 수학은 "왕립학회의 실험주의에 충실했으며 …… 귀납법에 의존했고 진정한 진리를 찾았다고 절대 말하지 않았다. 그에게 진리의 최종 결정권자는 인간의 컨센서스였다"(Alexander, 2014, pp. 277-278). 젊었을 때 그는 "추측성 지식(연역적 논증)은 성인(聖人)들 사이에서처럼 악마들 사이에서도 쉽게 찾아볼 수 있다"고 썼다. 반대로 "실험 지식은 전혀 다른 종류의 지식으로서 확실하게 알려진 것만 지식으로 여긴다. ……우리는 그렇다는 것을 알 뿐만 아니라 실험을 통해 직접 확인도 한다. ……진리는 이렇게 우리의 영혼 앞에 명백하고 합리적으로 스스로를 드러내므로 우리는 그것을 함부로 거절할 힘이 없다"(Wallis, 1643, pp. 60-61). 수학자가 이런 실증적 입장을 취하는 게 특이해 보일 수 있지만, 실제로 1656년 출판한 (무한소에 대한 확신으로 가득 찬) 그의 《산술적 무한대(Arithmetica Infinitorum)》는 젊은 시절의 뉴턴이 미분학에 대한 관심을 갖는 데 중요한 역할을 했다(Westfall, 1980, pp. 113-117). 뉴턴이 직접 쓴 글과 동시대인의 많은 글에서도 명확하게 알 수 있듯 뉴턴이 생각한 기계적인 시스템으로서 세계는 합리적이면서 강력한 신을 반영한 것이었다. 그리고 이런 관점에서 뉴턴의 업적은 청교도주의 사상에 부합한다.

문화적 진화 모델은 결정주의적 인과 모델이 아니라 사전적인 확률 모델이므로 상황에 따라 달라진다는 이점이 있다. 달리 말해, 특정한 역사적 현상이 초기 단계에서 상대적으로 작은 변화가 일어나거나 상황이 조금만 다른 방향으로 전개되어도 지금 우리가 알고 있는 역사는 매우 달라졌을 수 있다. 청교도인과 왕립학회의 초창기 회원들은 유럽이라는 더 큰 무대에서 활동한 하나의 집단에 불과했다. 그리고 과학에 대한 그들의 태도는 귀납법과 실증적 사고방식에 열성적이지 않았던 라이벌들과 매우 달랐다. 영국에서 그들은 당대에 영향력이 가장 큰 지식인 중 한 명이던 토머스 홉스(왕립학회 회원이 된 적은 없지만 찰스 2세의 궁중에서 매우 영향력 있는 높은 직위를 유지했다)와 싸웠고, 유럽 대륙에서는 데카르트학파 및 예수회와 대립했다. 만약 당시 유럽의 정치·군사적 상황이 다르게 전개되었다면 보수적인 사람들이 세력을 잡으면서 세상을 새롭게 해석하려는 시각을 적대적으로 여겼을 수도 있다. 요컨대 과학 발전이 궁극적으로 승리한 것은 당연한 결과가 아니었다.

　동시에 이런 역사의 우연을 너무 과장해서도 안 된다. 역사는 상당 부분 우연에 의해 진행되기는 하지만 진화론처럼 완전하게 무작위로 이뤄지지도 않는다. 역사의 흐름은 우리가 이해 못할 것도 없다.[4] 실용적인 목적을 위한 형식과학과 실험과학이 선과 구원으로 향하는 길이라는 새롭게 등장한 문화적 신념을 대신할 문화·종교적 대안이 분명 존재했지만, 대부분의 유럽 사회는 그런 대안을 따르지 않았다. 이는 베이컨과 백스터 (그리고 그들의 제자들) 같은 영향력 있는 문화적 사업가들이 이런 관점을 받아들이도록 많은 사람을 설득했다는 증거다. 이런 문화적 요소가 충분하게 갖춰지고 유용한 지식과 존엄성에 대한 믿음이 견고하게 확립되자 이는 지배적인 문화가 되었다. 서유럽에서 거둔 이런 성공은 세계 다른 지역으로 더욱 확산된 문화적 편향을 만들었다. 더욱이 기득권을 가진 많은 지식인은 청교도 과학에 매우 반발했다. 이들은 대부분 자연철학의 새로운 실증적 접근 방식에 반대한 교회 성직자와 보수적인 지식인이었다. 결국 우리가 할 수 있는 말은 비옥한 토양에 심어진 지적 문화의 씨앗은 싹이 트고 번영할 기회를 많이 얻는다는 것이다. 그럼에도 갑작스러운 충격은 역사의 추이를 바꿀 수 있다.

하지만 이토록 많은 종교적 신념 너머로 유럽의 발전에 큰 공을 세운 또 다른 요소가 어렴풋이 보인다. 바로 다원주의다. 종교적 관용에 대한 케케묵은 논쟁은 이 시기에 완전하게 종지부를 찍은 것으로 보인다. 17세기 후반 영국의 모든 시민은 종교를 포함해 자신의 성향에 부합하는 형이상학적 선택을 할 수 있는 메뉴가 주어졌다. 물론 무신론자나 가톨릭교도는 공직에 나갈 기회를 박탈당하고 대학교에도 들어갈 수 없었기 때문에 어느 정도의 불이익은 스스로 감수해야 했다. 하지만 영국은 운이 좋은 편이었다. 청교도는 소수에 불과했고 1660년 이후 정치적 영향력도 잃었지만 여전히 자신의 종교를 가질 수 있었으며, 그들만의 엘리트 문화에 기대어 어느 정도의 영향력은 행사할 수 있었다. 종교적 관용과는 거리가 먼 올리버 크롬웰조차 유대인이 영국에 정착할 수 있도록 허용했다. 나아가 1660년 이후 영국의 정치·경제 제도가 바뀌어도 관용은 계속됐다(Zagorin, 2003, pp. 188-239). 이런 관용은 영국 경제에도 영향을 주었다. 높은 기술력을 보유한 프랑스 위그노의 유입이 대표적인 예다. 드니 파팽(Denis Papin), 아브라함 드무아브르(Abraham De Moivre), 존 드자귈리에 같은 프랑스 위그노 지식인 리더들이 영국에 자리를 잡았고. 영국의 시계 제조업도 위그노 이민자들이 시작했다(Landes, 1983, p. 219). 프랑스에 거주하는 약 100만 명의 위그노 중에서 약 8만 명은 영국으로, 약 4만 3000명은 독일로 피신했다(Hornung, 2014). 프랑스에 남은 위그노보다는 외국으로 피신한 이들이 가장 숙련되고 교육도 많이 받은 사람이었을 것이다. 물론 개중에는 종교보다는 식물을 더 사랑해 조용히 가톨릭으로 개종한 유명한 식물학자 피에르 마뇰(Pierre Magnol, 1638~1715)처럼 프랑스에 남은 사람도 있었다. 17세기 서유럽의 아이디어 시장에서 가장 성공한 사상 하나를 꼽자면 관용이었다. 어리석은 루이 14세가 스스로 증명한 것처럼 종교적 편견은 쉽게 사라지지 않았지만, 가장 극단적이고 치명적인 모습의 종교적 불관용은 자취를 감추었다. 진정으로 필요했던 것은 과학자를 위한 인센티브와 동기뿐만 아니라 과학과 논리가 세계를 위협하고 있다는 견고하게 자리 잡은 사상의 독점으로부터 과학자를 보호할 이념이었다. 과학자와 기술자가 방해받지 않고 이런 저항을 약화시킬 수 있었던 데는 오랜 시간과 특수한 상황이 필요했다.

실험과학에 대한 관심과 기술 적용을 제외하고 청교도 문화는 결과적으로 경제 발전에 기여하게 된 다른 요소를 내포하고 있었다. 머튼은 이미 위에서 언급한 두 가지 요소를 강조했다. 그중 하나가 노동에 대한 문화적 태도였다. 우리에게 여가는 청교도에게 게으름이었다. 막스 베버는 이렇게 말했다. "따라서 시간 낭비는 모든 죄 중에서 최고의 중죄다. 인생의 기간은 각자의 소명을 '확인하기'에는 너무나 짧고 소중하다. 사교, '무익한 잡담', 사치 등을 통한 시간 낭비 그리고 건강에 필요한 만큼—6시간에서 최고 8시간—을 상회하는 수면 시간에 의한 낭비는 도덕적으로 절대적 비난을 받는다. ……즉 시간은 무한히 귀중한 것이다. 왜냐하면 낭비된 모든 시간은 신의 영광에 봉사하는 노동을 줄이기 때문이다. 따라서 행동 없는 사색 역시 무가치하고, 만약 하루의 노동을 희생하면서까지 사색한다면 도덕적으로 비난받을 일이다"(Weber, (1905) 1958, pp. 157-158). 이런 시각은 의심할 나위 없이 소수 의견이었지만, 더 많은 사람이 돈을 벌고 시장에서 공급하는 소비재를 더 많이 소비하기 위해 더 열심히 일하기 시작한 시기와 일치했다는 것은 주목할 만하다(De Vries, 2008). 심지어 청교도 원리보다는 물질적 소비가 일을 하는 이유였던 사람들조차 신이 그걸 인정한다는 것에 안심할 수 있었다.

인적 자본 투자와 관련해서도 비슷한 문화적 현상이 일어났다. 청교도는 보통 종교적 지식인에게 요구되었던 것처럼 교육을 매우 고귀한 덕목으로 생각했다. 하지만 모든 인적 자본이 동등하게 창조된 것은 아니다. 종교학을 제외하고 청교도는 '말씀'이 아닌 '사물'에 대한 교육을 권장했다. 즉 물리학, 과학, 수학 그리고 외국어 교육은 승인했지만 시, 연극, 음악, 순수 문학 같은 '시시한' 학문은 그렇지 않았다. 교육을 강조한 종교적 단체에는 비단 청교도만 있었던 것은 아니다. 교육은 서로 경쟁하는 종교 집단의 전쟁터가 되었다. 18세기 영국의 비국교도가 운영한 학교는 산업혁명을 이끈 인재 양성소로 인정받았다. 그러나 여기서 다시 한 번 경쟁의 강력한 힘이 작동했고, 영국 국교회는 뒤처질 수 있다는 위기의식에 휩싸였다. 로런스 스톤(Lawrence Stone)이 말한 것처럼 "비국교도와 감리교가 교육에서 앞서나가기 시작했으며, 영국 성공회는 '그들의 본보기에 의해 자극을 받았다'. 가난한 사람들의 마음과 충성심을 잃을 수 있다는 두려움 때문에 성공회는 즉시 조사에 착수했으며, 이런 두려움이 성공회 목사와 부목사들의 마음속에 크게 자리 잡았다"(Stone, 1969, pp. 81-82).

보헤미아의 위대한 교육 개혁가이자 영국에서 수년을 보낸 자칭 베이컨의 제자 얀 코메니우스는 좀더 실용적이고 과학에 기초한 교육을 주창한 선지자 중 한 명이었다. 젊은 시절 그는 천년왕국은 자연철학의 발전을 통해 달성할 수 있다는 베이컨의 글을 보고 감명을 받았으며, 진보에 대한 자신의 신념을 교육 개혁에 적용했다. 비록 지금 우리가 쓰는 용어와는 달랐지만, 코메니우스는 인적 자본이 형성되는 시점에서 이뤄지는 사회화가 중요하다는 것을 완벽하게 인식하고 있었다. 자연 세계의 현상과 관련해 무한성의 존재를 학생들에게 가르친 데는 분명 종교적 동기가 작용했을지라도(코메니우스는 신이 인간에게 무한한 잠재력을 선물로 주었다고 믿었으며, 아이들에게도 그렇게 가르쳤다—옮긴이), 코메니우스는 수학과 과학 교육의 중요성을 강조했다(Murphy, 1995, p. 126).[5] 영국에서 교육 개혁에 앞장선 코메니우스의 제자 중에는 헤즈키야 우드워드(Hezekiah Woodward, 1591/1592~1675)가 있었다. 청교도 목사인 우드워드는 광범위한 인적 네트워크를 자랑한 하르틀리프와의 친분을 통해 베이컨과 코메니우스의 글을 접했고, 그의 영향을 충실하게 반영한 책을 출판했다. 우드워드는 교육은 (활동적이고 실용적인 인생을 살아야 한다는) 베이컨의 사상을 반영해야 한다고 생각했으며 "우리 삶을 촘촘하게 이어주는 그물에 구멍을 뚫는 …… 모두를 못 쓰게 만드는 게으름"이라는 "아일랜드의 질병"에 대해 경고했다(Woodward, 1641, pp. 140-141).[6] 우드워드보다 조금 젊은 존 웹스터(John Webster, 1611~1682)는 대학교의 과학 교육을 강하게 공격했으며, 좀더 현실적이고 실용적인 방향으로 학교 교육을 개혁하기 위한 구체적 방안을 제시했다. 그는 논리와 삼단논법은 "확실하게 명백하고 입증 가능할 때"에만 가르쳐야 한다고 믿었으며, 젊은 학생들에게 수학을 공부하고 실용적·실천적인 자연 연구에 참여하도록 요구했다.[7] 찰스 웹스터(Charles Webster, 1975, p. 202)는 과학 교육은 관찰과 실험이라는 베이컨의 철학에 따라 이루어져야 한다는 존 웹스터의 주장에 "거의 모든 청교도 개혁가들이 찬사를 보냈을 것"이라고 강조했다.

청교도의 등장과 교육 강조는 영국과 북미에서 선택에 의한 문화적 진화에 매우 결정적이었다. 현대의 연구에 따르면, 어린 시절 받은 사회화의 내용과 수준이 문화적 신념의 형성과 그 후 삶의 결과에 결정적이라는 것을 알 수 있다. 아이들이 무엇을 배우는지, 그리고 누가 가르치는지가 장기적으로 봤을 때 경제 성장에 매우 중요했다. 4장에서 다룬 비신과 베르디에가 생각한 세상에서 부모는 자식의 사회화를 스스로 하거나 교사를 '무작위'로 선택하지만, 청교도 시대의 영국에서 부모는 자신의 가치와 신념을 자식에게 전달하고 싶어 하는 게 합리적인 생각이었다. 청교도의 가치는 아이들에게 주입되고, 설교와 팸플릿을 통해 성인들에게도 광범위하게 확산되었다. 이렇게 유용한 지식, 근면, 검소 그리고 정직은 선(善)이며 신의 요구이기도 하다는 가치가 주입되었다. 청교도의 교육 과정에는 물건과 서비스를 좀더 효율적으로 생산하는 기술이 포함되었고, 유용한 지식을 활용해 생산성을 높이는 방법을 끊임없이 찾도록 권장했다. 굳이 비교하자면 인적 자본의 필요성을 믿지만 아이들에게 펜싱, 시, 사냥 그리고 고전 언어를 가르치는 상류층은 회계, 화학, 목공, 기계 그리고 미래를 위해 투자하는 동안 만족을 지연시키는 인내심을 가르치는 사람들에 비해 다른(더 '작은') 인적 자본을 축적하게 될 것이다(Doepke and Zilibotti, 2008).

머튼의 명제는 영국에서 발생한 경제 발전을 과연 어느 정도 설명할 수 있을까? 머튼의 명제는 중대한 기술 발전의 모태가 된 자연철학에 대한 연구를 부추겼을까? 비판자들이 지적했듯 머튼 명제의 근거는 종종 모호하고 때로는 편향되어 있기도 하다. 자연철학자들은 자신의 연구가 실질적인 혜택으로 이어진다는 확신이 없어도 후원을 얻기 위한 목적으로 종종 자신의 연구가 현실적인 혜택을 가져다준다고 주장했다. 더욱이 청교도주의에 대한 명확한 정의도 없다. 아울러 누가 청교도였는지, 머튼의 명제가 변화하는 청교도주의의 본질을 적절하게 다루었는지도 명확하지 않다. 청교도는 많은 종파로 나뉘어 있었다. 그리고 어떤 종파는 다른 종파보다 급진적이거나 금욕적이었다. 또한 종교적 신념이 과학자들의 지적 동기에 어떤 영향을 주었는지 쉽게 계량화할 수도 없다. 즉 과학을 하는 동기는 복잡하게 얽혀 있었다. 여기서 종교가 어떤 역할을 했고 현실적으로 어떤 혜택을 주었는지 쉽게 분리해서 생각할 수 없다. 뉴턴의 경우, 코언(Cohen, 1990, p. 72)이 언급한 것처럼 겉으로 드러난 과학에 대한 동기는 의심스럽기까지 하다. 더욱이 이 시대에 중대한 발견이나 과학적 돌파구를 마련한 과학자 중에서 그 누구도 특정한 종교적 동기에 그 공을 돌린 사람이 없다는 것은 놀랄 만하다(Abraham, 1983, p. 371).

17세기 영국에서 등장한 청교도 이념은 산업계몽주의로 이어진 이 시기에 서유럽에서 발생한 유일한 문화적 변화는 결코 아니었다. 머튼은 영국의 과학이 발전하는 데 코즈모폴리턴적 요소와 세속적 요소를 과소평가했을 수 있고, 비(非)청교도가 청교도 신념의 일부를 그가 생각한 것보다 더 많이 공유했을 수도 있다. 또 어떤 사람들은 사전적 의미로만 좁게 해석한 '청교도'는 '청교도 정신'에 영향을 받은 소수 과학자였다면서, 급진적인 청교도의 지나치게 종교적인 시각보다는 보편적 "자연 질서를 바라보는 영국적 신념 체계"로 보는 것이 합당하다고 지적했다(Mulligan, 1980, p. 468).[8]

과연 17세기 청교도 유산 중 어느 정도가 '기술 전문가들'에게 직접적 도움을 주었는지 의문을 제기한 코언(Cohen, 1990, p. 66)과 리스(Graham Rees, 2000, p. 71) 같은 학자들의 비판은 언뜻 보면 머튼의 명제를 정면으로 반박한 것처럼 들릴 수 있다. 더욱이 만약 청교도 과학이 17세기 중반에 그렇게 번창했다면 영국의 산업혁명이 왜 1세기 후에야 본격적으로 시작되었는지, 그리고 종종 '잃어버린 반세기'라고도 부르는 1700~1750년에는 과학적 발전을 거의 볼 수 없었는지 물어볼 수도 있다. 이런 연대기는 우리가 엄격하게 시대를 구분하기 때문이다.[9] 하지만 우리가 '잃어버린 반세기'라는 주장을 받아들인다 해도, 이런 시대 구분을 머튼 명제에 대한 치명타로 생각하는 것은 핵심에서 벗어난 것이다. 셰이핀(Shapin, 1988a, p. 604) 같은 과학사학자들에게 머튼 명제가 "그토록 격렬하고 야만적인 비판"을 받은 것은 놀라울 따름이다. 어쨌거나 머튼의 명제는 신중하게 사용되었으며, 한편으론 신학과 제도화한 종교를, 다른 한편으론 문화적 신념을 조심스럽게 구분했다.

머튼의 가장 탁월한 제자 찰스 웹스터는 청교도 세계 안에서도 세상을 바라보는 시각이 크게 달랐다고 강조한다. 청교도주의는 극단적인 베이컨식 논리를 견지하면서 자연을 통제하기 위한 과학의 발전을 지지하는 급진적 종파, 그리고 무엇보다 실험과학을 개인의 깨우침과 구원을 위한 도덕적 활동으로 바라보는 좀더 온건한 종파로 크게 나뉘었다(Webster, (1975) 2002, pp. 498-502). 하지만 이런 종파에 상관없이 청교도주의는 베이컨에서 시작해 하르틀리프의 인맥과 '보이지 않는 대학'을 거쳐 결국에는 왕립학회로 귀결되는 지적 사회의 연쇄적 발전을 이어주는 중요한 연결 고리였다. 영국의 산업 문화의 출현에 대한 합리적이고 정보에 근거한 판단으로 이 분야의 권위자로 인정받는 마거릿 제이컵은 왕정복고 시대에 "청교도 과학"이 "성공회 과학"으로 이어졌고, 아이작 뉴턴의 과학을 통해 성숙해졌다는 것을 보여준다(Jacob, 1997, pp. 60-61). 청교도주의의 신념과 완전하게 겹치는지 여부와 상관없이 보일, 윌킨스 그리고 레이의 과학에 남아 있는 베이컨과 베이컨학파의 흔적에서 나타나는 영국의 문화적 변화는 18세기 영국 산업계몽주의의 터를 닦았다. 프랜시스 베이컨에서 시작해 청교도 과학을 거쳐 산업혁명으로 이어지는 계보는 곧지는 않을지언정 뚜렷했으며, 문화의 변화가 기술에 끼친 (유일하지는 않지만) 여전히 중요한 방식이었다.

청교도주의가 계몽주의의 진정한 전조라는 주장에는 논란의 여지가 있다(Mosse, 1960). 청교도는 여전히 현실적인 지식보다 형이상학적인 지식에 더 많은 관심을 보인 것이 사실이며, 그들은 대부분 경제 성장에 긍정적 영향을 줄 수 있는 방향으로 제도를 개선하려는 계몽주의에 대한 관심도 부족했다. 청교도 내에서도 급진적인 일부를 제외하고 대체로 18세기 청교도보다 사회 정의와 자유에 관심이 훨씬 적었다. 베이컨에 따르면 유용한 지식의 목적은 창조주의 영광을 받들고 인간의 지위를 향상시키는 것인데, 당시 대부분의 청교도에게는 창조주의 영광을 받드는 것만이 삶의 지배적 목적이었다. 하지만 실증주의에 대한 강조, 기계 지식에 대한 찬양, 실험과 발견에 대한 믿음, 그리고 교육에 대한 헌신을 통해 그들은 과학의 위신을 높이는 데 크게 기여하면서 프랜시스 베이컨의 초창기 제자들과 산업계몽주의를 이어주는 중요한 연결 고리 역할을 자처했다. 여러 일화적 증거에 의하면 17세기 후반이 되자 과학과 기술에 대한 관심은 사회적으로도 높은 위신을 자랑하는 활동이 되었다.[10] 만약 이런 태도의 변화가 일시적 유행에 그쳤더라면 그 파급력은 오래 지속되지 않았을 것이다. 하지만 18세기 들어 왕립학회는 현실 지식과 유용한 지식에 대한 관심을 거두어들이기 시작한 반면, 영국 사회의 많은 귀족과 부유한 엘리트는 그렇지 않았다. 18세기에 증기선과 관련한 특허를 2개 출원하고 고온계를 발명한 스탠호프 백작(Earl of Stanhope, 1753~1816), 영국에서 가장 부유한 사람 중 한 명이던 화학자 헨리 캐번디시(Henry Cavendish, 1731~1810), 그리고 스코틀랜드의 은행가 패트릭 밀러(Patrick Miller, 1731~1815)는 취미로 그리고 선행을 하려는 진심 어린 희망으로 연구와 실험에 몰입했다. 이들은 다른 사람이 보고 따라 할 수 있는 역할 모델이었다.

이런 설명은 지나치게 영국 중심적으로 들릴 수 있다. 편지 공화국은 분명 범유럽적인 제도였으며 영국 지식인은 여기서 중요한 역할을 맡았다 해도 편지 공화국을 지배할 정도로 영향을 끼치지는 않았다. 우리가 이미 살펴본 것처럼 영국은 받은 만큼 되돌려주었다. 청교도주의는 매우 영국적인 현상이었지만, 이것이 만들어낸 과학은 유럽 대륙으로 손쉽게 확산되었으며 무의미한 국경 덕분에 보일과 월리스에서 케플러와 레이우엔훅에 이르기까지 국적과 종교에 상관없이 유럽 과학의 발전에 기여할 수 있었다. 요하네스 케플러는 독실한 루터교 신자였으며, 튀코 브라헤도 마찬가지였다. 가톨릭 학자들은 이 시대에 과학의 발전과 기술의 적용에 크게 기여했다. 갈릴레오, 카시니, 데카르트 같은 가톨릭 평신도뿐 아니라 근대 초기 과학에 중요한 역할을 한 예수회도 마찬가지였다. 청교도주의는 독일 태생의 천재 학자로서 자연사·수학·지질학·이집트의 고대 역사 같은 다양한 분야의 중요한 책을 집필한 아타나시우스 키르허(Athanasius Kircher), 또는 저명한 수학자이자 혼자 예수회의 교육 과정에 수학을 포함시키고 교황 그레고리 13세를 도와 달력을 개정한(오늘날의 달력은 그레고리력이라고 불린다) 크리스토퍼 클라비우스(1538~1612) 같은 예수회 신자들에게는 영향을 끼치지 않았을 것이다(Findlen, 2004).[11] 프랑스 가톨릭 성직자들은 수준 높은 연구와 과학자로서 삶을 굳건한 신앙심과 결합하는 데 성공했다. 메르센 신부는 금욕적인 생활로 유명했던 미님(Minim) 수도회 소속이었지만 프랑스 과학 발전의 기둥이 되었다.[12] 클라비우스의 동료이자 가톨릭 성직자였던 피에르 가상디는 종교적 신념과 자신이 받아들인 우주의 원자론적 해석이 서로 모순되지 않는다고 여겼다. 이처럼 종교는 과학적 적성과는 큰 연관 관계가 없어 보인다. 덴마크의 루터교 신자이자 지식인이던 올레 보름(Ole Worm, 1588~1654)은 예수회 학자이던 키르허와 독일 칼뱅교 신학자이자 초기 백과사전을 집필한 것으로 유명한 요한 하인리히 알슈테트(Johann Heinrich Alsted, 1588~1638)와 다방면의 관심사를 서로 공유했다(Grell, 2007, p. 215).

코헌(Cohen, 2012, pp. 438-440, 565-568)은 유럽 대륙이 17세기 중반 위기에 처했다고 언급했다. 그는 당시 유럽의 보수 세력이 새로운 과학의 명줄을 끊어 "새로운 과학의 모멘텀이 붕괴해 자칫 부패, 경직화 그리고 궁극적인 멸종으로 가는 첫 번째 단계로 이어질 수 있었다"(Cohen, 2012, p. 439)고도 지적했다. 이어서 코헌은 영국의 과학 덕분에 유럽의 위기를 극복했다고 주장했지만, 확실한 것은 반동 세력이 승리할 뻔한 순간도 있었다는 것이다. 1670년대에 프랑스 대학교들은 연달아 데카르트의 가르침을 금지했고, 이탈리아에서는 엄격한 잣대를 들이민 교황청에 대한 두려움 때문에 특히 수학과 화학 등의 학문 분야에서 실험과 조사가 줄어들었다. 1630년대에는 위대한 (가톨릭) 화학자 판 헬몬트의 처형으로 이탈리아의 화학 연구가 중단되었다(Ashworth, 1986, pp. 150-153). 하지만 장기적으로 봤을 때 이런 장애물은 지속적으로 영향을 끼치지는 못했다. 연구자와 학자들은 단순히 더 환대받는 지역으로 옮기면 그만이었으며, 지적 혁신가를 처형하거나 혁신의 풍토를 억압한 통치자는 그들의 보수적 정책을 완화하거나 영원히 낙오할 위험을 감수해야 했다.

따라서 영국과 유럽 대륙의 과학 발전에 미묘한 차이가 있음에도 불구하고, 영국의 경험은 종교의 문화적 영향이 경제 성장의 열쇠라는 것을 증명하지 못한다. 비록 다른 모습이기는 했지만 유럽 대륙도 동일한 문화적 사상을 받아들였다. 베이컨의 실험철학을 받아들인 대륙 과학의 대표

지식인으로 알려진 르네 데카르트는《방법서설(Discourse on Method)》이라는 책에서 이렇게 말했다. "학교에서 가르치는 추측성 철학 대신 어디에서든 찾아볼 수 있는 현실적 철학은 …… 적절한 모든 곳에서 동일하게 활용 가능하다. ……지구의 과실을 즐기고, 특히 인간의 건강을 유지할 수 있게 하는 무한히 많은 장치를 발명할 수도 있다"(Descartes, (1637) 1965, p. 50). 가톨릭 프랑스에도 사무엘 하르틀리프 같은 사람이 나왔다. 바로 놀랄 정도로 많은 편지를 쓴 수학자이자 성직자 그리고 데카르트의 조수인 마랭 메르센(1588~1648)이다. 그는 독실한 가톨릭 신앙을 갖고 있었지만 동시에 코페르니쿠스의 이론을 받아들였고, 갈릴레오의 생각을 프랑스에 확산시키고 토리첼리의 기압계를 프랑스에 도입하기도 했다. 메르센이 가져온 기압계는 대기의 존재를 확인하고 진공이 존재 가능하다는 것을 입증한 저 유명한 파스칼의 실험에 사용되었다.

하지만 청교도주의는 계몽주의 시대에 등장한 영국 과학과 대륙 과학 사이의 분업을 확실히 하는 데 기여했다. 쿤(Kuhn, 1976, pp. 26-27)은 영국 과학은 유럽 대륙의 과학보다 실험에 치중했고(따라서 덜 형식적이었다), 베이컨의 철학을 충실하게 따르려는 경향이 있었다고 강조한다.[13] 이처럼 두 지역의 문화 차이를 강조하는 것은 일반적이다. 오래된 뻔한 말처럼 들리겠지만 프랑스 과학은 실용적이고 실험을 중시한 영국 과학보다 형식적이고 연역적이고 추상적이었다.[14] 프랑스가 여러 아카데미를 설립한 목적은 영국의 학회들과 약간 달랐다. 1666년에 설립한 프랑스의 왕립 아카데미는 모든 사람과 모든 철학에 열려 있는 베이컨식 학회가 아니라, 주로 파리의 학자와 소수의 해외 슈퍼스타로 제한된 폐쇄적인 학회였다는 주장도 있다.[15] 당시 프랑스가 그러했듯 왕립 아카데미는 영국의 학회들보다 더 국가 위주의 제도였다. 1715년 생피에르 신부(Abbé Saint Pierre)

가 왕립 아카데미에서 제명된 사례에서 보듯 정부를 비판한 회원은 위험을 감수해야 했다. 그러나 프랑스와 영국의 학회는 공통적으로 똑같이 유익했다. 프랑스와 영국의 학회는 본질이 다른 게 아니라 정책의 강조점과 학문의 방점을 어디에 찍었는지가 다를 뿐이었다. 영국과 프랑스의 지식인은 지식으로 부를 창출하는 인간의 능력에 대한 공리주의적 낙관주의를 공유했으며, 국가와 사회 전반에 유용하고 실용적인 의제를 설정해야 하는 선도적인 과학자의 책임감을 인정했다. 이 말은 우리에게 너무나도 당연해 보이고 심지어 따분한 생각으로 비칠 수도 있지만 근대 초기 유럽의 사회적 공감대와는 거리가 멀었다.

계몽주의 시대가 도래하자 과학자들이 산업가와 농부의 필요를 충족시켜야 한다는 실질적 책임론이 널리 퍼졌다. 기술자, 수학자, 의사, 화학자 그리고 강한 현실 감각으로 무장한 과학자는 학자들이 만들어내는 명제적 지식을 활용해 산업가, 농부 그리고 항해사들이 요구하는 현실적인 필요를 충족했다. 위대한 라이프니츠도 많은 것을 발명했으며, 특히 프로펠러, 채굴 기계, 펌프 그리고 저 유명한 계산기를 만들었다. 당시의 가장 유명한 수학자 레온하르트 오일러는 선박 디자인, 렌즈, 좌굴하중(挫屈荷重: 좌굴, 곧 기둥이나 판이 어떤 한계를 넘으면 휘어지는 현상을 일으키는 압력 — 옮긴이)을 연구했고 아들인 요한과 함께 수리학에 큰 공헌을 했다.[16] 기술자들 사이에서는 존 드자귈리에가 가장 유명했지만 그 밖에 시계공이자 기계공 에드워드 발로(Edward Barlow, 1639~1719), 기술자 헨리 베이턴(Henry Beighton, 1687~1743), 화학자 윌리엄 컬런(William Cullen, 1710~1790)이 있었고 18세기 프랑스에서는 수학자이자 물리학자 장샤를 드 보르다(Jean-Charles de Borda, 1733~1799)와 샤를 오귀스탱 드 쿨롱(Charles Augustin de Coulomb, 1736~1806)이 있었다. 프랑스의 산업계몽주의는 이런 문화적 변화가 얼마나 초국가적인 특징을 내포하고 있었는지를 잘 보여준다. 긴 18세기(1660~1789) 동안 산업계몽주의는 나라마다 각기 다른 형태로 진화했지만 꾸준하게 서로 교류하고 영향을 주고받으며 국경에 상관없이 문화적 신념이 섞이고 교환되었다. 확실한 것은 각 나라마다 정치 제도와 문화가 다르듯 과학을 대하는 태도도 달랐다는 것이다. 국가의 크기, 국력, 중앙 집권화의 정도도 중요했을 것이다(Porter and Teich, 1992). 유럽의 과학 커뮤니티를 초국가적 커뮤니티로 만든 여러 요소 가운데 하나는 새롭게 형성된 지식 중에서 정부가 전략적으로, 또는 심지어 경제적으로 중요하다고 판단한 것은 거의 없어 공개해도 큰 손해를 보지 않을 것이라는 판단이었다. 그렇지 않았다면 편지 공화국에서 생산한 지식을 모두 국가 비밀로 지정했을 것이다. 그 원인이야 무엇이든 과학혁명과 산업혁명은 결국 여러 국가가 협력한 결과였으며, 다양한 국가의 과학은 다양성과 힘의 원천이 되었다. 만약 영국의 경험주의가 프랑스의 합리주의를 변화시켰다면, 프랑스의 과학이 유럽을 변화시켰을 거라는 주장도 있다(Gay, 1966, p. 11). 하지만 이탈리아 독일, 스웨덴, 스위스 그리고 네덜란드 사람들의 노력을 간과해서도 안 된다. 편지 공화국은 유럽의 제도였으며, 편지 공화국의 결과를 온전하게 경험한 것도 **유럽**이었기 때문이다.

이처럼 편지 공화국은 설립 초기 단계부터 국경을 초월했다. 예를 들어 네덜란드와 영국 사이에 벌어진 세 번의 전쟁에도 불구하고 네덜란드 지식인은 영국 동료들과 가까운 관계를 유지했다(Cook, 2007, p. 413). 영국과 프랑스 사이의 끊임없는 전쟁도 1687년《프린키피아》출판 이후 뉴턴의 메시지가 프랑스로 확산되는 것을 막을 수 없었다. 한 국가에서 발생한 중대한 과학적 발견은 거의 즉시 다른 국가로 퍼졌다. 한 가지 예로 하비가《심장과 혈액의 운동에 대해서(De Motu Cordis)》라는 책으로 혈액순환론을 발표한 지 10년도 채 지나기 전에 데카르트는《방법서설》에서 혈액 순환에 대해 언급했다. 마침내 유럽 내 지식 통합이 등장했는데, 여기서 베이컨은 데카르트 같은 프랑스의 철학자들에게 폭 넓은 존경을 받았고 볼테르는 영국 지식인들의 인정을 받았다. 에드워드 기번은 자신의 책《로마 제국 쇠망사》에서 애국자와 달리 철학자는 유럽을 하나의 "거대한 공화국"으로 생각했다고 말했다. 이 "거대한 공화국"에서는 힘의 균형이 계속해서 변동하고 이웃 나라들은 "더욱 번영할 수도 있고 쇠퇴할 수도" 있지만 "전반적인 행복 상태, 기술 체계, 법률과 풍습"이 여타 국가들보다 "우월하고 돋보이도록" 해줄 터였다(Gibbon, 1789, vol. 3, pp. 633-634). 이런 통합된 커뮤니티는 일부 지식인에겐 희망 사항에 불과했지만, 그리고 프랑스 대혁명과 그 후 발생한 전쟁들로 인해 결딴났지만, 1815년 이후 바뀐 모습으로 재구축되었다.

일찍이 17세기 중반부터 여러 나라의 문화가 매끄럽게 하나로 어우러진 좋은 예로 1640년대 후반 극작가이자 자연철학자인 마거릿 루커스 캐번디시(Margaret Lucas Cavendish)와 그녀의 남편이자 왕당파였던 윌리엄 캐번디시(훗날의 뉴캐슬 공작)가 파리에서 조직한 유명한 캐번디시 네트워크를 들 수 있다. 윌리엄 캐번디시는 영국의 내전이 왕당파의 패배로 막을 내린 후 망명을 떠났다. 그의 네트워크에는 메르센, 가상디, 데카르트, 홉스, 페티, 영국의 왕당파이면서 가톨릭 외교관이자 자연철학자 그리고 왕립학회의 설립 회원이었던 케넴 딕비(Kenelm Digby, 1603~1665)가 있었다. 1650년대 초에는 존 에벌린이 비슷한 역할을 맡았다. 그는 1649~1652년에 파리에서 살면서 프랑스 지식인 리더들과 깊은 교류를 했고 프랑스의 사상을 영국에 소개하는 데 적극적이었다(Hunter, 1995d, p. 68). 18세기의 계몽주의 시대가 오자 이런 융합은 여행의 용이함으로 인해 더욱 빈번해졌다. 베이컨, 뉴턴 그리고 로크는 유럽 대륙에서도 명성을 떨쳤으며 종종 데카르트와 퐁트넬(Bernard LeBovier Fontenelle)의 혁명적 사상을 무색하게 만들기도 했다. 게이(Gay, 1966, p. 13)는 독일의 시인이자 문학평론가 크리스토프 빌란트(Christoph Martin Wieland, 1733~1813)의 말을 인용해 진정한 코즈모폴리턴만이 사람을 키우고 계몽시키며 고결하게 만드는 신에게 부름받은 위대한 일을 할 수 있다고 설명했다. 이런 맥락에서 특정 국가의 문화적 '예외주의'에 대한 논의는 진정으로 다루어야 할 주제를 벗어난 것이다. 산업혁명 시대에 영국 리더십의 뿌리는 다른 곳에서 찾아야 한다.[17]

확실한 것은 유럽 대륙의 문화는 잉글랜드 및 스코틀랜드의 문화와는 다른 경로로 진화했다는 것이다. 유럽 대륙에서 많은 지적 혁신가들은 영국에서 한층 더 많은 저항에 맞닥뜨렸지만, 영국의 리더십이 없었더라도 서유럽은 궁극적으로 편지 공화국에서 경제 성장으로 가는 길을 찾아냈을 것이다. 산업계몽주의는 국가가 유용한 지식을 적용하고 국가의 제도를 경제적 근대화와 성장에 맞출 수 있는 기반을 마련했다(Mokyr, 2002, 2006a). 이는 의식을 갖고 의도적으로 진행시킨 게 결코 아니었다. 문화적 신념은 문화적 진화라는 틀에서 다양한 편향을 통해 아이디어 시장에서 확산된다(5장 참조). 하지만 그 누구도 미래를 예측할 수 없다. 문화적 진화 이론이 암시하듯 문화의 진화는 절대로 예측 가능하지도 않고 결정론적 과정으로도 해석할 수 없다. 실제로 많은 경우 아이디어 시장은 우리가 흔히 '근대화'라고 생각할 수 없는 문화적 변이를 만들어내기도 했다. 예를 들어 독일의 루터교 내부에서 일어난 경건주의(Pietism) 운동은 17세기 후반과 18세기에 영향력을 얻었다. 머튼[Merton, (1938) 2001, p. 124]은 독일의 경건주의 운동이 독일의 과학 발전에 기여했다며 "유럽 대륙의 청교도주의와 거의 같다고 할 수 있다"고 말했다. 하지만 18세기 독일에서 기술 진보가 느리게 진행되고 다른 지역에서 발생한 기술에 크게 의존했다는 것을 고려하면 이런 주장은 억지스럽다. 더욱이 경건주의가 전체적으로 유용한 지식이 성장하고 산업계몽주의가 등장하는 데 유익했는지 여부도 확실치 않다. 조지 베커(George Becker, 1984)에 의하면 경건주의는 독일에서 영향을 끼쳤음에 분명하지만 루터교보다 단순하고 진정성이 많았으며, 유용한 지식에 특별히 우호적이었던 것도 아니다. 영국에서는 17세기 청교도 과학이 왕정복고 시절의 성공회 과학으로, 그리고 18세기 계몽주의로 완벽하게 부드럽지는 않더라도 자연스레 흘러갔지만 독일의 경건주의 운동은 양면적이었다. 아울러 많은 면에서 계몽주의를, 특히 유용한 지식의 연구와 가르침을 반대했다. 심지어 경건주의 운동에서 중요한 부분을 차지한 교육조차 과학과 수학을 제한적으로만 강조했다. 청교도와 달리 경건주의자에게 과학이란 신학 교리에 완전하게 종속된, 종교를 위한 중요한 수단에 불과했다. 따라서 경건주의 과학은 우리가 산업계몽주의라고 생각하는 그 무엇으로도 자연스레 이어지지 못했다.[18] 경건주의 신학자들은 독일의 철학자 크리스티안 볼프(Christian Wolff)가 자신이 몸담았던 할레(Halle) 대학교에서 쫓겨나는 데도 한몫을 했다. 라이프니츠의 제자였던 볼프는 수학을 전공했는데, 이런 배경으로 인해 수학과 과학을 철학에 적용하기도 했다.[19] 하지만 아우구스트 헤르만 프랑케(August Hermann Francke, 1663~1727)는 볼프를 완전하게 억압하는 데 실패한 역사적 사례로, 유럽의 국가 체제가 지적 다원주의를 유지하는 데 얼마나 효율적으로 움직였는지를 반증한다. 동시에 독일의 경건주의 운동은 머튼이 주장한 것처럼 종교가 강력하게 과학을 자극하고 권장한 사례이기보다 문화적 진화에는 언제나 여러 대안이 있었음을 다시 한 번 상기시켜준다. 실제로 많은 종교는 문화적 진화를 기술적·과학적 막다른 길로 안내하기도 했다. 예수회의 경우에는 조금 다르다고 해도 대동소이하다.

종교와 유용한 지식의 관계는 계몽주의 시대에 변했다. 17세기까지 굉장히 윤리적이고 독실한 종교적 관점에서 과학을 바라본 시각은 후기 계몽주의 시대에 접어들면서 점차 세속적—그리고 심지어 무신론적—시각으로 변했다. 과학과 기술을 바라보는 시각이 이처럼 변한 것은 그 자체로도 흥미로운 일이다. 이런 변화는 예상치 못한, 그리고 의도치 않은 결과를 초래하는 진화 체계의 특징을 보여주는 또 다른 사례라고 할 수 있다. 베이컨뿐만 아니라 그를 추종한 청교도들도 무신론자였던 디드로의 존경 어린 시선을 편안해하지 않았을 것이다. 종교는 청교도 과학의 큰 부분이었을 수 있지만, 어느 시점부터 과학은 종교로부터 멀어졌고 스스로 성장에 박차를 가할 수 있었다. 하지만 굳이 그럴 필요까지는 없었다. 요컨대 산업혁명 시기 영국의 많은 위대한 과학자들은 진보적인 영국 계몽주의의 빛나는 전형인 조지프 프리스틀리처럼 여전히 매우 종교적이었다. 퀘이커교도인 존 돌턴과 신실한 교회 장로였던 마이클 패러데이(Michael Faraday)도 마찬가지였다.[20] 하지만 과학자에게 종교는 점차 부수적인 것이 되어갔다.[21]

산업혁명 시절 유럽의 경제 리더로서 영국이 성공할 수 있었던 이유는 복잡하다. 하지만 17세기 후반과 18세기 초반 영국의 문화적 환경은 기술적 창의성에 더 유리하게 발전했다(Jacob, 2014). 상대적으로 작은 규모의 반국교회 종교였던 유니테리언은 특히 더 두드러졌다. 다시 말하지만 청교도는 대중의 종교가 아니라 엘리트적 현상이었다. 제이컵이 강조한 것처럼 이 종교는 사람들이 경제적으로 발전하고 사회의 진보를 지지한 이성적이고 계몽적인 신을 믿은 종교로서 이 시대에 특히 더 적합했다

(Jacob, 2000). 성공회교는 안정과 조화를 강조했지만 고된 노동의 보상으로 번영과 물질적 부를 약속한 종교이기도 했다. 그리고 창의력은 미덕이자 도덕적이기까지 했다(Jacob, 1986, pp. 244-246; McCloskey, 2006). 종교 지도자들은 경제 활동의 도덕성과 평범한 자연 현상에 대한 연구를 점점 강조하기 시작했다.[22] 무신론 및 반교권주의와 거리가 멀었던 영국의 계몽주의적 종교는 베이컨과 그를 추종한 청교도의 발자취를 따라 기술을 형이상학적으로 발전시키는 전통을 이어갔고, 그에 따른 경제 성장을 미덕으로 여겼다. 청교도주의는 진보적 사회를 신의 의지가 실현된 것으로 보았고, 이런 관점에서 '베이컨 프로그램'의 자연스러운 연속이었다.

진보의 문화

편지 공화국의 아이디어 시장에서 논의된 모든 개념과 사상 중에서 진보의 관념보다 경제 성장에 큰 영향을 끼친 것은 없을 것이다. 여기서 말하는 진보의 관념에는 과학의 진보, 기술의 진보 그리고 결과적으로 사회와 경제의 진보가 있다. 유용한 지식의 성장(명제적 지식과 처방적 지식 모두)은 진보라는 관념에서 중요한 핵심이다. 유용한 지식을 얻기 위한 탐구는 경쟁 체제에서 모두가 참여하는 공동의 목표이지만, 이런 통제되지 않은 개인의 노력은 결과적으로 '모든 인류'에 혜택을 주며, 이렇게 축적된 지식은 그걸 생성한 사람들보다 더 중요하다는 관점이 아이디어 시장을 지배한 사상이 되었다(Rossi, 1970, p. 63). 비텐홀츠(Peter Bietenholz, 1966, p. 20)의 지적처럼 "진리는 시간의 딸(veritas filia temporis)"이라는 말은 에라스뮈스 같은 16세기 인문학자들이 처음으로 했지만, 조르다노 브루노와 프랜시스 베이컨에서 계몽주의에 이르기까지 이는 역사가 어둠에서 빛으로 진보하지 그 반대 방향으로는 흐르지 않는다는 신념을 의미했다.

역사학에서 진보의 개념은 계몽주의 문화와 밀접하게 연관되어 있다. 하지만 최근까지도 경제사학자들은 정작 이 개념을 산업혁명과 그 후의 경제 성장으로까지 연관시키려는 시도조차 하지 않았다. 중요한 예외로 17세기 영국 문화를 관통한 '개선'이라는 용어를 추적한 슬랙(Slack, 2015)이 있다. 경제와 문화는 함께 발전하지만 그는 영국의 경우 개선이라는 개념이 먼저 등장해 경제 발전을 실현시킨 경제적 "마음의 틀"을 고취했다고 썼다(Slack, 2015, p. 4). 본격적으로 들어가기에 앞서 진보에 대한 신념은 엄밀히 말해 경제 발전의 충분조건 또는 필요조건이 아니라는 것을 인정해야 한다. 어쨌든 아이디어 시장은 진화 및 확대되었다. 아울러 중세 유럽과 르네상스 유럽에서 새로운 기술은 진보라는 개념에 대한 깊은 이해 없이도 퍼졌다. 그리고 중국 송나라는 더욱더 그랬다. 동시에 진보에 대한 믿음, 특히 축적된 유용한 지식이 물질적 삶의 질을 개선하는 데 핵심이라는 진보 관념은 계몽주의 유럽의 특징이었으며, 유럽이라는 혁신 창출 기계에 문화적 윤활유가 되었다. 하지만 진보는 일어날 수 있고 일어나야 한다는 믿음이 있더라도 반드시 그럴 거라고는 보장하지 못한다.

학자들 사이에서도 진보라는 단어가 정확하게 무엇을 의미하는지, 진보에는 어떤 종류가 있는지, 그리고 누구의 진보가 일어났는지에 대한 생각은 당연히 달랐다. 예를 들어 니스벳(Robert Nisbet, (1994) 2008)은 "자유로서 진보(물질적 진보 포함)"와 민족 국가 및 제도적 변화의 등장과 관련한 "힘으로서 진보"를 구분했다. 라시(Christopher Lasch, 1991)는 인간의 독창성과 감정이 진보를 만들어냈다는 생각을 묵살하면서 예술과 과학의 진보를 "이류 사상가들"이 만들어낸 "이성의 힘에 대한 부질없는 찬사"라고 말해 논란을 일으켰다. 대신 라시는 진보의 수요 측면, 즉 그가 데이비드 흄과 애덤 스미스 같은 철학자들이 희미하게나마 제시했다고 언급한 욕구의 확대, 기대의 상승, 새롭게 얻은 취향과 개인적 편안함에 대한 긍정적 평가를 강조했다(Lasch, 1991, pp. 45, 52-54).[1] 하지만 17~18세기에 일어난 진보 운동의 제일 중요한 핵심은 '유용한 기술'이 발전할 수 있도록 자연철학을 비롯해 모든 종류의 지식을 증대 및 확산시켜야 한다고 주장한 베이컨 프로그램이었다.[2] 산업혁명의 경제학을 이해하고자 하는 사람은 산업혁명의 문화적 뿌리를 마주할 필요가 있다.

논리적으로 보면 진보라는 관념은 과거 세대를 암묵적으로 무시하는 것과 동일했다. 카를 베커는 1930년대에 쓴, 이제 고전이 된 책에서 "철학자는 고대인에 대한 숭배를 떨쳐버리고, 과거에 대한 열등감을 떨쳐버리고, 그의 세대가 지금까지 알려진 그 어느 세대보다 뛰어나다는 것을 깨닫기 전까지 …… 진보라는 현대의 개념을 완전하게 이해하지 못할 것이다"(Becker, 1932, p. 131)고 말했다. 앞에서 언급한 것처럼 고전주의 학문은 16세기 들어 대규모로 재평가받기 시작했으며, 이런 재평가와 함께 그들 세대는 과거 세대보다 많은 지식을 갖고 있다는 것을 깨달았다. 16세기의 몇몇 사상가는 이런 생각을 누구보다 먼저 개척했다. 프랑스 작가 루이 르로이(1510~1577)는 《변화(Vicissitude)》(1575)라는 책에서 고전 학문의 무오류성과 완전성이라는 신화를 반박했다. 그는 자신의 시대가 고대의 지식인만큼이나 뛰어나고 독창적인 지식인을 배출한다고 단언했다(Gundersheimer, 1966, p. 118).

물질적 조건의 세속적인 진보는 유용한 지식의 진보에 크게 의존했다. 앞에서 지적했듯 진보라는 관념은 당대의 지혜와 능력을 과거의 지혜와 자유롭게 비교하고 평가하는 문화적 토대에서 싹튼다. 진보에 대한 믿음을 굳건하게 키워가는 세대는 과거의 사상가들에 대한 과도한 존경심을 떨쳐버리면서 "우리가 더 잘 할 수 있다"는 자신감을 내뿜는다. 베이컨은 과학 발전의 가장 큰 걸림돌은 지식엔 증가했다가 감소하는 흐름이 있어 특정 시점에 도달하면 "더 이상 진전할 수 없다"는 완고한 믿음이라고 생각했다. 그러한 정적인 세계관을 타파할 수 있는 유일한 희망은 끊임없이 지식을 키워나가고 당시까지 시도조차 못했거나 생각조차 못한 일을 하는 "새로운 과학"이다(Bacon, (1620) 1999, pp. 126-129). 베이컨 사망 이후 50년 동안 많은 지식인은 이런 자신감을 키운 선지자로 베이컨에 공을 돌렸다.[3] 그중 어떤 이는 "그것(새로운 과학—옮긴이)은 물리학과 과학에서 진보가 이루어지는 중요한 계기였다. 그리고 감히 비할 데 없는 베이컨 경은 일부 과학이 발전하지 못한 데는 여러 가지 이유가 있다고 말했는데, 그 가운데 고대에 대한 극단적 애정에 책임을 물었다"(Nedham, 1665, p. 6)고 썼다. 대항해 시대에 빈번했던 대양 횡단 탐험으로 인해 근대인들은 지리에 대한 해박한 지식을 갖게 되었고, 이는 그 어떤 지식보다 고전주의 학문의 권위를 약화시켰다. 고대의 작가들이 지리학에 대해 쓴 명제 중 상당 부분이 틀린 것으로 판명되었기 때문이다. 그렇다면 무엇을 믿어야 할까? 카펜터는 "고대인이 그들의 희미한 이성으로 무엇을 상상했건 우리 시대는 이런 논쟁을 충분하게 종결지었다"(Nathanael Carpenter, 1625, p. 231)고 선언했다.

이미 확립된 기존의 지식 체계에서 어떤 방식으로든 지대를 추구했던 사람들은 새로운 과학을 강력하게 반대했다. 또한 진보적 지식인의 승리가 이미 정해졌다거나 필연이었다는 것은 전혀 명확하지 않다. 확실한 것은 왕립학회의 창립 회원이었던 존 에벌린이 "어떻게 이처럼 정직하고 가치 있는 새로운 지식을 지지하는 사람들이 이렇게 적은지, 그리고 모든 사람이 눈을 크게 뜨는 나라에서 이렇게 냉대를 받는지 이해하기란 불가능하다"(Evelyn, (1664) 1679, 서문)고 불평한 1679년의 기준으로 볼 때, 진보적 지식인의 궁극적 승리를 쉽게 예측하기는 힘들었을 것이다. 시간이 흘러 데이비드 흄은 일반적 성향을 언급했다. "현재를 비관하고 과거를 찬양하는 심리 상태는 인간 본성에 깊게 내재되어 있고, 가장 뛰어난 판단력과 광범위한 학식을 갖춘 사람에게도 영향을 미친다"(Hume, (1754) 1985, p. 464).

17세기 후반 유럽에서 '고대인'과 '근대인' 사이에 벌어진 '책들의 전쟁'처럼 당시 지식 사회에서 진행되고 있던 치열한 논쟁을 잘 보여주는 사례는 없다.[4] 근대 학자 및 작가들은 거인들의 어깨 위에 올라앉은 난쟁이에 불과한가, 아니면 그들 자신이 거인인가? 그때나 지금이나 많은 사람이 이런 논쟁을 괜한 소동이라고 생각했다(Joseph Levine, 1981, p. 73).[5] 하지만 결코 그렇지 않다. '책들의 전쟁'은 지난 2세기 동안 이뤄져온 문화적 진화의 분수령이었다(Bury, (1920) 1955, 4장; Spadafora, 1990, 2장; Lecoq, 2001; Goldstone, 2012).[6] 철학자 스탠리 로젠(Stanley Rosen)은 현대의 학자들이 고대인과 현대인의 싸움을 무시하는 태도에 큰 불쾌감을 드러내며 "20세기 계몽주의 대변인들이 극도의 활기를 띠며 고대인을 존경의 자리에서 추방"(DeJean, 1997, p. 155에서 인용)했다고 곤혹스럽게 지적했다.[7] 러빈(Levine, 1991, p. 414)은 이런 논쟁이 "한때는 유명했지만 지금은 대부분 잊혔고 오해를 받는다"고 말하면서 '책들의 전쟁'은 결판나지 않았다고 결론 내렸지만, 과학과 자연철학에서 고대인은 물러났다고 신중하게 인정했다. 오늘날의 많은 학자는 고대인과 근대인의 전쟁이 우리 시대에 일어나는 것과 동일한 선상에 있다고 다소 억지스러운 주장을 한다(DeJean, 1997, pp. 124-150). 고전학과의 교수진이 한 자릿수에 불과하고 과학사, 의학사 그리고 심지어 경제사가 소수의 역사학과에서 말고는 더이상 존재하지 않는 오늘날의 실정을 봤을 때 이런 비교는 다소 설득력이 없다.

많은 '고대인'은 근대 과학을 고전 학문에 대한 잠재적 공격으로 보았고, 근대인의 노력을 쓸데없는 것으로 일축했다. 논쟁을 즐겼던 의사이자 정치 팸플릿 집필자 헨리 스터브(Henry Stubbe, 1632~1676)는 당대의 과학적 진보를 쓸모없는 것이라면서 무시했다. "그런 기계를 만드는 것과 자연철학에 대한 모든 말은 단지 헛된 것일 뿐이다. 인간의 본성은 그런 것들을 달성할 수 없다"며 근대 작가들('비르투오소')은 아리스토텔레스와 그 밖의 다른 고전 철학자들에 대해 모른다고 헐뜯었다(Stubbe, 1670, p. 15).[8] 스터브와 제네바 출신의 성공회 목사이자 학자 메릭 카조봉(Méric Casaubon, 1599~1671)을 위시한 보수적인 작가들은 역설적으로 실험철학을 청교도주의 및 무신론과 연결하려고 애썼다. 그들은 열성적인 베이컨학파가 고전주의 학문을 포기하면서 더 중요한 것을 잃는, 이를테면 빈대 잡다가 초가삼간 태우는 우를 범할 수 있다고 염려했다. 그러면서 그들은 베이컨학파가 내비친 오만함과 독선에 분개하면서 열심히 싸웠다. 근대인과 고대인 사이의 싸움을 풍자적으로 해석한 에세이로 1704년 출판한 조너선 스위프트의 《책들의 전쟁(Battle of the Books)》 추천사에는 "어느 쪽이 승리할지 장담할 수 없다"[Swift, (1704) 1753, p. 170]고 쓰여 있다.[9]

이런 전쟁은 의료계에서 더욱 두드러졌다. 의료계의 고대인은 그토록 추앙받던 갈레노스의 전통을 고집했으며, 반대로 근대인은 파라켈수스가 처음으로 제시하고 판 헬몬트가 더욱 발전시킨 의화학파의 사상을 지지했다. 존 트와이스든(John Twysden, 1607~1688) 같은 보수적인 갈레노스파 의사들은 베이컨학파가 그들이 그토록 사랑한 고전주의적 권위에 제기한 무례함에 분노했다. 그는 고전주의 의학은 세월의 시험에서 살아남았다며 의사들에게 전적으로 신뢰할 수 있는 오래된 방식을 고수하고 미지의 기술을 실험하지 말라고 경고했다. 그러면서 고대인이 언제나 옳은 것은 아니지만 그들이 처방한 약은 다양한 병에 효율적이라고 주장했다. 이에 대해 의화학파 의사들, 그중 특히 연금술사 조지 스타키(George Starkey, 1628~1665)는 고전주의학파의 권위에 경멸감을 내비치며, 갈레노스 의학은 "썩은 토대, 파괴된 아치와 기둥, 넘어질 것 같은 벽, 그리고 구멍 나고 무너질 것 같은 지붕"으로 만들어진 "새와 어둠만이 살 수 있는" 건물이라고 묘사했다(Starkey, 1665, pp. 37-38). 매우 호전적인 의사 마차먼트 네덤은 이보다 더 귀에 거슬리는 심한 말을 했다. 그는 "히포크라테스, 갈레노스 그리고 고전으로 분류되는 책들로 지식을 쌓은 우리 직업의 골칫거리들이 충분한 학식을 쌓았다고 해서 대학교에서 공부하고 의사가 되기 위한 학위를 받는다. ……고대의 작가들이 쓴 미신으로 가득 찬 어리석은 책과 그들만의 교리로 사소한 논쟁을 벌이는 그들의 행위는 똑똑한 사람을 구역질나게 한다"(Nedham, 1665, pp. 253-254, 311-312). 하지만 의사들의 이 같은 독설은 아마도 양측 모두 환자의 병을 고치는 데 만족스러운 결과를 얻지 못했음을 보여주는 단단하지 못한 지식의 전형적 사례라고 볼 수 있다. 갈레노스학파와 의화학파는 모두 자신들의 이론을 뒷받침할 만한 설득력 있는 근거를 찾지 못했으며, 따라서 타당한 증거 대신 공격적인 수사학으로 스스로를 보호했다. 갈레노스학파와 의화학파 같은 당시의 의학은 실질적인 의료 문제에 적절하게 대처할 수 없었다. 효과적인 치료법 및 실험적 증거와 관련해 고대의 체액 이론과 근대의 의화학파 치료법 사이에는 선택의 여지가 거의 없었다. 새로운 실험과학이 이러한 문제에 대처하는 의사들에게 도움을 줄 것이라는 희망이 있었지만, 아이디어 시장에서 제시된 여러 가지 선택권은 한결같이 매력적이지 않았다.

지적 논쟁이 항상 그렇듯 두 학파를 구분하는 정확한 기준은 명확하지 않았다. 근대 학파의 가장 위대한 영웅으로 추앙받는 아이작 뉴턴은 어느 면으로는 근대인보다 고대인에 더 가까웠다. 그는 자신이 발견한 지식 대부분은 이미 고대에 존재했지만 이후 손실된 것이라고 믿었다(McGuire and Rattansi, 1966). 또 다른 전형적인 근대적 지식인 로버트 혹은 사후 발간한 《지진에 대한 담론(Discourse on Earthquakes)》에서 열정적인 근대의 동료들을 배신하고 고대인에 대한 존경을 담아 이렇게 썼다. "고대인의 지식, 신조 그리고 이론을 업신여기고 무시하고 비난하는 사람이 얼마나 많든 나는 이런 웃긴 일이 그들의 무지에서 비롯된 것이라고 생각한다"(Hooke, 1705b, pp. 379-380).

물론 대부분의 '책들의 전쟁'은 취향에 대한 것이었으며 셰익스피어보다는 소포클레스를, 밀턴보다는 베르길리우스를 더 선호해야 하는지 아닌지는 1700년이나 지금이나 쓸데없는 논쟁처럼 보인다. 지금도 그렇듯 당시 사람들 역시 고전주의 학문을 진정한 지식인이 반드시 알아야 하는 기본 교양이라고 생각했다. 그들은 고대인은 과학과 철학에서 패배했을지언정 "문학과 예술에서 그들의 지위는 굳게 유지되었다"(Levine, 1991, p. 414)고 생각했다. 하지만 고대인에게는 불행히도 문학과 예술에서 근대인은 고대인을 뛰어넘기 시작했다. 바로크 시대의 시각 예술, 문학 그리고 음악은 고전주의가 제공할 수 있는 거의 모든 것을 퇴색시킬 수 있다는 메시지로 작용했다. 18세기 초반 들어 과학과 물질적 진보가 급격하게 가속화하고 진보의 개념이 "이성과 실험이 지배하는 분야"(Levine, 1991, p. 414)에서 뚜렷하게 승기를 잡자 이런 논쟁은 흐지부지되었다. 갈릴레오와 베이컨의 유산 덕분에 고대인을 뛰어넘는 분야는 계속해서 늘어만 갔다. 이 시기부터 자연철학에 대한 진지한 논쟁을 할 때 아리스토텔레스를 비롯한 고전주의 규범은 충분한 근거로 인정받지 못했다. 따라서 역사학자 리처드 F. 존스가 아르키메데스 대신 갈릴레오를, 갈레노스 대신 하비를 선호할 근거가 충분하다고 생각한 17세기 지식인들과 공감했다는 이유만으로 그를 '휘그주의자'로 일축하는 것은 변명의 여지가 없다. 스위프트의 팸플릿은 2세기 동안이나 계속된 싸움에 종지부를 찍었다. 19세기와 현대의 낭만적인 작가들이 종종 과거의 향수를 불러일으키기는 하지만, 이 전쟁에서 근대인은 승리, 그것도 매우 압도적인 승리를 거두었다. 근대인은 근대 문화가 《걸리버 여행기》에서 조롱을 받을 때 이미 뚜렷하게 승리를 거두었으며, 계몽주의 시대가 끝나갈 때쯤 그 승리는 완전해졌다. 현대 경제는 근대인의 이러한 승리 덕분이다.

'책들의 전쟁'에 적극적으로 참여한 사람 가운데 언어학자 윌리엄 워턴(William Wotton)은 (과학과 기술 같은) 누적적인 학문과 (수사학과 시 같은) 그렇지 않은 학문을 구분했다. 그는 심지어 성서학을 공부할 때도 고대어에 대한 우수한 교육을 받으면 성경의 진정한 의미를 복원할 수 있을 테고, 따라서 기독교 신앙을 더욱 강화할 수 있다고 주장했다(Levine, 1991, p. 410). 이처럼 고전주의 학문은 계몽주의 시대에 완전하게 버림받은 것은 아니었다. 대신 근대인은 고대인의 문명과 근대 과학에서 받아들일 것을 선별적으로 채택하고, 이제는 폐기 처분해야 할 고대 우주론과 물리학은 버리면서 그래도 필요한 고전주의 문학과 철학은 지키고자 했다.[10] 페로네(Ferrone, 2015, p. 99)는 계몽주의 시대의 작가들은 "미래를 구축할 목적으로" 고전 고대(classical antiquity: 서양의 고전 문화를 꽃피운 고대 그리스·로마 시대의 총칭─옮긴이)를 사용해 과거와 현재를 비교했다고 생각한다. 하지만 진보에 대한 확고한 신념은 필연적으로 교육에서 고전 학문이 차지하는 상대적 비중이 감소할 것임을 암시했으며, 이는 우리가 사는 현대에서도 여전히 유효하다.

근대인이 승리를 거둘 수 있었던 근본적 이유는 돌이켜 생각해보면 쉽게 알 수 있다. 지리의 발견, 기술의 발전, 자연에 대한 더 깊은 이해, 정보에 대한 향상된 접근성으로 인해 근대 지식인들은 1500년 이후의 시대가 고대보다 더 지혜롭고 더 많은 정보를 갖고 있다고 믿게 되었다. 기술과 과학에서도 고전주의의 권위가 옭아매는 속박에서 벗어나기 위해 지적 우월감은 매우 중요했다. 16세기 중반에 이런 지적 우월감은 프랑스 작가들 사이에서 가장 잘 드러났다. 그중 한 예로 인플레이션을 최초로 통화 측면에서 알기 쉽게 설명한 장 보댕(Jean Bodin, 1530~1596)이 있다. 보댕은 1566년 많은 기술과 과학의 발명자로서 고대인의 공헌을 인정했지만 여전히 많은 문제에 대한 명쾌한 해답을 내리지 못했다면서 "자세히 들여다보면 우리의 발견이 고대인의 발견을 능가한다는 데는 의심의 여지가 없다"고 말했다. 외교관이자 암호 전문가였던 또 다른 프랑스인 블레제 드 비게네르(Blaise de Vigenère, 1523~1596)는 1571년 "고대인을 위해 자리를 내줄 수는 있지만, 그렇게 하면 이제부터는 그들의 글을 읽고 그들의 업적만 찬양해야 할 것이다"(Rossi, 1970, pp. 74-75에서 인용)고 말했다. 이들의 언급은 1세기 후의 근대인이 고대인에 대해 한 말과 비교하면 조금 더 공손하고 최소한의 존경심을 나타내고 있기는 하지만, 당시의 문헌에서도 진보에 대한 확신을 명확하게 읽을 수 있다.

17세기가 되자 고전 학문에 대한 맹목적 존경은 느리지만 확실히 사그라지고, 고대 문명을 찬양하는 사람들에게는 더할 수 없는 무례한 말까지 여기저기서 자주 터져나왔다. 이처럼 새롭게 등장한 서유럽의 자신감은 부분적으로 유럽 지식인이 기술 발전의 사회적 가치를 강조하기 시작한 것에 그 기반을 두었다. 이탈리아의 시인 알레산드로 타소니(Alessandro Tassoni, 1565~1635)는 1620년 "그리스인과 로마인이 인쇄기와 비교할 수 있는 것을 만들어냈는가? 로마인이 그들의 군대가 영국이라는 섬으로 진입하는 데 사용한 운반 기술을 그들의 영광으로 찬양했다면 …… 포르투갈 사람들이 알려지지 않은 땅을 한 지평선에서 다른 지평선으로 탐험하는 것은 그 누구의 영광이란 말인가"라고 썼다. 또한 프랑스 의사 피에르 보렐(Pierre Borel, ca. 1620~1671)은 1655년 "아테네인으로 하여금 그들의 유명한 극장(lyceum)에서 침묵을 지키게 하고, 땅속 깊은 곳을 내려다보는 사람들 사이에서 황당무계한 이야기가 말없이 흘러가게 내버려둬라. ……오늘 그 누구도 벗어날 수 없는 넓은 시야를 가진 중요하고 가장 믿음 가는 날카로운 눈이 등장했다"(Rossi, 1970, pp. 89, 90에서 인용)고 말했다.

진보가 시대를 설명하는 관념이라는 생각은 17세기 영국 지식인들에게까지 확산되었다. 진보에 대한 관념을 받아들인 영국 지식인 중에는 (청도교는 아니지만) 성직자 조지프 글랜빌이 있었다. 《플러스 울트라(Plus Ultra)》 또는 《아리스토텔레스 이후의 진보와 발전(The Progress and Advancement of Knowledge since the Days of Aristotle)》이라고도 알려진 유명한 책에서 그는 고대부터 당시까지 과학 발전이 일어난 세부 분야를 구체적으로 나열하면서, 이런 과학의 발전 대부분은 왕립학회와 그 회원들의 노력으로 이룬 것이라며 그들의 공로를 인정했다. 프랜시스 베이컨의 열렬한 추종자인 글랜빌은 "지금 시대의 행복한 천재들에 의해 실험철학에 대한 기대감이 높아질 수 있었다. ……그리고 우연의 산물로, 또는 문맹의(illiterate) 상인들이 발견한 것들로 인해 실험철학에 대한 상당한 기대감이 형성되었다"(Glanvill, 1668, pp. 194-195)고 말하면서 들뜬 마음을 숨기지 않았다.[11] 존 윌킨스도 신학에 대해서는 고대인이 신성불가침이지만, 발견과 실험에 의해 발전하는 과학에 대해서만큼 **우리는** 고대인이라고 자신의 생각을 명확하게 밝혔다(Hooykaas, 1972, p. 113).

17세기 후반과 18세기의 모든 지식인이 진보가 가능하다거나, 진보가 일어날 것이라는 생각에 동의한 것은 아니다. 예를 들면 토머스 홉스는 진보라는 개념을 절대로 믿지 않았다. 18세기에도 루소를 포함한 가장 저명한 몇몇 계몽주의 철학자조차 의구심을 떨치지 못했다.[12] 하지만 대부분의 지식인은 진보는 가능하며 바람직하다는 생각에 점차 동의하기 시작했다. 확실하지 않은 것은 구체적인 문제들이었다. 이런 문제에는 가령 어떤 종류의 진보가 일어나고 있는지, 진보를 현실화하는 최고의 방식은 무엇인지, 이런 진보는 누구를 위한 것인지, 유용한 지식의 진보는 경제 성장으로 인한 불평등 그리고 불평등이 초래하는 갈등과 혼란을 피하기 위해 제도의 발전을 수반해야 하는지 등이 있었다.

18세기 중반에는 과거와 현재의 진보가 의심할 수 없는 현실이라는 게 계몽주의의 핵심이 되었다. 과학과 수학 교육을 중시한 계몽주의 시대의 교육 개혁가 존 클라크(John Clarke, 1687~1734)는 1731년 "고대인은 매우 형편없는 철학자였다. ……자연 지식에 대해 다른 의견을 전혀 인정하지 않았다. 아이작 뉴턴 경이 발견한 지식은 …… 고대의 모든 철학자가 알고 있던 지식을 합쳐놓은 것의 100배가 넘는다"(Clarke, 1731, p. 47)는 식의 무례한 발언을 하기도 했다. 이와 비슷하게 1724~1738년에 더블린의 트리니티 칼리지에서 에라스뮈스 스미스 교수직(Erasmus Smith professorship)에 있던 리처드 헬섬(Richard Helsham)은 (더블린에서 1849년까지 사용한) 매우 유명한 자연철학 교과서를 집필했는데, 그 도입부에서 이렇게 썼다. "과거의 시대가 자연에 대해 이렇게나 하찮은 지식을 만들었다는 것은 놀랄 일도 아니다. ……이후 시대의 …… 커다란 진보와 비교해서 …… 과거의 철학자들은 가설만을 세우는 데 스스로를 파묻었다. ……자연에 대한 기초가 없으므로 결함 있는 절름발이나 마찬가지였으며, 자연 현상의 이유를 전혀 설명하지 못했다"(Helsham, 1755, p. 1).

따라서 진보라는 관념은 과거의 지혜와 능력을 현재의 능력 및 지혜와 자유롭게 비교하는 문화와 떼려야 뗄 수 없는 관계에 있다. 유대교의 랍비 문화와 이슬람근본주의 문화를 비롯해 많은 문화권 사람들은 진리는 먼 과거에 살았던 사람들이 이미 완전하게 밝혀냈고, 학자들이 할 수 있는 최선은 고대 문헌을 해석하고 주해를 달아 더 깊은 뜻을 알아내는 것이라고 생각했다. 채니(Chaney, 2015)는 11세기 이슬람 세계에서 일어난 수니파 부흥 운동은 독창적 내용의 책이 아닌 고전을 새롭게 해석하고 재평가한 책이 급증한 것과 관련이 있다고 말했다. 더욱이 그나마 등장한 독창적인 책들도 과학서가 아니라 대부분 종교 관련 서적이었다. 이런 제한에도 불구하고 논쟁과 혁신은 여전히 일어났지만 지속적인 구속력을 발휘한 것도 사실이다. 또한 유대인은 높은 문해력과 훌륭한 인적 자본을 갖고 있었지만, 산업혁명 이전까지 과학과 기술의 역사에서 그들의 존재감은 무시해도 좋을 만큼 미미했다. 고대 문헌에는 숨겨진 의미가 있고 이를 해석하면 메시아의 정확한 재림 시기를 알 수 있다는, 정교하지만 터무니없는 카발라 수비학(numerology, 數秘學)을 제외하고 19세기 이전 유대인 수학자들의 중요한 업적을 찾아보긴 힘들다. 물론 예외는 있었다. 15세기 후반에 활동한 의사 야곱 벤 임마누엘 라테스(Jacob ben Immanuel Lates)는 대기권의 고도(altitudes)를 측정할 수 있는 중요한 도구를 제작한 발명가이자 포르투갈 항해사들이 위도를 계산하는 공식을 개발한 수학자이기도 했다.[13] 또 다른 예로 파도바 대학교에서 갈릴레오와 함께 공부한 유대인 의사 요셉 솔로몬 델메디고(Joseph Solomon Delmedigo, 1591~1655)가 있다. 그는 갈릴레오를 "랍비 갈릴레오"라고 불렀으며《세페르 엘림(Sefer Elim)》에서 완전한 바보만이 코페르니쿠스의 우주론을 부인할 것이라고 썼다(Delmedigo, 1629, p. 304).[14] 하지만 1600~1750년 과학과 수학의 위대한 발전사에서 유대인의 이름을 찾아보기 힘들다. 분명 유대인 의사 중에서는 유명한 사람이 많았지만 그들이 중대한 혁신을 했다는 사례는 찾아보기 힘들다. 확실한 것은 18세기에 이르러 몇몇 학식 높은 유대인이 우주는 탈무드가 설명한 것과 많이 다르다는 사실을 깨달았다는 것이다. 하지만 이런 시각이 확산하기까지는 많은 시간이 필요했다.[15]

기술도 마찬가지였다. 1656년 이후 유대인은 다시 영국에 정착할 수 있었는데, 만약 유대인이 기계에 관심이 더 많았더라면 좀더 진취적인 유대인 혁신가들이 유럽 대륙 출신의 18세기 혁신가처럼 영국에 정착했을 것이다. 유대인은 하스칼라(haskala: 유대교 계몽주의 운동)를 거쳐 고대의 문헌에 대한 집착을 떨쳐버린 후에야 뛰어난 과학자와 혁신가를 급격하게 배출하기 시작했다.[16] 이처럼 영국의 산업혁명 연대기에서 유대인을 찾아보기란 힘들다. 얼마나 많은 사람이, 얼마나 오랜 시간 동안 우러러보고 진실로 믿었는지와 상관없이 전통과 성우(聖牛)를 죽이지 않는 이상 교육과 문자 독해력 그리고 배움은 물질적 진보로 이어지지 않았다.[17] 트리안디스(Triandis, 1995)의 용어를 빌려 말하자면, 유럽의 이웃들과 비교해 16~17세기 유대인은 무엇이 옳고 무엇이 그른지 사회적으로 명확하게 정의되어 있었고, 확실하지 않은 상황에서 올바른 판단을 내려주는 권위가 누구에게 있는지에 대해서도 광범위한 합의를 이루고 있었다. 요컨대 유대인 사회는 매우 경직되어 있었다.

그러나 유럽 다른 지역에서는 16세기 들어 (이 무관용의 세기에 이단으로 몰릴 위험이 있음에도 불구하고) 고전에 대한 무비판적 존경심이 증발될 조짐을 보이기 시작했다.[18] 대표적인 예로 16세기 프랑스의 가장 박식하고 독창적인 사상가였던 기욤 포스텔(Guillaume Postel, 1510~1581)을 꼽을 수 있다.

그는 분명 굳은 기독교 신앙을 갖고 있었지만 유대교의 신비주의와 이슬람 과학에도 지대한 관심을 보였다. 그리고 종교 재판소와 파리 고등법원에 의해 수차례 체포되었지만 이단자가 아니라 미치광이라는 판정을 받고 나서야 사형을 면할 수 있었다. 파스칼이 (얀센주의를 받아들이기 전보다 진보적이었을 때) 지적한 것처럼 17세기의 좀더 급진적인 사람들은 고대인이 그들의 윗세대에 보였던 존경심 이상으로 근대인이 고대인을 공경하는 것은 정당하지 않다고 생각하기에 이르렀다〔Bury, (1920) 1955, p. 68〕. 그들은 17세기 들어 더 개선된 도구와 정교해진 실험 방식 및 관찰을 통해 진보가 이루어질 수 있었다고 강조했다. 요컨대 갈레노스에게는 현미경이 없었고, 프톨레마이오스에게는 망원경이 없었고, 아르키메데스에게는 미적분이 없었다. 아울러 그들은 그 무엇보다 지식은 누적된다고 강조했다. 지식의 누적은 사회가 어느 정도 통제할 수 있고 그 방식도 설계할 수 있는 변수이며, 동시에 저비용으로 높은 검색 가능성(high searchability)을 보장해 지식을 저장하고 온전하게 다음 세대로 전달하는 메커니즘이다. 가장 대표적인 것이 인쇄술이었다. 인쇄술로 인해 인류는 수백 권의 책을 똑같이 복사하는 능력을 갖추었으며, 따라서 필사를 하면서 어쩔 수 없이 생겨나는 오타 같은 실수를 방지하고 책이 손상 및 마모되는 불상사를 방지할 수 있었다. 이로써 인류는 마침내 지식을 온전한 상태로 후세에 넘겨줄 수 있게 되었다.

실제로 과거의 많은 문명에서는 후진적 기술로 인해 지식이 손실 및 왜곡되었다. 베이컨의 스승이었던 법학 교수 귀도 판치롤리(Guido Panciroli, 1523~1599)는 고대 문명 당시 분명히 존재했지만 시간이 흐르면서 손실되고 사라진 기술과 문화를 나열한 《잃어버린 것과 찾은 것에 대한 책(Two Books of Things Lost and Things Found)》을 집필했다. 켈러(Vera Keller, 2012,

p. 242)는 "발명자의 지식이 지닌 가치는 사회에 매우 중요해 국가는 그 손실을 감당할 수 없다"고 말했다. 이 때문에 평생을 공직자나 정치가로 산 베이컨은 기술 지식을 사적인 영역에서 공적인 커뮤니티로 끌어와야 한다고 주장했다. 하지만 베이컨은 이런 커뮤니티가 편지 공화국처럼 지식을 유지 및 보호할 필요가 있는 자치적 민간 기구일 수도 있다는 것을 알아차리지 못했다. 당시 진보에 대한 신념이 지속될 수 있었던 이유는 편지 공화국이 지식을 확산하는 것뿐 아니라 동시에 망각하지 않도록 보존해 누적시킨 것도 있었다.

진보는 과거의 유용한 지식이 계속 축적되면서 이루어진다. 지식이 쌓이고 시간이 지나면서 인류는 더 많은 지식을 보유하게 되고, 이런 지식이 계속 성장하면서 경제 발전의 속도가 더욱 빨라지는 선순환 조건은 점점 견고해진다. 하지만 계몽주의 지식인들이 이런 사실을 깨닫기까지는 수십 년이 걸렸다. 더욱이 18세기 계몽사상가도 진보가 정확하게 무엇이며, 진보는 어떻게 실현되는지에 대해 서로 의견이 갈렸다(Israel, 2010, esp. pp. 3-15). 하지만 시대를 역행하는 소수 사람들을 제외하고 모든 사상가가 동의한 것은 물질적 진보는 유용한 지식의 성장에 따른 실용적 발전(practical advancement)에 의해 이루어진다는 사실이었다. 다른 말로 하면 과학과 기술의 발전은 물질적 진보를 이끈 2개의 원동력 중 하나였으며, 이런 원동력에는 역사적으로 인류의 물질적 환경을 바꿀 잠재력이 내재되어 있다는 게 드러났다. 동시에 두 번째 경제 성장의 원동력인 정치 및 사법 개혁, 즉 흔히 말하는 제도적 변화가 상업, 자본 축적 그리고 혁신을 촉진한다는 것도 깨달았다. 아울러 두 번째 원동력은 한층 불안정하고 종종 역효과를 낸다는 것이 밝혀졌다. 바로 이런 이유로 오늘날의 경제학자들이 기술 발전에 대해서는 많은 말을 하지만 제도적 변화에 대해서는 말을 아끼는 것이다. 어떤 방향으로 진보를 이룰지 자명하지 않기 때문이다.

계몽주의의 토대는 기술과 제도적 변화가 서로 보완하고 치켜세우는 관계라는 암묵적 가정에 있다. 즉 기술과 제도적 변화는 깊은 상보성 관계에서 많은 시너지 효과를 낸다(Mokyr, 2006a). 제도적 변화를 수반하지 않은 유용한 지식의 발전은 흐지부지되거나 오용되는 경향이 있다. 예를 들어 만약 사회·경제 제도가 경제적으로 생산적인 연구를 할 수 있는 조건을 형성하지 못하면 유용한 지식은 계속 축적되더라도 후생 중립적이거나 심지어 후생 감소적인 방향으로 쌓일 것이다. 단적인 예로 수비학, 점성술 또는 파괴적인 무기의 생산을 들 수 있다. 더욱이 지적 혁신은 궁극적으로 기존 기술의 격렬한 저항에 부딪힐 것이다. 만약 혁신이 이런 저항을 극복하지 못한다면 기술 발전은 소멸할 것이다. 더욱이 기술 혁신이 저항을 물리치고 지배적인 것이 된다 해도, 그것이 나중에 발생하는 기술 혁신에 저항할 수도 있다. 결과적으로 어떤 사회든 오랜 기간 동안 기술 혁신의 최첨단을 유지할 수 없다는 경험적 규칙, 곧 카드웰 법칙(Cardwell's Law)의 지배를 받는다(Mokyr, 1994).

하지만 엄격한 의미로 서양을 하나의 '사회'로 생각해선 안 된다. 서양은 한 영역에서는 경쟁하고 다른 영역에서는 협력하는 서로 다른 이질적인 사회로 구성된 집합체다. 유럽의 경쟁 체제와 다양한 제도를 감안할 때 진보에 반대하는 세력은 효과적으로 진보의 속도를 늦추거나 침체에 빠뜨릴 목적으로 성공적인 협력 체계를 구축할 수 없었다. 반동적인 세력이 통치한 국가는 궁극적으로 혁신에 대한 저항은 경쟁 속에서 지속 가능한 전략이 아니라는 것을 깨달았다.

하지만 근대 초기 유럽에서 기득권 반동 세력의 저항력은 결코 무시할 수 없었다. 1500~1700년 많은 이단적인 과학자와 혁신가는 기득권 반동 세력의 위협에 노출되었다. 아직 물리학, 천문학 그리고 심지어 의학 및 화학과 완전하게 결별하지 않은 종교는 기득권층이 권력을 유지할 수 있게끔 해준 강력한 힘을 대변했다. 일부 과장된 측면은 있지만 혁신가에 대한 박해는 기득권층이 지적 도전을 쉽게 인정하지 않고 만약 유럽에서의 몇몇 전투가 역사와 다른 방향으로 전개되었다면 상황이 많이 달라졌으리라는 것을 보여준다.[19] 갈릴레오 갈릴레이가 경험한 운명의 장난은 학문적 반대자들에 대한 그의 노골적인 무례함과 1630년대 초반 교황청이 직접 나서서 이단 사상에 공격적 자세를 취한 가톨릭 유럽의 태세 전환이 한데 어우러지면서 생겨난 결과였다. 알렉산더(Alexander, 2014, p. 179)의 말처럼 이로 인해 이탈리아가 과학에서 뒷걸음질을 쳤는지는 논쟁의 여지가 있지만, '철학의 해방'을 위한 남유럽의 투쟁은 다른 지역보다 한층 유동적이었음에 분명하다. 반동적인 정부가 집권한 곳에서 혁신적인 연구는 위협을 받았다.[20] 18세기 아이디어 시장에서 계몽주의 철학이 거둔 뚜렷한 성공과 유럽 대륙에서 진보라는 개념이 확산하는 가운데 1773년 예수회의 해산을 정점으로 보수 세력은 이 시장에서 패배했다. 심지어 명목상으로 가톨릭 국가였던 프랑스에서도 마찬가지였다.

17세기 후반과 18세기에 프랑스의 많은 선도적인 사상가는 그들 주위에서 진보가 일어나고 있음을 알아차렸지만, 유용한 지식의 성장이 반드시 더욱 도덕적이고 계몽된 사회를 만들 것이라고 믿는 사람은 드물었다. 이런 의구심은 진보에 대한 신념에 제동을 걸었다. 볼테르와 디드로 그리고 많은 계몽사상가들이 인간의 본성은 자연에 의해 결정되며, 따라서 도저히 구제할 수 없을 만큼 도덕이 결핍되었다고 믿었다(Dupré, 2004, p. 204). 프랑스 대혁명 이전, 프랑스 지식인에게 현실적인 사회와 경제 진보에 대한 기대감은 영국을 부러움이 담긴 시선으로 바라보는 희망 사항에 지나지 않았다. 그렇다 하더라도 진보는 프랑스 앙시앵 레짐의 계몽 사상가들 사이에서 뜨거운 논쟁의 주제가 되었다. 프랑스는 청교도주의와 무관했지만 점점 세속적으로 변하는 프랑스의 지적 문화는 진보에 대한 믿음을 받아들이기 시작했다. 예를 들어, 데카르트에게 큰 영향을 받은 젊은 시절의 블레즈 파스칼은 지식의 세상을 "끊임없이 배우는"〔Bury, (1920) 1955, p. 68에서 인용〕 무한한 생명체로 보았다. 1647년에 썼지만 결국에는 출판하지 않은 짧은 글에서 파스칼은 학습을 하는 것은 하나의 개체(single individual)가 아니라 단체(collective entity)라고 했다. 그는 이런 단체를 "모든 인류"라고 말했지만, 실제로는 편지 공화국으로 이해해야 한다(Rossi, 1970, p. 99).[21] 이스라엘(Jonathan Israel, 2010, p. 4)이 최근 언급했듯 사회를 발전시키는 과정에서 맞닥뜨리는 위험과 도전에 의해 계몽주의 시대의 진보는 더욱 강화되었으며, 그들의 "낙관주의는 생산성을 향상시키는 기술에 투자하면서 부를 창출하는 능력에 의존했다".

지식의 진보를 가장 강력하게 믿었던 프랑스 지식인 중 가장 영향력 있고 주목할 만한 사람은 퐁트넬이었다. 1688년 퐁트넬은 《고대인과 근대인에 관한 여담(Digression sur les Anciens et les Modernes)》이라는 제목의 짧은 에세이에서 과학 및 경제의 진보는 가능할 뿐 아니라 피할 수 없다고 단정 지었다.[22] 그는 현재 세대는 언젠가 고대인이 될 것이고, 후세가 그들을 능가하는 건 당연하고 합리적이라고 생각했다. 무엇보다 우월한 실험 방식, 논리적 엄격함 그리고 뛰어난 시설로 인해 근대는 우위를 점할 수 있었다. 퐁트넬은 이런 것을 "편지 공화국에서 지적 담론의 규칙인 기하학적 방법"(Fumaroli, 2001, p. 193)이라고 말했다.

당시의 지혜와 과학이 고전주의 시대의 지혜와 과학에 얼마나 견줄 수 있는지에 대한 논쟁에서 퐁트넬은 보수적인 견해를 완강하게 거부했다. 버리[J. B. Bury, (1920) 1955, p. 110]가 지적한 것처럼 퐁트넬이 "지식의 진보에 대한 관념을 최초로 완전한 교리로 체계화한 사람"인지와 관계없이 그의 작은 팸플릿이 콩도르세를 통해 절정에 다다른 지적 운동의 한 부분이었다는 것은 부정할 수 없다. 퐁트넬은 대단히 뛰어난 지식인은 아니었지만 유려한 글 솜씨로 영향력을 발휘했다.[23] 볼테르와 달리 그는 불필요한 독설과 도발을 삼갔고, 직접 편향과 수사적 편향의 화신으로 계몽주의를 이끈 위대한 문화적 사업가의 뛰어난 제자로서 자신의 입지를 강화하는 데 주력했다.[24] 1697년 프랑스 왕립 아카데미의 간사로 임명된 그는 이후 40년 넘게 이 단체에 몸담았다. 그와 동시대인이었던 생피에르 신부는 영국의 인쇄술, 학회 그리고 지식의 체계화와 같은 베이컨의 유산을 가르치는 (퐁트넬보다 더 낙관적인 세계관을 대표하는) 프랑스 지식인이었고, 어떤 면으로는 프랑스의 윌리엄 페티였다(Perkins, 1959, pp. 78-79). 생피에르는 정부가 인류의 도덕을 향상시켜야 한다는 생각을 바탕으로 최대 다수의 최대 행복이라는 공리주의 개념을 처음으로 자세하게 설명한 사람으로, 베이컨의 진보와 후기 계몽주의를 이어주는 가교 역할을 했다(Pollard, 1971, p. 42).[25]

이보다 더 낙관적이었던 프랑스 계몽주의 지식인으로는 사회가 진보하는 것을 직접 경험한 안로베르자크 튀르고(Anne-Robert-Jacques Turgot, 1727~1781)가 있었다. 튀르고는 23세이던 해에 《인간 정신의 지속적 진보에 관하여(On the Successive Advances of the Human Mind)》를 출판해 발명이라는 예술이 이성 및 경험과 결합하면서 꺾이지 않는 발걸음이 된다는 진보의 원천을 아름답게 고찰했다[Turgot, (1750) 1808, vol. 2, pp. 52-92]. 그에게 진보란 과학과 기술의 지속적 발전과 경제 성장이었다. 그는 수많은 장인이 천재를 만나면 기술은 반드시 발전해 더 많은 부를 창출할 것이라고 생각했다. 이러한 진보를 달성하는 방식은 나라마다 달라도 결국에는 거대한 기술의 세계화를 이루어낼 터였다(pp. 84-85). 루이 뒤프레(Louis Dupré, 2004, p. 207)는 튀르고의 주장을 이렇게 요약했다. "모든 측면에서는 아니겠지만 역사는 더 나은 완벽함으로 천천히 나아간다. 지식과 기술은 꾸준하게 발전한다. 예술과 도덕성은 그렇지 않다." 이들이 생각한 진보의 개념은 통찰력이 있지만 여전히 순진했다. 생피에르와 마찬가지로 튀르고는 기술과 제도의 불균형적 발전은 실제로 역사의 구조적 특징이며 진보라는 개념의 아킬레스건이라는 것을 알지 못했다. 튀르고는 역사의 모든 사건은—그 사건이 재앙적 결과를 불러오는지 여부와 상관없이— 반드시 어떤 방식으로든 세상을 진보하게 만든다는 캉디드(Candide), 곧 낙관주의적 오류에 빠진 것처럼 보인다.[26]

프랑스의 낙관주의는 튀르고의 친구 콩도르세에 의해 정점을 찍었다. 그의 유명한 책 《인간 정신의 진보에 관한 역사적 개요(Sketch of a Historical Picture of the Progress of the Human Mind)》는 출간과 동시에 영어로 번역되었다(Condorcet, 1795). 꽤 두툼한 이 책은 튀르고의 책에 나오는 개념을 많이 반영했다. 튀르고와 마찬가지로 콩도르세는 베이컨이 과학의 "진정한 방식"을 널리 알렸다고 치켜세웠지만, 베이컨의 귀납법이 과학 발전에 직접적으로 끼친 영향은 크지 않았다는 것을 깨달았다(Condorcet, 1795, pp. 230-231). 하지만 과거의 모든 역사적 불행의 원천은 인간의 무지와 오류였다는 굳은 신념 때문에 그에게 사회의 진보는 곧 지식의 축적과 동일했다. 그러나 콩도르세는 1세기 전에 활동한 파스칼처럼 수학자였고, 따라서 역사를 깊이 있게 이해하지는 못했다. 그 때문인지 그가 10단계로 야심차게 설명한 역사의 개요는 밋밋하고 인위적으로 느껴진다. 인간의 완전함이라는 콩도르세의 순진한 생각은 당대에는 널리 퍼진 흔한 사상이었지만, 후세들이 감사하게 받아들인 계몽주의는 아니었다. 하지만 그의 사상은 인간의 힘으로 사회 및 경제 발전을 달성한다는 광범위한 신념만 구축한 것이 아니라, 이러한 진보가 구체적으로 달성하는 데 필요한 의제 또한 제시하면서 학계에 정점을 찍었다. 그러나 구체적인 사회·경제적 진보는 해협을 건너 좀더 현실적이고 수수한 영국식 계몽주의에 의해 실현되었다.

산업혁명이 일어나기 1세기 전 진보에 대한 영국의 신념은 유럽 대륙보다 현실적이었으며 사회의 지식 계급과 최상류층에만 국한되지 않았다. 대신 산업혁명의 최전선에서 활동하며 산업혁명을 이끈 교육받은 사업가, 문자를 읽고 쓸 줄 알았던 정비공, 훈련받은 기술자, 그리고 장인에게까지 확산되면서 사회의 더 깊은 내면으로 파고들었다. 유럽 대륙과 반대로 영국의 교육받은 엘리트는 기존 체제를 반대하지 않으면서 자신들의 종교적 신념도 굳게 지켰다. 영국에서 진보는 사회 혁명을 통해서만 달성하는 것이 아니라 과학과 기술, 그리고 제도상의 현실적 개혁이 조금씩 쌓이면서 발생하는 것이었다. 하지만 영국에서 진정한 계몽주의가 존재했는지에 대한 논쟁은 18세기에 벌어진 지적 운동엔 단 하나의 프랑스 모형만 존재한다는 가정 아래서만 의미가 있다. 영국의 모형과 프랑스의 모형 사이에는 분명 차이점이 있지만, 오스만 제국과 중국의 지배적인 문화 요소보다는 훨씬 가까웠다.

스코틀랜드와 프랑스는 계몽주의 시대의 지적 활동이 집중된 중심지로 널리 알려져 있지만, 현실적이고 물질적이고 유연하기까지 했던 영국의 계몽주의 역시 분명 존재했다. 영국 계몽주의는 완벽함을 추구하지 않았다. 대신 상대적으로 작고 점진적인 개선이 꾸준하게 이어져 발전하는 사회를 그렸다. 기술의 꾸준한 발전은 이런 환경에서 등장하며, 역설적으로 가장 큰 변혁 또한 이런 환경에서 일어난다. 우리가 말하는 '유럽의 계몽주의'라는 개념은 논쟁의 여지가 있다. 계몽주의는 나라마다 조금씩 차이가 있었다. 그리고 18세기 유럽 전 지역에 걸쳐 과거의 신념이 진화하면서 1780년대 프랑스 대혁명과 미국 독립혁명에 불을 붙인 계몽주의 사상은 1690년대의 그것과 확연하게 달랐다. 하지만 위더스(Charles Withers, 2007, p. 45)가 강조한 것처럼 18세기 편지 공화국은 여전히 관습, 소통 방식 그리고 행동 규칙으로 일관되고 명확하게 정의할 수 있는 '공간(space)'이었다. 더욱이 이런저런 다양한 모습의 유럽 계몽주의는 서로 크게 영향을 주고 모방하면서, 서로 섞이고 내용을 수정하면서 보완했다. 반동 세력의 위협에 시달리던 18세기가 끝나갈 무렵 등장한 민족주의에 희생되기도 했지만 편지 공화국은 개방성과 초국가성이라는 고유의 특징을 계속 유지했다.

낙관주의와 진보에 대한 관념은 18세기 아이디어 시장에서 경쟁한 유일한 문화적 신념은 아니었다. 다양한 유형의 비(非)진보적 사상도 영향력을 키웠다. 아울러 이러한 비진보적 사상에 소멸 직전의 무지몽매한 종교적 반동 세력의 절박한 절규만 있었던 것도 아니다. 루소와 비코(Giambattista Vico)의 글에서 찾아볼 수 있는 단순하고 소박한 시대를 그리워하는 향수(원시주의로 알려진 정서)는 점점 커져갔다. 하지만 진보에 대한 이 같은 의구심은 틈새 사상에 머물렀다. 스파다포라(David Spadafora, 1990, p. 17)는 당시 영국의 사회적 분위기를 "만족할 줄 모르는 자신감"이라고 적절하게 표현했다. 지식은 진보의 열쇠였으며, 지식이 성장하는 한 인류의 물질적 조건 역시 성장할 터였다. 영국의 유명한 계몽주의 사상가 이래즈머스 다윈(Erasmus Darwin)은 1784년 "지식의 무더기는 …… 이 지구상에 인간의 발자국이 존재하는 한 절대 멈추지 않고 축적될 것이다"

(Musson and Robinson, 1969, p. 192에서 인용)라고 말했다. 그러나 진보가 궁극적으로 일어날 것이라고 믿는 것과 실제로 이뤄질 수 있게끔 대응하는 것은 다르다. 하지만 바로 이것이 영국에서 국가 및 지역 단위의 '협회와 학회'를 설립한 목적이었다.[27] 아울러 이런 단체가 실제로 얼마나 많은 업적을 달성했는지는 또 다른 문제다.

18세기에 진보의 관념이 승리할 수 있었던 데는 어떤 요인이 있을까? 수요 측면에서 보면 1500년 이후 서유럽의 경제 성장은 강력한 '호미네스 노비(homines novi: 새로운 계층—옮긴이)'의 등장으로 이어졌다. 그들에게 진보란 무엇보다 자신의 경제적 이익을 뜻했다. 도시의 상업 계층에게 진보란 상업의 확대, 도시화의 증가, 그리고 야심가의 상류층 진입 증대를 의미했다. 하지만 진보의 관념은 경제 발전만을 의미하지 않았다. 진보에 대한 관념은 서양 기독교 사상과 일정 부분 일치했지만, 유대교 및 이슬람교와는 그렇지 않았던 것으로 보인다. 천년왕국설과 관련한 기독교 사상은 현실과는 다른 역사의 종점이 존재한다는 역사관을 형성했다. 낙원을 다시금 복원한 '더 나은' 세상이 역사의 종점에 펼쳐질 것이라는 천년왕국설이 중세 유럽에 퍼졌다.[28] 동시에 기독교는 강한 신념을 유지하면서 고대인보다는 근대인을, 아리스토텔레스의 도그마보다는 실험과학을, 그리고 건조한 스콜라 철학보다는 생산과 기술에 유용하고 실증적인 지식을 적용하자는 베이컨주의를 선호할 정도로 유연하고 민첩했다. 니스벳(Nisbet, (1994) 2008)은 프리스틀리와 헤르더(Johann Gottfried Herder) 같은 중요한 계몽주의 사상가들이 종교적으로도 독실했다고 힘주어 주장한다. 이는 17세기에도 말할 것 없이 사실이었다.

계몽주의, 특히 영국의 계몽주의는 카를 베커가 말한 "오래된 천국을 대체하는 새로운 천국"(Becker, 1932, p. 129)이라는 천년왕국설의 믿음을 유지했다. 천상의 천국이 지구에서 재현된다는 유토피아의 꿈은 여전히 유효했다. 심지어 프리스틀리는 "이 세상의 시작이 어떠했든 그 종말은 우리의 상상을 초월하는 영광스러운 낙원 같은 게 될 것이다"(Priestley, 1771, pp. 4-5)고 말했다. 부분적으로 이 천년왕국설 수사학은 지속적인 기술 진보에 대한 베이컨의 비전을 좀더 설득력 있고 호소력 있게 만들기 위해 채택되었다. 무엇보다 계몽주의 시대의 영국은 여전히 종교적인 국가였고, 이런 나라에서 설득력을 갖기 위해 진보 옹호자들은 어찌 되었든 종교적인 비유를 해야만 했다. 그리고 많은 사람이 스스로도 이런 말을 믿었다.[29]

15

계몽주의와 경제 발전

17세기의 아이디어 시장과 문화적 사업가는 계몽주의라고 알려진 지적 운동이 시작되는 계기를 마련했다. 이들이 이끈 계몽주의는 복잡하고 이질적이며 종종 서로 상반되는 문화적 신념의 총합이었지만, 동시에 유럽이 경제적 근대성의 특별한 중심부가 될 수 있게끔 만든 문화적 대변화이기도 했다. 유럽 경제 발전의 뿌리가 어디에서 시작했는지 물어보는 경제학자들에게 유럽의 엘리트 문화는 항상 일관된 답을 알려준다. 요컨대 실용 기술의 발전을 중시하는 문화, 사회적 진보에 대한 신념 그리고 유용한 지식이 사회적 진보를 이룰 수 있는 열쇠라는 신념이 유럽의 경제 발전을 촉진했다는 것이다. 아울러 이런 신념을 보완한 계몽주의의 또 다른 문화적 요소에는 사회 계약으로서 정치권력, 행정부의 제한된 권력, 표현의 자유, 지적 경합, 종교적 관용, 법으로 인정하는 기본적 인권, 무역은 포지티브섬 게임(positive-sum game)이라는 생각, 경제 활동과 무역에 대한 미덕, 재산권의 신성함 그리고 (개인이 아닌) 국가를 사회의 가장 궁극적인 목표로 삼은 중상주의의 우매함이 있었다.

이런 새로운 신념은 당시 어색한 사상이었지만 계몽주의라는 거대한 보호막 아래서 안정적으로 발전해 경제 성장의 문화적 토대, 그리고 더 부유하고 새로운 경제를 세울 수 있는 토대가 되었다. 이러한 신념 중에서도 유용한 지식이 경제를 변화시킬 수 있다는 믿음은 위대한 풍요를 가져온 원동력이었다. 물론 경제는 인권을 탄압하고 표현의 자유와 법적 평등을 보장하지 않으며, 재산권은 경제력 있고 권력을 가진 자들에게만 존재한다. 아울러 경제는 강압적이고 부패한 나라에서도 성장할 수 있다. 하지만 경제 발전의 역사에서 정말로 중요한 것은 세상을 변화시키는 유용한 지식의 힘과 그 사회적 명성, 유용한 지식은 고결하다는 믿음이 등장해 오랜 시간 동안 계속 이어져왔다는 점이다. 또한 자연 세계에 대한 더 깊은 이해를 바탕으로 한 새로운 기술이 지속적으로 등장하지 않았다면 성장은 차갑게 식었을 것이다.[1]

경제 성장에 큰 영향을 준 계몽주의의 핵심 사상은 아이디어 시장 안에서 치열한 경쟁으로 생겨난 결과물이었으며, 따라서 편지 공화국의 연장선상에서 생각해야 한다. 필자가 다른 책(Mokyr, 2002, 2009a)에서 언급한 유럽 계몽주의의 경제적 영향력은 '산업'계몽주의나 '의학'계몽주의, '상업'계몽주의라는 용어를 따로 붙일 정도로 광장히 중요했다.[2] 특히 영국에서는 (전쟁과는 아무런 관계도 없는) 유용한 지식을 갖춘 과학자(뉴턴)와 나중에는 기술자(와트)가 국민 의식과 영웅의 상징이 될 정도로 계몽주의가 문화의 변화에 끼친 영향력은 지대했다. 영국을 제외한 대부분의 유럽에서 이런 영광은 여전히 군사 및 예술과 연관되었지만, 시간이 지나면서 영국의 영향으로 이런 신념은 유럽 대륙 전역으로 확산하기 시작했다. 북미 지역의 식민지 사회와 미합중국에서는 청교도적 가치가 프랑스 및 스코틀랜드의 계몽주의와 이상하게 혼합되어 1780년대에 새롭게 출발하는 신생 국가의 문화를 형성하는 데 결정적 역할을 했다.

18세기 진보 이념의 진정한 힘은 실현 가능성이 아니라 희망에 있었다. 실제로 초기 산업혁명 시기에 경험한 기술 발전은 베이컨 프로그램이 실망스럽다는 것을 보여주었다(Mokyr, 2009a, p. 59). 하지만 분명 근대적 경제 성장이 이제 막 시작된 당시에는 유용한 지식이 불러온 문화적 변화가 다양한 방식으로 생산 활동과 상호 작용하며 서로를 강화하기도 했다. 기술 변화가 경제 발전에 영향을 주었다는 말은 너무나도 당연해 거의 하나 마나 한 얘기일 수 있지만, 이런 통찰력은 산업혁명에서 과학의 역할에 대한 다소 구시대적인 논쟁에 가려졌다.[3] 오랜 세월에 걸쳐 경제사학자들이 깨달은 것처럼 우리가 갈릴레오, 데카르트, 보일, 뉴턴 등의 철학자와 관련짓는 17세기의 과학혁명이 섬유와 철강 같은 18세기 산업혁명의 기술적 돌파구에 직접적이고도 중대한 영향을 끼쳤다고 주장하기에는 다소 무리가 있다. 대부분의 학생은 산업혁명 시대의 기술 진보는 모범 과학 지식을 갖춘 똑똑하고 손재주 좋은 장인들이 영감을 받은 땜질의 결과라고 배웠을 것이다.[4] 현대의 많은 역사학자 역시 이렇게 여긴다. 찰스 길리스피(Gillispie, 1980, p. 336)가 말한 것처럼 18세기 과학과 생산 사이의 관계가 어땠든 "최신 (과학—옮긴이) 이론이 물건을 생산하고 발전시키는 기술에 적용된 것은 아니다".[5] 더 최근에 로버츠와 샤퍼(Roberts and Schaffer, 2007, pp. xxi-xxii)는 혁신의 원천이 재주와 직관이라고 말하면서 "교활함(cunning)", 다른 말로 "실용 지능(practical intelligence)"의 중요성을 부각시키고 이는 쉽게 과학과 결합할 수 있었다고 지적한다. 하지만 (과학과 결합되지 않은—옮긴이) 재주와 실용 지능은 수익 체감의 법칙에 종속될 것이다. 즉 경제 발전의 역사는 비누 생산이든, 수력학이든, 또는 폭죽 생산이든 "맨손으로는, 그냥 방치된 지성만으로는 할 수 있는 게 많지 않다"며 "인간의 지식이 곧 인간의 힘이다. 원인을 밝히지 못하면 어떤 효과도 낼 수 없다"고 말한 베이컨의 생각을 확인해준다[Bacon, (1620) 2000, p. 33 aphorisms 2, 3]. 숙련된 장인이나 손재주 있는 노동자들이 스스로 지역 기반의 미미한 기술 변화 이상을 창출할 수 있다면, 산업혁명은 인도에서 발생했을 수도 있다.

산업혁명이 본격적으로 시작하기 전에는 과학을 현실 세계에 실제로 적용할 수 있다는 것도 당연해 보이지 않았다. 1704년 조너선 스위프트는 자신의 등장인물 중 한 명인 고대인의 입을 빌려 "만약 어떤 사람이 근대인의 천재성과 발명품을 그들이 실제로 만들어낸 것을 기준으로 평가한다면, 정말 면목이 없을 것이다"[Swift, (1704) 1753, pp. 185-186]는 충격적인 언사를 날린 바 있다. 반세기 후인 1759년 12월 새뮤얼 존슨(Samuel Johnson) 박사는 〈아이들러(The Idler)〉라는 잡지에 실린 '그동안 무엇을 했나?(What Have You Done?)'라는 제목의 에세이에서 자신의 실망감을 표출했다. "지난 세기 왕립학회에 처음으로 모였을 때 철학자들은 유용한 지식이 급속도로 발전할 것이라는 큰 기대감이 있었다. 엔진이 영구적으로 움직이고 보편적인 의약품으로 모든 이가 건강하게 살 수 있을 때까지, 사람들의 진정한 특성에 맞춘 학습이 이뤄질 때까지, 그리고 폭풍에 맞서 항구에 도착할 수 있는 선박으로 더 많은 상거래가 이뤄질 때까지 얼마 안 남은 것으로 보였다. 하지만 발전은 본질적으로 느리다. 사회는 삶의 불행을 눈에 띄게 줄이지 못한 채 만남과 헤어짐을 반복했다. 통풍(gout, 痛風)과 결석(stone, 結石)은 여전히 고통스럽고 쟁기질하지 않은 땅에는 추수할 것이 없다. ……진실은 약속된 것과 비교해 거의 이루어진 게 없다는 것이다. 아울러 '그동안 무엇을 했나?'라는 질문에는 사과와 새로운 희망이라는 답변만 가능할 뿐이다. 그리고 새로운 희망이 다시 좌절되면 똑같은 성가신 질문에 똑같은 대답을 해야 한다"(Johnson, 1759). 17세기 발전의 가장 극적인 기술적 돌파구였던 증기력은 흥미로운 과학이었지만 아직까지는 경제적 효과가 미미한 기술이었다.

분명 몇몇 중요한 발명품은 (심지어 1800년 이전에 등장한 발명품도) 과학 발전의 직접적 결과물이거나 과학적 통찰력에 의존한 발명품이었을 수 있다. 하지만 물리학, 화학, 생물학, 식물학을 비롯한 여러 학문 분야에서 일어난 대부분의 중대한 진보는 우리가 산업혁명과 관련짓는 18세기 후반의 위대한 변화에 영향을 끼치기엔 너무 늦게 일어났다. 우주에 대한 이해와 19세기 기술의 진화에 매우 결정적이었던 과학은 18세기 산업혁명의 중심 추동력이 되기엔 대부분 기술의 주변부에 머물렀다. 특히 1750년 이후 계몽주의 시대에 유용한 지식은 유럽 지식인들이 예술과 기술 그리고 농업에 적용하려는 시도를 하면서 사람들의 관심을 얻고 크게 확산되었다. 그러나 이와 관련해 정작 중요했던 점은 경제적 이익을 즉시는 아니지만 장기적으로는 실현시킬 것이라는 생각이 지식인 문화를 관통했다는 것이다. 베이컨의 비전은 분명 현실로 이뤄질 터였지만, 이는 수십 년의 문제가 아니라 수세기의 문제였다.

예외는 분명 존재했다. 이런 예외는 직접적으로 경제에 영향을 끼쳤다기보다(하지만 직접적인 영향을 준 경우도 분명 있었다) 베이컨 프로그램의 잠재성을 충분하게 보여주었다는 점에서 더 중요했다. 이미 언급한 것처럼 뉴커먼의 대기압 기관 발명에는 무엇보다 대기압과 진공을 '발견'하고 충분히 활용할 수 있도록 개념화한 실험철학자들의 공이 컸다(Wootton, 2015, pp. 500-508). 하지만 뉴커먼이 대기압 기관을 만들었다고 해서 당시의 에너지 개념을 완전히 이해했다고 생각해서는 안 된다. 증기 기관이 과학에

진 빚보다 과학이 증기 기관에 진 빚이 더 많다는 오래된 말과 관련해 이 것보다 적절한 사례를 찾아보기는 어렵다. 나폴리의 잠바티스타 델라 포르타부터 시작해 1643년 토리첼리가 대기압의 존재를 발견하고 1690년 대에 증기를 통한 압력으로 움직이는 증기 기관을 최초로 발명한 드니 파팽에 이르기까지 매우 잘 훈련받은 일련의 자연철학자가 없었다면 뉴커먼의 대기압 기관은 성공적으로 개발되지 못했을 것이다(Kerker, 1961; Cohen 2012, pp. 476-478, 729; Wootton, 2015, pp. 490-495). 염소 표백 같은 화학 공업은 비교적 늦은 1780년대에 발전하기 시작했으며, 이마저도 관련 화학에 대한 제한적인 이해를 바탕으로 이루어졌다. 다시 한 번 말하지만 셸레(Karl Wilhelm Scheele)와 클로드 베르톨레 등 전문적인 과학 교육을 받은 화학자들의 연구가 없었더라면 염소 표백 기술은 그 당시 발전하지 못했을 수도 있다(Musson and Robinson, 1969, pp. 251-337). 우턴(Wootton, 2015, p. 489)은 근대 초기 유럽의 과학은 당시 가장 난제로 뽑혔던 어려운 문제 두 가지를 해결했다고 논평한다. 바로 발사체의 궤적과 경도 계산이 그것이다. 그리고 내가 보기엔 천연두의 박멸이 세 번째 난제였을 것이다.

에너지와 재료, 생물학 같은 과학의 난제를 해결하기 위해 18세기 많은 과학자들은 과학과 수학에 크게 의존했다. 수학과 과학의 만남은 성공적이었다. 벤저민 로빈스(Benjamin Robins, 1707~1751)라는 상대적으로 덜 알려진 산업계몽주의 지식인의 업적을 살펴보자. 로빈스는 독학으로 수학자가 되었고 공학과 탄도학에 자신의 수학과 물리학을 적용해 연구했으며 그 과정에서 퀘이커 신앙을 포기했다. 로빈스의 일생을 연구한 전기작가는 "그의 《새로운 포의 원리(New Principles of Gunnery)》(1742)는 탄도학을 뉴턴과학으로 탈바꿈시켰다"(Brett D. Steele, 2012)고 썼다. 로빈스의 책은 코플리 메달(Copley Medal: 영국 왕립학회에서 최고 업적을 낸 과학자에게 수여하는 상으로, 오늘날의 노벨상에 해당―옮긴이)을 받고 여러 언어로 번역될 만큼 매우 큰 영향력을 발휘했다. 《새로운 포의 원리》는 비슷한 주제를 연구했던 레온하르트 오일러가 손수 독일어로 번역했다. 로빈스의 연구는 광범위하게 퍼졌는데, 특히 오스트리아와 프랑스 포병은 그의 이론을 적극 받아들여 군사 개혁을 이끌었다.[6] 1500~1700년 명제적 지식과 처방적 지식의 발전이 과학의 난제를 해결하는 데 도움을 준 또 다른 대표적인 예로는 경도 측정이 있었다. 바다에서 경도를 측정하는 문제는 많은 위대한 과학자들이 새로운 지식과 최첨단 실험 도구를 활용해 해결하고자 한 자연철학의 최전선에 있는 문제였다. 과거 갈릴레오는 자신이 발견한 목성의 달들을 통해 경도를 구하려 했다. 17세기 최고 지성인으로 꼽히는 하위헌스와 로버트 훅이 발명한 시계의 평형 바퀴 역시 이런 시도의 결과물이었다. 이런 명제적 지식의 통찰력 없이는 1759년 해리슨의 경선의도 만들지 못했을 것이다. 경선의를 만든 훌륭한 시계 제작공들의 헌신을 폄하하는 것이 아니다. 이런 모든 사례는 단지 기술과 이론이 서로 협력하고 보완하면서 산업혁명을 가능케 했다는 사실을 의미할 뿐이다.

향상된 과학 지식을 유용한 목적에 직접적으로 적용한 또 다른 성공 사례에는 18세기 들어 보편화한 가스등이 있다(Tomory, 2012). 가스등의 원리인 기체화학은 16세기 초반 판 헬몬트의 연구에 기반을 둔 화학의 한 분야다. 기체화학은 조지프 블랙(Joseph Black), 앙투안 라부아지에 그리고 특히 알레산드로 볼타(Alessandro Volta) 등의 산업계몽주의 거인들에 의해 구체화되었다. 새로운 과학 도구가 등장하고 공공장소와 공장을 밤늦게까지 운영해야 할 필요성이 증가하면서 18세기 말 무렵에는 많은 유럽 국가에서 가스등의 발전과 보급에 힘쓰기 시작했다. 토모리(Leslie Tomory)가 지적한 것처럼 가스등은 탄화수소를 증류하는 실험에서 우연히 발견한 부산물이었다. 하지만 행운은 마음의 준비가 된 사람에게만 미소를 짓는 다는 파스퇴르의 유명한 말은 과학에서도 똑같이 적용된다. 가스등은 완벽하지는 않지만 실험을 통해 얻은 과학 지식과 장인의 탁월한 기술이 결합했다는 점에서, 이미 널리 알려진 실용적 필요성을 충족하려는 노력의 결실이라는 점에서, 그리고 문제를 해결하기 위해 여러 나라가 공개 과학을 통해 협업했다는 점에서 산업계몽주의가 경제에 끼친 영향을 완벽하게 보여주는 사례다.

수력학도 마찬가지였다. 수력학은 베이컨학파가 꿈꿔왔던 방식대로 이론과 기술이 결합한 또 다른 분야였다. 근대 수력학을 개척했다시피 한 사람은 프랑스의 수학자 앙투안 파랑(Antoine Parent, 1666~1716)이었다. 그는 과소평가된 지식인으로 1704년 수차(水車)의 효율성에 대한 영향력 있는 책을 발간했다. (이 책은 곧이어 수력학의 표준이 되었다.) 수차의 최대 효율성을 계산하기 위해 당시 새로운 학문이던 미분학을 적용한 그의 연구는 최초의 공학 안내서 중 하나인 벨리도르(B. F. de Bélidor)의 《수력학 구조(Architecture Hydraulique)》(1737~1753)의 초석이 되었다. 달랑베르와 오일러 같은 당대의 저명한 수학자들은 파랑의 연구 결과를 적극적으로 받아들였다(Reynolds, 1983, p. 207). 하지만 다니엘 베르누이(Daniel Bernoulli)가 1730년대의 파랑에 대한 연구에서 많은 오류를 찾아내며 이론과의 통합을 향한 길은 울퉁불퉁하고 꾸불꾸불하다는 사실을 다시 한 번 일깨워주는 사례가 되기도 했다. 수력학의 이론적 토대를 바로잡는 데는 수십 년이 걸렸고, 수력학에 대한 프랑스 수학자 장샤를 드 보르다의 기념비적인 업적도 수년 동안 인정을 받지 못했지만[7] 결국 과학의 토대는 견고하게 구축될 것이며, 따라서 좀더 효율적인 기계를 만들 수 있을 것이라는 18세기 편지 공화국의 믿음은 결코 흔들리지 않았다. 이런 신념은 베이컨의 유산이었으며, 동시에 계몽주의 시대가 1700년 이전의 아이디어 시장으로부터 상속받은 공감대였다.

이런 형식적 과학 지식은 근대적 경제 성장이 일어나는 데 얼마나 중요했을까? 고도로 숙련된 장인들은 (이론적인 과학 지식 없이도—옮긴이) 스스로 산업혁명을 일으킬 수 있었을까? 힐레르페레즈(Hilaire-Pérez, 2007)와 버그(Maxine Berg, 2007)는 장인들의 "모방 경제"가 기술의 지속적인 개선을 가능케 했을 수도 있다고 주장했다. 장인들이 기존 기술을 재생산하면서 작은 개선이 점진적이나마 연속으로 발생하며 이따금씩 중대한 개선으로 이어지기도 한다. 하지만 길게 봤을 때 이런 식의 개선은 항상 한계에 부딪혔다.[8] 대부분 수공업자 길드로 구성된 장인 경제는 장인 기술의 확산에는 분명 기여했지만, 장인 기술이 선천적으로 동적(dynamic)이고 발전 지향적이었으며 18세기 기술 혁신은 산업계몽주의의 지적 문화보다는 '기술자'에 의해 가속화했다는 엡스타인(Epstein, 2013, p. 67)의 주장은 설득력이 떨어진다. 이것은 양자택일의 문제가 아니다. 유용한 지식과 장인 기술은 매우 밀접한 보완 관계에 있었으며, 이런 관계는 베이컨이 그토록 희망한 대로 인류의 역사를 바꾸어놓는 시너지 효과를 창출했다. 기술 발전이 더 고차원적 수준의 지적 혁신에 전혀 자극을 받지 못했다면, 또한 기술 발전이 기존의 모범적인 장인 기술을 점진적으로만 개선하고 확산시켜 표준화에서만 멈췄다면, 그래서 행동 학습(learning-by-doing)이 일어나기만을 기대했다면 기술 발전은 궁극적으로 수확 체감의 법칙에 종속되어 흐지부지되었을 것이다. 기술 발전이 베이컨의 사상을 받아들인 지식인과 자연철학자의 도움 없이 전적으로 숙달되고 창의적인 장인들에 의해서만 이루어지는 세계에서는 섬유 및 금속 기술의 제한적 발전은 있었겠지만, 지속 가능하고 자기 강화적인 산업혁명으로는 결코 이어지지 못했을 것이다. 기술적으로 정체된 많은 사회, 특히 동아시아와 남아시아 역시 고도로 숙련된 기술자들이 가득했다.

반대로 장인들의 기술이 없었으면 자연철학자의 통찰력은 그 어떤 경제적 효과도 내지 못했을 것이다. 장인들은 기술 발전에서 없어서는 안 될 존재였으며 급격한 발명을 가능케 해주었다. 장인들은 추상적인 디자인을 세부화했으며, 실험실의 발명품을 산업 규모로 확대하면서 설계도를 새로운 산업 장비와 재료로 만들었다. 그들은 복잡한 기계를 설치하고 오류를 잡아내 실제로 작동할 수 있게 만들었으며, 고장 난 섬세한 기계를 수리하고 우리가 종종 애매한 표현으로 '기술' 또는 '손재주'라고 부르는 암묵적 지식을 서로 주고받으면서 확산시켰다. 하지만 자연철학 분야에서 생성 및 확산된 급격하고도 새로운 사상, 그리고 궁극적으로 화학과 수학이 없었더라면 장인들의 이런 능력은 우리가 실제로 경험한 '시대 전환적 변화(phase transition)'까지 다다르지 못했을 것이다.

힐레르페레즈(Hilaire-Pérez, 2007)는 흥미로운 사례를 언급해가며 길드에서 활동하는 프랑스 장인들의 혁신 창출 능력을 강조했다. 장인들이 자신의 노력만으로 중대한 기술 발전으로 이어진 미시적인 발명을 연속해서 창출했다는 사실에는 분명 의심의 여지가 없다. 아울러 그들은 우리가 오늘날 흔히 말하는 제품 혁신과 프로세스 혁신을 이뤄내기도 했다. 더욱이 뉴커먼을 비롯해 그의 조교 존 콜리(John Calley), 시계공 존 해리슨(John Harrison) 그리고 저 유명한 제임스 와트까지 당시의 '위대한 발명가' 중 일부는 능력이 뛰어난 장인이었다. 하지만 천재적 발명가 자크드 보캉송(Jacques de Vaucanson, 1709~1782), 독창적인 프랑스 무기 제작자 겸 발명가 에듬 레니에(Edme Régnier, 1751~1825)같이 남다른 재능이 있거나 고등 교육을 받지 않은 평범한 장인들은 기존의 기술을 능숙하게 점진적으로 개선하기는 했지만 자기 기술의 인식론적 토대를 확장하거나 최신 과학을 적용하는 데는 서툴렀다. 다시 말해, 순수하게 장인 지식에 의존하는 사회는 생산 활동에 근본적인 혁명을 일으킨 연속적인 거시 발명(macroinventions)을 이끌어내지 못했다.[9] 장인들은 전혀 연관되어 있지 않은 활동을 도입 및 모방하면서 기술을 발전시키는 유추와 재결합을 하기에 유리한 입장도 아니었다. 만약 산업혁명이 일어나는 데 필요한 것이 계몽적이고 독창적인 장인이었다면 산업혁명은 수세기 전에 이미 일어났을 것이다. 어쨌거나 숙달된 장인은 수세기 전에도, 그리고 인도·중동·중국에서도 존재했기 때문이다. 따라서 장인의 기술에만 초점을 맞추면 왜 1750년 이후에야 과학 기술이 급격하게 발전했는지, 그리고 1820년 이후에도 지속적으로 급격한 발전을 이루어냈는지 이해하기 어렵다. 섬유 산업의 기술적 문제는 화학 공업이나 전력공학에 비해 훨씬 덜 복잡하지만, 기계과학은 섬유 공장의 노동자에게 영향을 주어 생산성과 효율성을 크게 향상시키기도 했다(Jacob, 2007).

이런 모든 것을 고려했을 때, 세계의 경제 성장을 이끌고 번영을 불러일으킨 기술 혁명은 장인의 독창성이나 과학적 방법 및 발견에 의한 것이 아니라, 이 둘이 동시에 작동하면서 생겨난 결과다. 다시 말해, 이러한 통합이 산업계몽주의의 핵심이다. 유용한 지식(뉴턴과학을 분명히 포함했지만 뉴턴과학에 국한되지는 않았다)을 적용하면서 과학적 원리를 실증적으로 검증하려 했지만, 과학은 기술력이 제공한 도구와 생산의 어려움 그리고 인간의 필요라는 어젠다에 의존할 수밖에 없었다. 오일러와 보르다 같은 계몽주의 수학자들은 더 효율적인 수차를 만들고자 노력했다. 르네 레오뮈르(René Réaumur)를 포함한 박물학자들은 곤충의 행동을 연구해 곤충이 농업에 끼치는 피해를 방지하는 데 기여했고, 위대한 박물학자 뷔퐁(Comte de Buffon, 1707~1788)은 해군 선함 제조에 사용하는 목재에 대해 연구했다. 벤저민 프랭클린(Benjamin Franklin)과 프란츠 에피누스는 전기의 성질을 연구하기 위해 고군분투했다. 계몽주의 사상가들은 과학과 생산 기술의 결합이 인류에 막대한 혜택을 가져다줄 것으로 이해했다. 하지만 실제로 결과를 보기까지는 수세기를 기다려야 했다.

거시 발명이 폭발적으로 증가하기 시작한 산업혁명 시대와 그 후에 자연철학은 과학의 발전에 어떻게 기여했을까? 그리고 과학의 역할이 왜 그토록 많은 논란을 불러일으키는 것일까? 이런 논란은 부분적으로 우리가 '과학'을 있는 사실을 그대로 설명하고 묘사하는 기술(記述)과학보다는 분석과학으로 먼저 떠올리기 때문이다. 18세기 과학자는 그들이 이해하지 못한 현상을 설명하는 데 엄청난 지적 에너지를 소모했다. 셈(Counting), 분류(Classifying) 그리고 범주화(Cataloging)를 의미하는 3C는 17세기 베이컨학파가 후배 사상가들에게 물려준 과학을 대하는 대표적 방식이었다. 이런 의미에서 칼 린네(Carl Linné)와 다재다능하고 생산성 높은 스위스 의사이자 식물학자 알브레히트 폰 할러(Albrecht von Haller, 1708~1777)는 아마도 프랑스의 장 자크 도르투 드 메랑(Jean Jacques d'Ortous de Mairan, 1678~1771)이나 영국의 한스 슬론 같은 뉴턴학파의 학자들보다 베이컨 프로그램을 더 충실하게 이행한 사람이었을 것이다.[10] 접근성을 높이는 방식으로 체계화하면 지식은 더 명료하고 잠재적으로 더 유용해지는 것이라고 여겨졌다. 스스로 뉴턴의 영향을 크게 받았다고 주장한 화학자 에티엔 프랑수아 조프루아는 화학적 용해도를 기반으로 저 유명한 '친화력표'를 만들었다. 디어(Dear, 2006, p. 42)가 말한 것처럼 조프루아의 친화력표는 우리의 화학 지식을 함양하는 데 목적을 둔 것이 아니라 "있는 그대로의 현상 자체"를 도표화한 것이었다. 친화력표는 왜 각각의 화학 물질이 서로 다른 용해도를 갖는지 그 이유를 추론하지 않았다. 식물학과 동물학도 같은 방식으로 다루어졌다. 즉 범주화와 분류를 하면서 특정한 패턴과 규칙성을 발견하고자 했다. 생리학에 대한 지식은커녕 아직 진화학에 대한 명확한 개념도 없던 이 시절에 뷔퐁 같은 많은 회의론자는 이런 프로젝트를 무모하다고 생각했다. 하지만 린네와 그의 많은 제자는 결국 계몽주의 과학의 핵심 프로젝트인 이러한 연구를 꾸준하게 진행했다. 의사로서 린네는 약물학에도 관심이 많았다. 하지만 그는 거기서 멈추지 않았다. 능력 있는 박물학자가 농업을 변화시킬 것이라는 그의 신념은 광범위하게 공유되었고, 이것이 유럽 전역에 걸쳐 농업 관련 학회를 설립하는 데 영감을 주었다. 18세기 후반 식물학, 원예학, 농경학을 연구하는 학자와 전문가들은 새로운 작물을 도입하고 윤작 방식을 연구하며 도구와 농장 관리 기법을 개선하기 위해 출판과 회의 그리고 우수 농장을 만들어 공동으로 작업했다.[11] 린네를 비롯해 아서 영(Arthur Young)과 존 싱클레어(John Sinclair) 같은 18세기 농학자들의 실증 연구는 농업 생산성에 직접적 결과가 거의 없을지라도 매우 널리 읽혔다. 그러나 이런 과학자들이 사회에서 자신의 새로운 역할을 드러냈다는 데는 의문의 여지가 없다. 린네와 그 제자들에 대해 연구한 코에르너(Koerner, 1999, p. 11)에 따르면 그들은 "역사가 **자연**과 **국가**의 상호 작용이라는 걸 이해했고, (계몽주의의 선두주자인) **스스로를** 역사적 변화의 주인공이라고 생각했다"(강조는 원저자). 이런 태도가 베이컨 사상에 기반을 두었다는 것은 의문의 여지가 없는 것처럼 보인다.

하지만 이 밖에도 계몽주의 시대의 지적 진화에서 자연철학은 면방직 기계의 과학적 원리를 탐구하는 식의 단순한 연구보다 더 미묘한 역할을 맡았다. 자연철학자와 '문필가(men of letters)' 사이의 차이는 오늘날 과학자와 인문학자 사이의 차이만큼 확연하게 구분되지 않았다. 몽테스키외와 루소 모두 과학 교육을 받았다. 볼테르는 아마추어 과학자였다. 그리고 애덤 스미스, 튀르고, 콩도르세는 천문학과 물리학을 공부했다. 그 결과 과학적 사상과 연구 방식은 다른 지적 담론에도 스며들었고 과학 용어를 사용해 제도 개혁을 논의했다(Wuthnow, 1989, p. 174).

따라서 산업계몽주의는 19세기 이전에 종종 발생한 분석적 통찰을 제외하고는 대부분 실증적 연구에 초점을 맞추었다고 봐야 할 것이다. 하지만 실증 연구에 요구되었던 자료 수집과 분석은 다른 현실적인 분야에서도 매우 큰 도움을 주었던 게 확실하다. 오늘날의 용어로 말하면 '데이터에서 경험적 규칙을 찾으려는 시도'는 에드워드 제너가 왜 어떤 사람은 천연두에 면역성이 있는지 탐구하도록 영감을 주었다. 영국 농학자들이 크게 진전시킨 동물 육종에서, 특히 유전학은 물론 아직 진화론이 등장하기도 전에 실증적 분석은 과학자들이 사용할 수 있는 수단의 전부나 마찬가지였다. 야금(冶金)과 공학에서도 헨리 코트(Henry Cort)와 리처드 트레비식(Richard Trevithick) 같은 발명의 최전선에서 활동한 이들은 조지프 블랙과 데이비스 기디(Davies Giddy) 같은 실증주의 과학자로부터 자문을 얻었다.

쉽게 말해서 16~17세기를 거치며 서서히 숙성된 문화적 신념은 종종 간접적인 방식을 통하기도 했지만 기술에 영향을 끼치면서 결과적으로는 생산량과 생산성 그리고 경제적 성과에도 영향을 주었다. 어쩌면 인과관계는 그 반대이지 않았을까라는 의문을 품을 수도 있다. 유물사관의 주장처럼 문화는 유연하며 경제에 내생적일 수 있다. 심지어 유물사관에 회의적이었던 머튼도 진보에 대한 청교도의 신념은 "성장하는 그들의 사회·경제적 중요성에서 유래한 믿음"(Merton, (1938) 2001, p. 81)이라고 생각했다. 선택에 의한 문화적 진화는 결국 왜 어떤 사람은 새로운 신념과 가치에 설득당하고, 또 다른 사람은 부모 세대의 신념과 전통에 충성을 다하는지를 충분하게 설명하지 못한다. 하지만 모든 문화적 선택이 경제적 이해관계에 의해서만 만들어지는 게 아니라는 것은 분명하다. 이해득실의 논리를 펴는 유물론은 명명백백하게 사실과 다를 때가 있으며, 계몽주의 사상이 노골적인 탐욕을 물리칠 때도 있었다. 영국의 노예제 폐지(1807)와 식민지에서의 노예제 폐지(1833)를 생각해보자. 노예제 폐지는 특정 이념이 경제적 이해관계를 초월해서 이뤄진 결정이었다. 영국에서 노예제 반대에 앞장선 리더 중에는 조사이어 웨지우드와 그의 동료 토머스 벤틀리(Thomas Bentley) 그리고 기술자였던 리처드 레이놀즈(Richard Reynolds) 같은 계몽주의 산업가들이 있었다는 것은 주목할 만한 일이다.[12]

따라서 비록 잠정적일지라도, 여기서의 인과관계는 문화적 변화가 일어난 뒤에 유용한 지식이 성장한 것으로 봐야지 그 반대는 아니었다. 자연 통제에 대한 베이컨주의가 하르틀리프와 보일을 비롯한 지식인들의 사상에 영향을 주었을 당시 기술 변화가 모든 보트를 띄울 수 있는 경제적 밀물이었다는 말은 설득력이 없다. 분명 중요하기는 했지만 중대한 기술적 돌파구는 드물었고, 연쇄적으로 잘 일어나지도 않았다. 그리고 이런 기술 변화가 경제 성장에 큰 영향을 끼쳤다는 명확한 근거도 많지 않다. 분명 앞서 언급한 것처럼 중세 시대가 끝날 무렵 인쇄술과 화약이 등장했고, 더 정교한 지도와 나침반 그리고 개선된 선박 구조 덕분에 장거리 항해가 가능해지면서 인류가 자연을 통제할 수 있다는 믿음이 확산되었다. 하지만 일찍이 베이컨이 언급한 대로 기술 발전만을 위한 체계적인 연구가 과학의 역사에서 맡은 역할은 제한적이었다(Gaukroger, 2001, p. 81).

심지어 애덤 스미스도 혁신이 경제 성장의 중요한 (그리고 결국에는 가장 핵심적인) 원천이 될 것이라는 사실을 깨닫지 못한 것으로 알려졌다. 그는 수세기 전부터 영국이 경제적으로 팽창하고 있다는 것을 알았지만 유용한 지식이 경제 성장을 이끄는 압도적으로 강력한 원동력이 될 것이라고는 예견하지 못했다. 유용한 지식이 경제 성장의 핵심 요인이 될 것이라는 18세기 초 계몽주의 지식인의 희망은 경험과 역사적 사실보다는 우주를 충분히 이해 및 통제할 수 있다는 형이상학적 신념, 그리고 축적된 자연 지식은 궁극적으로 보상을 이끌어낼 것이라는 데 그 기반을 두었다. 작은 발전은 이런 신념을 강화했다. 1780년 벤저민 프랭클린은 친구 조지프 프리스틀리에게 다음과 같은 내용의 편지를 보냈다. "진정한 과학이 이토록 급격하게 발전하는 지금, 나는 너무 빨리 태어난 게 아닌가 하는 애석한 마음이 든다네. 1000년 후에 모든 물질을 정복한 인간의 힘이 얼마나 높아질지 상상조차 할 수 없네. ……오, 그 도덕과학은 공정한 발전의 한 방법이지"(Franklin, (1780) 1840, p. 418). 프리스틀리도 비슷하게 생각했다. 하지만 영어권 산업계몽주의 세계에서 가장 전형적인 지식인이었던 이들의 시각이 당시 흔한 것이었다고 믿기는 어렵다.[13] 이런 편향은 몇몇 중요한 역사적 사건들로 인해 더욱 확대되었을 수 있다. 18세기의 가장 중요한 발명품인 증기 기관과 열기구는 경외심을 불러일으키는 시각적 효과와 가히 혁명적인 특성 때문에 경제적 중요성이 미미했음에도 불구하고 이런 편향을 불러일으켰을 수 있다. 이러한 발명품은 인류의 상상력을 자극하고 전에는 상상조차 못했던 방식으로 자연을 이해 및 통제할 수 있는 인간의 능력에 대한 믿음을 강화했으며, 농업과 의학 같은 다른 분야에서도 유사한 진보를 이뤄낼 수 있다는 희망을 고취했다. 이러한 희망은 중기적으로 보면 크게 실망스러웠고 엄청난 좌절감만 초래했다.

더욱이 산업혁명이 한창이던 시대에도 진보의 개념으로서 기술 발전에 대한 믿음이 저항과 타성에 승리했다는 것은 기정사실이 아니다. 기술 발전이 바람직한 현상인지에 대해 상당한 의구심이 등장했다. 19세기 들어서서히 약해지기 시작했지만 당시까지 큰 영향을 끼쳤던 중상주의 사상은 경제에서 가장 중요한 것은 무엇보다 고용과 직업이라고 설파했다. 따라서 실업을 초래할 것이라는 두려움으로 인해 중상주의는 노동 절감형 기술 혁신에 양면적인 태도를 유지했다(Berg, 1980). 심지어 자유주의 경제 정치학의 위대한 선지자 중 한 명인 데이비드 리카도(David Ricardo)조차 기술 발전이 많은 노동자의 직업을 빼앗을 것이라고 크게 우려했다. "기계의 발전과 사용은 총생산의 감소를 동반할 수 있다. 그리고 이런 일이 실제로 일어나면 많은 노동자가 직업을 잃어 노동자 계급이 특히 큰 타격을 입을 것이다"(Ricardo, (1821) 1971, p. 382). 어떤 이유에서든 기술 발전에 대한 저항감은 현재까지 살아남았다. 요컨대 이념적인 이유에서든, 아니면 순전히 물질적인 이유에서든 이러한 저항은 다양한 뿌리를 내렸다 (Bauer, 1995; Mokyr, 2009a, 6장).

산업계몽주의는 지식과 사상의 확산에 전념한 운동이었다. 그러면서 산업계몽주의는 사람들이 현명하고 이성적인 문화적 선택을 내릴 수 있도록 더 많은 선택지를 제공했다. 여기서 수사학, 즉 사람들이 서로를 설득한 방식은 매우 중요했다. 계몽주의는 새로운 문화적 요소를 수용 및 거부하기 전에 평가하는 방식의 변화, 다시 말하면 내용 편향으로부터 혜택을 받았다. 이런 관점에서 볼 때 17세기 과학혁명에서 비롯된 진보는 자연스러운 현상으로 보인다. 고대 문헌의 권위와 지혜에 대한 반기는 근거의 기준을 강화하고 엄격하게 만들면서 계속 이어졌다. 즉 어떤 근거가 설득력 있는지 증명하고 파악하는 과정 자체가 문화적 변화를 겪었다. 다시 말해, 실험 방식은 더 명확하고 섬세해졌으며 더 높은 정확도와 더

간결한 측정 방식이 원칙으로 자리 잡았다.[14] 한층 신뢰할 수 있는 정밀한 실험 도구는 더 중요한 설득 도구였다. 예를 들어 18세기 열전달과 관련한 지식이 더욱더 발전한 데는 개선된 온도계가 한몫을 했다(Heilbron, 2003b).

계몽주의는 **데이터**(data)라는 개념을 만들어냈다. 당시 증가하기 시작한 과학과 기술에 대한 연구는 표로 나타낸 자료와 조사, 검사 및 비교를 광범위하게 사용했다(Headrick, 2000). 18세기 후반 명제적 지식을 탐구하고 자신의 혁신을 다른 사람에게 설득하는 이들은 수량화와 수학 공식에 크게 의존하기 시작했다(Frängsmyr, Heilbron, and Rider, 1990). 그들은 기술을 연구하고 확산시키는 데 정밀하고 효과적인 소통 수단으로서 수학과 도식적 표현을 반겼다. 라이더(Robin E. Rider)가 말한 것처럼 "수학은 18세기 사람들의 눈에 대단히 이성적이었고 수학 공식과 그 결과는 진정으로 국제적이었다. ……이성과 보편성을 자랑하는 시대에 수학은 …… 언어의 개혁자들에게 영감과 전형(example)을 제공했다"(Rider, 1990, p. 115). 수학 공식과 수량화는 사실(facts)을 소통하는 데 효율적인 언어였으며, 수학은 거의 보편적이었다. (적어도 유용한 지식을 가공 및 적용하려는 지식인 커뮤니티 안에서는 그랬다.) 과학적 논란과 그릇된 이론이 과거와 비교할 수 없을 정도로 난무했지만 계산과 수학 공식은 우리가 이미 알고 있는 사실들을 더 명확하게 진실로 드러내면서 다른 사람을 설득하고 지식의 타당성을 높이는 데 효율적이기에 반드시 필요했다. 이로써 그릇된 이론은 허위라는 게 쉽게 밝혀졌고, 따라서 과학이 만들어낸 지식은 더욱더 탄탄해졌다.

비록 말처럼 쉬운 것은 아니지만 세심한 절차와 정교한 실험 도구를 사용하면서 정확한 사실에 대한 과학적 합의를 빠르게 도출할 수 있었다.[15] 헤일브론(J. L. Heilbron, 1990, p. 9)은 17세기만 해도 대부분의 "교육받은 유럽인"은 수를 셀 줄 몰랐지만 18세기 후반에는 온도에서 강우량까지, 농자재 투입량에서 작물 수확량, 물질의 경도와 부드러움 그리고 경제와 인구통계학 정보에 이르기까지 명제적 지식을 점차 도표화하기 시작했다고 주장했다. 교육받은 사람들은 이런 언어에 편안함을 느끼거나, 아니면 최소한 배우려는 의지가 있어야 했다.[16] 이런 도표는 정보를 더욱 효율적으로 나타낼 뿐만 아니라 이를 만들기 위해서는 데이터를 분류해야 했다. 따라서 데이터를 체계화하고 분석하는 능력이 필요했다. 존 스미턴은 유명한 논문 《동력으로서 풍력·수력의 실험적 연구(Treaty on Water and Wind Mills)》에서 자신의 실험 결과를 보여주기 위해 도표를 과도하리만큼 많이 사용했다.

계몽주의 시대는 공식 과학 기관(institutions of science)을 설립하면서 편지 공화국을 구축 및 유지하며 아이디어 시장을 발전시켰다. 실제로 이런 과학 기관은 매우 중요했다. 17세기 편지 공화국은 처음에는 거의 전적으로 가상의 세계였고, 1660년 영국 왕립학회를 설립하기 이전에는 공적인 기구도 거의 없었다. 린체이 같은 르네상스 시대의 유명한 아카데미는 종종 가상적인 기구였다.[17] 1660년 이후 아카데미를 공식적으로 설립하기 이전에는 단명한 비공식 아카데미가 존재했다. 앞서 언급한 하르틀리프와 캐번디시의 인맥 외에 교육받은 애서가 피에르 뒤피(Pierre Dupuy, 1581~1652)와 자크 뒤피(Jacques Dupuy, 1591~1656)가 설립한 학술 살롱[('뒤피 형제의 서재(Cabinet des Frères Dupuy)')] 같은 유명한 단체를 중심으로 많은 지식인이 모여들었다. 페레스도 '뒤피 형제의 서재'의 정기 회원 중 한 명이었다. 유럽 전역에서 나오는 뉴스와 편지가 '뒤피 형제의 서재'에 모였고, 회원들은 매일같이 서로 토론하며 생각을 나눴다(Delatour, 2005a, p. 291). '뒤피 형제의 서재'의 정기 회원으로는 네덜란드 법학자 휘호 흐로티위스와 메르센 같은 프랑스 최고의 과학자가 있었다(Delatour, 2005b, p. 295). '뒤피 형제의 서재' 외에도 프랑스의 편지 공화국 지식인들은 1640년대에 피에르 미숑 부르들로(Pierre Michon Bourdelot)를 중심으로도 뭉쳤다. 이른바 부르들로 아카데미(Académie Bourdelot)는 귀족과 문필가, 철학자 그리고 과학에 관심 있는 사람들이 격주로 만나는 모임이었다. 이 모임은 1685년 부르들로가 죽기 한 해 전까지 이어졌다. 수학자 질 드 로베르발(Gilles de Roberval, 1602~1675), 가상디, 파스칼 같은 당대의 유명한 지식인이 정기적으로 여기에 참여했다. 그보다 조금 앞서 프랑스와 외국의 학자들이 만나 과학과 수학을 논의할 목적으로 마랭 메르센이 주도한 모임이 등장했다. 파스칼이 데카르트를 처음 만난 곳이 바로 이른바 파리 아카데미(Academia Parisiensis)로 알려진 이 모임이었다.

프랑스의 아카데미를 제외한 최초의 아카데미로는 베네치아의 '익명의 아카데미(Accademia degli Incogniti)'를 들 수 있다(Muir, 2007). 이 아카데미는 1630년 파도바 대학교의 유명한 이단적 교수이자 갈릴레오의 친한 친구였던 체사레 크레모니니의 가르침에 영감을 받은 지식인들이 설립했다. 토스카나의 레오폴드 왕자(Prince Leopold)가 1657년 설립한 치멘토 아카데미는 개인적인 단체로 대부분 갈릴레오의 학생과 추종자로 이뤄졌다. 조반니 알폰소 보렐리(Giovanni Alfonso Borelli, 1608~1679)와 빈센초 비비아니(Vincenzo Viviani) 같은 소수의 유명한 실험철학자들은 레오폴드 왕자의 후원을 받아 피렌체에서 만나기도 했다. 하지만 앞서 설립된 린체이와 같이 치멘토 역시 오래가지 못했다(1667년 교회의 간섭으로 해산되었음—옮긴이). 독일 최초의 아카데미는 프랑켄 지방의 슈바인푸르트(Schweinfurt)에서 몇몇 의사들이 설립했다. 이 모임은 처음에는 나투레 쿠리오소룸 아카데미(Academia Naturae Curiosorum)라고 불렸으나 1687년 레오폴드 1세가 공식적으로 후원하기 시작하면서 레오폴디나(Leopoldina)로 개명했다. 편지 공화국의 전통에 따라 레오폴디나는 신의 영광과 인류의 번영을 위해 자연을 탐구한다는 목적으로 설립했다. 레오폴디나는 건물을 세우고 자리를 잡지 않는 대신 편지 교환을 통해 운영하고 과학 저널을 발간했다.[18] 이런 관점에서 보면 레오폴디나는 초창기의 자발적인 편지 네트워크와 그 후에 등장한 공식적인 아카데미의 중간 지점에 있었다. 영국의 그레섬 칼리지(Gresham College)는 외부의 숙련된 장인 및 학자를 모으기 위해 1598년 토머스 그레섬(Thomas Gresham)이 설립했는데, 라틴어와 영어로 강의를 진행했다.[19] 17세기에 그레섬 대학교는 훗날 왕립학회를 설립한 지식인들과 긴밀한 관계를 맺었다. 왕립학회는 1666년 런던 대화재 이전까지 그레섬 대학교에서 모임을 가졌다.

헌터(Hunter, 1989)가 지적했듯 이런 모임을 공식적으로 설립한 배경에는 분명 《새로운 아틀란티스》에서 프랜시스 베이컨이 섬세하게 묘사한 과학 아카데미와 1660년 왕립학회의 창설로 절정을 맞은 성공적인 과학 기관을 향한 지속적인 대중의 관심이 동시에 생겨났기 때문일 것이다. 하지만 이런 변화는 1648년 회화·조각 왕립 아카데미(Académie de Peinture et de Sculpture)를 설립하고, 1666년에는 왕립 과학 아카데미 등 많은 기관이 동시다발적으로 생겨난 현상을 완전하게 설명하지 못한다. 이런 제도화는 편지 공화국을 효율적으로 운영할 수 있게끔 한 기능적 변화를 의미했다. 가장 능력 있는 '인텔리전서' 중 한 명이었던 왕립학회 사무국장 헨리 올덴부르크는 전임 하르틀리프와 듀리보다 지식인을 연결시키는 소통 네트워크의 중심으로서 더욱 효과적이었다. 공식적인 학술 기관의 사무국장으로서 그는 1665년부터 발간하기 시작한 〈철학회보〉를 등에 업고 권위를 얻었다. 더욱이 왕립학회는 과학자들을 '승인'함으로써 실질적으로 인준 기관이나 다름없었고, 이는 다시 왕립학회의 신분을 높여주었다 (Hunter, 1995b, pp. 130-131).

18세기 공식적이고 후원을 등에 업은 기관은 비단 영국에서뿐만 아니라 유럽 전역에 걸쳐 등장했다. 하지만 이런 기관은 그 어떤 것도 쉽고 무탈하게 성장하지 못했다. 아카데미는 재원과 후원 때문에 고군분투해야만 했고, 종종 아카데미를 라이벌로 인식한 대학교의 저항에 맞닥뜨리기도 했다(Heilbron, 2003a). 프러시아 과학 아카데미(Preußische Akademie der Wissenschaften)는 라이프니치의 주도 아래 1700년 베를린에서 설립했지만 1744년이 되어서야 프리드리히 대왕의 재원을 받아 효율적으로 운영할 수 있었다. 당시 프리드리히 대왕은 프랑스 출신 과학자 모페르튀이를 아카데미 원장으로 임명했다. 비공식 조직과 살롱은 지식의 확산에 여전히 주요한 중심지로 남았다. 스튜어트(Stewart, 1992)가 상세히 보여준 것처럼 대중 과학은 커피 하우스, 술집 그리고 개인 저택에서 이뤄진 다양한 비공식 모임을 통해 논의되었고, 떠돌이 강의는 즉석 청중을 모집했다. 18세기가 끝나갈 무렵까지도 르네상스 시대의 비공식적인 아카데미에서 정부가 후원하는 공식적인 기구로서 아카데미로의 전환은 완전히 이뤄지지 않았다. 하지만 공식적인 아카데미를 비롯한 학습의 장(field)은 왕립학회 회원이나 아카데미 회원을 포함해 과학 커뮤니티에 사회적 지위와 후원 가능성 같은 많은 이점을 제공했다. 그리고 공식적인 아카데미는 어느 정도까지는 지식인의 후원과 정통성의 중심으로서 왕실과 귀족을 대체하기에 이르렀으며(Biagioli, 1990, p. 36), 편지 공화국을 운영하는 데 핵심이 되는 명성 메커니즘을 조율하고 조직화했다. 하지만 계몽 시대와 이전 세기 사이에는 여전히 연속성이 유지되었다. 예를 들면 살롱이나 시골 여관에서의 비공식적 모임은 여전히 대중 과학이 소통하는 통로였다.

모든 것을 고려해볼 때 문화적 진화와 성문화한 또는 암묵적인 유용한 지식의 성장은 극히 적은 유럽 지식인 사이에서만 공유되었다. 이런 문화적 변화는 처음에는 수천 명에게만 영향을 끼쳤고, 그 후 산업혁명 직전에는 몇 만 명에게만 그러했다. 민주주의의 발전에도 불구하고 더 많이 배운 사람들로부터 무엇을 하라는 말을 듣고 그걸 따르는 사람이 충분히 존재하는 한 대다수 노동자와 농민이 알거나 믿는 것은 그다지 의미가 없었다. 경제는 인적 자본의 최상위에 있는 사람들에 의해 변화한다. 애덤 스미스는 "이성적인 사고 능력은 다른 직업과 마찬가지로 노동을 하는 압도적인 사람들의 생각과 이성을 사회에 투영하는 극소수의 사람들이 하는 특수한 일(particular business)"이라면서 엘리트주의를 숨기지 않았다. 철학자들의 사고가 기술의 발전을 이끌 수만 있다면 "철학자들의 생각"으로 인한 혜택은 "분명 가장 어려운 사람들에게도 도움을 줄 것이다"(Smith, 1978, pp. 569-572).[20]

편지 공화국이 엘리트 현상이었던 것처럼 산업혁명의 기술적 추진력은 소규모 선택된 집단이 움직인 결과였다. 소수의 핵심 발명가들이 산업혁명을 손수 이끌다시피 했다는 칭송으로 가득한 터무니없는 빅토리아 시대의 위인전에서 벗어나기 위해 오늘날의 몇몇 경제사학자들은 대부분의 인구가 교육을 받지 못하고 기술 지식에 접근할 수 없었다면, 그리고 수준 높은 인적 자본이 풍부하게 존재하지 않았다면 새로운 기술의 등장과 확산은 제한적이었을 것이라는 극단적인 정반대 주장을 하려는 경향이 있다. 진실은 그 중간쯤에 있다. 산업혁명 시대의 기술 발전은 교과서에 나오는 소수의 대가들에 의해서만 이루어진 엘리트 현상이 아니라, 인적 자본의 최상위에 위치한 이런 발명가들이 설 수 있도록 어깨를 빌려준 수천 명(수십만 명까지는 아니었다)의 훈련받은 엔지니어, 능력 있는 기술

자 그리고 손재주 좋은 장인이 함께 이끌었다는 것을 부인할 수는 없다
(Meisenzahl and Mokyr, 2012; Squicciarini and Voigtländer, 2015). 산업혁명 당시
의 기술 발전은 분명 '그들만의 리그(minority affair)'였다. 당시의 사업가와
산업가 대부분은 매슈 볼턴과 조사이어 웨지우드와 달리 과학 지식이 없
었고 혁신에도 관심을 기울이지 않았다. 하지만 장기적으로 볼 때 시장
경제에서는 소수의 리더가 다수를 이끌기 마련이다.

5부

동서양의 문화 변화

중국과 유럽

왜 중국에서는 산업혁명이 일어나지 않았을까? 우리는 수십 년 동안 이 문제에 대한 답을 구하려고 논의에 논의를 거듭해왔다. 이와 관련한 연구가 많이 이뤄졌지만(Pomeranz, 2000; Rosenthal and Wong, 2011; Vries, 2013; Brandt, Ma and Rawski, 2014), 중국과 서유럽의 핵심적인 차이점이 정확하게 무엇이었는지에 대해서는 아직 합의점을 도출하지 못했다. 현대 중국 학자들은 서양의 과학 발전과 산업혁명이 중국의 '실패'라는 생각은 잘못되었으며, 서양과 다른 가치와 규범을 가진 중국 사회를 서양의 잣대로 평가하는 것을 맹렬하게 비난했다. 중국의 과학과 기술은 처음엔 유럽을 앞설 만큼 발전했지만 왜 그 속도를 유지할 수 없었는가 하는 유명한 '니덤의 질문'은 여전히 만족스러운 대답을 듣지 못했다(Needham, 1969a, p. 16; Sivin, (1984) 2005). 조지프 니덤(Joseph Needham, 1969b, pp. 82-83)은 매우 담담하게 이렇게 물었다. "8세기 중국 사회는 과학을 신봉했지만 왜 18세기 중국 사회는 그것을 억제했는가?" 현대 학자들은 니덤처럼 단도

직입적으로 묻지 않겠지만 그의 질문은 만족스러운 답을 찾지 못한 채 여전히 우리 곁에 남아 있다. 얼마 전 〈기술의 역사(History of Technology)〉라는 학술지는 이 질문을 특집으로 관련 논문을 다수 수록했다.[1] 이 논쟁에 뛰어든 대부분의 사람이 큰 무리 없이 받아들일 수 있는 한 가지 결론은 중국은 딱히 이례적인 사례가 아니라는 것이다. 다시 말해, 당나라와 송나라에서 꽃피운 과학 기술의 발전은 명나라와 청나라 시대에 와서 정체했지만, 이런 후퇴가 이상한 일은 아니라는 얘기다. 골드스톤은 이질적인 문화와 철학 전통이 서로 섞이는 환경에서 과학의 발전은 일반적이지만, 분열과 무질서로 점철된 사회에서 과학은 정체하거나 심지어 후퇴한다고 말했다(Goldstone, 2009, p. 141). 따라서 예외는 중국이 아니라 과학이 정체하지 않은 유럽에서 일어났다. 유용한 지식을 조사·습득·확산하고 실생활에 적용하는 유럽의 방식은 유용한 지식의 성장을 가로막은 장애물이기는커녕 전 세계로 퍼졌고, 결과적으로 중동과 중국 그리고 세계 다른 지역과의 균형을 파괴했다.[2]

산업혁명이 일어나기 전 중국과 유럽의 기술은 서로 앞서거니 뒤서거니 하면서 성장과 정체를 반복했다. 1700년을 기준으로 어느 쪽의 기술이 더 발전했는지 구분하는 것은 불가능하다. 어떤 분야에서는 유럽이 중국을 앞질렀고, 다른 분야에서는 중국을 따라잡으려 애썼다. 다른 국가를 따라잡으려는 노력은 유럽에서 더 집중적으로 일어났지만, 예수회가 중국에서 활동하며 달력을 개혁하고 유럽의 안경과 소방용 펌프를 소개한 사례는(Elvin, 1996, pp. 83-84) 따라잡기 노력이 유럽에서만 일어난 게 아님을 보여준다. 역사적인 이유가 무엇이든 두 사회가 완전히 분기했음을 보여주는 경제적 증상은 유럽에서 1700년 이후 '상전이(phase transition, 相轉移)'라고 부를 만한 혁신이 발생한 후에야 분명해졌다. 일부 학자들이 주장하는 것처럼 중국의 기술이 완전하게 정체한 것은 아니지만 그렇다고 해서 유럽이 경험한 것과 같은 수준의 기술 발전도 없었다. 따라서 니덤의 질문은 아직도 만족할 만한 대답을 듣지 못한 셈이다. 하지만 산업혁명 전에는 중국과 유럽이 분기될 것이라는 그 어떤 징후도 없었고, 동서양이 분기하는 데 문화의 차이는 중요하지 않았다는 캘리포니아학파의 주장은 명나라 이후 중국의 과학과 기술 발전이 둔화했다는 니덤의 주장과 전적으로 배치된다.[3]

정확한 분기 시점은 아직 확실하지 않지만 어느 순간 두 사회는 확실하게 분기하기 시작했으며, 유럽이 중국의 기술을 마침내 추월한 역사적 배경에 대해서는 많은 이론이 제기되었다. 케네스 포메란츠(Kenneth Pomeranz, 2000)와 모리스(Morris, 2010)는 위치, 천연자연의 유무, 호전적인 이웃 국가를 예로 들면서 지리를 대분기의 이유로 지목했다. 이보다는 다소 모호하지만 중국 기술의 창의성이 낮은 임금으로 인해 느려졌다는 주장이 있는데, 이는 영국의 높은 임금이 노동 절감형 기술 발전을 유도했고, 이것이 다시 산업혁명을 일으킨 원동력이었다는 주장의 거울상(mirror image)이다(Allen, 2009). 이런 주장은 경제학자(McCloskey, 2010, pp. 186-196; Kelly, Mokyr, and Ó Gráda, 2014)와 역사사회학자(Vries, 2013, pp. 184-189)에 의해 폐기 처분되었지만, 많은 학자들은 이 이론의 얄팍한 매력을 거부하지 못했다(Rosenthal and Wong, 2011, pp. 36, 120; Slack, 2015, p. 9). 중국의 실질 임금이 유럽보다 낮았다는 근거는 많지만 낮은 임금이 혁신을 전반적으로 침체시켰다는 결론은 잘못된 경제학이다. 우선 노동 생산성이 낮았기 때문에 임금이 낮았다면 단위 노동 비용은 꽤 높았을 수도 있다. 하지만 그게 사실이 아니더라도 값싼 노동력 또한 여전히 비용이며 저렴하면 더 집약적으로 사용될 수 있으므로, 사회 전반에 걸쳐 노동력을 좀더 효율적으로 만드는 혁신은 언제나 환영받았을 것이다.[4] 더욱이 산업혁명 이전이나 당시, 아니면 그 후에라도 기술 발전이 노동력을 절감했다는 근거는 없다. 때로는 노동력을 절감했지만 때로는 자본과 에너지를 절감했다. 그리고 때로는 그 어떤 것도 절감하지 않은 채 새로운 제품 또는 더 나은 제품을 만들기만 했다(Styles, 2016).

린이푸〔林毅夫(Justin Lin, 1995)〕는 니덤의 질문에 대해 좀더 합리적이긴 하지만 주목받지 못한 답변을 내놓았다.[5] 린은 기술 발전에는 두 가지 종류가 있다고 주장했다. 첫째는 순전히 행동 학습(learning by doing)에 기반을 둔 것으로 생산의 부산물에 불과한 **경험 기반**의 기술 변화이고, 둘째는 과학적인 연구 개발의 결과를 생산에 의식적으로 적용해 나타난 **지식 기반**의 기술 변화이다. 그는 전자는 산업혁명 이전 기술 변화의 전형적 특징이었고 발전은 생산 활동의 의도치 않은 부산물이기 때문에 많은 인구는 분명 유리하게 작용했을 것이라고 말했다. 따라서 서유럽보다 훨씬 인구가 많았던 중국은 중세 시대를 전후해 유럽을 기술적으로 크게 앞질렀던 것이다. 유럽이 생산에 대한 명제적 지식을 체계적으로 연구하기 시작했을 때에야 균형은 비로소 유럽 쪽으로 기울었다.

하지만 기술 발전을 이렇게 두 종류로 엄격하게 나누는 것은 다소 과도한 구분법일 수 있다. 이미 우리가 살펴본 것처럼 18세기에도 유럽에서 과학과 기술의 관계는 미묘하고 복잡했으며, 산업 및 농업 기술의 발전은 자연 현상에 대한 깊은 이해 없이 이뤄지기도 했다. 경험 기반의 기술 변화는 단순히 머릿수에만 의존하지 않았다. 분명 교육 수준과 능숙한 장인들의 혁신 의지도 중요했다. 어떻게 보면 18세기 산업혁명 역시 여전히 암묵적 지식이었던 장인의 기술에 의존했고 과학적 돌파구는 흔치 않은 현상이었다. 1815년 이후에야 형식적 지식과 성문화한 지식이 생산의 더 넓은 영역에서 기술에 영향을 미치기 시작했지만, 생산 활동의 부산물인 행동 학습과 우연한 발견은 현재까지도 중요한 요소로 남아 있다. 따라서 린의 논문은 분명 혁신적인 연구였으며 이러한 논쟁을 올바른 방향으로 이끌었다고 여겨지지만 유럽과 중국에서 혁신이 생겨나는 방식의 차이가 왜 그리고 어떻게 등장했는지에 대한 질문은 설명하지 못했다. 만약 유럽의 성공이 명제적 지식을 창출하는 능력에 기인했고 이런 능력 덕분에 생산과 생산성이 눈에 띄게 향상되었다면 왜 다른 곳에서는 유럽에서와 같은 명제적 지식이 발전하지 못했을까?

18세기 중반 중국은 결코 후진적인 나라가 아니었다. 상업이 활발했고 화폐 경제는 발달했으며 교육 수준도 높았다. 중국의 관료 집단은 훌륭한 교육을 받은 전문가였고 1680년 이후 맬서스의 덫을 용케 피하면서 상당한 수준으로 인구 성장을 이끌었다. 좋은 제도가 스미스적 경제 성장을 이끈다는 점을 고려하면, 훌륭한 제도와 정체된 경제가 동시에 존재한 중국의 사례는 분명 수수께끼다. 중국의 제도는 유럽의 제도와 분명 달랐지만 그 어떤 기준으로 봐도 결코 열위에 있지는 않았다. 중국의 중앙 정부는 능력 중심의 과거 시험으로 뽑은 관료에 의해 운영되었으며, 토지 재산권을 엄격하게 집행하고 법과 질서를 체계적으로 유지했다.

하지만 여행가와 선교사들이 남긴 글 말고는 중국을 많이 접하지 못한 몇몇 유럽 사상가들은 산업혁명이 일어나기까지 어떤 차이점이 있다는 걸 느끼기 시작했다. 한 가지 예로 데이비드 흄은 자신의 《과학과 기술의 등장(The Rise of Arts and Sciences)》에서 유럽의 다양성과 다원주의를 중국의 동질성 및 통일성과 대조하면서 두 지역의 차이점을 언급했다. 그에 따르면 정치적 분열은 유럽에서 유용한 지식이 확산할 수 있는 주된 이유였다. 물론 그는 과거에 뛰어난 성과를 남긴 중국의 과학과 기술 그리고 세련된 문화를 인정했다. 하지만 중국의 과학 발전 속도는 유럽에 비해 현저하게 느려졌다고 꼬집었다. 그 이유는 명백했다. 중국에서 위대한 스승의 권위는 제국의 방방곡곡에 쉽게 퍼졌고 "그 누구도 대세에 감히 저항할 용기를 갖지 못했으며 후세들은 조상이 보편적으로 물려준 것을 반박할 만큼 용감하지도 않았기"〔Hume, (1742) 1985, p. 122〕 때문이다. 이런 생각은 많은 학자들 사이에서 공감을 얻었다. 첸원위안〔錢文源(Wen-yuan Qian), 1985, pp. 25, 114〕은 통일된 중국은 정치적으로 그리고 지적으로 "편협한" 반면 유럽의 다원주의는 결과적으로 "현대 과학의 등장"에 더 유리한 정치 구조와 이념의 기틀을 마련한 것으로 여겼다. 정치적 분열로 말미암아 유럽에서는 "상호 억제적인" 정치 집단이 나타나 통념에 순응하지 않는 사상가들에게 상당한 자유를 주었다는 것이다.[6] 데이비드 흄이 파악한 차이점은 매우 중요했다. 요컨대 중국의 지적 활동은 유럽보다 중앙 정부에 의해 더 많이 통제 및 확산되었고, 결과적으로 중국의 아이디어 시장은 유럽에 비해 다른 방식으로 운영되었다.

중국은 도대체 얼마나 뒤떨어져 있었던 것일까? 셰이와 켈러(Carol Shiue and Wolfgang Keller, 2007)의 혁신적인 연구에 따르면 배분의 효율 측면에서 중국은 1750년까지도 유럽에 크게 뒤지지 않았다. 그들은 (가격 동조화로 측정한) 시장 통합을 기준으로 하면 비록 영국에 뒤처졌지만 영국을 제외한 다른 유럽 국가와는 동등했다고 주장하며, 따라서 배분의 효율성 (스미스식 성장)을 개선하는 것만으로 기술 진보가 가속화한다는 주장에 의문을 제기했다. 그 대신 두 사람의 연구 결과는 (수송망의 개선을 포함한) 산업화와 (내부 무역 장벽의 철폐나 완화 또는 더 자유로운 국제 무역을 위한 움직임을 포함한) 제도적 변화가 19세기 전반 유럽 시장을 한 차원 높은 수준으로 통합했다는 것을 보여준다. 다시 말해, 많은 자료에 따르면 무역은 기술 발전을 촉진하지 못했지만 기술 발전과 제도적 변화는 한층 효율적인 시장을 이끌었다.

더욱이 청나라에는 특히 선진화한 자금 조달과 관리 기법을 도입한 광산업을 중심으로 '자본주의의 새싹'이 발아했다. 임금 노동자를 고용한 18세기 중국의 대형 섬유 작업장과 제지 공장은 가내수공업을 위협하기 시작했으며, 이는 유럽에서 일어나고 있던 현상과 비슷했다(Rowe, 2009, pp. 125-126). 많은 학자들이 비록 유럽과 계약 집행 및 분쟁 처리에 대한 제도가 달랐지만 그럼에도 중국은 잘 기능하는 시장 경제를 만들기에 충분했다는 것을 보여주었다.[7] 더욱이 중국 행정부는 지금까지 알려진 것보다 재산권을 집행하는 데 많은 역할을 했다. 중국의 지방 관료는 공식적인 민법이 없는 상황에서도 토지 소유권이나 계약 같은 재산권 분쟁을 해결했다(Rowe, 2009, p. 58). 송나라 시대의 중국에서도 수공업자 길드〔行會〕가 존재했으나, 19세기까지 유럽에서 길드가 그랬던 것처럼 조합에 가입하지 않은 다른 사람이 진입하지 못하도록 배제함으로써 기존 상인들이 지대를 추구하는 카르텔을 형성했다는 근거는 없다(Pomeranz, 2013, pp. 106-108). '좋은' 제도를 잘 기능하는 토대로서 시장이 원활하게 운영되도록 지원한다는 전통적 의미로 받아들일 때, 중국과 가장 발전한 유럽의 제도에는 큰 차이가 없었다. 아마도 가장 눈에 띄는 차이는 중국에서는 저작권을 포함해 그 어떤 유형의 지적 재산권도 없었다는 점일 것이다(Alford, 1995). 그러나 지적 재산권의 부재는 더 깊은 문화적 차이의 결과이자 하나의 징후이며, 그 자체로 유럽과 중국 간 유용한 지식의 발전이 갈수록 벌어지는 격차를 설명하는 부수적인 요소다.

중국은 또한 상대적으로 교육 수준이 높았으며 문자 해독률 또한 높은 국가였다. 19세기 청나라 남성의 문자 해독률은 30~45퍼센트, 여성의 경우는 2~10퍼센트로 추정한다. 다시 말해, 한 가정 안에 글을 읽고 쓸 줄 아는 사람이 최소 한 명은 있었다는 얘기다(Rawski, 1979, p. 23, 140; Woodside and Elman, 1994, p. 531).[8] 높은 교육 수준은 새로운 현상이 아니었다. 11세기 북송 시절 중국에서는 교육 열풍이 불면서 정부의 지원을 받는 공공 및 사적 교육 기관이 급증했다. 이런 교육 열풍의 영향으로 "심지어 가장 가난하고 가장 멀리 떨어진 시골 지역의 작은 마을에서도 서서히 평범한 수준의 교사들이 등장하기 시작했다. ······다양한 종류의 지방 교육을 통해 일반인도 높은 수준의 문화적 규범에 젖어들기 시작"(Mote, 1999, pp. 159-160)할 만큼 실로 지대했다. 리우(James T. C. Liu, 1973, p. 484)가 지적한 것처럼 인쇄 기술의 발전은 부유하지 않은 사람도 책을 가까이 할 수 있는 환경을 조성했고, 역사상 처음으로 중앙 정부가 수도를 제외한 다양한 지역에 학교를 설립했다. 그리고 많은 개인의 노력과 사회 공동체 또는 친족 그룹의 주도로 다양한 규모의 사립 학교를 설립 및 유지했다.

청나라 시대에도 교육은 팽창했다. 1644~1911년 중국의 교육은 하향식의 '조직화된 사회화'와 사적인 지식 습득(이것 역시 국가의 통제를 받았다)을 한층 활발하게 함으로써 교육의 다양성과 범위가 증가하는 데 기여했다(Woodside and Elman, 1994, p. 526). 여기서 '조직화된 사회화'는 매우 중요한 개념이다. 유럽에서 교육은 하나의 독립적인 기관이 일정 규모 이상의 시장 지배력을 보유하지 못한 분산된 시장이었다. 종교적 교육 기관은 서로 경쟁하고 세속적인 교육 기관하고도 경쟁했다. 이처럼 유럽에서 하향식의 '조직화된 사회화'가 크게 제약을 받은 이유는 정책의 잘못이 아니라 정부 기관이 교육 기관에 자체의 의지와 뜻을 강요할 능력이 없었기 때문이다. 반면 모든 사람에게 정부의 뜻을 받아들이도록 하는 능력에 제한이 있었지만 중국 정부는 교육을 담당하는 유일한 기관이었다. 명나라 말기에 접어들어 과거의 개혁 세력이었던 사립 학교는 자율성을 잃었고, 고관대작이 모든 교육 기관을 정부의 필요를 충족하는 체제의 한 부분으로 생각하면서 사회 질서를 불안하게 하는 모든 것에 완강하게 반대하는 새로운 교육 규칙을 공표했다(Meskill, 1982, p. 151). 심지어 예수회가 중국에 왔을 때도 그들은 황제와 황실의 뜻에 따라 움직여야만 했다. 이는 강압 편향의 전형적 사례다. 유럽 황제들과 마찬가지로 중국 황제들도 자신이 원하는 대로 신하와 백성의 생각과 신념을 억지로 강제할 수 없었지만, 허용 가능한 지적 담론의 경계를 마련하고 교육 기관에서 가르치는 지식의 한도를 정할 수 있었다.

중국은 책의 나라였다. 이미 송나라 시기부터 중국은 출판업이 활황을 이루었고, 1500년 이후에는 한 전문가의 말처럼 인쇄업의 "폭발적인 팽창"을 경험했다. 1800년대에는 "학문, 출판 그리고 도서관이 중국 문화의 핵심이었다"(Elman, 2006, p. 81). 중국에서는 일찍이 목판술과 금속활자(11세기에 중국에서 발명했다)를 활발하게 사용했다. 하지만 금속활자는 한자의 특성상 사용하기 힘들뿐더러 값도 비쌌다(Angeles, 2014). 그럼에도 이런 인쇄 기술을 사용해 중국인은 소설, 달력, 사전 그리고 고전 등의 다양한 책을 출판했다. 18세기에 베이징 남부 지역은 책의 출판 및 판매 중심지가 되었고, 양쯔강 삼각주에는 활발한 서적 시장이 생겨났다. 이런 사실은 서양의 인적 자본이 중국에 비해 우월해서 대분기가 일어났다는 안이한 이론을 명백하게 반박한다.[9] 저우카이윙〔周啓榮(Chow Kai Wing), 2004, pp. 248-252〕은 중국의 출판 산업이 누린 많은 이점을 지적했다. 우선 중국 출판업자들은 목판술과 금속활자를 인쇄 부수 같은 상황에 맞춰 번갈아가며 사용하는 기술적 이점이 있었고, 비록 정치적으로 민감한 서적이 출판업자를 위험에 빠뜨릴 수도 있었지만 청나라 이전에는 공식적인 검열이 거의 없었다. 그리고 저우카이윙은 유럽의 엄격한 길드 제도 및 면허 요건과 달리 중국에서는 출판에 대한 진입 장벽이 거의 없었다고 주장했다.

중국과 유럽의 출판 서적을 비교한 연구는 비록 책의 부수를 파악하는 과정이 매우 어렵긴 하지만, 중국이 유럽에 비해 극히 작았다는 것을 입증했다(McDermott, 2006, pp. 70-71).[10] 중국과 서양 출판 서적에 대해 가장 섬세한 정량 연구를 수행한 판 잔던은 "1800년 이전까지 금속활자로 만든 인쇄물은 중국에서 진정으로 도약을 이루지 못했다"(van Zanden, 2013, p. 336)고 결론지었다. 중국어가 수천 개의 문자로 이루어진 표의문자라는 것을 고려하면 금속활자는 비용 면에서 효율적이지 않았으며, 따라서 대부분의 책은 목판 인쇄물이었다.[11] 유럽에서 같은 책을 여러 번 재출판하고 다른 언어로 번역하는 전통을 감안하면 유럽과 중국의 출판 서적 비율은, 다시 말해 사람들에게 제공한 지적 메뉴의 진정한 차이는 이 연구의 결과보다 훨씬 작을 것이다.

유럽과 중국에서 출판한 책의 부수를 보여준 판 잔던의 연구 결과처럼 중국의 출판은 유럽보다 더디게 이뤄졌다(van Zanden, 2013, p. 327). 중국에서 (비숙련 노동자의 임금을 기준으로 책정한) 책의 실질 비용은 유럽의 절반 수준에 머물렀을 테지만(Angeles, 2014), 책에 대한 접근성은 유럽보다 좋았고 심지어 비용도 낮았다고 생각할 근거는 많다. 저우카이윙(Chow, 2004)은 검열 같은 유럽의 제도적 제약이 책의 확산에 걸림돌이 되었다고 지적했다. 하지만 이런 제약은 유럽 정치 세력의 국제적 협력도 얻지 못했고, 그나마 존재했던 검열도 일관되게 강요하지 못했다는 사실을 망각한 것이다. 따라서 유럽 대륙의 제약은 효과가 없었다. 반면 중국에서 이단적인 글에 대한 제약은 유럽에 비해 덜 엄격한 것처럼 비쳐지지만, 흄의 말처럼 이러한 제약이 황실에 의해 주도면밀하게 이뤄졌기 때문에 이단적 사상을 억압하는 데 실패하는 경우가 거의 없었다. 정치적 반대가 현실로 나타나든 의심되는 상황이든 청나라 황제들은 모든 유형의 정치적 반대를 탄압했고 '외국인'에 대한 불신은 아이디어 시장에 실질적 영향을 끼쳤다(Koyama and Xue, 2015). 요약하면 유럽에서 지적 혁신을 저해하는 유인은 17세기 중반부터 약해지기 시작해 1세기 후에는 대부분 사라졌지만, 같은 시기 중국에서는 오히려 엄격해졌다.

대체적으로 볼 때 명나라와 청나라 시대 중국의 지적 엘리트들은 높은 수준의 교육을 받고 창의적인 데다 교양이 있었다는 데 의심의 여지가 없다. 그렇다면 이처럼 모든 게 다 좋았는데 왜 모든 게 그토록 나빠졌을까? 문화에 따라 학습을 대하는 태도가 다를 수 있다. 서양과 중국 문명 사이에는 인적 자본의 차이가 없고, 대분기는 순전히 위치와 지리적 변수로 설명된다고 추론할 수 있을까? 인적 자본의 차이는 양적인 면과 질적인 면에서 발생할 수 있다. 어떤 종류의 교육은 회의론, 혁신 그리고 새로운 사고에 더 유리하게 작용한다.[12] 선택에 의한 문화적 진화라는 개념에 따르면 사회화란 신념과 가치가 전달되는 중요한 과정이며, 여기서 대단히 중요한 차이가 생겨날 수 있다. 리진(李瑾(Li Jin, 2012)) 같은 현대 교육학자들은 중국의 교육철학에서 존사(尊師: 스승을 존경하는 마음) 개념은 유순함과 비판적 사고의 부재로 이어졌다고 강조한다. 이와 비슷한 개념으로 겸허(謙虛)가 있는데, 이는 자존감을 발전의 장애물로 여겼다(Li, 2012, pp. 51-52). 반면 서양 전통에서 자존감은 동료들 사이의 명성과 연관이 있었다. 사회화에 대한 문화적 접근의 이러한 차이는 다른 모든 면에서 문화적 결과에 큰 차이를 만들 수 있다. 학습을 대하는 문화적 차이는 마치 체세포의 차이가 나중에 커다란 신체적 차이를 불러오는 것과 같이 훗날 커다란 사회적 차이를 불러올 수 있다.

청나라 시대의 중국은 인적 자본을 과잉 생산했다는 주장도 있다. 전통적으로 중국의 교육은 공직으로 진출하는 것을 목표로 설계되었지만 1800년에는 140만 명의 교육받은 사람이 2만 개의 공직을 위해 경쟁할 만큼 인재의 등용문은 좁았다. 심지어 한림원(翰林院: 최고의 학문적 권위를 가진 기관—옮긴이)에 소속된 최고 학자들도 실업을 면치 못하는 경우가 있었다. 윌리엄 로(William Rowe)는 중국 황실에서 공직자에 대한 수요가 감소한 것과 공직을 부패한 방식으로 나눠준 것이 과오였다고 말했으나(Rowe, 2009, p. 152), 그보다 교육을 전적으로 공직자 배출 목적으로만 설계한 것이 더 근본적인 문제였다. 유럽과 달리 중국에서는 유용한 지식을 가르치고 젊은이를 상업이나 산업에 뛰어들 수 있도록 준비시켜주는 교육 기관이 없었다. 느리기는 했지만 18세기 유럽의 교육은 이런 방향으로 움직이고 있었다. 반면 중국을 포함한 다른 문화권은 크게 뒤처졌다.[13]

유럽이 왜 성공적인 계몽주의를 경험했으며, 아시아와의 격차를 2세기 정도로 벌려놓은 산업혁명을 전후로 경제 근대화를 이룩한 배경은 어떤 문화적 차이점으로 설명할 수 있을까?[14] 그리프와 타벨리니(Greif and Tabellini, 2014)는 중국인의 협력을 조직한 가장 기본적인 사회적 단위는 대가족이나 씨족이었던 반면 유럽은 '동업 조합(corporation)'이라는 혈연관계가 아닌 자발적 집단이 있었다고 주장했다. 아울러 저자들은 이런 집단을 더 큰 구속력을 강요한 일반적 도덕과 대부분 더 작은 친족 사이에서만 유효한 협력 규범 및 관습적인 '편협한 도덕'과 결부시켰다. 2장에서 주장한 것처럼 일반적 도덕은 지적 혁신을 창출하기 위한 개인적 그리고 분산적 노력을 유도하는 데 더 유리하다. 실제로 일반적 도덕이라는 개념은 유럽의 편지 공화국이 어떻게 운영되었는지 이해하기 위해 사용할 수 있다. 편지 공화국의 회원들은 느슨한 연결 고리로 구성된 이방인의 네트워크에서 일해야만 했다. 하지만 결과를 조작하지 않고, 출처를 분명히 밝히고, 각종 편지에 답장하는 일반적 도덕의 규칙을 적용했음을 관찰할 수 있다.

그러나 중국과 서양의 차이를 과장해서는 안 된다. 중국에서도 서로 모르는 사람끼리 편지를 주고받고 생각과 정보를 교환한 아이디어 시장은 존재했다. 역사적 근거를 보면 당·송 시절 중국의 유용한 지식은 대부분 공직자에 의해 확산되었음을 알 수 있다(Mokyr, 1990, pp. 209-238). 공직자들이 만든 유용한 지식이 결코 가치 없다는 얘기는 아니지만, 이렇게 만들어지고 확산된 유용한 지식은 정치적 부침 때문에 지속적으로 발전하는 데 어려움이 있다. 실제로 중국에서 보수적인 정부의 등장은 민간 부문이 이끄는 사회보다 과학 기술의 발전이 급격하게 느려졌다는 것을 암시한다. 그리프-타벨리니 이론은 유럽과 중국의 분기가 깊은 문화적 및 제도적 차이에서 기인했다고 주장하지만, 이는 유교나 유대교-기독교의 형이상학적 차이에서 기인한 게 아니라 기본적인 사회 구조에 의한 것이었다. 그들의 이론에 따르면 "내생적 사회 제도와 문화적 특성은 상호 보강 관계에 있었다"(Greif and Tabellini, 2014, p. 21). 중국 경제를 담당한 조직으로서 씨족의 중요한 역할이 송나라 시대에 만개한 이후 기술 발전의 추진력이 둔화하기 시작했다는 사실은 주목할 만하다.

그 무엇보다 중요한 것은 지적 엘리트의 선택에 의한 문화적 진화였다. 이런 선택에 의한 문화적 진화는 제도적 구조에 의해 만들어지며, 그럼으로써 다시 이런 제도를 만들어내는 데 기여한다. 여기서 우리가 다뤄야 할 질문은 "왜 중국은 실패했는가?"(중국은 실패하지 않았다)나 "왜 중국은 더 많은 기술 발전을 이뤄내지 못했는가?"(중국은 많은 기술 발전을 이뤄냈다)

가 아니다. 오히려 우리가 물어야 할 질문은 근대 초기(1500~1700)로 알려진 시기에 유럽과 중국은 현대까지 지속된 기술과 경제의 커다란 격차가 생길 만큼 왜 달랐는가이다.[15] 다시 말하지만, 중국이 잘못했다기보다 유럽에서만 계몽주의로 이어진 지적 변화라는 일련의 특이한 일이 일어난 것이다. 그리고 유럽 계몽주의의 독특한 힘은 유럽뿐 아니라 지구상 모든 구석구석에 영향을 끼쳤다. 제임스 블로트(James Blaut, 1993)나 잭 구디(Jack Goody, 2010) 같은 수정주의 학자들이 아무리 강하게 주장하더라도, 유럽과 중국의 이런 격차를 강조하는 것은 단순히 유럽중심주의라는 주장으로 치부할 수만은 없다.[16]

이런 역사적 사실과 관련해 두 가지 극단적 입장이 있다. 하나는 고대로부터 뿌리 깊은 유럽예외주의와 우월주의로, 비유럽권 사회를 '원시적'이고 '낙후된' 사회로 바라본다.[17] 수정주의적인 캘리포니아학파의 역사학자들은 이런 해석을 비판하면서 극단적 반대 의견을 제시했다. 그들에 따르면 동양과 서양 사이엔 진정한 차이가 없고, 대분기는 한쪽이 임시적으로 다른 쪽보다 우위에 서는 (교차하는 역사의) 균형추일 뿐이다. 이 두 극단 사이엔 세 번째 해석이 들어설 여지가 있다. 세 번째 해석에 따르면 근대 초기 유럽의 어느 순간 문화적 환경이 크게 바뀌기 시작해 다양한 문화적 사업가와 그들의 추종자가 엘리트 집단의 마음가짐과 신념에 영향을 끼치기 시작했고, 그러면서 이런 변화를 충분하게 수용하는 제도가 들어서는 환경이 조성되었다고 한다. 이러한 변화는 혁신과 기술 발전에 특히 우호적이었으며, 사회에서 유용한 지식의 운용 방식이 운명적으로 변화하는 토대를 마련했다. 결과적으로 이와 같은 변화는 1800년 이전 유럽의 생활 수준이 성장하는 것을 가로막은 장애물을 무너뜨렸다. 그리고 2세기 동안 유럽의 글로벌 지배로 이어졌다.

비유럽권 사회는 서양 문화에 노출되기 시작하면서 그 전에는 상상조차 하지 못한 지각 변동을 겪어야만 했다. 물론 서양의 영향력은 저항을 받았고 지역의 특색에 맞게 수정 및 혼합되며 변화했다. 그러면서 지역별로 서로 다른 결과물을 낳았다. 서양과 동양의 교류는 양방향으로 흘렀다. 일찍이 서양은 화약과 도자기부터 우산과 천연두 접종법까지 동양의 많은 기술과 발명품을 도입했다. 현대에 들어서도 서양은 침술과 요리 같은 동양의 문화와 기술에 여전히 거리감을 느끼지 않는다. 하지만 대체적으로 서양은 중국의 유용한 지적 토대인 철학과 제도에는 관심이 없었다. 자연을 탐구하고 연구해 활용 가능한 자연 규칙을 찾아내고 물리적 세계를 변화시켜 물질적 부를 개선한다는 서양의 적극적 베이컨주의라는 철학 브랜드가 아직까지도 우위를 유지하고 있다.

유럽의 계몽주의는 근대인과 고대인의 싸움에서 그들 세대가 과거 세대보다 우월한 문화와 지식의 총체를 창출했고, 이것이 더 나은 세계로 이끄는 관문이라고 굳게 믿은 근대인이 거둔 승리의 결과였다. 이것과 비슷한 일이 동양에서도 일어났을까? 기독교 교회나 이슬람 정부 같은 강력한 종교 단체의 부재에도 불구하고 '고대인'에 대한 무한한 존경심은 중국 역사를 통틀어 뚜렷하게 느낄 수 있다. 기원전 475년부터 기원전 221년까지 계속된 전국 시대에 중국은 공자를 비롯해 맹자와 순자 등 역사상 가장 성공적인 문화적 사업가를 배출했다. 그들의 유산은 중국 문화의 중심축이 되었다. 이러한 철학적 규범은 수세기 동안 중국 사회의 문화적 한계선이었지만, 유교에서도 분명 다양한 수준의 개방과 혁신이 일어났으며 외국 사상에도 영향을 받을 만큼 많은 이질적인 요소가 유연하게 혼합되기도 했다. 유교는 진나라(기원전 221~기원전 207)와 전한(기원전 202~기원후 9), 후한(25~220) 시대를 거치며 아이디어 시장에서 승리했다.

전국 시대의 아이디어 시장에는 서로 다른 학파에 속한 지식인이 경쟁적으로 "자신의 도(道)가 정치적 행위를 위한 가장 적합한 지침이라고 군주들을 설득"(Cohen, 2012, pp. 36-37)했다. 통일과 더불어 이런 학파들은 전국적으로 강요된 일련의 특정 사상으로 수렴했으며 근대화 시기까지 이어진, '세상의 이치'를 해석하는 일관된 단 하나의 설명으로 한나라 시대에 확립되었다.[18] 유교는 사회·정치적 안정과 연속성을 사회 정책의 근본 가치이자 목적으로 여겼고, 올바른 정부란 창조적 파괴가 아니라 덕(德)과 정당성을 지향해야 한다고 생각했다.[19]

훌륭한 사적유물론자(史的唯物論者) 니덤(Needham, 1969a, p. 119)은 중국 사회에 내재해 있던 자연 항상성(spontaneous homeostasis)은 무엇보다 농업과 대규모 관개 수로를 통제하고 이끌어야 할 필요성에서 기인했다고 주장했다. 하지만 아이디어 시장에서 비롯된 어떤 결과와 마찬가지로 보수적 이념이 거둔 성공의 일부는 우연이었다고 봐야 한다. 유교 경전을 어떻게 해석해야 하는지에 대한 논쟁이 반복해서 이뤄졌지만 그 핵심은 변함이 없었다(Cohen, 2012, p. 37). 유교와 경쟁한 것으로는 묵자(墨子) 사상을 들 수 있다. 몇몇 학자는 만약 묵자 사상이 아이디어 시장의 경쟁에서 패해 거의 완전하게 퇴출되지 않았다면 중국의 역사가 매우 달라졌을 것이라고 주장하기도 한다(묵자는 백성의 이익에 부합하는 것은 뭐든 권장하면서 유능한 농민이나 수공업자도 관리로 채용해야 한다고 주장했다—옮긴이).[20]

도교는 중국 역사에서 매우 강력한 영향력을 발휘했으며, 어느 면에서는 유교의 라이벌이었다. 도교는 중국의 긴 역사에서 흥망성쇠를 반복하는 가운데 청나라 시대에 완전하게 퇴출당했다. 니덤은 도교가 경험을 중시하고 기술과 공예를 존중했으며, 따라서 중국의 기술 발전에 긍정적 효과를 가져왔다고 생각했다. 어떤 유학자도 허리를 굽혀 수공업을 자세히 들여다보지 않은 반면, 도교 사상을 받아들인 이들은 수공업을 '도'를 이루는 한 가지 방식이라고 생각했다(Ronan and Needham, 1978, pp. 85-113). 하지만 조지프 니덤과 더크 보드(Derk Bodde)는 도교가 수공업과 장인 정신을 지지하긴 했지만, 동시에 사회가 기술 혁신의 과실을 과도하게 활용하는 것을 꺼리면서 역설적으로 기술 혁신을 사실상 불신했다고 지적했다(Ronan and Needham, 1978, pp. 106-107). 과학과 기술을 대하는 도교와 유교의 차이점을 예리하게 비교한 니덤의 주장은 최근 많은 학자들에 의해 논쟁의 대상이 되었다(Mote, 1999, pp. 325-326). 어쨌거나 유교와 도교는 종종 서로 적대적이었지만 송나라 시대 성리학의 등장은 이런 라이벌 관계를 일순간에 무색하게 만들었다. 대중 종교로서 도교는 중국 사회에 구석구석에 스며들었지만 명확한 경계가 없었다. 아울러 유럽에서와 같이 다른 종교와 뚜렷하게 구분되지 않았을뿐더러 종교 간 치열한 경쟁도 없었다.[21]

몽골의 대륙 통일에 이어 1368년 등장한 명나라 시대의 중국 아이디어 시장에서 경쟁은 서서히 약해졌다. 지적 혁신은 일반적으로 널리 인정된 철학 교리, 곧 12세기에 주희(朱熹, 1130~1200)가 확립한 성리학에 의해 큰 제약을 받았다. 주희는 진정한 의미로 문화적 사업가였다.[22] 수백 명의 제자를 거느린 최고 스승으로서 주희는 유능한 사회 조직가이기도 했으며, 사람들로 하여금 자신의 사상을 받아들이도록 설득하는 재능도 남달랐다. 생전에는 큰 성공을 누리지 못했지만 13세기 초반에 점점 많은 송나라 사대부들이 성리학을 받아들이기 시작해 결국에는 관료 선발 시험의 공식적인 기본 철학이 되었다. 원나라와 명나라는 주희의 사상을 지배적인 이데올로기로 받아들였고 15세기 초가 되자 성리학은 완전하게 자리를 잡았다.[23]

성리학에 도전했던 학자들은 성리학이 관찰과 실험에서 도출된 사실과 부합하지 않을 때가 아니라 고전적인 유교 사상과 부합하지 않을 때에만 논쟁을 했다. 유럽의 선진 과학은 예수회를 통해 중국으로 유입되었지만, 달력을 수정하고 일식을 예측하는 것 말고 그들의 영향은 매우 선택적이고 극적이지도 않았다.[24] 만약 중국 정부가 예수회 외에 유럽 지식의 유입 통로를 마련했더라면 갈릴레오와 뉴턴의 새로운 과학이 전해졌을 수도 있다. 명·청 시대에도 분명 아이디어 시장은 존재했다. 하지만 진입 장벽이 높고 지적 혁신가의 경쟁은 기득권에 우호적으로 편향되어 있었다. 이 모든 게 종교 재판도 없고(비록 청나라 황제들이 반역을 시도했다는 이유로 지식인을 처형하긴 했지만 말이다) 유럽에서처럼 신성 모독이나 독성죄도 없던 땅에서 일어났다는 사실이 이상하게 들릴 수도 있다. 하지만 이런 제도가 근대 초기 유럽에서 급증한 것은 지적 기득권이 (정당하게) 스스로 위협에 처했음을 느꼈다는 반증이다. 중국에서 예수회의 활동은 황제의 의중에 따라 통제되고 제약을 받았다. 첸원위안(Qian, 1985, pp. 57-58)은 조금 과장을 섞어 명·청 시대 중국 과학자들은 "문헌적 및 고고학적 연구"에 전적으로 매몰되었고, 중국인은 과학을 발전시키는 것보다 자신들의 과거에 집착했다고 주장했다. 그러면서 첸원위안은 "대중뿐만 아니라 동료 학자들까지도 실험과 비판적 방법론을 선호하는 사람을 괴짜로 생각했다"고 덧붙였다.

분명 유럽에서도 이런 지적 혁신에 회의를 품는 시각이 존재했다. 그러나 편지 공화국은 혁신, 심지어 급진적인 혁신을 사람들의 눈총을 피해 권장할 수 있는 제도적 틀을 제공했다. 하지만 오직 소수의 지식인만이 그런 태도를 갖고 있었으며, 대부분은 이상적인 과거로의 회귀를 꿈꾸며 여전히 보수적이었다. 유럽에서는 지식인 문화에 내재해 있던 타성을 극복하기에 충분한 많은 혁신가들이 있었지만 중국은 그렇지 않았다. 따라서 더크 보드(Bodde, 1991, p. 190)가 말한 것처럼 유럽에서 이단자에 대한 박해가 더 심했던 것은 오히려 유럽의 매우 다양하고 경쟁적인 지적 환경이 "과학 발전에 특히 더 우호적"이었음을 의미한다. 하지만 중국에서는 급진적 혁신에 대한 저항이 한층 심했고 유럽보다 역사의 판세를 바꾸는 지적 사업가와 혁신가가 수적·질적으로 열세였기 때문에 보수적 학풍이 사회를 지배했다는 주장은 아직도 논쟁의 주제로 남아 있다.

중국의 역사는 치열하고 개방된 아이디어 시장이 유용한 지식의 발전에 필요한 유일한 길이 아니라 가장 지속적이고 효과적이라는 사실을 보여주는 단적인 사례다. 통치자가 최고의 과학자를 후원하고 그들의 연구를 권장한다면 유용한 지식은 크게 발전할 수 있었다. 원나라 황제 쿠빌라이 칸은 3세기 후의 유럽 군주들처럼 수많은 유명한 기술자와 과학자를 후원했다. 쿠빌라이가 유별나게 아낀 지식인 중에는 곽수경(郭守敬, 1241~1316)이 있었다. 쿠빌라이는 뛰어난 수리 기술자이자 수학자였던 곽수경에게 많은 대규모 국가 주도 프로젝트를 맡겼는데, 베이징에 곡물을 공급하는 대운하를 수리하고 달력을 개선하는 것도 그중 하나였다. 이 둘은 황제가 광활한 땅을 통치하는 데 굉장히 중요했다. 곽수경은 송나라 시대의 위대한 전통에 따라 천문 관측 기기를 고안했는데, 그가 설계한 혼천의는 17세기 마테오 리치(Matteo Ricci)의 기록에도 등장한다.[25] 하지만 1368년 명나라의 중국 통일 후 많은 과학자와 기술자가 곽수경이 누린 만큼의 기회를 얻지 못한 것에서 알 수 있듯 곽수경의 업적은 독점적 후원의 제도적 취약성을 드러내기도 한다. 니덤은 곽수경이 개발한 구면 삼각법이 예수회가 중국에 도착할 때까지 큰 진전을 이루지 못했다면서 "명나라 시대에는 과학이 정체하면서 상황이 나빠졌다"(Ronan and Needham, 1981, pp. 45, 82)고 썼다.[26]

'정체'라는 단어는 당시 상황을 다소 과대평가한 표현일 수 있지만 명·청 시대의 중국에서 문화적 풍토는 경직되었고 지적 혁신에 굉장히 불리했다는 것이 일반적 견해다. 유럽에서는 근대인의 승리로 인해 고전 문학이 여전히 사람들의 존경을 받고 공부의 대상이라는 지위를 유지했지만, 고전 과학은 회의적인 시선을 견뎌야만 할 만큼 지위가 떨어졌다. 반면 중국에서 두 학파는 교착 상태에 빠졌다. 그만큼 중국과 유럽의 제도는 달랐다. 당시 중국은 몇몇 사람이 묘사한 것보다 훨씬 덜 전제적이고 억압적이었다. 〔예를 들어 발라즈(Etienne Balazs, 1964, pp. 3-27)는 중국 제국을 최초의 전체주의 관료 국가라고 생각했다.〕 명·청 시대의 중국 경제는 시간이 흐르면서 점차 비효율적으로 변한 정부로 인해 고통을 받기는 했어도 분명 상대적으로 자유로운 시장의 상업 경제를 권장한 상의하달식 행정 체계를 갖추었다. 아울러 행정부는 중앙 집권화한 제국의 관료 체제였지만 경제는 분산적인 시장 경제였다(Sng, 2014). 하지만 중국은 가장 능력 있는 인재와 군인을 발탁하기 위해 이웃 국가와 경쟁할 필요가 없었다. 따라서 안정성과 평화는 다른 무엇보다 우선되는 가치로 여겨지기 시작했다. 여기에는 지적 안정성도 포함되었다. 12세기 주희의 성리학 해석이 들어간 사서는 중국의 엄격한 철학적 교리가 되었다.[27] 명나라 시절 현상 유지의 정치학과 보수적인 철학이 동맹을 맺어 탄생한 성리학은 청나라 때 극단적인 모습으로 변질된 왕조의 사상이 되었다.[28] 더 중요한 것은 중국의 이단적·인습 타파적 지식인들이 16~17세기 초 유럽의 통념을 뒤엎은 라무스, 코페르니쿠스, 베이컨 등에 필적할 만한 성공을 거두지 못했다는 점이다. 이처럼 유럽과 달리 중국에서는 이단적 지식인과 지적 혁신가가 경쟁적이고 개방적인 아이디어 시장을 창출하기 위해 이용할 정치적 다원주의가 존재하지 않았다.

중국의 정통 철학에 대한 반기와 비판이 없었던 것은 아니다. 예를 들어 안리학파(顔李學派)의 창시자 안원(顔元, 1635~1704)은 주희의 성리학이 백해무익한 상아탑 놀음이라며 받아들이길 거부했다. 대신 공자의 가르침이 더 실용적이었던 초기 유교의 문헌을 기억하라고 주장했다. 공자는 더 많은 수학과 궁술(archery), 씨름(wrestling)과 지리를 교육 과정에 포함시켰다. 안원은 동시대 유럽 지식인이 고전주의 학문을 무시한 것처럼 주희를 무시했다(Ching, 2000, pp. 197-198). 안원과 그의 제자 이공(李塨, 1659~1733)은 주희가 고전 철학을 잘못 해석했다고 비판했다. 하지만 그들의 이단적 사상은 중국의 아이디어 시장에서 큰 성공을 거두지 못했으며, 반(反)성리학 운동은 국가 관료는 고사하고 지식인에게조차 큰 영향력을 행사하지 못했다. 국가 관료를 선발하는 과거 시험은 여전히 성리학에 충실했으며 계몽주의가 서유럽의 전제 정치에 지적으로 도전한 것과 같은 방식으로 중국의 정치 제도에 지적으로 도전하지도 않았다.

중국은 능력주의 국가였다. 국가 관료를 선발하는 과거 시험은 고전주의 학문에 대한 지식만 갖고 응시자를 평가했다. 능력주의 제도는 애초 중앙 정부에서 기득권 귀족 세력의 정치적 힘을 줄이기 위해 구축되었으며 한동안은 잘 작동한 것으로 보인다. 송나라의 많은 선도적 지식인들은 과거 시험을 통해 정부의 요직에 올라설 수 있었다. 이런 지식인 중에는 주희, 그에 앞선 정호(程顥, 1032~1085)와 정이(程頤, 1033~1107) 형제, 11세기의 또 다른 학자 소식(蘇軾)과 소철(蘇轍) 형제 그리고 성리학을 비판한 16세기 철학자 왕양명(王陽明)도 있었다. 엘먼(Elman, 2000, p. 14)은 당·송시대 과거 시험의 등장으로 중국의 고위 관료들이 "좋은 출신 성분에서 좋은 문화적 소양"을 가진 계급으로 변화했다고 요약했다. 혈연보다는 능력이 국가 관료의 출세를 결정하는 기준이 되었다.

그러나 흔히 그렇듯 본래 하나의 목적을 위해 마련한 제도는 시간이 지남에 따라 전혀 예상하지 못한 결과를 낳는 경우도 있다. 중국의 과거 시험은 결과적으로 기득권 사대부의 권력을 지적 혁신가의 위협으로부터 보호하는 수단으로 변질되었다. 역설적으로 주희를 비롯한 성리학의 아버지들은 암기 학습을 지적 능력의 수양에 쓸데없는 것으로 비판했지만, 과거 시험은 유교 사상에 대한 주희의 해석을 반복적으로 암기하는 것이 되었다. 야망을 가진 소년과 청년은 성리학 서적을 외우면서 어린 시절을 낭비해야만 했다(Elman, 2000, pp. 261-269, 373). 니덤은 과거 시험이 중국의 정치 제도를 "1만 세대가 지나도록 영속화했다"(Needham, 1969a, p. 202)고 약간의 과장을 섞어 말했다.[29] 한 학자는 이런 과거 시험으로 성리학 경전이 "억압적인 순응의 도구"(Huang, 1981, p. 210)가 되었다고 주장했다.[30] 공직이 "부와 명예를 얻는 가장 중요한 수단"(Brandt, Ma, and Rawski, 2014, p. 77)인 사회에서 가장 훌륭하고 똑똑한 청년들은 이런 시험을 준비하기 위해 시간과 노력을 아끼지 않았다. 많은 역사학자가 과거 시험을 "세련된 문헌을 해석하는 시험"이었다고 믿었으며 명나라 때는 법과 정책에 대한 문제를 출제하기도 했지만(Elman, 2013, pp. 250-279) 대체적으로 볼 때 과거 시험을 준비하기 위한 교육 과정은 고위 관료가 반드시 습득해야 할 행정 능력과는 괴리가 있었다(Rowe, 2009, p. 46). 네이선 시빈(Nathan Sivin)에 따르면 다른 직업보다 고위 관료를 높게 여기면서 권력 독점을 제어할 수 없는 사회적 시스템에서 "철학자들은 …… 권력 체제의 대안을 제시하는 것이 얼마나 위험한 일인지 깨달았다"(Lloyd and Sivin, 2002, p. 245).

베이징에서 선교 활동을 한 예수회 신부 마테오 리치는 1600년에 이렇게 말했다. "박사 학위를 소유하거나 전문 직종의 면허를 얻은 사람만이 제국의 정부에서 일을 할 수 있다. ……철학 분야에서 두각을 드러낼 가능성이 있는 사람은 굳이 수학이나 의학을 공부하려 하지 않는다. 그 결과 이런 학문에 전념하는 사람이 거의 없다. ……수학과 의학은 철학이 받는 수준의 명예를 얻지 못하므로 사회적 존경심도 높지 않다"(Ricci, 1953, p. 32).[31] 하지만 수학, 천문학 그리고 의학 같은 자연 학문이 '정책'이나 '자연 학문'이라는 과목에서 작문 문제의 형식으로 명나라 과거 시험에는 남고 청나라 때는 폐지되었다는 사실은 이미 알려져 있다(Elman, 2000, pp. 461-485; 2013, pp. 261-272). 그러나 이런 문제의 답은 대개 과거 회귀적이었다. 예를 들어, 더 정교해진 달력에 대해 묻는 질문은 그 배경인 과학적 지식이나 기술에 대한 것이 아니었다. 응시자들은 이런 문제를 과학 지식이 아니라 역사적 맥락에서 해석하도록 요구받았다. 요컨대 응시자들은 과학과 기술에 대한 문제조차 고전 학문의 사고방식에 입각해서 답을 해야만 했다(Elman, 2013, p. 269). 더욱이 자연 학문은 성리학 교리의 전통에 한정되었으며, 당시의 정치 제도를 위협하는 지적 혁신은 이단으로 여겨졌고 과거 시험에서 이런 사상을 피력한 응시자는 급제하지 못했다.

이런 방식은 정체를 위한 처방약일 뿐이었다. 중국은 결국 그토록 깊은 철학과 높은 문자 해독률에도 불구하고 달력을 고치고 천문학을 발전시키기 위해 예수회에 의존해야만 했다. 18세기 초에 자연 학문은 공식적인 교육 과정에서 모습을 감췄다. 볼(Bol, 2008, p. 109)이 언급한 것처럼 과거 시험을 보는 모든 사람이 사서와 성리학 경전에만 통달한 것도 아니고, 설령 그렇다 해도 이런 지식이 그들의 신념과 행동을 완전하게 지배하지는 않았을 것이다. 하지만 명나라와 청나라를 거치면서 과거 시험의 본질은 거듭 바뀌었고 시간이 지날수록 교육이 점차 편협해지는 것은 불가피했다. 그러면서 과거 시험은 권력자들이 자신의 기득권을 유지하려는 의제 설정의 도구가 되었다.

중국 엘리트 가정의 소년들이 배우는 것은 심지어 당시 기준으로 봐도 경직된 학문으로 여겨졌다. 어린 소년들은 중국 철학을 대표하는 사서오경을 수백 번씩 읽고 또 읽어 외우다시피 해야만 했다. 기계적인 암기식 학습은 "전통 학문을 아무런 생각 없이 받아들이도록"(Woodside and Elman, 1994, pp. 532-533) 하면서 그 지위를 유지시켰다. 하지만 지속성과 안정성이 그 목적이었다면, 전통 학문은 이를 매우 잘 달성했다. 관료는 전통적 이데올로기를 자발적으로 몰입해 외우면서 받아들인 사람들이었다(Rowe, 2009, p. 48). 문헌의 이런 신성함은 성가신 혁신가로부터 전통 학문을 방어하는 가장 효율적인 수단이었다. 시빈은 19세기까지 중국에서 "입증된 사실" 때문에 수천 년 동안 진화한 가치와 신념을 포기할 과학자는 없었다고 지적했다.[32] 이런 보수적 학풍이 유럽에서는 널리 퍼지지 않았다거나, 중국의 제도가 너무나도 얼어붙어 스스로 개혁할 능력이 없었다고 말하는 게 아니다. 하지만 유럽의 아이디어 시장은 매우 다양하고 경쟁이 치열했기 때문에 혁신적 사상가나 관습에 따르지 않은 지식인이 성공했고, 결과적으로 중국의 정치 제도가 그토록 억압한 다원주의와 지적 혁신을 창출할 수 있었다.

그러나 중국의 과거 시험을 20세기에 폐지될 때까지 반현대적이고 경직되고 변화에 둔감하기만 했던 거대한 불변의 제도로 보는 시각은 적절하지 않다. 엘먼(Elman, 2000, pp. xx, xxiv)은 과거 시험을 이렇게 해석하는 데 이의를 제기하며, 과거 시험은 새로운 현실과 필요를 반영하기 위해 시간이 흐르면서 조정 및 적응된 중국 제국의 행정부와 지역 엘리트 간 타협의 산물이었다고 지적했다. 이 제도는 사회적, 정치적, 문화적 현상을 유지하고 재현하기 위한 것이었지만 영향력이 절대적인 것은 결코 아니었다(Elman, 2000, p. xxix). 중국의 지적 문화에는 분명 경쟁적인 아이디어 시장도 있었고, 권위에 도전하는 시도도 존재했다. 성리학자들은 비판자와 논쟁했을 뿐만 아니라 서로 경쟁하기도 했다. 종종 그들은 용감하게 황실의 권력을 비판하면서, 특히 지역적으로 정부 정책에 반대하는 네트워크를 구축하려는 시도도 했다(Bol, 2008, p. 151).

하지만 황실과 정부에 대한 도전은 오랜 세월에 걸쳐 증명된 뚜렷한 경계선 안에서만 이루어졌다. 그리고 이런 경계는 1644년 중국 대륙을 통일한 청나라가 들어서면서 더욱 엄격해졌다. "새로운 시각이 전통적인 사상과 뚜렷하게 구분될 수 있는 분야는 정치적 현상 유지를 위협하지 않는 분야로만 제한된다"(Lloyd and Sivin, 2002, p. 245)는 생각은 모든 철학자가 공유했고, 이런 공유된 믿음이 중국 아이디어 시장의 발전을 방해했다. 따라서 중국과 유럽에서 서로 다른 지적 혁신이 창출 및 확산된 배경으로 지적 문화 시스템의 차이를 비교하는 역사학의 중론을 유럽중심적이고 목적론적이기 때문에 쓸데없는 일이라고 치부하는 것은 이런 대분기가 일어나지 않았거나 분석할 가치도 없고, 또는 이런 역사적 현상을 문화적으로 설명하려는 시도는 사전에 배제해야 한다는 것과 같이 명백하게 반역사적이다.

중국의 보수주의가 형성되는 과정은 과연 얼마나 내생적 또는 외생적이었을까? 중국 문화 발전의 변수를 보여주는 고정된 모델이 분명히 존재하는 것은 아니다. 엘먼(Elman, 2000, p. 64)은 유교의 정통 사상을 외우는 방식의 암기 학습은 한족이 원나라와 청나라 때에 그들을 지배한 북방 민족에 대해 도덕적 우위를 점하려는 정치적 행위였다고 주장한다. 이처럼 중국의 인적 자본은 풍부했다. 하지만 유용한 지식을 증대시켜 기술 주도의 경제 발전을 창출하는 것이 교육의 궁극적 목적이었다면 중국의 인적 자본은 심각하게 잘못 배분된 셈이다.[33] 중국의 문화가 이런 불가피한 결과를 만든 것이 아니다. 실제로 1000~1200년 중국은 경제적 번영과 지적 성장이 일어났으며, 이는 우리가 유럽 계몽주의와 연관 짓는 낙관주의와 진보 그리고 이성에 대한 믿음의 시기이기도 했다. 송나라 때 발전에 대한 믿음은 중국 전국에 만연했다. 교육의 혜택, 정치 제도의 발전 가능성, 사회를 개선하는 이성에 대한 신념이 있었다(Gernet, 1982, p. 345). 왕안석(王安石, 1021~1086) 같은 철학자들은 비록 경제 발전은 정부와 관료에게 달렸다고 믿었지만, 경제는 분명 발전할 것이라고 주장했다. 그의 숙적 사마광(司馬光, 1019~1086)을 비롯한 보수적인 학자들은 왕안석이 제안한 상업과 경제 발전을 위한 개혁 정책에 반대했다. 모리스(Morris, 2010, p. 376)가 "뉴딜 정책과 레이거노믹스를 하나로 버무린" 정책이라고 표현한 왕안석의 진보 정책은 중국 경제를 개혁하고 간소화하는 데 목적을 두었다. 왕안석과 사마광의 예에서 보듯 11세기 두 학파 사이에서 벌어진 논쟁은 중국에서도 치열한 경쟁을 하는 아이디어 시장이 존재했다는 것을 단적으로 보여준다. 하지만 로(Rowe, 2001, p. 286)가 지적했듯 대부분의 성리학자는 사마광이 "의심할 여지없이" 이겼다고 생각했다.[34] 소수의 진보적인 학자들은 중국의 지적 세계에서 결코 사라지지 않았지만, 항상 보수적인 거인들의 그림자 속에서 지내야 했다.

중국은 분명 상업 국가였으며, 심지어 어떤 의미에서는 '부르주아' 사회였다. 하지만 유럽 상인보다 중국 상인이 더 보수적이었다. 모트(F. W. Mote, 1999, pp. 764-765)가 강조하듯 중국 상인은 이단적인 급진주의를 권장한 지적 문화를 조장하지 않았다. 대신 그들은 시대부적인 삶의 방식을 적극 모방했으며 "18세기 유럽의 계몽주의 사상과 다르게 지배층의 제도에 반기를 들지도 않았다"(Mote, 1999, p. 765). 부르주아 계급의 궁극적 배신이었다. 우드사이드와 엘먼(Woodside and Elman, 1994, p. 551)은 중국 엘리트 문화가 "유교/성리학의 도덕적 담론과 중국 전통의 법가 사상을 기반으로 중국의 정부가 스스로 정한 국가 권력의 씁쓸하고 달콤한 결혼"이었다는 인상적인 말을 남겼다. 이런 문화에서는 1500년 이후 유럽의 문화가 그랬던 것처럼 아이디어 시장이 전통을 깨부수는 혁신을 기대할 수 없었다.

중국 정치 제도의 문화적 토대는 본질적으로 유용한 지식에 적대적이지도 않고, 그렇다고 딱히 유리하지도 않았던 세속적 이념에 그 뿌리를 두었다. 상황에 따라 진보적일 수도, 때로는 반동적일 수도 있었다. 모리스(Morris, 2010, pp. 423-426)에 따르면 주희는 그저 "시대가 요구하는 생각을 제시"(p. 423)했을 뿐이며, 주희의 철학으로 인해 중국의 엘리트 문화가 보수화하지는 않았지만 점차 짙어지던 문화적 보수주의로 인해 그의 철학이 득세하게 되었다고 주장했다. 정확한 인과관계가 무엇이건 주희 사상의 핵심인 성리학은 공자의 사상이 다른 문화에 의해 위협을 받는 아이디어 시장에서 "중국의 가치를 재확인한"(Mote, 1999, p. 147) 것으로 정의되었다. 성리학은 학습된 전통, 즉 문헌과 주해에 기반을 두었기 때문에 선천적으로 보수적이었다. 동시에 전통을 회복하려 노력한 과거 회고적인 사상이었다. 주희의 저서는 새로운 유학 사상을 집대성한 일종의 종합 연구서였으며, 중국의 잠재적인 관료들이 등용을 위해 반드시 숙지해야 하는 글이었다.[35] 성리학의 승리는 송나라 말기에 중국이 내향적인 국가가 된 중대한 요인이었다. 아이디어 시장에서는 여러 사상이 서로 경쟁했다. 특히 과거 시험을 폐지했다가 복원한 원나라(몽골 제국, 1279~1368) 시대에 들어 성리학은 이런 경쟁에서 확실한 승리를 거두었다. 1313년 인종(仁宗)이 과거 제도를 다시 복원했을 때 성리학 교리는 시험에 응시하는 사람이라면 기본적으로 숙지해야 하는 문헌이 되었다.[36] 1370년대에 성리학 문헌의 독점적 지위는 "주희가 스스로 용납하지 못할 정도의 수준으로 강화되었다"(Elman, 2000, p. 37). 어쩌면 주희의 성리학이 누린 이런 지위는 필연이 아니었을 수도 있다. 만약 상황이 달랐더라면 왕안석의 계몽사상이 승리했을 수도 있다.[37]

결과적으로 나타났듯 중국의 학풍은 명나라 말기와 청나라 시대를 거치는 동안 놀랄 정도로 보수화하고 과거 회고적이 되었다. 엘먼(Elman, 2006, pp. 36-37)은 18세기 중국의 학문은 고대 그리스 문헌을 라틴어로 번역해 새로운 학문적 통합을 이루려 한 초기 르네상스 학문을 연상케 한다고 꼬집었다. 하지만 엘먼에 의하면 유럽인은 "고대의 대가들을 넘어서 (그들 스스로의) 중요한 돌파구를 만들어낸" 반면 중국인은 "최근에 타락한 문화를 재건하기 위해 먼 과거에 초점을 두었다".[38] 고전 학문을 재발견하고 부활시킨 후 관찰과 과학으로 통렬하게 비판한 근대 초기 유럽과 달리 중국의 전통 학문은 정밀한 도구와 섬세한 수학을 토대로 한 관찰과 실험의 비판을 받지 않았다.

문화적 변화는 다른 요인들과 함께 이루어졌다. 13~14세기 중국은 몽골족의 침입과 전염병 같은 여러 외부 충격에 속수무책으로 당했다. 사회가 무너지는 것을 본 중국 학자들은 "고대는 도피의 원천이라기보다 쇄신의 원천"(Morris, 2010, p. 426)이라고 생각하면서 더욱 보수적으로 선회했다. 하지만 1386년 명나라가 중국을 재통일하면서 최악의 상황은 끝났다. 그와 동시에 중국인은 정화(鄭和)의 대항해를 제외하고는 해외 진출을 적극 추구하지 않았고, 왕안석의 전통에 따른 진지한 개혁을 꿈꾸지도 않았다. 원하기만 하면 중국은 유럽인과 그들의 사상을 중국에서 추방할 수 있었고, 중국 지식인들은 오래된 지식과 문화에 도전하기보다는 이를 새롭게 해석하는 데 더 흥미를 느꼈던 것처럼 보인다. 그리고 정치적 현상 유지를 비판하는 사람들은 큰 영향력을 발휘하지 못했다.

중국의 정치는 본질적으로 보수적이었는데, 대부분의 황제와 관료가 급진적인 사상은 불안정하다고 여겼기 때문이다. 주희의 성리학 사상은 질서와 안정을 유지하는 수단이었으며, 명나라로 하여금 상당히 낮은 사회적 비용으로도 생존할 수 있게 해주었다. 하지만 성리학의 끈질긴 생명력에는 위에서 언급한 단순히 기술적인 이유만 있었던 게 아니다. 선택에 의한 문화적 진화는 이러한 보수적 경향을 분명하게 보여준다. 14세기의 흑사병(흑사병은 아시아 지역의 풍토병으로, 몽골군에 의해 유럽으로 전파되었다는 설이 지배적이다—옮긴이)과 칭기즈 칸의 침략으로 인한 중국 사회의 붕괴, 그리고 1644년 이후 만주족이 세운 청나라에 반대하는 한족의 잇따른 반란으로 안정된 사회와 체제 순응에 대한 수요가 증가했을 것이다. 사회를 급진적으로 불안정하게 만들 수 있는 사상에 대한 혐오는 유럽의 통치자들 사이에서도 똑같이 두드러졌다. 하지만 그들은 아이디어 시장을 원하는 방향으로 움직일 직접적 권한이 없었으므로 장기적으로 봤을 때 급진적인 사상이 확산하는 것을 막을 수 없었다.

중국 사회에 만연한 보수주의는 결코 어려운 수수께끼가 아니다. 모든 사회는 공통적으로 과거의 지혜를 우러러봤으며, 따라서 이상한 것은 중국이 아니라 오히려 유럽이었다. 구체적으로 말하면 유효 기간이 끝난 오래된 아이디어를 가차 없이 버릴 수 있는 유럽인의 사고 체계였다. 유럽에서 과거의 지혜를 더 이상 받아들이지 않은 이유는 유럽의 경제·사회적 환경이 바뀌어서가 아니라, 많은 고대 사상이 근거와 논리의 시험대에 올라 사실이 아니거나 일관성이 없거나 아니면 증명할 수 없다는 판정을 받았기 때문이다. 유럽인이 관찰과 실험, 계산에 더 능숙해질수록 고대의 지식에 대한 권위는 더욱 떨어졌다. 그리고 우리가 앞서 살펴본 것처럼 유럽의 깊은 회의주의는 진보에 대한 신념의 뒷면이나 마찬가지였다. 중국의 문화에도 이런 신념이 있었을까? 니덤은 송나라 시대의 중국도 유럽과 비슷했다고 주장한다. 그는 "과학 지식을 축적하기 위한 사적인 이해관계에 얽매이지 않은 협력은 르네상스가 시작되기 전의 서양보다 중세 중국에서 훨씬 더 관습으로 자리 잡았다"면서 "그 어떤 중국의 수학자나 천문학자도 자신의 분야가 지속적인 발전을 부정할 것이라고는 생각조차 하지 않았을 것이다"고 덧붙였다(Needham, 1969a, p. 277). 다른 학자들은 여기에 동의하지 않았다. 요컨대 도교 사상에서는 만약 역사의 추세라는 게 존재한다면, 역사의 흐름을 낙원에서 타락한 것으로 보았다고 보드는 지적했다. 따라서 역사의 쇠퇴는 고대의 왕들이 사회를 '문명화'하고 난 뒤에 시작되었고, 중국인의 관점에서는 '순환적' 역사관과 '선형적' 역사관 가운데 전자가 그들을 명백하게 지배했다(Bodde, 1991, pp. 122-133). 일반적으로 대부분의 중국 사상가는 역사의 흐름과 관련해 과거가 현재보다 더 나았고, 역사는 순환적이지만 추세가 없는 정체적인 과정이라고 생각했다. 명나라 시대의 지적 세계를 지배하기 시작한 성리학자들에게 고대는 이상적이었던 반면 그 이후의 세계는 타락한 것이었다. 아울러 이 타락한 세계가 다시 이상적인 세계가 되리라는 보장도 없었다(Bol, 2008, p. 101). 니덤은 진보에 대한 중국인의 신념을 뒷받침하는 근거를 명나라 시대 이전의 중국 문헌에서 찾았는데, 진보에 대한 이런 신념은 유럽에서 서서히 등장해 승리할 무렵 중국에서는 시들어가고 있었다.

따라서 송나라 이후 중국은 경쟁적인 아이디어 시장을 갖지 못했고 기득권층은 정치적 현상에 도전해 문화적 사업가가 될 잠재력이 있는 진입자들을 차단하기 위해 장벽을 높이 세웠다. 중국에서 과학은 여전히 정부가 통제하고 규제하는 활동이었다. 중국판 편지 공화국이 존재하지 않았다는 것은 틀린 말일 것이다. 중국에도 분명 편지를 주고받고 서로의 학문을 평가하는 학자들의 커뮤니티가 존재했으며, 이들은 공자의 가르침을 공부하고 배움을 나누는 네트워크를 구성했다(McDermott, 2006, p. 118). 중국 지식인들 사이에서도 심각한 논쟁이 벌이지곤 했으나, 과거의 패러다임과 고전주의 교리를 완전하게 부정한 진정한 의미의 급진적 혁신은 일어나지 않았다. 중국에는 파라켈수스도, 데카르트도 그리고 스피노자도 없었다. 중국의 아이디어 시장은 덜 논쟁적이었고 지식인 커뮤니티는 자율성이 없었다. 아울러 지적 소비자가 그들의 문화적 선택을 할 수 있는 경쟁적인 아이디어 시장도 없었다. 또 유용한 지식의 확산은 사회적 이익을 극대화한다는 것을 깨달은 유럽인이 모든 유용한 지식의 접근성을 높인 반면, 중국에서는 카트린 자미(Catherine Jami, 2012, p. 389)가 "제국의 독점"이라고 말한 것처럼 정부가 아이디어 시장에서 유통되는 대부분의 지식을 결정했다. 그렇다고 중국에 경쟁이 치열한 국제 사회에서 정치적 영향력을 유지하기 위해 정부가 마지못해 혁신을 도입하고 권장할 수밖에 없던 국가 체계가 있었던 것도 아니다.[39]

중국 아이디어 시장의 경쟁력이 낮았던 이유 중 하나는 중국인은 탄압을 피해 넘을 국경이 없었기 때문이다. 국경을 활발하게 넘나들며 학문에 정진했다는 점에서 유럽 지식인과 비교할 수 있는 몇 안 되는 17세기 중국 지식인 주지유(朱之瑜, 1600~1682)의 예를 살펴보자. 박학다식했던 그는 건축과 기술 등의 실용적인 분야에서도 두각을 드러냈다. 1644년 명나라가 망하자 주지유는 항청복명(抗淸復明: 명나라의 회복을 위해 청나라에 대항한다는 의미-옮긴이) 운동을 벌이다 처음에는 안남(베트남)으로, 그다음에는 일본으로 건너가 도쿠가와 미쓰쿠니(德川光圀) 영주의 스승이자 조언가가 되었다. 줄리아 칭(Julia Ching)은 주지유를 "사물의 이치를 형이상학적 이해에 호소하지 않고 확실한 상황에 맞는 물리적 원리로 파악한" 인물로서 관념적인 사상에 사로잡힌 철학자는 아니었다고 썼다. 동시에 그의 지식은 공자의 고전적 가르침에만 국한한 것이 아니라 "삶에서 유용한 모든 것"까지 포함했다(Ching, 1979, p. 217). 하지만 주지유의 사상은 19세기 후반까지 알려지지 않았다. 고향을 떠난 후 그의 존재는 망각되었다. 주지유의 사례는 국적과 거주지가 지식인의 명성에 전혀 영향을 끼치지 않았던 유럽과 대조적이다.

중국 문화의 보수적 편향에 대한 다른 설명도 있다. 이런 설명 중 몇몇은 오늘날의 기준으로 보면 다소 특이해 보이기까지 한다. 현대의 가장 유명한 중국 전문가 가운데 한 명인 더크 보드(Bodde, 1991)는 놀랍게도 혁신적인 문화의 조성을 방해하는 요인 중 하나로 중국어를 꼽았다. 그는 정확한 정보를 전달하는 언어로서 중국어 고유의 약점과 보수성을 지적한다. 요컨대 중국어가 유용한 지식이 성장하는 데 많은 장애물로 작용했다는 것이다. 한 예로 그는 중국어의 구어체와 문어체가 크게 다르다는 것을 지적했다. 이로 인해 상당한 교육을 받지 않은 사람은 문서를 쉽게 이해할 수 없고, 따라서 장인과 기술자는 학자와 과학자가 축적한 유용한 지식을 활용하기 어려웠다. 이어서 그는 문어체 중국어에는 억양 표시와 구두점이 없어 글의 정확한 의미가 상당히 모호하다고 주장했다. 보드에 대한 비평은 만약 내용을 알면 대부분의 모호성을 해소할 수 있다고 타당하게 주장하지만, 효과적인 소통은 내용을 모르더라도 최대한 많은 정보를 제공할 수 있어야 한다. 또한 보드는 한자로는 지식을 분류하고 구분하는 게 어렵다고 생각했다. 그리고 마지막으로 한자 자체가 무서우리만큼 만큼 보수적인 글자라는 것을 지적했다. 중국어는 시공간을 넘나드는 문화적 동질감을 만들었고, 이는 유럽에서 볼 수 있는 역동적 다양성과는 정반대 현상이었다. 보드에 따르면 한자는 "다른 문명에서는 볼 수 없는 …… 명성과 신비로움을 자아냈다. ……이념적으로 〔문어체 중국어는〕 매우 보수적이었다. ……그리고 작지만 지배적인 지식인 집단 내에서 문화적 변이를 좌절시켰다"(Bodde, 1991, p. 90). 19세기의 청나라 관료는 2000년 전 한나라 관료가 그랬던 것과 매우 비슷한 은유와 예증을 통해 서양의 오랑캐를 묘사했다(Bodde, 1991, p. 31). 언어가 그 자체로 문화에 영향을 주는 독립 요소인지, 아니면 더 깊은 보수주의적 문화를 반영하는 것인지는 여전히 밝혀지지 않았다.[40]

중국 문화의 또 다른 복잡한 문제는 서양의 지식을 대하는 중국인의 태도와 서양 학문을 바라보는 그들의 모호한 생각이었다. 외국의 지식과 아이디어에 대한 의구심은 중국에서 유용한 지식이 성장하는 데 얼마만큼 방해를 했을까? 중국의 엘리트가 이른바 '야만인'의 문화에 대해 가졌던 적대감은 다소 과장된 것일 수 있다. 심지어 중국이 "기술 및 과학적 무기력함에" 빠졌기 때문에 이런 상황에서조차 외국의 기술을 부정한 것은 더 심각한 문제였다는 것을 강조한 랜더스(Landes, 1998, pp. 341-342)조차도 "모든 중국인이 외국의 지식을 혐오했던 것은 아니다"고 인정했다. 엘먼(Elman, 2005)은 세세한 설명을 곁들이며 17세기에 예수회 소속 수학자와 천문학자들이 중국 사대부에게 많은 것을 가르쳤다는 사실을 보여주었다. 하지만 결국 이 모든 것은 황제와 그 측근들의 호의에 달려 있었다. 예수회의 목적에 대해 의혹을 갖게 되자 그들은 호의를 거둬들이고 등을 돌렸다.

처음에 예수회는 중국에 많은 기여를 했다.[41] 예수회는 중국에 천주교를 선교하기 위해 갔지 서양의 모범 과학이나 기술을 보급하기 위해 간 게 아니었다. 더욱이 1670년 이후 그들의 지식은 더 이상 새롭지도 않았다(Elman, 2005, pp. 105, 148). 유럽에서 예수회의 세력은 점점 약해졌고 교황청의 교조적인 교리를 지키기 위해 옛 아리스토텔레스 이론을 계속 고수했지만, 그럴수록 유럽의 유용한 지식은 점점 그들을 비켜가기 시작했다. 1793년 조지 매카트니(George Macartney)는 자신의 일기에 중국 예수회는 뉴턴의 과학을 이해하지도 못했고 수학에 대해 많이 알지도 못했다고 적었다. 서양의 지식이 유럽의 종교와 정치적 목적의 본질이라는 인식이 확산하면서 18세기 초 중국은 반응하기 시작했다. 청나라 황제 강희제(康熙帝)는 과거 시험에서 자연에 대한 질문을 금지했고, 그의 후계자 옹정제(雍正帝)는 1840년대에 일어난 아편 전쟁까지 이어진 쇄국 정책을 시작했다(Elman, 2005, p. 168).

이처럼 예수회에 대한 의존도는 서양 문화를 수용하는 것과 관련해 중국의 문제를 적나라하게 보여주었다. 청나라 정부는 서양의 지식을 통제했고, 그렇게 통제된 지식의 일부만을 선별적으로 수용했다. 따라서 소수의 예수회 선교사는 청나라 정부의 입맛을 충족시켰지만, 중국인이 배울 수 있는 지식은 매우 한정적이었다. 중국인이 외국의 기술자와 수학자를 고용하고 러시아인과 훗날 일본인이 그랬던 것처럼 암스테르담이나 파리 그리고 런던으로 스파이를 보내 선도적인 유럽의 유용한 지식을 배우지 않았을까? 중국에서 예수회의 역할은 굉장히 역설적이었다는 게 너무나도 명백해 놓치기 쉽지 않다. 요컨대 1600년 이후 유럽에서 예수회는 소멸 직전의 오래된 지식을 지키기 위해 싸우는 보수 세력이었으나 중국에서는 여전히 진보 세력이었다. 1760년까지 예수회가 지동설 세계관을 소개하지 않았다는 점은 주목할 만하다. 시빈(Sivin, (1973) 1995, p. 13)은 이렇게 요약했다. "중국에서 예수회의 글은 처음에는 보수적일지언정 개방된 사고 체계를 반영했지만, 서서히 현실 및 이론과 동떨어진 절망적인 구식이 되었다. 하지만 그들에게 가해진 제약 사항과 세속적인 지식인과의 경쟁이 없었다는 점을 고려하면 …… 19세기 중반이 되기 전에는 잘못된 글을 인정하거나 수정한 사람이 없었다는 것을 의미했다."[42]

서양 문화나 기독교 문화에 내재된 우월성을 기반으로 한 어떤 주장은 역사적 사실과 어긋난다.[43] 가장 대표적인 사례는 11~12세기 송나라 시기 중국의 물질적 문화의 엄청난 번성을 꼽을 수 있다. 몇몇 사람이 보기에 이 시기 중국은 산업혁명을 일으키기 일보 직전까지 갔다. 실제로 영국의 산업혁명이 화석 연료, 철, 섬유, 운송의 발전, 농업 생산성 향상, 역내 무역의 시대라고 보면 송나라 시대의 중국 역시 충분히 자격이 있었다. 당시 중국이 산업혁명을 일으켜 세계의 공장이 되는 대신 왜 기술적으로 정체된 경제로 되돌아갔는지는 길고 어려운 논쟁거리로 남아 있다. 중국이 여진족이나 몽골족 같은 유목 부족의 공격을 견디지 못하고 무너진 것도 중요한 역할을 했다. 하지만 이런 역사적 사실은 왜 중국 같은 강력하고 독창적인 사회가 침략자를 물리칠 방어책을 개발하지 못했을까라는 의문을 제기한다.[44] 송나라 말기 중국의 쇠퇴는 "13세기 중국에 만연한 묵시록의 네 기수(four horsemen)", 즉 이주, 국가 붕괴, 기아, 질병의 결과였다는 모리스(Morris, 2010, p. 392)의 설명은 분명 흥미롭지만 1368년 명나라의 통일 이후 평화를 찾았음에도 중국이 다시 회복하지 못한 이유를 설명하지는 못한다.

대안으로 1750년 이후 영국과 유럽이 경험한 기술의 폭발적 발전과 이러한 발전이 긍정적 피드백의 자기 강화적 순환을 지속적으로 창출한 것은 그 자체로 매우 독특하고 급진적인 현상이며, 송나라 시대의 중국과 르네상스 시대의 유럽 그리고 다른 지역의 많은 사회가 경험한 기술적 개화와는 근본적으로 다르다는 해석이 있다(Goldstone, 2002). 근대의 과학 성장에 대해 연구한 코헌(Cohen, 2012, p. 28)은 과학 발전의 속도가 둔화하면 결국에는 역사가 반복적으로 흐지부지되는 것은 "어찌 보면 당연한 일 아닌가?"라고 반문했다. 이런 해석에 따르면 산업혁명은 송나라 시대의 중국이 결코 손에 쥔 적이 없는 카드였다. 결과적으로 유용한 지식에 대한 우리의 태도를 완전히 바꾸어놓은 계몽주의와 16세기 유럽에서 등장한 유형의 자유롭고 개방된 아이디어 시장은 중국에서 나타난 적이 없었다. 비단 중국뿐만 아니라 다른 지역에서도 마찬가지였다.

비록 실제로 나타난 것과 유사하지는 않았지만, 이는 충분한 시간이 있어도 계몽주의와 자유롭고 개방된 아이디어 시장이 절대로 발생하지 않았을 것이라는 얘기는 아니다. 이런 질문은 마치 호모 사피엔스가 지구를 지배하는 종족이 되지 않았을 경우 다른 어떤 종류의 지적 생명체가 등장했을까라고 묻는 것과 비슷하다. 짐작하건대 충분한 시간만 있다면 지배적인 종족이 등장했겠지만, 그 문화가 어떤 것이건 상관없이 베토벤의 '영웅교향곡'이나 제임스 조이스의 《피네간의 경야(Finnegans Wake)》를 쓰지는 못했을 것이다. 유럽의 분열된 정치와 지식인의 지적 단결은 초국가적 편지 공화국이라는 틀 안에서 극적인 문화적 변화가 형성될 수 있는 독특한 기회를 만들어냈다. 루터와 파라켈수스에서 마르크스와 다윈에 이르기까지 많은 문화적 사업가는 서로 협력하고 조직적으로 움직이면서 이런 변화를 이끌었다. 아울러 이렇게 형성된 가장 중요한 산물은 유럽의 계몽주의였다.

이후 경제 발전에 계몽주의가 끼친 영향은 단순히 물질적 발전을 위한 유용한 지식의 활용을 넘어 산업계몽주의의 본질이었다. 그리고 법치주의, 견제와 균형, 부패와 매우 불합리한 재분배같이 노골적이고 악의적인 지대 추구에 대한 가혹한 제재 등 기술 발전의 모멘텀을 유지하기 위해 필요한 다양한 제도를 성문화하고 공식화하는 데도 기여했다. 브랜트, 마더빈 그리고 로스키(Brandt, Ma, and Rawski, 2014)가 명확하게 밝힌 것처럼 이런 제도는 1750년 이후의 중국에서는 찾아볼 수 없다. 중국은 일본이 성공적으로 서양의 문물을 받아들여 기술 발전을 이룬 것과 같은 기회를 스스로 걷어찼다. 앞에서 언급한 것처럼 청나라 시대 중국은 모든 중요한 행위자가 안정을 꿈꾸는 사회였다(Brandt, Ma, and Rawski, 2014, p. 105). 1750년 이후의 번영이 사회·경제적 안정과 정반대인 창조적 파괴를 요구했다는 것은 역사의 아이러니다.

1750년 이전에도 상대적으로 급격한 경제 발전과 번영은 꽤 자주 일어났다. 하지만 이런 초기의 경제적 개화는 항상 부정적 피드백 고리라는 문제에 부딪혔다. 요컨대 번영과 발전은 스스로를 무위로 만드는 힘을 창출한다. 그중 가장 잘 알려진 것이 맬서스의 인구론이다. 인구 증가는 자원을 압박하고 이는 그때껏 이루어낸 진보를 파괴하는 환경 재난, 기근 그리고 전염병이라는 적극적 억제(positive checks)의 고리를 만들어낸다는 이론 말이다. 부정적 피드백 고리의 또 다른 모습은 제도다. 한 지역이나 사회의 번영은 외부(탐욕스럽고 잘 무장한 이웃 국가로, 많은 경우 기마 민족이나 해양 민족이었다)와 내부(부패한 정부 관료, 탐욕스러운 통치자와 사제 그리고 지대 추구자)에서 포식자와 기생충을 끌어들인다. 결국 이런 기생충은 사회의 인프라 자본을 파괴하는 것뿐만 아니라 근면한 노동과 인적 자본에 투자하는 사회의 인센티브를 영구히 왜곡함으로써 황금 알을 낳는 거위를 도살하려는 경향이 있다. 이런 현상은 특이한 사건 편향의 가장 전형적인 예다(5장 참조). 문화는 이런 사건에 내생적이며, 이를 만들어내는 피드백 고리는 칭기즈 칸이나 티무르의 경제적 영향력을 증폭시키는 경향이 있었다. 인구와 제도라는 2개의 피드백 고리 중 어떤 것이 송나라의 몰락에 더 치명적이었는지 알기는 힘들다. 그렇지만 경제적 번영은 수십 년이나 수세기 동안 지속될 수 없다는 얘기가 아니다. 많은 경제학자가 다양한 수단과 방법을 활용해 부정적 피드백 고리를 늦출 수 있었다. 그들은 농업 기술을 발전시키면서 이모작을 한층 활성화하고, 현실적이고 효과적인 방식으로 토지 공급을 늘리면서 수익 체감의 법칙을 완화할 수 있었다. 그들은 초혼 연령을 늦추고 유아 살해 같은 방식을 동원해 인구 증가를 둔화시킬 수 있었다. 아울러 잠재적 침략자를 돈으로 매수하기도 하고 대신 싸워줄 용병을 고용하기도 했다.

하지만 이런 해결책은 장기적으로 볼 때 성공하지 못했다. 경제 성장의 세 번째 천장이 여전히 건재했기 때문이다. 이 세 번째 천장은 지나치게 좁은 기술의 인식론적 토대, 즉 당시에 쓰인 기술이 왜 작동했는지에 대한 깊은 이해의 부족을 뜻한다. 19~20세기 들어서야 서양 세계는 이런 천장을 깰 수 있었다. 서양 세계가 천장을 깰 수 있었던 큰 이유는 유용한 지식에 대한 문화적 신념이 변하고, 이런 유용한 지식을 어떻게든 경제에 적용해 긍정적 피드백 고리를 만들었기 때문이다(Mokyr, 2002). 과학과 기술에 대한 신념이 변화한 것은 계몽주의로 인해 국가와 법질서, 폭력과 인권의 역할을 바라보는 시각이 바뀌었기 때문이다(Pinker, 2011, pp. 133-134, 184-186).

17세기 중반까지만 하더라도 서양과 중국 기술의 밑바탕을 이룬 지식에 큰 차이가 없었을 것이다.[45] 유용한 지식을 만들고 확산한 유럽의 문화와 이를 뒷받침하는 계몽주의 제도는 기술의 인식론적 토대를 더 넓히는 계기를 마련했기 때문에 유럽과 중국의 분기가 일어날 수 있었다. 니덤(Needham, 1954, p. 18)은 고대와 중세 시대에 뚜렷하게 발전한 중국의 실험 과학과 귀납적 관찰 방식이 "언제나 말뿐인 이론과 원시적 가설에 의해 중단되었는지" 이해하는 것이 자신의 목표라고 말했다. 17세기 전까지는 유럽 역시 크게 다르지 않았다. 더크 보드는 1668년에 "유럽과 중국의 전통적 기술은 이론보다 현실에 기반을 두었으며 현대 과학이 등장하기 전 달성 가능한 가장 높은 수준에 이르렀다"(Bodde, 1991, p. 235)고 생각했다. 여기서 '이론'이 무엇을 뜻하든 유럽과 중국의 명제적 지식의 차이는 점점 커져만 갔다. 1700년에 유럽인은 지리학, 수리학, 광학, 가축 사육, 도식적 표현, 천문학, 과학의 도구, 윤작을 포함한 모든 방면에서 명제적 지식의 범위를 넓혔다. 명제적 지식과 처방적 지식은 서로를 보완하며 강화되었다. 이런 공진화는 18세기 후반과 19세기 초반 상대적으로 짧은 시간에 서양과 동양의 기술적 격차를 급격히 늘리는 자기 강화적 선순환을 창출했다.[46]

만약 서양 세계가 부상하지 않았다면 (충분한 시간이 주어졌을 경우) 동양이 비슷한 것을 이뤄냈을지 아무도 속단할 수 없다. 동양이 증기 기관을 만들거나 배종설을 우연하게라도 발견했을지 알 길은 없다. 1800년 중국 산업 현장에서 사용하던 대부분의 기술은 송나라 시대의 기술과 별반 다르지 않았다는 데 현대 학자들은 의견이 일치한다(Richardson, 1999, pp. 54-55). 하지만 경제를 거시적으로 봤을 때 이는 과장된 주장이다. 중국은 땅콩과 고구마 등의 새로운 농작물을 도입했는데, 그중 일부는 대륙 간 생태계 교환(intercontinental ecological arbitrage)을 이끈 16세기 유럽 탐험가들에 의한 것이었다. 따라서 '정체'라는 표현은 너무 지나치지만, 중국의 기술 발전은 서양은 고사하고 과거 송나라와 비교하더라도 그 속도가 둔화했다는 것을 명백하게 알 수 있다. 엘빈(Elvin, 1996, p. 93)은 중국에서 수력 기술에 대한 수요가 분명 높았고 이를 도입하는 데 특별한 제약이 없었던 만큼 수력 기술을 발전시킬 기회가 분명 있었다고 생각한다. 하지만 중국의 수력 기술은 최소한의 발전만을 이루었다. 19세기 중국에 들어온 서양 기술은 달콤한 낮잠을 즐기던 중국 기술을 깨우는 불경스러운 일을 저지른 셈이다.

급진적으로 이단적인 사상이 중국에서 이목을 끄는 데 실패한 것은 중국과 유럽의 근본적 차이를 나타낸다. 유럽에도 억압적이고 보수적인 통치자가 많았지만 유럽 국가들이 벌인 치열한 경쟁은 특정한 교리를 사람들에게 강제하는 힘을 제한했다. 이런 억압은 그들의 군사력과 정치적 명성을 훼손했고 유능한 지식인을 떠나보냈다. 만약 모든 통치자가 합리적이었다면 우리는 유럽에서 벌어진 억압의 역사를 알지 못할 것이다. 실제로 이런 억압은 반복적으로 일어났다. (경제학자들은 이런 것을 '균형에서 이탈했다'고 표현한다.) 그중 가장 악명 높은 일은 프랑스 루이 14세가 1685년 낭트 칙령(1298년 30년 전쟁을 종식시킨 칙령으로, 표면적으로나마 위그노에게 신앙의 자유를 보장했음—옮긴이)을 폐기한 사건일 것이다. 하지만 유럽의 제도적 환경 속에서 이런 일은 지적 혁신이 일어나는 장소를 바꾼 것에 불과했으며, 지적 혁신을 완전하게 억압하지도 못했다. 프랑스 위그노들은 다른 곳에서 그들의 창의성을 꽃피웠다. 다시 말해, 중국의 제도에 부족했던 것은 아이디어 시장과 정치 차원에서의 치열한 경쟁이었다.

1600년 이후 중국의 과학이 유럽보다 왜 더디게 성장했는지 문화적 측면에서 설명하는 여러 이론이 제기되었다. 니덤은 중국의 사고 체계에 우주의 입법자(Supreme Lawgiver)라는 강한 유일신 전통이 없기 때문에 자연의 보편적 법칙이라는 사상을 갖지 못했다고 설득력 있게 주장한 최초의 학자였다. 대신 그는 중국인의 세계관인 음과 양의 원리가 우리 몸의 내분비 기관처럼 서로 상호 작용하면서 인과관계를 뚜렷하게 식별할 수 없는 유기체적인 관계를 맺는 것으로 생각했다. 니덤은 갈릴레오와 뉴턴이 만든 기계적 작동 원리에 대한 지식 없이 근대 과학은 작동할 수 없었을 것이라고 지적했다(Needham, 1969a, p. 311). 니덤은 중국에도 "신적인 존재(Supreme Being)"라는 개념이 없었던 것은 아니라고 인정했으나, 그들의 신은 "비인격적"이고 "창조와는 전혀 관계가 없었다". 그 결과 이성적인 천체의 입법자라는 사고 체계가 없는 중국에서는 과학적 방식을 동원해 자연의 법칙을 해석해야 한다는 생각도 없었다(Needham, 1969a, p. 328).

그렇다면 이런 중국의 사고 체계는 과학 발전을 얼마만큼 방해했을까? 자연은 예측 가능한 규칙에 따라 움직이며 인간이 이런 규칙을 활용할 수 있다는 생각은 그 어떤 사회도 완전하게 무시하지 못했고, 이런 사상 없이는 생산 활동도 가능하지 않았다.[47] 이런 법칙이 진정으로 보편적이었는지, 아니면 단순히 사용 가능한 경험적 규칙성이었는지는 현상학보다 기술에 덜 중요했을 수도 있다. 하지만 모든 자연의 법칙을 통제하는 전지전능한 존재에 대한 믿음은 발전의 앞길을 가로막는 우인론(occasionalism, 偶因論)이나 다른 형이상학적 신념으로 이어질 수 있다는 점에서 역효과를 낳을 수 있다. 여기서 번역이 매우 중요한데, 중국인이 자주 언급하는 '천법(天法)'은 니덤이 단언한 것처럼 입법자(서양의 신을 의미함—옮긴이)가 만들지 않은 자연의 법을 의미한다. 이런 의미에서 물론 자연을 바라본 중국인의 시각은 케플러나 뉴턴의 시각보다 20세기 과학자에 더 가까웠을 수는 있다.[48] 고대 중국인에게 세계는 "모든 부분이 완벽한 자유를 누리며 서로 협력하는 거대한 유기체"(Ronan and Needham, 1978, p. 167)로 보였을 것이다.

그렇다면 니덤의 퍼즐에 대한 대답은 무엇일까? 중국에는 잡다하고 자잘한 과학은 있었으나 진정한 과학은 없었다는 시빈의 유명한 말에서 단서를 찾을 수 있다(Sivin, (1984) 2005, p. 4). 이런 관점에서 역설적이게도 중국엔 새로운 사상을 검증하는 아이디어 시장 같은, 조정을 위한 단일 메커니즘이 없었다. 유럽은 비록 정치적으로는 분열했지만 새로운 사상이 진입해 기존의 사상에 도전하는 등 아이디어 시장이 원활하게 움직였다. 종종 새로운 진입자는 패러다임을 전복할 정도로 많은 지식인의 지지를 얻기도 했다. 진정한 문화적 사업가가 많지도 않았고 동시에 등장하는 경우도 적었지만, 분명한 것은 유럽의 아이디어 시장은 이런 문화적 사업가가 번성할 수 있는 기회를 마련했다는 점이다. 새로운 진입자가 만들어낸 새로운 사상은 반박을 허용하지 않는 권위적 사상으로 변질되지 않는 한 원활하게 작동하는 경쟁적인 아이디어 시장의 징후다. 아이디어 시장에서 경쟁은 논리와 근거를 서로 비교하면서 이뤄졌으며, 문화적 진화의 각종 편향은 여러 행위자가 서로 조율하면서 결국에는 그 시대의 대표적 신념으로 정착했다. 아이작 뉴턴이 바로 그랬다. 뉴턴 말고도 파라켈수스, 베살리우스, 데카르트, 갈릴레오, 라부아지에, 린네, 다윈 그리고 아인슈타인을 비롯한 여러 명이 그러했다. 유럽에서 성공적인 문화적 사업가가 등장할 수 있었던 이유는 아이디어 시장에서 경합이 가능했을 뿐만 아니라, 이들이 실제로 꾸준하게 경합했기 때문이다. 점점 더 많은 지식 체계의 성우(聖牛)가 근거와 검증이라는 도축장으로 끌려갔다.

유럽의 지식인이 아리스토텔레스와 프톨레마이오스 그리고 갈레노스에게 했던 일을 명·청 시대 중국의 지식인은 자신들의 제국이 점차 사그라지는 19세기가 끝나갈 무렵까지 공자와 맹자 그리고 순자에게 차마 하지 못했다. 중국에서 고전 학문에 대한 존경은 유럽의 전통보다 한층 강했다. 네이선 시빈은 중국의 고전 학문에는 "모든 지식이 담겨져 있고" 따라서 "중국의 과학은 객관적 현실에 단계적으로 다가가는 것이 목표가 아니라 고대의 현자들이 이미 알고 있던 지혜를 다시 회복하는 것을 목표로 삼았다"(Lloyd and Sivin, 2002, p. 193)고 꼬집었다.

또한 유럽에서 등장해 널리 확산된 공개 과학은 당시의 지식이 고대에는 분명 존재했지만 중세 들어 사라진 많은 유용한 지식의 운명을 피해 사라지지도 않고 잊히지도 않으리라는 것을 보장했다. 중국의 활발한 지식 발전에도 불구하고 조선(造船)과 시계 제작 같은 잘 알려진 몇몇 기술은 사람들에게 외면당하고 결국 사라진 것처럼 보인다. 여러 가지 이유가 있겠지만 그중 그럴듯한 것 하나는 그 지식이 충분히 많은 사람에게 확산되거나 문서 또는 모형으로 남겨지기 전에 그걸 보유한 사람이 죽었기 때문일 수도 있다. 가장 대표적인 발명품은 소송(蘇頌)이 만든 수운의상대(水運儀象臺)일 것이다. 이는 당시까지 만든 것 중에서 가장 발전한 형태의 물시계였지만, 예수회가 중국에 도착했을 때 수운의상대는 중국인의 기억에서 사라진 지 오래였다. 랜더스는 "장대한 막다른 길(a magnificent dead end)"이라는 절묘하지만 조금은 부정확하게 수운의상대를 평가했다. 랜더스는 언뜻 보이는 이 같은 기술의 승리가 사라진 이유를 이렇게 설명했다. "아이디어 시장도 없고, 지식의 확산과 교환도 없고, 기술과 정보가 쌓이거나 성장하지도 않았다. 따라서 지식은 한 세대에서 다른 세대로 매우 불규칙하게 전달되었다"(Landes, 1983, p. 33).[49] 따라서 공개 과학은 모든 발견과 모든 발명품을 대중에 공개함으로써 유용한 지식이 지속적으로 쌓이도록 보장하는 최고의 방식이었다. 유럽의 특허국은 발명가가 특허 신청을 할 때 그 발명품의 원리와 구조를 매우 섬세하게 설명해야 했기 때문에 이런 추세를 강화했다.

중국과 계몽주의

만약 유럽의 계몽주의가 경제 발전에 부분적이나마 매우 중요한 역할을 했다면, 왜 다른 문명권에서는 비슷한 현상이 일어나지 않았을까? 이 질문에 대한 대답, 즉 유럽이 계몽주의라는 문화적 변혁기를 거쳤고, 그 계몽주의 외에 경제 성장에 이르는 다른 길은 없었다는 주장은 다분히 유럽 중심적이다. 이보다 더 설득력 있는 대답은 중국이 실제로 유럽의 계몽주의와 비교할 만한 문화적 현상을 경험했지만 유럽에서 일어난 운동과 근본적으로 달라 결국에는 전혀 다른 결과로 이어졌다는 것이다. 한 국가를 더욱 부유하게 만드는 과학과 기술의 발전은 인적 자본의 최상위 계층에 속하는 지식과 기술 엘리트의 문화적 신념에 크게 달려 있다. 니덤의 퍼즐에 대답할 수 있는 열쇠 중 하나를 여기서 찾을 수 있을까?

중국은 계몽주의를 경험하지 않았고, 따라서 산업혁명을 일으킬 수 없었다는 주장은 단순할뿐더러 완전하지도 않고 우리를 잘못된 길로 인도할 수 있다. 우리가 유럽의 계몽주의와 밀접하게 연관 짓는 여러 사상과 개념은 중국에서 생겨난 것과 놀랄 정도로 닮았지만, 둘 사이에는 이런 유사점만큼이나 차이점도 분명했다. 명나라 말기에 중국은 실학(實學)이라는 지적 운동을 경험했다. '실학'이라고 해서 이 용어를 현대적인 개념으로 해석해서는 안 되지만 이는 물 관리, 군사과학, 행정 같은 검증 가능한 지식과 '현실적인 것'을 의미하는 용어라고 생각할 수 있다. 실학은 과거 시험을 위한 암기 위주의 학문과 당시 중국의 지적 엘리트 사회를 지배하던, 현실 세계와 동떨어지고 지나치게 현학적인 문헌 위주의 학문에 대한 반감으로 생겨났다(Rowe, 2009, p. 59). 어쨌거나 실학은 거대한 지적 혁신이었다. 그 지적 혁신의 대부분은 예수회와 그들이 가져온 서적을 통해 서양에서 빌려왔고, 일부는 자체적으로 생겨났다(Jami, Engelfriet, and Blue, 2001, pp. 12-14).

18세기 유럽이 그랬던 것처럼 중국에는 명제적 지식을 보유한 사람과 처방적 지식을 관리하는 사람을 이어주는 제도적 가교가 없었다. 공학, 기계, 화학, 광업과 농업 분야에서 중국 학자와 기술자 사이의 관계는 유럽에서 이들의 관계가 가장 떨어져 있을 때만큼이나 거리가 있었다.[1] 지식 있는 사람과 물건 만드는 사람 간 정보의 흐름은 유럽보다 중국에서 훨씬 좁고 약했으며, 이런 관계가 발전의 핵심이라는 깨달음은 동양에서 여전히 찾아볼 수 없었다.[2] 니덤은 공학의 진정한 발전은 "언제나 '화이트칼라 지식인'과 뚜렷하게 구분되는 격차를 도저히 좁힐 방도가 없던 문맹, 또는 반문맹인 장인 및 기능공이 만든 것"(Needham, 1969a, p. 27)이라고 지적했다.[3] 학술 커뮤니티 안에서뿐만 아니라 학자와 권력자 사이의 소통, 궁극적으로는 학자·제조업자·농부·항해사의 소통을 구축하는 것이 중요하다고 강조한 베이컨학파는 유럽의 연구 방식을 재정립했다. 니덤(Needham, 1969a, p. 142)은 중국의 학자는 현학적인 표의문자의 거장이었지만 장인의 세계와는 꽤 멀리 떨어진 채 오랫동안 "오륜(五倫)과 음양의 원리라는 원시적 이론만 되풀이했다"고 지적했다. 아울러 니덤은 매우 드물게 예외적으로 뛰어난 사람들만 이런 장벽을 허물었다고 주장했다. 우리가 살펴본 것처럼 이런 개인은 중국보다 유럽에서 더 흔하게 나타났다. 더욱이 유럽에는 혁신적인 전문 기술인이 자연철학자가 만든 과학과 연구 기법을 직접 사용할 수 있는 문화가 널리 퍼져 있었고, 이것이 기술의 발전을 도왔다. 지난 2세기 동안 중국에서 이런 방향으로 나아가려는 어떤 시도도 일어나지 않았다고 말할 수는 없지만, 그들이 확고하게 자리 잡은 지적 기득권 세력을 극복하지 못한 것은 사실이다.

17~18세기의 계몽주의에 대응하는 중국의 학문적 운동으로 '근거에 의한 연구'인 고증학이 있었다. 고증학파는 타성적인 관념론과 도덕을 논쟁 대상에서 제외하고, 역사적 사건에 대한 구체적 사실과 엄격한 증거를 토대로 실증적 학문을 연구했다(Elman, 2001, p. 4). 이 시대 중국의 학풍은 "본질적으로 과학 연구에 반감을 갖지 않았고 새로운 사상에 저항하지도 않았다"(De Bary, 1975b, p. 205). 고증학은 폭넓은 자료 수집을 바탕으로 모든 주장에 근거와 증거를 요구하면서 맹목적 믿음과 근거 없는 추측을 피했다. 고증학은 매우 유망해 보였지만 결국은 유럽과 다른 결과로 이어졌다. 중국 학자들은 주로 문헌학과 언어학 그리고 역사학에 관심을 보이면서 "고대 중국 현자들이 진실로 뜻한 바와 의도가 무엇이었는지, 그리고 이를 통해 현세를 어떻게 살아야 하는지에 대한 더 나은 이해를 갖게 될 것이라고 확신했다"(Spence, 1990, p. 103).[4] 더욱이 유럽 계몽주의와 달리 중국의 고증학 운동은 대부분 물질적 발전에 큰 관심을 보이지 않던 (과거 시험을 통과한) 고위 관료이자 성리학 엘리트에 의해 이뤄졌다.

유럽에서 고대인에 대한 비판이 증가한 시기에 일어난 중국의 지적 혁신은 이단적 사상가였던 이지(李贄, 1527~1602)의 글과 발자취에서 찾을 수 있다. 이지는 사상가가 되기 위해 굳이 유교 경전을 꿰뚫을 필요가 없다고 생각한 것처럼 보인다. 그의 이런 생각은 당시 기준으로 볼 때 상식에 전적으로 반하는 것이었다(Jiang, 2001, p. 13). 이지는 일찍이 사욕 추구는 인간의 본성으로서 비난해서는 안 되며, 육체의 욕구 역시 수용의 대상으로서 그리고 치료의 목적으로서 바라보아야 한다고 주장했다. 이는 우리가 유럽 계몽주의의 급진적 사상으로 간주하는 것과 다르지 않았다. 이지는 경정향(耿定向, 1524~1594)과의 사상 논쟁에서 근대인을 지지하고 고대인을 반대했다. 그는 공자 《논어》의 구절을 들먹이면서 "충동적이고 타협하지 않는 것"이 "도학자(道學者)인 척하는 것보다" 더 낫다고 주장하며 경정향이 "오래된 길에 남겨진 발자취만을 따라간다"고 비난했다(Brook, 2010, p. 180). 황런위〔黃仁宇(Ray Huang), 1981, p. 204〕는 이지의 이러한 시각은 주희의 글을 기반으로 세워진 정통 성리학에 위협을 가했으며, 개개인이 마음의 수련을 통해 대동(大同: 유교 사상에서 이상화한 세계를 일컫는 말—옮긴이)을 이룰 수 있다는 생각을 수용했다면 대부분의 유교 경전은 사라졌을 것이라고 지적했다. 이런 시각은 "엘리트가 인정하고 공부한 정통 교리에 크게 의존한 제국의 내적인 통합"에 중대한 도전이었다. 최소한 그런 의미에서 이지는 마르틴 루터가 한두 세대 전 유럽에서 그랬던 것처럼 중국 입장에서는 심각한 위험으로 여겨졌다. 하지만 중국에서 잠재적인 문화적 사업가가 직면한 투쟁은 유럽에서보다 훨씬 더 힘겨웠다.[5] 심지어 쇠약해질 대로 쇠약해진 명나라 말기의 황실은 유럽 국가들에서보다 체제전복적이라고 느낄 수 있는 사상을 탄압하는 데 더 몰두했다.

더욱이 이지는 갈릴레오도 아니고 베이컨도 아니었다. 이지의 관심사는 거의 전적으로 부정할 수 없는 인간의 필요와 욕구를 사회도덕의 제약과 조화시키는 것이었다(Huang, 1981, p. 198). 아무튼 이지는 자신의 이단적 사상으로 인해 개인적으로 매우 큰 대가를 치렀다. 매우 이단적인《분서(焚書)》를 출간한 후 황제의 근위대에 체포당하고 감옥에서 스스로 목숨을 끊었다(Huang, 1981, pp. 189-221). 이지의 생활 방식이나 싸우기 좋아하는 호전적 성격에 비해 이단적 저술 활동이 그의 비극적 운명에 얼마나 기여했는지는 확실하지 않다. 명나라 말기에는 상당히 이단적인 글을 남긴 지식인이 많았다. 장진〔姜進(Jin Jiang)〕은 왕양명을 포함해 당시 중국의 혁신적인 지식인에 대해 조사했다. 왕양명은 영향력 있고 성공적인 지식인으로서 주희의 사상을 비판하며 좀더 이상적이고 평등주의적인 철학을 내세웠다. 그러면서 도덕은 선천적인 본능이지 학습되는 것이 아니며, 주희와 그의 사상을 따르는 학자들은 도덕적인 행동을 하는 대신 도덕을 공부하는 것에만 그쳤다고 주장했다. 왕양명의 제자들은 도덕 지식과 관련해 고전을 공부하는 것이 명상보다 덜 중요하다고 결론지었다. 물론 이는 성리학의 대동사상과 정반대되는 시각이다(Brook, 2010, pp. 163, 183). 이런 비판이 장군으로서, 그리고 행정가로서 왕양명의 커리어에 해를 주었다는 증거는 많이 없는 듯하다. 주희의 사상이 기득권을 대변했다면 왕양명의 사상은 그 대안을 확립했다(Bol, 2008, p. 99). 한동안은 왕양명의 진보적 사상과 그 영향을 받은 사람들로 인해 중국은 성리학 전통 속에서 사상적 다원주의의 문이 열린 것처럼 보였다.[6] 왕양명의 업적은 중국의 아이디어 시장이 어느 정도 경쟁적이었으며, 정통성에 대한 비판에 항상 적대적이지는 않았다는 것을 보여준다. 하지만 중국의 지적 문화는 여전히 혁신, 다원주의, 경합성을 반대한 과거 제도의 지배를 받았다. 실제로도 정부와 황실을 독점한 성리학파는 왕양명과 그 제자들의 거센 도전을 꺾었다(Elman, 2013, p. 81).

이 시기 중국에서는 지적 개혁을 위한 진지한 시도가 많이 일어났다. 중국 계몽주의의 씨앗은 기상학과 지리학 같은 잠재적으로 매우 유용한 여러 명제적 지식을 담은 《물리소식(物理小識)》이라는 백과사전식 총서를 저술한 방이지(方以智, 1611~1671)가 뿌렸다고 할 수 있다. 방이지는 서양의 학문, 즉 서학에 관심을 보였으며 중국에 거주하던 예수회 선교사이자 과학자 요한 아담 샬 폰 벨(Johann Adam Schall von Bell)과 가깝게 지냈다. 젊을 때부터 18세기 고증학파에 큰 영향력을 발휘한 그의 삶과 업적은 상황이 조금만 달랐더라면 중국의 역사가 지금의 우리가 알고 있는 역사와 달랐으리라는 것을 상기시켜주는 단적인 예다. 심지어 피터슨(Peterson, 1975, pp. 400-401)은 방이지가 물질(physical objects), 기술 그리고 자연 현상을 중심으로 지식을 탐구한 17세기 철학의 가능성을 대변하는 인물이라고 주장하기도 했다.[7] 아울러 방이지의 글과 학문이 유럽 과학의 세속화와 필적한다고 주장했다. 그렇다면 도대체 중국은 유럽과 무엇이 어떻게 달랐기에 방이지가 유럽의 베이컨과 갈릴레오 같은 문화적 사업가가 되지 못했고, 그의 사상은 단지 '가능성'에만 머물렀던 것일까?[8] 실학과 고증학의 정확한 차이점은 아직 논쟁의 여지가 남아 있지만 현대 학자들의 관점에서 볼 때 자연 현상과 기술에 지대한 관심을 보인 실학은 문헌에 치중하고 과거 회고적인 지적 활동에 자리를 내주며 "청나라 시대에 들어서면서 자취를 감췄다"(Jami, Engelfriet, and Blue, 2001, p. 14). 엘먼의 말을 빌리면 청나라의 성장과 함께 중국의 과학은 "중국 전통 학문 쪽으로, 내향적으로" 변했으며 "유럽에서 뉴턴과학의 시대가 등장했을 때 중국 학자들은 전통 의학, 수학, 천문학과 사대부의 관심 아래 존경받는 고전 학문을 복원하는 데 집중했다. ……이런 학풍은 19세기 중반 서양 의학과 기술이 뚜렷한 존재감을 드러내고 더 이상 저항할 수 없을 때까지 방해받지 않고 지속되었다"(Elman, 2005, pp. 220-221).

　그럼에도 '중국의 계몽주의'라는 주제는 문학과 고대 문헌에 대한 편향을 과장했을 수도 있다. 16세기 후반 중국에 들어온 예수회 선교사들은 천문학과 수학에 대한 중국인의 관심을 자극했고, 중국 학자들은 서양에서 유입된 유용한 지식을 조심스레 검토하기 시작했다(Jami, 1994). 매문정(梅文鼎, 1633~1721) 같은 고증학파의 학자들은 서양의 수학과 천문학을 중국의 지식과 비교하면서 서양이 일구어낸 선진 과학에 주목했다. 그러나 저서 《역학의문(曆學疑問)》(1693)에서 매문정은 유용한 지식의 축적과 적용을 가로막는 중국의 근본적인 한계를 보여주었을 뿐이다. 매문정의 책에 따르면 근대인은 그 어떤 면으로도 고대인보다 우수하지 않으며 역사는 발전하지 않는다. 실제로 그는 "인간의 지식이 축적되는 데는 고대인의 우수한 능력이 있었다"(Jami, 2012, p. 220)고 생각했다. 고증학파 학자들은 수학과 천문학이 매우 중요한 학문이라는 것을 알고 있었지만, "실용적인 목적으로 그들의 지식을 적용"(Jami, 1994, p. 227)하기보다 고대의 문헌을 이해하는 데 더 주력했다.

　명나라 말기 가장 주목할 만한 관료로 서광계(徐光啟, 1562~1633)가 있었다. 서광계의 학문적 업적과 사상은 어떤 면에서는 동시대인이던 프랜시스 베이컨과 매우 흡사했으며, 중국에서 '실용'이라고 알려진 사회적 질서를 확립하기 위해 지식을 현실에 적용해야 한다는 베이컨의 신념과 공통점을 갖고 있다(Bray and Métailié, 2001, p. 323). 그는 군사력 강화뿐 아니라 과학 기술의 발전을 통해 부국강병을 이룸으로써 중국을 구한다는 확신에 고무되어 신학문에 열의를 보였다(Qi, 2001, p. 361). 이런 점에서 그의 신념은 분명한 차이점이 있음에도 베이컨을 연상케 한다. 서광계는 중국 황실의 고위 관료로서 예부상서(지금의 문화교육부 장관)와 내각대학사(內閣大

學士)를 역임했다. 그는 브라헤와 케플러의 영향을 받은 예수회로부터 배운 최신 천문학 자료를 바탕으로 중국의 달력을 만드는 데 기여했다. 놀랍게도 1603년 기독교로 개종하고 예수회 선교사 마테오 리치 신부와 긴밀한 관계를 맺으면서 유클리드의 《기하학원론》을 함께 번역했다. 아마도 그의 저술 중에서 가장 놀라운 책은 사후에 발간한 기념비적 저서 《농정전서(農政全書)》(1639)일 것이다. 《농정전서》는 기존에 널리 알려진 농학의 여러 이론에 자신의 이론을 접목한 저서로 여러 실험을 통해 농업 지식을 축적할 수 있다는 그의 신념을 보여준다. 총 70만 자로 이루어졌을 만큼 방대한 규모를 자랑하는(Bray, 1984, p. 66) 이 책은 당시 어느 대륙의 기준으로 봐도 굉장히 진보적인 사상으로 가득 차 있다. 서광계는 이 책에서 다양한 실험에 대한 글을 실었으며, 그중 일부는 자신이 직접 수행한 것도 있다. 고구마 같은 신세계에서 유입된 새로운 작물에 대해 호의적으로 쓰면서, 작물은 유래된 곳에서만 잘 자란다는 잘못된 신념 때문에 도입을 꺼려 한 보수적인 농부를 비판했다(Bray and Métailié, 2001, p. 341). 서광계는 실용적 지식인이었으며 언제나 실학을 옹호했다. 그의 학문은 만약 다른 정치 체계를 가진 곳에서 살았더라면 중국의 지적 혁신가들이 무엇을 할 수 있었는지 보여주는 사례다(Zurndorfer, 2009, p. 82).

명나라 말기의 지식인 중 그 누구도 중국의 고전 철학에 대놓고 도전하거나 반박하지 않았다. 그럼에도 W. 시어도어 드 배리(W. Theodore De Bary, 1975a, p. 5)와 장진(Jiang, 2001)은 명나라 말기에 근대적이고 혁신적인 다양한 세계관이 제한적으로나마 만개했다고 지적했다.[9] 자미(Jami, 2012)를 비롯한 몇몇 학자는 명나라의 멸망과 청나라의 통일이 중국의 과학 발전에 결정타였고, 1644년 이전까지 조금이나마 남아 있던 지적 문화의 발전은 청나라의 통치, 다시 말해 드 배리가 말한 "만주인의 억압"으로 뿌리째 뽑혔다고 주장했다. 18세기 말 건륭제는 '문자(文字)의 옥(獄)'이라고 알려진 반청(反淸) 지식인에 대한 대규모 탄압을 단행했다. 문자의 옥은 지적 혁신가보다는 반청 학자에 대한 숙청이 목표였지만, 어찌 되었든 중국 지식인 계층과 인적 자본의 형성에 막대한 피해를 입혔다(Koyama and Xue, 2015).[10]

더욱이 중국 정부로 하여금 서양의 신학문을 수용할 여지를 조금이라도 높이려면 학자들은 서학이 중국에서 비롯되어 넘어간 것이며, 따라서 서학의 뿌리는 결국 중국의 전통 학문에 있다는 것을 관료들에게 납득시켜 정당성을 확보해야만 했다. 마찬가지로 매문정은 유럽의 학문이 중국에서 비롯한 것이며, 따라서 궁극적으로 가장 신뢰하고 믿을 만한 지식은 중국의 전통 학문이라고 강희제를 설득해야만 했다(Elman, 2005, pp. 231, 236). 예를 들면 지구의 정확한 모습 등과 같은 최신 천문학 지식은 유럽에서 발전했지만 그 뿌리는 과거 중국에 있으며, 따라서 완전하게 외국의 지식은 아니라는 식이었다(Jami, 2012, p. 222). 서양 지식이 고대 중국에 그 뿌리가 있다는 것을 입증해야만 했다는 것은 중국 지식인이 고대인에 대해 느꼈던 부담을 반증한다. 반면 유럽에서는 지식의 독창성을 주장해야 할 필요가 없었던 듯하다. 뻔뻔스럽게도 유럽인은 외국으로부터 유용한 지식을 빌리는 데 거리낌이 없었고, 선조들에게 빚을 졌다는 것을 인정했지만 그렇게 얻은 것을 바탕으로 지식을 확장하고 기술을 발전시켰다. 유럽의 이런 모습은 중국과 확연하게 비교된다. 한 학자는 조금의 과장을 섞어 이렇게 말했다. "1800년에도 유럽의 지식을 대규모로 도입하자는 합의가 없었고 …… 유럽의 지식이 평범한 중국인의 삶을 근본적으로 바꿀 수 있다는 것을 중국이 알았다는 그 어떤 조짐도 없었다"(Deng, 2009, p. 62).

중국 과학자들은 종종 그들에겐 없는 유럽인의 도구를 받아들여 사용하곤 했지만, 그 성능을 개선하려는 노력을 하지 않았다. 단적인 예로 유럽의 발명품으로 중국에서 천문학을 연구하기 위해 도입한 망원경이 있다(Huff, 2011, pp. 110-114). 망원경은 비록 예수회 선교사들에 의해 중국에 소개되었지만, 중국인은 존 플램스티드를 포함해 망원경으로 무장한 유럽의 천문학자가 했던 것처럼 천체 좌표를 발전시키지 못했다. 토비 허프(Toby Huff)는 이런 차이점을 중국 지식인의 "호기심 부재"에서 찾지만 유용한 지식의 축적이 이루어지는 제도적 및 정치적 환경을 더욱 면밀하게 들여다보지 않고는 이런 차이점을 진정으로 이해할 수는 없다.

고증학 전통에는 유럽의 과학혁명과 계몽주의 요소가 있었다(Elman, 2001). 일례로 고증학파는 서로 정보와 서신을 주고받는 효율적인 네트워크를 구축했다. 또한 많은 고증학파 지식인이 살던 장난(양쯔강 삼각주) 지역에는 많은 도서관이 있었으며, 책 대여는 흔한 관습이었다. 베이징에서는 서점으로 가득 찬 시가지가 있었고, 유럽과 마찬가지로 고전 문학뿐만 아니라 여러 소설도 출간했다. 명나라 후기에 접어들자 장난 지역에서 책 가격이 하락하고, 이를 통해 책은 대중성을 확보할 수 있었다(Elman, 2005, p. 29). 초순(焦循, 1763~1820)이 말한 대로 중국 학자들도 유럽 지식인처럼 수학이야말로 실증적인 학문의 열쇠라는 데 동의했다. 그리고 유럽과 마찬가지로 많은 정보를 표로 정리하거나 그림 또는 지도로 나타내기 시작했다. 도표와 섬세한 지도를 곁들여 춘추 열국의 역사를 기술한 고동고(顧棟高, 1679~1759)의 책이 대표적인 예다. 철저한 고증과 탄탄한 논리, 그리고 엄밀한 증거로 주자학의 이론적 토대인 《서경(書經)》의 절반이 날조된 것임을 밝힌 염약거(閻若璩, 1636~1704)도 빠뜨릴 수 없다. 청나라 초기의 과학자는 그들의 수학 도구(삼각법과 기하학)로는 자연을 설명하고 예측할 수 없다는 것을 깨달았다. 하지만 네이선 시빈(Sivin, 1975, p. 161)이 지적한 것처럼 "중국에서는 새로운 도구를 과거의 잃어버린 수리천문학을 재발견하고 재구성하는 데 사용했으며, 따라서 전통적인 가치를 대체하기보다는 영속시켰다".

중국이 유럽과 달랐던 점은 중국의 지식인은 자신들의 손을 단단하게 붙잡고 있는 과거로부터 벗어나기 쉽지 않다는 사실을 깨달았다는 것이다. 중국의 지식인은 수학과 의학을 포함해 많은 유형의 유용한 지식을 연구하고 새로운 발견을 꾸준하게 반영했음에도 이를 고전 학문의 한 분야로 간주했다. 분명 이런 지식을 현실에 접목시키고자 한 시도가 있었고, 중국인은 이렇게 등장한 새로운 사상이나 물건을 싫어하지 않았다. 하지만 유럽인과 달리 중국 학자들은 유용한 지식, 그리고 이를 통한 물질적 발전이 자연철학의 존재 이유라고 생각하지 않았다. 과거 지식인의 지혜를 끊임없이 파기해야 할 대상으로 생각한 것은 유럽의 지식인에게 당연한 것이었지만, 중국에서는 좀처럼 찾아보기 힘든 일이었다. 심지어 서광계가 쓴 방대한 《농정전서》의 90퍼센트는 과거 학자들의 인용문으로 구성되었을 정도다(Bray and Métailié, 2001, p. 337).

고증학파의 창시자 중 한 명인 고염무(顧炎武, 1613~1682)의 업적도 매우 흥미롭다. 중국의 아서 영(영국의 농학자—옮긴이)으로 알려진 고염무의 학문적 업적은 명나라 말기 중국의 새로운 학풍을 상징한다. 고염무의 연구는 훨씬 더 엄격하고 이성적이었으며, 중국에서 광범위한 여행을 통해 직접 현실적인 정보를 수집했다. 하지만 고염무의 글은 문헌학, 고고학 그리고 선대들의 글에 대한 면밀한 분석을 바탕으로 한 정보를 제공했으며 개인적으로는 역사와 문헌학, 정치학에 많은 관심을 가졌다.[11]

유럽의 계몽주의 사상과 가장 비슷한 생각을 가졌던 지식인으로 송응성(宋應星, 1587~1666)이 있었다. 당시 중국의 모든 산업 부문을 망라한 산업 기술 백과사전인 《천공개물(天工開物)》(1637)을 쓴 인물이다[Song, (1637) 1966]. 과거 시험에 계속 낙방한 송응성은 니덤이 "중국의 디드로", "중국의 아그리콜라(Agricola: 독일의 역사가이자 의사로서 광물학과 광산학의 선구자—옮긴이)"로 부를 만큼 학식 높은 사람이었다(Needham, 1959, p. 154; 1986, p. 102). 송응성의 글은 매우 흥미로운데, 그의 생각이 동시대 유럽 지식인과 많은 부분에서 일치하기 때문이다. 당시 중국에서 성공과 사회적 명성을 얻는 길은 과거의 문헌을 철저하게 공부하는 것이었기 때문에 야망 있는 젊은이들은 고전 학문에 정진했고, 따라서 중국 지식인 대부분은 새로운 기술과 실용적 과학 기술의 발전에 큰 관심을 두지 않았다. 중국의 지식인은 행정학과 국가 운영에 더 많은 관심을 보였고, 기술은 장인에게 맡겼다. 송응성은 과거 시험을 통과한 엘리트 집단에 합류하지 못했기 때문에 자연철학과 기술 지식 사이의 장벽을 허물 수 있었다(Christopher Cullen, 1990, p. 315). 《천공개물》 앞부분에서 송응성은 "야망 있는 학자라면 이 책을 책상 위로 던져놓고 두 번 다시 눈길을 주지 않을 게 확실하다. 이 책은 관료 사회에서 출세와는 전혀 관계가 없다"[Song, (1637) 1966, p. xiv]고 용기 있게 썼다. 그는 인간과 저승 간의 상호 연관성을 논의하는 데 엄격한 의례와 도덕은 무관하다고 생각했다. 셰퍼(Dagmar Schäfer)가 지적한 것처럼 송응성의 이런 사상은 베이컨 프로그램의 가치와 일치하며 "선조의 가르침을 의심하고 주류 사상에 도전하며 세상을 좀더 이성적으로 바라보기 위해 체계적 분석을 한다는 점에서 우리가 생각하는 이상적인 현대의 과학자상에 부합했다"(Schäfer, 2011, p. 54). 컬런은 산업계몽주의에 엄청난 영향력을 행사한 프랜시스 베이컨과 송응성은 솔메이트나 다름없다고 말했다. 하지만 이 둘의 차이점은 유사점만큼이나 놀라울 정도다. 송응성은 '중국의 베이컨'이 될 운명이 아니었다. 그의 글은 동시대 중국 지식인에게 큰 영향을 끼치지 못했다(Christopher Cullen, 1990, p. 316).[12] 또한 송응성을 포함한 당시의 진보적인 중국 학자들조차도 베이컨 같은 유럽 지식인과는 매우 다르게 생각했다. 셰퍼(Schäfer, 2011, p. 117)의 말을 빌리자면 송응성은 "능력 있는 학자는 실용적인 공예를, 그 반대로 장인은 학문에 조예가 깊어야 한다는 말을 비웃었을 것이며 실제로 그는 한 집단의 개인이 다른 집단의 지식을 활용할 수 없다고 주장했다". 유럽과 마찬가지로 중국에는 이론 지식과 기술 지식에 다방면으로 능한 재능 있는 사람이 많았지만, 대부분의 중국 지식인은 스스로가 학자라고 여기면서 학문은 교육받은 사람들만 해야 한다고 생각했다는 점에서 유럽과 달랐다.

중국의 계몽주의가 유럽과 어떻게 달랐는지를 보여주는 또 다른 예로 학자이자 철학자였던 대진(戴震, 1724~1777)을 들 수 있다. 고증학 운동의 선두 주자 중 한 명이었던 대진은 근거를 중시하는 학문적 성향과 뛰어난 수학 능력으로 동시대 유럽 지식인과 비견할 만한 인물이었다. 한 역사학자는 대진을 "과학의 발전을 가능케 한 서양의 원칙과 크게 다르지 않은 과학 원칙을 고수했던 …… 진정한 과학 정신"(Gernet, 1982, p. 513)의 소유자라고 평가했다. 대진은 정주학파(程朱學派)라고도 알려진 성리학에 매우 비판적이었으며 제르네(Jacques Gernet)도 그 연구의 박식함이 자기성찰과 통합을 포기하다시피 하고 역사적 세부 사항에 대한 연구가 그 자체로 목적이 되었다고 덧붙였다(Gernet, 1982, p. 516). 따라서 대진은 공자의 글을 재해석하고 공자의 가장 유명한 제자인 맹자와 학문적으로 대척점에 있던 순자의 글을 아우르려 노력했다. 또 주희 같은 송나라 시대의 대가들을 비판했는데, 관찰이나 실험의 결과 때문이 아니라 송나라 시대 유교 학자들이 고대의 글을 잘못 해석했다고 여겼기 때문이다. 한편 대진은 근거의 중요성을 강조했지만, 갈릴레오나 보일이 생각했던 것과는 다른 이유에서였다. 그는 문헌학과 음운론에, 그리고 과거 세대의 학자들의 글에 주해를 다는 데 학문적 관심을 쏟았다.[13] 따라서 학자와 고전에 대한 세심한 연구 사이에는 그 어떤 것도 개입해서는 안 되며 "도를 공부하는 사람은 열린 마음으로, 아무런 편견 없이 고전에 다가가야" 했다. 요컨대 대진은 성리학 교리를 반대하기는 했지만, 순전히 원리주의 관점에서 반대한 것이며 "완전하고 영구한 고전 위주"로 교육해야 한다고 여겼다 (Brokaw, 1994, pp. 269, 277).

대진보다 한 세대 전에 활동했지만 결코 그에 뒤지지 않는 지식인으로 진굉모(陳宏謀, 1696~1771)가 있었다. 그는 행정 전문가로 오늘날로 치면 정치경제와 공공 행정에 대한 많은 책을 저술했다. 로(Rowe, 2001, p. 114)는 진굉모가 중농주의자와 애덤 스미스를 닮았으며, 상아탑에서 이뤄지는 고증학파의 고고학 같은 연구를 비판할 정도로 특출 나게 진보적인 인사였다는 것을 입증했다. 그는 고증학파가 지나치게 "과거에 함몰되어 있다"고 생각했다. 아울러 효율적인 생산 활동을 위한 방편으로 시장과 상업을 열렬하게 신봉하면서 애덤 스미스의 '보이지 않는 손' 개념에 근접하게 다가갔다. 하지만 로(Rowe, 2001 p. 214)는 계몽주의 유럽에서는 모방하면서 경제적 가치를 창출했지만, 진굉모는 모방의 경제적 가치에 뚜렷한 생각이 없었다고 지적했다. 모방은 유럽 계몽주의 이념의 핵심 요소였다. 이보다 더 놀랄 만한 것은 경제 발전의 원천으로서 유용한 지식의 역할이 그의 책과 글에 나와 있지 않다는 점이다.[14] 진굉모는 경제 성장을 이끄는 데 매우 깊은 관심을 보였고, 그 수단으로 광업과 상업, 제조업 활성화를 위한 적극적인 경제 정책을 주장했다. 또한 본능적으로 인센티브의 중요한 역할을 이해했고 더 많은 시골 지역의 인력을 생산 활동으로 끌어오려 노력했다. 이를 위해서는 지방 정부 차원의 개입이 중요했다.

하지만 정작 기술 발전과 유용한 지식의 역할은 진굉모 사상의 핵심이 아니었다. 그는 기술을 가장 중요하게 적용할 수 있는 분야인 농업과 관련해 다른 곳에서 재배하는 작물을 산시성에 옮겨 심으면 더 발전할 것이라고 생각했다. 하지만 그는 기존 지식의 확산과 마찬가지로 혁신 자체를 강조하지 않았다. 전통적 유교사상은 농민이 근시안적이고 무지하다는 것을 가정했으며, 이들을 "더 나은 교육을 받고 더 많은 경험을 한 관료가 극복해야 할 대상으로 바라보았다"(Rowe, 2001, p. 232).[15]

고증학파는 의학에서도 나름대로 근대인과 고대인 사이에서 치열한 논쟁을 했으나, 두 가지 중요한 측면에서 유럽과 달랐다. 첫째, 고대인은 한나라(기원전 206~기원후 220) 시대의 고전주의 학자이고 근대인은 송나라 시대의 학자였지만, 송나라도 이미 3~4세기 전의 과거였다. 둘째, 고증학파는 한나라 시대의 학자를 더 선호했다(Elman, 2005, pp. 232-236). 중국에는 본 것만 믿고 고전 학문을 과감하게 내친 파라켈수스와 베살리우스 또는 하비 같은 인물이 없었다. 역사학자들이 "이런 과학 정신은 과거를 연구하고 탐구하는 데만 적용되었다"(Gernet, 1982, p. 513)고 평가한 것은 전혀 놀랄 만한 일이 아니다.

명·청 시대 과거 회고적인 중국의 지식인 문화는 충분히 놀랄 만하다. 어쨌든 중국은 제도화한 종교가 없는 사회 아닌가? 중국에는 사상적 변절자를 매우 배척하면서 과거의 신성한 가르침을 해석하는 데서 자신들의 권력과 부를 찾은 사제와 랍비 또는 물라(mullah: 이슬람교의 율법학자—옮긴이)로 이루어진 사회 계층이 없었다. 하지만 깊은 종교적 신앙심은 보수적인 지적 문화를 만드는 필수 요건도 아니고 충분조건도 아니다. 중국 지적 문화의 과거 회고적 성향을 설명하는 한 가지 요소는 과거 시험에 통과하기 위해 야망 있고 뛰어난 젊은이들이 고전 학문을 공부하는 데 쏟

아부은 막대한 인적 자본 투자일 것이다. 하지만 대부분의 응시자는 낮은 단계의 시험도 통과하지 못했다. 따라서 고전 문학에 대한 교육을 받은 많은 예비 응시자가 어느 정도의 지대를 추구할 수 있는 여러 방법을 필사적으로 찾아야만 했다. 더욱이 이런 부류는 당시 출간한 책을 구입하는 사람들이었다. 게다가 1세기 넘는 기간 동안 청나라를 다스린 첫 세 황제는 "청나라의 위엄을 드높이고 정치적 정당성을 확립하기 위해"(Elman, 2005, p. 238) 고전 학문을 활용했다. 하지만 일반적으로 1500년대 이후 유럽에서 일어난 고전주의 지식에 대한 회의론, 즉 유럽 과학자와 의사들이 그토록 원하던 방식으로 고대의 권위적인 지식에 의문을 제기하고, 시험하는 것은 중국에서 좀처럼 일어나지 않았다.[16]

그 대표적인 사례가 중국의 백과사전이었다. 필자가 다른 책(Mokyr, 2005)에서 주장한 것처럼 유용한 지식의 접근 비용을 현저하게 낮춰 필요한 사람에게 제공할 목적으로 만든 유럽의 백과사전은 산업계몽주의의 상징이나 다름없었다. 이처럼 백과사전 같은 총서는 하나의 출판물에 많은 지식을 분류하고 체계적으로 담아 호기심 많은 사람과 그걸 사용하길 원하는 사람들에게 배포해 확산하려는 열망의 결과였다. 하지만 이런 유형의 총서는 현재 기준으로 축적된 지식을 짤막하게 보여주는 것이기 때문에 꾸준하게 최신 정보로 갱신하지 않으면 다소 보수적일 수밖에 없었다. 유럽의 백과사전은 출간과 동시에 옛 지식이 되었고 재빠르게 새로운 지식으로 대체되었다.

유럽인만이 이런 참고 도서의 중요성을 깨달은 것은 아니다. 하지만 여기에도 큰 차이점이 있다. 유럽의 참고 도서는 더 많은 대중에게 제공되었지만 중국에서는 권력을 쥔 고위 관리라는 협소한 집단에게만 한정되었다. 1313년 완성한 왕정(王禎)의 《농서(農書)》는 유럽 계몽주의의 최고 저술들을 무색케 할 정도로 뛰어나다. 이 책에는 300여 개 넘는 도구와 농기계 삽화가 있는데, 그 삽화만 보고도 실제로 만들 수 있을 만큼 매우 섬세하게 그려져 있다(Elvin, 1973, p. 116). 하지만 1530년경 《농서》는 중국 전역에 단 한 권만 남았다. 또 다른 예로는 명나라 영락제의 명을 받아 1403~1408년 편찬한 중국 최대 규모의 백과사전으로 과학, 기술, 종교, 역사, 문학 등 여러 분야의 지식을 수록한 《영락대전(永樂大典)》이 있다. 《영락대전》은 목판 인쇄를 못할 만큼 규모가 커서 3부만 만들었다. 하지만 특별한 경우가 아니면 영락제만 이 책에 접근할 수 있었다(McDermott, 2006, pp. 126-127). 또 다른 예로 16세기 후반 본초학자 이시진(李時珍)이 혼자서 집대성한 《본초강목(本草綱目)》을 들 수 있는데, 약으로 쓸 수 있는 거의 모든 식물과 약초 등을 분류했다. (총 1892종의 약재를 52권에 걸쳐 총망라했다.) 이 책에는 신세계에서 들어온 매독과 고구마까지 포함된 것으로 보아 단순히 옛 책을 되풀이한 게 아니었다. 심지어 이보다 더 방대한 책으로 "고대부터 이때(명나라)까지 내려오는 고전, 역사, 제도, 의학, 기술의 보고(寶庫)"(Elman, 2005, p. 34)로 알려진 《격치총서(格致叢書)》가 있다. 1603년 완성한 《격치총서》는 예수회가 도착하기 전까지 중국의 교육받은 사람들에게 중요한 모든 지식을 망라한 책이다. 이런 책은 중국인이 과거 세대의 학문에 지녔던 큰 존경을 나타내며, 유용한 지식을 확고히 하는 만큼 널리 확산시키기도 했다.

하지만 디드로의 《백과전서》와 달리 중국에서 편찬한 이런 총서는 대중적으로 광범위하게 확산되지 못했다. 청나라 초기 유헌정(劉獻廷, 1648~1695)이라는 학자는 10년 동안 온 나라를 떠돌아다녔지만 서광계의 《농정전서》를 단 한 부도 찾을 수 없었다고 탄식했다(Bray and Métailié, 2001, p. 355). 《농정전서》를 첫 출간한 지 2세기가 지나도록 다시 만들지 않았던 것이다.[17]

송응성의 《천공개물》은 우연히 한 부가 일본으로 건너갔기 때문에 지금까지 전해질 수 있었다. 호문환(胡文煥)이 집필한 《격치총서》는 총 346권에 달했는데, 18세기 후반에는 그중 181권만 전해졌다(Elman, 2010, p. 381).

체계적인 방법으로 방대한 지식을 조직하려는 노력은 1644년 명나라가 무너진 이후에도 계속되었다. 청나라 황제들, 특히 강희제와 건륭제가 백과사전과 총서를 만들고 편찬하는 데 쏟은 방대한 노력은 정보의 접근성이 중요하다는 것을 알고 있었음을 의미한다. 이 시기에 나온 책에는 진몽뢰(陳夢雷)가 주도해 1726년 편찬한 《고금도서집성(古今圖書集成)》이 있다. 이는 역사상 만든 책 가운데 가장 분량이 방대한 것으로 총 1만 권에 85만 쪽, 그림만 5000여 개를 수록했다. 《고금도서집성》은 황실 직속의 무영전(武英殿)에서 인쇄했다. 하지만 《고금도서집성》은 총 60부만 제작했으며, 이는 대규모로 팔린 유럽의 백과사전에 비하면 새 발의 피 수준이다.[18] 또한 진몽뢰는 두 번이나 체포 및 추방되었으며, 분노한 황제는 《고금도서집성》 집필진에서 그의 이름을 삭제하기도 했다. 《고금도서집성》은 황실의 후원 아래 이뤄진 관료에 의한, 관료를 위한 프로젝트였다.[19] 진원룡(陳元龍, 1652~1736)은 《격치경원(格致鏡原)》이라는 이름의 대규모 총서를 집필했는데, 여기에 유럽에서 들어온 지식은 수록하지 않았다. 당시 청나라 황제 강희제는 모든 지식은 중국에서 비롯했다고 믿었고, 그의 아들 옹정제는 예수회를 싫어했기 때문이다. 이런 대규모 총서 중 마지막은 1773년 건륭제의 명에 따라 집필하기 시작해 1782년 완성한 《사고전서(四庫全書)》다. 이 책은 3억 6000만 개의 단어에 달하는 실로 거대한 총서였다. 7부를 제작해 그중 4부를 황실에서 보관하고 1787년 이후에는 학자와 사대부에게 열람을 허락했다(McDermott, 2006, p. 168). 유럽에서는 대부분의 경우 백과사전과 참고 도서를 개인이 만들었으며, 때로는 이런 서적의 출판을 막을 힘이 없는 정부의 반대에도 불구하고 출간하곤 했다. 반면 중국에서 출간한 이런 책은 과거 시험을 준비하는 응시생과 "고위 관료의 업무에 도움을 줄 목적으로"(Burke, 2000, p. 175) 만들었다고 충분히 생각할 만하다.

심지어 일반 책들도 중국에서는 크게 확산되지 않았다. 중국에도 공공도서관이 있었고, 송나라 시대에는 유망한 젊은 학자들이 도서관에서 수년간 공부하는 제도를 마련했다. 하지만 시간이 지날수록 도난, 화재, 마모로 인해 장서 규모가 줄어들었다. 명나라 시대에는 이런 도서관이 원래 보유해야 할 책의 일부만 보관할 정도로 축소되었다. 이처럼 도서관은 학습의 중심지라 할 수 없었고, 개인이 소장하는 책에는 다른 사람이 접근할 수 없었다(McDermott, 2006, pp. 127-147). 청나라 시대에는 건륭제의 빛나는 성과물인 저 유명한 《사고전서》의 완성에서 볼 수 있듯 정부 관료가 150개 넘는 출간 사업을 주도했고, 18세기 중반에는 애서가 사이에 책을 빌려주는 문화가 자리를 잡으며 상황이 좋아졌다(McDermott, 2006, pp. 167-168). 하지만 그렇다 하더라도 책에 대한 접근성은 여전히 학자들에게 큰 문제였고, 특히 양쯔강 도심 지역에서 멀리 떨어진 곳에 사는 학자들에게는 더욱 그러했다.

계몽주의 시대의 유럽과 복고적인 중국의 큰 차이점을 잘 설명하는 역사적 사례가 있다. 1793년 영국은 청나라와 친선 관계를 맺고 교역을 시작하기 위해 조지 매카트니 경이 이끄는 사절단을 보내 건륭제에게 자국의 독창적인 물건을 선보였으나 임무에 실패했다. 노쇠한 건륭제는 매카트니가 가져온 물건에 전혀 관심을 보이지 않았다(건륭제는 이때 "청나라에는 물산이 풍부해 부족한 게 아무것도 없는데 교역이 왜 필요한가?"라고 반문한 것으로 전해진다—옮긴이). 이 역사적 사건은 전통적으로 동양과 서양 사이에 존재했던 커다란 문화적 차이를 보여주는 단적인 사례로 알려졌다. 크랜머빙과 레비어(Cranmer-Byng and Levere, 1981)는 "산업혁명에 대한 자신감"이 충만했던 영국은 "과학을 통한 발전 이데올로기"에 충실했다고 주장했다. 마찬가지로 매카트니는 중국인에게 선보인 우월한 문화의 과실을 굳게 믿는다고 일기에 적었다. 매카트니의 자신감은 "모든 새로운 것을 막으려는 중국의 정책"과 정반대에 있었다. 중국인은 자연철학의 지식과 이론이 왜 필요한지 그리고 이런 지식과 이론이 잠재적으로 엄청나게 유용하다는 것을 전혀 이해하지 못한 듯하다(Cranmer-Byng and Levere, 1981, pp. 516, 518). 이처럼 매카트니의 임무는 시작부터 꼬였다. 두 나라의 가치관과 문화가 완전히 달랐기 때문이다. 하지만 이런 시각은 현실을 과장한 것일 수 있다. 크랜머빙과 레비어(Cranmer-Byng and Levere, 1981)는 늙은 건륭제가 할아버지인 강희제보다 과학과 기술에 관심이 훨씬 덜했으며, 따라서 매카트니가 임무에 실패한 것은 어느 정도 우연의 결과로 설명할 수 있다고 말했다. 요컨대 기존에 우리가 생각했던 것보다는 우발적이라는 것이다. 최근의 연구는 한층 조심스럽다. "매카트니 경이나 건륭제나 산업혁명이 영국의 군사적 우위로 이어질 것이라고는 생각지 못했을 것이다. ……우리는 19세기에 발생한 제1차, 제2차 아편 전쟁을 17세기의 사건으로 잘못 봐서는 안 된다"(Elman, 2005, p. 254). 또한 매카트니가 실제로 당시 영국에서 가장 우수한 산업 기계를 가져가지 않은 것도 사실이다. 증기 기관, 스미턴의 도르래, 그리고 "여러 화학 물질과 전기 및 철학적 장치"를 중국 황실에 선보이지 못했다. 간단히 말해, 매카트니 일행은 영국 과학 기술의 발전을 대표하지 못하는 물건을 가져갔고, 그 결과 중국 황실의 관심을 얻지 못한 것으로 생각할 수도 있다.

그럼에도 매카트니의 임무가 실패했다는 것은—단지 매카트니 사절단이 엉성하게 일했고 운 또한 없었을 뿐이라 하더라도—중국과 유럽의 차이점을 보여주는 사례다. 모트(Mote, 1999, p. 961)가 강조한 대로 중국 관료들은 자신이 갖지 못한 것을 유럽인이 갖고 있다는 사실을 알았을 것이다. 하지만 그들은 반응하지 않았다. 그럴 필요가 없었기 때문이다. 중국 관료들은 모트가 유창하게 설명한 "갑작스럽고 파괴적인 변화가 아니라 꾸준하고 점진적이고 자기 개조(self-renovating)적이고 역사의 사례를 참고해 정당화할 수 있는"(Mote, 1999, p. 966) 중국식 느린 변화에 충실했다.[20] 18세기 학자 정정조(程廷祚)는 유럽의 과학을 경멸했다. "멀고 먼 유럽! ……유럽인은 다방면에 걸쳐 영리한 것으로 알려져 있다. 특히 수학에 그러하다. 이것을 제외하고 다른 모든 것은 지나친 장난감에 불과하다"(Elvin, 1996, p. 97에서 인용). 이런 관점에서 중국 사회는 과거라는 엄격한 경계선 안에서만 지식의 느린 발전과 미미한 증가를 용인한 근대 초기의 유대인 사회와 크게 다르지 않았다. 이런 발전 모형은 잘 작동하고 지속 가능하며 안정적이었다. 18세기 유럽에서는 고전 학문에 의문을 제기하고 처음부터 유용한 지식을 쌓아올린 새로운 문화가 등장했지만 말이다. 이런 문화는 더욱 공격적이었고, 산업혁명같이 갑작스럽고 파괴적인 변화를 불러일으킨 환경을 만들었다. 유럽의 이런 문화는 필연적으로 좀더 조용하게 움직인 다른 문화로 옮겨갔다. 다시 말하지만, 유럽에서 벌어진 이런 일을 빼고 중국이 잘못한 것은 없다.

중국과 유럽이 어떻게 달랐는지 살펴보기 위해서는 문화적 사업가라는 개념을 다시 들춰볼 필요가 있다. 특히 전국 시대 같은 시대적 배경에 따라 중국의 가장 창의적이고 독창적인 철학자들이 큰 영향력을 얻음으로써 사회 구성원의 관점을 바꾸고, 그로 인해 경제 제도와 발전을 이루는 데 도움을 주었다. 16장에서 언급한 것처럼 중국이 배출한 가장 중요한 철학자는 성리학을 확립한 주희였다. 성리학 교리는 명나라 시대에 만개했다.

15세기의 한 중국 학자는 "주희 시대 이래로 사물의 이치가 분명하게 드러났다. 더 이상 글을 쓸 필요가 없다. 남은 일은 실천하는 것이다"(Hucker, 1975, p. 373에서 인용)고 말했다.[21] 이런 시각은 과장된 것이었다. 17세기 중국에는 한 학자가 "활기차고 혁신적인 문화"(Schäfer, 2011, p. 14)라고 평가할 만큼 다양하고 논쟁을 중시하는 문화가 꽃을 피웠다. 성리학의 정통 교리 안에서도 다른 의견을 제시할 수 있었다. 성리학은 '변화하는 개념'으로서 다른 의견을 수용하지 못할 만큼 엄격하고 고정된 사상이 아니었기 때문이다.[22] 성리학의 유연한 경계 안에서 명나라 말기 중국에서는 자력(磁力), 수력학, 의학 등 다양한 자연 현상에 대한 학문이 융성했다. 하지만 결과적으로 우리는 중국에서 과거와의 완전한 단절, 또는 통설을 버릴 의지를 찾아볼 수 없다. 중국인에게 학문은 베이컨의 유명한 말처럼 "인류의 지위"를 구하기 위해 하는 것이 아니라 '하늘의 뜻'과 '사물의 이치'를 깨닫기 위함이었다. 다시 말해, 기술과 공예를 섬세하게 묘사하면서 명나라 말기 학자들은 천하의 질서를 바로잡고 유지시켜줄 원리를 깨닫길 희망했다. 마지막으로 인간 만사는 그들의 관심사가 아니었다(Schäfer, 2011, pp. 17-18). 이처럼 배움의 열망이 높았던 중국은 유럽의 가장 존경받는 지식인과 학자처럼 추상적인 철학과 일상 분야에 두루 통달한 놀랄 만큼 뛰어난 인물이 넘쳐났다. 그럼에도 주희 이후 중국에서 뛰어나고 성공한 문화적 사업가는 찾아보기 힘들다. 20세기에 청나라가 무너진 뒤에야 영향력 있는 문화적 사업가가 등장하기 시작했다. 그중 마오쩌둥과 덩샤오핑은 강압 편향에 의존해 영향력을 발휘하며 무소불위의 권력을 휘둘렀다. 이런 지적 문화의 지속성은 약점도 아니고, 더욱이 실패도 아니었다. 예외적인 환경에서만 깨질 수 있는 인류 역사의 보편적 상황일 뿐이다.

지식에 대한 중국인의 접근 방식은 유럽인과 미묘한 차이를 드러낸다.

중국인의 과학적 사고방식은 "물리적 우주에서 균일하고 예측 가능한 질서가 존재할 수 있다는 것을 염두에 두지 않았으며"(Dikötter, 2003, p. 695) 유럽인이 공학 문제에 유용한 지식을 적용할 수 있게끔 해준 새로운 수학적 도구에 의존하지도 않았다.[23] 중국에서 발전한 유용한 지식의 본질이나 특성은 서양에서보다 '더 적거나 더 안 좋은' 게 아니었다. 그저 달랐을 뿐이다. 하지만 훌륭한 과학적 정의가 경제 성장을 이끌 수 있는 능력이라면, 중국 기술의 지적 기반이었던 중국 과학은 분명 훌륭했다고 볼 수 없다.[24]

전근대의 중국 기술은 유럽과 비교해 얼마나 정교하고 또 발전했는지 여부와 상관없이 협소한 지적 기반에 그 뿌리를 두고 있었다.[25] 모든 것에 대해 알고 모든 것을 할 줄 알았던 레오나르도 같은 천재—송나라의 박학다식한 통섭학자 심괄(沈括, 1031~1095)과 소송(1020~1101) 같은 인물—를 제외하고 이 시대 중국의 과학은 대부분 기술 및 생산과 동떨어져 있었다.[26] 대체적으로 중국의 과학은 기술이 왜 그리고 어떻게 작동하는지에 관심이 없었다. 그렇다면 중국의 장인과 기술자가 그들의 과학을 매우 유용하다고 생각했는지도 의문이다. 중국의 많은 발명품과 기술은 어떤 방식으로든 서양으로 흘러 들어갔다. 하지만 서양이 도입한 중국의 명제적 지식(과학 지식은 말할 것도 없이)이 상대적으로 적었다는 사실은 눈여겨볼 필요가 있다.

앞서 언급한 대로 유럽 계몽주의를 특징짓는 것은 기계론적 우주관이라는 데 많은 사람이 동의한다. 자연이 작동하는 데는 명확하지만 불변의 법칙이 있으며, 우리가 해야 할 일은 이런 규칙을 알아내 인간에게 유리한 방식으로 활용하는 것이다. 하지만 이런 차이점이 어떤 방식으로든 중국인의 과학을 방해했고, 따라서 중국의 '실패'로 귀결되었다는 시각은 유럽이 '근대 과학'이라는 것을 만들었기 때문에 유럽 방식이야말로 기술 발전과 경제 성장이 일어나는 유일한 길이었다는 사후 확신 편향의 대표적 사례라고 비판할 수 있다. 진화론에 따르면 우리가 직접 볼 수 있는, 실제로 일어난 결과는 수많은 가능성의 극히 일부에 불과하다. 만약 중국이 서양의 문화에 노출되지 않았다면, 장기적으로 중국의 유용한 지식이 어떻게 진화했을지 그리고 중국이 유럽의 산업계몽주의와 비교할 수 있는 물질적 문화를 창출했을지 우리로서는 알 길이 없다.

아무튼 확실한 것은 중국의 계몽주의─이것이 올바른 용어인지는 모르겠지만─가 유럽의 계몽주의가 만들어낸 결과를 이루지 못했다는 점이다. 중국 학자들은 유용한 지식에 대한 연구를 거의 하지 않았으며, 대신 (간단명료하게 말해서) "문화적 가치를 실천하면서 살았을 뿐"(De Bary, 1975b, p. 205)이다. 예컨대 수학과 천문학은 동(銅)으로 만든 종의 크기와 모양을 결정하거나 마차를 만드는 데 쓰였다. 심지어 고증학도 1644년 만주족의 중국 지배에 항의하는 의미에서 반항적인 학술 운동의 일환으로 생겨났다. 하지만 그럼에도 기득권층으로부터 독립하지 못한 채 황실이 후원한 학문에서 크게 벗어나지 못했다. 중국 황실은 유용한 지식과 경제에 이익을 주는 쪽으로 과학 연구의 방향을 조정하는 데 관심이 없었다. 아울러 그런 황실을 대신해 과학 연구의 방향을 조정할 뜻이 있거나 그런 능력을 갖춘 조직도 없었던 것으로 보인다. 중국의 학풍은 거의 대부분 과거 회고적이었다. 중국 지식인이 한 것처럼 옛 현자가 옳다는 것을 증명하고 그들이 쓴 글에 주해를 다는 것은 그 자체로 가치 있는 학문이지만, 세계 역사를 바꿀 만한 기술 발전을 일으키지는 못했다. 하지만 중국의 경험을 '실패'라고 치부하는 것은 잘못이다. 18세기 유럽에서 일어난 일은 예외적이고, 정말 특이한 사건이었다.

맺음말: 유용한 지식과 경제 성장

경제 성장이 가능한 이유는 국가가 자연과 환경에 대한 집단 지식을 쌓고, 이런 지식을 생산적인 방향으로 활용하기 때문이다. 하지만 이런 지식은 저절로 생기는 것이 아니다. 역사상 존재했던 거의 모든 사회는 어느 정도의 기술 발전을 이뤄냈다. 하지만 이런 기술 발전은 제한적인 결과물을 한 번만 창출해내며, 그 결과물 또한 오래지 않아 사라지고 성장은 흐지부지된다. 그러나 인류 역사에서 폭발적으로 축적된 지식이 스스로 추동력을 만들어내며 전보다 더 완전하고 빠르게 인류 사회의 물질적 기반을 변화시킨 경우는 지금까지 단 한 번밖에 없었다. 이러한 사례는 산업혁명 기간과 그 직후 서유럽에서 일어났다.

이런 특별한 역사적 사건은 여러 요소가 작용한 결과였다. 산업혁명이 발생하기 수세기 전부터 시작된 엘리트 문화의 변화는 여러 요소 중 하나에 불과했다. 유럽이 나머지 세계와 다른 가장 큰 차이점은 계몽주의였고, 그 계몽주의가 과학과 기술 발전에 끼친 파급력이었다. 17세기 후반 등장한 계몽주의는 그 전 수세기 동안 지속해온 유럽 지적 엘리트 문화에서 일어난 변화의 결정체였다. 아이디어 시장에서 생겨난 변화는 세계 다른 지역과 차별화되는 유럽만의 현상이었다. 유럽은 유라시아의 다른 사회보다 모든 면에서 더 잘 조직되거나 좀더 역동적인 사회가 아니었다.

골드스톤(Goldstone, 2012, p. 238)은 "1500년 무렵 시작한 지적 문화의 변화는 …… 수세기 동안 소수의 학자와 신학자 사이에서만 이뤄졌지만 …… 1660년에 이르자 엘리트 집단이 지식을 얻고 입증하는 방식을 크게 변화시키기 시작했다"고 주장한다. 한동안 문화적 신념의 변화는 상업화, 도시화 그리고 경제 성장 같은 다른 경제적 변수와 독립적으로 움직일 수 있었다. 하지만 결과적으로 지적 문화의 변화는 가장 열정적인 17세기 근대인과 발전 개념을 독실하게 믿었던 사람들조차도 상상하지 못한 방향으로 피드백 고리가 되어 경제에 긍정적 영향을 주었다. 최소한 이런 면에서 우리는 대분기를 별로 중요하지 않은 사소한 사건과 지리적 위치의 차이라는 우연 때문에 일어난 일시적 현상이었다고 보는 시각을 크게 수정할 수 있다. 결국은 문화가 중요했다.

이 책을 통해 나는 계몽주의가 왜 유럽에서 일어났는지 설명하는 문화 변화의 한 모형을 보여주었다. 그렇다면 여기서 반드시 제기해야 할 질문이 있다. 유럽의 계몽주의는 폭발적인 경제 성장과 근대 경제를 구축한 돌파구의 필수조건이었을까, 아니면 충분조건이었을까? 그리고 유럽이 아닌 다른 문명권도 유사 이래 근근이 생존을 이어온 인류의 삶의 질을 결정짓는 맬서스의 덫과 지식의 장벽을 허물 수 있었을까?

우리는 절대 알 수 없을 것이다. 이슬람 세계, 아프리카, 중국, 인도 그리고 북미 대륙의 원주민 사회 모두 유럽 문화에 노출되었고, 그 뒤로 그들의 삶은 다시는 되돌릴 수 없을 정도로 혼란에 빠졌기 때문이다. 하지만 지금까지 존재했던 대부분의 사회는 '카드웰의 법칙'에 종속되었다(Mokyr, 1994, 2002). 카드웰의 법칙이란 특정 국가의 기술은 어느 시점에서 정체하고 발전 속도 또한 느려져 결국 흐지부지된다는 것이다. 기득권 세력은 견고하게 확립된 지식에 도전하는 '이단자'를 탄압하고 중대한 발전을 다양한 수단을 동원해 막음으로써 기술을 정체시킨다. 이런 이단자를 탄압하는 방법은 다양하다. 우선 처형하겠다고 위협함과 동시에 그들의 책을 불태우는 것부터 시작해 과거로부터 전해진 지식을 무작정 받아들이고 배우기만 해 비판 능력을 상실한 전문가를 양성하고, 이런 전문가가 득세하는 '능력 위주'의 사회를 구축하는 방식처럼 미묘하지만 효과적인 수단이 있다.

무엇보다 카드웰의 법칙에서 벗어나기 위해서는 다원주의 문화와 아이디어 경쟁이 결합된 사회가 필요하다. 이런 사회에서는 지식을 확산 및 공유한다. 따라서 기존 지식은 새로운 지식의 도전을 받고 수정 및 보완된다. 고대 그리스 사회와 그들이 지중해 동쪽에 구축한 헬레니즘 문화는 (최소한 한동안은) 이런 지적 문화를 누렸고, 로마 제국에 편입되지 않았다면 지금 우리가 아는 것과는 다른 모습으로 진화했을 수도 있다. 마찬가지로 만약 무지몽매한 종교적 극단주의의 잔인한 통치를 피했다면, 그리고 그들의 초창기 번영을 설명하는 훌륭한 인프라와 제도 및 시설을 파괴한 몽골의 침입이 없었다면, 중세 이슬람 세계도 지속적인 발전을 이끈 추동력을 얻어 새로운 세계를 구축했을 것이다.

유럽에서 등장한 근대 과학과 기술은 고대와 중세 시대의 문화가 르네상스 문화로 연결되고, 르네상스 문화가 이어지면서 자연스럽게 형성된 것이 아니다. 근대 과학과 기술은 역설적으로 그것을 부정했기 때문에 가능했다고 봐야 한다(Goldstone, 2012). 요컨대 필연의 결과가 아니라 치열하게 싸워서 얻어낸 결과였다. 역사가 조금만 달랐더라도 반계몽주의적 가톨릭 문화가 유럽에서 득세했을 테고, 그랬다면 편지 공화국은 예수회가 지배하는 미개한 신정 국가가 되었을 것이다. 마치 영국 작가 킹즐리 에이미스(Kingsley Amis)의 소설처럼 말이다〔킹즐리 에이미스의 《대안적인 세계(Alternation)》(1976)는 종교 개혁이 일어나지 않은 유럽을 배경으로 한 소설이다—옮긴이). 이런 세상에서는 뉴턴과 스피노자부터 톨런드와 라 메트리까지 수많은 이단적인 사상가가 침묵을 요구받거나 활동에 큰 제약을 받아 계몽주의가 절대로 시작조차 되지 못했을 것이다.

그렇다면 유럽에서 등장한 것과 전혀 다른 제도로도 근대 경제가 시작될 수 있었을까? 경쟁력 있는 과학자와 발명가의 분산된 커뮤니티 대신 유순하고 진보적인 관료 집단이 기술 발전을 이끄는 중앙 정부의 새로운 아틀란티스를 상상해보자. 유럽의 계몽주의와 비슷한 것이 없었더라도 이런 조직만으로 근대적 세상이 가능했을까? 경제학자의 논리로 볼 때, 이러한 시나리오는 가능성이 낮다. 이런 정치적 상황이 특정 시대에는 가능할 수 있겠지만, 부패를 피하면서 탐욕스럽고 무지한 외부 침략자나 내부의 지대 추구자에 의해 방해받지 않고 장기적으로 지속될 가능성은 어두워 보인다.

유럽 계몽주의가 경제 발전에 어떤 영향을 끼쳤는지 평가하기 위해서는 계몽주의에 두 가지 매우 혁신적이고 보완적인 사상이 있었다는 것을 기억해야 한다. 하나는 지식과 자연에 대한 이해를 인류의 물질적 조건을 증진시키는 데 사용할 수 있고, 또한 그래야 한다는 개념이다. 다른 하나는 정부와 기득권층은 부자나 권력 있는 사람이 아니라 사회 전체를 위해 일해야 한다는 개념이다. 이 두 가지 사상이 결합해 아이디어 시장에서 거둔 승리 덕분에 산업화와 물적 및 인적 자본의 성장부터 1750년까지만 해도 상상조차 할 수 없었던 자연 현상과 자원의 발견 및 지배까지 우리가 목도한 거대한 경제적 변환을 가능케 한 시너지를 만들어낼 수 있었다. 이 책에서 언급한 이야기는 많은 사람에 의해 여러 번 반복될 것이며, 내 주장을 반박하는 의견과 여러 가지 의문점도 제기될 것이다. 하지만 이것이 바로 잘 운영되는 아이디어 시장의 아름다움 아니겠는가.

주
—

1부 진화, 문화 그리고 경제사

01 문화와 경제

1. 빈 대학교의 경제학 교수 페어 프리스는 최근 대분기와 빈곤으로부터의 탈출에 대한 많은 연구를 검토한 결과, 대부분 설득력이 없다고 결론 내렸다. 더욱이 그나마 괜찮은 것 같은 연구도 정확성이 떨어질뿐더러 입증하기 힘들다는 사실을 발견했다 (Peer Vries, 2013).

2. 유럽 경제 성장의 초기 단계에서 특허 시스템이 어떤 역할을 했는지에 대한 평가는 Mokyr, 2009b 참조.

3. 이런 식의 구분법은 프로이트의 글에도 영향을 주었다. 프로이트는 '문명'이 두 가지 종류의 목적, 즉 "자연으로부터 인간을 보호하고, 그들의 상호 관계 조정" [Freud, (1930) 1961, p. 36]을 얼마나 달성했는지 보여준다고 했다.

4. 적성(aptitude)의 차이는 왜 산업혁명이 유럽의 다른 지역이 아니라 영국에서 시작되었는지를 설명해준다(Mokyr, 2009a; Kelly, Mokyr, and Ó Gráda, 2014).

5. 특히 흥미로운 예로는 Doepke and Zilibotti, 2008; Gregory Clark, 2007이 있다. 그들은 근면과 지연된 만족(postpone of gratification) 같은 기업가적 행동과 관련한 문화적 특성의 성장을 강조하면서, 이런 특징이 한 세대에서 다음 세대로 어떻게 전수되는지 명쾌하게 설명한다. 이에 대한 최신 연구로는 Alesina and Giulano, 2016 참조.

6. Kroeber and Kluckhohn, 1952는 문화에 대한 무려 156개의 정의를 수집했다. 그이후 많은 사회과학자와 역사학자가 문화라는 단어를 서로 다른 문맥에서 사용해왔

고, 그로 인해 오늘날 문화에 대한 정의는 훨씬 더 많아졌다.

7. 이와 같이 '신념'은 성문화한 지식과 암묵적 지식, 그리고 대인관계와 능력을 포함한 것으로 해석할 수 있다. 하지만 이런 신념 중 이 책에서 가장 중요한 구성 요소는 '유용한 지식'일 것이다.

8. 많은 학자들이 자연사와 경제사를 명확하게 동일한 것으로 보았다. 일례로 "인간의 역사는 훨씬 더 긴 생명의 역사를 요약한 것"이라고 주장한 Vermeij, 2004, p. 247 참조.

9. 이는 제도란 "사회적 상호 작용의 지속적인 구조를 만드는 법, 비형식적 규칙, 관례"이며 "사회의 거의 모든 구성원에게는 순응이 최선의 선택"이라고 언급한 Bowles, 2004, pp. 47-48의 정의와 유사하다.

10. 하지만 신념을 제도로 체계화하는 과정은 단순하지 않다. 신념을 제도로 전환하는 정치적 과정은 매우 시끄러우며, 새로 설립하려는 제도를 수용하도록 다른 사람을 설득하고 때로는 강요하는 능력도 필요하다. Szostak, 2009, p. 234에 의하면 많은 제도는 "체계화"한 신념을 크게 넘어서지 않는다. 따라서 폭력에 대한 혐오는 폭력을 금지하는 법으로 이어질 수 있고, 운전할 때 안전벨트를 매야 교통사고로 인한 사망률이 떨어진다는 문화적 신념은 안전벨트의 의무화(제도)로 이어질 수 있다. 마약이 몸에 해롭다는 문화적 신념은 마약 중독자를 징역형에 처하는 제도로 이어진다.

11. 그리프는 규칙은 "무시할 수 있는 지침서 그 이상이 아니다. 만약 행동의 규범·규칙이 실질적 영향을 끼치려 한다면 개인은 이를 따라야 할 동기를 부여받아야 한다. 여기서 말하는 '동기 부여'란 기대와 신념 그리고 내면화한 규범을 포함해 광범위하게 정의된 인센티브를 뜻한다"(Greif, 2006, p. 7)고 말했다.

12. Acemoglu and Robinson, 2012, pp. 56-63은 독립 요인으로서 문화의 역할을 무시하면서, 지배적 신념과 가치가 어떤 제도의 등장 여부에 영향을 끼칠 수 있다는 사실을 완전하게 인식하지 못한 채 제도의 중요성을 강조한다.

13. 확실한 것은 최근의 생물학 연구 결과가 이런 뚜렷한 구분법을 다소 흐려놓았다는 것이다. 유전적으로 상속받은 DNA 염기서열은 해당 개체가 살아 있는 동안에는 변화하지 않는다. 하지만 세포는 개체의 생애 주기에서 수집한 정보를 후성유전이라는 과정을 통해 자손에 물려주기도 한다. Jablonka and Lamb, 2005, pp. 113-146 참조.

14. 이 분야에 대한 연구는 Bisin and Verdier, 2011; Alesina and Giuliano, 2016이 거의 전부다. 지금까지 과학과 기술 진보의 원동력으로서 문화적 요소에 대한 연구가 이렇게도 적었다는 사실이 놀랍기만 하다.

15. Greif, 1994, p. 915에 따르면 문화적 신념은 다른 사람이 어떻게 행동할지 알 수 있게끔 하는 기대감이다. 여기에 우리는 사람들이 특정 행위의 도덕성을 판단하는 개인의 신념도 추가해야 한다.

16. 물론 현대 경제학자들은 이 둘 사이의 명확한 관계를 주목하기 시작했다. 한 경제학자는 "어떤 사람이 부유해지기 위해 필요한 게 무엇인지 생각하는 것은 그들이 어떻게 행동하는가와 관련이 있다"(M. Porter, 2000)고 말했다.

17. 문화와 경제에 대한 매우 훌륭하고 광범위한 조사에서 Raquel Fernández 2008; 2011은 과학과 기술, 또는 지식 축적에 대해 크게 다루지는 않았지만 "기술과 문화의 관계는 추가적으로 조사해야 할 필요가 있다"(Fernández, 2008, p. 10)고 강조했다.

02 자연과 기술

1. MacFarlane, 1978은 중세 말의 영국이 매우 개인주의적인 사회였다고 강하게 주장하면서 영국의 개인주의와 18세기 산업화를 연결 지었다.

03 문화적 진화와 경제

1. 최근의 논의로는 Mesoudi, 2011; Richerson and Christiansen, 2013 참조.

2. Constant, 1980; Vincenti, 1990; Ziman, 2000 참조.

3. 산업화 이전의 서양에서 다윈주의 모델에 대한 한 가지 제약은 일부일처제로, 가장 성공적인 남성이 자신의 유전자를 퍼뜨리는 데 한계를 두었다. 〔하지만 미국 인류학자 나폴레옹 샤농(Napoleon Chagnon)에 따르면 야노마뫼(Yanomamö) 인디언의 힘센 남성은 더 많은 아내를 맞이할 수 있었다.〕 사생아가 생기는 부정할 수 없는 가능성은 차치하고라도(사생아는 서양에서 매우 심각할 만큼 사회생활에 지장을 받았다) 성공적인 사람들이 이런 사회에서 생식적으로 우위를 점하는 방법은 낮은 영아 사망률이다. 낮은 영아 사망률은 17세기 영국에서 이미 문서로 기록되었지만 믿을 만한 근거로 간주하기에는 양적으로 부족하다.

4. 최근 연구는 이념과 다른 문화적 변이가 유전적 요소를 지닐 수 있다고 주장하며,

부모로부터 물려받는 도파민 수용체 유전자를 통해 후대에 유전된다고 지적한다 (Fowler and Schreiber, 2008).

5. 다윈은 모든 문화의 중요한 요소인 언어와 관련해 특별히 신중한 입장을 취했다 (Darwin, 1859/1871, p. 466 참조). 1980년대 중반 Cavalli-Sforza and Feldman, 1981; Boyd and Richerson, 1985는 오늘날 고전이 된 연구로서 문화의 진화적 특징을 강조했다. 인류학과 사회과학의 최근 연구에 따르면 진화론적 접근 방식은 여전히 논쟁의 여지가 있다(Henrich, Boyd and Richerson, 2008; Hodgson and Knudsen, 2010; Mesoudi, 2011). 이런 접근 방식은 유전자 같은 문화 분석의 단위를 찾아내기 위해 노력한 리처드 도킨스를 비롯해 많은 사람의 주장에 초석이 되었다.

6. 프랑스 역사학자 프랑수아 기조(François Guizot)는 20세에 좌파 진보주의자가 아니면 심장이 없는 것이고, 40세에 보수주의자가 아니면 뇌가 없는 것이라면서 사람은 나이 들수록 더 보수적으로 변한다고 했다. (이 말은 흔히 윈스턴 처칠이 한 것으로 잘못 알려져 있다.) 이처럼 한 사람의 생애 주기에 따라 그 사람이 받아들이는 사회적 가치는 변화한다. Tuschman, 2014가 주장하듯 성격은 생애 주기에 바뀌기도 한다. 또 유전자 발현이 변하면 새로운 사상을 더 잘 받아들이고 의식이나 다른 특성도 변한다.

7. '희망찬 괴물'은 진화생물학자 리처드 골드스미스(Richard Goldsmith)가 1940년 고안한 용어로, 완전히 새로운 종이 갑자기 출현하는 비연속적이고 거대한 진화적 비약이 일어날 수 있다는 것이다. 하지만 지금은 신빙성이 떨어지는 견해가 되었다.

8. 나는 1991년 산업혁명의 다섯 가지 거시적 발명품(macroinvention), 즉 가스등, 전사수차, 자카드식 문직기(Jacquard loom), 염소 표백(chlorine bleaching), 열기구를 소개한 적이 있다.

9. 전체적으로 비슷하지만 강조하는 부분이 조금 다른 주장으로는 Mesoudi et al., 2013 참조.

10. 이를 입증하는 좋은 사례는 기술의 역사에서 찾을 수 있다. 나는 Mokyr, 2002에서 유전자형에 상응하는 명제적 지식과 겉으로 드러나는 기술에 상응하는 처방적 지식을 구분했다. 이 둘의 관계는 쉽게 설명할 수 없다. 어떤 기술은 종종 작동 원리에 대한 이해 없이 사용되기도 하며, 기본 지식이 있어도 그걸 이용해 기술을 만들어내지 못하는 경우도 있다. 나아가 명확환 인과관계를 인식하기도 힘들다. 요컨대

우리는 그것들이 단지 공존한다고 말할 수 있을 뿐이다.

11. "발생세분화(canalization)"에 따르면 관성과 급격한 변화에 대한 저항은 모든 진화 체계에서 공통으로 일어나는 현상(Cohen and Stewart, 1994, pp. 92ff, 332 참조)이다. 한편 마이어(Mayr, 1991, pp. 160-161)는 "응집력(cohesion)"이라는 용어를 사용했다.

12. 최근 Benabou, Ticchi, and Vindigni, 2014는 이런 문제를 이론적으로 정립해 특정 혁신은 "신념을 침식하는(belief-eroding)" 면이 있어 원래의 의도와 상관없이 기존 사상의 가치를 떨어뜨린다고 지적했다. 이럴 경우 자신의 신념이 위협받는다고 생각하는 사람과 새로운 사상을 받아들이려는 사회 사이에 갈등이 생긴다. 새로운 사상은 보통 경제적 가치를 창출하기 때문에 사회 입장에서 보면 이를 받아들이는 것이 이익이다.

13. 진화생물학자는 중요한 진화적 진보는 먼저 작은 개체군에서 우성인 특이하고 예외적인 유전형이 주변의 개체군에 퍼질 기회를 얻음으로써 발생한다고 생각한다. 이와 관련해서는 Stebbins, 1969, p. 142 참조.

14. Cohen, 2012, p. 204는 과학혁명에 대해 비슷한 맥락에서 강력한 주장을 했다. 코헌은 "현실주의적-수학적"(요컨대 '근대') 과학은 언제든지 등장할 가능성이 있었지만 반드시 그렇게 예정되어 있던 것은 아니라고 주장했다. 이를테면 우리는 아직 아르키메데스와 프톨레마이오스가 과학적 성과의 최고봉이고 아스트롤라베(astrolabe: 고대부터 중세 시대까지 쓰였던 천체 관측 기구—옮긴이)나 태엽을 감아 쓰는 시계가 최고의 기계이며 "태어나서 1년 이내에 사망하는 것이 인간의 가장 그럴듯한 운명"인 세계에서 살 수도 있었다.

04 선택에 의한 문화적 진화

1. 정확하게 말하면, 이는 한쪽 부모에게서만 문화를 전달받은 경우 해당한다. 어떤 사람이 부모 모두에게서 문화적 특성을 물려받은 경우, 각각의 그 문화적 특성이 재조합되어 결국에는 부모와 다른 새로운 문화적 특성을 갖게 된다.

2. 2007년 미국 교육부에서 실시한 가정교육 조사 프로그램에 따르면 약 150만 명(미국 전체 취학 아동의 2.9퍼센트)의 아이가 홈스쿨링을 한다. 그중 36퍼센트는 홈스쿨링을 하는 이유로 "종교적 또는 도덕적 교육을 제공하기 위해서"라고 답변했고, 21퍼센트는 '학교 환경'에 대한 우려, 17퍼센트는 학교 교과 과정이 대체적으로 만

족스럽지 않기 때문이라고 했다(미국 교육부, 2008).

3. Cavalli-Sforza, et al., 1982는 스탠퍼드 대학의 학생들을 대상으로 어떤 문화적 특성이 부모와 강한 상관관계가 있는지 조사했다. 실험은 부모와 자식이 종교 같은 일부 사안에 대해서는 0.57이라는 높은 상관관계를 공유하지만, 점성술과 UFO 같은 '논쟁적 사안'에 대해서는 훨씬 낮은 상관관계를 가진다는 것을 보여주었다. 그리고 사람은 기본적으로 주어진 문화적 특성을 그대로 받아들일 것인지, 아니면 수평적 또는 비스듬하게 획득한 다른 문화적 신념을 받아들일지 명확하게 선택할 수 있다고 결론지었다.

4. 가장 전형적인 예로는 18세기에 발명한 증기 기관이 있다. 증기 기관이 왜, 그리고 어떻게 작동했는지에 대한 배경 지식과 그 효율성을 결정하는 요소에는 무엇이 있는지는 19세기 초반까지 명확하게 밝혀지지 않았다. 하지만 애초 증기 기관을 만들기까지는 기압과 증기에 대한 기본 지식이 필수적이었다. 증기 기관에 대한 더 깊은 지식은 이를 현실에서 실험하고 사용하며 배운 결과다.

5. 더욱이 다른 기술에 대한 지식이 한층 확산되어 접근성이 높아진 게 기술 진보의 속도를 좀더 가속화했다. 많은 발명품은 기존 기술을 재결합하고 다른 기술과 비교 평가한 결과이기 때문이다. 따라서 다른 사람에게 배운 다른 기술에 대한 지식은 혁신의 등장을 가속화했을 것이다.

6. 하지만 대부분의 단체는 경제사학자들이 그토록 사랑하는 과학 사회 및 지식 사회와 다르다. 이를테면 그들은 정치 클럽, 음악 단체, 미식가 모임, 커피 하우스의 단골손님이 대부분이었다.

05 문화적 진화와 편향

1. 지금까지 생각했던 것보다 더 중요하다고 최근 밝혀진 후성적 메커니즘은 전통적인 유전적 선택으로도 가능하지 않은 인구의 급격한 변화에 대한 추가 설명을 제공한다(Spolaore and Wacziarg, 2013, p. 25). 최근 연구 결과에 의하면 다윈의 순수한 자연선택은 지금까지 생각했던 것보다 더 빠르게 진행된다. HIF라고 부르는 유전자가 저지대 사람이 고지대로 갔을 때 겪는 피의 점도 상승 현상을 방지하기 위해 티베트 고지대 사람들에게서 활성화되어 환경에 적응할 수 있도록 하는 것으로 밝혀졌다. Simonson et al., 2010; Nielsen et al., 2010 참조.

2. 비록 다른 맥락이기는 하지만 존 스튜어트 밀도 비슷한 말을 했다. "아이디어는 외

부 환경과 맞아떨어지지 않는 이상 일반적으로 세상만사에 굉장히 빠르게 또는 즉 각적으로 영향을 끼치지 않는다. 아울러 그 상황에 가장 알맞은 아이디어를 기다리 는 동안 매우 우호적인 외부 환경은 그냥 지나가거나 작동 안 되는 경우가 있다. 하 지만 올바른 상황에서 올바른 아이디어가 만날 때 그 효과가 좀처럼 느리게 발현되 는 일은 없다"[Mill, (1845) 1967, vol. IV, p. 370].

3. 2009년 갤럽 여론조사에 따르면 미국인의 39퍼센트는 진화론을 믿은 반면 25퍼 센트는 믿지 않고 36퍼센트는 모른다고 대답했다. 우리가 예상한 것과 같이 교육 을 받을수록 진화론을 믿는 사람이 많았으며, 교회에 자주 가는 사람일수록 진화론 을 믿지 않았다. http://www.gallup.com/poll/114544/darwin-birthday-believe-evolution.aspx 참조.

4. 보통 권위는 동료들(해당 업계의 종사자들)이 부여한다. 권위와 관련해 아인슈타인 은 "운명은 권위를 경멸한 나를 벌하기 위해 나를 권위자로 만들었다"는 유명한 말 을 남겼다.

5. 인지과학자들은 사람에겐 기존의 신념을 확증하는 아이디어를 선호하는 경향이 있 다는 것을 밝혀냈다. "사람들은 자신이 좋아하는 가설이나 신념을 지지한다고 생각 하는 정보를 찾고 편파적으로 해석하려 한다. 반대로 자신의 가설과 신념에 반하거 나 다른 가능성을 제안하는 정보를 굳이 찾으려 하지도 않고 심지어 회피하기도 한 다"(Nickerson, 1998, p. 177). 이에 대해서는 Wason, 1960; Henrich, 2001; Lyons and Kashima, 2001 참조. 심리학적으로 해석하면, 사람들은 편견에 일관적이지 않 은(stereotype-inconsistent) 정보보다는 편견에 일관적인(stereotype-consistent) 정 보를 쉽게 받아들인다. 더 쉽게 이해할 수 있고 사실로 받아들이기 쉽기 때문이다.

6. 유명한 예로 크림 전쟁 당시 자신이 근무하던 스쿠타리(Scutari) 병원의 위생 상태 의 효율성을 정확하게 측정하기 위해 1858년 플로렌스 나이팅게일이 고안한 유명한 '로즈 도표(Rose Diagram)'가 있다. 이와 관련해 당대의 한 평론가는 "나이팅게일은 공공 보건의 현실이 매우 중요하다는 것을 지루한 어조로 (재미없는 통계를) 외우듯 말할 수 없었다. 그래서 노래를 불렀다"(Harford, 2016, p. 17)고 했다.

7. Landes, 2000, p. 11은 칼뱅주의 운명예정설에 대해 "운명예정설에 대한 굳건한 신념은 한두 세대 이상 지속되지 못했다(이는 오랫동안 지속될 만한 교리가 아니 다)"고 주장한다. 심지어 운명예정설은 그 시작부터 운이 다한 신념이라고 믿고 싶 어 할 수도 있다.

8. Cipolla, 1972, p. 52는 이렇게 언급한다. "과거 몇 세기에 걸쳐 비관용과 광신이 만연한 국가는 좀더 포용적인 국가에 모든 종류의 부(富) 가운데 가장 중요한 인간의 두뇌를 잃었다. ……좋은 두뇌의 유입과 새로운 아이디어를 수용하는 능력은 16~17세기 영국, 네덜란드 그리고 스웨덴 성공 이야기의 가장 중요한 원천이었다. 포용은 그 값어치를 한다는 말을 할 수 있어 기쁘다."

9. 나치 정권이 문화적 신념에 끼친 영향에 대한 최신 연구 결과에 따르면, 나치의 세뇌에 가장 많이 노출된 인구 집단은 그 전후로 태어난 인구 집단에 비해 유대인에 대한 반감이 더 큰 것으로 드러났다(Voigtländer and Voth, 2015). 나치는 강압 편향과 수사적 편향, 그리고 확증 편향을 골고루 활용해 이런 신념을 주입하는 데 성공했다. Voigtländer and Voth, 2015, p. 7935는 파울 요제프 괴벨스(Paul Joseph Goebbels)의 "선전은 기존의 관념 및 신념과 큰 틀에서 부합할 때에만 효과적이다"는 명언을 인용했다.

10. 상대적으로 특이한 역사적 사건이 없는 국가들에 이런 충격적 사건이 어떤 영향을 끼쳤는지에 대한 흥미로운 연구는 Broomé et al., 2011 참조. 스웨덴 사례를 들면서 저자들은 "결정적 순간은 이런 사건이 일어날 당시 성장기에 있는 사람들의 마음속에 깊이 새겨진다"고 했다. 많은 이념(~주의), 정부 형태 또는 가정을 파괴하는 사건은 "한 사람의 인생과 그의 가치"(Broomé et al., 2011, p. 31)를 재정립할 수 있다. 저자들은 이런 변화가 사람과 사회의 방향을 어떻게 바꾸는지에 대해서는 특별하게 언급하지 않는다.

2부 16~17세기 문화적 사업가와 경제 변화

06 문화적 사업가와 선택에 의한 문화적 진화

1. 그리프는 "도덕적 사업가는 새로운 도덕적 비전으로 추종자를 얻으려는 사람이다. 만약 실패한다면 그들은 무정부주의자나 반역자, 거짓 선지자, 컬트 지도자, 이단자로 역사에 남을 것이다. 반면 성공한다면 역사를 새로 쓰게 될 것이다"(Greif, 2012, p. 31)고 했다. 링마르(Ringmar, 2007, p. 96) 역시 영향력 있는 인물을 기업가와 때때로 비교하기는 했지만, 맥락이 조금 달랐다. Leighton and López, 2013, pp. 179-182는 같은 개념을 정치학에 적용했다.

2. Virgil Storr, 2011은 노스의 이러한 개념은 아직 완전하지 않으며 기업가 정신에 대한 추가적인 이론으로 좀더 뒷받침해야 한다고 언급했다.

3. 이는 Lowengard, 2006, p. 6에서 인용한 말이다. 톨스토이는 《전쟁과 평화》에서 "역사의 법칙을 연구하기 위해 우리는 관찰의 대상을 황제나 대신, 장군을 제쳐두고 대중을 움직이는 무한히 작은 요소로 완전하게 바꿔야만 한다"는 유명한 구절을 남겼다.

4. '아이디어 시장'은 미국의 고등 교육과 관련한 논의에서 매우 일반적인 용어(예를 들면 Menand, 2010)이며, 또한 미국 대법원이 언론의 자유와 미국 헌법 수정 조항 1조와 관련해 사용하기도 했다.

5. 이런 개념은 경제학자들에게 더 자연스럽다. Cook, 2007, p. 411은 생산, 축적, 교환되는 지식이 완전하게 상품화한 세계를 상상했다. 계몽주의의 많은 담론이 오가는 공론장에 대한 논의에서 하버마스(Habermas, 1989, pp. 36-37)는 문화적 상품과 정보를 접할 수 있는 '시장'을 언급했다. 하버마스의 시장은 아이디어 시장의 은유적 표현일 때만 그 의미를 이해할 수 있다.

6. 진화학의 용어로, 자연선택은 굉장히 엄중한 잣대를 요구하지 않는다는 얘기다. 다시 말해 만약 A와 B가 상호 배타적이라 할지라도 '제로섬이 아닌(nonzero)' 확률에서는 둘 다 가능할 수 있다는 것이다. 어떤 종류의 문화적 신념을 선택하는 기준은 우발적이다. 문화의 진화에서는 "이게 정말로 사실인가"라는 질문에 "때로는" 아니면 "어쩌면" 심지어는 "신이 허락하신다면"이라는 것 모두 만족할 만한 대답이다.

7. 다소 부당하긴 해도 슘페터는 "국부론에는 새로운 내용이 없고 …… 뉴턴의 《프린키피아》와 다윈의 《종의 기원》 같은 수준의 지적 업적으로 평가할 수 없다"고 말했다. Schumpeter, 1954, p. 185 참조.

8. 찰스 길리스피는 근대적 경제의 등장에 베이컨의 역할과 중요성을 설명하고 지지했던 영향력 있는 과학사학자 중 한 명이다. 그는 기술 진보를 통해 물질적 진보를 달성하기 위해 베이컨이 자연 탐구와 자연의 창조, 그리고 인간 활동으로서 과학을 재구성하는 데 귀납적 방법과 실험 방식의 중요성을 강조했다고 말한다. 또 베이컨의 비전을 "더 나은 세상에서 매력적인 신상품을 무한히 만드는 프로그램"으로 요약했다(Gillispie, 1960, p. 78). 그 정신에 관한 최근의 설명은 Zagorin 1998, pp. 97, 121 참조.

9. 알가잘리의 유명한 책 《철학자의 모순(The Incoherence of the Philosophers)》은

외국 문물이 이슬람 교리와 상반되고 자연 '법칙'이라는 개념은 전지전능한 창조주를 부정한다고 암시한다. Chaney, 2015는 문화적 사업가로서 알가잘리를 흥미로운 관점에서 분석했다. 알가잘리가 당시 변화하고 있던 환경 때문에 영향력을 얻었다는 것이다. 요컨대 11~12세기에 있었던 수니파 부흥 운동의 결과, 합리적인 방법으로 과학을 연구하려는 시도가 증가했는데, 이 때문에 권력 기반이 약화될 것을 염려한 종교 지도자들이 정치력을 강화하기에 이르렀다는 것이다.

10. Cohen, 2012, pp. 179, 362는 "갈릴레오는 자연 현상을 현대 과학의 시각으로 분석한 최초의 사상가이며 …… 세상에 현대 과학을 선물한 입지전적 인물"이라며 "현실적인 수학에 기반을 둔 과학"을 개척했다고 평가했다. 그러면서 "수학의 매력에 민감한 젊은 사람들에게 …… 어떻게 〔갈릴레오의 연구가〕 영감을 주지 않을 수 있을까?"라고 반문하기도 했다.

11. Peter Gay, 1966, p. 321은 존 로크에 대해 다음과 같이 썼다. "존 로크와 계몽주의의 관계는 에이브러햄 카울리(Abraham Cowley: 영국의 시인─옮긴이)가 말한 프랜시스 베이컨과 영국 왕립학회의 관계와 같다. 즉 존 로크는 모세(Moses)와 같아서 법을 만들기도, 길을 보여주기도 하며 현장을 압도한다. 하지만 깊은 감사를 이끌어내며 약속의 땅 바로 앞에서 멈춘다."

07 문화적 사업가: 프랜시스 베이컨

1. Graham Rees, 2000, p. 69는 베이컨주의라는 것은 없으며 "17세기 유럽의 격동적인 지적 문화"에 대한 베이컨의 영향력을 구체화한 단어에 불과하다고 주장한다. 그러고 나서 베이컨의 영향력을 상세하게 기술한 후 "쏟은 에너지에 비해 기술 데이터를 축적하지도 못했고, 따라서 진정한 발전을 이끌어내지도 못했다"면서 왕립학회의 '산업의 역사'를 필요 없는 것이라고 일축했다. 지식의 축적으로 진정한 발전을 도모한다는 베이컨의 프로그램은 18세기까지 기다려야 했다.

2. Stearns, 1943 참조. Paolo Rossi, 1978, p. 9는 "기계적 예술(mechanical arts: 건축과 조각 등 수공예로 대표되는 학문으로, 오늘날의 공학이라고 할 수 있음─옮긴이)을 부활시키고 …… 기술과 과학을 지식 개혁과 인류 존재의 기초로 삼으려 계획했을 때 …… 베이컨은 당대의 일반적 의견을 대변한 것이다"고 분명하게 주장한다.

3. Eamon, 1994, p. 298에 의하면 쿤의 이런 주장은 아리스토텔레스식 과학 연구의 경계를 완전하게 무너뜨렸으며 자연 현상을 주의 깊게 관찰하고 실험함으로써 자연

에 대한 지식을 확립할 수 있다는 베이컨 과학의 혁명적 중요성을 감소시킨다. "밖에서 보이는 현상이 아니라 내적인 '자연의 비밀'이 새로운 과학의 목표가 되었다."

4. 베이컨은 실제로 텔레시오를 "첫 근대인 중 한 명"이라고 부르면서 권위(특히 아리스토텔레스)에 대한 저항의 동지라고 생각했지만 다소 극단적이던 텔레시오의 이론에 대해서는 무관심했다(Giglioni, 2010).

5. 베이컨에 대해 다른 이들보다 회의적이던 학자 중 한 명은 많은 런던 사람들이 "베이컨이 숙제를 했는지 안 했는지 궁금하다"는 플랫의 글을 읽었다고 논평한다. 플랫은 일찍이 1594년에 "모든 개인의 노동과 학문의 목표는 우리나라의 공익과 공공의 선을 위한 것이어야 한다"고 말했다. "베이컨은 이런 말을 처음으로 한 사람이 아니며, 그저 이 얘길 반복했을 뿐이다"(Harkness, 2007, p. 246).

6. Hill, 1965, pp. 95-96은 16세기 영국에서 등장한 2개의 분리된 과학적 전통(수학과 연금술)과 더불어 반전통적 이교도인 청교도의 지적 전통을 지적한다. 힐은 베이컨이 이 3개의 전통을 합쳐 일관된 하나의 철학을 만들었다고 주장하며, 아이디어가 샘솟을 수 있는 지적 전통의 기반을 강화했다고 언급했다.

7. 베이컨을 옹호하자면, 당시 '마술'은 사람들이 온전히 이해하지 못한 자연의 힘을 일컫는 말로서 지식을 활용한 기술과 현상은 모두 마술처럼 보였을 것이다. 따라서 베이컨은 마술을 우리와 다르게 사용했다. "자연 마술은 자연철학을 다양한 철학적 사색에서 실험의 수준으로까지 축소시켰다"[Bacon, (1623) 1996, p. 143]. 브라이언 비커스(Brian Vickers)는 이에 대해 "자연 마술"은 자석과 같이 관찰할 수 없는 원인을 가진 물리학과 초자연적 현상을 절충한 혼합물이라고 했다. '마술'과 관련해 가장 영향력 있고 성공한 사람 중 한 명인 독일의 인문학자 코르넬리우스 아그리파(Cornelius Agrippa, 1486~1535)는 베이컨이 활동하기 약 1세기 전에 마술적 효과는 "단순한 자연 현상임에도 불구하고"[Agrippa, (1527) 1676, p. 111] 기적으로 여겨진다고 했다.

8. 찰스 길리스피는 근대적 경제의 등장에 베이컨의 역할과 중요성을 설명하고 지지한 영향력 있는 과학사학자 중 한 명이다. 그는 진보한 기술을 사용해 물질적 목표를 달성하기 위해서 베이컨이 자연 탐구와 자연의 창조, 그리고 인간 활동으로서 과학을 재구성하는 데 귀납적 방법과 실험 방식의 중요성을 강조했다고 말한다.

9. Barbara J. Shapiro, 2000, p. 107은 흥미로운 시각을 제시한다. 샤피로는 베이컨을 "사실(fact)"을 법의 영역에서 과학과 기술의 영역에 적용한 "중심인물"로서, 영국

의 자연철학을 실증적 토대 위에 올려놓은 공을 인정했다. 다른 전문가들은 열, 전기, 자력, 생물학 같은 일련의 응용 분야가 "베이컨학파의 전통에 의해 만들어지고 자연철학 분야의 일부로 편입되었다"(Pérez-Ramos, 1988, p. 35)고 말하기도 했다. Brian Vickers, 1992, pp. 516-517은 베이컨이 자연에 대한 학문을 크게 확대하고 정당성도 부여했다고 지적했다. "베이컨은 지질학, 지형학, 통계학, 의학 등 많은 과학 분야에 영향을 끼쳤다."

10. 늘 그렇듯 베이컨이 전적으로 알고 있었던 것은 아니지만 과거에도 그의 사상과 비슷한 생각을 하고 글을 쓴 사람들이 있었다. 한 예로 "수학과 장인의 전문적 기술의 결합이 사회의 번영을 창출할 수 있다"고 말한 16세기 프랑스 신학자 페트뤼 라무스가 있는데, 베이컨 역시 이 말에 동의했을 것이다(Smith, 1994, p. 36). Hill, 1965, p. 292는 라무스가 베이컨과 "위대한 영국의 청교도 대부분" 그리고 코메니우스 같은 사상가에게 큰 영향을 끼쳤음을 암시했다.

11. Heilbron, 2003b, p. 287은 이와 똑같은 말을 한 사람 가운데 한 명이다. 하지만 이 표현은 베이컨의 그 어떤 글에서도 찾아볼 수 없으며 이언 해킹(Ian Hacking)이 처음으로 한 말인 것처럼 보인다. 다음의 주소 참조(2013년 11월 24일 접속). https://groups.google.com/forum/#!topic/fa.philos-l/nvF7MYjedKQ.

12. 윌리엄 블레이크(William Blake)는 영국을 망친 주범이 베이컨이라고 주장하기도 했으며, 베이컨과 로크, 뉴턴의 불경한 삼위일체 때문에 "현대의 물질주의"가 팽배해지기 시작했다고 비판했다(Damon, 1988, p. 35).

13. 예를 들어 클라우스 치텔(Claus Zittel)은 "〔베이컨의〕 철학은 사회 발전이 방해받지 않는 모든 기술의 발전과 함께 진행된다는 근대적 과학의 꿈을 낳았다"(Zittel et al., 2008, p. xx)고 썼다.

14. 스코틀랜드의 수학자 콜린 매클로린(Colin MacLaurin)은 18세기 중반에 "〔베이컨은〕 자연에 대한 지식을 생각하는 방식을 철저하게 개혁해야 할 필요가 있다고 봤다. ……그는 《대혁신》에서 자신의 계획을 매우 강력하고 열정적으로 적어 학습에 대한 의지가 강한 사람들에게 기쁨을 주기도 했다. ……그의 강력한 제안은 분명한 효과를 냈고 그 시대 이후의 실험철학은 그 어느 때보다 더 발전했다"(MacLaurin, 1750, p. 59)고 썼다. 회의적이었던 데이비드 흄은 매클로린과 의견을 달리했으며 베이컨을 갈릴레오와 케플러보다 아래로 평가했다.

15. Henry, 2002, pp. 138, 163이 지적했듯 계몽주의 사상가들은 베이컨을 영웅시했

지만, "베이컨의 사상을 〔부분적으로〕 선택하고 앞뒤를 자르면서" 베이컨을 "그들이 상상한 모습"에 끼워 맞추었다. 하지만 베이컨주의는 여전히 "인류의 상태를 개선하려는 현실적 진보에 대한 관심사"의 토대였다.

16. 프랑스의 극우 작가 조제프 르메스트르(Joseph LeMaistre)는 궁극적으로 프랑스 대혁명으로 이어진 인류의 적들(enemies)이라는 사슬을 베이컨이 일깨웠다고 비난했다(Pérez-Ramos, 1988, p. 20).

17. '기술'에 대한 항목에서 디드로는 이렇게 썼다. "우리 모두는 인간이 …… 기술을 업으로 삼는 것은 고사하고 공부하는 것만으로도 …… 인간의 존엄을 훼손하는 것이라고 믿는 경향이 있다. ……이런 편견은 쓸모없는 구경꾼들의 도시와 …… 무지하고 게으르며 경멸할 만한 옹졸한 폭군들의 시골을 가득 메웠다. ……하지만 영국의 가장 뛰어난 천재 중 한 명인 베이컨의 생각은 달랐다."

18. 후기 계몽주의 과학자 험프리 데이비는 베이컨이 "모든 분야에 공통적으로 적용가능한 지식의 확장을 계획한 최초의 철학자"임에 의심할 여지가 없다고 말했다. 베이컨은 "모든 과학은 사실의 표현과 사실의 구성에 지나지 않는다는 것을 주장하면서 …… 연구의 새로운 방법을 개발한 것은 매우 짧은 시간에 자연 지식의 모든 분야를 완전하게 바꾸어놓았다"(Humphry Davy, 1840, pp. 121-122).

19. 이보다 인지도가 덜한 지식인들도 똑같이 베이컨의 업적을 우러러봤다. 특히 영국의 점성술사 조슈아 칠드레이(Joshua Childrey, 1623~1670)는 《브리튼의 베이컨(Britannia Baconica)》에서 "내 주인, 베이컨 경"(Childrey, 1660, p. B-4)을 따라하려 노력했다고 인정했다.

20. 《어떤 물리학적 에세이(Certain Physiological Essays)》에서 보일은 자연에 대한 자신의 글은 단지 "베룰럼(베이컨) 경의 《숲속의 숲》이나 《자연의 역사(Natural History)》"(Boyle, 1669, p. 14) 같은 저서의 연장선일 뿐이라고 명확하게 말했다.

21. 유명한 과학자(크리스티안 하위헌스—옮긴이)의 아버지이자 본인 스스로도 학자였던 콘스탄테인 하위헌스(Constantijn Huygens)는 "수학자(mathematician) 하위헌스 씨"에게 보낸 편지를 보았을 때 "내 자식 중에 기술자가 있는지는 몰랐네"라고 매섭게 반응했다(Cohen, 2012, p. 335에서 인용). 하지만 Dijksterhuis, 2007은 그 편지가 당시 루이 14세 밑에서 최고 군사 책임자로 있던 루부아 후작(Marquis de Louvois)이 보낸 것이라는 사실을 밝혀냈다. 후작이 이런 실수를 한 이유는 '순수 수학자(géometres, 기하학자)'와 '응용수학자(mathématiciens)'의 지위를 사회적으

로 구분하긴 했어도 실질적으로는 두 범주가 크게 중복되었기 때문이다.

22. Cohen, 2012, pp. 606-608은 과학혁명의 높은 기대치가 완전하게 충족되지 않은 이유를 나열한다. 하지만 코헌이 나열한 이유에 포함되지 않은 것 가운데 하나는 갈릴레오부터 뉴턴에 이르기까지 당대의 위대한 과학자들은 거의 모두 원자나 천체 그리고 물체의 운동(motion)과 빛에 관심을 쏟았다는 것이다. 하지만 기술은 재료를 가공하는 데 필요한 열과 엔진 제작에 대한 지식도 필요하다. 특히 17세기 자연철학자는 열에 대한 지식이 없었다. 요한 요아힘 베허(Johann Joachim Becher, 1635~1682)와 게오르크 에른스트 슈탈(Georg Ernst Stahl)이 개발한 플로지스톤 이론은 코헌의 백과사전식 책에 언급조차 되지 않았다.

23. Mokyr, 2009a는 존 드자귈리에, 헨리 베이턴, 윌리엄 컬런, 조지프 블랙, 콜린 매클로린 등 많은 과도기의 인물에 대해 언급한다.

24. 하지만 이 말은 당대의 현실과 매우 달랐다. 스프랫이 이 글을 쓰고 반세기가 지난 뒤 맨더빌은 "기계를 다루고 기술을 개선하는 사람과 사물의 이치를 탐구하는 사람은 같은 부류라고 할 수 없다"[Mandeville, (1724) 1755, p. 121]고 말했다.

25. 이 말을 하면서 코헌이 거대한 과학의 발전에도 불구하고 17세기 포수들(gunners)은 과학자가 수행한 작업을 전혀 눈치채지 못했고 알지도 못했다는 루퍼트 홀(Rupert Hall)의 유명한 논문을 인용했다는 점이 흥미롭다(Cohen, 1990, p. 66).

26. 《새로운 아틀란티스》에서 발명가들은 어떤 발명품을 세상에 내놓고 어떤 발명품을 비밀로 간직할지 결정해야 했다. 그리고 후자의 발명품에 대해서는 비밀을 지키겠다고 서약했다.

27. 베이컨은 "자연을 정복하기 위해 인류의 힘과 왕국의 힘을 키우는 것이야말로 진실로 더 훌륭하고 가치 있는 우리의 염원이며 …… 진정한 의미로 신성한 세계"[Bacon, (1603) 1838, p. 220]라고 말했다.

28. 하르틀리프와 그의 절친이자 칼뱅교 목사인 존 듀리(1596~1680)는 모두 독실한 개신교 신자로서 베이컨 사상과 지식의 확산이 당시의 다양한 개신교 교회들의 통합을 이끌어낼 것이라고 강하게 믿었다. 하지만 하르틀리프는 동시에 농업과 판 헬몬트의 화학, 약학에 관심이 많았으며 다수의 특허를 출원하기도 했다. 하르틀리프와 그의 제자들은 과거의 불확실성과 혼란에서 해방된 지식의 증진에 기반을 둔 기술의 발전이 갖는 잠재력에 강한 신념을 공유했다.

29. 이 단어는 매사추세츠의 초대 총독 존 윈스롭(John Winthrop)이 최초로 사용했

다고 전해진다. Webster, 1970, p. 3은 윈스롭을 "고귀하고 관대한 공동체"를 만들어 유럽의 지식인을 조직함으로써 베이컨의 이상향을 현실에 적용하려 한 사람으로 보았다. 이 조직은 18세기 편지 공화국의 초기 모형이라고 할 수 있다. 그가 추진한 정책 가운데 하나는 '솔로몬의 전당'을 현실 세계에 구체화한 것으로, 유용한 지식의 전파와 분배를 지원하는 "주소와 서신국(Office of Address and Correspondency)"을 설립했다. 이를 통해 계몽주의 시대의 주요 관심사 중 하나이던 과학 및 기술 지식을 분배하는 데 걸림돌이 되었던 접근 비용을 줄이고자 했다.

30. 하르틀리프는 특히 양봉업에 관심이 많았다. 순수하게 농업적 측면에서도 흥미를 느꼈지만 벌이 꽃가루를 옮기는 게 마치 교육받은 사람이 정보를 확산해 경제의 생산성을 증진하는 것과 유사하다고 생각했기 때문이다.

31. 베이컨이 올덴부르크에게 끼친 영향은 쉽게 찾아볼 수 있다. 올덴부르크는 자신의 서신 교환 멤버 중 한 사람에게 보낸 편지에서 "창조주의 영광과 인류의 이익을 위해 자연의 비밀을 조사하고 싶다"〔Webster, (1975) 2002, p. 502에서 인용〕는 바람을 내비쳤다. 올덴부르크는 베이컨학파의 전통을 최대한 살려 "철학적 문제를 개선하기 위해서는 철학적 문제에 대한 소통보다 필요한 것은 없으며, 그들의 학문과 노력을 그런 방향으로 설정하고 다른 사람들로 하여금 해결 방안을 발견하거나 실행에 옮기도록 해야 한다. ……마지막으로 해결 방안이 명백하고 진실되게 소통하고, 더 탄탄하고 유용한 지식이 대접을 받을 수 있도록 갈망하면서 기발한 노력과 실행 방식을 소중히 여겨야 한다. ……이 모든 것은 신의 영광, 신의 왕국의 명예와 발전, 그리고 인류의 보편적 이로움을 위해서다"(Oldenburg, 1665, pp. 1-2)고 썼다.

32. Sprat, 1667, pp. 310-311에 따르면 "최악의 기술자(worst Artificers)는 최선의 방식과 도구를 통해 훌륭한 교육을 받을 것이다. 그리고 훌륭한 발명가(greatest Inventors)는 최고의 배움을 얻을 것이다. 왜냐하면 시대를 뛰어넘어 많은 지역의 많은 사람의 업적을 눈으로 보면서 그들의 기술력과 비교할 수 있기 때문이다. 바로 이것이 발명을 크게 향상시킬 수 있는 가장 확실하고 효과적인 방법이다".

33. '왕립학회에 대한 시'에서 왕립학회의 공동 창업자 가운데 한 명인 에이브러햄 카울리는 당시 학자들이 베이컨에게 느꼈던 감사의 마음을 잘 표현했다. 토머스 스프랫은 이 시를 《런던 왕립학회의 역사》(1667)라는 유명한 책에서 재인용했다.

이런저런 많은 실수로 뒤덮인 그 길은/우리의 방랑자 선조들이 갔고/그 옛날 히브리족이 잘못 들어선 것처럼/작지만 사막으로 뒤덮여 있었네/베이컨은 모세와 같이 우리를 이끌고/척박한 황무지를 지났네/그 국경의 끝에는/신성하고 약속한 땅이 있었네/그의 고귀한 지식이라는 산의 정상에서/그것을 보았고 우리에게도 보여주었네.

34. 헌터는 이 유명한 구절을 스코틀랜드의 박식가이자 정치인, 군인 그리고 프리메이슨(Freemason)의 리더이자 왕립학회 설립 당시 가장 영향력 있는 인물 가운데 한 명이었던 로버트 모레이 경(Sir Robert Moray, 1608~1673)이 썼다고 주장한다.

35. Merton, (1938) 2001, p. 24는 17세기 유럽에서 의학에 대한 관심이 증가한 것은 과학에 대한 관심이 늘어난 반증이라고 지적한다. 생물학과 약학의 강력한 관계는 19세기의 산물이었다. 하지만 토머스 시드넘과 그 제자이자 재미없는 시를 쓰는 것으로도 유명했던 리처드 블랙모어(1654~1729)와 토머스 도버(Thomas Dover, 1660~1742) 같은 당대 최고의 의사들에게 베이컨의 이념이 끼친 영향은 상당히 뚜렷하다. (위대한 네덜란드의 의사 헤르만 부르하버처럼) 시드넘이 구대륙의 의학에 끼친 영향 역시 크다(Poynter, 1973)

36. 이런 정보의 체계적 수집은 수술 정보의 수집까지 이어졌는데, 당시 수술은 큰 존경을 받지 못하는 기술이었다. 영국 내전(English Civil War) 당시 복무한 왕당파 의사 리처드 와이즈먼(Richard Wiseman)은 1676년 《외과 논문집》이라는 책에서 660명의 수술 내용을 기록했다. 와이즈먼은 이 책에서 베이컨에 대해 언급하지 않았지만 서문에서 이렇게 썼다. "젊은 외과 의사가 이론도 익히고 실전에서도 곧잘 하는 것처럼 보여도, 갑자기 〔환자의 상태가〕 악화되어 젊은 의사를 당황하게 만들 수도 있다. ……그러면 그는 다른 의사들 역시 내가 이 논문집에서 한 것, 즉 성공적 의술이나 성공하지 못했던 의술을 모두 관찰해 우리 일에 필요한 지식을 축적함으로써 우리가 암초를 피할 수 있게끔 하는 항해 지도를 만들어주었으면 할 것이다〔Wiseman, (1676) 1719, vol. 1, pp. v-vi〕.

37. 17세기 농학과 자연사에 대해 글을 쓴 작가들은 베이컨과 특히 그의 《숲속의 숲》에서 큰 영감을 받았다는 것을 숨기지 않았다. 부록으로 '새로운 아틀란티스'를 실은 《숲속의 숲》은 1626~1685년 베스트셀러로 유명세를 탔으며 영어와 라틴어로 총 열여섯 번의 재판을 찍었다. Gaukroger, 2001, p. 33 참조.

38. 이와 관련해 레이는 1686년부터 1704년까지 계속 펴낸 《식물의 역사에 대해서

(Historia Plantarum)》를 썼다. 첫 두 권에서는 그가 직접 봤거나 자신의 인적 네트워크에 속한 식물학자들이 쓴 총 6100개의 식물 종에 대해 서술했다. 세 번째 책에서는 추가적으로 1만 종의 식물에 대해 조사했다. 레이는 칼 린네 같은 18세기 식물학자들에게 큰 영향을 끼쳤다.

39. 1646~1672년 여섯 번이나 재판을 찍고 최소 4개 국어로 번역된 점을 미루어보아 이 책의 인기를 실감할 수 있다. 하지만 브라운을 '근대적 사상가'로 부르기 전에 이런 잘못된 정보를 사탄이 벌인 일이라고 생각한 것을 상기해봄직하다(Browne, (1646) 1964, p. 75).

40. Denonain, 1982, p. 371은 1643년에 출간한 브라운의 베스트셀러이자 매우 영향력 있던 《의사의 종교(Religio Medici)》가 "베이컨학파의 전형적 기준에 부합"하게 구성되었다고 본다.

41. 당대 많은 유명 인사의 전기를 쓴 작가 존 오브레이(John Aubrey)에 따르면 존 윌킨스는 "옥스퍼드에서 실험철학을 부활시킨 주요 인물이자, 1649년부터 옥스퍼드에서 실험철학 모임을 매주 주관했으며 왕립학회의 초창기 멤버였다"(Aubrey, 1898, p. 301)고 한다. 옥스퍼드 워덤 칼리지에 있는 그의 숙소는 베이컨의 글에 등장하는 솔로몬의 전당에 꽤 큰 영향을 받았다(Houghton, 1942, p. 201).

42. Wilkins, 1668은 이렇게 언급했다. "세계 여러 나라가 서로 교역하고 자연 지식을 증진하는 데 따르는 가장 확실한 이점은 종교의 지식을 알리는 데 이바지할 수 있다는 것이다. ……이를 통해 성경의 문구 속에 가려진 많은 오류를 드러내 현대의 우리 종교에 대한 차이를 줄일 수 있을 것이다."

43. 브리기테 아스바흐슈니트커(Brigitte Asbach-Schnitker)는 윌킨스의 《수성 또는 은밀하고 신속한 사자(Mercury, Or, The Secret and Swift Messenger)》에 대한 서문에서 "윌킨스의 이 글이 1668년 왕립학회의 후원을 받아 처음 출간되었을 때, 이 책은 어느 정도 식물과 동물에 대해 연구한 프랜시스 윌러비와 존 레이, 알파벳 사전(Alphabetical Dictionary)을 만드는 데 참여한 윌리엄 로이드(William Lloyd) 그리고 인공 언어의 개척자인 로버트 훅과 프랜시스 로드윅(Francis Lodwick)의 공동 노력의 결과물이라고 할 수 있다"고 언급했다. Wilkins, (1641) 1984, p. xxvi 참조.

44. 또 다른 예를 들면, 17세기 후반의 가장 유명한 영국 지식인 중 한 명인 윌리엄 워튼(1666~1727)은 처음으로 근대의 과학 성장에 대한 깊이 있고 명확한 글을 썼으

며, 당시 자신이 직접 목도한 놀랄 만한 성장에 한 치의 의구심도 품지 않았다. "나의 베이컨 경은 우리가 지금까지 잘못된 길을 걸어왔다는 것과 자연은 그 자체를 알길 원하는 사람들이 직접 다뤄야 한다는 것을 세계에 최초로 알린 위대한 사람이었다"(Wotton, 1694, p. 306).

45. 베이컨을 우러러본 사람 가운데 많은 이들은 유럽 대륙에 있었다. 그중엔 베룰럼 경과 자신이 서로 칭찬을 했다고 편지에 쓴 르네 데카르트도 있다. 데카르트 외에 당시의 프랑스 지식인 피에르 가상디와 마랭 메르센 또한 베이컨에게 큰 영향을 받았다. 17세기 초반 프랑스의 가장 중요하고 영향력 있는 지식인 가운데 한 명인 니콜라 클로드 파브리 드 페레스는 베이컨을 존경했으며, 그를 만나지 못한 것을 매우 애석하게 생각했다(Caton, 1988, p. 80). 페레스는 베이컨의 글에서 많은 영감을 받았는데, 페레스의 영어 통역가는 그가 《학문의 진보》를 통해 동기 부여를 받았다고 말하기도 했다(Miller, 2000, p. 23). 네덜란드 철학자이자 의사 이사크 베이크만도 마찬가지였는데, 그는 베이컨의 글에 방대한 해설을 달기도 했다. 같은 네덜란드 학자이자 외교관, 그리고 유명한 과학자의 아버지인 콘스탄테인 하위헌스는 자신이 그토록 존경하던 베이컨을 실제로 만나기도 했다. 베이컨학파의 학자였던 그의 아들 크리스티안 하위헌스는 파리에서 "실험과 관찰은 자연 현상에 대한 모든 지식을 얻을 수 있는 유일한 방법이다"(Bell, 1947, p. 61에서 인용)고 말했다. 대부분의 지식인은 베이컨의 중심 사상을 신뢰했지만, 종종 베이컨의 글을 오해하기도 했고 자연 탐구와 기술 진보는커녕 귀납법을 배척하는 사람도 있었다. Pérez-Ramos, 1996, p. 312 참조.

46. 욘스톤은 "현실적인 철학"(유용한 지식을 이렇게 표현했다)은 새로운 금속과 새로운 식물, 동물을 만들 수 있다고 극찬하듯 썼다. 그러면서 이렇게 덧붙였다. "지금까지의 철학은 거대한 암흑 속에 있었다. 그러다 마침내 우리 시대에 와서야 그 유명한 베룰럼이 철학을 빛에 노출시켰다"(Jonston, 1657, pp. 83-84).

47. 성질이 고약했다고 알려진 프랑스 의사 사무엘 소르비에르(Samuel Sorbière, 1615~1670)는 1660년대에 영국을 방문하고 이렇게 썼다. "베이컨 대법관님은 사상의 깊이에서 우리 모두를 능가하고 〔글을 통해〕 자연 현상에 대한 지식을 실제로 실험하라는 가르침을 주셨다. ……자연철학을 연구한 사람들 가운데 진정으로 가장 위대한 분이다"〔Sorbière, (1664) 1709, p. 32〕.

48. d'Alembert, (1751) 1995, pp. 74-75는 베이컨을 "불멸의 대법관이자 …… 가장

위대하고 가장 보편적이며 가장 설득력 있는 철학자 …… 철학을 우리 지식의 일부로 만들어 …… 유용한 것들의 과학으로 …… 제한할 때 철학은 우리가 더 나아지거나 더 행복해지는 데 기여할 수 있다고 생각한다"고 했다. 볼테르는 《철학의 편지(Philosophical Letters)》에서 베이컨을 "실험철학의 아버지"라고 불렀다. 또한 《신기관》에 대해서는 "새로운 철학이라는 위용 있는 건물을 세울 수 있는 구조 철근"이었다며 "이 건물이 완공되면 구조 철근은 더 이상 필요 없다. 베이컨은 자연에 대해서는 잘 몰랐지만 자연에 다다르는 길을 완벽하게 잘 알고 있었으며, 우리를 그 길로 인도했다"(Voltaire, (1733~1734) 2007, p. 38)고 썼다. 심지어 기술 진보에 별로 동조하지도 않고 칭찬에 인색했던 루소조차도 "베룰럼은 가장 위대한 철학자 중 한 명일 것이다"고 했다. Gauss, 1920, pp. 58-59 참조.

49. 미셸 말레르브(Michel Malherbe, 1985)는 베이컨에 대한 프랑스 철학자들의 존경에도 불구하고 대부분은 베이컨의 글을 많이 읽지 않았다고 지적했으며, 《백과전서》에서 베이컨주의에 대한 글을 쓴 페스트레 신부도 베이컨의 글을 조금만 읽었던 것으로 보인다. 심지어 베이컨의 가장 열렬한 제자이며 "그의 글을 아무리 읽어도 질리지 않고 그를 아무리 찬양해도 힘들지 않다"고 말한 디드로조차도 한 학자의 말에 따르면 베이컨의 글을 피상적으로만 읽었으며 베이컨의 사상을 "완전한 사상 체계"(Dieckmann, 1943, pp. 326-327)로서 이해하지 못했다.

50. 베이컨이 뉴턴을 제외하고 영국에서 가장 재능 있는 과학자라는 평가를 받는 로버트 훅에게 미친 영향은 보석 세공사, 나팔 제작자, 제본업자, 댄스 교사 등 모든 기능적 직업(artisanal occupation)의 역사에 대해 쓰려 했던 다소 과장된 그의 계획에 잘 드러나 있다. Farrington, (1951) 1979, p. 137 참조.

51. 매콜리는 자신의 글에서 "어떤 사람은 베이컨 철학의 목표(인류가 진정한 의미의 인류가 되기 위해 필요한 그 무엇, 즉 기술을 제공하는 것)가 천박하다고 하지만, 천박하건 고귀하건 베이컨의 목표는 달성되었다는 것을 부정할 수는 없다. ……그 누구도 베이컨이 닦아놓은 길 위에서 우리가 전진하고 있다는 것을 부정할 수 없다"(Macaulay, (1837) 1983, pp. 129-132)고 썼다. 이 글은 빅토리아 시대가 시작할 때쯤 세상에 나왔는데, 당시 영국에서는 산업혁명의 영향으로 기술 진보가 사람들 눈에 확실한 사실이었다. McCloskey, 2010, p. 91은 베이컨과 매콜리가 "계몽주의 시대의 어리석은 낙관주의자"라고 했지만 미래의 경제 성장 규모에 대해서는 그들이 옳았고 부정적인 반대파들은 틀렸다.

52. 헤겔은 "베이컨이 지식을 실험으로 도출해야 한다고 말한 사람으로 그렇게 존경 받는 것을 보면 그는 진정으로 영국에서 철학이라 일컫는 학문의 특수한 리더이 자 대변인이라고 할 수 있으며, 영국은 베이컨을 뛰어넘는 철학을 발전시키지 못 했다. 하지만 유럽 대륙 사람들은 현실에 갇혀 가게 주인이나 노동자처럼 항상 일 에 몰두하는 삶을 살아야 하기 때문에 철학은 이성이 아닌 현실에 목표를 두어야 한다. ……그의 현실적인 글은 특히 흥미롭지만 우리가 예상했던 천재성의 빛나 는 섬광을 찾지는 못한다"고 신랄하게 비판했다. Hegel, (1805~1806) 1892~1896, pp. 172-174 참조.

08 문화적 사업가: 아이작 뉴턴

1. 케인스는 이렇게 말했다. "현대 의학 용어를 빌리자면, 뉴턴은 우리에게 익숙한 종 류의 신경쇠약증 환자가 아니라―기록에 근거해 말하면―가장 극단적인 신경증 환 자였다. 그의 마음 깊숙한 본능에는 신비주의와 난해함이 가득했고, 세상을 계속 피 하려 했다. 그는 자신의 생각과 신념 그리고 발견에 대한 비판과 점검을 병적으로 무서워했다. 뉴턴의 루카스 수학 석좌교수 후배인 윌리엄 휘스턴 교수는 '내가 지금 까지 알고 있는 사람 중에서 가장 두려움이 많고 조심스러우며 의심 많은 성격'이 라고 말했다. 로버트 훅, 플램스티드 그리고 라이프니츠와 벌인 유명한 논쟁은 뉴 턴의 성격을 보여주는 사례. ……그는 친구들의 압박 속에서만 자신의 연구를 발 표했다. 인생 후반부까지 뉴턴은 고독 속에서 그 누구도 견주지 못할 수준으로 강 한 내적 성찰과 정신적 인내력을 갖고 자신의 연구에 완전하게 몰입했다"(Keynes, 1946).

2. Michael White, 1997, p. 99는 뉴턴이 "타고난 염세주의"에도 불구하고 좋은 인적 네트워크를 유지했다고 지적했지만, 그 이유는 인간적 매력이 아니라 "오로지 인상 적인 지적 능력" 때문이라고 지적했다.

3. 이상하게도 뉴턴은 자신의 과학적 발견이 고대 그리스인들에 의해 이미 이뤄졌지만 그 후에 잊혔다고 생각했다. Iliffe, 1995, pp. 165-168 참조.

4. 수리의료학자들은 사람의 신체를 뉴턴의 운동 법칙에 지배를 받는 액체로 가득 찬 일종의 수압 기계로 생각했다. Fara, 2002, p. 85 참조. 조지 체인은 우울증에 뉴턴 의 원리를 적용하기까지 했다. 스스로 우울증을 겪기도 했던 그는 뉴턴의 과학을 언 급하며 '우울감'은 체액에 집중되어 있다고 결론 내렸고 적절한 식이 요법과 규칙적

인 운동을 통해 이를 극복할 수 있다고 했다(Guerrini, 2004b).

5. 이 연구에서 케일은 뉴턴의 화학 친화력 이론을 혈액의 입자들 간 친화력을 설명하는 데 적용하려 하면서 혈액 순환 시스템을 위한 수학적 모형을 개발했다(Guerrini, 2004a). 여기서 케일의 논리는 뉴턴 이후 시대의 낙관주의를 대변한다고 볼 수 있다. "만약 이전 세대에는 이해할 수 없고 검증이 불가능하다고 생각된 것들이 이제는 명확하고 쉽게 검증 가능한 것이 되었다면, 왜 우리 세대에 아직 발견되지 않은 것들을 발견하기를 희망하지 않는가? ……동물의 몸 역시 순수한 기계며 생명 및 건강과 직결되는 모든 행동은 몸 상태의 필수적 결과다. ……이 몸은 아이작 뉴턴 경이 발견한 서로 끌어당기는 이론에 의해 움직인다"(Keill, 1708, pp. v-vi, 8).

6. 부르하버는 문화적 사업가들(부르하버의 경우에는 데카르트와 뉴턴)이 자신의 사상과 생각을 전파하는 데 핵심 역할을 한 사람의 전형적인 예라고 할 수 있다. 부르하버는 당시 어느 정도 유명세를 타고 인기를 얻기도 했지만, 그의 독창적 사상은 많지 않았으며 그마저도 평범했다. 하지만 그는 계몽주의의 주요 문화적 신념을 자신의 고향인 네덜란드뿐만 아니라 유럽 전역으로 확산시키는 데 일조했다.

7. 애덤 스미스는 《천문학사(History of Astronomy)》에서 뉴턴의 이론에 대해 이렇게 말했다 "바로 이것이 아이작 뉴턴 경이 만들고자 했던 이론 체계였다. 아이작 뉴턴 경의 이론 체계는 다른 철학적 가설보다 진실이 더 엄격하게 연결되어 있다. ……그의 원리는 다른 이론 체계에서 우리가 흔히 볼 수 있는 것보다 더 높은 수준의 견고함과 확실함이 담겨 있다는 것을 인정해야 한다. 대부분의 사람들은 부인할 수 없을 것이다. ……그렇다면 그의 이론은 인류의 일반적이고 완전한 승인을 얻고 인류가 지금까지 만들어낸 가장 위대한 발명품으로, 가장 중요하고 숭고한 진실의 엄청난 사슬을 발견한 것으로, 그리고 우리가 매일같이 경험하는 현실을 긴밀하게 연결한 것으로 생각해야 한다"(Smith, 1799, p. 121).

8. 뉴턴과 동시대 인물이자 매우 명망 있던 프랑스 지식인 베르나르 르보비에 퐁트넬(1657~1757)은 데카르트와 뉴턴의 차이점을 다음과 같이 언급했다. 즉 데카르트는 자신이 완전하게 이해한 현상의 이유를 찾으려 했고, 뉴턴은 자신이 관찰한 현상의 이유를 분명하든 불분명하든 찾으려 했다(Fontenelle, (1727) 1728, pp. 11-12).

9. 베이컨은 《학문의 진보》에서 과학에는 불리하더라도 "사람이 일반적인 것보다는 구체적인 것에서 더 많은 기쁨을 찾는 것은 자연스러운 일이고 수학보다 거대한 이론에 대한 지식욕을 완전하게 충족시킬 수 있는 것은 없다. ……물리학의 시녀가 되어

야 마땅할 수학과 논리학이 물리학보다 높은 정확성을 자랑하고 심지어 물리학을 지배하려는 것은 치명적인 결과다"(Bacon, (1605) 1875, vol. IV, p. 370)고 말했다.

10. 물론 몇몇 사람에 의해 베이컨보다 뛰어난 사상가였다는 평가를 받는 수학자 존 디(7장 참조)를 포함해 예외는 있었다. 여하튼 유클리드의 수학을 소개한 디의 광범위하게 읽힌 책은 매우 영향력 있었으나, 자연철학에 대한 그의 영향력은 베이컨보다는 확실하게 제한적이었다.

11. 뉴턴의 연구에 담긴 내용이 불쾌하다고 느낀 보수적 지식인들도 그의 천재적 재능은 인정할 수밖에 없었다. 한 예로 보수적인 예수회 목사이자 '무신론학파'의 등장을 뉴턴의 책임으로 돌린 오귀스탱 바뤼엘 신부(Abbé Augustin Barruel, 1740~1821)가 있다. 그는 말년에 자코뱅주의(Jacobinism)가 등장한 배후에는 프리메이슨을 포함한 다른 비밀 조직이 관여했다는 음모론을 펼침으로써 유명세를 탔고, 뉴턴을 물질만능주의자라고 비판하기도 했다(Shank, 2008, pp. 5-6).

12. 지구가 평평하다는 것을 보여준 라플란드(Lapland) 탐험과 더불어 뉴턴의 부정할 수 없는 물리학을 보여준 또 다른 예로는 1759년 봄 클레로와 그의 동료 조제프제롬 랄랑드(Joseph-Jérôme Lalande)가 새로운 수학적 방법으로 삼체 문제(three-body problem)를 풀어 구한 날짜에 핼리 혜성이 실제로 나타난 사건이 있다. 이들의 정확한 예측은 뉴턴의 만유인력 법칙을 입증한 또 다른 사례로 여겨진다(Hankins, 2008; Itard, 2008).

13. 스코틀랜드의 수학자이자 에든버러와 옥스퍼드에서 수학을 가르친 데이비드 그레고리(David Gregory, 1659~1708)는 《프린키피아》에 감동해 뉴턴의 이론을 가장 빨리 받아들인 사람 중 한 명이었다. 그레고리는 자신의 학생들에게 뉴턴의 이론을 소개하고 만유인력의 법칙을 당시 천문학에 적용한 교과서를 집필하기도 했다. 그레고리는 뉴턴 신봉자이자 열렬한 추종자가 되었다. (그레고리는 독창적인 이론을 개발하지는 못했다.) 그의 학생이던 존 케일 역시 뉴턴의 영향을 많이 받았으며, 뉴턴과 라이프니츠의 유명한 표절 분쟁에 대해 라이프니츠가 뉴턴의 수학 이론을 표절했다고 말한 것으로 유명세를 탔다. 또한 로저 코츠(Roger Cotes, 1682~1716)와 함께 학생들이 뉴턴의 이론을 좀더 쉽게 접할 수 있게끔 노력했다.

14. 흥미롭게도 오일러의 비유는 틀렸다. 인간의 눈은 색수차의 결함이 있는 렌즈다. 눈의 색수차는 뇌에서 보정된다.

15. 뉴턴은 유체역학 이론의 타당성에 대해 신중한 태도를 유지했지만, 불행히도 그의

제자와 추종자들은 그렇지 않았다. 그들은 재빨리 그리고 무비판적으로 뉴턴의 이론을 발표하고 실험했다. 결과는 전적으로 실망스러웠지만, 뉴턴의 권위 때문에 이런 잘못된 개념은 꽤 오랫동안 널리 퍼졌다(Nowacki, 2008, p. 280).

16. 18세기의 가장 영향력 있는 지식인이던 뷔퐁, 디드로, 루소는 서로 매우 다른 사람들이었지만 젊어서부터 뉴턴의 경력에 큰 영감을 받았다(Feingold, 2004, pp. 154-158).

17. 프랑스 방문학자 자크 카시니(Jacques Cassini)는 1698년 뉴턴에게 많은 연금과 프랑스 왕립 과학 아카데미에서의 경력을 루이 14세가 직접 제안했다는 뜻을 전했다. 뉴턴은 또한 (자신의 모교인 케임브리지 대학의—옮긴이) 트리니티 칼리지 총장직을 제의받기도 했다(Westfall, 1980, pp. 587-589).

18. 뉴턴 자신은 부에 큰 관심이 없었지만 1727년 죽은 후 조카들에게 3만 2000파운드어치의 사유지를 물려주었다(Westfall, 1980, p. 870).

19. Shapin, 2003은 17~18세기 영국 과학자의 사회적 지위에 대해 고찰한 결과, 지위가 높아졌음에도 귀족 사회에 편입되려면 갈 길이 많이 남았다는 점을 지적했다. 대신 국가, 산업가, 기업가 들은 과학자를 지식을 빌릴 수 있는 '민간 전문가'로 여겼다. 어느 정도 예외가 있긴 하지만 이런 전문 지식에 대한 수요는 큰 변화가 없었다. 18세기는 상업, 지리, 식물학, 화학, 농업, 도예, 의학 같은 다양한 분야에서 전문가가 많이 생겨난 시기였다(Shapin, 2003, pp. 169, 179). 전문가의 증가는 공급(더 많은 사람이 자연철학자 또는 다른 분야의 전문가로서 직업을 선택하기 시작했다)과 수요 측면에서 기인했다. 자연 지식의 증가와 그것을 가능케 한 도구의 개발은 몇몇 사례에서 유용성을 높여주었지만, 무엇보다 중요한 것은 과학이 정말로 효과적이라는 사실이 널리 받아들여지기도 전에 생산 활동에서 과학의 잠재력을 믿을 만큼 베이컨의 이념이 사회에 만연해 있었다는 점이다.

20. 드자귈리에는 자신의 필생의 역작에서 이렇게 썼다. "데카르트의 철학은 세련된 문체와 자연 현상을 멋들어지게 설명하면서 아리스토텔레스의 물리학을 넘어섰지만, 세상은 데카르트의 철학으로 크게 얻은 게 없었다. ……고트족과 반달족(야만족을 의미함—옮긴이)이 철학의 세계로 들어간 데에는 뉴턴의 기하학에 그 공을 돌려야 한다"(Desaguliers, 1745, pp. v-vi).

21. 볼테르의 동료이면서 계몽주의 시대의 주목할 만한 유명한 여성이자 뉴턴의 사상을 읽기 쉬운 프랑스어로 번역한 에밀리 샤틀레 후작 부인(Emilie Marquise du

Châtelet, 1706~1749)은 이와 관련해 흥미로운 사례다. 볼테르는 자신의 책에서 샤틀레 부인을 "천재 중의 천재, 프랑스의 미네르바(지혜와 기술의 여신―옮긴이)이자 뉴턴과 진실의 제자"로 묘사했다.

22. 알가로티의 이 책은 매우 큰 성공을 거두어 1738년에는 프랑스어로, 1739년에는 영어로, 그 후에도 유럽의 여러 언어로 번역되었다. 이 책은 추종자들의 수사적 편향을 통해 문화의 전파가 어떻게 일어나는지 보여주는 단적인 사례다.

23. 프랑스 수학자 장바티스트 들랑브르(Jean-Baptiste Delambre)는 또 다른 프랑스 수학자 라그랑주가 뉴턴에 대해 한 찬사를 종종 언급했다. 라그랑주는 뉴턴을 지금까지 존재한 사람 가운데 최고의 천재인 동시에 가장 운이 좋았던 사람이라고 했는데, 그 이유는 그가 법칙을 발견해낸 우주는 단 하나만 존재하기 때문이라고 했다〔Delambre, (1816) 1867, p. xx〕.

24. 웨스트민스터 성당은 "자연과 자연의 법칙은 어둠에 가려 숨어 있었다. 신께서 '뉴턴이여 있으라' 하시매 세상 모든 것이 밝아졌다"는 원래의 묘비명을 허락하지 않았다. 대신 거기에는 (라틴어로) "여기 아이작 뉴턴 경이 잠들다"고 쓰여 있다.

25. "그러나 다른 사람들과 비교조차 할 수 없는 뉴턴은 자연에 부분적으로나마 적용된 수학이―진실의 문제에 관한 원칙에 따라―어떻게 우리를 이해할 수 없는 우주로 이끌 수 있는지 보여주었다"〔John Locke, (1693) 1812, vol. 9, p. 186〕.

26. 마이클 헌터가 지적했듯 과학의 권위와 과학의 문화는 왕정복고(Restoration England: 1660년대 영국 스튜어트 왕조의 부활―옮긴이) 시절의 영국에서는 결코 보장받지 못했다. 헌터는 1700년 이후에야 "천재적인 뉴턴의 영도 아래 과학은 정통성을 인정받았고 체계화되었으며 영향력을 확대하기 시작했다"(Hunter, 1995a, p. 119)고 말했다.

27. 스코틀랜드의 화학자이자 의사, 그리고 에든버러 대학의 교수로 활동한 윌리엄 컬런의 경력은 이런 경향을 가장 잘 보여준다. 그는 표백업자, 농부, 염료 생산자 등 다양한 분야의 사람들에게 전문적인 조언을 해주는 일종의 컨설턴트로서 수요가 많았다.

28. 드자귈리에는 새로운 기계과학을 현실적으로 그리고 유용하게 응용해 뉴턴학파가 영국에 미친 긍정적 효과를 보여준 전형적인 사례다. 하지만 그는 역사에 남길 만한 돌파구적 기술은 개발하지 않고 전기와 기계에 대한 많은 실험을 했다. 드자귈리에는 물론 그와 비슷한 마음가짐을 가졌던 뉴턴학파의 학자들, 예를 들어 영향력

있는 과학자 겸 의사였던 제임스 쥬린(James Jurin, 1684~1750)이 활동할 당시에는 산업혁명이 일어나지 않았다.

29. 볼테르는 뉴턴을 실질적으로 종교적 시각에서 바라보았다. 그는 뉴턴이 "내가 기꺼이 희생할 수 있는 나의 신"(Feingold, 2004, p. 104)이라면서 스스로를 뉴턴의 사도(apostle)로 생각했다.

30. 뉴턴은 자신의 과학적 통찰력과 일맥상통하는 기이한 종교적 신념을 가꾸어나가면서 자신의 과학 연구를 종교적으로 확인받고 신앙적 지지를 얻기 위해 노력했다. 그는 자신의 기계적 우주 이론이 제기하는 많은 종교적 질문을 의도적으로 무시하면서 고집스레 성경을 문자 그대로 해석했다(Snobelen, 1999). 그는 시간과 공간에 대한 자신의 개념 및 신과의 관계에 대해 끊임없이 고민했다(Janiak, 2006).

31. 뉴턴은 자신의 과학으로 인해 이신론자(理神論者: 모든 종교 사상을 합리주의적으로 보려는 사람들—옮긴이)로 보일 수 있다는 위험을 인지하고 있었으며, 기독교의 교리와 '냉담한 철학'의 갈등에 대해서도 걱정했다(Westfall, 1986, p. 232). 18세기에 이르러서는 예수회 소속의 보수적인 작가들이 뉴턴 물리학을 이신론, 스피노자 철학 또는 쾌락적 물질주의 같은 이교도적인 철학과 관련지었다(Shank, 2008, p. 381).

32. 라플라스가 실제로 이런 말을 했다는 문헌적 근거는 없지만 Hahn, 1986. p. 256은 이것이 라플라스의 생각을 충실하게 반영한다고 언급했다.

33. 이 말은 "한 국가가 가장 낮은 단계의 야만 상태에서 벗어나 가장 높은 단계의 풍요로움을 달성하기 위해서는 평화, 낮은 세금 그리고 너그러운 법의 실행 외에 필요한 것은 없다"(Stewart, (1793) 1829, p. 64)는 유명한 문구 직후에 나온다. 듀갈드 스튜어트는 이 문장이 스미스의 1755년 원고에는 있지만 정식 출판본에는 없다고 말했다.

34. '솔로몬의 전당'에서 일하는 '아버지들'의 근본적 역할은 "모든 근원의 지식과 물체 운동의 비밀, 인간 제국(Human Empire)의 경계선을 확장해 가능한 한 모든 것에 영향을 끼치는" 것이었지만, 이 일에는 거리에서 사람들을 만나 "적막 속에서 그들의 맨손을 잡고 신의 축복을 비는 것"도 포함되었다(Bacon, (1627) 1996, pp. 479-480).

3부 16~17세기 유럽의 혁신, 경쟁 그리고 다원주의

09 문화적 선택: 인적 자본과 종교

1. 루소에서 마르크스에 이르기까지 기존의 정치 구조를 비판하는 지식인이 실제로 정치 혁명에 영감을 줄 수 있는지는 논란의 여지가 있다. 현대의 전문가들은 책이 갑작스러운 정치적 변화를 일으킬 수 있는지 여부와 그런 책이 어떻게 갑작스러운 정치적 변화로 이어질 수 있는지에 대해 회의적이다. 하지만 이스라엘(Israel, 2010, p, 87)의 글이 증명하듯 이 문제는 논란의 여지가 남아 있다.

2. 물론 노예 노동이 자본가들이 고용 노동자에게 지불한 임금보다 쌀 것이라고 생각할 이유는 없다. 더욱이 전근대 사회에서 일어난 대부분의 기술적 진보는 쉽게 노동 절약형 기술 진보로 볼 수도 없다.

3. Squicciarini and Voigtländer, 2015는 디드로와 달랑베르의 《백과전서》를 구매한 사람들을 엘리트로 정의하고, 당시 프랑스의 지식 엘리트라고 부를 수 있는 사람들의 수를 양적으로 파악하는 창의적 시도를 했다.

4. 란다는 이런 네트워크가 세계 방방곡곡에 사는 화교처럼 동일한 민족의 중개인 집단으로 하여금 계약을 좀더 수월하게 성사 및 집행시킨다는 점을 지적했다(Janet Tai Landa, 1981, 1995).

5. 상업을 하나의 미덕으로 간주한 가장 유명한 사례가 네덜란드라는 점은 놀라울 것도 없다. 1632년 네덜란드 작가 카스파뤼스 바를라우스(Casparus Barlaeus)는 《상인 철학자(le Marchand Philosophe)》라는 소책자를 발간했는데, 그는 여기서 부의 축적은 선할 뿐만 아니라 자신의 부를 기부하지 않아도 부유한 상인은 선하다고 주장했다. 바를라우스는 "상업 자체는 인생에서 추구해야 할 가장 가치 있는 것 중 하나다"(Cook, 2007, pp. 70-71)고 썼다. 시간이 흐를수록 그의 말에 동의하는 사람이 늘어났다.

6. Hume, (1742) 1985, p. 113은 이것이 더 중요하지만 동시에 더 어려운 질문이라고 보았다. 학문의 성장보다 교역의 성장을 설명하기가 한층 더 쉽다. 네덜란드에서는 필요와 자유가 교역을 만들어내기는 했지만 유명한 저술가를 배출하지는 못했다.

7. 이와 관련해서는 최신 자료와 실증적 자료를 사용한 Benhabib and Spiegel, 2005 참조.

8. 이런 종류의 교육은 1780년대에 12개의 자선 학교(charity schools)를 설립한 영국

의 유명 작가이자 교육자 한나 모어(Hannah More, 1745~1833)가 계획했던 것이다. 모어가 세운 자선 학교는 매우 강한 종교적 색채를 띤 복음주의 학교였다. 아이들은 쓰기는 말고 읽기만 배워야 한다는 그녀의 생각(모어는 아이들이 너무 많은 교육을 받을 경우 사회에서 자신의 처지에 대한 불만을 서로 토로할 것을 두려워했다)으로 인해 이들 학교는 인적 자본을 키워내는 데 제한적인 영향력만을 발휘했다. 모어의 교육 목적은 사회의 하류 계층을 좀더 부지런하게 만드는 것이었다.

9. 데이터에 의하면 1700~1850년에 태어난 498명의 과학자와 엔지니어 가운데 329명은 대학교를 다니지 않았다. 18세기의 유명한 엔지니어 가운데 대학교 학위가 없는 사람은 전체의 71퍼센트였다. 1820년 이전에 태어난 244명의 발명가 중에서 고등 교육을 받은 사람은 68명에 불과했다. Birse, 1983; Khan, 2006 참조.

10. 레인힐 경주(Rainhill Trials)에서 우승한, 유명한 '로켓'이라는 기관차를 만들어 영국 철도 시대의 문을 연 위대한 엔지니어 조지 스티븐슨(George Stephenson)은 엔지니어링 학문을 완전하게 독학했으며, 심지어 글도 18세에 깨쳤다. 말년에 그는 자신의 부족한 문자 해독력 때문에 지인들과의 연락을 도와줄 비서를 고용해야만 했다. 당시 많은 사람이 마찬가지로 비공식 교육에 의존해야만 했다. 위대한 기계공학자 리처드 로버츠(Richard Roberts)는 "교육을 거의 받지 못했으며 어느 정도 나이가 되자 일을 해야만 했다. 한동안은 아버지의 집 근처에 있는 채석장에서 일하기도 했다. 기발한 발상의 소유자였던 그는 쉬는 시간을 이용해 많은 기계를 만들었는데, 일부는 재미삼아 일부는 팔아서 수익을 남기기 위함이었다"(Smiles, 1876, p. 321). 최근의 연구는 지금까지 알려진 그의 면모를 조금 수정하긴 했지만, 한 가지 확실한 것은 로버츠가 기계를 배우는 것보다 만드는 데 흥미를 느꼈다는 것이다(Hills, 2002, p. 9).

11. 미슈나(Mishna: 유대교의 구전 율법—옮긴이)는 총 6장(chapter)으로 이뤄져 있는데, 그중 네 번째 장인 네지킨(Nezikin, 손해)은 상업적 및 현실적 문제를 다룬다.

12. 한 전문가는 이렇게 말했다. "[초창기] 교회의 임무는 부동산 거래를 관장하거나 상업적 논쟁을 종결하는 것이 아니었다. 기독교인이 이런 상업적 분쟁에 대해 이교도의 법정으로 가는 것도 적절하다고 여기지 않았으나, 이 시대에는 미슈나에 필적할 만한 기독교적 민법 체계나 정부 기관이 없기도 했다"(Neusner, 1980, p. 430).

13. 비협력적인 사회에서는 무임승차자를 처벌하는 데 비용이 많이 드는 반면, 혜택을 나머지 사람들과 공유하므로 협조적인 성과를 달성하기가 더 어렵다는 주장이다.

반면 종교적 신념은 감시 비용이 거의 들지 않는 외부 처벌자를 가정함으로써 무임 승차자 문제를 해결한다. 또한 초자연적인 처벌자의 존재를 믿지 않는다 하더라도 '파스칼의 내기(Pascal's wager: 17세기 수학자 파스칼의 이론. 신이 실제로 존재하면 믿는 사람은 모든 것을 얻고 믿지 않은 사람은 모든 것을 잃게 되며, 신이 존재하지 않으면 신을 믿는 사람과 믿지 않는 사람 모두 아무것도 잃지 않는다. 따라서 신을 믿는 것이 합리적인 선택이다—옮긴이)'를 기억하며 신을 믿는 것이 합리적이다. Johnson and Krüger, 2004; Johnson, 2009 참조.

14. 디드로는 15세 때 예수회 학교인 루이 르그랑(Louis LeGrand)을 다니다 얀센파 학교인 다르쿠르(d'Harcourt: 현재의 리세 상트루이(Lycée St. Louis)]로 옮겼다. 아마도 융통성 없는 예수회의 경직된 사상이 그를 질리게 했을 것이다(Blom, 2010, p. 12).

15. Cohen, 2012, pp. 146-147은 예수회의 엘리트 교육이 반종교 개혁(루터의 종교 개혁에 대응하고 가톨릭교회의 내부 모순을 해결하기 위해 발생한 자체 개혁 운동으로, 30년 전쟁으로까지 번졌다—옮긴이)에 박차를 가하기 위한 것으로 예수회의 주요 목표 중 하나였다고 지적했다. 예수회는 아리스토텔레스의 학문과 코헨이 "종합수학"이라고 부른 응용수학을 하나로 결합하는 데 많은 노력을 들였다. 예수회의 위대한 수학자 크리스토퍼 클라비우스는 처음에는 갈릴레오가 개발한 망원경을 반겼으나 나중에는 이를 폄훼하기에 이르렀다. 코헨은 예수회의 선입관이 예수회 지식인들을 제약했다고 결론 내렸다(Cohen, 2012, pp. 212, 495).

16. 오스트리아의 예수회 수학자 크리스토프 그린베르거(1561~1636)는 1613년 갈릴레오에게 "나한테는 당신과 같은 자유가 없소"라고 말했다. 그의 동료 피에로 디니(Piero Dini)는 2년 후 갈릴레오에게 "많은 예수회 사람들이 당신의 견해에 동감하지만 입을 다물고 있어야 한다"(Feingold, 2003, p. 23)고 말했다.

17. "의심이나 논쟁의 여지가 없는 완벽한 통합의 전체주의적 꿈"을 꾼 예수회와 "논쟁의 여지를 허용해 …… 과학의 발전과 정치·종교적 다원주의가 생겨날 수 있게 길을 열어준" 갈릴레오학파를 극명하게 비교하는 것은 어느 정도 지나치게 과장된 것이다. 예수회 과학자들은 갈릴레오학파가 등장한 이후 급격하게 진화하고 있던 유럽의 아이디어 시장에서 경쟁해야만 했고, 이런 과학적 통찰력을 무시하기 어려웠다. 18세기 중반에 이르러서는 프란체스코 안티니오 자카리아(Francesco Antonio Zaccaria) 같은 중도적 성향의 예수회 과학자들은 신앙과 과학의 타협을 이루어냈

다(Dooley, 2003).

18. Yuri Slezkine, 2004는 농촌 공동체('Appolonians'라고 불렀다)와 지역 주민에게는 없는 종류의 서비스를 제공하는 소수의 사람들('Mercurians'라고 불렀다) 간 노동 분업이 있다고 설명했다.

19. Chaney, 2008, 2015는 이슬람 과학의 번성은 내부 경쟁 및 다른 종교와의 경쟁 수준과 직접적 관련이 있다고 주장했다. 그에 따르면 무슬림은 합리적 토론과 뛰어난 지식을 통해 이슬람을 믿지 않는 사람들을 끌어들이려 노력했다. 무슬림은 강제 개종을 꺼려 했고, 이는 그들의 통치 아래 살고 있던 비(非)무슬림의 수를 감안할 때 실용적이지도 않았다. 따라서 이슬람 지도층은 개종을 위해서라도 무슬림에게 논리를 배우라고 권장했다. 에릭 체니에 따르면 이런 정책은 과학 교육이 번창하는 환경을 만들었고, 동시에 이슬람 내부적으로도 토론 문화를 정착시켜 억압적인 종교적 근본주의가 등장하는 것을 방지할 수 있었다. 11~12세기 수니파가 등장하면서 이슬람 세계에서 종교적 다양성과 다원주의가 사라지기 시작했다. 수니파 성직자들의 정치력이 증가하면서 이슬람 내부의 경쟁이 감소하고, 자연스레 이슬람의 독창적 과학은 12세기에 쇠퇴하기 시작했다(Chaney, 2015, pp. 18-19).

20. 카스텔리오는 미구엘 세르베투스가 1553년 제네바에서 이단자로 몰려 처형당한 사건에 대해 편지 공화국의 일원으로서 학술적 방식으로 자신의 분노를 표출했다고 그래프턴은 지적했다. 카스텔리오는 광범위한 조사와 연구를 통해 이단적인 사상가들을 폭력적으로 처형하는 것은 기독교 교리에 반하는 일이라는 것을 보여주었다. 이런 카스텔리오의 생각은 처음에는 소수의 견해로 간주되었으나 시간이 지나면서 많은 사람이 수용했고, 결국 17세기 후반 관용 사상의 큰 축이 되었다. 그래프턴은 "계몽주의 시대의 이런 특징적 태도는 학자들의 사색의 결과였다"(Grafton, 2009a, pp. 12-13)고 언급했다.

21. 모든 경제 발전과 사회 발전의 근간에는 중세 기독교가 있었다는 극단적 주장에 대해서는 Stark, 2003 참조.

22. 벨기에 의사 안드레아스 베살리우스는 자신의 명저 《인체 구조에 관하여(De Humani Corporis Fabrica)》(1543)에서 갈레노스의 해부학을 혼자 뒤엎다시피 하며 "뼈의 해부학을 먼저 설명하지 않으면 …… 신의 결과물을 검사하는 가치 있는 일을 막는 것이다"(O'Malley, 2008, p. 8에서 인용)고 말했다.

23. 다른 책에서 화이트는 "인간을 그 자신의 모습을 본떠 만들고 우주를 창조한 도예

가이자 창조주인 하나님이 사람에게 세상을 통치하도록 명했다"면서 중세 서양의 기계역학이 한층 섬세해지면서 "창조주 신(God the builder)이 기계공 신(God the mechanic)으로 발전했다"고 말했다(White, 1978, pp. 236, 239).

24. 현대의 일부 학자들은 고대 중국인이 강조한 인간과 자연 사이의 '조화로운' 관계 는 과장된 것이며 심지어 주나라(기원전 1046~기원전 256) 시대에도 사람들이 환 경을 무자비하게 조작하고 착취한 명백한 근거가 있다고 주장한다. Roetz, 2010, p. 217은 "유교는 자연을 지배하는 데에서 오는 명백한 긍정적 측면이 있다고 했으 며, 이를 모든 문화의 전제로 보았다"고 주장한다.

25. Davids, 2013의 주장처럼 중세 유럽에서 일어난 문화적 변화는 기술을 바라보는 태도를 바꾸었으며, 따라서 사회적 어젠다 역시 변화했다고 보는 화이트의 생각을 단순히 무시해서도 안 된다. 노동, 생산 그리고 상업은 '미덕'이고 어떤 면에서 신 성하다는 관념은 명백하게 중세 시대에 뿌리를 두고 있으며, 여러 학자들(Zilsel, 1942; McCloskey, 2006)이 주장한 것과 같이 장기적으로는 근대 초기의 유럽인이 생산 활동을 바라보는 시각을 바꾸는 데 영향을 끼쳤다.

26. 현대의 사회심리학 연구는 '자기지시'(독립적인 사고, 창의성, 탐구 의식 등)라 는 변수와 '종교적 독실함'은 −.35의 상관관계가 있다는 것을 밝혀냈다. 흥미롭 게도 이런 관계는 이스라엘의 유대인이나 네덜란드의 개신교도, 에스파냐의 가 톨릭교도, 그리스의 정교회를 믿는 사람들 사이에서도 큰 차이를 보이지 않았다. Schwartz and Huismans, 1995 참조.

27. 비베스는 《학문론(De Trandendis Disciplinis)》(1531)에서 이렇게 썼다. "누구든지 상점이나 공장에 들어가서 장인들에게 물어보고, 그들이 하는 일의 작은 부분이라 도 배우는 것을 부끄러워해선 안 된다. 과거에 배운 사람들은 인생에 커다란 도움 을 주는 것들에 대해 물어보는 것을 경멸했다. ……하지만 이것은 모든 학문의 결 과이자 목적이 되어야 한다. 지식을 학습하면 우리는 그것을 유용하게 만들어 공 동의 선을 위해 활용해야 한다. 이를 통해 우리는 찰나의 즐거움이나 언젠가는 사 라질 돈이 아니라 영원한 보상을 받게 된다. ……따라서 항상 공부를 해야 하는 것은 아니지만, 우리가 하는 공부는 인생의 현실적 유용성에 초점을 맞춰야 한다" (Watson, 1913, pp. 209, 283-284).

28. 이 책에 나오는 상상의 국가에서 시민은 "모든 종류의 기술을 습득한 가장 고귀한 사람이었다. ……대장장이와 석공처럼 많은 노동력이 필요하고 많은 사람에게 실

질적 도움을 주는 일일수록 더 훌륭한 것으로 여겼으며 아무도 이런 일을 피하지 않았다"[Campanella, (1602) 1981, p. 81]. 그는 일부 과장을 섞어 세상의 모든 책보다 한 식물의 해부학에서 더 많은 것을 배웠다고 강조했는데, 이 말은 영향력 있는 프랑스의 박식가 페레스를 포함해 많은 지식인에게 반향을 일으켰다(Miller, 2000, p. 23).

29. 일례로 지로라모 루스첼리(Girolamo Ruscelli, 1518~1566)가 1540년대에 쓴 《비밀 학교(Accademia Segreta)》를 들 수 있다. 이 학교에서 학자들은 약제상, 약초 재배자, 정원사 그리고 다른 장인과 함께 일하면서 그들의 기술을 배웠다. 루스첼리는 이 책에서 "장인은 귀족 및 학자들과 나란히 일했다"면서 일찍이 학자와 장인의 협업을 강조했다(Eamon, 1985, p. 478). 이러한 묘사는 현실을 반영했다기보다 유토피아적 비전을 구체화한 것이지만, 베이컨이 등장하기 이전에 유럽에서 성숙하게 발전한 사상의 면모를 보여준다(Long, 2011, pp. 94-96).

30. Roberts and Schaffer, 2007, pp. xv-xvi은 과학과 지식 그리고 응용 기술을 동일시하지 않고, 연구와 발명을 함께하는 협력 공동체 개념으로 대체하고자 했다. 저자들은 단순히 철학자가 "손재주 많은 사람"이고 장인은 "생각할 능력이 있는 사람"이라고 주장하지 않는다. 철학자는 "재화 및 지식의 생산과 매우 밀접하게 관련된 모든 절차를 포함한 혼합 활동(hybrid activities)"을 탐구해야 한다.

31. Long, 2011은 1400년경 장인과 철학자의 관계가 화해를 했다고 언급했지만 16세기 아그리콜라와 에르커(Agricola and Ercker, 광물학과 광산학), 타콜라와 베송(Taccola and Besson, 기계), 라멜리(Ramelli, 펌프)의 기술 서적이 등장하기 전까지는 높은 단계의 화해 국면에 들어서지 않았던 것으로 보인다.

32. 로버트 훅은 1667년 《미크로그래피아》 서문에서 "진정한 철학은 무수히 많은 연결 고리가 있어 어느 한 부분이 느슨해지거나 약해지기라도 하면 전체 사슬이 해체될 위험에 빠진다. 손과 눈에서 시작해 우리의 기억으로 이동하며, 거기에서 우리의 이성으로 계속된다. 거기서 멈추는 게 아니라 다시 손과 눈으로 되돌아오며, 이런 방식으로 인간의 모든 감각과 능력을 계속해서 사용한다"고 말했다. '의식 있는 손작업'이라는 개념은 당시에도 존재했던 것으로 보인다.

33. 이런 차이점에 대해서는 Robert Levine, 1997에 잘 설명되어 있다.

10 16~17세기 문화 변화와 유용한 지식의 확산

1. 플라스미드(plasmid)는 자기 복제로 증식할 수 있는 DNA로, 개체군에서 유전자 정보를 수평적으로 전달해 적응력을 키운다. 한 예로 플라스미드는 이런 메커니즘을 통해 항생제에 대한 내성을 키웠다. 이미 언급했듯 후성적 메커니즘에 의해 수평적으로 전달받은 특징은 다음 세대로 전달될 수 있다.

2. 올리버 크롬웰은 말라리아 치료제로도 쓰이는 키나나무 껍질을 복용하지 않아 죽었다는 설이 있다. 크롬웰이 이를 복용하지 않은 이유는 키나나무가 남미에서 왔기 때문이 아니라, 그걸 말라리아 치료약으로 사용하는 것은 예수회의 방식이라고 생각했기 때문이다. 이 이야기는 널리 알려져 있지만 출처가 불분명하다(McMains, 2000).

3. 인도에 도착한 유럽인은 현지의 조선 기술에 깊은 인상을 받아 인도와 이웃한 동남아시아 국가들의 조선술을 적극 도입했다. 반대로 인도인 역시 유럽의 함선을 비롯한 조선술을 배워가기도 했다(Unger, 2013, p. 176). 하지만 1800년에는 유럽의 함선이 아시아의 함선에 비해 "확실히 우월했다"(Unger, 2013, p. 202).

4. 18세기 영국과 프랑스 귀족 사이에는 중국 물건이 (진품이건 모조품이건 상관없이) 유행했는데, 당시엔 이를 시누아즈리(chinoiserie)라고 불렀다. 당시 대표적인 시누아즈리풍 예술 작품에는 1762년에 지은 런던 큐 가든(Kew Gardens)의 파고다 탑과 프랑수아 부셰(François Boucher)의 동양식 그림, 그리고 마이센(Meissen: 독일 동부에 있는 마을―옮긴이)의 도자기 등이 있다.

5. 《대혁신》의 첫 표지에는 헤라클레스의 기둥(지브롤터해협)을 지나는 영국의 범선을 묘사한 유명한 글이 있다. 헤라클레스의 기둥은 콜럼버스 이전까지 선원들이 항해할 수 있는 한계점으로 여겨졌다. 베이컨은 여기서 이렇게 썼다. "이제 많은 사람이 이곳을 끊임없이 통과하면서 지식이 늘어날 것이다"(Daniel 12:4).

6. 일찍이 1514년에 이탈리아의 의사 조반니 마나르디(Giovanni Manardi, 1462~1536)는 이렇게 썼다. "만약 실제로 가본 사람들의 증언보다 아리스토텔레스와 아베로에스의 말을 더 신봉한다면, 나는 그에게 아스트롤라베(astrolabe: 중세 시대까지 사용한 천체 관측 기구―옮긴이)와 아바쿠스(abacus: 서양식 주판―옮긴이)를 사용해 직접 눈으로 확인하라는 말밖에는 더 해줄 얘기가 없다"(Eamon, 1994, p. 272에서 인용).

7. 그는 이렇게 말했다. "콜럼버스와 마젤란이 대양을 실제로 항해하고 미지의 땅을 탐험했다면, 그들의 수학자 후손들은 수(數)의 비밀을 풀면서 수학이라는 미지의 세계

를 탐험했다. ……따라서 탐험은 자연의 복잡함을 연구하고 이전까지 보지 못한 자연의 비밀과 경이로움을 빛으로 이끌어낸 실험철학을 널리 알리는 데 매우 적절했다"(Alexander, 2002, pp. 2, 200).

8. 몇몇 분야에서 이런 지식의 흐름은 명확하다. 튀코 브라헤는 현대적인 혼천의(渾天儀)를 만들 때 중국의 과학을 활용했다. 브라헤는 아랍 세계에서 건너온 천문학 서적을 보유했으며, 아랍인은 중국의 천문 관측대와 도구에 대해 이미 알고 있었다(Needham, 1969a, pp. 80-81). 따라서 동양에서 서양으로 지식이 흘러갔다는 말은 어느 정도 타당해 보인다. 하지만 기본적으로 아베로에스(이븐 루시드)의 아리스토텔레스식 철학에 비해 보수적이며 우인론적(occasionalist)인 이슬람 칼람 철학이 희미하게나마 원자론적인 세계관을 내포했다고 해서, "뉴턴식 과학이 칼람을 받아들인 것"이라는 발라(2006, p. 104)의 주장은 다소 과한 것으로 보인다.

9. 일본인은 매우 제한적으로만 다른 관점을 받아들였다. 무카이 겐쇼(向井元升, 1609~1679)라는 일본의 천문학자 겸 의사는 외양과 효율성에서 볼 때 서양 기술은 독창적이기는 하지만, 철학적인 면은 없으며 특히 그들의 도덕은 도저히 받아들이기 힘들 만큼 타락했다고 보았다. 그러면서 이렇게 말했다. "포르투갈 학자는 자신들의 학문이 우월하다고 믿고 이를 전파하기 위해 이국땅까지 온다. 하지만 그들의 학문은 완전히 잘못되었으며 편견에 사로잡혀 있다"(Nakayama, 1969, p. 91에서 인용). 약 150년 후 일본의 승려 후몬 엔츠(普門円通, 1754~1834)는 '불교천문학'을 주창하며 서양의 천문학뿐 아니라 과학과 사상을 강렬하게 비판했다(Nakayama, 1969, pp. 210-212). 19세기 초에 들어서야 네덜란드 천문학이 일본에 유입되었다.

10. Cohen, 2012, p. 46은 중국의 전통 과학에 참신함과 창조성이 없는 이유는 "문화 이식"이 없기 때문이라고 본다. 그에 따르면 황제들의 정책으로 인해 중국의 과학은 "밀폐된 상태"에 머물렀다. 하지만 외국 사상을 이렇듯 경시한 이유는 단지 정책 때문이 아니라 수세기 동안 변화에 면역이 된 깊은 문화적 신념 때문이었다.

11. 14세기에 옥스퍼드 대학교는 아리스토텔레스의 《오르가논(Organon)》(아리스토텔레스의 생각과 말을 엮어 만든 책—옮긴이)에서 벗어날 때마다 5실링의 벌금을 부과했다(Devlin, 2000, p. 58). 이런 학칙은 조르다노 브루노가 1583년 옥스퍼드를 방문할 때까지 유지되었다. 1556년의 옥스퍼드 대학교 학칙에 따르면 천문학은 '프톨레마이오스', 지리학은 '스트라본(Strabon)과 플리니우스' 하는 식으로 각 학문별로 공부해야 하는 기본 텍스트가 정해져 있었다. 그리고 30년 후 학생들은 아

리스토텔레스와 그 제자들의 글만 공부해야 했다(Rossi, 1978, p. 40). 1559년 갈레노스의 이론이 진리가 아닐 수도 있다고 말한 존 게인스(John Geynes) 박사는 맹렬하게 분노한 동료들의 강압에 못 이겨 자신의 말을 철회했다(Debus, 2002, p. 174).

12. Caton, 1988, p. 68은 아리스토텔레스가 기독교 국가에서 자신의 이론에 비판적인 시각은 중대한 범죄일 수 있다는 사실에 매우 놀랐을 것이라고 신랄하게 비꼬았다.

13. 프랑스의 철학자이자 논리학자 페트뤼 라무스는 당시 신성시되던 아리스토텔레스의 논리를 가차 없이 난도질하는 것이 직업이나 마찬가지였다. 그가 1536년 했던 강의 제목이 '아리스토텔레스가 가르쳤던 모든 것은 틀렸다'일 정도였다. '의학계의 루터'라고도 일컫던 파라켈수스(1493~1541)는 걸핏하면 언성을 높이고 도발적인 의사이자 화학자로 악명이 높았다. 그는 갈레노스의 이론처럼 당시 일반적으로 통용되고 존경받던 의학 이론을 끊임없이 공격했다. 한때는 '고대인'의 지혜에 대한 자신의 반감을 대중에게 보여주기 위해 갈레노스의 책을 불태우기도 했다. '떠돌이 스위스 의사'로 알려진 파라켈수스와 그의 학생들은 반체제적 성향과 반엘리트주의로 종종 당국과 마찰을 빚기도 했다(Breger, 1998, pp. 102-103). 1527년 파라켈수스는 스위스 바젤에서 공개적으로 의학계의 고전 서적을 불태우고 간신히 체포망에서 벗어났다. 그는 계속해서 떠돌이 생활을 하며 권력을 가진 사람들을 조롱하고 권위에 맞서기도 했지만 투옥당하는 것은 피할 수 있었다(Debus, 2002).

14. 하지만 베이컨은 정치적 상황을 고려해 자신의 말투를 누그러뜨리는 한편, 기득권 지식인들의 화를 돋우지 않기 위해 지나치게 무례한 말은 삼갔다. 따라서 베이컨은 《신기관》에서 "고대 지식인의 명예는 굳건한 지위를 유지하면서 다른 사람들의 명예도 지켜주고 있다. 우리는 생각이나 재능을 비교하는 것이 아니라 방식을 비교하는 것이다"(Bacon, (1620) 2000, p. 39)고 썼다. 하지만 여기에서 볼 수 있듯 베이컨이 고전 학문에 반기를 든 이유는 완전하게 새로운 과학이 필요하다고 생각했기 때문이다.

15. 윌킨스는 이 말을 Bacon, (1620) 2000, p. 121 aphorism 84에서 인용했다.

16. 3세기 기독교 신학자로서 지구의 대척점에서는 사람이 살 수 없다고 주장한 루시우스 락탄티우스(Lucius Lactantius)에 대해 카펜터는 이렇게 말했다. 락탄티우스는 독실하고 유창한 신학자일 수는 있지만 "아무리 무관심한 사람이라도 그의 유치한 주장을 들어보면, 그가 우주에 대해 기본적인 지식조차 없는 무식한 사람이라는

걸 알 수 있을 것이다"(Carpenter, 1625, p. 231).

17. 셰이핀은 학문과 상류 사회의 우아함을 조합하려는 시도는 실패했다고 단호하게 말했다. 학자-귀족(scholar-gentleman)에게는 새로운 역할이 주어지지 않았으며 '상류 사회'는 자연철학에 대한 지식이 반드시 귀족이 갖추어야 할 덕목이라고 생각하지도 않았다(Shapin, 1991, p. 312). 그는 과학 문화의 발전을 이끈 사람들은 상류 사회 외부에 있었다고 강력하게 주장했다. 하지만 셰이핀의 이런 주장은 보일과 캐번디시처럼 신분이 아주 높은 최상류층에만 국한된 이야기였다. 비르투오소 문화는 매클로스키(McCloskey, 2006, 2010)가 말한 "부르주아의 품위(상업 활동과 부르주아에 대한 태도가 편견과 적대적인 시각에서 우호적인 시각으로 바뀌면서 산업혁명과 경제 성장이 발생했다는 주장—옮긴이)"를 정당화했지만 종종 부르주아의 상업 활동은 "심각하게 무례하고 실용적인 문화"(Shapin, 1991, p. 313)로 여겨지기도 했다.

18. 외롭고 세련미 없는 뉴턴 같은 비르투오소 이후의 과학자들에 대한 셰이핀의 이미지는 18세기 당시 영국과 유럽 편지 공화국의 전형적인 과학자들과는 거리가 매우 멀었다. 실제로 래리 스튜어트(Stewart, 1992) 같은 학자들은 과학과 기술이 당시 유럽 지식층과 상류 사회의 일부였다는 것을 보여주었다.

19. 갈릴레오의 '금서'는 이탈리아에서 개신교 도시들로 유출되어 《논증과 증명(Discorsi)》은 1638년 레이던에서, 《대화(Dialogo)》는 1635년 스트라스부르에서 재출판되었다.

20. 존 밀턴(John Milton)은 종교 재판이 이탈리아의 지혜를 어지럽혔다고 생각했지만, 실제로 과학의 발전은 편지 공화국의 활발한 회원들에 의해 갈릴레오 시대 이후에도 이탈리아에서 계속되었다. 특히 보수적인 기득권층의 영향력 아래 있지 않은 분야에서 과학 발전은 더욱 두드러졌다. 이탈리아의 의사 프란체스코 레디(1626~1697)는 식물과 곤충은 자연 상태에서 우연히 발생한다는 아리스토텔레스의 자연발생설이 거짓이라고 설득력 있게 밝혔다. 조반니 알폰소 보렐리는 화산, 전염병 그리고 태양계에 대한 우리의 이해를 높이는 데 기여했다. 레디와 보렐리는 보수적인 가톨릭 세력이 강력했음에도 계속 일을 할 수 있었다. 이보다 더욱 인상적인 것은 마르첼로 말피기(Marcello Malpighi, 1628~1694)였다. 그는 모세혈관이 혈액 순환에서 중요하다는 것을 최초로 주장했으며, 하비의 혈액 순환을 반박 불가능한 이론으로 정립했다. 이런 과격한 이론에도 불구하고 말피기는 말년에 교황 이노켄티우스 12세의 시의(侍醫)가 되었다.

21. 가장 대표적인 사례로는 갈릴레오 시대 이전의 코페르니쿠스학파가 있을 것이다. 그들은 논리적으로는 일관성이 있지만 수십 년 동안 《천체의 회전에 관하여(De Revolutionibus)》에서 제시한 태양중심설을 입증할 만한 실증적인 근거를 찾지 못했다. 코페르니쿠스학파의 핵심 주장은 추정에 의존했으며, 입증되지도 않았고 많은 사람에게는 그저 이단적 명제에 불과했다(Westman, 1986). 《천체의 회전에 관하여》를 출간한 1543년부터 17세기 초까지 태양중심설은 단단하지 않은 가설이었다. 당시 난립했던 여러 가설 사이에서 태양중심설을 지지할 만한 뚜렷한 실증적 근거가 없었으며, 코페르니쿠스의 주장은 순전히 수학적 추론에 바탕을 두었다. 코페르니쿠스의 이론은 케플러와 갈릴레오 같은, 훌륭한 도구로 무장한 천문학자들의 업적이 차곡차곡 쌓인 뒤에야 단단한 지식이 되었으며 내용 편향을 등에 업고 확산하기 시작했다. 1700년경 지동설은 유럽의 천문학 담론에서 자취를 감추었다.

22. 하비가 혈액 순환 이론을 처음 발표했을 때 덴마크의 유명한 의사 올레 보름을 비롯해 많은 의사들은 그 이론을 받아들이지 않았다. 하지만 10년도 지나지 않아 보름을 비롯한 많은 회의론자들은 혈액 순환 이론의 근거를 보고 이를 받아들일 수밖에 없었다. 그렐(Grell, 2007, p. 231)이 지적한 대로 보름은 어떤 이유로 인해 마음을 바꿨는지 언급하지 않았지만, 그의 많은 제자들이 1630년대에 유럽 각지를 여행하면서 스승에게 최신 의학 지식을 알려주었다는 것은 의심의 여지가 없다. 하비의 혈액 순환 이론이 《심장과 혈액의 운동에 대해서》라는 제목의 논문으로 발표된 지 50년 후 토머스 브라운[Thomas Browne, (1680) 1964, p. 198]은 이렇게 회상했다. "처음 혈액 순환 이론이 등장했을 때 유럽의 모든 학파는 순간 술렁거렸다. ……그러다가 모두 비난하기 시작했다. ……하지만 시간이 지나자 이 이론은 받아들여지기 시작했고 저명한 의사들은 그 이론의 타당성을 확인했다." 편지 공화국의 시민들은 실험을 통해 근거와 사실을 얻었다.

23. 문화적 사업가가 실패한 이유는 단지 박해나 처형 때문만이 아니었다. 그 이유는 단순히 그들의 메시지가 대중의 공감을 얻지 못했거나, 아니면 충분히 많은 대중에게 도달하지 못했기 때문이다.

24. 베이크만의 명성은 당시 프랑스에서 가장 영향력 있던 지식인 데카르트 및 메르센과 주고받은 서신, 개인적 친분 그리고 발표하지 않아 소수의 사람만 가지고 있던 논문에 기반을 두고 있었다.

25. Perkinson, 1995, p. 65의 주장대로 인쇄술 때문에 사람들이 처음으로 고대의 문

화와 당대의 문화를 구별할 수 있게 되었다는 말은 의심스럽다. 히지만 1500년 이후 고전주의적 규범(classical canon)이 표준화하고 널리 퍼지면서 '고대인'의 지식에 대한 비판이 증가하기 시작한 것은 확실하다. 이런 비판은 당시 유럽의 문화가 바뀌는 데 중요한 요소 중 하나였다.

26. 상인들의 장부와 서신은 지리, 역사, 식물학 등 외국에서 들어온 새로운 지식을 축적하고 있던 분야에서 상호 연결된 편지 공화국 회원들에게 정보의 원천이 되었다. 특히 인맥이 넓고 굉장히 박식했던 페레스는 교류하던 상인들로부터 많은 지식과 정보를 얻었다(Grafton, 2015, p. 64).

27. 1572년 젊은 튀코 브라헤는 천체는 변함이 없다는 아리스토텔레스의 주장을 명확하게 반박하는 근거가 된 새로운 별(nova)을 발견함으로써 충격을 받았다. Cohen, 2012, p. 274는 브라헤가 "예상치 못했던 것을 애써 못 본 척하고 이론적으로 ······ 존재 가능성을 배제한 것들을 무시하려는 인간의 성향", 즉 우리가 말하는 확증 편향을 극복했다고 주장한다.

28. 갈릴레오의 말이라고 종종 오해받곤 하지만 케플러는 갈릴레오가 1611년에 쓴 《별 세계의 보고(Sidereus Nuncius)》(갈릴레오가 자작 망원경으로 관측한 천체에 대한 기록―옮긴이)라는 책을 읽고 이렇게 말했다고 한다. "오, 망원경이여, 많은 지식의 도구이자 그 어떤 통치권보다도 귀중한 망원경이여, 그대를 오른손에 들고 있는 자는 신께서 직접 왕으로, 그리고 스승으로 임명한 자가 아니더냐?"(Carlos, 1880, p. 86).

29. 프랑스의 박식가이자 번역가 그리고 천체과학자인 프랑수아 드 벨포레(François de Belleforest, 1530~1583)는 1568년 "작금의 항해는 고대 천문학자와 지리학자들의 지식이 얼마나 부족했고 경험은 더더욱 없었는지를 여실히 보여준다. ······그들은 차갑고 경솔한 이유를 대며 적도 아래의 세계에서는 사람이 살 수 없다고 주장했다. 오늘날의 항해사 같은 사람들을 가진 지금이야말로 행복한 세기다"(Rossi, 1970, pp. 65-66)라고 말했다.

30. 페레스가 실제로 그렇게 했는지 아니면 생각에만 그쳤는지는 확실하지 않다. 하지만 페레스는 다양한 기적을 계속 믿었다. 페레스에게 기적이란 단순히 초자연적 현상이 아니라 추가적인 연구가 필요한 분야였다.

31. Goldstone, 2012는 비슷한 주장을 한다. 이러한 주장은 Dengjian Jin, 2016이 내놓은 해석의 핵심이기도 하다. 진은 16~17세기 서양 과학의 발전을 인지과학의 관

점에서 살펴보았다. 새로운 발견과 새로운 정보는 기존의 패러다임을 파괴하면서 진이 말한 "지식의 초월성(knowledge transcendence)"을 등장시켰다. '지식의 초월성'이란 특수한 상황이 발생하면서 서양의 지식인이 새로운 도구와 방식을 사용해 자연에 대한 지식을 처음부터 재구성하는 것을 의미한다.

32. 크리스토퍼 힐은 당대 문화적 변화의 갑작스러운 가속화를 다음과 같이 멋지게 표현했다. "보이지도 않고 통제할 수도 없는 어떠한 힘이 인간을 둘러싸고 있었다. 하지만 그중 몇몇은 이런 힘을 통제할 수 있는 새로운 가능성을 인지하기 시작했다. 위대한 발견, 과학·기술·의학의 발전, 종교 개혁 이후 생각의 자유는 새로운 관점을 제공했다. ……이런 것들이 자연과 인간에 대해 새롭게 사유할 수 있는 계기를 마련했다"(Hill, 1967, p. 201).

11 분열, 경쟁 그리고 문화 변화

1. 전반적인 지적 혁신과 자신의 급격하고도 참신한 철학 사상과 수학 이론을 혐오하는 예수회에 질린 데카르트는 1640년 네덜란드 학자이자 외교관 콘스탄테인 하위헌스(유명한 수학자 크리스티안 하위헌스의 아버지)에게 "예수회와 전쟁을 벌일 것이다"(Ariew, 2003, pp. 157-160)고 썼다.

2. 현대 학자 가운데 유럽 정치 분열의 이점을 가장 잘 설명한 대표적인 사람은 에릭 존스다. 그보다 더 최근의 설명을 보려면 Bernholz, Streit, and Vaubel, 1998 참조.

3. 이마누엘 칸트는 "세계 시민적 견지에서 본 보편사의 이념(Idea of a Universal and Cosmopolitan History)"(1784)이라는 글에서 비슷한 생각을 피력했다.

오늘날 모든 국가는 이토록 가까운 관계를 맺고 있어 그 어떤 나라도 내정을 게을리할 수 없다. 다른 국가와의 관계에서 상대적 힘을 유지하지 못할 것이기 때문이다. 따라서 가장 야망 있는 국가는 발전까지는 아니더라도, 이런 성질의 내치는 반드시 확보해야만 한다. 더욱이 시민의 자유에 대한 침해는 모든 종류의 무역과 산업에 손해를 끼치지 않고는 쉽게 발생하지 않는다. 이런 손해는 특히 통상에 치명적이다. 그리고 이것은 다른 대외 관계에서 그 나라의 힘을 약화시킬 것이다. ……아울러 만약 국민이 자신의 처지에 맞고 다른 사람들의 자유를 침해하지 않는 선에서 부를 축적하는 행위를 방해받는다면, 그 국가의 상업은 전반적으로 억제될 것이다. 그렇게됨으로써 그 국가의 전반적인 국력은 약해진다. 그러므로 개인행동의 자유를 제한

하는 것은 항상 제거해야 하고 보편적인 종교의 자유도 인정해야 할 것이다. 그리고 …… 만약 그들이 스스로에게도 유리한 것이 무엇인지 진정으로 이해한다면 통치자의 힘을 증대할 이기적인 목적으로라도 인류는 계몽주의 정신에서 위대한 선(善)을 반드시 이끌어내야 한다(Kant, (1784) 2010, pp. 30-31).

4. 흄(Hume, (1742) 1985)은 "질투 어린 경쟁(jealous emulation)"을 경제 발전을 이끄는 요소 가운데 하나로 묘사했다. 애덤 퍼거슨(Adam Ferguson)과 애덤 스미스는 1793년 "국가적 질투(national jealousy)"가 전면전으로 분출하기도 전에 이런 양날의 검이 지닌 위험성을 완전하게(Hont, 2005, p. 122).

5. 16세기 에스파냐의 공학자 가운데 오직 75퍼센트만이 에스파냐 태생이었다. 나머지는 이탈리아, 독일, 플랑드르와 영국 출신이었다(Davids, 2013, p. 182).

6. 가오차오위(高超禹(Ko Chiu Yu))와 그의 동료들은 중국이 역사를 통틀어 유라시아 스텝 지역에서 한 방향의 대규모 위협에 직면한 반면, 유럽은 그보다 규모 면에서는 작지만 스칸디나비아반도, 중앙아시아, 중동 그리고 북아프리카 등지에서 위협을 받았다는 것을 보여주었다. 이런 지리적 요인으로 인해 유럽에서는 하나의 제국보다 정치적 분열이 일상화되었다. 반대로 유목민의 존재는 작은 국가에 치명적 위협이 되었으므로 중국에서는 작은 국가보다 제국의 생존 확률이 더 높았다.

7. Cohen, 2012, p. 206은 근대 초기의 이슬람 문명권에 비해 유럽이 과학적으로 도약할 수 있었던 요인 가운데 하나로 과학자들의 수를 들었다. 이슬람 세계와 유럽의 과학자 비율은 1 대 4.3으로 유럽이 수적 우위를 점하면서 규모의 경제를 달성할 수 있었다. 이런 수치는 유럽 전역의 과학자를 합친 것으로, 코헨은 유럽을 하나의 지적 공동체로 봤다.

8. 루터의 제자 필리프 멜란히톤(Philipp Melanchthon)이 코페르니쿠스를 맹렬하게 비난한 것을 생각해보라. 멜란히톤은 이렇게 말했다. "어떤 사람은 지구가 움직이며 태양은 고정되었다는 프러시아 천문학자의 미친 생각이 뛰어난 업적이라고 생각한다. 진실로 현명한 통치자들은 이처럼 구속되지 않은 사람들의 마음을 길들여야 한다"(Kesten, 1945, p. 309에서 인용). 루터 역시 코페르니쿠스를 신랄하게 비난했다. "그 바보는 천문학이라는 학문을 완전히 거꾸로 뒤엎으려 한다"(Merton, 1973, p. 245에서 인용).

9. 예를 들어 반동주의자였던 교황 파울루스 4세는 1550년대 유럽의 대표적 가톨릭 세력이던 합스부르크 왕가와 교황의 사절이자 영국 반동 세력의 리더이던 레지널드

폴(Reginald Pole) 추기경을 이단자라고 비난하면서 멀리했다.

10. 비슷하지만 앞선 사례로 매우 논쟁적인 시에나 출신의 프란체스코회 수도승이자 설교사 베르나르디노 오키노(Bernardino Ochino, 1487~1564)가 있다. 그는 자유로운 탐구 생활과 논쟁 그리고 비범한 웅변 능력으로 유명했다. 하지만 당시 가톨릭교회의 강경한 보수주의자이던 조반니피에트로 카라파(Giovanni-Pietro Caraffa: 훗날의 교황 파울루스 4세) 추기경의 적개심을 불러일으켜 가톨릭과 거리를 두게 되었다. 그는 공정성을 염두에 둔 듯 대부분의 개신교도와도 거리를 두었다. 1542년에 만들어진 로마 종교재판소에 회부되었지만(그는 종교재판소에 회부된 최초의 '이단자' 중 한 명이었다) 1547년 제네바로 달아난 뒤 영국에 정착했다. 하지만 관용과는 거리가 멀었던 메리 튜더(Mary Tudor)가 여왕 자리에 오르자 영국을 떠나 취리히로 향했으나 거기서도 쫓겨나 폴란드로 갔다(당시 폴란드는 상대적으로 관대한 나라였다). 그러나 교황이 폴란드에 압박을 가하면서 오키노는 결국 그곳에서도 추방을 당했다. 훗날 그는 모라비아(Moravia: 체코 동부에 있는 지역─옮긴이)에서 사망했다. 오키노는 이혼을 정당화하고 일부다처제를 옹호한 것으로 의심받았다(Benrath, 1877).

11. 에스파냐 계몽주의를 이끈 리더 중 한 명이던 베네딕트회 수도승 베니토 헤로니모 페이주(Benito Jeronimo Feijoo, 1676~1764)는 코페르니쿠스의 지동설에 대한 찬반 주장을 담은 글을 발표했다. 그는 성경에 충실하려 조심하면서 지동설을 찬성하는 주장과 반대하는 주장을 공정하게 실었다. 8권으로 이뤄진 그의 에세이 《보편적이고 중요한 개관(Teatro Critico Universal)》(1726~1739)은 검열 당국의 승인과 함께 후한 찬사를 받았다(Castellano, 2004, p. 34).

12. Slack, 2015, p. 65가 영국의 사례를 들어 지적하듯 "17세기에는 조직체, 교회, 자선기금, 시민 단체 그리고 상인 연합이 사회 복지의 모든 측면을 관리했다. 이들의 집단 문화는 사회 전반적으로 공유된 가치를 전달하고 유지시켰다".

13. 또 다른 혁신적인 파도바 대학교 교수 중에는 지롤라모 프라카스토로(Girolamo Fracastoro, 1478~1553)가 있었다. 그는 최초로 질병은 눈에 보이지 않는 작은 유기체로 인해 발생한다고 주장한 의사이기도 했다.

14. 16세기의 문화적 변화에 영향을 끼친 도시의 중요성에 대해서는 Wuthnow, 1989, pp. 41-45 참조.

15. Hooykaas, 1972, p. 100은 조용한 대학 타운보다 상업과 산업이 발달한 도시가

특히 지적으로 더욱 역동적일 뿐만 아니라 다른 종교와 문화에도 관용적이었다고 주장한다. 최근의 연구 결과에 의하면 대서양 무역에 동참한 도시들은 제도적으로 역동적이었다(Acemoglu, Johnson, and Robinson, 2005).

16. 베르톨트 브레히트(Bertold Brecht)는 희곡 《갈릴레오의 생애》에서 파도바 대학교의 관리자가 갈릴레오에게 부유한 후원자처럼 큰돈을 주지는 못했어도 "종교의 자유를 보장하고 심지어 개신교도도 수업에 들어올 수 있도록 허락했다"(Muir, 2007, p. 16에서 인용)고 썼다.

17. 1536년 재세례파(Anabaptist) 리더 '레이던의 얀'이 처형당한 것은 단적인 예라고 할 수 있다. 그는 루터교에 공감하던 뮌스터의 주교 프란츠 폰 발데크(Franz von Waldeck)에 의해 처형당했다. 어찌 되었든 이런 가혹한 폭력도 재세례파 운동을 막지는 못했다.

18. 대표적인 예로 비판적이고 회의적인 프랑스 지식인 피에르 벨(1647~1707)이 있었다. 가톨릭 신자인 그는 개신교로 개종했으며, 프랑스에서의 박해(프랑스는 인기를 끌고 있던 벨의 책을 불태웠다)를 피해 네덜란드 로테르담에 정착했다. 대신 그의 형이 체포되어 수감 생활 중 사망했다. Labrousse, 1983, p. 28 참조.

19. 유럽 내에서의 이동이 과거에 비해 편리해졌음에도 불구하고 중세 이후 유명한 유럽인의 출생지와 사망지 사이의 거리가 크게 달라지지 않았다는 것은 놀랄 만한 일이다(Schich et al., 2014, p. 560). 출생지와 사망지의 거리는 이들이 얼마나 떠돌아다녔는지 대략적으로나마 알 수 있는 지표다.

20. 한 예로 베네치아 공화국은 이단적인 수도자로 유명했던 파올로 사르피를 보호했으며, 1607년 교황 파울루스 5세가 사르피를 로마로 소환 및 파면하라는 명령을 쾌활하게 무시하기도 했다. 이에 교황은 에스파냐 왕에게 군사적으로 도와달라는 요청을 했지만, 역시 가톨릭 국가였던 프랑스가 베네치아 공화국의 손을 들어주는 바람에 교황은 사르피를 암살하라는 지나치게 냉혹한 명령을 내렸다. 사르피 암살 시도는 실패로 끝났다.

21. 또 다른 예로 독일의 연금술사이자 기술자, 사업가 그리고 플로지스톤 이론의 창시자이기도 한 요한 요아힘 베허가 있다. 그는 바이에른의 왕, 황제 및 작은 독일 공국의 지도자들을 섬기면서 때로는 궁정 과학자로, 때로는 고문으로 일하며 더 나은 조건을 제시하는 사람이 있으면 언제든 자리를 옮겼다. 이처럼 정치적 분열을 활용하는 능력은 타의 추종을 불허할 정도였다. 심지어 빈에서는 합스부르크 황제와

궁중 재무국(Hofkammer, 財務局) 사이의 불화를 활용할 정도였다. 그는 독일에서 후원자를 찾을 수 없게 되자 1680년 영국으로 건너갔다(Smith, 1994).

22. Snobelen, 1999는 뉴턴의 학생이자 친구 윌리엄 휘스턴과 새뮤얼 클라크의 사례를 통해 1700년대 이후 종교적 이단에 대한 영국의 법은 힘없는 명목상의 법이었음을 지적했다. 하지만 분명 대가는 따랐다. 삼위일체는 거짓이라는 주장으로 인해 휘스턴은 교수직을 내려놓아야 했고 공직으로의 진출도 불가능해졌다. 마찬가지로 교구장이던 클라크도 교회 내에서의 커리어를 포기해야만 했다. 그렇지만 휘스턴과 클라크는 투옥당하지도 않았고 벌금을 내지도 않았으며 성직을 박탈당하지도 않았다. 휘스턴은 뉴턴의 이론에 대한 책을 써서 그의 이론을 대중화하는 데 크게 기여하면서 귀족의 후원을 얻었고, 클라크는 런던의 세인트제임스 성공회 교회에서 계속 목사로 재직했다.

23. 장자크 루소는 1762년 《에밀(Émile)》을 출판한 후 몽모랑시(Montmorency)에서 여전히 미움받는 사람이었다(루소의 《에밀》은 성직자를 공격했다는 이유로 금서로 지정되었으며, 그에 대한 체포령이 떨어졌다—옮긴이). 루소는 영국과 스위스 등을 떠돌아다녔고, 프랑스로부터 사면되어 다시 귀국할 수 있었다. 1758년 출판한 엘베시우스의 《정신에 대하여(De l'Esprit)》는 소르본(Sorbonne) 시정부에 의해 비판을 받았으며, 공개적으로 불태워졌다. 엘베시우스는 자신의 사상을 공식적으로 철회했으며 처음에는 영국으로, 나중에는 독일의 포츠담으로 피신했다. 하지만 엘베시우스에 대한 프랑스의 분노는 오래가지 않았다. 1765년 엘베시우스는 프랑스로 다시 돌아올 수 있었다. 더욱 놀라운 인물로 과격한 급진주의자이자 무신론자 잔소리꾼인 쥘리엥 라 메트리(1709~1751)가 있다. 라 메트리는 모국인 프랑스의 박해를 피해 네덜란드 레이던에 피난처를 마련했지만, 그의 쾌락주의를 받아들이지 못한 이곳에서도 쫓겨나 라 메트리의 사상을 굉장히 좋아한 프리드리히 대왕의 베를린으로 건너갔다. 1750년 이후 프랑스에서의 검열은 다소 무능력했던 변호사 말제르브(Guillaume-Chrétien de Lamoignon de Malesherbes, 1721~1794)가 담당했다. 말제르브는 디드로와 그림(Friedrich Melchior von Grimm) 같은 계몽주의 지식인과 긴밀한 친분을 유지했다.

12 경쟁과 편지 공화국

1. 이미 16세기 후반부터 후원자들은 학문적 슈퍼스타를 섭외하기 위해 경쟁했다. 프

랑스의 유명한 고전주의 학자 조제프 스칼리제르(Joseph Scaliger, 1540~1609)는 1593년 레이던 대학교의 교수직 제의를 받았다. 당시 레이던 대학교는 스칼리제르에게 법학대학 교수들보다 높은 보수와 수업 면제를 조건으로 내걸었다.

2. Perkinson, 1995, p. 74는 학자들의 커뮤니티가 새로운 사상에 대한 비판을 기꺼이 감수하고 근거와 논리의 타당성까지 확인받는 "특정 분야의 최신 지식으로 무장한 …… 넓은 지역에 분포된 독자들"을 불러 모았다며 이런 커뮤니티의 중요성을 강조했다. 그러면서 이러한 커뮤니티의 등장 및 성장 배경으로 인쇄 기술을 언급했다.

3. Marc Fumaroli, 2015, pp. 50, 294-296은 1612년 많은 언어로 번역된 베스트셀러 《파르나소의 단편소설집(Ragguagli de Parnaso)》을 출판한 베네치아 풍자 작가 트라야노 보칼리니(Trajano Boccalini, 1556~1613)에 특히 주목했다. 퓌마롤리에 의하면 《파르나소의 단편소설집》은 국적과 종교를 초월한 주민들로 구성된 독립적인 지적 커뮤니티라는 개념을 정립하고 벨의 후기 작업을 선도하게 되었다.

4. Goodman, 1991, p. 184와 몇몇 학자들은 파리의 살롱이 편지 공화국 지식인들이 사회적 관계를 맺고 담론을 했던 조직 질서의 가장 대표적 유형이었다고 주장했다. 이런 주장은 다소 프랑스 중심적인 견해일 수도 있다(Melton, 2001, p. 211).

5. 플랑드르의 유명한 언어학자이자 인문학자 유스튀스 립시위스(Justus Lipsius, 1547~1606)는 평생을 가톨릭 신자로 살았지만 1570~1572년 예나 대학교에서 교편을 잡았을 때와 1579~1592년 칼뱅교의 레이던 대학교에서 교수로 재직할 때 루터교의 교리도 큰 어려움 없이 받아들였던 것으로 보인다. 합스부르크의 루돌프 2세는 가톨릭이었지만 케플러를 포함한 개신교 학자들을 후원하기도 했다. 케플러는 가톨릭으로 개종하라는 요구를 확고하게 거절했다.

6. 유럽 차원이 아니라 국가 차원에서도 일어났다. Cohen, 2012, p. 585는 17세기 중반 영국의 정치 공백 기간(English interregnum)에 검열 기관은 기능을 잃었고 그 결과 모든 종류의 "반쯤 구운 아이디어와 발명품이 대중에게 알려질 기회를 얻었다"고 언급했다.

7. 하지만 편지 공화국의 모든 지식인이 개방성과 투명성이라는 원칙을 충성스럽게 고집했던 것은 아니다. 예를 들어 예수회 수도사이자 철학자 겸 과학자이던 아타나시우스 키르허(1601~1680)는 여전히 자신의 학문적 결과물을 철저하게 비밀로 부쳤다. 그는 자신이 파헤쳤던 고대의 지식이 대중에게 알려져 잘못된 사람들에게 전해지는 것을 우려했다(Malcolm, 2004). 하지만 17세기 편지 공화국이 성숙하면서 이

런 태도는 비난을 받기에 이르렀다.

8. 영국의 발명가 휴 플랫은 1605년 발명품에 대한 공로를 인정받아 기사 작위를 수여받았고, 자신의 발명품에 대한 책을 써서 대중에 공개했다. 그는 이 책에서 자신의 기술을 자세하게 설명했지만 동시에 "합리적 수준에서 몇몇 발명품을 공개할 것을 제안하는 바이다"라고 말하면서 전유성 문제도 해결하고자 했다. 아울러 자신이 발명한 "훌륭한 스위트 오일과 물"을 팔 상점을 열 계획을 진지하게 고려하기도 했다. 이런 상점을 열어 판매하는 선점자 우위는 발명가들이 자기 발명품에 대해 보상을 받는 또 다른 방식이었다(Harkness, 2007, p. 232). 하지만 이런 모든 방식은 큰 보상으로 이어지지 못했다. 플랫은 "행복한 사람은 칭찬으로 보상받는 사람이다. 하지만 요즘 실질적 보상을 받는 사람은 거의 없거나 전혀 없다"(Harkness, 2007, p. 233)고 말했다.

9. 단적인 예로 네덜란드 기술자이자 연금술사 코르넬리스 드레벌이 있다. 그의 발명품에는 현미경, 시계, 온도 조절 장치, 펌프, 개량 염색법 등이 있으며 최초의 잠수정을 개발하기도 했다. 하지만 그는 지속적으로 후원을 받고 정부 기관에서 일하며 커리어를 이어갔다. 그를 후원한 고위급 인사 중에는 루돌프 황제, 영국의 헨리 프레더릭 왕세자 그리고 버킹엄 공작이 있었다. 그의 동향 사람이었던 시몬 스테빈도 수학자이자 기술자로서 명성에 힘입어 여러 위원회에서 일하며 경제 활동을 했다. 영국의 산업혁명을 이끌었던 대다수 기술자도 비슷한 방식으로 살았다(Mokyr, 2009a, pp. 91, 409).

10. 유럽의 통치자들은 종종 이런 모호한 구분을 파고들어 국가에 중요하다고 여겨지는 정보를 발명가로부터 획득하려 했다(Bertucci, 2013).

11. Grafton, 2009a, p. 11에 편지 공화국에 대한 이런 시각이 잘 드러나 있다. "〔편지 공화국은〕최소한 이론상으로라도 저자의 지위가 아니라 업적의 우수성에 따라 가치가 결정되는 지식 시장이었다."

12. 편지 공화국이라는 단어의 기원은 1417년으로 거슬러 올라간다(Waquet, 1989, p. 475). 이 개념은 많은 사상가들 사이에서 공유되었다. 1517년 편지 공화국의 아버지 중 한 명이라고 인정받는 에라스뮈스는 이렇게 말했다. "신호가 떨어진 것처럼 훌륭한 재능을 갖춘 사람들이 최고의 학문을 되살리기 위해 음모를 꾸민다. 여러 나라에서 온 이렇게 위대한 학자들이 이런 숭고한 과업을 함께한다는데, 이게 음모가 아니면 무엇이겠는가"〔Huizinga, (1924) 1984, p. 219에서 인용〕.

13. 베네치아의 떠돌이 역사학자 지오바니 브루토(Giovanni Michele Bruto, 1517~ 1592)는 트란실바니아와 실레지아에서 많은 통치자의 후원을 받았다. 그의 마지막 후원자는 합스부르크의 루돌프 2세였다.

14. 안톤 판 레이우엔훅은 1677년 현미경으로 정자의 존재를 발견했을 당시 그 정자를 "죄를 저지르고 얻은"(Cobb, 2006, pp. 202-203에서 인용) 게 아니라 부인인 코넬리아와의 관계에서 얻은 것이라고 신중하게 발표했다.

15. 갈릴레오에 따르면 실험은 "기초적"이고 너무나 난잡한 일상적 관찰, 그리고 이상화된 세상에 대한 "선진적"이지만 너무나 추상적인 관찰 사이에 있는 불가피한 중간길(middle road)이다(Cohen, 2012, p. 196). 하지만 로버트 훅은 인간의 관찰은 오감에 의해 제약을 받지만 실험은 여섯 번째 감각이자 더 강력한 감각이라는 다른 견해를 보였다(Cohen, 2012, p. 558).

16. 많은 프랑스 사람이 데카르트가 단지 프랑스인이었다는 이유만으로 그의 물리학에 충실했고, 영국 과학계는 종종 프랑스 공포증의 징조를 보이곤 했다. 하지만 최소한 이론적으로 편지 공화국의 시민은 모국이 없는 사람이어야 했으며, 그가 1779년 발간한 《프랑스 문학과 예술 공화국의 역사》에서 표현한 것처럼 "〔지식인은〕 자연이 의도한 특징을 운명이 거부한 고아였다"(Daston, 1990, p. 97에서 인용).

17. 이 시대의 학자들이 고대 지식인을 대하는 전형적인 방법은 고대 지식인이 만약 그 당시의 지식을 알고 있었더라면 그들에게 동의했을 거라고 주장하는 것이었다. 예를 들어 윌리엄 길버트는 《자석에 대하여》 서문에서 이렇게 썼다. "고대인인 아리스토텔레스, 테오프라스토스, 프톨레마이오스, 히포크라테스, 갈레노스에게 영광을! 그들로부터 후세에 지식이 전해졌으니. 우리 세대는 많은 지식이 빛을 볼 수 있도록 발견했지만, 만약 그들이 지금도 살았더라면 이를 기꺼이 받아들였을 것이다"〔Gilbert, (1600) 1893, p. li〕.

18. 편지 네트워크의 중심에 있던 사람 중에는 당시의 유명한 지식인과 활발하게 편지를 주고받은 사무엘 하르틀리프(1600~1662)와 마랭 메르센(1588~1648)이 있었다〔Webster, 1970, p. 8; Webster, (1975) 2002, pp. 67-77; Collins, 1998, p. 528〕. 심지어 어떤 저자는 "메르센에게 편지를 쓴다는 것은 과학 학술지에 논문을 게재하는 것과 비슷하다"(Van Berkel, 2013, p. 59)고 말할 정도였다. 페레스도 강박적으로 편지 교환을 했다. 그는 자신의 지역뿐 아니라 멀리 떨어져 있는 곳의 학자와 상인, 심지어 여행자와도 편지를 주고받았다(Miller, 2015, pp. 54-59).

19. 이러한 편지 교환소는 주로 고용인이 피고용인을 찾는 인력 거래소 또는 단순히 정보를 교환하는 장소이기도 했다. 초기 편지 교환소 중 하나는 프랑스 의사 테오프라스트 르노도(Théophraste Renaudot, 1586~1653)를 기리며 하르틀리프가 영국에 설립한 것으로, 이는 "조언, 제안, 조약 및 모든 지적 희귀성의 중심지이자 만남의 장소"(Webster, 1970, pp. 44-47; Jacob, 2006, p. 48)였다.

20. 우편료는 국가에 아주 편리한 수입원이었기 때문에 매우 높은 수준을 유지했다. Margoczy, 2014a, p. 33에 따르면 "우편료 때문에 우정과 학술적 모임이 깨질" 정도였다. 다른 모든 비용을 고려했을 때, 18세기 초에 밀집된 편지 교류망을 유지하는 비용은 엄청 낮았다. 1683년 설립한 런던의 유명한 페니 우편(penny post: 폭넓은 계층이 이용할 수 있도록 기획한 1페니짜리 우편 상품—옮긴이)이 점차 확대되자 1764년에는 대부분의 잉글랜드와 웨일스에서 매일 우편을 받아볼 수 있었다(Headrick, 2000, p. 187). 우편료는 국내 교통수단 비용에 일부 영향을 받았는데 도로 개선과 운하 건설, 마차의 성능이 좋아지면서 계몽 시대의 국내 통신은 크게 발전했다.

21. 다양한 사적 네트워크가 이런 상용 우편망을 보완했는데 출판업자, 서적상, 상인, 외교관, 종교 기관 등이 여기에 포함되었다.

22. 이에 대해 유명한 일기 작가이며 원예가이자 왕립학회 회원인 존 에벌린(1620~1706)은 "편지 공화국의 학문 수준이 전에 없이 높아지고 서신 교환이 보편화한 데에는 학회의 공이 컸다"〔Evelyn, (1664) 1679, 서문〕고 극찬했다.

23. 약사이자 산업 계몽 운동의 초기 작가이던 존 호턴(John Houghton, 1645~1705)은 1699년 "커피 하우스는 예술, 상업 그리고 다른 모든 지식을 발전시킨다. 이곳에서 탐구심 많은 자는 책을 통해 한 달 동안 배울 것을 하룻밤에 배울 수 있다"(Cowan, 2005, p. 99에서 인용)고 썼다.

24. 계몽 시대의 과학 간행물 발전에 대해 좀더 자세히 알아보려면 Mokyr, 2005 참조.

25. 이러한 측면에서 편지 공화국은 매클로스키(McCloskey, 2010)가 말한, 보편적 유용성을 가진 기능이 사회에 의해 가치가 올라가는 "부르주아의 품위"에 해당할 수 있다.

26. 코페르니쿠스의 제자이자 《천체의 회전에 관하여(De Revolutionibus)》의 편집자 게오르크 요하임 레티쿠스(Georg Joachim Rheticus, 1514~1574)는 책의 서문에 붙인 제명(題銘)으로 플라톤주의자 알키노우스(Alcinous)의 다음과 같은 말을 인

용했다. "철학자가 되고자 하는 자는 자유로운 정신을 가져야 한다"(Stewart, 1994, pp. 34-35). 레티쿠스 자신도 지동설과 성서의 조화를 위해 코페르니쿠스학파에 대해 설명한 《Epistolae de Terrae Motu》를 출판하지 않았다(1651년 유고작으로 출판).

27. 이 문제는 데카르트와 네덜란드 칼뱅학파 신학자 사이의 격렬한 논쟁에서 논란이 되었다. 남부 네덜란드 종교 회의(The Synod of South Holland)는 결국 "철학자의 자유에 대한 침해는 없어야 한다. 다만 이러한 자유를 남용해서도 안 된다"(Stewart, 1994, p. 41)고 결론지었다.

28. 어떠한 제약도 없는 표현의 자유는 저명한 역사학자이자 편지 공화국의 가장 존경받는 인물 중 한 명인 자크 오귀스트 드 투(Jacques August de Thou, 1553~1617)의 유언을 받들어 17세기 초반 파리에서 설립한 '뒤퓌 형제의 서재'라는 비공식 학회의 제1원칙이었다. 이런 자유는 프랑스가 잔인한 종교 전쟁을 거치면서 성숙한 것으로 보인다(Delatour, 2005a, p. 289).

29. 17세기 후반 프랑스 계몽주의 지식인이자 편지 공화국 신과학의 추종자이던 윌리엄 워턴은 "철학의 현대적 방식을 고대와 비교하자면, 데카르트의 말은 아리스토텔레스의 말보다 더욱 진실되지 않다. 사실만이 중요하다"(Wotton, 1694, p. 300)고 지적했다.

30. 이 점은 아직도 논쟁의 여지가 있다. 이와 관련해 유용한 요약은 Melton, 2001, pp. 209-211 참조. 프랑스 살롱에서는 여성이 중추적 역할을 했고, 영국 커피 하우스에서는 여성을 배제했다.

31. Habermas, 1989, p. 33에 따르면 프랑스 살롱에서 귀족과 부르주아는 지식인과 "동등한 입장"에서 만났으며, 시계공과 가게 주인의 아들도 왕자나 백작과 교류했다.

32. 국제적인 지적 커뮤니티의 또 다른 중심축이던 피에르 벨은 페레스에 대해 "이제까지 그보다 편지 공화국에 더 많이 공헌한 사람은 없다"(Bayle, (1696~1697) 1740, pp. 638-639]고 평가했다. 반면 Fumaroli, 2015, pp. 60-61에 따르면 페레스는 다른 사람의 연구를 촉진하고 밀어주는 역할을 했지만, 정작 스스로는 학문적 가치를 창출하지 못한 편지 공화국의 "허수아비"에 불과했다. Miller, 2000, p. 4는 페레스의 활동과 능력은 편지 공화국의 다른 지식인이 감사해야 할 가치가 충분히 있었다고 본다. 지금은 잊힌 유럽의 많은 지식인은 비슷했다. 진정으로 독창적인 지식인은 자신의 아이디어와 사상을 더 빨리 확산시키는 데 네트워크 내 다른 사람의 도

움을 받았다. 페레스 역시 지식을 공유하고 유통했지만 독창적 지식인은 아니었다. 그래프턴이 지적한 것처럼 편지 공화국은 페레스 같은 지식인으로 붐볐으며, 편지 공화국을 부드럽게 운영하는 데는 그들의 공이 컸다(Grafton, 2015, p. 65).

33. Merton, 1973은 과학의 정신엔 다음과 같은 네 가지 특징이 있다고 했다. 보편주의(지식은 특정 집단에만 해당해서는 안 된다), 공유주의(지식은 대중이 공유해야 하며, 따라서 '모두의 문제'여야 한다), 공평무사(연구자와 철학자는 진실을 탐구하는 사람이며, 이런 진실은 동료들에 의해 관찰 및 검증된다), 회의주의(선입견 때문에 제약받지 말아야 한다).

34. 최초의 우선권 분쟁은 16세기에 일어났다. 가장 대표적으로 천문학자 튀코 브라헤와 니콜라우스 베어(Nicolaus Baer) 사이의 우선권 분쟁을 꼽을 수 있다. 우선권 분쟁 중에서 미분학을 사이에 두고 뉴턴과 라이프니츠가 벌인 것이 가장 유명하지만, 광학에 대해 벌인 뉴턴과 로버트 훅의 분쟁, 평형 톱니바퀴 시계와 관련해 벌인 로버트 훅과 하위헌스의 분쟁도 못지않게 유명하다. 잘 알려져 있지 않지만 고약한 우선권 분쟁에는 여성의 생식기를 관찰하는 기술에 대해 벌인 네덜란드 과학자 얀 스바메르담(Jan Swammerdam)과 레이니르 더 흐라프(Reinier de Graaf)의 분쟁이 있다. 더흐라프는 우선권 분쟁으로 인한 탈진으로 사망했다고 전해진다.

35. 스티븐 스티글러(Stephen Stigler)가 밝힌 사실로, 이는 스티글러의 법칙(Stigler's law)으로 알려져 있다(스티글러의 법칙에 의하면 과학적 성과물의 명칭은 최초 발견자의 이름과 무관하다—옮긴이). 자신의 이론에 충실하게도, 스티글러는 그 발견의 공을 로버트 머튼에게 돌렸다.

36. 로버트 보일 같은 부유한 과학자조차도 결국 인용 없이 자기 저작물을 사용하는 사람에게 짜증을 내며 헨리 올덴부르크한테 자신의 지적 재산권을 확보하기 위한 저작 목록을 작성하도록 지시했다(Shapin, 1994, p. 183; Hunter, 2009, p. 190). 동시에 그는 필요할 때 다른 학자의 공을 치켜세우고 인정하는 데 매우 관대했다. 예를 들면 1682년 책의 서문에서는 대기압 기관을 처음으로 설계한 그의 조수이자 프랑스 출신의 위그노교도 난민 겸 실험철학자 드니 파팽에 대해 엄청난 찬사를 보냈다.

37. Dasgupta and David, 1994; David, 2008은 자연철학과 수학에서는 정작 중요한 외부인(잠재적 후원자)이 지식인의 업적을 평가하기란 불가능에 가깝고, 따라서 지식인 커뮤니티에서의 명성이 외부 세상에서의 명성과 직결되었다고 지적했다. 이

런 관점에서 편지 공화국의 지식인은 후원자가 쉽게 판단할 수 있던 화가나 음악가
와는 다른 치지에 있었다.

38. Daston, 1991, p. 379는 이렇게 지적한다. "말이 많고 종종 논쟁적인 편지 공화국
의 …… 기반은 …… 학문의 수준이었으며 …… 계몽주의의 많은 지식인은 자국민
보다 외국인을 심판으로서 더 신뢰할 수 있다고 믿기 시작했다."

39. 폴란드 의사 얀 욘스톤은 폴란드 왕자의 후원을 받고 있을 때 네덜란드와 독일의
많은 대학에서 교수직을 제안받을 정도로 명성을 쌓았다(하지만 이러한 제안을 거
절했다). 이런 명성을 쌓기 위해 그는 의학과 자연사 교과서를 집필했으며, 귀족
후원자의 아이들을 가르치는 개인 교사를 위한 가이드북도 제작했다(Margóczy,
2014b). 그 밖에 갈릴레오의 학생이자 뛰어난 피렌체 수학자 빈센초 비비아니
(1622~1703)를 예로 들 수 있다. 비비아니는 1666년 루이 14세와 폴란드의 얀 2세
카지미에시(Jan II Kazimierz)에게 좋은 조건으로 일자리를 제안받을 정도로 명성
이 드높았다. 이에 대해 페르디난드(Ferdinand) 2세는 비비아니에게 역제안을 했
고, 결국에는 궁중 수학자로 임명했다.

40. 파도바에 있을 당시 갈릴레오는 베네치아의 무기고에서 프리랜서처럼 일하며 유명
한 포병용 나침반을 포함해 다른 유용한 군사용 기기를 만들었다. 이와 비슷하게
17세기 후반 유명한 천문학자 중 한 명이던 조반니 도메니코 카시니도 1650년대
볼로냐에서 천문학 교수로 재직하며 교황 알렉산데르(Alexander) 7세로부터 포강
(Po River)의 수리학을 연구해 홍수를 방지해달라는 요청을 받고 조사에 착수하는
가 하면 교황의 군사 고문으로도 활동했다(페루자의 요새화 감독관으로 임명되기
도 했다). 시몬 스테빈은 나사우의 마우리츠 왕자에게 수학을 가르쳤고 병참감(兵
站監)으로 일했으며, 새로운 부기법(簿記法)을 활용해 그의 재정을 개선했다.

41. 지식인은 종종 후원자에게 아첨도 하고 비굴한 모습을 보일 필요도 있었다. 지식인
의 이런 처지 때문에 드자걸리에는 조지 2세의 승계를 기념하고 여왕의 후원이 계
속되길 바라는 마음으로 1728년 '뉴턴 체계(The Newtonian System)'라는 시를 쓰
기도 했다(Fara, 2004).

42. 그 누구도 "후원을 얻지 않으면 사회적으로 자살하는 것과 다름없다는 측면에서 후
원은 자발적 행위였다"는 비아지올리(Biagioli, 1990, p. 5)의 주장을 곧이곧대로
받아들이지는 않는다. 우선 17세기의 유명한 과학자 중 몇몇은 좁은 의미에서 후
원을 받지 않아도 될 만큼 부유했으며, (부유해서 후원을 받지 않은—옮긴이) 스

피노자와 뉴턴의 이론에 대해서는 그 누구도 의구심을 품지 않았다. 이처럼 지식인의 명성은 지적 성과로 결정되었고, 후원자와의 관계는 일방향이 아니라 쌍방향이었다. 더욱이 비아지올리는 공급과 수요 측면의 많은 행위자가 하는 교환 활동(exchange)이 자발적 활동이라는 것을 인식하지 못했다. 즉 행위자 사이의 교환은 상호 합의와 혜택을 기반으로 이루어진다.

43. 후원의 정치학은 복잡했으며 수익원으로서 후원은 안정적이지 않았다. 후원자의 마음이 쉽게 변할 수도 있고, 후원자의 입맛에 맞는 다른 사람으로 교체할 수도 있었기 때문이다. 루돌프 2세는 타데아시 하예크(Tadeáš Hájek, 1525~1600)라는 체코 출신의 궁중 의사를 후원했다. 브라헤가 1599년 프라하에 자리를 잡을 수 있었던 것도 하예크가 도움을 준 덕분이다. 당시 많은 과학자처럼 천문학에 대한 하예크의 지식은 합스부르크 왕가가 매우 관심을 가졌던 점성술에 기반을 두었다(Evans, 1973, p. 152).

44. 유명한 후원자 중에는 국왕이나 왕족이 아닌 사람도 많았다. 그중 가장 잘 알려진 사람은 프랑스의 반역자였다가 나중에는 장군 자리까지 올라간 콩데(1621~1686)였다. 다양한 방면으로 지적 호기심이 충만했던 그는 당시 유명 작가이던 몰리에르(Molière)와 라신(Jean Racine)을 후원했으며, 급진적인 신학자 이삭 라 페레르(Isaac La Peyrère, 1596~1676)를 비서로 고용했다. 또한 보쉬에 주교와 마자랭 추기경 같은 보수적인 가톨릭 지식인도 곁에 두었으며, 책을 사랑한 의사 가브리엘 노데(Gabriel Naudé, 1600~1653)를 개인 사서 및 장서가로 채용했다. 평민의 아들 피에르 가상디는 부유한 지식인 페레스의 후원을 받았으며(그의 집에서 살기도 했다) 피에르 사후에는 프로방스 주지사 루이 에마뉘엘 드 발루아(Louis Emmanuel de Valois)의 후원을 받았다.

45. 라이스 대학교의 '갈릴레오 프로젝트'에 따르면 "데카르트는 유산으로 충분한 재산을 물려받았으며 어디에서 무엇을 하며 살지 스스로 결정할 수 있었다. 실제로도 그랬다. 1633년 그는 4년간 집필한 《천체론(Le Monde)》이 자신의 자유를 침해할 것을 우려해 출판하지 않았다. 이런 결정에서 보듯이 데카르트는 스스로 명성을 쌓을 필요성을 느끼지 못했다". 더 자세한 내용은 다음의 링크를 참조. http://galileo. rice.edu/Catalog/NewFiles/descarts.html(2013년 8월 18일 접속). 또한 리처드 웨스트폴은 데카르트가 보헤미아의 엘리자베스 여왕에게 보낸 에세이와 관련해 "여왕과의 관계는 후원 체계가 어떻게 운영되었는지를 보여준다. 그녀가 줄 수 있었던

것은 금전적 보상은 없고 명예로운 왕실의 이름뿐이었다"고 했지만, 이는 설득력이 없다. 스스로도 유명한 지식인이었던 엘리자베스 여왕은 자신의 모국인 보헤미아에서 쫓겨났으며 생의 마지막 20년은 독일의 루터교 수녀원에서 살았다. 그녀의 허울뿐인 이름이 얼마만큼의 정당성을 주었는지는 의문이다.

46. Shapin and Schaffer, 1985, pp. 55-67은 로버트 보일이 자신의 실험에 대한 신뢰도를 쌓기 위해 어떻게 했는지를 구체적으로 보여주었다. 보일은 다른 사람이 자신의 실험을 다시 할 수 있도록 지나치게 자세하게 설명했다. 이를 통해 독자들은 "가상으로 실험을 볼 수" 있었고, 나아가 그에 대한 신뢰를 쌓았다. 더욱이 보일은 실패한 실험에 대한 기록도 남겼다.

47. Yates, 1964, p. 398은 카조봉의 책이 르네상스 세계와 현대 세계를 구분하는 분수령이라고까지 주장했다.

48. 많은 르네상스 지식인은 카발라라고 알려진 수비학에 매료되었다. 카발라는 13세기 에스파냐에서 조하르(Zohar: 유대교 신비주의 경전―옮긴이)를 출판한 후 유대교 학자들에 의해 널리 퍼져 인기를 끌었다. 카발라 교리에 몰입했던 유명한 지식인 중에는 15세기 인문학자 조반니 피코 델라 미란돌라(Giovanni Pico della Mirandola, 1463~1494), 프랑스의 고전학자이자 천문학자 기욤 포스텔(1510~1581), 아타나시우스 키르허 그리고 조르다노 브루노가 있다.

49. 가장 대표적인 사례로 17세기에 뉴턴학파와 데카르트학파가 지구의 모양에 대해 서로 헐뜯었던 분쟁이 있다. 요한 베르누이에 의하면 뉴턴학파의 이론은 지구의 위아래가 평평한 편원(oblate, 偏圓)이라고 주장한 반면, 데카르트학파는 지구가 위아래로 길쭉한 구(prolate, 球)라고 주장했다. 위대한 수학자이자 계몽주의의 대표적인 천재였던 피에르 루이 드 모페르튀이와 그의 동료 수학자 알렉시클로드 클레로는 1736년 라플란드로 가서 실제로 지구의 모양을 측정했으며 그 결과 뉴턴학파 이론의 손을 들어주었다. 그들은 19세기 초반 지구의 모양 문제가 해결될 때까지 새로운 수학과 측지(測地) 도구를 사용했다. 그러나 여기서 요점은 이러한 실험을 통해 이 문제를 해결했다는 것이다.

50. 가장 대표적인 사례로 정통주의 칼뱅학파 신학자 보에티우스와의 충돌이 있다. 보에티우스는 자신이 목사로 재직했던 위트레흐트 대학교에 데카르트의 업적을 공식적으로 비난하고 아리스토텔레스의 교리만을 가르칠 것을 강요했다. 레이던에서도 1642년 데카르트의 사상을 가르치지 말라는 요구가 빗발쳤다. 이유는 신성 모독과

무신론이었다. 호전적이던 데카르트와 그의 제자들은 필사적으로 저항했다. 당시 철학자들은 신학에 대해 거론하지 말라는 지시를 받았다. 하지만 이 지시를 받아들일 경우 철학자들이 연구하고 가르칠 수 있는 내용은 큰 제약을 받았다(Stewart, 1994, p. 41). 결국 편지 공화국의 아이디어 시장은 철학자들의 손을 들어주었다. 1670년이 되자 데카르트의 과학은 당시 유럽에서 가장 유명한 과학 센터로 자리 잡기 시작한 레이던에서 영향력을 발휘하기 시작했다(Jacob, 1988, p. 68).

51. 영국의 의사이자 오컬트 철학자 겸 수학자 로버트 플러드(Robert Fludd, 1574~1637)가 대표적인 사례다. 그는 수학을 사용해 우주의 신비로운 조화의 비밀을 풀 수 있다고 주장했다(Debus, 1978, p. 12).

52. 유럽의 방문자들이 '과학의 사막'이라고 묘사한 인도와 비교할 수 있다. 실제로 인도는 과학의 사막과는 거리가 멀었다. 하지만 인도 역사학자들은 18세기 인도 학자들의 '통상적인 비밀주의'를 지적하면서 지식의 타당성을 검증하는 과정에서 "신성한 문헌이 언제나 표준이 되었다"고 말한다(Dharampal, 1971, p. 5; Kumar, 2003, p. 687).

53. Copenhaver, 1978, p. 31에 따르면 뉴턴이 사망했을 때(1727)를 기점으로 "마법과 마술의 힘이나 점성술, 카발라 또는 그 어떤 신비주의에 대한 이론과 말에도 불구하고 오컬트 전통은 더 이상 사상가들의 흥미를 유발하지 못했다".

54. 따라서 독일의 의사 카스파르 호프만(Caspar Hofmann)이 윌리엄 하비에게 혈액이 순환하는 '근본적인 원인(당시 근본적인 원인이라는 말은 아리스토텔레스식으로 해석하면 '궁극적인 목적'이었다)'이 무엇이냐고 물었을 때, 하비는 스스로가 형편없는 철학자이며 자신은 현상이 실제로 존재한다는 것을 최우선으로 파악하고 이론 정립에만 관심이 있지 궁극적인 목표는 나중에나 생각할 것이라고 대답했다(Wright, 2012, p. 202).

55. Levere and Turner, 2002 참조. 이 커피 하우스를 자주 방문한 멤버들의 목록은 1780년대 영국 산업계몽주의를 이끈 사람들의 전화번호부처럼 방대했다.

56. 프리메이슨 집회소의 중요성에 대해 알려면 Jacob, 1991; Im Hoff, 1994, pp. 56 139-145 참조.

57. 이런 강의의 상당수는 현실과 동떨어졌거나 생활에 직접적으로 사용될 것 같지 않은 주제, 심지어 당시 기준으로도 상식적이지 않은 이론 위주로 이루어졌다. 그리고 이들은 실생활에 유용한 것이 아니라 현란하고 극적인 실험에 치중했다

(Schaffer, 1983). 대중을 상대로 새로운 물리학을 설명해 유명세를 떨친 드자귈리에는 "굉장히 많은 사람이 흥미를 느끼면서 자연철학에 대해 상당한 지식을 얻는다"(Schaffer, 1994, p. 159에서 인용)고 인정했다. 하지만 스튜어트가 말한 것처럼 "화려한 쇼라고 해도 어느 정도의 현실적 영향력은 발휘했다"(Stewart, 2004, p. 8).

4부 계몽주의의 서막

13 청교도주의와 영국예외주의

1. 실제로 휘그주의의 성공으로 말미암아 상업적 금융 계급의 정치적 영향력은 증대하고 있었지만, 왕립학회 초창기 시절에는 제조 기술에 대한 높은 관심에도 불구하고 이 계급 출신의 회원은 많지 않았다.

2. 스프랫 주교는 청교도가 아니었지만 초창기 왕립학회의 청교도 회원이 가졌을 법한 시각을 갖고 있었다. 그는 실험과학은 자연을 공부하는 데 너무 많은 시간을 투자하는 반면, 다음 세상에서의 구원에 대해서는 큰 신경을 쓰지 않는다는 비난에 정면으로 맞섰다. 그는 "진정한 금욕주의는 현세에서 행복을 찾고자 하는 열망과 세속적인 일에 몰입하는 것과 모순되지 않는다. 편안함, 품위, 정신건강에 장식품을 솔직하게 추구하는 행위는 …… 기독교인으로서 가장 진실된 의무와도 모순되지 않는다"며 "현세에서의 행복과 안전"은 기독교의 가치와 부합한다고 강력하게 주장했다(Sprat, 1667, pp. 367-368).

3. 백스터는 로버트 보일에게 실험 학습에 대한 관심을 표출한 적이 있다. 이에 대해 보일은 백스터가 자연철학을 의심 어린 눈초리로 바라보는 여타 "속 좁은 성직자"와는 다르다고 언급했다〔Jones, (1936) 1961, p. 323〕.

4. 생물학을 전공한 과학사학자 조지프 니덤은 "현대 과학의 기원"을 전적으로 우연에서 찾는 것은 "계몽주의의 한 형태로서 역사"를 사라지게 만드는 것과 마찬가지라고 경고했다(Needham, 1969a, p. 216).

5. 코메니우스는 '학습을 쉽고 빠르게' 하기 위해 모든 지식을 구분하고 단순화해야 한다고 강조했다. 그의 이런 생각은 베이컨의 사상에 기반을 두었다. 그는 가능한 한 모든 측면을 깊게 학습하기 위해 의식적으로 지식을 체계화하고 학습 주제를 순서화해야 한다고 말했다(Murphy, 1995, p. 123).

6. 코메니우스는 우드워드를 영국의 교육 개혁이라는 자신의 '고된 노동'을 지지해준 후원자 중 한 명이라고 치켜세웠다(Greengrass, 2004).

7. 그는 수학을 이렇게 묘사했다. "모든 부분이 일반적이고, 특별하고, 저속하고, 신비롭고, 고결하고, 훌륭한 과학이자 학교에서 연습해 인간이 한가롭게 근거 없는 논리와 공허한 불가능에 시간을 허비하는 일이 없도록 하고 그들 스스로에게도 이익이 될 만한 현실적인 학문으로서 다른 세대와 다른 과학을 뛰어넘는다." 그는 또한 학생들에게 실험 방식을 가르칠 것을 촉구했다. 그러면서 젊은이들은 "관념이나 추측과 언쟁만 하릴없이 연습하지 말고 자기 손으로 직접 노동을 해야 한다. …… 〔그리고〕 수동 조작과 시각적 실험을 진정으로 익혀야 한다. ……자연 중심에 있는 비밀에 다가가려면 …… 실험실 없이는 절대로 할 수 없다. ……그리고 허공에 성을 짓기보다는 불 속에서 일을 해야 한다"(Webster, 1654, p. 107).

8. 실제로 토머스 스프랫은 왕립학회에 대한 자신의 책(1667)을 통해 좀더 급진적인 청교도주의 철학이 아니라 영국 국교회(성공회)를 근거로 과학을 정당화하려 했다. 스프랫은 성공회 신자였지만 머튼을 비롯한 대다수 학자가 '청교도'의 특징이라고 식별한 많은 신념에 동의했다.

9. 산업혁명은 1760년경 시작된 것으로 알려져 있으나 실제로 18세기 전반에도 특히 채굴(뉴커먼 기관을 포함해), 제련, 플라잉셔틀, 천연두 예방, 도가니 제강법에서 중대한 기술적 발전이 이루어졌다.

10. 토머스 스프랫은 《왕립학회의 역사》에서 "〔자연〕 철학은 이제 우리의 논쟁으로, 우리의 교회로, 우리의 궁전으로, 우리의 법정으로 〔그리고〕 항상 곁에 머물기 시작했다. ……그리고 부와 권력에 의해 고용되었다"(Sprat, 1667, p. 403)고 썼다.

11. 뚜렷한 결함이 있던 율리우스력을 개혁한 것은 16세기 수학과 천문학의 공이지만, 영국 같은 몇몇 비가톨릭 국가는 그레고리력의 도입을 주저했다. 그레고리력은 교황청의 주도로 만들어졌기 때문이다. (영국은 1752년에야 그레고리력을 도입했는데, 이는 1582년 그레고리력이 최초로 등장한 이후 1세기 반이나 지난 시점이었다.) 이 사례를 제외하고 단순히 종교적 기원 때문에 혁신에 저항한 예는 찾기 어려울 정도로 드물었다. 편지 공화국의 회원들은 지적 혁신가의 종교에 거의 관심을 기울이지 않았다.

12. 메르센은 갈릴레오와 가톨릭교회 둘 다 옳다고 스스로를 설득시키려 애썼다. 메르센이 1630년 파리에 5만 명의 무신론자가 있다고 말하자 그 얘길 들은 어느 한량

이 "친구들이 많군"이라고 대답한 일화는 유명하다(Caton, 1988, p. 78).

13. 쿤은 뉴턴 이후 영국에는 오일러, 베르누이 부자(父子) 그리고 라플라스 같은 유럽 대륙의 수학자들과 비교할 수 있는 수학자가 없었으며, 유럽 대륙에서는 영국의 보일, 블랙, 프리스틀리, 스티븐 헤일스(Stephen Hales) 같은 위대한 철학자가 1780년 이전까지 등장하지 않았다고 생각했다(Kuhn, 1976, p. 25). 하지만 이는 본질적인 것이 아니라 비교 우위상의 작은 차이로 보인다. 따지고 보면 베이컨식 실험철학의 수혜를 가장 크게 본 근대 화학은 유럽 대륙의 산물이었다. 프랑스는 위대한 화학자 라부아지에를 비롯해 그의 학생이었던 베르톨레와 샤프탈(Jean-Antoine Chaptal)을 배출했고, 프리스틀리와 존 돌턴의 연구는 화학의 초국가적 특성을 보여주는 사례다.

14. 이런 주장에 대한 새로운 시각은 Jacob and Stewart, 2004, p. 119 참조.

15. 프랑스의 왕립 아카데미는 1635년 설립한 '프랑스 아카데미'를 본떠 만들었다. '프랑스 아카데미'는 리슐리외 추기경의 지원을 받아 프랑스어를 전문적으로 연구하기 위해 설립한 기관이다. Lux, 1991 참조.

16. 프랑스 계몽주의의 가장 대표적인 인물로 수학자이자 24세부터 60년 동안 왕립 아카데미의 회원으로 활동한 르네 레오뮈르(1683~1757)가 있다. 그는 많은 분야에 관심을 가졌지만 그중에서도 곤충, 동물의 행동, 강철의 화학적 성질, 목재 펄프를 활용한 종이 제작, 도자기 그리고 기상학을 중점적으로 연구했다. 그는 자신의 연구가 잠재적으로 실용 기술에 적용될 수 있을 거라는 생각에 영감을 받았다. 따라서 곤충에 대한 자신의 연구가 경제적 가치를 창출할 수 있을 거라는 선의와 순진한 공리주의적 발상을 갖고 있었다. 요컨대 곤충을 통해 비단, 밀랍(꿀벌이 꿀을 생산하는 과정에서 부산물로 얻을 수 있다—옮긴이), 꿀 그리고 코치닐(cochineal: 연지벌레에서 추출하는 동물성 염료—옮긴이)을 얻을 수 있다며 자신의 연구를 정당화했다. 그는 또한 곤충의 활동을 면밀하게 관찰하고 흉내 냄으로써 유용한 기술을 얻을 수 있다고 믿었다. 예를 들면 애벌레와 거미에게서 실을 만드는 제직 기술을 배울 수 있다고 생각했다. 아울러 곤충 연구를 통해 해충 구제라는 또 다른 지식을 얻을 수도 있다고 주장했다(Gough, 2008).

17. 영국의 리더십에 대해 더 자세히 알아보려면 Kelly, Mokyr, and Ó Gráda, 2014 참조.

18. 경건주의 지도자 아우구스트 헤르만 프랑케는 종교적 신념을 강화하거나 선행에

즉각적으로 적용할 수 있는 경우에만 지식은 추구할 가치가 있다고 썼다(Becker, 1984, p. 1070).

19. 크리스티안 볼프의 사상은 할레에 있는 그의 경건주의 동료들에게 눈엣가시였다. 그들은 1723년 난폭하고 교양 없던 프리드리히 빌헬름 1세에게 볼프의 사상이 그의 통치에 위험을 준다고 설득했다. 이에 빌헬름 1세는 볼프에게 48시간 안에 자신의 영토를 떠나거나 그렇지 않으면 처형하겠다고 명령했다. 볼프는 제시간에 탈출했고, 곧장 마르부르크에서 직장을 얻었다. 볼프에 반대했던 사람들조차 빌헬름 1세의 처신에 충격을 받았다고 말할 정도였다. 이후 1740년 빌헬름 1세의 아들 프리드리히 대왕은 볼프를 다시 할레로 불러들였다. 볼프의 사례는 당시 이단적 사상을 대하는 유럽 정부의 변덕스러운 태도와 동시에 그들이 그런 사상을 억압할 능력을 상실했음을 보여준다.

20. 18세기 진보의 선지자 중 한 명으로 널리 알려진 프리스틀리(1733~1804)는 종교적 팸플릿을 다수 출간했다. 프리스틀리에게 과학의 역사는 실험과 관찰 그리고 이성을 향해 점진적으로 나아가는 것이었다. 하지만 종교와 관련해 그는 이미 밝혀진 진리가 철학자와 종교인에 의해 오염되었다고 생각했다. 따라서 다시 회복될 수 있도록 정화해야 할 필요가 있었다(Schofield, 1997, p. 187).

21. Lydia Barnett, 2015, p. 153은 종교적 텍스트가 과학(자연철학)적 담론에서 사라지기 시작한 것은 종교적 신념이 차츰 약해져서가 아니라 오히려 꾸준하게 지속되었기 때문이라는 의견을 제시한다.

22. 스프랫 주교는 초기 왕립학회 회원들의 시각을 반영해 이렇게 썼다. "우리가 언제나 신을 생각하는 것이 반드시 필요한가. ……가장 영적인 존재인 신이 그런 것들을 만들지 않았다면 …… 어떤 교통, 어떤 상업, 어떤 정부 그리고 어떤 세속적인 일자리가 허용되겠는가. ……우리의 감각에 충실하는 것이 어떻게 죄악이며 성욕에 굴복하는 것인가"(Sprat, 1667, p. 369). 좀더 자세한 내용은 McCloskey, 2006, pp. 461-468 참조.

14 진보의 문화

1. Lasch, 1991, pp. 45, 52-54 참조. 그가 "이류"로 구분한 철학자에는 데카르트, 파스칼, 프리스틀리 그리고 콩도르세가 있다.

2. 데이비드 우턴에 따르면 셰익스피어는 역사에 해박했지만 유용한 지식이 역사를 바

꿀 수 있다는 걸 이해한 동시대 사람 베이컨과 달리 돌이킬 수 없는 역사적 변화에 는 둔감했다(Wootton, 2015, pp. 5, 511).

3. Hill, 1965, pp. 89-90은 베이컨이 17세기 베이컨주의자들도 생각하지 못한 진보의 "숨이 멎을 듯한 유토피아적 비전", 즉 인류에 대한 일관된 낙천주의와 아리스토텔 레스 및 스콜라 철학에 대한 비판을 통합해 "새로운 과학의 종교적 반대자들에게 등 을 돌릴 수 있는 계기를 마련한 비전을 제시했다"며 그를 높게 평가했다.

4. 이와 관련해서는 수많은 문헌이 있다. Richard F. Jones, (1936) 1961은 '책들의 전 쟁'에 대한 가장 고전적인 글로 꼽힌다. 이에 대한 최근의 평가는 Levine, 1981 참조.

5. 현대의 학자들조차 '근대인'은 유용한 지식에 대해 그 누구도 반박할 수 없는 이점 이 있었다는 명백한 사실에 인색했다. 심지어 니스벳도 진보의 관념은 순환 논리에 기초한 부르주아 계급의 허름한 속임수라는 조르주 소렐(Georges Sorel)의 터무니 없는 이론을 설명한 뒤 "(진보의 관념을 뒷받침하는) 그 논리는 분명 순환적이었다" (Nisbet, 1979)고 말할 정도였다. 하지만 이는 사실이 아니다. 과학과 기술의 발전은 축적된 지식이 있었기에 가능했고, 지식은 역사가 흘러도 '사라지지' 않는다. 따라서 근대인은 고대인의 지식에 접근할 수 있지만 고대인은 그러지 못한다.

6. 오귀스트 콩트(Auguste Comte)는 "지속적인 진보라는 개념은 지난 세기[18세기] 에 발생한, 고대인과 근대인을 비교하기 시작한 기억에 남을 만한 논쟁 이전까지는 일관된 과학의 관심도, 그리고 대중의 관심도 받지 못했다. ……이런 엄숙한 논쟁은 인류 역사상 처음으로 돌이킬 수 없는 발전을 만들어냈다는 성숙한 역사적 의식을 구축했다"(Comte, 1856, p. 441)고 말했다.

7. De Jean, 1997, p. 15는 프랑스의 경우 "과학의 인과적 역할(causal role)은 오해를 살 수도 있다. 과학보다는 진보가 첫 번째 근대인의 결정 요소였다"고 지적한다. 여 기서 '결정 요소'가 정확하게 무엇을 의미하는지와 상관없이 왜 드장이 진보와 과학 을 구분했는지 잘 이해되지 않는다. 하지만 과학만이 진보라는 개념과 관련해 현대 적 성공에 그 책임을 지워야 한다는, 계몽주의에 대한 최근의 비판 때문에 과학에 너무 많은 무거운 짐을 올려놓았다는 그녀의 주장은 일리가 있어 보인다. 그러나 유 용한 지식의 누적은 근대인으로 하여금 이미 발전은 끝났다는 그릇된 통찰력과 잘 못된 생각을 하게끔 만들었다(De Jean, 1997, p. 17). 프랑스 문학계의 근대인을 이 끌었던 샤를 페로(Charles Perrault, 1628~1703)도 이런 생각에서 자유롭지 못했는 데, 그는 루이 14세 시대가 인류의 업적이 최고조에 달한 시기라고 믿었다. 하지만

DeJean, 1997, p. 22는 여기서 페로가 말한 '인류의 업적'은 계몽주의의 특징인 인류의 일반적 사회 발전과 관련된 것은 아니라고 주장한다.

8. 심지어 스터브는 많은 근대인이 당대의 가장 위대한 업적이라고 인정한 하비의 혈액순환론을 독창적이지도 않고 혁신적이지도 않다며 평가 절하했다(Frank, 1979, pp. 130-131).

9. 그리스와 독일 철학자들이 우스꽝스러운 축구 경기를 한다는 몬티 파이손(Monty Python: 영국의 코미디 전문 그룹―옮긴이)의 〈철학자 월드컵〉이라는 개그 프로그램은 다음과 같은 《책들의 전쟁》 문구에서 영감을 얻은 것처럼 보인다. "근대인은 누구를 지도자로 선출할지 뜨거운 논쟁을 벌이고 있었다. 적들의 임박한 공격에 따른 두려움으로 그들은 폭동을 자제할 수 있었다. 그들은 타소에서 밀턴까지, 그리고 드라이든(Dryden)에서 위더(Wither)까지 서로 최고 사령관인 척하면서 누가 기병을 이끌지에 대해 가장 많은 이견을 보였다. 카울리와 데스프로(Despreaux)는 경기병(light horse)을 이끌었다. 궁수(bowmen)는 데카르트, 가상디, 홉스 같은 용맹한 지휘관들이 이끌었다. 이 지휘관들은 무력이 엄청났다. 그들이 쏜 화살은 대기권 밖으로까지 날아가며, 절대 떨어지는 일 없이 유성이 되고, 또는 포탄이 되고, 별이 된다. 파라켈수스는 라에티아(Rhaetia) 지방의 눈 덮인 산에서 악취탄(stinkpot: 옛날 해전에서 썼던, 악취를 풍기는 무기―옮긴이) 중대를 이끌고 나왔다. ……고대인의 군대는 수적으로 훨씬 열세에 있었다. 호메로스는 기병을 이끌었고, 핀다로스(Pindaros)는 경기병을, 유클리드는 공병의 수장이었다. 그리고 플라톤과 아리스토텔레스는 궁수를, 헤로도토스와 리비우스(Livius)는 보병을, 히포크라테스는 용기병을 지휘했다. 보시우스(Vossius)는 동맹군을 이끌고 후방을 책임졌다"〔Swift, (1704) 1753, pp. 186-187〕.

10. 실제로 '책들의 전쟁'은 근대인이 얼마나 강해졌는지를 보여준 것으로 고대인에게는 승산 없는 싸움이었다. 한 학자는 이렇게 말했다, "고대인과 근대인에 대한 템플(William Temple: 고대에 이미 모든 진리가 밝혀졌으며 '근대인'은 '고대인'의 어깨 위에 있는 난쟁이에 불과하다면서 근대 과학의 발전을 폄훼한 인물―옮긴이)의 의견 몇 가지를 살펴보면 계몽주의가 상대하고 극복해야 했던 고상한 오만함을 알아챌 수 있을 것이다. ……템플은 흔하디흔한 허위 지성(pseudo-intellectual)을 모방한 뒤 그걸 자신의 주장이라고 발표했다. 즉 고대인이 이미 모든 것을 말했다는 것이다. 요컨대 학문과 예술은 너무나도 완벽하기 때문에 더 이상의 발전이 일어

나기 힘들다. ……돌을 움직이고 동물까지 감동시킬 수 있는 오르페우스의 위대한 음악이 지금은 어디에 있는가? 고대의 마술은 지금 어디에 있는가? 이러한 과거의 우수함을 가능케 한 우연한 상황이 어떻게 이처럼 축소된 시기에 재현될 수 있는 가? 하비와 코페르니쿠스가 새로운 것을 말했는가? 태양이 움직이는지, 지구가 움 직이는지 누가 단언할 수 있는가?"(Traugott, 1994, pp. 504-505).

11. 다른 책에서 글랜빌은 다소 무례하게 "'이전에 말하지 않은 것은 있을 수 없다(nil dictum quod non dictum prius)'는 실망스러운 격언은 내 머릿속에 없다. 코페르 니쿠스가 옳았다. 하늘 아래 새로운 것은 있었다. ……지난 시대는 고대가 보지 못 한 것들을 우리에게 보여주었다"(Glanvill, 1665, p. 140)고 말했다. 더욱이 그는 "무역에 대한 자연학자들의 통찰이 높아지면서 인류의 부가 크게 증진되었다"고 믿 었다. 이러한 그의 생각은 산업계몽주의의 핵심 가설에 대한 초창기 설명 중 하나 였다. 하지만 글랜빌은 우리의 기준으로 볼 때 결코 '계몽'되었다고 할 수 없다. 그 는 마녀와 영혼의 존재를 굳게 믿었으며, 이를 부정한 사람들을 매섭게 공격하는 책을 썼다.

12. 루소는 복잡한 지식인이었다. 아울러 결코 존재한 적 없던 원시 상태에서 행복의 향수를 느끼는 유럽 반동 세력의 무자비한 대변인으로 그를 묘사하는 것은 다소 과 장된 것이다(Nisbet, 1979).

13. Seed, 2001, pp. 73-82 참조. 천문학자 겸 수학자로 가장 유명했던 사람은 바다에 서 위도를 측정하는 데 사용한 아스트롤라베(astrolabe)를 발명하고, 항해사에게 필요한 세부적인 천문 자료를 축적해 배포한 아브라함 자쿠투(Abraham Zacuto, 1452~1515)였다.

14. 델메디고는 아시케나지 유대인(ashkenazi Jews: 독일과 프랑스를 중심으로 중유 럽 및 동유럽에 퍼져 살던 유대인을 일컫는 말—옮긴이)이 과학혁명에 동참하지 못한 이유는 그들이 탈무드의 교리에 과도하게 집착했기 때문이라고 비판했다. 아 시케나지 유대인은 세속적인 학문을 한심한 것이라고 여겼다. 델메디고는 랍비들 이 유대인의 할라카(halaka) 법률과 미드라시(midrash: 성서에 대한 유대인의 해 석—옮긴이)에 너무 몰입한 나머지 다른 학문을 완전히 무시했다고 불만을 표시했 다. 랍비들은 논리, 문법, 수사학, 수학, 과학 그리고 철학을 이질적인 학문이자 심 지어 유대교에 해롭다고 여겨 경멸했다. 델메디고는 당대의 유대인 학자들을 조 사한 결과, 극소수만이 과학과 수학에 관심이 있었다는 사실을 밝혀냈다(Barzilay,

1974, pp. 310-311).

15. 선도적인 16세기 유대인 지식인이자 프라하의 마하랄(Maharal of Prague)로 알려
진 유다 뢰브 벤 베자렐(Judah Loew ben Bezalel, 1525~1609)은 코페르니쿠스
천문학에 대한 학식이 높았지만 유대교 전통의(즉 프톨레마이오스의) 천문학을 고
집했다. 전통적인 천문학은 시나이에서 모세가 계시받은 것이기 때문에 신성하다
고 생각한 것이다. 또 다른 유대인 지식인으로 토비아스 콘(Tobias Cohn, 1652~
1729)은 1707년 의학과 자연사에 대한 사상을 집대성한 책을 발간하면서 유대인
지식인들이 카발라에 너무 많은 관심을 쏟는다고 비판했다. 하지만 동시에 그는 성
서의 말씀과 어긋난다는 이유로 태양중심설을 맹렬하게 공격했다(Neher, 1977).

16. 유명한 유대인 과학자 중에는(아인슈타인과 프로이트를 제외하고) 화학에서 가
장 중요한 이론 가운데 하나인 하버-보슈법(Haber-Bosch process)을 발표한 물
리화학자 프리츠 하버(Fritz Haber), 에스페란토어(Esperanto: 19세기 후반에 언
어 장벽을 극복할 목적으로 만든 국제 공용어─옮긴이)를 창안한 라자르 자멘호
프(Lazar L. Zamenhof), 근대 면역학을 창시한 파울 에를리히(Paul Ehrlich), 항공
개척자 오토 릴리엔탈(Otto Lilienthal), 초음속 비행의 아버지 시오도어 폰 카르만
(Theodore von Kármán), 볼펜을 만든 라슬로 비로(László Bíró), 그리고 피임약
을 개발한 칼 제라시(Carl Djerassi)가 있다.

17. Neher, 1977, p. 213은 유대인 사회에서 "생각의 자유는 불가능한 가치는 아니었
으며" 오히려 유대인의 과학에서 중심 요소라는 다소 믿기 힘든 주장을 펼쳤다. 델
메디고는 "유대인의 편협한 단결심"을 신랄하게 비판하면서 "유대인은 다른 사람
들과 편견이나 미신을 공유하면서도 그들의 지혜를 수용하는 데는 인색하다"고 말
했지만, 그가 암스테르담의 유대인 공동체로부터 지속적으로 냉대를 받았다는 근
거는 없다(Barzilay, 1974, pp. 321-322). 델메디고는 편지 공화국의 평범한 시민
으로 알려진 소수의 유대인 중 한 명이었다. 방랑하는 의사이자 지식인이었던 델마
디고는 보수적인 사상과 진보적인 사고방식을 동시에 갖고 있던 대표적인 인물이
지만, 유대인 문화에 대한 그의 비판은 스피노자처럼 날카롭지도, 도발적이지도 않
았다(Haberman, 2007, p. 543). Barzilay, 1974, p. 4는 1630년경 "델마디고는 절
대로 자신의 마음속에 있는 생각을 대중에게 알리지 않았다. ……이때쯤에 이르러
그는 여행과 경험을 통해 유대인 문화권이 자신의 생각과 학문을 받아들일 준비가
되어 있지 않다는 결론을 내렸을 것이다"고 지적했다.

18. 물론 유럽의 지식인들은 고전 학문을 완전하게 버리지 않았다. 1700년 이후 국제 공용어로서 지위를 상실했지만 여전히 많은 지식인이 라틴어와 고대의 역사를 공부했다. 실제로 편지 공화국의 전형적 지식인이었던 피에르 벨보다 고전 학문의 깊이를 프랑스어권 독자들에게 소개한 인물도 드물었을 것이다. 그는 유명한《역사 비평 사전(Dictionary)》에서 비록 자신의 생각을 제안하는 수단으로 활용했지만 고전주의 지식인들에게 집중했다. Fumaroli, 2105, p. 66 참조.

19. 과학적 이단자가 실제로 목숨을 잃은 사례는 드물고 때때로 목숨을 잃은 경우는 신중하지 못한 처신의 결과였다. 이단적 과학자가 목숨을 잃은 대표적 사례로 미구엘 세르베투스와 조르다노 브루노를 드는데, 이들은 과학적 이단이 아니라 종교적 변절로 인해 그리 되었다고 봐야 한다. (물론 당시 종교적 이단과 과학적 이단은 밀접한 연관이 있었다.) 종교적 신념으로 목숨을 잃은 급진적 철학자 중에는 1619년 무신론을 주장하다 툴루즈에서 화형당한 루칠리오 바니니(Lucilio Vanini), 교황에게 무례를 범한 죄로 1642년 아비뇽에서 처형당한 페렌테 팔라비치노(Ferrente Pallavicino)가 있다. 그 밖의 사례는 사실이 아닌 듯하다. 이를테면 테런스 킬리(Terence Kealey, 1996, p. 3)는 위대한 해부학자 안드레아스 베살리우스가 종교 재판에서 사형을 선고받고 결국 치명적인 성지 순례를 감행했다는 전설을 무비판적으로 반복한다.

20. 판 헬몬트는 플랑드르의 의사 겸 화학자로 공기와 기체를 구분하고 그 기체에 가스(gas)라는 이름을 붙인 인물로, 생물학에서 세심한 정량적 실험을 한 최초의 과학자이기도 했다. 하지만 그는 파라켈수스를 따르고(스스로를 악마라고 불렀다) 이단적인 자연관과 의학관을 고수한다는 이유로 계속해서 위협을 받고 불이익을 당했다. 자신의 책《상처의 자기 요법(De magnetica vulnerum)》을 압수당했으며, 1624년 에스파냐령 네덜란드는 "이단과 버릇없는 오만함"이라는 죄명으로 그를 종교 재판에 회부했다. 루뱅 대학교 신학부는 1633~1634년 판 헬몬트를 파라켈수스의 "괴물 같은 미신"을 추종하고 "마술과 악마의 기교를 행하면서 자연을 왜곡하고 화학철학을 통해 키메라(Chimera: 그리스 신화에서, 세상의 서쪽 끝 암흑세계에 살았다는 민족—옮긴이)의 어둠으로 세상을 덮었다"며 유죄 판결을 내렸다. 그는 1634년 4일간 구금된 상태에서 지속적으로 심문을 받았지만, 정치적 인맥 덕분에 더 큰 화를 모면한 듯하다. 〔그는 당시 에스파냐령 네덜란드에서 망명 생활을 한 프랑스 여왕 마리 드 메디치(Marie de Medici)와 친분이 있었다.〕마침내 풀려

난 판 헬몬트는 자택에 감금되었다. 자택 감금은 1636년에 풀렸지만 그에 대한 종교 재판은 사망하기 2년 전인 1642년까지 끝나지 않았다(Pagel, 1982, p. 14).

21. 파스칼은 엄격한 윤리를 강조한 종교적 교의(敎義)인 얀센주의를 받아들이면서 기존의 사상을 저버리고 '과학의 자만심'에 대한 글을 쓰기 시작했다. 이는 보수적인 종교적 신념의 대표적 교리로, 만약 아이디어 시장에서 이런 교리가 승리했다면 과학 기술의 진보는 좌초했을 것이다.

22. http://www.eliohs.unifi.it/testi/600/fontenelle/digression.htm 참조(2010년 7월 23일 접속).

23. De Jean, 1979, p. 180은 당대의 새로운 과학을 간단하게 요약하며, 프랑스에서 퐁트넬과 동료 '근대인' 샤를 페로 같은 확산자들의 "중요한 역할을 과소평가해선 안 된다"고 주장했다.

24. Peter Gay, 1966, p. 317은 "키케로(Cicero)가 그리스 철학을 로마 사회로 편입시켰듯 퐁트넬은 데카르트의 사상을—베이컨의 사상으로 기억되었지만—우아하고 아름다운 언어로 문명사회의 남자와 여자들에게 퍼뜨렸다"고 언급했다.

25. 생피에르는 뛰어난 박식가이자 광범위한 편지 네트워크를 유지하면서 정치사상과 과학사상에 깊은 관심을 가졌던 편지 공화국의 전형적 시민이었다. 특히 윤리와 정치의 진보에 관심을 가졌던 그는 계몽주의 시대의 평범한 학자들은 소크라테스나 공자보다 많은 지식을 알 정도로 엄청난 진전을 이뤘지만, 도덕철학과 관련해서는 큰 발전을 하지 못했다고 주장했다. 아울러 데카르트와 뉴턴 같은 동시대의 천재들이 도덕철학에 헌신하지 않은 건 부끄러운 일이라고 순진하게 생각했지만, 이런 불일치는 언젠가 해소될 것이라고 믿었다. 그는 가능한 한 모든 곳에서 계량화를 주장한 개척자였으며, 당시 프랑스 수학자들이 개발한 정량분석 역학처럼 벤담식 공리주의의 계량화를 제안했다(Perkins, 1959; Shank, 2004). 또한 영구평화론을 처음으로 주창한 사람 중 한 명이었으며, 이러한 영구평화론은 훗날 루소와 칸트에 의해 발전했다.

26. Nisbet, 1979, p. 181은 《인간정신의 지속적 진보에 관하여》의 토대가 된 1750년 소르본 대학의 강의에 대해 흥미로운 점을 지적했다. 소르본에서 강의를 하기 6개월 전 튀르고는 하느님의 섭리에 대해 강의했고, 그 내용은 계몽주의 사상과 거리가 멀었다. 소르본에서 6개월 체류하면서 그는 프랑스의 지적 문화에 노출되었고, 파리 지식인들의 세속적인 문화에 큰 영향을 받은 것으로 보인다.

27. 사회 개선이 목적인 단체 중에서 왕립예술협회(Society of Arts)는 "생산, 발명, 개선으로 가난한 자들에게 일거리를 주고 상업을 증진"할 목적으로 1754년에 설립했다. 대영박물관은 유용한 지식의 "발전과 개선"을 위해 1753년 설립했다(Spadafora, 1990, p. 79에서 인용). 영국 왕립연구소는 "유용한 기계와 발명품을 빠르게 전파하고 생활의 편안함과 편리를 도모하기 위해 필요한 과학 지식을 가르치기"(Jones, 1871, p. 121에서 인용) 위해 1799년 럼퍼드 백작이 설립했다.

28. 세계사를 '동적(dynamic)' 역사관으로 바라보는 중세 시대의 대표적 지식인에는 피오레의 요아킴(Joachim of Fiore, 1135~1202)이 있다. 요아킴이 주창한 역사의 3단계 이론은(그는 역사가 삼위일체의 세 위격에 해당하는 3단계로 진행된다고 했다) 오귀스트 콩트와 카를 마르크스 등 후세 지식인들의 글과 저서를 통해 반복적으로 등장했다(Cohn, 1961, p. 101). 이런 역사관의 등장이 진보의 성장 배경이었는지(니스벳이 믿었듯) 여부와 상관없이, 이는 서양 기독교 사회에서 이런 이론이 등장 및 논의되었다는 사실을 보여준다. 비록 성 토마스 아퀴나스의 공격을 받고 1263년 공식적으로 이단이 되었지만 말이다.

29. 유니테리언 성직자이자 과학자, 철학자였던 프리스틀리는 어떤 면에서 보면 친밀하리만큼 순진한 사람이었다. 그는 이렇게 말했다. "이런 시각이 어떤 사람에게는 과장된 것일 수 있겠지만, 나는 이것이 인류 본성의 진정한 이론에 따른 것임을 보여줄 수 있다. …… 〔이 주제에 대한〕 사색은 언제나 나를 기쁘게 만든다" (Priestley, 1771, p. 5).

15 계몽주의와 경제 발전

1. 지식의 장기적 진화에 대해 고민하던 현대의 한 과학자는 비관주의가 모든 사회의 고질적인 부분이었다고 주장하면서도 "(지금까지) 계몽주의는 유일하고도 엄청난 역사적 예외"(Deutsch, 2011, p. 216)라고 말했다.

2. Roy Porter, 1982는 유용한 지식의 성장이 질병을 치료할 수 있을 것이라는 신념, 즉 의학계몽주의의 개념을 최초로 제시했다. 한편 농업계몽주의 개념은 Mokyr 2009a, pp. 171, 186에서 최초로 제기했고(Jones, 2016 참조), 상업계몽주의 개념을 처음 제기한 것은 Abbattista, 2016이었다.

3. 산업혁명에서 과학의 역할을 강조하는 Musson and Robinson, 1969는 지금까지 해당 주제에 대한 고전적 연구 결과로 남아 있다. 과학의 중요성을 강조한 좀더 최

근의 연구로는 Jacob, 1997, 1998, 2014; Jacob and Stewart, 2004 참조. 이와 반대되는 주장으로는 Hall, 1974; Mathias, 1979; Landes, 1969 참조.

4. 볼테르는 가장 유용한 발명품은 "인류의 마음에 가장 명예로운" 것이 아니며 "우리는 모든 예술(기술)을 정통 철학이 아니라 기계적인 본능에 빚지고 있다"[Voltaire, (1733~1734) 2007, p. 39]고 말했다.

5. 산업혁명 전문가인 역사학자 존 해리스(John R. Harris)는 18세기 기술 발전에 매우 중요하다고 여겨진 "암묵적" 기술에 비해 과학의 중요성에는 매우 회의적이다. 그는 심지어 프랑스가 과학자에게 과도하게 의존했기 때문에 제강 산업에서 뒤처졌다고 주장한다. 요컨대 과학자들이 처음에는 잘못된 조언을 하고 나중에는 필요 없는 조언을 했다는 것이다. 여기에 대해서는 Harris, 1998, pp. 219-221 참조. 이 시기의 기술 발전에서 과학의 역할에 의구심을 제기한 더 강력한 주장에 대해서는 McCloskey, 2010, 38장 참조. 매클로스키는 19세기 후반 "식자층 과학"이 큰 영향을 주었다는 것을 부정하면서 와트의 친구이자 조언자였던 조지프 블랙부터 프랑스 화학자 외젠 슈브뢰이(Eugène Chevreul)에 이르기까지 "저속한 과학"의 역할을 부각시켰다. (슈브뢰이의 지방산 연구는 비누와 양초 생산에 기여했다.)

6. 스틸은 로빈스의 작업을 "합리적인 역학이 근대 초기의 기계 기술에 거의 영향을 끼치지 못했다는 인식을 반박하고"(Steele, 1994, p. 380) 또한 "탄도학 혁명은 …… 실험과학과 수학은 근본적으로 독립된 것이라는 19세기까지의 일반적 생각을 반박한 사례"(Steele, 1994p. 381)로 보았다.

7. 데이비드 우턴은 수력 기술은 지난 1000년 동안 매우 느리게 발전했음에도 불구하고 계몽주의 시대 들어 수차의 효율성이 급격하게 발전했다고 언급하면서 수차를 특히 흥미로운 사례로 꼽았다. Wootton, 2015, pp. 486-489는 수력 기술이 발전한 데는 존 스미튼의 연구로 상징되는 실험과학의 도움이 있었지만 (대부분 프랑스 출신인) 물리학자들이 개발한 이론도 이러한 실험을 보완했다고 지적한다.

8. 프랜시스 베이컨은 장인 기술의 가치를 일찌감치 알아봤지만, 동시에 장인들은 눈앞의 일에만 매달리면서 더 일반적인 것들을 알려는 수고를 하지 않고 다른 것들에 손을 뻗거나 마음을 주지 않는다고 불평하기도 했다[Bacon, (1620) 1999, p. 130, aphorism 99].

9. 이런 사실을 너무나도 잘 알고 있던 와트는 주변에서 찾을 수 있는 최고의 자연철학자, 특히 조지프 블랙과 존 로비슨(John Robison) 같은 스코틀랜드 과학자들과 접

촉하기 위해 백방으로 뛰어다녔다. 그가 물은 진공 상태에서 훨씬 더 낮은 온도에 끓는다는 것을 밝혀낸 또 다른 스코틀랜드 과학자 윌리엄 컬런에게 의지했다는 사실은 잘 알려져 있지 않다. 컬런의 발견을 토대로 와트는 분리형 응축기를 개발했다.

10. 슬론은 순수 실증과학을 이렇게 옹호했다. "자연의 지식은 사실을 있는 그대로 관찰한 결과로서 대부분의 다른 지식보다 더 확실하고 …… 이성, 가설 추론보다 오류가 적다. ……창조 시대 이후부터 지금까지 이것이 확실하다는 사실을 우리는 알고 있다"(Sloane, 1707, vol. I, 서문). 메랑은 시간생물학(chronobiology)이라는 학문을 창시하고 식물의 생체 리듬을 발견했다.

11. 경제 성장의 가능성을 확신한 한 가지 근거는 농업 발전에 대한 인식이었을지도 모른다. John Gascoigne, 1994, p. 185는 "새로운 기술과 작물을 갖고 참을성 있는 실험을 한 결과 우리의 대지가 더 많고 더 좋은 그리고 더 다양한 과일을 맺은 것처럼 이와 비슷한 방식을 경제와 사회의 다른 분야에도 적용해야 할 필요성을 끈질기게 고집해야 한다"고 지적한다.

12. 제임스 와트 역시 "노예제는 인류에 매우 수치스러운" 일이라는 자신의 생각을 표현했다. 그는 노예제가 "신중하면서도 진보적인 방식으로 폐지"되기를 희망했다. 루너 소사이어티(Lunar Society)의 회원 대부분은 그의 생각에 동의했다(Dick, n.d., p. 10).

13. 1771년 프리스틀리는 이렇게 썼다. "만물(특히 과학에 의존하는 것이라면 무엇이든)은 최근 들어 그 어느 때보다 완벽함을 향해서 빠르게 발전해왔다. ……모든 속박에도 불구하고 인류의 마음에는 …… 모든 종류의 지식을 쌓아올릴 수 있다. 한 세대의 지혜는 다음 세대가 들어서면 어리석음이 될 것이다"(Priestley, 1771, pp. 253, 562).

14. 이와 관련해 판 헬몬트는 대표적인 초창기 인물이었다. 파라켈수스가 창시한 의화학파를 열렬히 지지한 그는 병원에서 200~500명의 환자를 데려다 무작위로 둘로 나눈 다음 한 그룹은 의화학파가, 다른 그룹은 갈레노스학파가 치료하면 "어느 학파가 더 많은 장례식을 치르는지 알 수 있다"(Debus, 2002, p. 377)면서 갈레노스학파에 도전했다.

15. 라부아지에의 화학이 1790년대 영국의 화학자들로부터 거둔 승리가 대표적인 사례다. Golinsky, 1995는 라부아지에의 수량화 방식과 정밀함이 몇몇 반대파를 설득하는 데 유용했다는 것을 보여주었다. 어쨌거나 정밀함과 측정은 18세기 과학 담론

의 핵심적인 부분이었다.

16. 이런 정밀한 과학과 수학은 학문의 세계에서만 머무른 게 아니라 생산 활동은 물론 일상적인 실생활에서도 적용되었다는 여러 근거가 있다. 대표적인 예로 아일랜드 출신 수학자이자 측량사 존 도하티(John Dougharty, 1677~1755)가 있다. 그는 정량적으로 토지를 측정하고 계량하는 책을 썼는데, 여기서 당장 사용 가능한 정보를 표로 나타냈다. 1707년에 처음 출판한 이 책은 1750년까지 6판이나 찍었다 (Dougharty, 1750). 저자는 이 책을 세무서의 전문가와 관련 위원회 그리고 신입 공무원을 위한 교육용으로 썼지만 그보다 더 많은 사람이 읽었다.

17. 린체이 아카데미는 자주 모이지도, 공식적인 회원제로 운영하지도 않았다. 그리고 후원자인 페데리코 체시 공작의 궁궐 외에는 물리적인 건물도 없었다. 하지만 회원들에게 공통의 목표를 제시하고 살쾡이(린체이 아카데미의 상징—옮긴이) 그림을 책의 표지에 삽입하는 권한을 부여했다(Heilbron, 2003a, pp. 2-3).

18. 레오폴디나의 저널은 1670년 브로츠와프(Wroclaw: 폴란드 서부의 도시—옮긴이)에서 최초로 발간한 〈의학-물리학에 대한 다양한 진본(Miscellanea Curiosa Medico-Physica)〉이었다. 이는 자연과학과 의학에 대한 세계 최초의 저널로서 지금까지 출간하고 있다.

19. Hill, 1965, pp. 37-52는 그레셤 대학교를 열정적으로 묘사했지만 Harkness, 2007, p. 120에 따르면 크게 인기를 끌지는 못해 강의실 절반이 비어 있을 정도였다.

20. 18세기의 작가 소암 제닌스(Soame Jenyns)는 하층민의 무지를 "힘들고 단조로운 삶을 버틸 수 있도록 고통과 피곤함을 무감각하게 만들어주는 마약"(Jenyns, 1761, pp. 65-66)이라고 봤다. 로젠버그가 말한 것처럼 스미스가 생각한 이러한 지식 분업(division of knowledge)은 교양 있는(다른 말로 하면 '문명화한') 사회에서 특히 두드러졌다. 이런 사회에서는 전문화한 '철학자들'이 기술 발전을 이끌기 때문이다(Rosenberg, 1965, pp. 134-136).

5부 동서양의 문화 변화

16 중국과 유럽

1. O'Brien, 2009, p. 23은 이 학술지에 니덤의 질문에 대한 글을 실었지만, 유교 철학

에는 세계가 이성적이고 과학으로 설명할 수 있는 신의 결과라는 사상이 없었다는 베버의 말을 되풀이했다. 그는 유교 사상을 받아들인 송나라에서 과학과 기술이 번영하지 않았으며, 다양하고 종종 서로 모순된 사상적 원리가 없었다고 생각한 듯하다(Bodde, 1991, p. 344).

2. 니덤은 "내 생각에 중국 현자들이 이런 것(논리 체계와 통제된 실험을 통해 인과관계를 도출하는 과정)을 발명하지 못한 것에 놀랄 필요는 없다. 정말로 놀라운 점은 이런 것을 정말로 발견했다는 것이다"(Needham, 1969a, p. 43에서 인용)고 쓴 아인슈타인의 편지에 주목했다.

3. De Vries, 2015, p. 47이 언급한 것처럼 만약 중국과 유럽의 대분기 시점이 1800년이 아니라 1600년으로 거슬러 올라간다면 "이 이야기의 변수로서 문화"에 대한 저항을 극복할 수 있다.

4. Elvin, 1996, pp. 88, 92는 중국의 낮은 임금 수준이 기술 발전의 걸림돌이었다는 주장을 거듭 부정하면서 중국 농부들이 농업 기술에 대한 책에도 분명히 나와 있는 노동 절감형 기술을 충분히 도입하지 않았다는 사실에 놀라움을 금치 못했다.

5. 린은 니덤의 퍼즐을 "왜 산업혁명은 중국에서 시작되지 않았는가"를 물어본 것으로 여긴 반면, 니덤 자신과 대부분의 학자들은 다른 무엇보다 근대 과학의 등장 자체에 더 많은 초점을 맞추었다. 이런 맥락에서 '근대 과학'(정확히 그게 어떤 것을 의미든)을 발전시키는 데 실패한 중국에서 산업혁명이 일어나지 않았다는 암묵적인 생각은 근대 과학과 산업혁명은 동의어라는 흥미로운 가정을 기반으로 한 것이다. 니덤은 그 둘이 별개의 문제라고 생각했다(Needham, 1969a, p. 190). 이와 관련한 학문적 논의는 과학 및 기술의 발전은 불가분의 관계에 있다는 가정을 받아들이는 것처럼 보인다.

6. 유럽의 국가와 종교가 경쟁 시장에서 완전하게 활동했으며, 아시아는 동질적인 커다란 제국의 통치를 받았다는 생각은 물론 과장된 얘기다(Goldstone, 2009, pp. 99-102). 페르시아, 오스만 제국 그리고 인도 북부의 무굴 제국과 인도 남부의 마라타 제국은 유럽에서 루이 14세와 프리드리히 2세가 이웃들과 참혹하게 싸운 것만큼 서로 대립했다. 1761년 델리(무굴 제국의 수도—옮긴이)에서 일어난 파니파트(Panipat) 전투는 역사상 가장 크고 치열한 전쟁 중 하나였다. 또한 이슬람이 수니파와 시아파를 포함한 여러 종파로 나뉘면서 서로 경쟁하고, 남아시아에서는 힌두교와 다툰 것에서 볼 수 있듯 종교적 경쟁 역시 유럽에서처럼 치열했다.

7. Madeleine Zelin, 1994, p. 32는 "중국의 재산권 제도는 농촌과 도심 지역에서 자본을 축적하는 데 중요했다. 명나라 말기부터 이런 제도는 기업가 정신을 조성한 환경을 만들었다"고 결론 내렸다. Brandt, Ma, and Rawski, 2014, pp. 56-58, 63-64도 젤린과 비슷한 의견을 제기했다.

8. 물론 청나라 시대 중국에서 인쇄 서적 시장의 규모가 비교적 작았던 점을 고려하면 이 수치는 과도하게 낙관적인 것일 수도 있다(van Zanden, 2013, p. 337). 당시 교육받은 엘리트는 완전한 문해력을 갖추고 있었던 반면, 평범한 사람은 기본적인 문건 정도를 읽을 수준인 수백 개의 한자만 알고 있었던 것처럼 문자 해독률이 천차만별이었음을 명심해야 한다.

9. 비서구 세계에서 출판의 자유와 서적의 접근성은 나라마다 그리고 지역마다 상이했다. 예를 들어 이슬람 세계에서는 종교적 이유로 아랍어와 터키어로 된 출판물을 수세기 동안 금지했다. 근대 초기 유럽에서 문화와 국가마다 상이했던 서적 접근성에 대한 연구로는 van Zanden, 2013 참조.

10. Buringh and van Zanden, 2009, pp. 436-437은 1522~1644년(명나라 말기) 출간한 서적의 수가 연평균 27~47권에 불과하다고 추측했다. 하지만 이 수치는 현재 전해지는 서적을 토대로 계산한 것이며, 중국에서는 전통적으로 재출간을 많이 하지 않았다는 점과 유럽에 비해 문화 파괴 운동이 빈번했다는 점을 고려하면 심각하리만큼 적게 계산한 것이다. 그러나 유럽에서 출판한 서적의 수가 중국보다 40배 이상 많고 중국 인구가 유럽보다 많았다는 점을 고려하면, 중국 서적의 '차등 번식'만으로는 이런 차이를 설명하기 힘들다.

11. Angeles, 2014의 지적처럼 유럽 인쇄소에서 사용하던 활자의 수는 중국과 비교할 때 크게 적지 않았다. 한 쪽에 동일한 활자를 여러 번 사용했기 때문이다. 비용 차이가 발생한 이유는 중국의 한자가 모두 모양이 다르고, 따라서 대량으로 생산할 수 없었기 때문이다.

12. 매클로스키는 덕망 높지만 과거의 지식에 과도하게 치중하고 "혁신에 적대적인 주입식 교육 관료 체제(rote-learning bureaucracy)"를 만들어내는 교육은 역효과를 일으킨다고 말했다. 매클로스키는 이른바 "부르주아 수사학(bourgeois rhetoric)"으로 구현된 적절한 가치를 배제한 교육은 부(富)로 가는 길이 아니라 그럴듯해 보이는 인적 장식품이 된다고 생각했다(McCloskey, 2010, pp. 162-163).

13. 이란의 외교관이자 사회 개혁가 말콤 칸(Malkom Khan, 1833~1908)은 1850년

대 후반에 다음과 같은 질투 섞인 말을 했다. "유럽은 두 가지 종류의 공장을 보유한 까닭에 발전할 수 있었다. 하나는 재화를 만들어내는 공장이고, 다른 하나는 무지한 어린이들을 기술자와 훌륭한 사상가로 만들어내는 공장이다"(Algar, 1973, p. 28에서 인용).

14. 데이비드 랜더스는 현대 경제사학자 중에서 중국이 유럽에 뒤처지기 시작한 이유로 중국의 문화를 지적한 가장 유명한 사람으로 꼽힌다(David Landes, 1998, 21장; 2000). 그러나 경제사를 전공한 현대의 많은 학자는 "사실상 거의 근거 없는 주장"(O'Brien, 2009, p. 7)이자 "근본주의적(essentialist) 설명"(Goody, 2010, p. 97)이라면서 랜더스의 생각을 회의적으로 바라봤다.

15. Mote, 1999, p. 970에 따르면 19세기 중국 사회의 붕괴는 중국의 경쟁 역량을 낮춘 외국 산업 기술의 결과였다.

16. Peter Perdue, 2007, p. 145는 서양 역사학자들의 과도한 유럽중심주의적 편향은 비난받아 마땅하다고 말한 니덤의 손을 들어준다. 하지만 19세기 후반 중국이 정체했고, 따라서 거부할 만하다고 믿는 중국 학자들은 유럽 학자보다 더 심한 편향을 갖고 있었다.

17. 이런 시각은 주목할 가치 없는 하찮은 이론에 불과하다. 이런 형용사의 출처인 Goody, 2010, p. 95는 아무런 참고 자료도 제시하지 않는다. 현대 학자들이 송나라와 도쿠가와 막부의 일본이 당시 서양에 비해 '원시적'이라는 극단적 시각을 견지하는 것은 생각조차 하기 힘든 일이다.

18. Alford, 1995, pp. 18-29는 중국에서의 지적 재산권 개념 부재를 중국인이 "고대에 부여한 권위"와 결부시켰다. 요컨대 중국인은 예(禮)가 고대로부터 전해져왔으며 중국 황실의 정당성도 고대로부터 유래했다고 믿었다(Alford, 1995, p. 25). 앨퍼드는 "옛것을 익혀서 전해주되 창작하지 않으며 옛것을 믿고 좋아한다"는 공자의 말을 근거로 삼았다. 앨퍼드의 주장은 새로운 지식과 아이디어를 가치 있는 자산으로 여겼기 때문에 유럽에서 저작권 개념의 확립은 근대인의 승리를 의미한다. 아울러 중국에서 저작권 개념의 부재는 그 반대를 뜻한다.

19. 원나라 황제 쿠빌라이 칸은 1257년 시인이자 수학자 이야(李冶)에게 자신의 제국을 어떻게 통치해야 하는지 반복해서 물어봤다. 황제의 질문에 이야는 건전한 제도 및 정당한 법과 절차가 있어야 하며 부패를 척결해 황제와 백성 사이에 신뢰를 구축해야 한다고 대답했다. 실제로 이야는 몽골 지역에서 일어난 지진이 황실에 "창

녀, 아첨꾼 그리고 악질적인 사람들"(Chan and Ho, 1993, p. 321)이 너무 많아 생긴 것이라고 설명했다.

20. Bodde, 1991, p. 169는 만약 묵자 사상이 아이디어 시장에서 승리했다면 중국은 결과적으로 "아마도 서유럽에서 발생한 것과 아주 다르지 않은" 기계철학과 과학을 발전시켰을 것이라고 주장했다.

21. Needham, 1969b, pp. 75-76은 불교의 도포를 입고 유교 사대부의 관을 쓰고 도교의 의복을 입는 것에서 보듯 중국의 종교는 "보기 드문 혼합주의"의 역사라면서 이 세 종교는 "본질적으로 동일한 하나의 진리를 추구하는 3개의 부분"이라고 지적한다.

22. Bol, 2008, p. 88은 주희를 "성리학의 확고한 문헌적 기반"을 다진 글을 쓰고 수집·출판한 "지적 사업가"라고 칭했다. 다시 말해, 주희는 정호(程顥)·정이(程頤) 형제를 비롯한 앞 세대 성리학자들이 내세운 유교 사상에 대한 다양한 이론과 해석을 중간에서 조율하고 표준화했다. 이런 의미에서 볼은 성리학을 "주희학(朱熹學)"이라고 불러도 "이상하지 않다"고 말했다.

23. Bol, 2008, p. 97은 국가의 정통 교리로서 성리학이 확고하게 자리 잡고 "사대부의 마음을 닫은" 시기로 영락제의 칙명으로 《성리대전(性理大全)》을 완성한 1415년을 지목했다.

24. Deng, 2009, p. 62는 중국의 "지식 자본"은 유럽의 영향을 거의 받지 않았으며 "유럽의 지식을 그리 필요로 하지도 않았다"고 말하기까지 한다.

25. 원나라 황실은 곽수경 외에 훌륭한 기술자 및 과학자를 후원했는데, 그중엔 원나라의 새로운 수도로 대도(大都: 지금의 베이징)를 설계한 유병충(劉秉忠, 1216~1274)도 있었다. 수학자 이야(1192~1279) 역시 쿠빌라이 칸의 후원을 받았는데, 공직에 진출한 지 얼마 안 되어서 병을 핑계로 사직했다. 유럽에서와 마찬가지로 중국 조정의 후원은 총명함과 박식함을 자랑하는 유명한 학자의 조언과 지혜를 얻는 방식이었다.

26. Ho, 1993, p. 299는 곽수경이 중국 역사에서 마지막 위대한 전통적인 천문학자이자 수학자라는 데 동의했다.

27. Bol, 2008, pp. 105-106이 지적한 것처럼 주희의 해석이 들어간 사서(四書:《논어》, 《맹자》, 《대학》, 《중용》—옮긴이)는 부분적으로 중국 사상의 중심을 이룬 오경(五經:《역경》, 《서경》, 《시경》, 《예기》, 《춘추》—옮긴이)을 보완했다.

28. '왕조 사상(dynastic ideology)'과 '왕조 정통주의(dynastic orthodoxy)'는 중국 지식인의 문화를 설명하기 위해 엘먼(Elman, 2000, pp. 67, 70)이 고안한 용어로, 황실과 관료 그리고 이 모든 것이 지속될 수 있게끔 해준 과거 시험 사이의 시너지를 잘 설명한다.

29. 1713년 강희제는 과거 시험에서 자연 현상과 과학에 대한 문제를 금했다. 자연 현상을 공부하면 점성술이 대중화할 것을 우려했기 때문이다. 청나라는 역사지리학이라는 학문을 권장했지만 지도 제작은 황실에 의해 국가 비밀로 유지했는데, 이는 정부가 유용한 지식의 확산을 제한한 좋은 사례라고 할 수 있다(Elman, 2000, p. 485). 청나라에서는 자연 학문을 금지했고 수학과 천문학에 대한 번역 작업은 전적으로 황실 프로젝트의 몫으로, 과거 시험 응시자와 응시 후보자에게는 금지된 영역이었다(Elman, 2005, p. 168). 자세한 내용은 De Saeger, 2008 참조.

30. 다른 학자들도 중국의 과거 시험을 니덤의 질문을 설명하는 가장 중요한 단서로 보았다. "팔고문(八股文: 과거 시험에서 답안을 작성하기 위한 특수한 문체—옮긴이) 형식의 글을 요구한 명·청 시대 과거 시험은 여성의 다리를 묶는 전족과 마찬가지로 중국 남성의 정신을 묶는 제도였다"(John King Fairbank, 1985, p. vi). Baark, 2007, p. 346에 따르면 중국 아이디어 시장은 정치 제도에 굴종해 지적 혁신을 스스로 저해했고, 따라서 과학 지식은 "'정치적 올바름'에 민감했다".

31. 중국의 능력주의는 부유하고 힘 있는 가정의 자녀들에게 유리하게 작용했다. 유교 사상의 불편부당(不偏不黨)한 공정성과 평등사상은 사대부 자녀들에 비해 소작농과 장인, 상인 같은 노동자의 자녀들에게 불리하게 작용하는 사회를 반전시킬 수 없었다(Woodside and Elman, 1994, p. 546).

32. 흥미롭게도 Sivin, (1984) 2005, p. 13은 책에만 너무 몰입하고 과거에 집착하며 자연이 아닌 인간 본성에만 집중하는 사대부들이 중국 사회를 지배했기 때문에 "중국은 과학혁명을 일으킨 유럽을 이기지 못했다"라는 주장을 받아들이지 않는다. 시빈은 유럽 대학교에도 중국 사대부와 같은 교수들이 포진해 있었다고 지적한다. "그들은 유럽을 강타한 대변화를 알아차리지 못했다." 하지만 시빈의 주장은 근거가 약하다. 유럽에도 분명 보수적인 학자들이 있었다. 하지만 이들은 혁신가들에 의해 점점 입지가 좁아졌고 결국 아이디어 시장에서 퇴출당하고 말았다. 유럽 대학교들이 보수적일 수는 있지만(여기에도 몇몇 예외는 있었다) 대부분의 지식은 과학 학회, 아카데미 그리고 개인적 네트워크로 이뤄진 편지 공화국에서 생겨났다.

33. 인적 자본의 잘못된 배분은 명·청 시대 들어 더욱 경직된 과거 시험에 의해 악화
했다. 중국에서 공무원으로 임명되려면 가장 높은 등급의 시험인 전시(殿試)에 합
격해야만 했다. 동시에 명·청 시대에 가장 낮은 등급의 과거 시험을 통과한 생원은
그 수가 너무 많아 공무원으로 임명될 가능성이 없었다. Elman, 2000, p. 140에
따르면 생원은 1500년 2200명 중 1명에 불과했는데 1700년에는 300명 중 1명으로
급증했다. 과잉 배출한 중국의 인적 자본에 대해서는 Huang, 1998, p. 108 참조.

34. 왕안석은 과거 시험을 좀더 현실적으로 만들기 위해 개혁을 시도했다. 사마광의 친
한 동료이던 소식과 소철 형제는 왕안석의 개혁을 강력하게 반대했다. 송나라 때는
왕안석의 개혁파가 득세했지만 원나라 때 기존 과거 시험이 부활했다는 것은 결과
적으로 이 싸움에서 보수학파가 승리했음을 의미한다(왕안석은 공직자한테 필요한
실무 역량을 측정하는 방향으로 과거 시험을 개혁했음—옮긴이).

35. 많은 학자들이 주희가 중국 사상에 끼친 영향을 아리스토텔레스와 토마스 아퀴나
스의 철학이 중세 시대 말 유럽 사상에 끼친 영향과 비교했다. 위대한 사상가 아퀴
나스와 주희를 비교하는 것은 매우 그럴듯하다(Needham, 1969b, p. 66; Gernet,
1982, p. 346). 아퀴나스가 그랬던 것처럼 주희도 인간의 지혜와 인간 사회, 지
구 그리고 하늘의 관계를 규정해 볼이 말한 일관된 "통일장 이론(unified field
theory)"을 마련했다(Bol, 2008, p. 102).

36. 하지만 이때까지만 해도 주희의 사상은 완전한 승리를 거둔 게 아니었으며, 다른
학파도 여전히 교과 과목에 포함되었다고 엘먼은 주장했다(Elman, 2000, p. 33).

37. Liu, 1973은 성리학의 우연적인 성공을 자세히 설명한다.

38. 유럽의 고전 과학은 처음에는 후퇴했지만 시간이 지나면서 대부분 재발견되었다.
그 때문에 아퀴나스로 대변되는 중세 학자들은 기존의 종교적 교리와 고전 지식을
조화시켜 독창적이지만 엄격하고 궁극적으로는 허술한 복합적인 구조의 종합 학
문을 만들어야 했다는 골드스톤의 주장은 매력적이다(Goldstone, 2012). 골드스톤
은 또한 중국, 인도, 이슬람 세계는 고전의 교리를 손상시킨 적이 없으므로 도전이
닥쳤을 때 지적인 축소를 통해 이에 대응했다고 말한다. 아울러 그는 유럽에서 반
종교 개혁 운동이 일어난 것처럼 17세기 아시아 제국에서 일어난 내부 불안정으로
인해 "질서 유지 방안으로 보수적인 철학적 정설과 종교적 권위를 강요했다"고 주
장한다.

39. 놀랄 만한 대표적인 사례로 홍량길(洪亮吉, 1746~1809)을 들 수 있다. 그는 1799년

청나라 황실의 적폐를 신랄하게 비판했다는 이유로 사형 선고를 받았으나 겨우 목숨을 건져 귀양을 간 뒤 곧 석방되었다. 홍량길은 맬서스가 《인구론》을 쓴 해에 동일한 내용의 《치평편(治平篇)》을 써서 흔히 '중국의 맬서스'라고도 부른다. 하지만 이 두 지식인이 받은 대우는 매우 대조적이다. 유럽의 많은 지식인이 《인구론》을 읽고 그 이론에 대해 치열하게 토의하면서 맬서스는 유명 인사가 되어 존경과 명예를 얻었다. 반면 《치평편》이 세상에 나오기 약 1세기 전부터 중국의 인구가 급증하기 시작했고 19세기에 들어서는 인구압(人口壓: 일정한 지역에 인구가 지나치게 많아 생활 공간이 좁아지고 생활 수준이 낮아져서 느끼는 압박감—옮긴이)이 뚜렷해졌지만 중국 학자들은 이 책을 전적으로 무시했다(Silberman, 1960, pp. 257-260).

40. 보드는 중국어에 구두점이 없는 것은 문자와 글이 많은 사람에게 열려 있는 의사소통 도구가 아니라 소수의 폐쇄적 집단에만 이를 허용하는 하나의 수단이었다고 장황하게 설명한 뒤, 중국어의 구두점은 20세기에 서양의 영향을 받아 보편화되었다고 주장한다.

41. Mote, 1999, p. 959는 중국 황실에 제공한 예수회 선교사들의 학문적 능력은 유럽 최고 수준이었다고 언급하기까지 했다. 모트의 이런 말은 플랑드르의 독창적인 예수회 과학자이자 선교사 페르디난트 페르비스트(Ferdinand Verbiest)가 청나라에서 활동하던 시기(1659~1688)에는 사실일 수도 있다. 하지만 페르비스트 역시 튀코 브라헤의 세계관에 충실한 예수회 교리에서 자유롭지 못했으며, 1650년경에 이르러 예수회가 중국에 제공한 과학 이론과 도구는 이미 구식이 되었다. 1670년 페르비스트는 강희제에게 중국의 천문학자 양광선(楊光先)의 달력 대신 자신이 만든 달력을 채택하도록 설득하는 데 성공했다. 하지만 강희제는 1683년 과거 제도를 혁신해 서양 철학(아리스토텔레스의 고전 학문)을 시험 과목에 포함시키자는 그의 제안을 거절했다(Elman, 2005, pp. 103, 146; Kurz, 2011, pp. 79-88).

42. Needham, 1956, p. 294는 이렇게 언급했다. "역사의 역설 중 하나는 예수회가 중국에 〔아리스토텔레스의〕 4원소설(doctrine of the four elements)을 자랑스레 소개했다는 것이다. 유럽이 4원소설을 영구히 폐기 처분하기 불과 50년 전에 말이다."

43. 비슷한 이론에 대한 최신 사례를 보려면 Stark, 2003, 2005 참조.

44. 물론 어느 정도의 방어책을 개발하긴 했다. 1127년 여진족이 수도이자 산업 중심지 카이펑(開封)을 함락하자 송나라는 수도를 항저우(杭州)로 옮겨 남송 시대를 열

었다. 그 후 몽골족의 침략(1276)을 받은 항저우는 원나라(1279~1368) 시대에도 번성한 대도시로 남았다.

45. 니덤과 같이 보드는 '과학적 지식'과 기술 발전은 선형(linear) 관계라고 굳게 믿었다. "1687년 뉴턴이 《프린키피아》를 출간하고 …… 1세기가 지나기도 전에 증기가 영국의 바퀴를 움직이기 시작했다"(Bodde, 1991, p. 235)는 말은 그의 생각을 명확하게 보여준다.

46. Bodde, 1991, p. 362는 (데이비드 랜더스의 용어를 사용해) "위대한 막다른 골목"이 되어버린 천문 시계, 수학을 이용한 항해, 그리고 지동의(地動儀: 세계 최초의 지진계―옮긴이)처럼 더 이상 개선되지 못한 중국의 발명품을 언급했다. 보드는 이런 발명품을 계속해서 개선하지 못한 이유는 중국인이 기술적인 '이론'에 무관심했기 때문이라고 언급했다.

47. Needham, 1969a, p. 322는 240년경 "우리는 하늘이 사계절을 움직이는 것을 보지 못하지만 그래도 계절은 순서에 따라 오듯 현자가 직접 말하지 않아도 사람들은 고개를 숙이고 그를 따른다"고 말한 중국 학자 왕필(王弼)의 말을 인용한다. 니덤은 이런 생각 자체가 극단적으로 중국적이라고 덧붙인다. 하지만 계절의 이런 규칙성은 누가 제정했는지 확실하지 않아도 '법칙'으로 해석할 수 있다. 여러 문헌, 특히 Bodde, 1991, pp. 332-343에서 인용한 문헌을 보면 중국인은 이런 규칙성을 인지하고 있었다. 하지만 보드는 이런 문헌이 중국에는 자연 법칙 개념이 없었다는 니덤의 생각이 틀렸음을 입증하지는 않는다고 강조했다. 이런 관념은 여전히 소수의 생각에 그쳤고 11세기 성리학이 등장한 이후에는 살아남지 못했기 때문이다.

48. 우턴은 17세기 과학에 끼친 루크레티우스(Lucretius)의 지대한 영향을 언급하며, 하나의 신성한 입법자라는 사상이 없었기 때문에 고대 세계가 자연의 법칙을 따라 잡지 못했다는 생각을 묵살했다(Wootton, 2015, p. 378).

49. 하지만 중국의 기술 발전사에 대한 랜더스의 생각은 일방적이고 다소 단순하기까지 하다. 그는 13~14세기 원나라 때 곽수경을 필두로 한 중국 과학자들이 꾸준하게 시계를 발전시킨 사실을 언급하지 않았다. 하지만 이런 점에서 랜더스를 비판하는 학자들조차 원나라의 몰락과 함께 중국 시계 제조업이 완전하게 몰락한 것은 아니어도 그 영광은 먼 옛날의 일이 되어버렸음을 인정한다. "예수회 선교사들이 '스스로 울리는 종'을 갖고 중국에 도착했을 때, 중국인이 시계에 대해 안다는 걸 증명할 근거는 거의 없었다"(Pagani, 2001, pp. 12-15).

17 중국과 계몽주의

1. 이론은 귀족한테 직합하지만 현실에서의 적용은 그렇지 않다는 고대 그리스의 구분법이 배움(學)과 손재주(修)를 구분한 중국인의 그것과 정확하게 일치한다고 니덤은 지적했다(Needham, 1969a, p. 142).

2. 18세기 초 중국의 유명한 학자 호후(胡煦)는 압도적인 수의 소작농과 장인, 상인은 교육의 혜택을 받지 못해 아는 게 거의 없는 무지 상태에 있다고 한탄했다(Woodside and Elman, 1994, p. 529). 네이선 시빈은 이를 다음과 같이 요약한다(Sivin, 1995, ch. VII). "중국에서는 소수의 교육받은 사람만 과학을 했고, 그들의 과학은 책으로만 전해졌다. 기술(technology)을 술수라 여겼고, 장인의 제조 방식은 자식이나 제자에게 사적으로만 전달했다. 대부분의 장인은 과학자의 책을 읽지 못했다. 그들은 스스로 터득한 실제적이고 감각적인 지식에 의존하는 수밖에 없었다."

3. 이와 비슷하게 Bodde, 1991, pp. 224, 367은 중국에서 "'화이트칼라'와 '블루칼라'의 격차가 실로 거대했다"며 주로 고전을 익힌 학자들이 과학을 공부했다고 주장한다. 따라서 기술 발전은 지식인이 아니라 대부분 교육 수준 낮은 장인과 기술공에 의해 이루어졌다. 혁신이 주로 풍부한 경험과 운 좋은 장인에 의해 이뤄지고 동시에 명제적 지식을 요구하지 않았을 때 중국은 괜찮았지만, 기술 발전이 사그라지지 않고 지속되는 데 과학의 통찰력이 필요한 시점부터 유럽과 중국의 격차는 벌어지기 시작했다. 중국에서는 과학의 통찰력이 기술 변화로 이어지지 않았다(Lin, 1995).

4. 구체적으로 말하면, 고증학은 고서(古書)의 해석에 초점을 맞추었다. 고증학파는 여러 고서를 두루 살피고 검증하면서 그 글자의 정확한 뜻을 파헤쳐 선인들이 하고자 한 말의 정확한 의미와 뜻을 파악했다. 이렇게 고대인만을 바라보는 내향적 성격은 과거 시험에도 큰 영향을 미쳤다. 좀더 자세한 내용은 Elman, 2013, p. 275 참조.

5. Brook, 2010, p. 182에 따르면 현대 학자들은 이지를 학문의 자율을 위한 순교자로 평가하지만 동시대 사람들은 그를 그저 "미친 늙은이"로 여겼다.

6. 니덤은 왕양명의 사상을 버클리(Bishop George Berkeley)와 칸트 같은 서양 철학의 거인들과 비교하면서 "불행하게도 이 모든 것은 (숭고하기는 했지만) 자연과학의 발전을 지지하지 않았다. ……왕양명은 과학적 연구 방식의 기본 원칙을 결코 이해하지 못했다"(Ronan and Needham, 1978, p. 252)고 덧붙였다.

7. 방이지의 능력에 훨씬 더 회의적인 시빈은 유럽의 스콜라 철학자들과 비교하면서 그를 "구시대의 사람"(Sivin 1975)이라고 평가했다.

8. 방이지는 생의 마지막 20년을 스님으로 살았다. 아마 명나라를 무너뜨린 청나라 황제 밑에서 일하기 싫어서였을 것이다. 그는 말년에 서양 학문에 대한 관심을 잃은 것처럼 보이며, 자신의 사상을 계속 발전시켰다는 근거도 없다(Engelfriet, 1998, p. 358). Peterson, 1979, p. 12에 따르면 방이지는 동시대 사람인 고염무와 황종희(黄宗義, 1610~1695)보다 영향력이 크게 약했다.

9. 하지만 이지와 똑같이 이단으로 몰려 비슷한 운명에 처한 자백진가(紫柏真可, 1544~1604)의 죽음을 본 한 동시대 학자는 "만약 이단자처럼 행동한다면, 그는 죽임을 당할 것이다. 이지와 자백진가는 좋은 교훈이다"(Kengo, 1975, p. 60)라고 말했다.

10. Mote, 1999, p. 928은 박해당할 두려움 때문에 많은 지식인이 기꺼이 처벌을 달게 받기보다 자신이 소유한 책을 처분했다고 지적했다.

11. 고염무의 대표작《일지록(日知錄)》에는 많은 정보가 수록되어 있지만 실용적인 지식보다는 유교철학, 역사, 의전, 행정에 더 많이 치중했다. 자세한 내용은 Peterson, 1979, pp. 9-12 참조.

12. Schäfer, 2011, pp. 258-282는 송응성의 책《천공개물》이 두 번에 걸쳐 총 50권을 만들 만큼 완전하게 무시당하지는 않았지만 오직 소수의 지식인만 읽었다고 말했다. 하지만 그들에게조차 이 책은 "약간 놀랍고 의도치 않은" 흥밋거리였을 뿐이다. 프랜시스 베이컨이 동시대 사람들에게 끼친 어마어마한 영향력과는 매우 거리가 멀었다.《천공개물》은 청나라 시대(1644년 이후)에는 재출간되지 않았는데, 이 책이 세상에 다시 알려진 이유는 1880년대에 한 권이 일본에서 발견되었기 때문이다.

13. Elman, 2005, p. 259에 따르면 대진은 "고전 문학의 진정한 의미를 찾기 위해 고문서학과 음운학에 기반을 둔" 체계적 연구에 매달렸다. 대진의 연구 방식을 이어받은 그의 제자들은 어원학을 사용해 현자들의 진정한 의도를 파악하고 성리학 교리로부터 자신을 보호하려 했다.

14. 이런 개념은 무역과 분업만이 경제 성장의 바탕이라고 말한 애덤 스미스의 주장에서도 분명 찾아보기 힘들다.

15. 진굉모는 송나라 시대의 보수적 역사학자이자 정치가인 사마광의 전기를 쓰고 그의 책을 편집할 정도로 그의 '열렬한 추종자'였다는 것에 주목할 필요가 있다. 로에 의하면 진굉모는 사마광보다 분명 더 '발전주의자(developmentalist)'였지만, 그가 쓴 글을 살펴보면 유용한 지식이 발전을 이룬다는 베이컨의 사상을 찾아보기 힘들다(Rowe, 2001, p. 287). 실제로 '축적'에 대한 그의 글에는 새로운 생산 자산과

기술 발전에 대한 내용이 거의 없고, 대신 곡창 지대를 통한 가격 안정화에 초점을 맞춘다.

16. 중국 역사를 '본질주의적(essentialist)' 관점에서 해석하려는 시도를 비판한 잭 구디 같은 학자조차도 "중국 문화사의 특징은 보수주의자와 개혁가 모두 유교 경전과 '고대'를 평가 기준으로 꾸준하게 바라보는 것"(Goody, 2009, p. 238)이라고 썼다.

17. Bray, 1984, p. 70은 농업 행정을 개혁하려는 서광계의 세심한 계획 역시 시행한 적이 없었다고 지적한다.

18. Darnton, 1979는 달랑베르와 디드로의 《백과전서》가 총 2만 5000부 팔렸다고 추측했다. 18세기 유럽에서는 많은 언어로 비슷한 책을 출판했다. 특히 개요서, 사전, 어휘집(lexicon) 같은 유사한 책이 나왔다는 점을 고려할 때 18세기 유럽에서 출판한 백과사전 유형의 참고 도서는 디드로의 《백과전서》보다 몇 배는 많았을 것이다.

19. 어떤 학자의 주장에 따르면 《고금도서집성》은 유럽 백과전서파의 작품과 매우 판이하게 황제가 해야 할 일은 무릇 세계의 모든 지식을 통합된 우주와 연결하는 것이라는 아이디어에서 비롯되었다(Bauer, 1966, p. 687).

20. 명나라 말기에 중국을 가까운 거리에서 관찰한 마테오 리치 신부는 중국인이 외국 문물의 우수성을 깨달았을 때 이를 선호했다고 지적했다. 하지만 "그들의 자부심은 …… 더 고귀한 물건이 있다는 것을 모르는 무지와 그들을 둘러싼 야만족보다 자신이 우월하다는 생각에서 비롯되었다"(Ricci, 1953, p. 23).

21. Needham, 1969b, p. 66에 따르면 주희는 중국의 토마스 아퀴나스 또는 허버트 스펜서로 부를 만했다.

22. 따라서 명나라 유학자 진백사(陳白沙, 1428~1500)가 주희의 사상에 크게 동의하지 않았다고 해서 "당시 지배적인 사상에 완전하게 위배되는 것도 아니었다"(Ng, 2003, p. 36). 그는 이단자로 몰리기도 했고 도교와 불교 사상에 심취했다는 비난을 받기도 했지만, 성리학은 이미 사회 곳곳에 스며든 정통 철학이었기 때문에 진백사 같은 학자의 등장에 아랑곳하지 않았다.

23. Needham, 1969a, pp. 299-330은 중국에서는 종교에 우주의 입법자라는 개념이 존재하지 않기 때문에 보편적인 자연 법칙이라는 개념도 없었다고 주장한다. 니덤에 따르면 중국인이 만든 개념 중에서 보편적인 자연 법칙과 가장 유사한 것은 도교에서 말하는 경험적 규칙(empirical regularities)이다. 이 개념은 완전히 '불가해하고' 문맥 의존적(context-dependent)이었다. Needham, 1969a, p. 311은 "이

런 방식으로는 과학이 발전할 수 없다"고 결론 내렸다. 아울러 니덤은 유럽의 과학 혁명은 불변하는 자연 법칙이라는 개념과 함께 등장했다고 주장한다(Ronan and Needham, 1978, pp. 290-291 참조). 하지만 우주의 입법자나 전지전능한 존재가 유대교-기독교 같은 일신론 종교가 유용한 지식을 발전시키는 데 큰 도움을 주었는지는 논쟁의 여지가 있다. 어쨌든 이런 개념은 알가잘리의 칼람학파(kalam)가 영향력을 얻은 후의 이슬람과 19세기 이전 유대교 과학에 큰 영향을 끼치지 못했다.

24. Nathan Sivin, (1984) 2005, p. 542는 "유럽의 성공과 나머지 지역의 실패에 대한 일련의 사건"을 올바르게 비판했다. 하지만 이런 언급을 하기 바로 몇 쪽 앞에서 그는 동시에 "서양의 특권은 …… 기술을 통해 자연을 개발한 데서 비롯된 유리한 출발"(p. 537)이었다고 주장했다. 서양이 유리한 출발을 했다는 말은 서양인이 자연을 공부하고 연구한 것이 중국과 다르다는 걸 인정하지 않고는 설명할 수 없다.

25. Needham, 1970, p. 39는 "그리스인은 과학 이론에는 관심이 있었으나 기술의 실천에는 관심이 없었던 반면, 중국인은 기술의 실천에는 매우 관심이 높았으나 과학 이론에는 관심이 없었다"고 말한 9세기 아랍의 한 지식인을 언급한다.

26. 비슷한 주장으로는 Davids, 2013, pp. 230-231 참조.

참고문헌

Aarsleff, Hans. 1992. "John Wilkins." In Joseph L. Subbiondo, ed., *John Wilkins and 17th-Century British Linguistics*. Philadelphia: John Benjamins, pp. 3-41.

Abbattista, Guido. 2016. "China, the West, and the 'Commercial Enlightenment.'" Presented to a Conference on "Global Perspectives in a European 'long Enlightenment,' 1750 to 1850." Unpublished.

Abraham, Gary A. 1983. "Misunderstanding the Merton Thesis: A Boundary Dispute between History and Sociology." *Isis* Vol. 74, No. 3, pp. 368-87.

Acemoglu, Daron, Simon Johnson, and James Robinson. 2005a. "Institutions as a Fundamental Cause of Economic Growth." In Philippe Aghion and Steven Durlauf, eds., *Handbook of Economic Growth*. Amsterdam: Elsevier, pp. 385-465.

_____. 2005b. "The Rise of Europe: Atlantic Trade, Institutional Change, and Economic Growth." *The American Economic Review* Vol. 95, pp. 546-79.

Acemoglu, Daron, and Matthew O. Jackson. 2015. "History, Expectations and Leadership in the Evolution of Social Norms." *Review of Economic Studies* Vol. 82, No. 2, pp. 423-56.

Acemoglu, Daron, and James Robinson. 2006. "De Facto Political Power and Institutional Persistence." *American Economic Review* Vol. 96, pp. 325-30.

_____. 2012. *Why Nations Fail: The Origins of Power, Prosperity, and Poverty*. New York: Crown.

Agrippa, Heinrich Cornelius. [1527] 1676. *The Vanity of Arts and Sciences*.

London: Printed for Samuel Speed.

Aldrich, Howard E., Geoffrey M. Hodgson, David L. Hull, Thorbjørn Knudsen, Joel Mokyr, and Viktor J. Vanberg. 2008. "In Defence of Generalized Darwinism." *Journal of Evolutionary Economics* Vol. 18, pp. 577-96.

d'Alembert, Jean LeRond. [1751] 1995. *Preliminary Discourse to the Encyclopedia of Diderot*, translated and edited by Richard S. Schwab. Chicago: University of Chicago Press.

_____. 1821. *Oevres Complètes de d'Alembert.* Vol. 3, pt. I (Historical Eulogies). Paris: A Belin.

Alesina, Alberto, and Paola Giuliano. 2016. "Culture and Institutions." *Journal of Economic Literature,* forthcoming.

Alexander, Amir. 2002. *Geometrical Landscapes: The Voyages of Discovery and the Transformation of Mathematical Practice.* Stanford, CA: Stanford University Press.

_____. 2014. *Infinitesimal: How a Dangerous Mathematical Theory Shaped the Modern World.* New York: Farrar, Straus and Giroux.

Alford, William P. 1995. *To Steal a Book is an Elegant Offense: Intellectual Property Law in Chinese Civilization.* Stanford, CA: Stanford University Press.

Algar, Hamid. 1973. *Mirza Malkum Khan: A Study in the History of Iranian Modernism.* Berkeley: University of California Press.

Algarotti, Francesco. 1739. *Sir Isaac Newton's Philosophy Explain'd for the Use of the Ladies. In Six Dialogues on Light and Colours.* London: Printed for E. Cave.

Allen, Robert C. 1983. "Collective Invention." *Journal of Economic Behavior and Organization* Vol. 4, No. 1, pp. 1-24.

_____. 2009. *The British Industrial Revolution in Global Perspective.* Cambridge: Cambridge University Press.

Amico, Leonard N. 1996. *Bernard Palissy.* New York: Flammarion.

Amis, Kingsley. 1976. *The Alteration.* London: Jonathan Cape.

Angeles, Luis. 2016. "The Economics of Printing in Early Modern China and

Europe." *Economic History Review*, forthcoming.

Anstey, Peter R. 2002. "Locke, Bacon and Natural History." *Early Science and Medicine* Vol. 7, No. 1, pp. 65-92.

Arbuthnot, John. 1701. *An Essay on the Usefulness of Mathematical Learning.* Oxford: Printed at the Theater in Oxford for Anth. Peisley Bookseller.

Ariew, Roger. 2003. "Descartes and the Jesuits: Doubt, Novelty, and the Eucharist." In Mordechai Feingold, ed., *Jesuit Science and the Republic of Letters.* Cambridge, MA: MIT Press, pp. 157-94.

Ashworth, William B. Jr. 1986. "Catholicism and Early Science." In David C. Lindberg and Ronald L. Numbers, eds., *God and Nature: Historical Essays on the Encounter between Christianity and Science.* Berkeley: University of California Press, pp. 136-66.

Aubrey, John. 1898. *Brief Lives, Chiefly of Contemporaries, Set Down by John Aubrey between 1669 and 1696.* Edited from the author's mss by Andrew Clark. Oxford: Clarendon Press.

Baark, Erik. 2007. "Knowledge and Innovation in China: Historical Legacies and Emerging Institutions." *Asica Pacific Business Review* Vol. 13, No. 3, pp. 337-56.

Bacon, Francis. [1592] 1838. "In Praise of Knowledge." In *The Works of Lord Bacon.* London: William Ball, Vol. 1, pp. 216-17.

_____. [1603] 1838. "Valerius Terminus: of the Interpretation of Nature." In *The Works of Lord Bacon*, London: William Ball, Vol. 1, pp. 218-31.

_____. [1605] 1875. *The Advancement of Learning*, Books 2-6. Reprinted in *Works of Francis Bacon,* edited by James Spedding et al. London: Longmans and Co., Vol. IV, pp. 283-498.

_____. [1605] 1996. *The Advancement of Learning, Books 1 and 2.* Reprinted in *Francis Bacon: the Major Works.* Oxford World Classics. Oxford: Oxford University Press.

_____. [1620] 1861-79. *Preparative towards a Natural and Experimental History.* In Reprinted in *Works of Francis Bacon,* edited by James Spedding et al.

Boston: Houghton Mifflin and Co., Vol. VIII pp. 351-71 (http://onlinebooks.
library.upenn.edu/webbin/metabook?id=worksfbacon, accessed Sept. 10,
2014).

_____. [1620] 1999. *The Great Instauration.* Reprinted in *Selected Philosophical
Works*, edited by Rose-Mary Sargent. Indianapolis, IN: Hackett Publishing.

_____. [1620] 2000. *The New Organon.* Edited by Lisa Jardine and Michael
Silverthorne. Cambridge: Cambridge University Press.

_____. [1623] 1996. *The Advancement of Learning,* Book One. Reprinted in Brian
Vickers, ed., *Francis Bacon, Major Works.* Oxford World Classics, Oxford
University Press, pp. 120-68.

_____. [1627] 1996. *New Atlantis.* Reprinted, *Francis Bacon, Major Works* edited
by Brian Vickers. Oxford World Classics. Oxford: Oxford University Press.

Baechler, Jean. 2004. "The Political Pattern of Historical Creativity." In Peter
Bernholz and Roland Vaubel, eds., *Political Competition, Innovation and
Growth in the History of Asian Civilizations.* Cheltenham, UK: Edward Elgar,
pp. 18-38.

Bala, Arun. 2006. *The Dialogue of Civilizations in the Birth of Modern Science.*
New York: Palgrave Macmillan.

Balazs, Etienne. 1964. *Chinese Civilization and Bureaucracy*, translated by H. M.
Wright. New Haven, CT: Yale University Press.

Barnett, Lydia. 2015. "Strategies of Toleration: Talking across Confessions in the
Alpine Republic of Letters." *Eighteenth-Century Studies* Vol. 48, pp. 141-57.

Barzilay, Isaac. 1974. *Yoseph Shlomo Delmedigo (Yashar of Candia): His Life
and Works.* Leiden: E. J. Brill.

Basalla, George. 1988. *The Evolution of Technology.* Cambridge: Cambridge
University Press.

Baten, Joerg, and Jan Luiten van Zanden. 2008. "Book Production and the
Onset of Modern Economic Growth." *Journal of Economic Growth* Vol. 13,
No. 3, pp. 217-235.

Bateson, Gregory, 1979. *Mind and Nature: A Necessary Unity.* New York: Dutton.

Bauer, Martin, ed. 1995. *Resistance to New Technology*. Cambridge: Cambridge University Press.

Bauer, Wolfgang. 1966. "The Encyclopedia in China." *Cahiers d'Histoire Mondiale* Vol. 9, pp. 665-91.

Bayle, Pierre. [1696-97] 1734. *The Dictionary Historical and Critical of Mr Peter Bayle*. Second edition, collated ... by Mr Des Maizeaux. London: printed for J. J. and P. Knapton.

_____. [1696-97] 1740. *Dictionaire Historique et Critique*. Fifth edition, revised, corrected and expanded, *avec la vie de l'auteur*, by Mr. Des Maizeaux. Amsterdam: P. Brunel.

Becker, Carl L. 1932. *The Heavenly City of the Eighteenth-Century Philosophers*. New Haven, CT and London: Yale University Press.

Becker, George. 1984. "Pietism and Science: A Critique of Robert K. Merton's Hypothesis." *American Journal of Sociology* Vol. 89, pp. 1065-90.

Becker, Sascha O., and Ludger Wöeßmann. 2009. "Was Weber Wrong? A Human Capital Theory of Protestant Economic History." *Quarterly Journal of Economics* Vol. 124, No. 2, pp. 531-96.

Belfanti, Carlo Marco. 2004. "Guilds, Patents, and the Circulation of Technical Knowledge." *Technology and Culture* Vol. 45, No. 3, pp. 569-89.

Bell, A. E. 1947. *Christian Huygens and the Development of Science in the Seventeenth Century*. London: Edward Arnold.

Benabou, Roland. 2008. "Ideology (Joseph Schumpeter Lecture)." *Journal of the European Economic Association* Vol. 6, Nos. 2-3, pp. 321-52.

Benabou, Roland, Davide Ticchi, and Andrea Vindign,. 2014. "Forbidden Fruits: The Political Economy of Science, Religion and Growth." Unpublished working paper, Princeton University.

Benhabib, Jess and Spiegel, Mark M. 2005. "Human Capital and Technology Diffusion." In Philippe Aghion and Steven N. Durlauf, eds., *Handbook of Economic Growth*. Amsterdam: North Holland, Vol. 1A, pp. 935-66.

Benrath, Karl. 1877. *Bernardino Ochino of Siena*. New York: Robert Carter and

Brothers.

Benz, Ernst. 1966. *Evolution and Christian Hope: Man's Concept of the Future from the Early Fathers to Teilhard de Chardin*. Garden City, NJ: Doubleday.

Berg, Maxine. 1980. *The Machinery Question and the Making of Political Economy, 1815-1848*. Cambridge: Cambridge University Press.

_____. 2007. "The Genesis of Useful Knowledge." *History of Science* Vol. 45, pt. 2, No. 148, pp. 123-34.

Bernholz, Peter, Manfred Streit, and Roland Vaubel, eds. 1998. *Political Competition, Innovation, and Growth*. Berlin: Springer.

Bertucci, Paola. 2013. "Enlightened Secrets: Silk, Intelligent Travel, and Industrial Espionage in Eighteenth-Century France." *Technology and Culture* Vol. 54, No. 4, pp. 820-52.

Biagioli, Mario. 1990. "Galileo's System of Patronage." *History of Science* Vol. 28, No. 1, pp. 1-62.

Bietenholz, Peter. 1966. *History and Biography in the Work of Erasmus of Rotterdam*. Geneva: Librairie Droz.

Birse, Ronald M. 1983. *Engineering at Edinburgh University: A Short History, 1673-1983*. Edinburgh: School of Engineering, University of Edinburgh.

Bisin, Alberto, and Thierry Verdier. 1998. "On the Cultural Transmission of Preferences for Social Status." *Journal of Public Economics* Vol. 70, pp. 75-97.

_____. 2001. "The Economics of Cultural Transmission and the Dynamics of Preferences." *Journal of Economic Theory* Vol. 97, pp. 298-319.

_____. 2011. "The Economics of Cultural Transmission and Socialization." In Jess Benhabib, Alberto Bisin and Matthew O. Jackson, eds.: *Handbook of Social Economics* Vol. 1A. Amsterdam: North-Holland, pp. 339-416.

Blackmore, Susan. 1999. *The Meme Machine*. Oxford: Oxford University Press.

Blaut, James M. 1993. *The Colonizer's Model of the World*. New York: Guilford Press.

Blom, Philip. 2010. *A Wicked Company: The Forgotten Radicalism of the European Enlightenment*. New York: Basic Books.

Bodde, Derk. 1991. *Chinese Thought, Society, and Science*. Honolulu: University of Hawaii Press.

Bol, Peter K. 2008. *Neo-Confucianism in History*. Cambridge, MA: Harvard University Press.

Botticini, Maristella, and Zvi Eckstein. 2012. *The Chosen Few: How Education Shaped Jewish History 70-1492*. Princeton, NJ: Princeton University Press.

Bowles, Samuel. 2004. *Microeconomics: Behavior, Institutions, and Evolution*. Princeton, NJ: Princeton University Press.

Bowles, Samuel, and Gintis, Herbert. 2011. *A Cooperative Species: Human Reciprocity and Its Evolution*. Princeton, NJ: Princeton University Press.

Boyd, Robert, and Peter J. Richerson. 1985. *Culture and the Evolutionary Process*. Chicago: University of Chicago Press.

_____. 2005. *The Origins and Evolution of Cultures*. Oxford and New York: Oxford University Press.

Boyd, Robert, Peter J. Richerson, and Joseph Henrich. 2013. "The Cultural Evolution of Technology." In Peter J. Richerson and Morten H. Christiansen, eds., *Cultural Evolution: Society, Technology, Language, and Religion*. Cambridge, MA: MIT Press, pp. 119-42.

Boyle, Robert. 1664. *Some Considerations Touching the Usefulnesse of Experimental Natural Philosophy. Propos'd in a Familiar Discourse to a Friend, by way of Invitation to the Study of it*. second ed. Oxford: Hen. Hall for Ri. Davis.

_____. 1669. "A Proemial Essay, Wherein, With Some Considerations Touching Experimental Essays in General, Is Interwoven Such an Introduction to All Those Written by the Author, as is Necessary to be Perus'd for the Better Understanding of them." In *Certain Physiological Essays and Other Tracts Written at Distant Times, and on Several Occasions*. Second ed. London: Blew Anchor in the Lower Walk of the New-Exchange: Henry Herringman.

_____. 1671. *Some Considerations Touching the Usefulnesse of Experimental Natural Philosophy*. Oxford: Henry Hall for Ric. Davis.

_____. 1682. *A Continuation of New Experiments, Physico Mechanical. The Second Part.* London: Printed by Miles Flesher.

_____. 1690. *The Christian Virtuoso.* London: Printed for Edw. Jones.

_____. 1744. *The Works of the Honourable Robert Boyle,* (5 vols). London: Printed for A. Millar.

Brandt, Loren, Debin Ma, and Thomas G. Rawski. 2014. "From Divergence to Convergence: Re-evaluating the History Behind China's Economic Boom." *Journal of Economic Literature* Vol. 52, No. 1, pp. 45–123.

Bray, Francesca. 1984. *Agriculture.* In Joseph Needham, ed., *Science and Civilization in China.* Cambridge: Cambridge University Press, Vol. 6, part 2.

Bray, Francesca, and Georges Métailié. 2001. "Who Was the Author of the Nongzhen Quanshu?" In Catherine Jami, Peter Engelfriet, and Gregory Blue, eds., *Statecraft and Intellectual Renewal in Late Ming China: the Cross-Cultural Synthesis of Xu Guangqi (1562-1633).* Leiden: Brill, pp. 322–59.

Breger, Herbert. 1998. "The Paracelsians—Nature and Character." In Ole Peter Grell, ed., *Paracelsus: the Man and his Reputation, his Ideas and their Transformation.* Leiden: Brill, pp. 101–15.

Brock, William H. 1992. *The Norton History of Chemistry.* New York: W. W. Norton.

Brockliss, L. W. B. 2002. *Calvet's Web: Enlightenment and the Republic of Letters in Eighteenth-century France.* Oxford: Oxford University Press.

Brokaw, Cynthia J. 1994. "Tai Chen and Learning in the Confucian Tradition." In Alexander Woodside and Benjamin A. Elman, eds., *Education and Society in Late Imperial China, 1600-1900.* Berkeley: University of California Press, pp. 257–90.

Broman, Thomas. 2012. "The Semblance of Transparency: Expertise as a Social Good and an Ideology in Enlightened Societies." *Osiris* Vol. 27, No. 1, pp. 188–208.

_____. 2013. "Criticism and the Circulation of News: The Scholarly Press in the Late Seventeenth Century." *History of Science* Vol. 51, pp. 125–50.

Brook, Timothy. 2010. *The Troubled Empire: China in the Yuan and Ming Dynasties*. Cambridge, MA: Harvard University Press.

Broomé, Per, Benny Carlson, Holmberg Ingvar, and Charles Schewe. 2011. "Do Defining Moments Leave their Mark for Life? The Case of Sweden." Malmö, Sweden: Malmö Institute for Studies of Migration, Diversity, and Welfare.

Browne, Sir Thomas. [1646] 1964. *Pseudodoxia Epidemica or Enquiries into Very Many Received Tenents and Commonly Presumed Truths*. In Geoffrey Keynes, ed., *The Works of Sir Thomas Browne*, Chicago: University of Chicago Press, Vol. II.

_____. [1680] 1964. "Harveian Anniversary Oration." In Geoffrey Keynes, ed., *The Works of Sir Thomas Browne*, Chicago: University of Chicago Press, Vol. III, pp. 195-205.

_____. 1964. *The Works of Sir Thomas Browne*, edited by Geoffrey Keynes. Chicago: University of Chicago Press.

Buringh, Eltjo, and Jan Luiten Van Zanden. 2009. "Charting the 'Rise of the West': Manuscripts and Printed Books in Europe, a Long-Term Perspective from the Sixth through Eighteenth Centuries." *Journal of Economic History* Vol. 69, No. 2, pp 409-445.

Burke, Peter. 2000. *A Social History of Knowledge*. Cambridge: Polity Press.

Bury, J. B. [1920] 1955. *The Idea of Progress: An Inquiry into Its Growth and Origin*. New York: Dover.

Bynum, W. F. 1993. "Nosology." In W. F. Bynum and Roy Porter, eds., *Companion Encyclopedia of the History of Medicine*. London and New York: Routledge, pp. 335-56.

Campanella, Tommaso. [1602] 1981. *The City in the Sun: A Poetical Dialogue*. Translated by Daniel J. Donno. Berkeley: University of California Press.

Cantoni, Davide, and Noam Yuchtman. 2014. "Medieval Universities, Legal Institutions, and the Commercial Revolution." *Quarterly Journal of Economics* Vol. 129, pp. 823-87.

Cardwell, Donald S. L. 1972. *Turning Points in Western Technology*. New York:

Neale Watson, Science History Publications.

Carlos, Edward Stafford. 1880. *The Sidereal Messenger of Galileo and a part of the Preface to Kepler's Dioptrics.* London: Dawson's of Pall Mall.

Carpenter, Nathanael. 1625. *Geographie Delineated.* Oxford: Printed by John Lichfield and William Turner.

Castellano, Daniel J. 2004. "The Reception of Copernicanism in Spain and Italy before 1800." Masters thesis, Department of History, Boston University.

Caton, Hiram. 1988. *The Politics of Progress: The Origins and Development of the Commercial Republic, 1600-1835.* Gainesville: University of Florida Press.

Cavalli-Sforza, Luigi L., and M. W. Feldman, 1981. *Cultural Transmission and Evolution: a Quantitative Approach.* Princeton, NJ: Princeton University Press.

Cavalli Sforza, Luigi L., M. W. Feldman, K. H. Chen, and S. M. Dornbusch. 1982. "Theory and Observation in Cultural Transmission." *Science* Vol. 218, pp. 19-27.

Chambers, Douglas D. C. 2004. "Evelyn, John (1620-1706)." In *Oxford Dictionary of National Biography.* Oxford: Oxford University Press.

Chan, Hok-lam, and Peng Yoke Ho. 1993. "Li Chih, 1192-1279." In Igor de Rachewiltz et al., eds., *In the Service of the Khan: Eminent Personalities of the Early Mongol-Yüan Period (1200-1300).* Wiesbaden: Harrassowitz Verlag, pp. 316-35.

Chaney, Eric. 2008. "Tolerance, Religious Competition and the Rise and Fall of Muslim Science." Mimeo, Harvard University.

_____. 2015. "Religion and the Rise and Fall of Islamic Science." Unpublished ms., Harvard University.

Childrey, Joshua. 1660. *Britannia Baconia or the Natural Rarities of England, Scotland, and Wales.* London: Printed for the author.

Ching, Julia. 1975. "Chu Shun-Shui, 1600-82. A Chinese Confucian Scholar in Tokugawa Japan." *Monumenta Nipponica* Vol. 30, No. 2, pp. 177-91.

_____. 1979. "The Practical Learning of Chu Shun-shui, 1600-1682." In W. Theodore de Bary and Irene Bloom, eds., *Principle and Practicality: Essays* in *Neo-Confucianism and Practical Learning*. New York: Columbia University Press, pp. 189-229.

_____. 2000. *Religious Thought of Chu Hsi*. New York: Oxford University Press.

Chitnis, Anand. 1976. *The Scottish Enlightenment*. London: Croom Helm.

Chow, Kai-Wing. 2004. *Publishing, Culture, and Power in Early Modern China*. Stanford: Stanford University Press.

Christopoulou, Rebekka, Ahmed Jaber, and Dean R. Lillard. 2013. "The Inter-generational and Social Transmission of Cultural Traits: Theory and Evidence from Smoking Behavior." NBER Working Paper 19304.

Cipolla, Carlo M. 1972. "The Diffusion of Innovations in Early Modern Europe." *Comparative Studies in Society and History* Vol. 14, No. 1, pp. 46-52.

_____. 1980. *Before the Industrial Revolution: European Society and Economy, 1000-1700*. Second ed. New York: W. W. Norton.

Clark, Gregory. 2007. *A Farewell to Alms*. Princeton, NJ: Princeton University Press.

Clark, Peter. 2000. *British Clubs and Societies, 1580-1800: The Origins of an Associational World*. Oxford: Clarendon Press.

Clarke, John. 1731. *An Essay upon Study*. London: Printed for Arthur Bettesworth.

Clifton, Gloria. 2004. "Dollond Family (per. 1750-1871)." In *Oxford Dictionary of National Biography*, Oxford: Oxford University Press.

Coase, Ronald. 1974. "The Market for Goods and the Market for Ideas." *American Economic Review* Vol. 64, pp. 384-91.

Cobb, Matthew. 2006. *Generation: Seventeenth-Century Scientists Who Unravelled the Secrets of Sex, Life, and Growth*. New York and London: Bloomsbury.

Cohen, Bernard I. 1990. "Introduction: The Impact of the Merton Thesis." In Bernard I. Cohen, ed., *Puritanism and the Rise of Modern Science*. New Brunswick, NJ: Rutgers University Press, pp. 1-111.

Cohen, H. Floris. 1994. *The Scientific Revolution: A Historiographical Inquiry*. Chicago: University of Chicago Press.

_____. 2012. *How Modern Science Came into the World*. Amsterdam: Amsterdam

University Press.

Cohen, Jack, and Ian Stewart. 1994. *The Collapse of Chaos*. New York: Penguin.

Cohn, Norman. 1961. *The Pursuit of the Millennium*. New York: Harper Torchbooks.

Colie, Rosalie. 1955. "Cornelis Drebbel and Salomon De Caus: Two Jacobean Models for Salomon's House." *Huntingdon Library Quarterly* Vol. 18, pp. 245–60.

Collins, Randall. 1998. *The Sociology of Philosophies: A Global Theory of Intellectual Change*. Cambridge, MA: Harvard University Press.

Comte, Auguste. 1856. *Social Physics from the Positive Philosophy*. New York: Calvin Blanchard.

Condorcet, Jean-Antoine-Nicolas de Caritat, Marquis de. 1795. *Outlines of an Historical View of the Progress of the Human Mind: Translated from the French*. London: Printed for J. Johnson.

Constant, Edward W. 1980. *The Origins of the Turbojet Revolution*. Baltimore: Johns Hopkins University Press.

Cook, Harold J. 2007. *Matters of Exchange: Commerce, Medicine and Science in the Dutch Golden Age*. New Haven, CT and London: Yale University Press.

Copenhaver, Brian P. 1978. *Symphorien Champier and the Reception of the Occultist Tradition in Renaissance France*. The Hague and New York: Mouton.

Cormack, Lesley B. 1991. "Twisting the Lion's Tail: Practice and Theory at the Court of Henry Prince of Wales." In Bruce T. Moran, ed., *Patronage and Institutions: Science, Technology and Medicine at the European Court, 1500–1750*. Rochester, NY : Boydell Press, pp. 67–83.

Cosmides, Leda, and John Tooby. 1994. "Better than Rational: Evolutionary Psychology and the Invisible Hand." *American Economic Review* Vol. 84, pp. 327–32.

Cowan, Brian. 2005. *The Social Life of Coffee: The Emergence of the British Coffeehouse*. New Haven, CT and London: Yale University Press.

Cranmer-Byng, J. L., and Trevor Levere. 1981. "A Case Study in Cultural Collision: Scientific Apparatus in the Macartney Embassy to China, 1793." *Annals of*

Science Vol. 38, No. 5, pp. 503–25.

Cullen, Christopher. 1990. "The Science/Technology Interface in Seventeenth-century China: Song Yingxing on Qi and the Wu Xing." *Bulletin of the School of Oriental and African Studies* (University of London) Vol. 53, No. 2, pp. 295–318.

Damon, S. Foster. 1988. *ABlake Dictionary: The Ideas and Symbols of William Blake*. London: Brown.

Daniel, Stephen H. 2004. "Toland, John (1670–1722)." In *Oxford Dictionary of National Biography*. Oxford: Oxford University Press.

Darnton, Robert. 1979. *The Business of Enlightenment*. Cambridge, MA: Harvard University Press.

_____. 2003. "The Unity of Europe: Culture and Politeness." In *George Washington's False Teeth*. New York: W. W. Norton, pp. 76–88.

Darwin, Charles. 1859/1871. *The Origin of Species by Means of Natural Selection* and *The Descent of Man and Selection in Relation to Sex*. New York: Modern Library edition.

Dasgupta, Partha, and Paul A. David. 1994. "Toward a New Economics of Science." *Research Policy* Vol. 23, No. 5, pp. 487–521.

Daston, Lorraine. 1990. "Nationalism and Scientific Neutrality under Napoleon." In Tore Frängsmyr, ed., *Solomon's House Revisited*. Canton, MA: Science History Publications, pp. 95–119.

_____. 1991. "The Ideal and Reality of the Republic of Letters in the Enlightenment." *Science in Context* Vol. 4, No. 2, pp. 367–86.

David, Paul A. 2004. "Patronage, Reputation, and Common Agency Contracting in the Scientific Revolution." Unpublished manuscript, Stanford University.

_____. 2008. "The Historical Origins of 'Open Science': An Essay on Patronage, Reputation and Common Agency Contracting in the Scientific Revolution." *Capitalism and Society* Vol. 3, No. 2, pp. 1–103.

Davids, Karel. 2013. *Religion, Technology and the Great and Little Divergences*. Leiden and Boston: Brill.

Davy, Humphry. 1840. "Sketch of the Character of Lord Bacon." In *The Collected Works of Sir Humphry Davy*, edited by John Davy. London: Smith, Elder & Co., Vol. 7, pp. 121-22.

Dear, Peter. 1995. *Discipline and Experience: the Mathematical Way in the Scientific Revolution.* Chicago: University of Chicago Press.

_____. 2006. *The Intelligibility of Nature: How Science Makes Sense of the World.* Chicago: University of Chicago Press.

Deaton, Angus. 2011. "Aging, Religion, and Health." In David A. Wise, ed., *Explorations in the Economics of Aging.* Chicago: University of Chicago Press, pp. 237-62.

De Bary, W. Theodore. 1975a. "Introduction." In W. Theodore De Bary, ed., *The Unfolding of Neo-Confucianism.* New York: Columbia University Press, pp. 1-36.

De Bary, W. Theodore. 1975b. "Neo-Confucian Cultivation and the Seventeenth-century 'Enlightenment.'" In W. Theodore De Bary, ed., *The Unfolding of Neo-Confucianism.* New York: Columbia University Press, pp. 141-206.

Debus, Allen G. 1978. *Man and Nature in the Renaissance.* Cambridge: Cambridge University Press.

_____. 2002. *The Chemical Philosophy: Paracelsian Science and Medicine in the Sixteenth and Seventeenth Centuries.* Second ed. New York: Science History Publications.

DeJean, Joan. 1997. *Ancients Against Moderns: Culture Wars and the Making of a Fin de Siècle.* Chicago: University of Chicago Press.

Delambre, J. B. [1816] 1867. "Notice sur la vie et les ouvrages de M. le comte J. L. Lagrange." In *Oeuvres de Lagrange*, Paris: Gauthiers-Villars, Vol. 1, pp. ix-li.

Delatour, Jérôme. 2005a. "Le Cabinet des Frères Dupuy." *Sciences et Techniques en Perspective* Vol. 9, No. 1, pp. 287-328.

_____. 2005b. "Le Cabinet des Frères Dupuy." *Revue d'Histoire des Facultés de Droit et de la Science Juridique* Vol. 25-26, pp. 157-200.

Delmedigo, Joseph Salomon. 1629. *Sefer Elim.* https://archive.org/stream/

seferelim00delmuoft#page/135/mode/2up, accessed Nov. 23, 2014.

Deming, David. 2005. "Born to Trouble: Bernard Palissy and the Hydrologic Cycle." *Ground Water* Vol. 43, No. 6, pp. 969-72.

Deng, Kent. 2009. "Movers and Shakers of Knowledge in China during the Ming-Qing Period." *History of Technology* Vol. 29, pp. 57-79.

Denonaine, Jean-Jacques. 1982. "Thomas Browne and the Respublica Litteraria." *English Language Notes* Vol. 19, No. 4, pp. 370-81.

Desaguliers, John Theophilus. 1745. *A Course of Experimental Philosophy*, second ed. London: Printed for W. Innys and others.

Descartes, René. 2000. *Philosophical Essays and Correspondence*. Edited by Roger Ariew. Indianapolis, IN: Hackett.

_____. [1641] 2005. *Discourse on Method and Meditations on First Philosophy*. Translated by Elizabeth Haldane. Stilwell, KS: Digireads.

Deutsch, David. 2011. *The Beginning of Infinity: Explanations that Transform the World*. New York: Penguin.

Devlin, Keith. 2000. *The Language of Mathematics: Making the Invisible Visible*. New York: Henry Holt.

De Vries, Jan. 2008. *The Industrious Revolution: Consumer Behavior and the Household Economy, 1650 to the Present*. Cambridge: Cambridge University Press.

_____. 2015. "Escaping the Great Divergence." *Tijdschrift voor Sociale en Economische Geschiedenis* Vol. 12, No. 2, pp. 39-49.

De Pleijt Alexandra M., and Jan Luiten van Zanden. 2013. "The Story of Two Transitions: Unified Growth Theory and the European Growth Experience, 1300-1870." Unpublished ms., Utrecht University.

De Saeger, David. 2008. "The Imperial Examinations and Epistemological Obstacles." *Philosophica* Vol. 82, No. 2, pp. 55-85.

Dharampal. 1971. *Indian Science and Technology in the Eighteenth Century*. Goa: Other India Press.

Dibon, Paul. 1978. "Communication in the *Respublica literaria* of the 17th

Century." *Res Publica Litterarum: Studies in the Classical Tradition* Vol. I, pp. 43-55.

Dick, Malcolm. n.d. "The Lunar Society and the Anti-slavery Debate." http://www.search.revolutionaryplayers.org.uk, accessed Nov. 23, 2013.

Diderot, Denis. [1751] 2003. "Arts" in the *Encyclopédie ou Dictionnaire raisonné des sciences, des arts et des métiers.* Vol. 1 Reprinted in *The Encyclopedia of Diderot & d'Alembert, Collaborative Translation Project,* translated by Nelly S. Hoyt and Thomas Cassirer. Ann Arbor: Michigan Publishing, University of Michigan Library. http://hdl.handle.net/2027/spo.did2222.0000.139, accessed June 24, 2014, n.p.

Dieckmann, Herbert. 1943. "The Influence of Francis Bacon on Diderot's *Interprétation de la Nature.*" *Romanic Review* Vol. 34, pp. 303-30.

Dijksterhuis, Fokko Jan. 2007. "Constructive Thinking: A Case for Dioptrics." In Lissa Roberts, Simon Schaffer, and Peter Dear, eds., *The Mindful Hand: Inquiry and Invention from the Late Renaissance to Early Industrialization.* Amsterdam: Royal Netherlands Academy of Arts and Sciences.

Dikötter, Frank. 2003. "China." In Roy Porter, ed., *The Cambridge History of Science,* Vol. 4: *Eighteenth-century Science.* Cambridge: Cambridge University Press, pp. 688-98.

Dittmar, Jeremiah. 2011. "Information Technology and Economic Change: The Impact of the Printing Press." *Quarterly Journal of Economics* Vol. 126, No. 3, pp. 1033-72.

Dobbs, Betty Jo Teeter. 2000. "Newton as Final Cause and Prime Mover." In Margaret J. Osler, ed., *Rethinking the Scientific Revolution.* Cambridge: Cambridge University Press, pp. 25-39.

Dobbs, Betty Jo Teeter, and Margaret C. Jacob. 1995. *Newton and the Culture of Newtonianism.* New York: Humanity Books.

Doepke, Matthias and Zilibotti Fabrizio. 2008. "Occupational Choice and the Spirit of Capitalism." *Quarterly Journal of Economics* Vol. 123, No. 2, pp. 747-93.

Dooley, Brendan. 2003. "The *Storia Letteraria d'Italia* and the Rehabilitation of the Jesuit Science." In Mordechai Feingold, ed., *Jesuit Science and the Republic of Letters*. Cambridge, MA: MIT Press, pp. 433-73.

Dougharty, John. 1750. *The General Gauger: or, the Principles and Practice of Gauging Beer, Wine, and Malt,* sixth ed. London: Printed for John and Paul Knapton.

Dupré, Louis. 2004. *The Enlightenment and the Intellectual Foundations of Modern Culture*. New Haven, CT: Yale University Press.

Durham, William H. 1992. "Applications of Evolutionary Culture Theory." *Annual Reviews of Anthropology* Vol. 21, pp. 331-55.

Eamon, William. 1985. "Science and Popular Culture in Sixteenth Century Italy: The 'Professors of Secrets' and Their Books." *The Sixteenth Century Journal* Vol. 16, No. 4, pp. 471-85.

_____. 1991. "Court, Academy and Printing House: Patronage and Scientific Careers in Late Renaissance Italy." In Bruce T. Moran, ed., *Patronage and Institutions: Science, Technology and Medicine at the European Court, 1500-1750.* Rochester, NY: Boydell Press, pp. 25-50.

_____. 1994. *Science and the Secrets of Nature*. Princeton, NJ: Princeton University Press.

Easterlin, Richard. 1981. "Why Isn't the Whole World Developed?" *Journal of Economic History* Vol. 41, No. 1, pp. 1-19.

Easterly, William. 2001. *The Elusive Quest for Growth*. Cambridge, MA: MIT Press. *Edinburgh Review*, 1851. "Review of the Official Catalogue of the Great Exhibition of the Works of Industry of All Nations." *Edinburgh Review* No. 192, pp. 285-306.

Eisenstein, Elizabeth. 1979. *The Printing Press as an Agent of Change*. Cambridge: Cambridge University Press.

Eldredge, Niles. 1995. *Reinventing Darwin: The Great Evolutionary Debate*. London: Weidenfeld and Nicholson.

Elman, Benjamin A. 1994. "Changes in Confucian Civil Service Examinations from the Ming to the Ch'ing Dynasty." In Alexander Woodside and Benjamin

A. Elman, eds., *Education and Society in Late Imperial China, 1600-1900*. Berkeley: University of California Press, pp. 111-48.

_____. 2000. *A Cultural History of Civil Examinations in Late Imperial China*. Berkeley: University of California Press.

_____. 2001. *From Philosophy to Philology: Intellectual and Social Aspects of Change in Late Imperial China*, second ed. Los Angeles: UCLA Asia-Pacific Institute.

_____. 2005. *On Their Own Terms: Science in China, 1550-1900*. Cambridge, MA: Harvard University Press.

_____. 2006. *A Cultural History of Modern Science in China*. Cambridge, MA: Harvard University Press.

_____. 2010. "The Investigation of Things, Natural Studies, and Evidential Studies in Late Imperial China." In Hans Ulrich Vogel and Günter Dux, eds., *Concepts of Nature: A Chinese-European Cross-Cultural Perspective*. Leiden and Boston: Brill, pp. 368-99.

_____. 2013. *Civil Examinations and Meritocracy in Late Imperial China*. Cambridge, MA: Harvard University Press.

Elvin, Mark. 1973. *The Pattern of the Chinese Past*. Stanford, CA: Stanford University Press.

_____. 1996. *Another History: Essays on China from a European Perspective*. Broadway, NSW, Australia: Wild Peony Press.

_____. 2004. *Retreat of the Elephants: an Environmental History of China*. New Haven, CT: Yale University Press.

Engelfriet, Peter M. 1998. *Euclid in China: The Genesis of the First Chinese Translation of Euclid's Elements*. Leiden: Brill.

Epstein, Stephan R. 2013. "Transferring Technical Knowledge and Innovating in Europe, c. 1200-c. 1800." In Maarten Prak and Jan Luiten van Zanden, eds., *Technology, Skills and the Pre-modern Economy*. Leiden: Brill, pp. 25-67.

Evans, R. J. W. 1973. *Rudolf II and His World*. Oxford: Oxford University Press. Rep. ed., 1997.

Evelyn, John. 1661. "Translator's Preface." In Gabriel Naudé, *Instructions Concerning Erecting of a Library*. London: G. Bedle and T. Collins.

_____. [1664] 1679. *Sylva or a Discourse of Forest Trees*. London: Printed for John Martyn, printer for the Royal Society.

Fara, Patricia. 2002. *Newton: The Making of a Genius*. New York: Columbia University Press.

_____. 2004. "Desaguliers, John Theophilus (1683-1744)." In *Oxford Dictionary of National Biography*. Oxford: Oxford University Press.

Farrington, Benjamin. [1951] 1979. *Francis Bacon: Philosopher of Industrial Science*. New York: Farrar, Straus and Giroux.

Feingold, Mordechai. 2003. "Jesuits: Savants." In Mordechai Feingold, ed., *Jesuit Science and the Republic of Letters*. Cambridge, MA: MIT Press, pp. 1-45.

_____. 2004. *The Newtonian Moment: Isaac Newton and the Making of Modern Culture*. New York: Oxford University Press.

_____. 2010. "The War on Newton." *Isis* Vol. 1010, No. 1, pp. 175-86.

Fernández, Raquel. 2008. "Culture and Economics." In Steven N. Durlauf and Lawrence E. Blume, eds., *The New Palgrave Dictionary of Economics*, second edition http://www.dictionaryofeconomics.com/article? id=pde2008_E000282, accessed July 12, 2015.

_____. 2011. "Does Culture Matter?" In Jess Benhabib, Matthew O. Jackson, and Alberto Bisin, eds., *Handbook of Social Economics*. Amsterdam: North-Holland, Vol. 1A, pp. 481-510.

Ferrone, Vincenzo. 2015. *The Enlightenment: History of an Idea*. Princeton, NJ: Princeton University Press.

Findlen, Paula. 2004, ed. *Athanasius Kircher: The Last Man Who Knew Everything*. New York: Routledge.

Fontenelle, Bernard Le Bovier de. 1719. *Conversations with a Lady, on the Plurality of Worlds, to Which is Also Added, a Discourse Concerning the Antients and Moderns. Written by the Same Author*. London: Printed for J. Darby.

_____. [1727] 1728. "Éloge de M. Neuton." In *The Life of Sir Isaac Newton*. London:

printed for James Woodman, pp. 1-23.

Fowler, James and Darren Schreiber. 2008. "Biology, Politics, and the Emerging Science of Human Nature." *Science* Vol. 322 (Nov. 7), pp. 912-14.

Frängsmyr, Tore, J. L. Heilbron, and Robin E. Rider. 1990. *The Quantifying Spirit in the 18th Century*. Berkeley: University of California Press.

Frank, Robert G. Jr. 1979. "The Image of Harvey in Commonwealth and Restauration England." In Jerome Bylebyl, ed., *William Harvey and His Age*. Baltimore: Johns Hopkins University Press, pp. 103-44.

Franklin, Benjamin, [1780] 1840. "True Science and its Progress—Inconveniences Attend all Situations in Life." In *The Works of Benjamin Franklin*, edited by Jared Sparks. Boston: Hilliard, Gray and Company, Vol. 8, p. 418.

Freud, Sigmund. [1930] 1961. *Civilization and Its Discontent*. New York: W. W. Norton.

Fumaroli, Marc. 2001. "Les Abeilles et les Araignées." In Anne-Marie, Lecoq, ed., *La Querelle des Anciens et des Modernes*. Paris: Gallimard, pp. 7-220.

_____. 2015. *La République des Lettres*. Paris: Gallimard.

Futuyma, Douglas J. 1986. *Evolutionary Biology*. Sunderland, MA: Sinauer Publishers.

Galor, Oded. 2011. *Unified Growth Theory*. Princeton, NJ: Princeton University Press.

Galor, Oded and Omer Moav. 2002. "Natural Selection and the Origins of Economic Growth." *Quarterly Journal of Economics* Vol. 117, No. 4, pp. 1133-91.

_____. 2006. "Das Human Kapital: A Theory of the Demise of the Class Structure." *Review of Economic Studies* Vol. 73, No. 1, pp. 85-117.

Gans, Joshua S. and Scott Stern. 2003. "The Product Market and the 'Market for Ideas': Commercialization Strategies for Technology Entrepreneurs." *Research Policy* Vol. 32, pp. 333-50.

Gascoigne, John. 1994. *Joseph Banks and the English Enlightenment*. Cambridge: Cambridge University Press.

_____. 2003. "Ideas of Nature: Natural Philosophy." In Roy Porter, ed., *The*

Cambridge History of Science, Vol. 4: *Eighteenth-Century Science*. Cambridge: Cambridge University Press, pp. 285-304.

Gaukroger, Stephen. 2001. *Francis Bacon and the Transformation of Early-Modern Philosophy*. Cambridge: Cambridge University Press.

_____. 2006. *The Emergence of a Scientific Culture*. Oxford: Oxford University Press.

Gauss, Christian, ed., 1920. *Selections of the Works of Jean-Jacques Rousseau*, second ed. Princeton, NJ: Princeton University Press.

Gay, Peter. 1966. *The Enlightenment*. Vol 1: *An Interpretation: the Rise of Modern Paganism*, New York: Alfred A. Knopf.

_____. 1969. *The Enlightenment, Vol. 2: The Science of Freedom*. New York: W. W. Norton.

Gernet, Jacques. 1982. *A History of Chinese Civilization*. Cambridge: Cambridge University Press.

Gibbon, Edward. 1789. *The History of the Decline and Fall of the Roman Empire*, new ed., 3 vols. London: Printed for A. Strahan and T. Cadell.

Giglioni, Guido. 2010. "The First of the Moderns or the Last of the Ancients? Bernardino Telesio on Nature and Sentience." *Bruniana & Campanelliana* Vol. 16, No. 1, pp. 69-87.

Gilbert, William. [1600] 1893. *De Magnete*, translated by P. Fleury Mottelay. London: Bernard Quaritch.

Gillispie, Charles Coulston. 1960. *The Edge of Objectivity: An Essay on the History of Scientific Ideas*. Princeton, NJ: Princeton University Press.

_____. 1980. *Science and Polity in France at the End of the Old Regime*. Princeton, NJ: Princeton University Press.

Giuliano, Paola. 2016. Review of Peter J. Richerson and Morten H. Christiansen, 2013. *Journal of Economic Perspectives* Vol. 54, No. 2, pp. 522-33.

Glaeser, Edward L. 2005. "The Political Economy of Hatred." *Quarterly Journal of Economics* Vol. 120, No. 1, pp. 45-86.

Glaeser, Edward L, R. La Porta, F. Lopez-de-Silanes, and Andrei Shleifer. 2004.

"Do Institutions Cause Growth?" *Journal of Economic Growth* Vol. 9, pp. 271–303.

Glanvill, Joseph. 1661. *The Vanity of Dogmatizing*. London: Printed by E. C. for Henry Eversden.

_____. 1665. *Scepsis Scientifica, or, Confest Ignorance, the Way to Science*. London: Printed by E. Cotes for Henry Eversden.

_____. 1668. *Plus Ultra, or, The Progress and Advancement of Knowledge since the Days of Aristotle*. London: Printed for James Collins.

Glass, Bentley. 2008. "Maupertuis, Pierre Louis Moreau De." In Charles C. Gillispie, ed., *Complete Dictionary of Scientific Biography*. Detroit: Charles Scribner's Sons, Vol. 9, pp. 186–89.

Goldgar, Anne. 1995. *Impolite Learning: Conduct and Community in the Republic of Letters, 1680–1750*. New Haven, CT: Yale University Press.

Goldschmidt, Richard B. 1940. *The Material Basis of Evolution*, reprinted, 1982. New Haven, CT: Yale University Press.

Goldstone, Jack A. 2002. "Efflorescences and Economic Growth in World History: Rethinking the 'Rise of the West' and the Industrial Revolution." *Journal of World History* Vol. 13, No. 2, pp. 323–89.

_____. 2009. *Why Europe? The Rise of the West in World History, 1500–1850*. Boston: McGraw-Hill.

_____. 2012. "Divergence in Cultural Trajectories: The Power of the Traditional within the Early Modern." In David Porter, ed. *Comparative Early Modernities*. New York: Palgrave-Macmillan, pp. 165–92.

Golinsky, Jan. 1995. "'The Nicety of Experiment': Precision of Measurement and Precision of Reasoning in late Eighteenth-Century Chemistry." In M. Norton Wise, ed., *The Values of Precision*. Princeton, NJ: Princeton University Press, pp. 72–91.

Goodman, Dena. 1991. "Governing the Republic of Letters: The Politics of Culture in the French Enlightenment." *History of European Ideas* Vol. 13, No. 3, pp. 183–99.

_____. 1994. *The Republic of Letters: A Cultural History of the French Enlightenment.* Ithaca, NY: Cornell University Press.

Goody, Jack. 2009. *Renaissances: The One or the Many?* Cambridge: Cambridge University Press.

_____. 2010. *The Eurasian Miracle.* Cambridge: Polity Press.

Gorodnichenko, Yuriy and Gerard Roland. 2011. "Culture, Institutions, and the Wealth of Nations." NBER Working Papers 16368, unpublished ms.

Gough J. B. 2008. "Réaumur, René-Antoine Ferchault de." In Charles C. Gillispie, ed., *Complete Dictionary of Scientific Biography.* Gale Virtual Reference Library. Detroit: Charles Scribner's Sons, Vol. 11, pp. 327–35.

Grafe, Regina. 2012. *Distant Tyranny: Markets, Power, and Backwardness in Spain, 1650–1800.* Princeton, NJ: Princeton University Press.

Grafton, Anthony. 1983. "Protestant versus Prophet: Isaac Casaubon on Hermes Trismegistus." *Journal of the Warburg and Courtauld Institutes* Vol. 46, pp. 78–93.

_____. 2009a. "A Sketch Map of a Lost Continent: the Republic of Letters." *The Republic of Letters: a Journal for the Study of Knowledge, Politics, and the Arts*, Vol. 1, No. 1, pp. 1–18. Reprinted in *Worlds Made by Words: Scholarship and Community in the Modern West.* Cambridge, MA: Harvard University Press, pp. 9–34.

_____. 2009b. "Where was Salomon's House? Ecclesiastical History and the Origins of Bacon's New Atlantis." Reprinted in *Worlds Made by Words: Scholarship and Community in the Modern West.* Cambridge, MA: Harvard University Press, pp. 98–113.

_____. 2015. "A Hero of the European Mind." *New York Review of Books.*" Nov. 19.

Granovetter, Mark S. 1973. "The Strength of Weak Ties." *American Journal of Sociology* Vol. 78, no. 6, pp. 1360–80.

_____. 1983. "The Strength of Weak Ties: A Network Theory Revisited." *Sociological Theory* Vol. 1, pp. 201–33.

_____. 2005. "The Impact of Social Structure on Economic Outcomes." *Journal of*

Economic Perspectives Vol. 19, No.1, pp. 33-50.

Grant, Edward. 2003. "The Partial Transformation of Medieval Cosmology by Jesuits in the Sixteenth and Seventeenth Centuries." In Mordechai Feingold, ed., *Jesuit Science and the Republic of Letters*. Cambridge, MA: MIT Press, pp. 127-55.

Greene, Kevin. 2000. "Technological Innovation and Economic Progress in the Ancient World: M. I. Finley Re-considered." *Economic History Review* Vol. 53, No. 1, pp. 29-59.

Greengrass, Mark. 2004. "Woodward, Hezekiah (1591/2-1675)." *Oxford Dictionary of National Biography*. Oxford: Oxford University Press.

Greengrass, Mark, Michael Leslie, and Timothy Raylor, eds. 1994. *Samuel Hartlib and Universal Reformation*. Cambridge: Cambridge University Press.

Greif, Avner. 1994. "Cultural Beliefs and the Organization of Society: a Historical and Theoretical Reflection on Collectivist and Individualist Societies." *Journal of Political Economy* Vol. 102, No. 5, pp. 912-50.

_____. 2005. *Institutions and the Path to the Modern Economy: Lessons from Medieval Trade*. Cambridge: Cambridge University Press.

_____. 2009. "Morality and Institutions." Unpublished ms., Stanford University.

_____. 2012. "A Theory of Moral Authority: Moral Choices under Moral Networks Externalities." Unpublished ms., Stanford University.

Greif, Avner, and Guido Tabellini. 2014. "The Clan and the City: Sustaining Cooperation in China and Europe." Unpublished ms.

Greif, Avner, and Steven Tadelis. 2010. "A Theory of Moral Persistence: Crypto-Morality and Political Legitimacy." *Journal of Comparative Economics* Vol. 38, pp. 229-44.

Grell, Ole Peter. 2007. "In Search of True Knowledge: Ole Worm (1588-1654) and the True Philosophy." In Pamela H. Smith and Benjamin Schmidt, eds., *Making Knowledge in Early Modern Europe*. Chicago: University of Chicago Press, pp. 214-32.

Guerrini, Anita. 2004a. "Keill, James (1673-1719)." In *Oxford Dictionary of National*

Biography. Oxford: Oxford University Press.

_____. 2004b. "Cheyne, George (1671/2-1743)." In *Oxford Dictionary of National Biography*. Oxford: Oxford University Press.

Guiso, Luigi, Paola Sapienza, and Luigi Zingales. 2006. "Does Culture Affect Economic Outcomes?" *The Journal of Economic Perspectives* Vol. 20, No. 2, pp. 23-48.

_____. "Social Capital as Good Culture." Proceedings of the Twenty-Second Annual Congress of the European Economic Association. *Journal of the European Economic Association* Vol. 6, No. 2/3, pp. 295-320.

Gundersheimer, Werner L. 1966. *The Life and Works of Louis Le Roy*. Geneva: Librairie Droz.

Haberman, Jacob. 2007. "Delmedigo, Joseph Solomon." In *Encyclopaedia Judaica*, Michael Berenbaum and Fred Skolnik, eds., second ed. Detroit: Macmillan Reference, Vol. 5, pp. 543-44.

Habermas, Jürgen. 1989. *The Structural Transformation of the Public Sphere*. Cambridge, MA: MIT Press.

Hahn, Roger. 1986. "Laplace and the Mechanistic Universe." In David C. Lindberg and Ronald L. Numbers, eds., *God and Nature: Historical Essays on the Encounter between Christianity and Science*. Berkeley: University of California Press, pp. 256-76.

_____. 1990. "The Age of Academies." In Tore Frängsmyr, ed., *Solomon's House Revisited*. Canton, MA: Science History Publications, pp. 3-12.

Hakewill, George. 1627. *An Apologie of the Power and Providence of God in the Government of the World*. Oxford: Printed by John Lichfield and William Turner.

Hall, A. Rupert. 1974. "What Did the Industrial Revolution in Britain Owe to Science?" In Neil McKendrick, ed., *Historical Perspectives: Studies in English Thought and Society*. London: Europa Publications, pp. 129-51.

Halley, Edmund. [1687] 1934. "Ode to Newton," translated by Leon J. Richerson. http://www.vrijmetselaarsgilde.eu/Maconnieke%20Encyclopedie/NMAP~1/

Newtonis/EHOde.html, N.p., accessed Aug. 28, 2013.

Hankins, Thomas L. 2008. "Lalande, Joseph-Jérôme Lefrançais de." In Charles C. Gillespie, ed. *Complete Dictionary of Scientific Biography*. Detroit: Charles Scribner's Sons, Vol. 7, pp. 579-82.

Harford, Tim. 2016. "How Politicians Poisoned Statistics." *Financial Times* April 16/17 2016, pp. 16-17.

Harkness, Deborah. 2007. *The Jewel House: Elizabethan London and the Scientific Revolution*. New Haven, CT and London: Yale University Press.

Harris, Judith Rich. 2009. *The Nurture Assumption: Why Children Turn Out the Way They Do*, second edition. New York: Free Press.

Hauk, Esther, and Maria Saez-Marti. 2002. "On the Cultural Transmission of Corruption." *Journal of Economic Theory* Vol. 107, pp. 311-35.

Headley, John M. 1997. *Tommaso Campanella and the Transformation of the World*. Princeton, NJ: Princeton University Press.

Headrick, Daniel R. 2000. *When Information Came of Age: Technologies of Knowledge in the Age of Reason and Revolution, 1700-1850*. New York: Oxford University Press.

Hegel, Georg Wilhelm Friedrich. [1805-1806] 1892-6. *Lectures on the History of Philosophy*, translated by Elizabeth S. Haldane, 3 vols. London: Kegan Paul, Trench, Trübner and Co.

Heilbron, J. L. 1990. "Introductory Essay." In Tore Frängsmyr, J. L. Heilbron, and Robin E. Rider, eds., *The Quantifying Spirit in the 18th Century*. Berkeley: University of California Press, pp. 1-23.

_____. 2003a. "Academies and Learned Societies." In J. L. Heilbron, ed., *The Oxford Companion to the History of Modern Science*. Oxford and New York: Oxford University Press, pp. 1-5.

_____. 2003b. "Experimental Philosophy." In J. L. Heilbron, ed., *The Oxford Companion to the History of Modern Science*. Oxford and New York: Oxford University Press, pp. 286-88.

Helsham, Richard. 1755. *A Course of Lectures in Natural Philosophy*. London:

Printed for J. Nourse at the Lamb.

Henrich, Joseph. 2001. "Cultural Transmission & the Diffusion of Innovation." *American Anthropologist* Vol. 103, pp. 992–1013.

_____. 2004. "Demography and Cultural Evolution: How Adaptive Cultural Processes Can Produce Maladaptive Losses—the Tasmanian Case." *American Antiquity* Vol. 69, No. 2, pp. 197–214.

_____. 2009. "The Evolution of Innovation-Enhancing Institutions." In Stephen Shennan and Michael O'Brien, eds., *Innovation in Cultural Systems: Contributions from Evolutionary Anthropology*. Altenberg Workshops in Theoretical Biology. Cambridge, MA: MIT Press.

Henrich, Joseph, and Natalie Henrich. 2006. "Culture, Evolution, and the Puzzle of Human Cooperation." *Cognitive Systems Research* Vol. 7, pp. 220–45.

Henrich, Joseph, Robert Boyd, and Peter J. Richerson, 2008. "Five Misunderstandings about Cultural Evolution." *Human Nature* Vol. 19, No. 2, pp. 119–37.

Henrich, Joseph et al. 2001. "In Search of Homo Economicus: Behavioral Experiments in 15 Small-Scale Societies." *American Economic Review* Vol. 91, No. 2, pp. 73–78.

Henry, John. 2002. *Knowledge Is Power: How Magic, the Government and an Apocalyptic Vision Inspired Bacon to Create Modern Science*. Cambridge: Icon Books.

_____. 2008. *The Scientific Revolution and the Origins of Modern Science*, third ed. Basingstoke, UK: Palgrave Macmillan.

Hetherington, Norriss S. 1983. "Isaac Newton's Influence on Adam Smith's Natural Laws in Economics." *Journal of the History of Ideas* Vol. 44, No. 3, pp. 497–505.

Hilaire-Pérez, Liliane. 2007. "Technology as Public Culture." *History of Science* Vol. 45, pt. 2, No. 148, pp. 135–53.

Hill, Christopher. 1965. *Intellectual Origins of the English Revolution*. Oxford: Clarendon Press.

_____. 1967. *Reformation to Industrial Revolution*. Harmondsworth, UK: Penguin.

Ho, Peng Yoke. 1993. "Kuo Shou-Ching." In Igor de Rachewiltz et al., eds., *In the Service of the Khan: Eminent Personalities of the Early Mongol-Yüan Period (1200-1300)*. Wiesbaden: Harrassowitz Verlag, pp. 282-99.

Hodgson, Geoffrey M. and Thorbjørn Knudsen. 2010. *Darwin's Conjecture: the Search for General Principles of Social and Economic Evolution*. Chicago: University of Chicago Press.

Hoffman, Philip T. 2015. *Why Did Europe Conquer the World?* Princeton, NJ: Princeton University Press.

Home, R. W. 2003. "Mechanics and Experimental Physics." In Roy Porter, ed., *The Cambridge History of Science, Vol. 4: Eighteenth-Century Science*. Cambridge: Cambridge University Press, pp. 354-74.

Hont, Istvan. 2005. *Jealousy of Trade: International Competition and the Nation-State in Historical Perspective*. Cambridge, MA: Harvard University Press.

Hooke, Robert. 1667. *Micrographia: Or Some Physiological Descriptions of Minute Bodies Made by Magnifying Glasses*. London: Printed for John Martyn.

_____. 1705a. "The Present state of Natural Philosophy, and How Its Defects May Be Remedied." In *The Posthumous Works of Robert Hooke, M.D. S.R.S.* London: printed by Sam. Smith and Benj. Walford, pp. 3-185.

_____. 1705b. "A Discourse on Earthquakes." In *The Posthumous Works of Robert Hooke, M.D. S.R.S.* London: printed by Sam. Smith and Benj. Walford, pp. 250-429.

Hooykaas, R. [1956] 1990. "Science and Reformation." *Journal of World History* Vol. 3, pp. 109-39. Repr. in I. Bernard Cohen, ed. 1990. *Puritanism and the Rise of Modern Science*. New Brunswick: Rutgers University Press, pp. 189-208.

_____. 1972. *Religion and the Rise of Modern Science*. Edinburgh: Scottish Academic Press.

Hornung, Erik. 2014. "Immigration and the Diffusion of Technology: The Huguenot Diaspora in Prussia." *American Economic Review* Vol. 104, No. 1, pp. 84-122.

Houghton, Walter E., Jr. 1942. "The English Virtuoso in the Seventeenth Century, pts. I and II," *Journal of the History of Ideas* Vol. 3, No. 1, pp. 51-73, 190-217.

Huang, Martin W. 1998. "Stylization and Invention: the Burden of Self-Expression in *The Scholars*." In Roger T. Ames, Thomas P. Kasulis, and Wimal Dissanayake, eds., *Self as Image in Asian Theory and Practice*. Albany: State University of New York Press, pp. 89-112.

Huang, Ray. 1981. *1587: A Year of No Significance*. New Haven, CT: Yale University Press.

Hucker, Charles O. 1975. *China's Imperial Past*. Stanford, CA: Stanford University Press.

Huff, Toby. 2011. *Intellectual Curiosity and the Scientific Revolution*. Cambridge: Cambridge University Press.

Hughes, Jonathan R. T. 1986. *The Vital Few: the Entrepreneur and American Progress*. Expanded Edition. Oxford: Oxford University Press.

Huizinga, Johan. [1924] 1984. *Erasmus and the Age of Reformation. With a selection from the letters of Erasmus*. Translated from the Dutch by F. Hopman. Princeton, NJ: Princeton University Press (Princeton Legacy Library).

Hume, David. [1742] 1985. "Of the Rise and Progress of the Arts and Sciences." In David Hume, *Essays: Moral, Political and Literary*, edited by Eugene F. Miller. Indianapolis: Liberty Fund, pp. 111-37.

_____. [1754] 1985. "Of the Populousness of Ancient Nations." In *Essays: Moral, Political and Literary*, edited by Eugene F. Miller. Indianapolis: Liberty Fund, pp. 377-464.

Hunter, Michael. 1981. *Science and Society in Restoration England*. Cambridge: Cambridge University Press.

_____. 1989. *Establishing the New Science: the Experience of the Early Royal Society*. Woodbridge, UK: Boydell Press.

_____. ed. 1994. *Robert Boyle Reconsidered*. Cambridge: Cambridge University Press.

_____. 1995a. "The Debate over Science." *In Science and the Shape of Orthodoxy: Intellectual Change in Late Seventeenth-Century Britain*. Woodbridge, UK: Boydell Press, pp. 101-19.

_____. 1995b. "First Steps in Institutionalization: The Royal Society of London." In *Science and the Shape of Orthodoxy: Intellectual Change in Late Seventeenth-Century Britain*. Woodbridge, UK: Boydell Press, pp. 120-34.

_____. 1995c. "The Early Royal Society and the Shape of Knowledge." In *Science and the Shape of Orthodoxy: Intellectual Change in Late Seventeenth-Century Britain*. Woodbridge, UK: Boydell Press, pp. 169-79.

_____. 1995d. "John Evelyn in the 1650s: a Virtuoso in Search of a Role." In *Science and the Shape of Orthodoxy: Intellectual Change in Late Seventeenth-Century Britain*. Woodbridge, UK: Boydell Press, pp. 67-98.

_____. 2009. *Boyle: Between God and Science*. New Haven, CT: Yale University Press.

Iliffe, Robert. 1995. "'Is He Like Other Men?' The Meaning of the *Principia Mathematica* and the Author as Idol." In Gerald MacLean, ed., *Culture and Society in the Stuart Restoration*. Cambridge: Cambridge University Press, pp. 159-76.

_____. 2003. "Philosophy of Science." In Roy Porter, ed., *The Cambridge History of Science*, Vol. 4: *Eighteenth-century Science*. Cambridge: Cambridge University Press, pp. 267-84.

Im Hoff, Ulrich. 1994. *The Enlightenment*. Oxford: Blackwell.

Inkster, Ian. 1991. *Science and Technology in History: An Approach to Industrial Development*. New Brunswick, NJ: Rutgers University Press.

Israel, Jonathan. 2010. *A Revolution of the Mind*. Princeton, NJ: Princeton University Press.

Itard, Jean. 2008. "Clairaut, Alexis-Claude." In Charles C. Gillespie, ed., *Complete Dictionary of Scientific Biography*. Detroit: Charles Scribner's Sons, Vol. 3 pp. 281-86.

Jablonka, Eva, and Marion J. Lamb. 2005. *Evolution in Four Dimensions: Genetic, Epigenetic, Behavioral, and Symbolic Variation in the History of Life*. Cambridge,

MA: MIT Press.

Jacob, Margaret C. 1986. "Christianity and the New Worldview." In David C. Lindberg and Ronald L. Numbers, eds., *God and Nature: Historical Essays on the Encounter between Christianity and Science*. Berkeley: University of California Press, pp. 238-55.

_____. 1988. *The Cultural Meaning of the Scientific Revolution*. New York: Alfred A. Knopf.

_____. 1991. *Living the Enlightenment: Freemasonry and Politics in Eighteenth-Century Europe*. New York: Oxford University Press.

_____. 1997. *Scientific Culture and the Making of the Industrial West*. second ed., New York: Oxford University Press.

_____. 1998. "The Cultural Foundations of Early Industrialization." In Maxine Berg and Kristin Bruland, eds., *Technological Revolutions in Europe*, Cheltenham, UK: Edward Elgar, pp. 67-85.

_____. 2000a. "Commerce, Industry, and the Laws of Newtonian Science: Weber Revisited and Revised." *Canadian Journal of History* Vol. 35, No. 2 pp. 275-92.

_____. 2000b. "The Truth of Newton's Science and the Truth of Science's History." In Margaret J. Osler, ed., *Rethinking the Scientific Revolution*. Cambridge: Cambridge University Press.

_____. 2006. *Strangers Nowhere in the World: The Rise of Cosmopolitanism in Early Modern Europe*. Philadelphia: University of Pennsylvania Press.

_____. 2007. "Mechanical Science of the Factory Floor." *History of Science* Vol. 45, part 2, No. 148, pp. 197-221.

_____. 2014. *The First Knowledge Economy*. Cambridge: Cambridge University Press.

Jacob, Margaret C., and Larry Stewart. 2004. *Practical Matter: Newton's Science in the Service of Industry and Empire, 1687-1851*. Cambridge, MA: Harvard University Press.

Jami, Catherine. 1994. "Learning Mathematical Sciences during the Early and

Mid-Ch'ing." In Alexander Woodside and Benjamin A. Elman, eds., *Education and Society in Late Imperial China, 1600-1900.* Berkeley: University of California Press, pp. 223-54.

_____. 2012. *The Emperor's New Mathematics: Western Learning and Imperial Authority during the Kangxi Reign (1662-1722).* Oxford: Oxford University Press.

Jami, Catherine, Peter Engelfriet, and Gregory Blue. 2001. "Introduction." In Catherine Jami, Peter Engelfriet, and Gregory Blue, eds., *Statecraft and Intellectual Renewal in Late Ming China: The Cross-Cultural Synthesis of Xu Guangqi (1562-1633).* Leiden: Brill, pp. 1-15.

Janiak, Andrew. 2006. "Newton's Philosophy." In Edward N. Zalta, ed., *The Stanford Encyclopedia of Philosophy,* http://plato.stanford.edu/archives/win2009/entries/Newton-philosophy/, accessed Nov. 29, 2013.

Jefferson, Thomas. 1789. "Letter to John Trumbull, dated Feb. 15, 1789." http://www.loc.gov/exhibits/jefferson/18.html, accessed Sep. 3, 2013.

Jenyns, Soame. 1761. *A Free Inquiry into the Nature and Origin of Evil,* fourth edition. London: R. and J. Dodsley.

Jiang, Jin. 2001. "Heresy and Persecution in Late Ming Society: Reinterpreting the Case of Li Zhi." *Late Imperial China* Vol. 22, No. 2, pp. 1-34.

Jin, Dengjian. 2016. *The Great Knowledge Transcendence: The Rise of Western Science and Technology Reframed.* New York: Palgrave Macmillan.

Johnson, Dominic D. P. 2009. "The Error of God: Error Management Theory, Religion, and the Evolution of Cooperation." In Simon A. Levin, ed., *Games, Groups, and the Global Good. Springer Series in Game Theory.* New York: Springer, pp. 169-80.

Johnson, Dominic D. P., and Oliver Krüger. 2004. "The Good of Wrath: Supernatural Punishment and the Evolution of Cooperation." *Political Theology* Vol. 5, No. 2, pp. 159-76.

Johnson, Samuel. 1759. "What Have You Done? (With Your Life)." *The Idler* no. 88, 22 December 1759. http://www.ourcivilisation.com/smartboard/shop/

johnsons/idler/chap88.htm, accessed May 11, 2015.

Jones, Bence. 1871. *The Royal Institution: Its Founder and Its First Professors*. London: Longmans Green and Co.

Jones, Eric L. 1981. *The European Miracle*. Cambridge: Cambridge University Press.

_____. 2006. *Cultures Merging: a Historical and Economic Critique of Culture*. Princeton, NJ: Princeton University Press.

Jones, Richard Foster. [1936] 1961. *Ancients and Moderns: a Study in the Rise of the Scientific Movement in 17th Century England*, second ed., St. Louis, MO: Washington University Press.

Jones, Peter M. 2016. *Agricultural Enlightenment: Knowledge, Technology, and Nature*. Oxford: Oxford University Press.

Jonston (Johnstone), John. 1657. *A History of the Constancy of Nature*. London: Printed for John Streater.

Kant, Immanuel. [1784] 2010. *Principles of Politics and Perpetual Peace*. Translated by W. Hastie. n.p.: Digireads.com.

Karayalçin, Cem. 2008. "Divided we Stand, United we Fall: the Hume-North-Jones Mechanism for the Rise of Europe." *International Economic Review* Vol. 49 No. 3, pp. 973-99.

Kealey, Terence. 1996. *The Economic Laws of Scientific Research*. New York: St. Martin's Press.

Keeble, N. H. 2004. "Baxter, Richard (1615-1691)." In *Oxford Dictionary of National Biography*. Oxford: Oxford University Press.

Keill, James. 1708. *An Account of Animal Secretion, the Quantity of Blood in the Humane Body, and Muscular Motion*. London: Printed for George Strahan.

Keller, Vera. 2012. "Accounting for Invention: Guido Pancirolli's Lost and Found Things and Desiderata." *Journal of the History of Ideas* Vol. 73, No. 2, pp. 223-45.

Kelly, Morgan, and Cormac Ó Gráda. 2013. "The Waning of the Little Ice Age:

Climate Change in Early Modern Europe." *Journal of Interdisciplinary History* Vol. 44, No. 2 (Autumn), pp. 301-25.

Kelly Morgan, Joel Mokyr, and Cormac Ó Gráda. 2014. "Precocious Albion: a New Interpretation of the British Industrial Revolution." *Annual Review of Economics* Vol. 6, pp. 363-91.

Kengo, Araki. 1975. "Confucianism and Buddhism in the late Ming." In W. Theodore De Bary, ed., *The Unfolding of Neo-Confucianism*. New York: Columbia University Press, pp. 39-66.

Kerker, Milton. 1961. "Science and the Steam Engine." *Technology and Culture* Vol. 2, No. 4, pp. 381-90.

Kesten, Hermann. 1945. *Copernicus and his World*. New York: Roy Publishers.

Keynes, John Maynard. 1946. "Newton the Man." http://www-groups.dcs.st-and. ac.uk/~history/Extras/Keynes_Newton.html, n.p., accessed September 17, 2010.

Khan, B. Zorina. 2006. "The Evolution of Useful Knowledge: Great Inventors, Science and Technology in British Economic Development, 1750-1930." Unpublished paper, Bowdoin College.

Klemm, Friedrich. 1964. *A History of Western Technology*. Cambridge, MA: MIT Press.

Ko, Chiu Yu, Mark Koyama, and Tuan-Hwee Sng. 2015. "Unified China and Divided Europe." Unpublished ms., National University of Singapore.

Koerner, Lisbeth. 1999. *Linnaeus: Nature and Nation*. Cambridge, MA: Harvard University Press.

Koyama, Mark, and Xue, Melanie Meng. 2015. "The Literary Inquisition: the Persecution of Intellectuals and Human Capital Formation in China." Unpublished ms.

Koyré, Alexandre. 1965. *Newtonian Studies*. Chicago: University of Chicago Press.

Kroeber, Alfred L., and Clyde Kluckhohn. 1952. *Culture: A Critical Review of Concepts and Definitions*. Cambridge, MA: Harvard University Peabody Museum of American Archeology and Ethnology Papers No. 47.

Kronick, David. 1962. *A History of Scientific and Technical Periodicals*. New York: Scarecrow Press.

Krugman, Paul. 1991. *Geography and Trade*. Cambridge, MA: MIT Press.

Kuhn, Thomas S. 1976. "Mathematical vs. Experimental Traditions in the Development of the Physical Sciences." *Journal of Interdisciplinary History* Vol. 7, No. 1, pp. 1-31.

Kumar, Deepal. 2003. "India." In Roy Porter, ed., *The Cambridge History of Science:* Vol. 4: *Eighteenth-Century Science*. Cambridge: Cambridge University Press, pp. 669-87.

Kuran, Timur. 1987. "Preference Falsification, Policy Discontinuity, and Collective Conservatism." *Economic Journal* Vol. 97, No. 387, pp. 642-65.

_____. 1997. *Private Truths, Public Lies: The Social Consequences of Preference Falsification*. Cambridge, MA: Harvard University Press.

Kurz, Joachim. 2011. *The Discovery of Chinese Logic*. Leiden: Brill.

Labrousse, Elisabeth. 1983. *Bayle*, translated by Dennis Potts. Oxford: Oxford University Press.

Landa, Janet Tai. 1981. "A Theory of the Ethnically Homogeneous Middleman Group: An Institutional Alternative to Contract Law." *Journal of Legal Studies* Vol. 10, pp. 349-62.

_____. 1995. *Trust, Ethnicity, and Identity: Beyond the New Institutional Economics of Ethnic Trading Networks, Contract Law, and Gift-exchange*. Ann Arbor: University of Michigan Press.

Landes, David S. 1983. *Revolution in Time: Clocks and the Making of the Modern World*. Cambridge, MA: Harvard University Press

_____. 1998. *The Wealth and Poverty of Nations*. New York: W. W. Norton.

_____. 2000. "Culture Makes almost all the Difference." In Lawrence E. Harrison and Samuel P. Huntington, eds., *Culture Matters: How Values Shape Human Progress*. New York: Basic Books, pp. 1-13.

Lasch, Christopher. 1991. *The True and Only Heaven: Progress and Its Critics*. New York: W. W. Norton.

Lecoq, Anne-Marie, ed. 2001. *La Querelle des Anciens et des Modernes*. Paris: Éditions Gallimard.

Leighton, Wayne A., and Edward J. López, 2013. *Madmen, Intellectuals, and Academic Scribblers: The Economic Engine of Political Change*. Stanford: Stanford University Press.

Levere, T. H., and G. L'E. Turner, 2002. *Discussing Chemistry and Steam: The Minutes of a Coffee House Philosophical Society 1780–1787*. Oxford: Oxford University Press.

Levin, Daniel Z., and Rob Cross. 2004. "The Strength of Weak Ties You Can Trust: The Mediating Role of Trust in Effective Knowledge Transfer." *Management Science* Vol. 50, No. 1, pp. 1477–90.

Levine, Joseph M. 1981. "Ancients and Moderns Reconsidered." *Eighteenth-Century Studies* Vol. 15, No. 1, pp. 72–89.

_____. 1991. *The Battle of the Books: History and Literature in the Augustan Age*. Ithaca, NY: Cornell University Press.

Levine, Robert. 1997. *A Geography of Time*. New York: Basic Books.

Li, Jin. 2012. *Cultural Foundations of Learning: East and West*. Cambridge: Cambridge University Press.

Lin, Justin Yifu. 1995. "The Needham Puzzle: Why the Industrial Revolution Did Not Originate in China." *Economic Development and Cultural Change* Vol. 43, No. 2, pp. 269–92.

Lindberg, David C. and Ronald L. Numbers. 1986. "Introduction." In David C. Lindberg and Ronald L. Numbers, eds., *God and Nature: Historical Essays on the Encounter between Christianity and Science*. Berkeley: University of California Press, pp. 1–18.

Liu James T. C. 1973. "How Did a Neo-Confucian School Become the State Orthodoxy?" *Philosophy East and West* Vol. 23, No. 4, pp. 483–505.

Livingstone, David N. 1994. "The Historical Roots of Our Ecological Crisis—a Reassessment." *Fides et Historia* Vol. 26, No. 1, pp. 38–55.

Lloyd, Geoffrey, and Nathan Sivin. 2002. *The Way and the Word: Science* and Medicine in Early China and Greece. New Haven and London: Yale University Press.

Locke, John. [1693] 1812. "Some Thoughts Concerning Education." In The Works of John Locke. London: John Otridge and Son, Vol. 9, pp. 1-205.

Long, Pamela O. 2011. Artisan/Practitioners and the Rise of the New Sciences, 1400-1600. Corvallis: Oregon State University Press.

Lowengard, Sarah. 2006. The Creation of Color in Eighteenth-Century Europe. New York: Gutenberg-ebooks. http://www.gutenberg-e.org/lowengard/index.html, accessed October 4, 2010.

Lux, David S. 1991. "The Reorganization of Science, 1450-1700." In Bruce T. Moran, ed., Patronage and Institutions: Science, Technology and Medicine at the European Court, 1500-1750. Rochester, NY: Boydell Press, pp. 185-94.

Lynch, William T. 2001. Solomon's Child: Method in the Early Royal Society of London. Stanford: Stanford University Press.

Lyons, Anthony, and Kashima Yoshihisa. 2001. "The Reproduction of Culture: Communication Processes Tend to Maintain Cultural Stereotypes." Social Cognition Vol. 19, No. 3, pp. 372-94.

Lyons, Henry George. 1944. The Royal Society, 1660-1940, A History of Its Administration under Its Charters. Cambridge: Cambridge University Press.

Macaulay, Thomas Babington. [1837] 1983. "Lord Bacon." Edinburgh Review, repr. ed., Kessinger Publishing.

Maclaurin, Colin. 1750. An Account of Sir Isaac Newton's Philosophical Discoveries, in four books. second ed. London: printed for A. Millar.

MacFarlane, Alan. 1978. The Origins of English Individualism. Cambridge: Cambridge University Press.

MacLean, Ian. 2006. "The 'Sceptical Crisis' Reconsidered: Galen, Rational Medicine and the Libertas Philosophandi." Early Science and Medicine Vol. 11, No. 3, pp. 247-74.

_____. 2008. "The Medical Republic of Letters." Intellectual History Review Vol. 18, No. 1 (Special Issue: Humanism and Medicine in the Early Modern

Era), pp. 15-30.

MacLean, Gerald, ed. 1995. *Culture and Society in the Stuart Restoration*. Cambridge: Cambridge University Press.

MacLeod, Christine. 2007. *Heroes of Invention: Technology, Liberalism and British Identity*. Cambridge: Cambridge University Press.

Malcolm, Noel. 2004. "Private and Public Knowledge: Kircher, Esotericism, and the Republic of Letters." In Paula Findlen, ed., *Athanasius Kircher: The Last Man Who Knew Everything*. New York: Routledge, pp. 286-98.

Malherbe, Michel. 1985. "Bacon, l'Encyclopédie, et la Révolution." *Études Philosophiques* No. 3, pp. 387-404.

Mandelbrote, Scott. 2004. "Ray, John (1627-1705)." In *Oxford Dictionary of National Biography*. Oxford: Oxford University Press.

de Mandeville, Bernard. [1724] 1755. *The Fable of the Bees*. ninth ed. Edinburgh: W. Gray and W. Peter.

Manuel, Frank E. 1963. *Isaac Newton: Historian*. Cambridge, MA: Belknap Press of Harvard University Press.

Margóczy, Daniel. 2014a. *Commercial Visions: Science, Trade and Visual Culture in the Dutch Golden Age*. Chicago: University of Chicago Press.

_____. 2014b. "Certain Fakes and Uncertain Facts: Jan Jonston and the Question of Truth in Religion and Natural History." In Marco Beretta and Maria Conforti, eds., *Fakes, Hoaxes, Counterfeits and Deception in Early Modern Science*. Sagamore Beach, MA: Science History Publications, pp. 190-225.

Mason, Stephen F. 1992. "Bishop John Wilkins, FRS (1614-72): Analogies of Thought-Style in the Protestant Reformation and Early Modern Science." *Notes and Records of the Royal Society of London* Vol. 46, No. 1, pp. 1-21.

Mathias, Peter. 1979. *The Transformation of England*. New York: Columbia University Press.

Mayr, Ernest. 1982. *The Growth of Biological Thought*. Cambridge, MA: Harvard University Press.

_____. 1989. "Speciational Evolution or Punctuated Equilibria." In Albert Somit and Steven A. Peterson, eds., *The Dynamics of Evolution*. Ithaca, NY: Cornell University Press, pp. 21–53.

_____. 1991. *One Long Argument: Charles Darwin and the Genesis of Modern Evolutionary Thought.* Cambridge, MA: Harvard University Press.

Mayr, Otto. 1986. *Authority, Liberty & Automatic Machinery in Early Modern Europe.* Baltimore: Johns Hopkins University Press.

Mazzotti, Massimo. 2004. "Newton for Ladies: Gentility, Gender, and Radical Culture." *British Journal for the History of Science* Vol. 37, No. 2 (June), pp. 119–46.

McClellan, James E., III. 1979. "The Scientific Press in Transition: Rozier's Journal and the Scientific Societies in the 1770s." *Annals of Science* Vol. 36, No. 5, pp. 425–49.

McCloskey, Deirdre N. 1985. *The Rhetoric of Economics.* Madison: University of Wisconsin Press.

_____. 2006. *The Bourgeois Virtues: Ethics for an Age of Commerce.* Chicago: University of Chicago Press.

_____. 2010. *Bourgeois Dignity: Why Economics Can't Explain the Modern World.* Chicago: University of Chicago Press.

_____. 2016a. *Bourgeois Equality: How Ideas, Not Capital or Institutions, Enriched the World.* Chicago: University of Chicago Press.

_____. 2016b. "Max U vs Humanomics: a Critique of Neo-Institutionalism." *Journal of Institutional Economics*, forthcoming.

McDermott, Joseph P. 2006. *A Social History of the Chinese Book.* Hong Kong: Hong Kong University Press.

McElreath, Richard, and Joseph Henrich. 2007. "Modeling Cultural Evolution." In Robin Dunbar and Louise Barrett, eds., *Oxford Handbook of Evolutionary Psychology.* Oxford: Oxford University Press, pp. 571–86.

McGuire, J. E., and P. M. Rattansi. 1966. "Newton and the 'Pipes of Pan.'" *Notes and Records of the Royal Society of London* Vol. 21, No. 2, pp. 108–43.

McMains, H. F. 2000. *The Death of Oliver Cromwell.* Lexington: University Press of Kentucky.

Meisenzahl, Ralf R., and Joel Mokyr. 2012. "The Rate and Direction of Invention in the British Industrial Revolution: Incentives and Institutions." In Scott Stern and Joshua Lerner, eds., *The Rate and Direction of Innovation*. Chicago: University of Chicago Press, pp. 443-79.

Melton, James Van Horn. 2001. *The Rise of the Public in Enlightenment Europe*. Cambridge: Cambridge University Press.

Menand, Louis. 2010. *The Marketplace of Ideas: Reform and Resistance in the American University*. New York: W. W. Norton.

Merchant, Carolyn. 1980. *The Death of Nature*. New York: Harper & Row.

Merton, Robert K. [1938] 2001. *Science, Technology, and Society in Seventeenth-Century England*. New York: Howard Fertig Press.

_____. 1973. *The Sociology of Science*. Chicago: University of Chicago Press.

Meskill, John. 1982. *Academies in Ming China: A Historical Essay*. Tucson: University of Arizona Press.

Mesoudi, Alex. 2011. *Cultural Evolution*. Chicago: University of Chicago Press.

Mesoudi, Alex, Andrew Whiten, and Kevin Laland. 2006. "Towards a Unified Science of Cultural Evolution." *Behavioral and Brain Science* Vol. 29, pp. 329-83.

Mesoudi, Alex et al. 2013. "The Cultural Evolution of Technology and Science." In Peter J. Richerson and Morten H. Christiansen, eds., *Cultural Evolution: Society, Technology, Language, and Religion*. Cambridge, MA: MIT Press, pp. 193-216.

Mill, John Stuart. [1845] 1967. "The Claims of Labor." In John M. Robson, ed., *The Collected Works of John Stuart Mill*, Vol. 4, *Essays on Economics and Society*, part I. Toronto: University of Toronto Press, London: Routledge and Kegan Paul, pp. 370-80.

_____. [1848] 1929. *Principles of Political Economy*, edited by W. J. Ashley. London: Longmans, Green and Co.

Millar, John. 1790. *An Historical View of the English Government, from the Settlement of the Saxons in Britain to the Accession of the House of Stewart*.

Dublin: printed for J. Jones.

Miller, Peter N. 2000. *Peiresc's Europe: Learning and Virtue in the Seventeenth Century*. New Haven, CT: Yale University Press.

_____. 2015. *Peiresc's Mediterranean World*. Cambridge, MA: Harvard University Press.

Mitch, David. 1999. "The Role of Education and Skill in the British Industrial Revolution." In Joel Mokyr, ed., *The British Industrial Revolution: An Economic Perspective*, second ed. Boulder, CO: Westview Press, pp. 241-79.

Mitchell, Wesley Clair. 1974. "Bentham's Felicific Calculus." In Bhikhu Parekh, ed., *Jeremy Bentham: Ten Critical Essays*. London: Frank Cass, pp. 168-86.

Mokyr, Joel. 1990. *The Lever of Riches: Technological Creativity and Economic Progress*. New York: Oxford University Press.

_____. 1991. "Was There a British Industrial Evolution?" In Joel Mokyr, ed., *The Vital One: Essays Presented to Jonathan R. T. Hughes*. Greenwich, CT: JAI Press, pp. 253-86.

_____. 1994. "Cardwell's Law and the Political Economy of Technological Progress." *Research Policy* 23, No. 5 pp. 561-74.

_____. 2000. "Innovation and Selection in Evolutionary Models of Technology: Some Definitional Issues." In John Ziman, ed., *Technological Innovation as an Evolutionary Process*. Cambridge: Cambridge University Press, pp. 52-65.

_____. 2002. *The Gifts of Athena*. Princeton, NJ: Princeton University Press.

_____. 2005. "The Intellectual Origins of Modern Economic Growth." [Presidential address.] *Journal of Economic History* Vol. 65, No. 2, pp. 285-351.

_____. 2006a. "The Great Synergy: The European Enlightenment as a Factor in Modern Economic Growth." In Wilfred Dolfsma and Luc Soete, eds., *Understanding the Dynamics of a Knowledge Economy*. Cheltenham, UK: Edward Elgar, pp. 7-41.

_____. 2006b. "Useful Knowledge as an Evolving System: The View from Economic history." In Lawrence E. Blume and Steven N. Durlauf, eds., *The Economy as an Evolving Complex System,* Vol. III: *Current Perspectives and Future*

Directions. New York: Oxford University Press, pp. 307-37.

_____. 2006c. "Mobility, Creativity, and Technological Development: David Hume, Immanuel Kant and the Economic Development of Europe." In G. Abel, ed., *Kolloquiumsband of the XX. Deutschen Kongresses für Philosophie.* Hamburg: Felix Meiner, pp. 1131-61.

_____. 2007. "The Market for Ideas and the Origins of Economic Growth in Eighteenth Century Europe." [Heineken Lecture.] *Tijdschrift voor Sociale en Economische Geschiedenis* Vol. 4, No. 1, pp. 3-38.

_____. 2009a. *The Enlightened Economy,* New York and London: Yale University Press.

_____. 2009b. "Intellectual Property Rights, the Industrial Revolution, and the Beginnings of Modern Economic Growth." *American Economic Review* Vol. 99, No. 2 (Papers and Proceedings), pp. 349-55.

_____. 2014. "Culture, Institutions, and Modern Growth." In Itai Sened and Sebastian Galiani, eds., *Economic Institutions, Rights, Growth, and Sustainability: The Legacy of Douglass North.* Cambridge: Cambridge University Press, pp. 151-91.

Monod, Jacques. 1971. *Chance and Necessity: An Essay on the Natural Philosophy of Modern Biology.* New York: Alfred A. Knopf.

Montes, Leonidas. 2008. "Newton's Real Influence on Adam Smith and Its Context." *Cambridge Journal of Economics* Vol. 32, pp. 555-76.

Moore, James R. 1986. "Geologists and Interpreters of Genesis in the Nineteenth Century." In David C. Lindberg and Ronald L. Numbers, eds., *God and Nature: Historical Essays on the Encounter between Christianity and Science.* Berkeley: University of California Press, pp. 322-50.

Moran, Bruce T. 1991a. "Introduction." In Bruce T. Moran, ed., *Patronage and Institutions: Science, Technology and Medicine at the European Court, 1500-1750.* Rochester, NY: Boydell Press, pp. 1-4.

_____. 1991b. "Patronage and Institutions: Courts, Universities, and Academies in Germany; an Overview 1550-1750." In Bruce T. Moran, ed., *Patronage and*

Institutions: Science, Technology and Medicine at the European Court, 1500–1750. Rochester, NY: Boydell Press, pp. 169–83.

Morris, Ian. 2010. Why the West Rules—For Now. New York: Farrar, Strauss and Giroux.

Mosse, George L. 1960. "Puritan Radicalism and the Enlightenment." Church History Vol. 29, No. 4, pp. 424–39.

Mote, F. W. 1999. Imperial China: 900–1800. Cambridge, MA: Harvard University Press.

Muir, Edward. 2007. The Culture Wars of the Late Renaissance. Cambridge, MA: Harvard University Press.

Mulligan, Lotte. 1980. "Puritans and English Science: A Critique of Webster." Isis Vol. 71, No. 3, pp. 456–69.

Murphy, Daniel. 1995. Comenius: A Critical Reassessment of His Life and Work. Portland, OR: Irish Academic Press.

Musson, A. E., and Eric Robinson. 1969. Science and Technology in the Industrial Revolution. Manchester: Manchester University Press.

Nakayama, Shigeru. 1969. A History of Japanese Astronomy: Chinese Background and Western Impact. Cambridge, MA: Harvard University Press.

Nedham, Marchamont. 1665. Medela Medicinæ: A Plea for the Free Profession, and a Renovation of the Art of Physick. London: For Richard Lownds at the White-Lion in S. Pauls Church-yard, neer the little north-door.

Needham, Joseph. 1954. "Plan of the Work." In Joseph Needham, ed., Science and Civilization in China. Cambridge: Cambridge University Press, Vol. 1, pp. 18–41.

_____. 1956. "The Fundamental Ideas of Chinese Science." In Joseph Needham, ed., Science and Civilization in China. Cambridge: Cambridge University Press, Vol. 2, pp. 216–345.

_____. 1959. Mathematics and the Sciences of the Heavens and the Earth. In Joseph Needham, ed., Science and Civilization in China. Cambridge: Cambridge University Press, Vol. 3.

_____. 1969a. *The Grand Titration*. Toronto: University of Toronto Press.

_____. 1969b. *Within the Four Seas: The Dialogue of East and West*. London: Allen and Unwin

_____. 1970. *Clerks and Craftsmen in China and the West*. Cambridge: Cambridge University Press, 1970.

_____. 1986. *Chemicals and Chemical Technology*. In Joseph Needham, ed., *Science and Civilization in China*. Cambridge: Cambridge University Press, Vol. 5 pt. 7.

_____. 2004. *The Social Background*, Part 2, *General Conclusions and Reflections*. In Joseph Needham, ed., *Science and Civilization in China*. edited by Girdwood Robinson. Cambridge: Cambridge University Press, Vol. 7.

Neher, André. 1977. "Copernicus in the Hebraic Literature from the Sixteenth to the Eighteenth Century." *Journal of the History of Ideas* Vol. 38, No. 2, pp. 211-26.

Nelson, Richard R., and Edmund S. Phelps. 1966. "Investment in Humans, Technological Diffusion, and Economic Growth." *American Economic Review* Vol. 56, pp. 69-75.

Nelson, Richard R., and Sidney Winter. 1982. *An Evolutionary Theory of Economic Change*. Cambridge, MA: The Belknap Press.

Neusner, Jacob. 1980. "Scriptural, Essenic, and Mishnaic Approaches to Civil Law and Government: Some Comparative Remarks." *Harvard Theological Review* Vol. 73, No. 3/4, pp. 419-34.

Newton, Isaac. 1721. *Opticks or A Treatise of the Reflections, Refractions, Inflections and Colours of Light*, third edition. London: Printed for William and John Innys.

_____. 1729. *The Mathematical Principles of Natural Philosophy*, translated by Andrew Motte. London: Printed for Andrew Motte.

Ng, William Yau-nang. 2003. "Chen Xianzhang." In Antonio S. Cua, ed. *Encyclopedia of Chinese Philosophy*. New York: Routledge, n.p.

Nickerson, Raymond S. 1998. "Confirmation Bias: A Ubiquitous Phenomenon in

Many Guises." *Review of General Psychology* Vol. 2, No. 2, pp. 175-220.

Nielsen, Rasmus, et al. 2010. "Sequencing of 50 Human Exomes Reveals Adaptation to High Altitude." *Science* Vol. 329, pp. 75-78.

Nisbet, Robert. 1979. "The Idea of Progress: A Bibliographical Essay." *Literature of Liberty: A Review of Contemporary Liberal Thought*, vol. II, no. 1, January/March. http://oll.libertyfund.org/?option=com_content&task=view&id=165&Itemid=259, accessed June 8, 2013.

_____. [1994] 2008. *History of the Idea of Progress*, second ed. New Brunswick, NJ: Transactions Publishers.

North, Douglass C. 1981. *Structure and Change in Economic History*. New York: W. W. Norton.

_____. 2005. *Understanding the Process of Economic Change*. Princeton, NJ: Princeton University Press.

Nowacki, Horst. 2008. "Leonhard Euler and the Theory of Ships." *Journal of Ship Research* Vol. 52, No. 4, pp. 274-90.

Nowak, Martin A. 2006. "Five Rules for the Evolution of Cooperation." *Science* Vol. 314, pp. 1560-63.

O'Brien, Patrick. 2009. "The Needham Question Updated: a Historiographical Survey and Elaboration." *History of Technology* Vol. 29, pp. 7-28.

Ochs, Kathleen. 1985. "The Royal Society of London's History of Trades Programme: An Early Episode in Applied Science." *Notes and Records of the Royal Society of London* Vol. 39, No. 2 (April), pp. 129-58.

Ogilvie, Sheilagh. 2014. "The Economics of Guilds." *Journal of Economic Perspectives* Vol. 28, No. 4, pp. 169-92.

Oldenburg, Henry. 1665. "The Introduction." *Philosophical Transactions of the Royal Society* Vol. 1. http://www.gutenberg.org/files/28758/28758-h/28758-h.htm.

O'Malley, C. D. 2008. "Vesalius, Andreas." In Charles C. Gillispie, ed., *Complete Dictionary of Scientific Biography*. Gale Virtual Reference Library. Detroit: Charles Scribner's Sons, Vol. 14, pp. 3-12.

O'Malley, M. 1990. *Keeping Watch: A History of American Time*. New York: Viking Books.

Ostrom, Elinor. 1990. *Governing the Commons: The Evolution of Institutions for Collective Action*. Cambridge: Cambridge University Press.

Ostrom, Elinor, and Charlotte Hess. 2007. "A Framework for Analyzing the Knowledge Commons." In Charlotte Hess and Elinor Ostrom, eds., *Understanding Knowledge as a Commons*. Cambridge, MA: MIT Press, pp. 41-81.

Pagani, Catherine. 2001. *Eastern Magnificence & European Ingenuity: Clocks of Late Imperial China*. Ann Arbor: University of Michigan Press.

Pagel, Walter. 1982. *Joan Baptista Van Helmont: Reformer of Science and Medicine*. Cambridge: Cambridge University Press.

Palissy, Bernard. [1580] 1957. *Discours Admirables* (*Admirable Discourses*), translated by Aurèle La Rocque. Urbana: University of Illinois Press.

Pancaldi, Giuliano. 2003. "Priority." In J. L. Heilbron, ed., *The Oxford Companion to the History of Modern Science*. Oxford and New York: Oxford University Press, pp. 676-77.

Parker, Samuel. 1666. *A Free and Impartial Censure of the Platonick Philosophie*. Oxford: Printed by W. Hall, for Richard Davis.

Parthasarathi, Prasannan. 2011. *Why Europe Grew Rich and Asia Did Not: Global Economic Divergence, 1600-1850*. Cambridge: Cambridge University Press.

Pascal, Blaise. [1651] 2007. "Preface to the Treatise on Vacuum." In *Thoughts, Letters and Minor Works*. New York: Cosimo Books, pp. 444-58.

Paterson, Timothy H. 1987. "On the Role of Christianity in the Political Philosophy of Francis Bacon." *Polity* Vol. 19, No. 3, pp. 419-442.

Perdue Peter C. 2007. "Chinese Science: a Flexible Response to the West?" *East Asian Science, Technology and Society: An International Journal* Vol. 1, No. 1, pp. 143-145.

Pérez-Ramos, Antonio. 1988. *Francis Bacon's Idea of Science and the Maker's Knowledge Tradition*. Oxford: Oxford University Press.

_____. 1996. "Bacon's Legacy." In Markku Peltonen, ed., *The Cambridge Companion to Bacon*. Cambridge: Cambridge University Press, pp. 311-34.

Perkins, Merle L. 1959. *The Moral and Political Philosophy of the Abbé de Saint-Pierre*. Geneva: Librairie Droz.

Perkinson, Henry J. 1995. *How Things Got Better: Speech, Writing, Printing, and Cultural Change*. Westport, CT: Bergin and Garvey.

Peterson, Willard. 1975. "Fang-I-Chih: Western Learning and the 'Investigation of Things.'" In W. Theodore De Bary, ed., *The Unfolding of Neo-Confucianism*. New York: Columbia University Press, pp. 369-411.

_____. 1979. *Bitter Gourd: Fang I-Chih and the Impetus for Intellectual Change*. New Haven, CT: Yale University Press.

Petty, William. 1647. *The Advice of W. P. to Mr. Samuel Hartlib. for the Advancement of Some Particular Parts of Learning*. London: n.p.

Pinker, Steven. 2011. *The Better Angels of Our Nature*. New York: Penguin.

Pocock, J. G. A. 1999. *Barbarism and Religion*, Vol. 1: *The Enlightenments of Edward Gibbon, 1737-1764*. Cambridge: Cambridge University Press.

Polanyi, Michael. 1962. "The Republic of Science: Its Political and Economic Theory." *Minerva* Vol. 1, pp. 54-73.

Pollard, Sidney. 1971. *The Idea of Progress: History and Society*. Harmondsworth, UK: Penguin.

Pomeranz, Kenneth. 2000. *The Great Divergence: China, Europe, and the Making of the Modern World Economy*. Princeton, NJ: Princeton University Press.

_____. 2013. "Skills, 'Guilds,' and Development: Asking Epstein's Questions to East Asian Institutions." In Maarten Prak and Jan Luiten van Zanden, eds., *Technology, Skills and the Pre-Modern Economy*. Leiden: Brill, pp. 93-127.

Poni, Carlo. 1993. "The Craftsman and the Good Engineer: Technical Practice and Theoretical Mechanics in J. T. Desaguliers." *History and Technology* Vol. 10, pp. 215-32.

Poovey, Mary. 1998. *A History of the Modern Fact*. Chicago: University of Chicago Press.

Porter, Michael E. 2000. "Attitudes, Values, Beliefs, and the Microeconomics of Prosperity." In Lawrence E. Harrison and Samuel P. Huntington, eds., *Culture Matters: How Values Shape Human Progress*. New York, Basic Books, pp. 14-28.

Porter, Roy. 1982. "Was There a Medical Enlightenment?" *British Journal for Eighteenth-Century Studies* Vol. 5, pp. 49-63.

Porter, Roy, and Mikuláš Teich, eds. 1992. *The Scientific Revolution in National Context*. Cambridge: Cambridge University Press.

Poynter, F. N. 1973. "Sydenham's Influence Abroad." *Medical History* Vol. 17, No. 3, pp. 223-34.

Prak, Maarten, and Jan Luiten Van Zanden. 2013. "Introduction." In Maarten Prak and Jan Luiten van Zanden, eds., *Technology, Skills and the Pre-Modern Economy*. Leiden: Brill, pp. 1-22.

Priestley, Joseph. 1771. *An Essay on the First Principles of Government*. London: Printed for J. Dodsley.

Pritchett, Lant. 2001. "Where Has All the Education Gone?" *World Bank Economic Review* Vol. 15, No. 3, pp. 367-91.

Qi, Han. 2001. "Astronomy, Chinese and Western: The Influence of Xu Guangqi's views in the Early and Mid-Qing." In Catherine Jami, Peter Engelfriet, and Gregory Blue, eds., *Statecraft and Intellectual Renewal in Late Ming China: the Cross-Cultural Synthesis of Xu Guangqi (1562-1633)*. Leiden: Brill, pp. 360-79.

Qian, Wen-yuan. 1985. *The Great Inertia: Scientific Stagnation in Traditional China*. London: Croom Helm.

Rawski, Evelyn S. 1979. *Education and Popular Literacy in Ch'ing China*. Ann Arbor: University of Michigan Press.

Reed Christopher A. 2004. *Gutenberg in Shanghai: Chinese Print Capitalism, 1876-1937*. Honolulu: University of Hawaii Press.

Rees, Graham. 2000. "Baconianism." In Wilbur Applebaum, ed., *Encyclopedia of the Scientific Revolution*. New York and London: Routledge, pp. 69-71.

Rescher, Nicholas. 1978. *Scientific Progress*. Oxford: Basil Blackwell.

Reston, James. 1994. *Galileo: A Life*. New York: Harper Collins.

Reynolds, Terry S. 1983. *Stronger Than a Hundred Men: A History of the Vertical Water Wheel*. Baltimore: Johns Hopkins University Press.

Ricardo, David. [1821] 1971. *Principles of Political Economy*, third ed., edited by R. M. Hartwell. Harmondsworth, UK: Pelican Classics.

Ricci, Matteo. 1953. *China in the Sixteenth Century: The Journals of Matthew Ricci, 1583-1610*. Translated by Louis J. Gallagher. New York: Random House.

Richardson, Philip. 1999. *Economic Change in China, c. 1800-1950*. Cambridge: Cambridge University Press.

Richerson, Peter J., and Robert Boyd. 2005. *Not by Genes Alone: How Culture Transformed Human Evolution*. Chicago: University of Chicago Press.

Richerson, Peter J., and Morten H. Christiansen, eds. 2013. *Cultural Evolution: Society, Technology, Language, and Religion*. Cambridge, MA: MIT Press.

Rider, Robin E. 1990. "Measure of Ideas, Rule of Language: Mathematics and Language in the 18th Century." In Tore Frängsmyr, J. L. Heilbron, and Robin E. Rider, eds., *The Quantifying Spirit in the 18th Century*, Berkeley: University of California Press, pp. 113-140.

Ridley, Matt. 2010. "When Ideas Have Sex." http://designmind.frogdesign.com/articles/and-now-the-good-news/when-ideas-have-sex.html, accessed Dec. 27, 2014.

Ringmar, Erik. 2007. *Why Europe Was First: Social Change and Economic Growth in Europe and East Asia, 1500-2050*. London: Anthem Press.

Roberts, Lissa and Simon Schaffer. 2007. "Preface." In Lissa Roberts, Simon Schaffer, and Peter Dear, eds., *The Mindful Hand: Inquiry and Invention from the Late Renaissance to Early Industrialization*. Amsterdam: Royal Netherlands Academy of Arts and Sciences, pp. xiii-xxvii.

Robertson, John. 2000. "Unenlightened England: A Review." *Prospect*, Dec. 21.

Rodrik, Dani. 2014. "When Ideas Trump Interests." *Journal of Economic Pers-*

pectives Vol. 28, No. 1, pp. 189–208.

Roe, Shirley. 2003. "The Life Sciences." In Roy Porter, ed., *The Cambridge History of Science,* Vol. 4: *Eighteenth-Century Science.* Cambridge: Cambridge University Press, pp. 397–416.

Roetz, Heiner. 2010. "On Nature and Culture in Zhou China." In Hans Ulrich Vogel and Günter Dux, eds., *Concepts of Nature: A Chinese-European Cross-Cultural Perspective.* Leiden: Brill, pp. 198–219.

Roland, Gérard. 2004. "Understanding Institutional Change: Fast-Moving and Slow-Moving Institutions." *Studies in Comparative International Development* Vol. 38, No. 4, pp. 109–31.

Ronan, Colin A., and Joseph Needham. 1978. *The Shorter Science and Civilisation in China.* Cambridge: Cambridge University Press, Vol. 1.

_____. 1981. *The Shorter Science and Civilisation in China.* Cambridge: Cambridge University Press, Vol. 2.

Rosen, Sherwin. 1981. "The Economics of Superstars." *American Economic Review* Vol. 71, No. 5, pp. 845–58.

Rosenberg, Nathan. "Adam Smith on the Division of Labour: Two Views or One?" *Economica* Vol. 32, No. 126, pp. 127–39.

Rosenberg, Nathan, and Birdzell, L. E. 1986. *How the West Grew Rich.* New York: Basic Books.

Rosenthal, Jean-Laurent, and R. Bin Wong. 2011. *Before and Beyond Divergence: The Politics of Economic Change in China and Europe.* Cambridge, MA: Harvard University Press.

Rossi, Paolo. 1970. *Philosophy, Technology and the Arts in the Early Modern Era.* New York: Harper Torchbooks.

_____. 1978. *Francis Bacon: From Magic to Science.* Chicago: University of Chicago Press.

Rowe, William T. 2001. *Saving the World: Chen Hongmou and Elite Consciousness in Eighteenth-century China.* Stanford, CA: Stanford University Press.

_____. 2009. *China's Last Empire: The Great Qing.* Cambridge, MA: Belknap

Press.

Sandberg, Lars G. 1979. "The Case of the Impoverished Sophisticate: Human Capital and Swedish Economic Growth before World War I." *Journal of Economic History* Vol. 39, No. 1, pp. 225–41.

Saviotti, Pier Paolo. 1996. *Technological Evolution, Variety, and the Economy.* Cheltenham, UK: Edward Elgar.

Schäfer, Dagmar. 2011. *The Crafting of the 10,000 Things.* Chicago: University of Chicago Press.

Schaffer, Simon. 1983. "Natural Philosophy and Public Spectacle in the Eighteenth century." *History of Science* Vol. 21, No. 1, pp. 1–43.

＿＿＿. 1994. "Machine Philosophy: Demonstration Devices in Georgian Mechanics." *Osiris* Vol. 9, pp. 157–82.

Schich, Maximilian, Chaoming Song, Yong-Yeol Ahn, Alexander Mirsky, Mauro Martino et al., 2014. "A Network Framework of Cultural History." *Science* No. 345 (Aug. 1), pp. 558–62.

Schliesser, Eric. 2007. "Hume's Newtonianism and Anti-Newtonianism." *Stanford Encyclopedia of Philosophy.* http://plato.stanford.edu/entries/hume-Newton/, accessed September 7, 2010.

Schoeck, R. J. 1982. "Sir Thomas Browne and the Republic of Letters: Introduction." *English Language Notes* Vol. 19, No. 4, pp. 299–312.

Schofield, Robert E. 1997. *The Enlightenment of Joseph Priestley: A Study of His Life and Work from 1733 to 1773.* University Park, PA: Penn State University Press.

Schumpeter, Joseph A. 1954. *History of Economic Analysis.* Oxford: Oxford University Press.

Schwartz, Shalom H., and Sipke Huismans. 1995. "Value, Priorities, and Religiosity in Four Western Religions." *Social Psychology Quarterly* Vol. 58, No. 2, pp. 88–107.

Scott, H. M., ed. 1990. *Enlightened Absolutism: Reform and Reformers in Later Eighteenth Century Europe.* Houndmills, UK: Palgrave Macmillan.

Seed, Patricia. 2001. "Jewish Scientists and the Origin of Modern Navigation." In Paolo Bernardini and Norman Fiering, eds., *Jews and the Expansion of Europe to the West, 1450-1800*, New York: Bergahn Books, pp. 73-85.

Seki, Motohide and Yasuo Ihara. 2012. "The Rate of Cultural Change in One-to-Many Social Transmission When Cultural Variants are Not Selectively Neutral." *Letters on Evolutionary Behavioral Science* Vol. 3, No. 2, pp. 12-16.

Sened, Itai and Sebastian Galiani, eds., *Economic Institutions, Rights, Growth, and Sustainability: The Legacy of Douglass North*. Cambridge: Cambridge University Press.

Settle, Jaime E., Christopher T. Dawes, Nicholas A. Christakis, and James H. Fowler. 2010. "Friendships Moderate an Association between a Dopamine Gene Variant and Political Ideology." *Journal of Politics* Vol. 72, No. 4, pp. 1189-98.

's Gravesande, Willem Jacob. 1720. *Mathematical Elements of Natural Philosophy Confirmed by Experiments, Or an Introduction to Sir Isaac Newton's Philosophy*. London: J. Sene and W. Taylor.

Shank, J. B. 2004. "The Abbé Saint-Pierre and the 'Quantifying Spirit' in French Enlightenment Thought." In Mary Jane Parrine, ed., *A Vast and Useful Art: The Gustave Gimon Collection on French Political Economy*. Stanford, CA: Stanford University Libraries, pp. 29-47.

_____. 2008. *The Newton Wars and the Beginnings of the French Enlightenment*. Chicago: University of Chicago Press.

Shapin, Steven. 1988a. "Understanding the Merton Thesis." *Isis* Vol. 79, No. 4, pp. 594-605.

_____. 1988b. "Robert Boyle and Mathematics: Reality, Representation, and Experimental Practice." *Science in Context* Vol. 2, No. 1, pp. 23-58.

_____. 1991. "'A Scholar and a Gentleman': The Problematic Identity of the Scientific Practioner in early modern England." *History of Science* Vol. 29, No. 3, pp. 279-327.

_____. 1994. *A Social History of Truth*. Chicago: University of Chicago Press.

_____. 1996. *The Scientific Revolution*. Chicago: University of Chicago Press.

_____. 2003. "The Image of the Man of Science." In Roy Porter, ed., *The Cambridge History of Science* Vol. 4: *Eighteenth-Century Science*. Cambridge: Cambridge University Press, pp. 159-83.

Shapin, Steven, and Simon Schaffer. 1985. *Leviathan and the Air Pump: Hobbes, Boyle, and the Experimental Life*. Princeton, NJ: Princeton University Press.

Shapiro, Barbara J. 2000. *A Culture of Fact*. Ithaca, NY: Cornell University Press.

Shariff, Azim F., Ara Norenzayan, and Joseph Henrich. 2009. "The Birth of High Gods: How the Cultural Evolution of Supernatural Policing Agents Influenced the Emergence of Complex, Cooperative Human Societies, Paving the Way for Civilization." In M. Schaller, Ara Norenzayan, Steven J. Heine, Toshio Yamagishi, and Tatsuya Kameda, eds. *Evolution, Culture and the Human Mind*. New York: Psychology Press.

Shaw, George Bernard. 1903. "Maxims for Revolutionists." http://www.gutenberg. org/cache/epub/26107/pg26107.html, accessed Sept. 1, 2012.

Shennan, Stephen. 2013. "Long-Term Trajectories of Technological Change." In Peter J. Richerson and Morten H. Christiansen, eds., *Cultural Evolution: Society, Technology, Language, and Religion*. Cambridge, MA: MIT Press, pp. 143-155.

Shiue, Carol H., and Wolfgang Keller. 2007. "Markets in China and Europe on the Eve of the Industrial Revolution." *American Economic Review* Vol. 97, No. 4, pp. 1189-216.

Silberman, Leon. 1960. "Hung Liang-Chi: a Chinese Malthus." *Population Studies* Vol. 13, No. 3, pp. 257-65.

Simonson, Tatum, Yingzhong Yang, Chad D. Huff, Haixia Yun, Ga Qin, David J. Witherspoon, et al. 2010. "Genetic Evidence for High-Altitude Adaptation in Tibet." *Science* Vol. 329, July 2, pp. 72-75.

Sivin, Nathan. [1973] 1995. "Copernicus in China or Good Intentions Gone Astray." *Studia Copernicana* Vol. 6, pp. 63-122, reprinted in Sivin, 1995, ch. IV.

_____. 1975. "Wang Hsi-shan." In Charles Coulson Gillispie, ed., *Dictionary of*

Scientific Biography. New York: Charles Scribner's Sons, Vol. 14, pp. 159-68.

_____. 1995. *Science in Ancient China.* Aldershot, UK: Variorum.

_____. [1984] 2005. "Why the Scientific Revolution Did Not Take Place in China— or Didn't It?" in Everett Mendelsohn, ed., *Transformation and Tradition in the Sciences.* Cambridge: Cambridge University Press, pp. 531-54. Revised version, 2005, http://ccat.sas.upenn.edu/~nsivin/scirev.pdf, accessed Nov. 30, 2013.

Skempton, Alec. 2002. *A Biographical Dictionary of Civil Engineers in Great Britain and Ireland,* Vol. 1: *1500-1830.* London: Thomas Telford Publishing.

Slack, Paul. 2015. *The Invention of Improvement: Information and Material Progress in Seventeenth-Century England.* Oxford: Oxford University Press.

Slezkine, Yuri. 2004. *The Jewish Century.* Princeton, NJ: Princeton University Press.

Sloane, Hans. 1707. *A Voyage to the Islands Madera, Barbados, Nieves, S. Christophers and Jamaica,* 2 vols. London: Printed by B. M. for the author.

Smith, Adam. [1759] 1976. *The Theory of Moral Sentiments*, edited by D. D. Raphael and A. L. Macfie. Oxford: Oxford University Press.

_____. [1762-1763] 1978. *Lectures on Jurisprudence*, edited by R. L. Meek. Oxford: Oxford University Press.

_____. 1799. "The History of Astronomy." In *Essays on Philosophical Subjects.* Edinburgh: Printed for the Editor of the Collection of English Classics, pp. 1-124.

Smith, Pamela H. 1994. *The Business of Alchemy: Science and Culture in the Holy Roman Empire.* Princeton, NJ: Princeton University Press.

Smith, Pamela H., and Schmidt, Benjamin. 2007. "Knowledge and Its Making in Early Europe." In Pamela H. Smith and Benjamin Schmidt, eds., *Making Knowledge in Early Modern Europe.* Chicago: University of Chicago Press, pp. 1-16.

Sng, Tuan Hwee. 2014. "Size and Dynastic Decline: The Principal-Agent Problem in Late Imperial China 1700-1850." *Explorations in Economic History* Vol. 54, pp. 107-27.

Snobelen, Stephen D. 1999. "Isaac Newton, Heretic: the Strategies of a Nicodemite."

British Journal for the History of Science Vol. 32, pp. 381-419.

_____. 2012. "The Myth of the Clockwork Universe: Newton, Newtonianism, and the Enlightenment." In Chris L. Firestone and Nathan Jacobs, eds. *The Persistence of the Sacred in Modern Thought*. Notre Dame, IN: University of Notre Dame Press, pp. 149-84.

Song, Yingxing [Sung, Ying-Hsing]. [1637] 1966. *T'ien-Kung K'ai-Wu [Tiangong Kaiwu]: Chinese Technology in the Seventeenth Century*. University Park, PA: Pennsylvania State University Press.

Sorbière, Samuel. [1664] 1709. *A Voyage to England, Containing Many Things Relating to the State of Learning, Religion, and Other Curiosities of That Kingdom*. London: J. Woodward.

Sorrenson, Richard. 2001. "Dollond and Son's Pursuit of Achromaticity." *History of Science* Vol. 39, pp. 31-55.

Spadafora, David. 1990. *The Idea of Progress in Eighteenth-Century Britain*. New Haven, CT: Yale University Press.

Spence, Jonathan. 1990. *The Search for Modern China*. New York: W. W. Norton.

Sperber, Dan. 1996. *Explaining Culture: A Naturalistic Approach*. Oxford: Blackwell's.

Spolaore, Enrico, and Romain Wacziarg. 2013. "How Deep Are the Roots of Economic Development?" *Journal of Economic Literature* Vol. 51, pp. 1-45.

Sprat, Thomas. 1667. *History of the Royal Society of London*. London: Printed for J. Martyn.

Squicciarini, Mara P., and Nico Voigtländer. 2015. "Human Capital and Industrialization: Evidence from the Age of Enlightenment." *Quarterly Journal of Economics* Vol. 130, No. 4, pp. 1825-83.

Stark, Rodney. 2003. *For the Glory of God: How Monotheism Led to Reformations, Science, Witch-hunts and the End of Slavery*. Princeton, NJ: Princeton University Press.

_____. 2005. *The Victory of Reason: How Christianity Led to Freedom, Capitalism, and Western Success*. New York: Random House.

Starkey, George. 1665. *An Epistolar Discourse to the Learned and Deserving*

Author of Galeno-pale. London: R. Wood, for Edward Thomas.

Stearns, Raymond Phineas. 1943. "The Scientific Spirit in England in Early Modern Times (c. 1600)." *Isis* Vol. 34, No. 4, pp. 293-300.

Stebbins, G. Ledyard. 1969. *The Basis of Progressive Evolution*. Chapel Hill, NC: North Carolina University Press.

Steele, Brett D. 1994. "Muskets and Pendulums: Benjamin Robins, Leonhard Euler, and the Ballistics Revolution." *Technology and Culture* Vol. 35, pp. 348-82.

_____. 2004. "Robins, Benjamin (1707-1751)." *Oxford Dictionary of National Biography*. Oxford: Oxford University Press.

Stevin, Simon. [1585] 1608. *Disme: the Art of Tenths*, translated by Robert Norton. London: printed by S. S[tafford] for Hugh Astley.

Stewart, Dugald. [1793] 1829. *Account of the Life and Writings of Adam Smith ... from the Transactions of the Royal Society of Edinburgh*. In *The Works of Dugald Stewart*. Cambridge: Hilliard and Brown, Vol. 7, pp. 3-75.

Stewart, Larry. 1992. *The Rise of Public Science*. Cambridge: Cambridge University Press.

_____. 1998. "A Meaning for Machines: Modernity, Utility, and the Eighteenth-Century British Public." *Journal of Modern History* Vol. 70, No. 2 (June), pp. 259-94.

_____. 2004. "The Laboratory and the Manufacture of the Enlightenment." Unpublished, University of Saskatchewan.

Stewart, M. A. 1994. "*Libertas Philosophandi*: From Natural to Speculative Philosophy." *Australian Journal of Politics and History* Vol. 40, No. 1, pp. 29-46.

Stigler, George J. 1965. "The Intellectual and the Marketplace." *Kansas Journal of Sociology* Vol. 1, No. 2 (Spring) pp. 69-77.

Stigler, Stephen J. 1999. *Statistics on the Table: The History of Statistical Concepts and Methods*. Cambridge, MA: Harvard University Press.

Stone, Lawrence. 1969. "Literacy and Education in England 1640-1900." *Past & Present* No. 42, pp. 69-139.

Storr, Virgil Henry. 2011. "North's Underdeveloped Ideological Entrepreneur."

In Emily Chamlee-Wright, ed., *Annual Proceedings of the Wealth and Well-being of Nations* Vol. 1, pp. 99-115.

Strasser, Gerhard F. 1994. "Closed and Open Languages: Samuel Hartlib's Involvement with Cryptology and Universal Languages." In Mark Greengrass, Michael Leslie, and Timothy Raylor, eds., *Samuel Hartlib and Universal Reformation*. Cambridge: Cambridge University Press, pp. 151-61.

Stubbe, Henry. 1670. *Campanella Revived or an Enquiry into the History of the Royal Society,* London: n.p.

Styles, John. 2016. "Fashion, Textiles and the Origins of Industrial Revolution." Unpublished ms., University of Hertfordshire.

Sutton, Robert B. 1953. "The Phrase *Libertas Philosophandi.*" *Journal of the History of Ideas* Vol. 14, No. 2, pp. 310-16.

Swedberg, Richard. 2006. "Social Entrepreneurship: the View of the Young Schumpeter." In Chris Steyaert and Daniel Hjorth, eds., *Entrepreneurship as Social Change.* Cheltenham, UK: Edward Elgar, pp. 20-34.

Swift, Jonathan. [1704] 1753. *A Tale of a Tub. Written for the Universal Improvement of Mankind. To which is added, An Account of a Battle between the Antient and Modern Books in St. James's Library,* thirteenth edition. Glasgow: printed by R. Urie.

Szostak, Rick. 2009. *The Causes of Economic Growth: Interdisciplinary Perspectives.* Berlin: Springer.

Tabellini, Guido. 2008. "Institutions and Culture." [Presidential Address]. *Journal of the European Economic Association* Vol. 6, Nos. 2-3, pp. 255-94.

_____. 2010. "Culture and Institutions: Economic Development in the Regions of Europe." *Journal of the European Economic Association* Vol. 8, No. 4, pp. 677-716.

Tambiah, Stanley Jeyaraja. 1990. *Magic, Science, Religion, and the Scope of Rationality.* Cambridge: Cambridge University Press.

Teich, Mikuláš, and Roy Porter, eds. 1996. *The Industrial Revolution in National Context.* Cambridge: Cambridge University Press.

Tomory, Leslie. 2012. *Progressive Enlightenment: The Origins of the Gaslight Industry, 1780-1820.* Cambridge, MA: MIT Press.

Trail, R. R. 1965. "Sydenham's Impact on English Medicine." *Medical History* Vol. 9, No. 4, pp. 356-64.

Trattner, Walter I. "God and Expansion in Elizabethan England: John Dee, 1527-1583." *Journal of the History of Ideas* Vol. 25, No. 1, pp. 17-34.

Traugott, John. 1994. "Review of Joseph Levine, *The Battle of the Books: History and Literature in the Augustan Age.*" *Modern Philology* Vol. 91, No. 4, pp. 501-8.

Triandis, Harry C. 1995. *Individualism and Collectivism.* Boulder, CO: Westview Press.

Turgot, Anne-Robert-Jacques. 1808. *Oeuvres de Mr. Turgot.* 9 vols. Paris: Imprimerie de Delance.

Tuschman, Avi. 2014. "Political Evolution: Why Do Young Voters Lean Left? It's in the Genes." *Bloomberg Business Week,* April 17. http://www.bloomberg.com/bw/articles/2014-04-17/liberal-or-conservative-brain-development-may-be-key-fctor.

Ultee, Maarten. 1987. "The Republic of Letters: Learned Correspondence, 1680-1720." *Seventeenth Century* Vol. 2, pp. 95-111.

Unger, Richard W. 2013. "The Technology and Teaching of Shipbuilding." In Maarten Prak and Jan Luiten van Zanden, eds., *Technology, Skills and the Pre-modern Economy.* Leiden: Brill, pp. 161-204.

United States Department of Education. 2008. "1.5 Million Homeschooled Students in the United States in 2007." National Center for Education Statistics, *Issue Brief,* December.

Van Berkel, Klaas. 2013. *Isaac Beeckman on Matter and Motion: Mechanical Philosophy in the Making.* Baltimore: Johns Hopkins University Press.

Van Zanden, Jan Luiten. 2013. "Explaining the Global Distribution of Book Production before 1800." In Maarten Prak and Jan Luiten van Zanden, eds., *Technology, Skills and the Pre-modern Economy.* Leiden: Brill, pp. 321-40.

Vermeij, Geerat J. 2004. *Nature: An Economic History*, Princeton, NJ: Princeton University Press.

Vickers, Brian. 1992. "Francis Bacon and Progress of Knowledge." *Journal of the History of Ideas* Vol. 53, No. 3, pp. 495-518.

Vincenti, Walter G. 1990. *What Engineers Know and How They Know It*. Baltimore: Johns Hopkins University Press.

Voigtländer, Nico, and Joachim Voth. 2015. "Nazi Indoctrination and Anti-Semitic Beliefs in Germany." *Proceedings of the National Academy of Sciences* Vol. 112, No. 26, pp. 7931-36.

Voltaire. [1733-34] 2007. *Philosophical Letters or Letters Concerning the English Nation*, edited by John Leigh, translated by Prudence L. Steiner. Indianapolis, IN and Cambridge: Hackett Publishing.

_____. 1738. *The Elements of Sir Isaac Newton's Philosophy*, translated from the French, revised and corrected by John Hanna. London: Printed for Stephen Austen.

_____. [1751] 1785. *Siècle de Louis XIV*. In *Oeuvres Complètes de Voltaire*. Basel: Jean Jacques Tourneisen, Vol. 21.

Vries, Peer H. H. 2001. "The Role of Culture and Institutions in Economic History: Can Economics be of Any Help?" *NEHA Jaarboek* Vol. 64, pp. 28-60.

_____. 2013. *The Escape from Poverty*. Vienna: Vienna University Press.

Wallace, Anthony F. C. 1982. *The Social Context of Innovation*. Princeton, NJ: Princeton University Press.

Wallis, John. 1643. *Truth Tried or, Animadversions on a Treatise Published by the Right Honorable Robert Lord Brook, Entituled, The Nature of Truth*. London: Printed by Richard Bishop for Samuel Gellibrand.

_____. 1656. "Arithmetica Infinitorum." In John Wallis, *Operum Mathematicorum*. Oxford: Leon Lichfield, pp. 109-200.

Waquet, Françoise. 1989. "Qu'est-ce que la République des Lettres? Essai de Sémantique Historique." *Bibliothèque de l'École des Chartes* Vol. 147, pp. 473-502.

Wason, P. C. 1960. "On the Failure to Eliminate Hypotheses in a Conceptual Task." *Quarterly Journal of Experimental Pscyhology* Vol. 12, pp. 129-40.

Watson, Foster. 1913. *Vives, On Education: A Translation of the* De Tradendis Disciplinis *of Juan Luis Vives.* Cambridge: Cambridge University Press.

Weber, Max. [1905] 1958. *The Protestant Ethic and the Spirit of Capitalism.* New York: Charles Scribner's Sons.

Webster, Charles. 1970. *Samuel Hartlib and the Advancement of Learning.* Cambridge: Cambridge University Press.

_____. [1975] 2002. *The Great Instauration: Science, Medicine and Reform, 1626- 1660,* second ed. Bern: Peter Lang.

Webster, John. 1654. *Academiarum Examen, or the Examination of Academies.* London: Giles Calvert.

Wesson, Robert. 1991. *Beyond Natural Selection.* Cambridge, MA: MIT Press.

Westfall, Richard S. 1980. *Never at Rest: A Biography of Isaac Newton.* Cambridge: Cambridge University Press.

_____. 1985. "Science and Patronage: Galileo and the Telescope." *Isis* Vol. 76, No. 1 (March), pp. 11-30.

_____. 1986. "The Rise of Science and the Decline of Orthodox Christianity." In David C. Lindberg and Ronald L. Numbers, eds., *God and Nature: Historical Essays on the Encounter between Christianity and Science.* Berkeley: University of California Press, pp. 218-37.

_____. 2000. "The Scientific Revolution Reasserted." In Margaret J. Osler, ed., *Rethinking the Scientific Revolution.* Cambridge: Cambridge University Press, pp. 41-55.

Westman, Robert. 1986. "The Copernicans and the Churches." In David C. Lindberg and Ronald L. Numbers, eds., *God and Nature: Historical Essays on the Encounter between Christianity and Science.* Berkeley: University of California Press, pp. 76-113.

White, Andrew Dickson. 1896. *The Warfare of Science with Theology.* New York: D. Appleton and Company.

White, Lynn. 1978. *Medieval Religion and Technology*. Berkeley: University of California Press.

White, Michael. 1997. *Isaac Newton, The Last Sorcerer*. New York: Helix Books.

Wigelsworth, Jeffrey R. 2003. "Competing to Popularize Newtonian Philosophy: John Theophilus Desaguliers and the Preservation of Reputation." *Isis* Vol. 94, No. 3, pp. 435-55.

Wilkins, John.1648. *Mathematicall Magick, or, The Wonders That May Be Performed by Mechanicall Geometry*. London: Printed by M. F. for Gellibrand.

_____. [1648] 1684. *A Discourse Concerning a New Planet*, fourth ed. London: Printed by T.M. & J.A. for John Gillibrand.

_____. 1668. *An Essay towards a Real Character and a Philosophical Language*. London: John Martin.

_____. [1641] 1984. *Mercury, Or, The Secret and Swift Messenger*, edited by Brigitte Asbach-Schnitker. Amsterdam and Philadelphia: J. Benjamins.

Williams, David. 2004. *Condorcet and Modernity*. Cambridge: Cambridge University Press.

Wilson, Andrew. 2002. "Machines, Power and the Ancient Economy." *Journal of Roman Studies* Vol. 92, pp. 1-32.

Wiseman, Richard. [1676] 1719. *Eight Chirurgical Treatises*, fifth ed. London: Printed for B. Tooke and others.

Withers, Charles W. J. 2007. *Placing the Enlightenment*. Chicago: University of Chicago Press.

Wojcik, Jan. 1997. *Robert Boyle and the Limits of Reason*. Cambridge: Cambridge University Press.

Woodside, Alexander, and Benjamin A. Elman. 1994. "Afterword: The Expansion of Education in Ch'ing China." In Alexander Woodside and Benjamin A. Elman, eds., *Education and Society in Late Imperial China, 1600-1900*. Berkeley: University of California Press, pp. 525-60.

Woodward, Ezekias. 1641. *A Gate to Sciences Opened by a Naturall Key*. London: Printed for John Bartlet.

Wootton, David. 2015. *The Invention of Science: A New History of the Scientific Revolution*. London: Allen Lane.

Wotton, William. 1694. *Reflections Upon Ancient and Modern Learning*. London: Printed by J. Leake.

Wright, Thomas. 2012. *Circulation: William Harvey's Revolutionary Idea*. London: Vintage Books.

Wuthnow, Robert. 1989. *Communities of Discourse*. Cambridge, MA: Harvard University Press.

Yates, Frances. 1964. *Giordano Bruno and the Hermetic Tradition*. Chicago: University of Chicago Press.

_____. 1967. "Vicissitudes." *New York Review of Books*, Aug. 24.

Zagorin, Perez. 1998. *Francis Bacon*. Princeton, NJ: Princeton University Press.

_____. 2003. *How the Idea of Religious Toleration Came to the West*. Princeton, NJ: Princeton University Press.

Zak, Paul J., and Stephen Knack. 2001. "Trust and Growth." *Economic Journal* Vol. 111, No. 470, pp. 295–321.

Zelin, Madeleine. 2004. "A Critique of Rights of Property in Prewar China." In Madeleine Zelin, Jonathan K. Ocko, and Robert Gardella, eds., *Contract and Property in Early Modern China*. Stanford, CA: Stanford University Press, pp. 17–36.

Zilsel, Edgar. 1942. "The Sociological Roots of Science." *American Journal of Sociology* Vol. 47, no. 4, pp. 544–60.

Ziman, John. 2000. "Selectionism and Complexity." In John Ziman, ed., *Technological Innovation as an Evolutionary Process*. Cambridge: Cambridge University Press, pp. 41–51.

Zittel, Claus, Gisela Engel, Romano Nanni, and Nicole C. Karafyllis, eds. 2008. *Philosophies of Technologies: Francis Bacon and His Contemporaries*. Leiden and Boston: Brill.

Zurndorfer, Harriet T. 2009. "China and Science on the Eve of the 'Great Divergence' 1600–1800." *History of Technology* Vol. 29, pp. 81–101.

찾아보기

*쪽수 옆 괄호 안 숫자는 주 번호입니다.